주택도시금융정책론

임 공 수

청목출판사

주택도시금융정책에 대하여

주택과 도시는 인간이 살아가는 가장 일반적인 생활 활동공간이다. 주택은 가정과 가족들의 보금자리이면서 휴식과 문화의 공간이고, 한편으로는 재산적 가치로 인식되기도 한다. 주택은 시대를 거듭하면서 최첨단 시설들을 집적하여 그 편리성을 증가시켜 나가고 있다. 주택은 인간이 살아가는 가장 기본적이고 기초적인 생활공간으로써 생존 기본조건을 넘어 문화적인 공간, 사회적인 지위 등 다양한 의미를 담고 있다. 그러므로 어느 정부, 어느 국가이든 주택정책은 가장 중요한 정책적 이슈가 되고 있으며, 국가경제정책에서도 매우 중요한 부분을 차지하고 있다.

아울러, 도시는 인간의 활동영역에서 사회적인 활동. 즉 경제적인 활동과 사회문화적인 활동을 이루는 가장 보편적인 공간이다. 도시는 건축물을 비롯하여 쇼핑, 문화, 금융, 경제가 집약되고 교환되는 공간으로써 정치, 행정 등 공공서비스는 물론 각종 서비스가 교환되는 공간이다. 그러므로 모든 국가는 정치, 경제, 사회, 문화 등의 발전상을 도시에 집약하고 있다. 즉, 역사적으로 도시의 발달은 곧 그 국가의 발전과 위상에 따라 진보하여 왔고 성장하여 왔다.

한편, 주택과 도시의 건설과 유지에는 막대한 자금이 필요하다. 즉, 금융이 필요하게 된다. 부지매입과 건축물의 신축과 개보수, 도로망의 구축과 도시기반시설을 갖추기 위해서는 불가피하게 금융적인 문제를 해소하지 않고는 실현할 수 없다. 막대한 자금이 필요한 주택과 도시정책실행에서 금융은 다양한 형태로 발전하여 왔다. 국가나 공공기관이 운영하는 정책자금과 융자, 국가예산을 비롯하여 펀드, 프로젝트금융과 금융보증상품, 은행 등 금융기관이 운영하는 대출, 투자금융 등 그 종류도 매우 많다.

이처럼 주택과 도시정책은 그 중요성과 막대한 자금의 소요, 국민생활과 국가경제에 미치는 영향이 큰 만큼, 이와 관련한 각종 정책·제도들도 다양하게 제시되었고, 실행되었다. 본서는 주택, 도시, 금융의 문제를 정책과 시장 등 주택도시금융정책을 종합적으로 다룰 수 있는 틀을 마련해 보고자 하는 의도에서 기술되었다.

2018년 7월

저자

차 례

제1장

주택도시금융정책의 이해

제1절 서 설

주택도시금융정책론은 주택 등 주거복지, 도시계획 및 도시재생, 금융시장과 주택도시금융 등 정책을 실행하기 위한 금융정책 및 제반 제도를 기반으로 한다. 즉, 주택정책, 도시정책, 금융정책을 중심기반으로 한다. 물론, 주택정책과 도시정책이 상당부분을 차지하는 부동산정책을 포함한다. 아울러, 이러한 정책적인 실행과 연관하여 공급자와 수요자 내지 소비자의 금융시스템에 대한 연구도 수반되어야 한다. 이러한 측면에서 주택도시금융정책론은 우리나라의 현실적인 정책적 고려를 감안하면 상당부분 경제정책법과 관련한 규제법규의 테두리에서 정책적인 고려가 수반되고 있다. 또한, 거시경제, 부동산 시장, 주택시장, 금융시장 등 시장질서의 문제도 고려되어야 한다. 물론 자유시장경제에서의 규제법규는 사적재산인 개인의 재산권행사를 제한하는 문제가 발생하고, 이러한 제한은 헌법적인 기본권의 문제와 더불어 개별법령의 합목적성, 규제수단과 방법의 적절성 내지 정당성, 규제행위의 불가피성, 규제대상과 비규제대상과의 이익형량 등 제재법규와 정책실행에서의 재량권의 문제는 정책의 합리성·합법성 등 그 타당성의 논쟁대상이 될 수 있다.

한편, 주택도시금융과 관련하여 우리 정부는 주택정책을 비롯하여 주택도시건설 및 도시재생관련 금융, 개별소비자의 청약예금 및 대출제도, 세재정책, 금융보증 등 금융서비스에 대하여 가장 중요한 국가정책적인 고려대상으로 여기고 있다. 주택정책 및 도시정책과 관련한 정책적 기저에는 아주 막대한 재원이 필요하다. 그러므로 공급자 측면에서의 재원조달방법, 소비자 측면에서의 주택구입 등과 관련한 재원마련 등은 주택도시금융정책론에서 고려하여야 할 대상이다. 1990년대 초반 수도권 신도시 개발과 더불어 200만호 주택건설정책은 부족한 주택난 해소와 도시화를 추진하는 매우 중요한 정책이었다. 그러나 주택건설시장에서 건설(공급)재원조달은 매우 어려운 실정이었고, 이와 맞물려 개별 소비자의 구입자금마련도 일시에 조달하기에는 매우 어려운 문제였다. 이러한 정책적 배경에서 주택 선분양제도는 건설자금재원조달에 중요한 요소였고, 주택청약제도는 소비자의 자가주택을 마련하는 중요한 제도적 장치로, 주택정책에서 우리나라 청약제도는 매우 중요한 한 획을 긋는 정책이라고 할 수 있다. 아울러, 최근 도시재생정책은 새롭게 부각되는 주요 과제로 도시금융체계에서 차지하는 비중이 커지고 있다. 이하에서는 주택도시금융정책을 주택시장과 주택정책, 도시계획과 도시재생정책, 금융시장과 금융정책, 주택도시금융정책 순으로 설명하고자 한다.

제 2 절 주택도시금융정책의 논의 대상

Ⅰ. 주택시장과 주택정책

인류의 역사에서 동굴, 움막, 초막집 등 원시적인 주거에서 가옥이라고 할 수 있는 초기 주택의 형태, 현대의 첨단 주택에 이르기까지 주거문제는 가장 기초적인 생존조건으로 인식되었고, 주거의 형태와 문화도 다양한 변화와 지역적인 특성을 가지고 발전하여 왔다.

제2차 세계대전 이후 각국에서의 주택부족은 거의 공통된 하나의 현상이기는 하나 우리나라의 주택난은 매우 심각한 실정이었다. 더욱이 6·25전란을 통해 전국의 주택은 상당부분 멸실되고 주거문제는 최악의 상태를 맞이하였다. 60년대 산업화가 진전되면서 도시로의 인구집중은 서울을 비롯한 도시지역의 주택문제는 더욱 악화되었다. 즉, 인구의 증가 및 급속한 도시집중의 경향 때문에 주택난은 크게 개선되지 못하였고, 대도시 및 신생공업단지의 근로자계층의 심각한 주택사정은 이미 사회적 문제로 제기된 지 오래이다. 정부에서는 8~90년대에 들어와 저임금 근로자들의 주택문제 해결책의 일환으로 소규모 임대아파트를 대량 공급해 나가는 한편, 특히 수도권에 집중된 인구와 이에 따라 부족한 주택문제를 해소하기 위하여 수도권 신도시개발(5대 신도시 일산, 분당, 평촌, 산본, 중동)이 본격적으로 추진되었다. 이 여파로 수도권의 과밀화가 더욱 가중되어 전체 인구의 1/2이 수도권에 집중되었다. 정부는 지역균형발전을 위해, 수도권에 집중된 공공기관의 지방이전을 위한 지방 혁신도시개발과 행정중심복합도시건설 등으로 수도권의 인구를 분산시켰고, 그 결과 주택보급률은 100%를 초과하였지만, 특정지역의 주택가격은 고공행진을 하고, 주택구입 및 임차비용은 가계부채를 가중시키는 결과를 가져오기도 하였다.

아울러, 주택문제는 주거문제에서도 중요한 사안이지만 국가경제에서 연관산업 등과 관련하여 차지하는 비중이 매우 큰 부분으로 국가경제를 이루는 근간이 되고 있다. 그러므로 주택시장을 효율적이고 균형적이며, 안정적으로 관리하는 주택정책은 매우 중요한 과제가 되었다. 주택시장은 주택을 재화로 하여 거래되는 시장이다. 그러나 일반시장과는 달리 주택공급을 위한 막대한 자금이 필요함은 물론, 주택구입에도 막대한 자금이 소요되므로 공급과 수요 측면에서 모두 금융적인 문제가 관건이다. 그리고 주택건설을 위한 택지개발 등 대지확보와 건설자재 등 금융적인 측면은 물론, 주거지역으로서 필요한 각종 기반시설을 갖추어야 하므로 인허가 등 각종 규제를 해소하여야 하고, 도로망, 학교, 상업시설 등 종합적인 정책이 결합된 것으로 국가 정책적으로도 그 중요성이 크다고 할 수 있다.

주택정책이란 주택 문제의 해결에 기여하기 위해 행하는 정책으로, 직접 주택 건설을 하는 외에 주택금융의 정비, 주택세제의 조정, 주택생산의 합리화, 지대 임대료의 통제 및 지도 등 다면적인 정책을 총칭한다. 민법상 부동산은 토지를 비롯한 건축물 등을 대상으로 하므로 정책적인 이슈로는 주택과 관련한 부분이 가장 많은 비중을 차지한다. 그러므로 정책적으로는 부동산시장에 대한 논의는 주택시장에 대한 문제와 연관성이 크다. 그리고 많은 정책들은 주택정책과 관련한 이슈를 가지고 있다. 주택과 관련한 문제를 다루기 위해서는 대지와 건축물(아파트, 오피스텔, 주상복합, 단독, 빌라 및 다세대, 사무건물 등)의 문제를 다루게 되는데, 대부분의 건축물은 주택과 연관된 사안들이라고 할 수 있다. 특히 주택은 인간의 기본적인 3대 생존조건인 의식주에 해당하는 것으로 국가적으로도 매우 중요한 정책적 과제가 된다고 할 수 있다. 그러므로 부동산과 관련한 문제에서 주택은 그 중심을 이루는 사안이라고 할 수 있다. 그동안 우리나라 부동산정책에서 주택정책이 상당부분 차지하고 있는 것도 이러한 점을 반영하는 것이라고 할 수 있다.

한편, 어느 정부에서든 주택문제는 가장 중요한 정책적 이슈가 되어 왔고, 앞으로도 시장상황에 따라 지속적인 이슈가 될 수 있다고 할 수 있다. 이러게 보면 부동산시장에서의 요소들인 토지, 건축물 등에서 주택부분은 가장 중심적인 문제라고 할 수 있다. 토지가 없는 주택은 없으므로 토지는 주택에서 뗄 수 없는 구성요소라고 할 수 있다. 도시화 과정에서 토지지가의 상승은 주택가격을 결정하는 가장 중요한 요인 중에 하나이다. 또한 건축물은 보다 고급화되고 편리성을 강조하면서 첨단시설들을 비치함에 따라 주택가격에서 차지하는 비중도 커지는 것이 일반적이다. 그러나 서울을 비롯한 대도시에서의 토지가격은 주택가격에서 여전히 가장 큰 비중을 차지하고 있다.

주택정책에서 가장 큰 이슈는 절대적으로 부족한 주택의 공급확대가 가장 먼저 우선과제로 시행되었다. 그러나 이러한 주택의 공급에는 막대한 재원이 필요하게 되고, 주택건설을 위한 막대한 재원을 조달하기 위한 금융정책도 주택정책에서 매우 중요한 과제가 되고 있다. 다음으로 주택의 공급질서를 공정하고 투명하게 운영하고자 하는 정책적인 고려도 중요하다. 또한, 자가주택을 확대하기 위한 청약제도, 우대정책 및 자금조달정책, 사회적 취약계층을 위한 공급정책 등 다양한 형태의 주택정책 내지 관련정책이 각 정부에서 시행되었다. 그러나 주택정책은 투기수요를 증폭시키고 주택가격의 불균형 등 많은 부작용도 발생하여 이를 시정하기 위한 정책들도 다양하게 시행되었다. 물론 이러한 정책은 시장의 상황에 따라 때로는 완화하고 때로는 강화하면서 탄력적으로 대응하는 정책적인 고려가 있다고 할 수 있다. 결론적으로 주택정책은 국가경제 및 국민경제, 국민생활에 매우 중요한 부분을 차지하고 있다는 점이며, 이러한 측면에서 국가적으로 정책적인 고려도 매우 중시되고 있다고 할 수 있다.

Ⅱ. 도시계획과 도시재생정책

도시는 인류가 집단주거지역의 형성과 정치적인 준거점으로부터 시작되었다고 할 수 있다. 고대 도시는 왕궁을 중심으로 하는 정치와 행정, 문화 등 나라의 모든 중심적 기능을 하였다. 이러한 도시의 초기기능은 중앙의 정치, 행정 등의 중심지인 수도, 점자 지배통제력이 확산되면서 지방행정중심으로 확대되었다. 또한 교역 등이 확대되면서 상업지구 등이 형성되고, 항만 등 해양교류지역, 교통결절지역 등으로 도시화가 진전되었다.[1)]

즉, 도시화는 자연발생적으로 도시지역으로 확대발전하는 경향도 있지만, 행정중심도시, 산업도시 등 계획적인 도시계획에 따라 형성되는 것이 현대적인 도시화의 일반적인 모습이라고 할 수 있다. 물론, 고대국가들도 수도건설의 일면을 보면 계획도시의 일면을 많이 볼 수 있다. 현대에서 공업도시 등 산업화에 따른 도시계획은 도시계획의 근간을 이룬다고 할 수 있다. 또 우리나라의 신도시 개발에서 볼 수 있는 것처럼 대규모 택지개발과 함께 도시인프라를 구축하고 주택단지를 조성하고, 행정, 상업, 문화시설, 의료보건시설, 교육시설 등을 건설한 사례들을 보면 체계적인 계획에 따라 이루어졌음을 알 수 있다. 이러한 도

1) 수도 ⇒ 지방행정중심 ⇒ 상업지구 ⇒ 해양교류지역 등으로 도시화가 확대되었다. 그러나 IT중심의 가상공간사회에서는 지역적인 고려는 그 의미가 축소되고 있다.

시계획은 장기적인 도시정책을 필요로 한다. 우리나라의 경우는 국토종합계획과 함께 도시개발계획도 이루어졌음을 알 수 있는데, 이는 신도시뿐만 아니라 구도시를 개편하는 과정에서도 장기계획을 기반으로 추진되고 있음을 알 수 있다.

한편, 현대는 급속한 산업화와 도시화에 따른 각종 도시생활문제가 발생하고, 환경적, 문화적, 교육적인 문제 등 다양한 문제들이 발생하면서 도시재생의 문제가 대두되었다. 도시화에 대하여 도시재생이라는 명제가 본격적으로 대두된 것은 1990년대 영국의 사례를 들 수 있다. 그동안의 도시화는 기존도시를 확장하고, 새로운 도시를 건설하는 것이 일반적인 도시정책이었다면, 이제부터 도시정책은 기존도시의 재생이라는 문제에 관심을 가지게 된 것이다. 우리나라의 경우도 현 정부의 도시재생정책을 확대하면서 그동안 재건축, 재개발 형식의 도시환경개선 사업을 보다 진일보한 도시재생정책으로 변경하여 추진하고 있다.

도시계획 및 도시개발, 도시재생은 종합적인 계획이 필요하고 복합개발이 필요한 만큼 이에 소요되는 비용도 막대하다. 그러므로 도시계획 등에는 막대한 재원조달과 효율적인 운영이 필요하게 된다. 여기에서 도시금융정책이 중요한 과제가 된다고 할 수 있다. 도시금융은 프로젝트, 펀드, 정책자금 등 다양한 형태로 조달되고 있다. 선진제국들도 막대한 도시금융의 조달을 위한 다양한 프로그램을 활용하고 있음을 알 수 있는데, 우리나라의 경우 다양한 형태의 금융프로그램과 함께 다양한 개발프로그램과 정책금융을 통한 지원대책을 마련하고 있다. 결국 도시계획과 도시재생 등 도시정책에는 금융프로그램이 중요한 비중을 가진다고 할 수 있다.

Ⅲ. 금융시장과 금융정책

금융시장(financial market)이란 화폐의 대차거래가 이루어지는 시장을 말하며 화폐시장이라고도 한다. 이것이 일반상품시장과 다른 점은 ① 그곳에서 거래되는 대상이 질적으로 무차별한 화폐이며, ② 그 화폐는 기한부로 매매되며 이자를 낳는 대부자본이라는 것이다. 금융시장에서 화폐의 수급량에 따라 자본으로서의 가격인 이자가 결정된다. 그러나 구체적인 거래에서는 그 매매조건이 각

양각색이며, 대부기간 · 이자 및 상환 · 보증 등에 있어서 각각 상이하다. 금융시장을 대부기간에 따라 단기금융시장과 장기금융시장으로 나누어, 전자를 화폐시장(money market), 후자를 자본시장(capital market)이라고 하기도 한다. 이러한 분류는 편의상 실제의 금융계에서 사용되고 있는 형식적인 것으로 단기금융시장과 화폐시장, 장기금융시장과 자본시장이 반드시 일치하는 것은 아니다. 오히려 이 분류는 할인시장 · 콜 마켓을 전자, 공사채의 기채시장(起債市場) · 주식발행시장 · 특정의 금융기관(이를테면 우리나라의 한국산업은행)을 후자로 하는 것이 편리하다는 정도의 의미를 가진다. 거래대상은 단일의 상품인 자본으로서의 화폐이므로 금융시장을 하나로서 취급하는 것이 보다 그 본질을 잘 파악할 수 있게 한다고 할 수 있다.

일반적인 시장에서는 생산자가 공급자가 되고 일반 소비자들이 수요자가 되며, 거래되는 상품은 여러 재화들이다. 금융시장도 다른 시장과 마찬가지로 수요자와 공급자 그리고 상품이 있어야 한다. 이들 요소가 금융시장을 구성하고 있다. 금융시장은 기업, 가계, 정부 등 경제주체들이 금융상품을 거래하여 자금을 조달하고 여유자금을 운용할 수 있도록 자금수요자와 자금공급자가 만나 금융거래를 하는 곳으로, 경제주체들은 자금의 수요자와 공급자로 구분된다. 일반적인 수요자는 재고유지나 사업확장을 위해서 항상 돈이 필요한 기업이다. 소비자들도 자동차구입이나 주택구입과 같이 일시적으로 대규모 지출이 필요한 경우에는 자신들의 소득으로 지출을 감당할 수 없기 때문에 수요자가 될 수도 있다. 정부도 조세수입보다 지출이 많은 경우에 자금의 수요자가 될 수 있다. 이밖에 외국도 자금의 공급자나 수요자가 될 수 있다. 자금의 공급자는 본인들의 수입이나 소득보다 지출이 적은 사람들인데 이들은 자신들이 저축한 돈의 가치가 증가하기를 바라는 사람이다. 저축자들은 단순히 돈을 보관하는 것이 아니라 투자자가 되어서 적극적으로 돈을 증식시키려고 한다. 이들은 채권이나 주식을 포함한 다양한 금융상품을 구입하여 이자나 배당소득 그리고 매매차익을 노린다. 대출상품을 제외하고는 금융상품의 수요자가 자금의 공급자가 되고 금융상품의 공급자가 자금의 수요자가 된다.

결국, 금융시장은 자금잉여부문(흑자부문)이 자금부족부문(적자부문)에 자금을 융통하는 거래가 행해지는 장, 또는 과정을 의미한다. 금융시장에서는 이자율(금리)이 자금의 수급을 균형시키는 역할을 하고, 자금의 초과수요가 있으면 이자율은 상승하고 그 이자율의 상승은 초과수요를 소멸시킨다. 자금의 초과공급이 있으면 그 역현상이 된다. 금융기관이나 단자회사로 형성되는 협의의 금융시장·증권시장·외환시장이 있으며, 국내거래면 국내금융시장, 국제거래면 국제금융시장, 기간이 길면 장기금융시장(자본시장), 단기이면 단기금융시장 등의 구분이 있다. 일반적으로 단기라고 할 때는 1년 미만을 말하며, 단기금융시장(money market)라고도 한다. 이에 대해 장기는 보통 1년 이상의 것을 말한다. 장기자금의 원천은 궁극적으로는 가계저축, 기업저축 및 정부저축 등의 저축이며, 이들 저축은 주식·사채의 인수를 통해서 기업에 융자되거나 또는 예금·금융채의 구입·보험료 등을 통해서 금융기관에 들어갔다가 기업에 융자되는데, 이와 같은 장기금융시장을 특히 자본시장(capital market)이라고도 한다.

한편, 금융정책(monetary policy)이란 통화량 또는 이와 관련되어 있는 여러 가지 변수의 변경을 통해서 국민경제활동의 수준을 조정함으로써 완전고용, 물가안정, 국제수지의 향상, 경제성장의 촉진 등의 정책목표를 달성하기 위해서 금융당국(정부와 중앙은행 등)이 취하는 경제정책을 말한다.

재정정책이 정부지출이나 조세수입을 통해서 국민소득의 흐름에 직접적인 영향을 미치는데 비하며 금융정책은 통화량이나 이자율 등의 변경을 통해서 간접적으로 국민소득의 흐름에 영향을 미칠 따름이다. 이를 위해서 금융당국이 사용하는 금융정책의 수단으로는 일반적 정책수단과 선별적 정책수단을 들 수 있다. 전자를 양적 통제수단(quantitative control)이라 하고 후자를 질적 통제수단(qualitative control)이라고 부르기도 한다. 일반적 정책수단이란 금융정책의 효과가 국민경제의 어떤 일부분이 아니라 국민경제의 전반에 대하여 영향을 미치는 정책 수단을 말하는데, 여기에는 공개시장조작·재할인율조정·지불준비율조정의 세 가지 정책수단이 포함된다. 먼저 Ⓐ 공개시장조작(open market operation)이란 금융정책의 여러 수단 가운데서도 가장 유력하고 부작용이 적은 정책수단으로서, 중앙은행이 국채시장에서 국채를 매입 또는 매각하여 통화량 및 은행의 지불준비금을 변화시키고 이자율을 변경시키는 기능을 수행한다.

Ⓑ 재할인율의 조정이란 중앙은행이 일반은행에 대하여 부과하는 대출이자율을 변경시켜 일반은행의 대출이자율이 이에 따르도록 함으로써 자금의 양적조절을 꾀하려는 정책이다. 그러나 일반은행에 대한 중앙은행의 자금공급방법은 상업어음의 재할인뿐만 아니라 일반적 대부형태의 방법도 채용되고 있으므로 중앙은행은 재할인율의 변경뿐만 아니라 대부이자율의 변경을 통해서 일반은행에 대한 자금공급량을 조절하기도 한다. Ⓒ 지불준비율의 조정이란 은행의 예금부채의 일정비율을 현금자산으로 은행이 금으로 보유하거나 또는 중앙은행에 예입하도록 법령으로 규정한 법령지불준비제도에 의거해서 법정지불준비율을 변경시킴으로써 은행이 보유하는 실제준비금과 통화량에 영향을 미치는 정책수단을 말한다. 예컨대 법정지불준비율을 인하하면 은행에 있어서의 초과지불준비금이 증가되어 통화승수의 크기를 증가시킨다. 이와 반대로 법정지불준비율을 인상하면 초과지불준비금이 감소하고 통화승수가 감소한다. 따라서 금융팽창의 효과를 기대할 때에는 법정지불준비율을 인하시킨다.

이상과 같이 일반적인 정책수단은 간접적으로 통화량을 규제하는 방식으로서 가장 중요한 것이 공개시장조작이다. 그런데 이 수단은 국·공채시장이 존재하여 이것이 원활히 운행되고 있는 것을 전제로 한다. 따라서 국·공채시장이 존재하고 있지 않은 후진국이나 국·공채시장이 존재하는 나라일지라도 공개시장조작만 가지고는 충분한 통화량 규제의 효과를 기대할 수 없는 사정이 있을 때는 이른바 한도제(限度制, ceiling)라는 직접적인 수단이 채택되는 수가 있다. 한도제라 함은 이를테면 통화량, 일반은행의 자산, 중앙은행의 국내자산 또는 국내총여신량이 일정한도를 넘지 못하도록 그 상한선을 설정하는 것을 말한다. 지금까지 언급한 직·간접적 영향을 미치는 일반적 정책수단은 단독적으로 사용되기도 하고 상호보완적으로 실시되기도 하는데, 일반적으로는 이러한 정책수단을 관련성 있게 사용하여 상호 보완적인 효과를 기대하는 것이 상례로 되어 있다.

다음으로 선별적 정책수단이란 어떤 특정부문에 대하여 선별적으로 영향을 미칠 것을 목적으로 취해지는 금융정책을 말한다. 선별적 정책수단을 크게 두 가지 종류로 나눌 수 있는데, 하나는 경제안정을 주목적으로 하는 것으로서 일반적 금융통제 정책의 집행결과로서 어떤 특정부문이 바람직하지 못한 영향을 받는 경우 그것을 중화하기 위해 취하는 선별적 통제이고 다른 하나는 경제의 특정부분의 육성 또는 발전을 위한 것이다. 전자는 대체로 선진국에서 후자는 후진국에서 채택되는 수단으로서 전자의 경우에는 증권금융의 규제, 소비자신용의 규제, 부동산신용의 규제 등이 해당되며 후자의 경우에는 중소기업의 지원이나 수출의 진흥, 그 외에 농업의 지원이나 중화학공업 및 기계공업의 육성을 위한 특별한 금융적 지원이 행하여지는 것이 해당된다.

결국, 금융정책이란 여러 가지 정책수단을 통해서 완전고용의 달성, 물가안정, 국제수지의 개선 등 여러 가지 경제적 목표를 달성하기 위한 경제정책이라고 할 수 있는데, 과연 이것이 얼마만큼 유효한 정책수단인가 하는 문제가 항상 제기되어 왔다. 특히 1930년대의 대공황 이후 금융정책에 대한 불신은 고조되었으며 그 중에서도 케인즈파의 경제학자들은 금융정책의 효과에 대해서 매우 강한 회의를 품게 되었으며 재정정책의 중요성을 강조하였다. 그러나 제2차대전 이후에는 세계경제의 초점이 불경기와 실업의 문제로부터 인플레이션으로 이행됨에 따라 금융정책의 유효성에 대한 재평가가 이루어졌는데, 프리드먼(Friedman, M.)을 중심으로 하는 신화폐수량설이 그것을 이론적으로 뒷받침하였다. 그러나 다시 1960년 후반 이후에 이른바 스태그플레이션의 현상이 나타난 뒤로는 금융정책뿐만 아니라 재정정책도 별다른 실효를 거두지 못하고 있는 실정이다.

Ⅳ. 주택도시금융정책

주택도시금융은 주택정책과 도시계획 및 도시재생정책을 실현하는 정책적인 금융, 주택 및 도시재생 시행공급자의 금융, 정책의 실수요자인 개개 국민을 위한 금융으로 나누어 볼 수 있다. 다만, 주택도시금융은 일반 시장금융상품의 구조적인 틀에서 판단되는 부분 외에도 정책적으로 실행되는 정책적인 금융이 강하게 작용하고 있다는 점을 염두에 둘 필요가 있다. 이러한 측면에서 주택도시기금이라는 정책금융이 우리 정부가 운영하는 기금 중에서 가장 큰 규모와 비중을 차지하고 있는 점도 고려할 필요가 있다. 물론, 주택정책이나 도시정책의 실현은 국민의 기본적인 삶에 필요한 부분이고 이러한 정책을 실현하는데 막대한 재원이 필요한 점도 고려할 필요가 있다.

한편, 일반 시중 대출금융, 정책기금 외에도 주택도시금융에서는 다양한 형태의 금융제도를 가지고 있다. 즉, 각종 금융보증제도, 프로젝트금융, 신탁제도, 릿츠, 투자금융, 개발금융 등을 들 수 있다. 아울러, 주택도시금융이 우리의 현실에서 아직은 주택부분에 대한 금융체계와 금융프로그램이 규모면에서도 절대적인 비중을 차지하고 있고, 도시재생사업을 지원하기 위한 도시재생부분의 금융프로그램은 그 다양성을 확보하지 못하고 있다. 이러한 측면에서 우리보다 먼저 도시재생정책을 추진하고 있는 선진제국의 도시재생관련 각종 금융프로그램을 검토하는 것은 우리의 현실에 접목할 수 있는 대안을 찾고, 도시재생금융을 활성화하는 방법을 찾을 수 있을 것이다.

또한, 주택도시금융정책이 경제규제정책과 맞물려 실행되고 있는 점을 감안할 필요가 있다. 공급자금융뿐만 아니라 소비자금융측면에서도 각종 규제정책이 복합적으로 추진되고 있는 점은 국가경제와 국민경제에서 그 중요성이 크다는 점을 반증하는 것이지만 규제의 강화와 규제의 완화를 적절하게 조절하는 기능을 통해서 주택정책과 도시정책의 실효성을 제고할 수 있다는 점, 규모와 중요성면에서 정책금융의 역할과 함께 시장금융의 역할이 적절하게 조화될 수 있어야 한다는 점, 주택정책과 도시재생 등이 사회적 주체와 정책주체 등 사회적 합의가 필요하다는 점에서 사회적 금융정책도 접목될 수 있다는 점, 펀드, 리츠, 신탁, 프로젝트금융 등 다양한 형태의 금융프로그램이 활용될 수 있다는 점 등을 고려하여야 할 것이다.

제 2 장

주택시장과 주택정책

제1절 서 설

주택의 공급과 수요가 이루어지는 주택시장에서의 주택정책이란 주택문제와 관련한 각종 제도의 수립과 실행을 위해 행하는 정책으로, 직접 주택을 건설하여 공급하는 것 외에 주택금융의 정비, 주택세제의 조정, 주택공급과 수요의 합리화, 지대 및 임대료의 통제, 지도규제 등 다면적인 정책의 총칭이다. 우리나라의 주택난은 매우 심각한 실정이었는데, 일제의 수탈에 이어 한국전쟁은 주택의 멸실은 물론 전국토를 황폐화시켰고, 이후 가중된 주거불안, 인구의 증가, 산업화와 급속한 도시집중에도 불구하고 재정문제 등 주택난은 크게 개선되지 못하고 있다가, 본격적인 주택공급정책은 80년대를 넘어오면서 추진되었다고 할 수 있다. 국가정책 및 사회복지의 측면에서 주택정책의 방향은, ① 국민주택(公營住宅)이나 임대주택(賃貸住宅)의 건설, ② 주택자금 융자 및 주택가격(임대 포함) 정책, ③ 주거급여 등 주택수당제도,[1] ④ 노령자의 생활에 적합한 주택건설, ⑤ 청년, 신혼부부에 적합한 생애주기별 주택 등이 요망되었다. 또한 부동산 투기에 따른 주택가격의 급등으로부터 실수요자를 보호하기 위한 정책이 반드시 필요하며, 현재 여러 가지 방안을 시행중에 있으나 보다 합리적인 제도의 모색이 시급하다.

본 장에서는 주택정책의 기본방향을 설정하고 있는 주택관련 정책법규들의 내용을 간단하게 정리하고, 연혁적으로 시기별, 정부별 주요 주택정책을 검토하고, 주택공급과 수요정책의 주요 사항과 주택정책관련 주요제도를 차례로 설명하기로 한다.

제 2 절 주택정책관련 주요 법규

주택정책관련 주요법령으로는 주거기본법, 주택법, 임대주택법, 건축법, 공동주택관리법령, 주택공급에 관한 규칙 등 상당히 많은 법령들이 있다. 그러나 이들 중 주택공급과 수요측면에서 주택정책을 살펴본다면 가장 기본은 주택법과 주택공급에 관한 규칙을 들 수 있다. 이들 법령을 중심으로 설명하고자 한다.

Ⅰ. 주택의 공급

1. 주택공급의 방법 등

사업주체(건축법 제11조에 따른 건축허가를 받아 주택 외의 시설과 주택을 동일 건축물로 하여 제15조제1항에 따른 호수 이상으로 건설·공급하는 건축주와 제49조에 따라 사용검사를 받은 주택을 사업주체로부터 일괄하여 양수받은 자를 포함)는 Ⓐ 사업주체(공공주택사업자는 제외)가 입주자를 모집하려는 경

1) 주택수당제도란 서유럽 선진국에서 시작하였는데, 저소득층을 구제하기 위하여 부담능력과 공정가임기준(公正家賃基準)과의 차액을 정부가 보조해 주는 제도를 말한다. 일본의 경우에도 가족수에 따라 주택수준을 정하고 그 가임이 세대주 소득의 10%를 초과하면 초과분을 지급하는 주택수당제도가, 특히 저임금근로자들의 주택문제를 해결하기 위하여 실시되고 있다.

우: 국토교통부령으로 정하는 바에 따라 시장 · 군수 · 구청장의 승인(복리시설의 경우에는 신고를 말한다)을 받을 것, Ⓑ 사업주체가 건설하는 주택을 공급하려는 경우: ⓐ 국토교통부령으로 정하는 입주자모집의 조건 · 방법 · 절차, 입주금(입주예정자가 사업주체에게 납입하는 주택가격을 말한다)의 납부 방법 · 시기 · 절차, 주택공급계약의 방법 · 절차 등에 적합할 것, ⓑ 국토교통부령으로 정하는 바에 따라 벽지 · 바닥재 · 주방용구 · 조명기구 등을 제외한 부분의 가격을 따로 제시하고, 이를 입주자가 선택할 수 있도록 할 것에 따라 주택을 건설 · 공급하여야 한다. 이 경우 국가유공자, 보훈보상대상자, 장애인, 철거주택의 소유자, 그 밖에 국토교통부령으로 정하는 대상자에게는 국토교통부령으로 정하는 바에 따라 입주자 모집조건 등을 달리 정하여 별도로 공급할 수 있다.

주택을 공급받으려는 자는 국토교통부령으로 정하는 입주자자격, 재당첨 제한 및 공급 순위 등에 맞게 주택을 공급받아야 한다. 이 경우 투기과열지구 및 조정대상지역에서 건설 · 공급되는 주택을 공급받으려는 자의 입주자자격, 재당첨 제한 및 공급 순위 등은 주택의 수급 상황 및 투기 우려 등을 고려하여 국토교통부령으로 지역별로 달리 정할 수 있다.

2. 공급대상 주택의 기준

(1) 국민주택 등

국민주택 및 고용자인 사업주체가 그 소속근로자에게 공급하기 위하여 건설하는 주택과 국가기관, 지방자치단체 또는 법인이 공무원(공무원연금수급권자를 포함), 군인(군인연금수급권자를 포함) 또는 그 소속 근로자에게 공급할 주택을 다른 사업주체에게 위탁하여 건설하는 경우 그 위탁에 의하여 건설되는 주택은 입주자모집공고일 현재 해당 주택건설지역에 거주하는 무주택세대구성원(공급신청자가 단독세대주이거나 세대주가 아닌 세대원인 경우에는 미성년자를 제외)에게 1세대 1주택(공급을 신청하는 경우에는 1세대 1명을 말한다)의 기준으로 공급한다.

(2) 민영주택

민영주택(상기 소속근로자 주택, 공무원, 군인 등에게 공급할 주택 제외)은 입주자모집공고일 현재 해당 주택건설지역에 거주하는 성년자(세대주인 미성년자를 포함)에게 1인 1주택의 기준으로 공급한다. 다만, 주택법에 따른 토지임대부 분양주택(토지임대주택)은 1세대 1주택의 기준으로 공급한다.

(3) 특별공급

특별공급은 Ⓐ 행정중심복합도시 예정지역, Ⓑ 도청이전을 위한 도시건설 및 지원에 관한 특별법에 따라 지정된 도청이전신도시 개발예정지구, Ⓒ 공공기관 지방이전에 따른 혁신도시 건설 및 지원에 관한 특별법에 따라 지정된 혁신도시개발예정지구, Ⓓ 기업도시개발 특별법에 따라 지정된 기업도시개발구역, Ⓔ 주한미군기지 이전에 따른 평택시 등의 지원 등에 관한 특별법에 따른 평택시 등, Ⓕ 산업입지 및 개발에 관한 법률에 따른 산업단지의 지역에서 공급하는 주택은 해당 주택건설지역에 거주하지 아니하는 자도 공급대상에 포함하며, 특별시장·광역시장·특별자치시장·시장(제주특별자치도 설치 및 국제자유도시 조성을 위한 특별법 제15조제2항에 따른 행정시의 시장을 포함) 또는 군수는 행정구역의 변경으로 주택건설지역이 변경되는 경우에는 변경 전의 주택건설지역 또는 그 중 일정한 구역의 거주자를 공급대상에 포함하게 할 수 있다.

3. 주택의 분양가격

(1) 주택의 분양가격 제한 등

사업주체가 주택법에 따라 일반인에게 공급하는 공동주택 중 Ⓐ 공공택지, Ⓑ 공공택지 외의 택지에서 주택가격 상승 우려가 있어 국토교통부장관이 주거기본법 제8조에 따른 주거정책심의위원회 심의를 거쳐 지정하는 지역의 어느 하나에 해당하는 지역에서 공급하는 주택의 경우에는 법령에서 정하는 기준에 따라 산정되는 분양가격 이하로 공급(이에 따라 공급되는 주택을 "분양가상한제 적용주택"이라 한다)하여야 한다.

다만, Ⓐ 도시형 생활주택, Ⓑ 경제자유구역법에 따라 지정 · 고시된 경제자유구역에서 건설 · 공급하는 공동주택으로서 경제자유구역위원회에서 외자유치 촉진과 관련이 있다고 인정하여 분양가격 제한을 적용하지 아니하기로 심의 · 의결한 경우, Ⓒ 관광진흥법에 따라 지정된 관광특구에서 건설 · 공급하는 공동주택으로서 해당 건축물의 층수가 50층 이상이거나 높이가 150미터 이상인 경우에는 그러하지 아니한다.

분양가격은 택지비와 건축비로 구성(토지임대부 분양주택의 경우에는 건축비만 해당)되며, 구체적인 명세, 산정방식, 감정평가기관 선정방법 등은 국토교통부령으로 정한다. 이 경우 택지비는 Ⓐ 공공택지에서 주택을 공급하는 경우에는 해당 택지의 공급가격에 국토교통부령으로 정하는 택지와 관련된 비용을 가산한 금액, Ⓑ 공공택지 외의 택지에서 분양가상한제 적용주택을 공급하는 경우에는 감정평가법에 따라 감정평가한 가액에 국토교통부령으로 정하는 택지와 관련된 비용을 가산한 금액(다만, 택지 매입가격이 ⓐ 민사집행법, 국세징수법 또는 지방세징수법에 따른 경매 · 공매 낙찰가격, ⓑ 국가 · 지방자치단체 등 공공기관으로부터 매입한 가격, ⓒ 그 밖에 실제 매매가격을 확인할 수 있는 경우로서 대통령령으로 정하는 경우의 어느 하나에 해당하는 경우에는 해당 매입가격(대통령령으로 정하는 범위로 한정)에 국토교통부령으로 정하는 택지와 관련된 비용을 가산한 금액을 택지비로 볼 수 있다. 이 경우 택지비는 주택단지 전체에 동일하게 적용하여야 한다)에 따라 산정한 금액으로 한다. 분양가격 구성항목 중 건축비는 국토교통부장관이 정하여 고시하는 건축비(이하 “기본형건축비”라 한다)에 국토교통부령으로 정하는 금액을 더한 금액으로 한다. 이 경우 기본형건축비는 시장 · 군수 · 구청장이 해당 지역의 특성을 고려하여 국토교통부령으로 정하는 범위에서 따로 정하여 고시할 수 있다.

한편, 사업주체는 분양가상한제 적용주택으로서 공공택지에서 공급하는 주택에 대하여 입주자모집 승인을 받았을 때에는 입주자 모집공고에 Ⓐ 택지비, Ⓑ 공사비, Ⓒ 간접비, Ⓓ 그 밖에 국토교통부령으로 정하는 비용에 대하여 분양가격을 공시하여야 하고, 시장 · 군수 · 구청장이 공공택지 외의 택지에서 공급되는 분양가상한제 적용주택 중 분양가 상승 우려가 큰 지역으로서 대통령령으로 정하는 기준에 해당되는 지역에서 공급되는 주택의 입주자모집 승인을 하는 경우에는 Ⓐ 택지비, Ⓑ 직접공사비, Ⓒ 간접공사비, Ⓓ 설계비, Ⓔ 감리비, Ⓕ 부대비, Ⓖ 그 밖에 국토교통부령으로 정하는 비용의 구분에 따라 분양가격을 공시하여야 한다. 이 경우 Ⓑ부터 Ⓕ까지의 금액은 기본형건축비[특별자치시 · 특별자치도 · 시 · 군 · 구(구는 자치구의 구를 말하며, 이하 "시 · 군 · 구"라 한다)별 기본형건축비가 따로 있는 경우에는 시 · 군 · 구별 기본형건축비]의 항목별 가액으로 한다.

(2) 분양가상한제 적용 지역의 지정 및 해제

국토교통부장관은 주택가격상승률이 물가상승률보다 현저히 높은 지역으로서 그 지역의 주택가격 · 주택거래 등과 지역 주택시장 여건 등을 고려하였을 때 주택가격이 급등하거나 급등할 우려가 있는 지역 중 대통령령으로 정하는 기준을 충족하는 지역은 주거정책심의위원회 심의를 거쳐 분양가상한제 적용 지역으로 지정할 수 있고, 분양가상한제 적용 지역을 지정하는 경우에는 미리 시 · 도지사의 의견을 들어야 한다.

이울러, 국토교통부장관은 분양가상한제 적용 지역을 지정하였을 때에는 지체 없이 이를 공고하고, 그 지정 지역을 관할하는 시장 · 군수 · 구청장에게 공고 내용을 통보하여야 한다. 이 경우 시장 · 군수 · 구청장은 사업주체로 하여금 입주자 모집공고 시 해당 지역에서 공급하는 주택이 분양가상한제 적용주택이라는 사실을 공고하게 하여야 한다.

한편, 국토교통부장관은 분양가상한제 적용 지역으로 계속 지정할 필요가 없다고 인정하는 경우에는 주거정책심의위원회 심의를 거쳐 분양가상한제 적용 지역의 지정을 해제하여야 한다. 또한, 분양가상한제 적용 지역으로 지정된 지역의 시 · 도지사, 시장, 군수 또는 구청장은 분양가상한제 적용 지역의 지정 후 해당 지역의 주택가격이 안정되는 등 분양가상한제 적용 지역으로 계속 지정할 필요가 없다고 인정하는 경우에는 국토교통부장관에게 그 지정의 해제를 요청할 수 있다.

(3) 분양가심사위원회의 운영

시장 · 군수 · 구청장은 분양가격제한 등에 관한 사항을 심의하기 위하여 분양가심사위원회를 설치 · 운영하여야 하고, 입주자모집 승인을 할 때에는 분양가심사위원회의 심사결과에 따라 승인 여부를 결정하여야 한다.

분양가심사위원회는 주택 관련 분야 교수, 주택건설 또는 주택관리 분야 전문직 종사자, 관계 공무원 또는 변호사 · 회계사 · 감정평가사 등 관련 전문가 10명 이내로 구성하되, 구성 절차 및 운영에 관한 사항은 대통령령으로 정한다.

4. 투기과열지구의 운영

(1) 투기과열지구의 지정 및 해제

국토교통부장관 또는 시 · 도지사는 주택가격의 안정을 위하여 필요한 경우에는 주거정책심의위원회(시 · 도지사의 경우에는 주거기본법 제9조에 따른 시 · 도 주거정책심의위원회를 말한다)의 심의를 거쳐 일정한 지역을 투기과열지구로 지정하거나 이를 해제할 수 있다. 이 경우 투기과열지구의 지정은 그 지정 목적을 달성할 수 있는 최소한의 범위로 한다.

투기과열지구는 해당 지역의 주택가격상승률이 물가상승률보다 현저히 높은 지역으로서 그 지역의 청약경쟁률 · 주택가격 · 주택보급률 및 주택공급계획 등과 지역 주택시장 여건 등을 고려하였을 때 주택에 대한 투기가 성행하고 있거나 성행할 우려가 있는 지역 중 국토교통부령으로 정하는 기준을 충족하는 곳이어야 한다.

국토교통부장관 또는 시 · 도지사는 투기과열지구를 지정하였을 때에는 지체 없이 이를 공고하고, 국토교통부장관은 그 투기과열지구를 관할하는 시장 · 군수 · 구청장에게, 특별시장, 광역시장 또는 도지사는 그 투기과열지구를 관할하는 시장, 군수 또는 구청장에게 각각 공고 내용을 통보하여야 한다. 이 경우 시장 · 군수 · 구청장은 사업주체로 하여금 입주자 모집공고 시 해당 주택건설 지역이 투기과열지구에 포함된 사실을 공고하게 하여야 한다. 투기과열지구 지정을 해제하는 경우에도 또한 같다.

또, 국토교통부장관은 1년마다 주거정책심의위원회의 회의를 소집하여 투기과열지구로 지정된 지역별로 해당 지역의 주택가격 안정 여건의 변화 등을 고려하여 투기과열지구 지정의 유지 여부를 재검토하여야 한다. 이 경우 재검토 결과 투기과열지구 지정의 해제가 필요하다고 인정되는 경우에는 지체 없이 투기과열지구 지정을 해제하고 이를 공고하여야 한다.

(2) 조정대상지역의 지정 및 해제

국토교통부장관은 Ⓐ 주택가격, 청약경쟁률, 분양권 전매량 및 주택보급률 등을 고려하였을 때 주택 분양 등이 과열되어 있거나 과열될 우려가 있는 지역, Ⓑ 주택가격, 주택거래량, 미분양주택의 수 및 주택보급률 등을 고려하여 주택의 분양·매매 등 거래가 위축되어 있거나 위축될 우려가 있는 지역으로서 국토교통부령으로 정하는 기준을 충족하는 지역을 주거정책심의위원회의 심의를 거쳐 조정대상지역으로 지정할 수 있다. 이 경우 Ⓐ에 해당하는 조정대상지역의 지정은 그 지정 목적을 달성할 수 있는 최소한의 범위로 한다.

국토교통부장관은 조정대상지역을 지정하는 경우 Ⓐ 주택도시기금법에 따른 주택도시보증공사의 보증업무 및 주택도시기금의 지원 등에 관한 사항, Ⓑ 주택 분양 및 거래 등과 관련된 금융·세제 조치 등에 관한 사항, Ⓒ 그 밖에 주택시장의 안정 또는 실수요자의 주택거래 활성화를 위하여 대통령령으로 정하는 사항을 미리 관계 기관과 협의할 수 있고, 조정대상지역을 지정하는 경우에는 미리 시·도지사의 의견을 들어야 한다.

한편, 국토교통부장관은 조정대상지역을 지정하였을 때에는 지체 없이 이를 공고하고, 그 조정대상지역을 관할하는 시장·군수·구청장에게 공고 내용을 통보하여야 하고(이 경우 시장·군수·구청장은 사업주체로 하여금 입주자 모집 공고 시 해당 주택건설 지역이 조정대상지역에 포함된 사실을 공고하게 하여야 한다), 조정대상지역으로 유지할 필요가 없다고 판단되는 경우에는 주거정책심의위원회의 심의를 거쳐 조정대상지역의 지정을 해제하여야 한다.

5. 주택의 전매행위 제한

① 사업주체가 건설 · 공급하는 주택 또는 주택의 입주자로 선정된 지위(입주자로 선정되어 그 주택에 입주할 수 있는 권리 · 자격 · 지위 등을 말한다)로서 Ⓐ 투기과열지구에서 건설 · 공급되는 주택의 입주자로 선정된 지위, Ⓑ 조정대상지역에서 건설 · 공급되는 주택의 입주자로 선정된 지위(다만, 조정대상지역 중 주택의 수급 상황 등을 고려하여 대통령령으로 정하는 지역에서 건설 · 공급되는 주택의 입주자로 선정된 지위는 제외), Ⓒ 분양가상한제 적용주택 및 그 주택의 입주자로 선정된 지위(다만, 수도권정비계획법 제2조제1호에 따른 수도권 외의 지역 중 주택의 수급 상황 및 투기 우려 등을 고려하여 대통령령으로 정하는 지역으로서 투기과열지구가 지정되지 아니하거나 지정 해제된 지역 중 공공택지 외의 택지에서 건설 · 공급되는 분양가상한제 적용주택 및 그 주택의 입주자로 선정된 지위는 제외), Ⓓ 공공택지 외의 택지에서 건설 · 공급되는 주택 또는 그 주택의 입주자로 선정된 지위(다만, 도시형생활주택 등의 주택 또는 그 주택의 입주자로 선정된 지위 및 수도권 외의 지역 중 주택의 수급 상황 및 투기 우려 등을 고려하여 대통령령으로 정하는 지역으로서 공공택지 외의 택지에서 건설 · 공급되는 주택 및 그 주택의 입주자로 선정된 지위는 제외)의 어느 하나에 해당하는 경우에는 10년 이내의 범위에서 대통령령으로 정하는 기간이 지나기 전에는 그 주택 또는 지위를 전매(매매 · 증여나 그 밖에 권리의 변동을 수반하는 모든 행위를 포함하되, 상속의 경우는 제외한다)하거나 이의 전매를 알선할 수 없다. 이 경우 전매제한기간은 주택의 수급 상황 및 투기 우려 등을 고려하여 대통령령으로 지역별로 달리 정할 수 있다.

위 Ⓐ~Ⓓ의 어느 하나에 해당하여 입주자로 선정된 자 또는 Ⓒ 및 Ⓓ에 해당하는 주택을 공급받은 자의 생업상의 사정 등으로 전매가 불가피하다고 인정되는 경우로서 대통령령으로 정하는 경우에는 전매제한규정을 적용하지 아니한다. 다만, Ⓒ 및 Ⓓ에 해당하는 주택을 공급받은 자가 전매하는 경우에는 한국토지주택공사(사업주체가 지방공사인 경우에는 지방공사를 말한다)가 그 주택을 우선 매입할 수 있다.

6. 공급질서 교란 금지

누구든지 이 법에 따라 건설 · 공급되는 주택을 공급받거나 공급받게 하기 위하여 Ⓐ 주택을 공급받을 수 있는 지위, Ⓑ 입주자저축 증서, Ⓒ 주택상환사채, Ⓓ 그 밖에 주택을 공급받을 수 있는 증서 또는 지위로서 대통령령으로 정하는 것의 어느 하나에 해당하는 증서 또는 지위를 양도 · 양수(매매 · 증여나 그 밖에 권리 변동을 수반하는 모든 행위를 포함하되, 상속 · 저당의 경우는 제외) 또는 이를 알선하거나 양도 · 양수 또는 이를 알선할 목적으로 하는 광고(각종 간행물 · 유인물 · 전화 · 인터넷, 그 밖의 매체를 통한 행위를 포함)를 하여서는 아니 되며, 누구든지 거짓이나 그 밖의 부정한 방법으로 주택법에 따라 건설 · 공급되는 증서나 지위 또는 주택을 공급받거나 공급받게 하여서는 아니 된다. 이를 위반한 자에 대하여 10년의 범위에서 국토교통부령으로 정하는 바에 따라 주택의 입주자자격을 제한할 수 있다.

국토교통부장관 또는 사업주체는 Ⓐ 증서 또는 지위를 양도하거나 양수한 자, Ⓑ 거짓이나 그 밖의 부정한 방법으로 증서나 지위 또는 주택을 공급받은 자에 해당하는 자에 대하여는 그 주택 공급을 신청할 수 있는 지위를 무효로 하거나 이미 체결된 주택의 공급계약을 취소할 수 있다.

Ⅱ. 입주자저축

1. 입주자저축의 가입 및 사용

(1) 입주자저축취급기관

입주자저축을 취급하는 기관(이하 "입주자저축취급기관"이라 한다)은 은행법에 따른 은행(이하 "은행"이라 한다) 중 국토교통부장관이 지정한다. 현재(2018) 9개 은행(우리, 국민, 신한, 기업, 농협, 하나, 대구, 부산, 경남)이 지정되어 취급하고 있다.

(2) 입주자저축 가입

입주자저축은 한 사람이 한 계좌만 가입할 수 있고, 입주자저축에 가입하려는 사람은 주택공급에관한규칙(이하 "공급규칙"이라 한다)에서 정하는 신청서를 입주자저축취급기관에 제출하여야 한다. 입주자저축취급기관은 입주자저축 가입 신청을 받으면 전산관리지정기관(국토교통부장관이 지정·고시하는 입주자저축 전산관리업무 담당기관을 말한다)에 의뢰하여 신청인이 다른 입주자저축에 가입되어 있는지를 확인하여야 한다.

(3) 입주자저축의 통장 사용

입주자저축에 가입한 사람은 해당 입주자저축의 통장을 사용하여 입주자로 선정된 경우에는 동일한 통장으로 다른 주택의 입주자로 선정될 수 없다. 다만, ⓐ 입주자저축의 통장을 사용하여 분양전환되지 아니하는 공공임대주택의 입주자로 선정되어 거주하다가 같은 통장으로 분양전환되지 아니하는 공공임대주택의 입주자로 선정되는 경우, ⓑ 입주자저축의 통장을 사용하여 분양전환되지 아니하는 공공임대주택의 입주자로 선정된 후 같은 통장으로 분양주택 또는 분양전환공공임대주택의 입주자로 선정되는 경우, ⓒ 공급규칙에 따라 부적격 당첨자의 당첨이 취소된 경우에는 예외로 한다.

2. 주택청약종합저축

(1) 가입 및 납입조건

주택청약종합저축은 누구든지 가입할 수 있고, 주택청약종합저축의 납입기간은 가입한 날부터 주택(분양전환되지 아니하는 공공임대주택은 제외)의 입주자로 선정된 날까지로 한다.

주택청약종합저축의 월 납입금은 2만원 이상 50만원 이하로 한다. 다만, 월납입금의 총액이 공급규칙의 기준에 따른 민영주택 청약 예치기준금액의 최대한도에 이를 때까지는 50만원을 초과하여 납입할 수 있다.[2)]

(2) 통장의 사용요건

국민주택 또는 민영주택에 청약하려는 자는 법령의 요건을 갖추고 주택청약종합저축에 가입되어 있어야 한다. 다만, 민영주택에 청약하려는 자는 주택청약종합저축 월납입금의 총액이 공급규칙의 기준에 따른 민영주택 청약 예치기준금액 이상이어야 한다.

국민주택에 청약하는 주택청약종합저축 가입자에 대하여 저축총액을 산정할 때 월납입금액이 10만원을 초과한 경우에는 월납입금액을 10만원으로 하여 계산한다. 또한, 월납입금의 납입횟수를 산정할 때 미성년자로서 납입한 횟수가 24회를 초과하는 경우에는 24회 납입한 것으로 보며, 공급규칙에 따른 입주자저축 가입기간을 산정할 때 미성년자로서 가입한 기간이 2년을 초과하는 경우에는 2년간 가입한 것으로 본다.

(3) 주택청약종합저축의 가입자 명의변경

주택청약종합저축의 가입자명의는 가입자가 사망하여 그 상속인 명의로 변경하는 경우를 제외하고는 변경할 수 없다. 아울러, 입주자저축의 가입자명의를 변경하려는 자는 증명서류를 첨부하여 입주자저축취급기관에 신청하여야 한다.

(4) 주택청약종합저축의 해지에 따른 처리

주택청약종합저축을 해지하는 경우에 원금 및 이자의 지급방법은 ⓐ 원금 및 이자는 주택청약종합저축을 해지할 때에 한꺼번에 지급 하고, ⓑ 이자는 한국은행이 발표하는 예금은행 정기예금 가중평균 수신금리 등을 고려하여 주택청약종합저축의 가입일부터 해지일까지의 기간에 따라 국토교통부장관이 정하여 고시하는 이자율을 적용하여 산정하며, ⓒ 주택청약종합저축 가입일부터 1개월 이

2) 월납입금을 연체하여 납입한 경우 등의 처리는, 주택청약종합저축 가입자가 월납입금을 연체하여 납입한 경우 그 연체하여 납입한 월납입금은 다음 산식에 따라 산정된 날(1일 미만은 산입하지 아니한다)에 납입된 것으로 본다. 다만, 순위 또는 납입회차를 산정할 때 순차납입횟수를 초과하여 선납한 회차 및 금액은 포함하지 아니하고, 주택청약종합저축 가입자가 민영주택에 청약하려는 경우에는 적용하지 아니한다.

회차별 납입인정일 = 약정납입일 + (연체총일수 — 선납총일수)/납입횟수

내에 해지하는 경우에는 이자를 지급하지 아니한다.

(5) 해지된 주택청약종합저축에 관한 특례

주택청약종합저축을 해지한 자가 ⓐ 사업주체의 파산, 입주자모집승인 취소 등으로 이미 납부한 입주금을 반환받았거나 해당 주택에 입주할 수 없게 된 자에 해당하는 사람이 그 사실을 통보받은 날부터 1년 이내에 주택청약종합저축 납입금을 다시 납입하는 경우, ⓑ 공급규칙에 따라 당첨이 취소된 사람이 당첨이 취소된 날부터 1년 이내에 주택청약종합저축 납입금을 다시 납입하는 경우, ⓒ 분양전환되지 아니하는 공공임대주택의 입주자로 선정된 사람이 주택청약종합저축을 해지한 날부터 1년 이내에 주택청약종합저축 납입금을 다시 납입하는 경우에 따라 주택청약종합저축 납입금을 다시 납입하는 경우에는 종전의 주택청약종합저축은 해지되지 아니한 것으로 본다.

Ⅲ. 입주자모집 및 주택공급 신청

1. 입주자모집 시기 및 조건

(1) 입주자모집 시기

① 사업주체(법령에 따라 토지소유자 및 등록사업자가 공동사업주체인 경우에는 등록사업자를 말한다)는 Ⓐ 주택이 건설되는 대지(법령에 따라 입주자를 공구별로 분할하여 모집한 주택 또는 공급규칙에 따라 입주자를 분할하여 모집한 주택에 입주자가 있는 경우에는 그 입주자가 소유한 토지를 제외)의 소유권을 확보할 것(법령에 따라 주택이 건설되는 대지를 신탁한 경우를 포함, 다만, 법령에 따른 매도청구소송 대상 대지로서 (ⓐ 매도청구소송을 제기하여 법원의 승소 판결(판결이 확정될 것을 요구하지 아니한다)을 받은 경우, ⓑ 소유자 확인이 곤란한 대지에 대하여 매도청구소송을 제기하고 법령에 따른 감정평가액을 공탁한 경우, ⓒ 사업주체가 소유권을 확보하지 못한 대지로서 법령에 따라 최초로 사업계획승인을 받은 날 이후 소유권이 제3자에게 이전된 대지에 대하

여 매도청구소송을 제기하고 법령에 따른 감정평가액을 공탁한 경우)에는 법령에 따른 사용검사 전까지 해당 주택건설 대지의 소유권을 확보하여야 한다), Ⓑ ⓐ 주택도시기금법에 따른 주택도시보증공사(HUG), ⓑ 보험업법에 따른 보험회사(보증보험을 영위하는 보험회사만 해당) 중 국토교통부장관이 지정하는 보험회사에 해당하는 기관으로부터 주택도시기금법 시행령에 따른 분양보증을 받을 것의 요건을 모두 갖춘 경우에는 착공과 동시에 입주자를 모집할 수 있다.

② 사업주체는 상기 ① (선분양)의 Ⓐ의 요건은 갖추었으나 선분양의 Ⓑ의 요건을 갖추지 못한 경우에는 해당 주택의 사용검사에 대하여 등록사업자의 요건인 ⓐ 시공권이 있는 등록사업자로서 전년도 또는 해당 연도의 주택건설실적이 100호 또는 100세대 이상인 자일 것, ⓑ 전년도 또는 해당 연도의 주택건설실적이 100호 또는 100세대 이상인 자 중에서 자본금 및 주택건설실적 등을 고려하여 특별자치시장 · 특별자치도지사 · 시장 · 군수 · 구청장(이하 "시장 · 군수 · 구청장"이라 한다)이 인정하는 자일 것, ⓒ 독점규제 및 공정거래에 관한 법률에 따른 사업주체의 계열회사가 아닐 것의 요건을 모두 갖춘 등록사업자(건설산업기본법에 따라 일반건설업 등록을 한 등록사업자 또는 법령에 적합한 등록사업자를 말함) 2 이상의 연대보증을 받아 이를 공증을 받으면 아파트의 경우((a) 분양주택: 전체 층수의 3분의 2 이상에 해당하는 층수의 골조공사가 완성된 때, (b) 공공임대주택: 전체 층수의 3분의 2 이상에 해당하는 층수의 골조공사가 완성된 때), 연립주택, 다세대주택 및 단독주택의 경우((a) 분양주택: 조적공사가 완성된 때, (b) 공공임대주택: 미장공사가 완성된 때)의 구분에 따른 건축공정(건축공정의 기준)에 달한 후에 입주자를 모집할 수 있다.

(2) 분양시기 특례

선분양에도 불구하고 영업정지처분을 받은 사업주체로서 그 영업정지처분기간이 끝난 날부터 2년이 지나지 아니한 사업주체는 선분양의 요건을 갖추고 Ⓐ 아파트의 경우((a) 분양주택: 전체 층수의 2분의 1이상에 해당하는 층수의 골조공사가 완성된 때, (b) 공공임대주택: 전체 층수의 2분의 1이상에 해당하는 층수의 골조공사가 완성된 때), Ⓑ 연립주택, 다세대주택 및 단독주택의 경우((a)

분양주택: 조적공사가 완성된 때, (b) 공공임대주택: 미장공사가 완성된 때)의 구분에 따른 건축공정에 달한 후에 입주자를 모집할 수 있다.

한편, 국토교통부장관은 사업주체가 공공사업으로 조성된 택지를 공급받아 주택을 건설하는 경우로서 청약 과열 및 투기 억제를 위하여 필요하다고 인정되는 경우에는 택지분양계약을 체결한 후 입주자 모집이 가능하도록 주거기본법에 따른 주거정책심의위원회의 심의를 거쳐 입주자모집시기를 따로 정할 수 있다.

(3) 입주자모집 조건 및 요건의 특례

사업주체는 주택이 건설되는 대지의 소유권을 확보하고 있으나 그 대지에 저당권 · 가등기담보권 · 가압류 · 가처분 · 전세권 · 지상권 및 등기되는 부동산임차권 등(저당권등)이 설정되어 있는 경우에는 그 저당권등을 말소하여야 입주자를 모집할 수 있다. 다만, Ⓐ 사업주체가 법령에 따른 융자를 받기 위하여 해당 금융기관에 대하여 저당권등을 설정한 경우, Ⓑ 저당권등의 말소소송을 제기하여 법원의 승소 판결(판결이 확정될 것을 요구하지 아니함)을 받은 경우(이 경우 사업시행자는 법령에 따른 사용검사 전까지 해당 주택건설 대지의 저당권등을 말소하여야 함)는 그러하지 아니하다.

사업주체는 대지의 사용승낙을 받아 주택을 건설하는 경우에는 입주자를 모집하기 전에 해당 대지의 소유권을 확보하여야 한다. 다만, Ⓐ 대지의 소유자가 국가 또는 지방자치단체인 경우, Ⓑ 사업주체가 공공사업의 시행자와 택지분양계약을 체결하여 해당 공공사업으로 조성된 택지를 사용할 수 있는 권원을 확보한 경우에는 그러하지 아니하다.

한편, Ⓐ 국가, 지방자치단체, 한국토지주택공사(LH) 또는 지방공사, Ⓑ Ⓐ에 해당하는 자가 단독 또는 공동으로 총지분의 50퍼센트를 초과하여 출자한 부동산투자회사에 해당하는 사업주체는 상기의 모집요건에도 불구하고 입주자를 모집할 수 있다.

2. 입주자모집 절차

(1) 입주자모집 방법

사업주체는 공개모집의 방법으로 입주자를 모집하여야 한다. 아울러, 사업주체(입주자저축취급기관이 법령에 따라 청약접수를 대행하는 경우에는 입주자저축취급기관을 포함)는 방문접수 외에 인터넷을 활용하여 입주자를 모집할 수 있다.

한편, 투기과열지구에서 공급되는 주택 또는 청약 조정대상지역에서 공급되는 청약 조정대상주택의 입주자를 모집하는 경우로서 법령에 따른 제1순위 청약 신청을 접수하는 경우에는 해당 주택건설지역에 거주하는 자와 그 밖의 지역에 거주하는 자의 청약 신청 접수일을 각각 다른 날로 정하되, 해당 주택건설지역에 거주하는 자의 청약 신청 접수일이 그 밖의 지역에 거주하는 자의 청약 신청 접수일보다 우선하도록 하여야 한다.

(2) 입주자모집 승인 및 통보

사업주체(예외 있음)는 입주자를 모집하려면 입주자모집공고안, 법령에 따른 보증서 · 공증서 · 건축공정확인서 및 대지사용승낙서(해당하는 자만 제출)의 서류를 갖추어 시장 · 군수 · 구청장의 승인을 받아야 한다. 이 경우 시장 · 군수 · 구청장은 전자정부법에 따른 행정정보의 공동이용을 통하여 토지 등기사항증명서를 확인하여야 한다.

시장 · 군수 · 구청장은 입주자모집공고안을 승인하였으면 그 승인내용을 국토교통부장관, 전산관리지정기관, 주택도시기금수탁자(주택도시기금법에 따라 주택도시기금의 운용 · 관리에 관한 사무를 위탁 또는 재위탁받은 자를 말함:HUG), 분양보증기관(HUG), 법령에 따라 설립된 당해 협회에게 각각 통보하여야 한다.

(3) 입주자모집 공고

1) 모집공고 시기

사업주체는 입주자를 모집하고자 할 때에는 입주자모집공고를 해당 주택건설지역 주민이 널리 볼 수 있는 일간신문, 관할 시 · 군 · 자치구의 인터넷 홈페이지 또는 해당 주택건설지역 거주자가 쉽게 접할 수 있는 일정한 장소에 게시하여 공고하여야 한다. 다만, 수도권 및 광역시에서 100호 또는 100세대 이상의 주택을 공급하거나 시장 · 군수 · 구청장이 투기 및 과열경쟁의 우려가 있다고 인정하는 경우에는 일간신문에 공고하여야 하며, 시장 · 군수 · 구청장은 인터넷에도 게시하게 할 수 있다. 입주자모집공고는 최초 청약 신청 접수일 5일 이전에 하여야 한다.

2) 모집공고 내용

입주자모집공고에는 Ⓐ 사업주체명, 시공업체명, 연대보증인 및 사업주체의 등록번호 또는 지정번호, Ⓑ 감리회사명 및 감리금액, Ⓒ 주택의 건설위치 및 공급세대수(특별공급 및 단체공급이 있는 경우에는 공급방법별로 세대수를 구분하여야 함), Ⓓ 입주자를 분할하여 모집하는 경우에는 분할 모집시기 및 분양시기 별 주택공급에 관한 정보, Ⓔ 법령에 따라 주택을 우선 공급하는 경우에는 그 대상 주택에 관한 정보, Ⓕ 도시 및 주거환경정비법 제50조제1항부터 제4항까지의 공급대상자에 대한 주택의 공급이 있는 경우 해당 세대수 및 공급면적, Ⓖ 공구별로 입주자를 모집하는 경우에는 다른 공구의 주택건설 세대수, 세대당 주택공급면적, 입주자 모집시기, 공사 착공 예정일, 입주예정일 등에 관한 정보, Ⓗ 호당 또는 세대당 주택공급면적 및 대지면적, Ⓘ 주택의 공급신청자격, 신청시의 구비서류, 신청일시 및 장소, Ⓙ 인터넷을 활용한 주택의 공급신청 여부 및 공급신청 방법, Ⓚ 분양가격 및 임대보증금, 임대료와 청약금 · 계약금 · 중도금 · 잔금 등의 납부시기 및 납부방법, Ⓛ 공동주택 분양가격의 산정 등에 관한 규칙에 따른 기본선택품목의 종류, 기본선택품목을 제외한 부분의 분양가격, 추가선택품목 비용, 감정평가기관이 평가한 택지에 대한 감정평가액과 해당 감정평가기관, 건축비 가산비용을 인정받은 공동주택성능에 대한 등급, Ⓜ 분양보증기관의 분양보증 또는 임대보증금에 대한 보증을 받은 경우에는 그 내용, Ⓝ 입주자에 대한 융자지원내용, Ⓞ 분양전환공공임대주택인 경우에는 그 분양전환시기와 분양예정가격의 산출기준 등 분양전환조건에 관한 사항, Ⓟ 부대시설 및 복리시설의 내용(주민운동시설의 경우에는 시설의 종류와 수), Ⓠ 주택건설 기준 등에 관한 규정에 따른 친환경주택의 성능 수준, Ⓡ 입주자 또는 예비입주자 선정 일시 및 방법, Ⓢ 당첨자 발표의 일시·장소 및 방법, Ⓣ 이중당첨자 및 부적격당첨자의 처리 및 계약취소에 관한 사항, Ⓤ 입주자의 계약일·계약장소 등의 계약사항, Ⓥ 입주예정일, Ⓦ 도장공사, 도배공사, 가구공사, 타일공사, 주방용구공사 및 위생기구공사의 상태를 확인하기 위한 입주자의 사전방문에 관한 사항, Ⓧ 법령에 따른 매도청구 진행상황, Ⓨ 법령에 따라 발급받은 공동주택성능에 대한 등급, Ⓩ 그밖에 시장·군수·구청장이 필요하다고 인정하는 사항이 포함되어야 한다.

3. 주택공급 신청방법

(1) 주택공급신청서 교부 및 신청서류

사업주체는 공급규칙에서 정한 국민주택 공급신청서 또는 민영주택 공급신청서를 비치하고 공급신청자에게 교부하여야 한다.

주택의 공급신청을 하려는 자는 Ⓐ 주택공급신청서(인터넷을 활용하여 주택의 공급신청을 하는 경우에는 사업주체가 정하는 전자문서인 신청서를 말함), Ⓑ 세대주 또는 세대원인 사실 등을 증명하는 ⓐ 주민등록표 등본 또는 초본(입주자모집공고일 이후 발행된 것), ⓑ 가족관계의 등록 등에 관한 법률에 따른 가족관계증명서(다만, 공급규칙 제46조, 공공주택 특별법 시행규칙 별표 6에 따른 특별공급 또는 같은 시행규칙 별표4 제2호나목에 따른 노부모 부양 우선공급을 신청하는 자와 공급신청자의 세대별 주민등록표에 등재되어 있지 아니한 공급신청자의 배우자 및 배우자와 동일한 세대를 이루고 있는 세대원이 있는 경우에는 해당 신청자로 한정한다)의 서류, Ⓒ 주민등록증 사본 또는 여권 사본, Ⓓ 공급규칙 별지 제6호서식에 따른 서약서(국민주택을 공급받으려는 자,

투기과열지구에서 공급하는 주택 또는 청약 조정대상지역에서 공급하는 청약 조정대상주택을 제1순위자격으로 공급받으려는 자만 해당), Ⓔ 특별공급대상임(특별공급을 받으려는 자만 해당)을 증명하는 ⓐ 국가기관, 지방자치단체 등 관련 기관의 장이 특별공급대상임을 인정하는 서류, ⓑ 국가기관, 지방자치단체, 한국토지주택공사 또는 지방공사에서 발행하는 특별공급대상임을 입증하는 서류, Ⓕ 입주자저축취급기관 또는 전산관리지정기관이 발행하는 주택청약종합저축 가입(순위)증명서, Ⓖ 외국거주기간을 증명하는 ⓐ 출입국사실증명원, ⓑ 여권사본, ⓒ 그밖에 외국거주기간을 증명하는 서류(해당자에 한하며, 이 경우 외국거주기간은 입국일 및 출국일을 기준으로 산정한다), Ⓗ 거주지 등을 확인할 수 있는 ⓐ 국내에 거주하는 대한민국 국민(주민등록이 된 재외국민을 포함한다) : 주민등록증 사본 또는 주민등록표등·초본, ⓑ 외국국적동포 : 국내거소신고증 사본, ⓒ 외국인 : 외국인등록증 사본의 서류(법령에 따른 일반공급 대상자만 해당), Ⓘ 공급규칙 별표1 제1호가목2에 따른 소형·저가주택의 가격을 확인할 수 있는 서류(법령에 따른 일반공급을 신청하는 경우로서 별표1 제1호가목2에 따라 무주택자로 인정받으려는 경우만 해당)의 서류를 사업주체에게 제출하여야 한다. 다만, ⒷⒸⒹⒽⒾ에 따른 서류는 주택의 공급신청 시에 제출하지 아니하고 공급계약을 체결하기 전에 제출하게 할 수 있다.

(2) 주택공급 신청 서류의 관리

사업주체 또는 입주자저축취급기관은 신청서류 중 입주자로 선정되지 아니한 자의 서류는 접수일부터 6개월 동안 보관하고 입주자로 선정된 자의 서류는 접수일부터 5년 동안 보관하여야 하고, 전산관리지정기관은 사업주체 또는 입주자저축취급기관으로부터 제출받아 보관하는 청약접수 정보(입주자선정 및 동·호수 배정에 필요한 정보로 한정한다)를 접수일부터 10년 동안 보관하여야 한다.

Ⅳ. 주택공급 방법

1. 주택공급의 기준

(1) 주택의 공급방법

주택의 공급방법은 일반공급, 우선공급 및 특별공급으로 구분하여, 사업주체는 입주자를 선정하는 경우 동·호수는 추첨의 방법에 따라 배정하고, 법령에 따른 행정중심복합도시 예정지역, 도청이전신도시 개발예정지구, 혁신도시개발예정지구, 기업도시개발구역, 법령에 의한 평택시 등 산업단지, 법령에서 정하는 해당하는 지역의 주택건설지역에서 공급하는 주택의 공급신청자 중 같은 순위에서는 해당 주택건설지역의 거주자가 우선한다.

사업주체는 입주자 및 예비입주자를 선정한 때에는 그 명단을 지체 없이 Ⓐ 일간신문, Ⓑ 관할 시·군·자치구의 인터넷 홈페이지, Ⓒ 전산관리지정기관의 인터넷 홈페이지, Ⓓ 사업주체의 인터넷 홈페이지(국가, 지방자치단체, 한국토지주택공사 또는 지방공사에 해당하는 자가 단독 또는 공동으로 총지분의 50퍼센트를 초과하여 출자한 부동산투자회사인 사업주체의 경우에는 부동산투자회사법 제2조제5호에 따른 자산관리회사의 인터넷 홈페이지를 말함)의 매체 중 한 곳 이상에 공고하여야 하며, 주택공급신청자의 요청이 있으면 휴대전화 문자메시지로 입주자 또는 예비입주자로 선정된 자에게 개별적으로 알려줄 수 있다.

Ⓐ 투기과열지구 안에서 건설·공급되는 주택(제1순위로 청약한 경우로 한정), Ⓑ 분양가상한제 적용주택, Ⓒ 토지임대주택, Ⓓ 공공주택 특별법에 따른 공공건설임대주택(공공건설임대주택 중복 당첨으로 한정)에 공급신청을 한 자가 입주자모집공고일 현재 청약자격을 충족하였으나 입주자모집공고일 후에 주택공급신청자 및 주택공급신청자의 세대에 속한 자(공급규칙 제2조제4호 각 목에 해당하는 사람을 포함)가 다른 주택에 당첨되어 한 세대에서 두 주택 이상 중복 당첨된 경우에는 그 중 하나의 주택에 대해서만 공급계약을 체결할 수 있다. 이 경우 중복 당첨된 주택 중 분양가상한제 적용주택 또는 토지임대주택에

먼저 당첨된 경우에는 그 주택에 대하여 공급계약을 체결하여야 한다.

국토교통부장관은 필요한 경우에는 수도권 또는 광역시지역의 주택난 해소를 위하여 국토교통부장관이 지정하는 지역에서 건설하는 주택 또는 근로자주택 등 법령에 따라 건설하거나 정부시책의 일환으로 건설하는 주택에 대해서는 공급방법, 입주자관리방법 및 입주자 자격확인 절차 등을 따로 정하고 이를 고시하여야 한다.

(2) 예비입주자의 선정

사업주체는 국민주택의 일반공급과 민영주택의 일반공급에 관한 규정에 따라 입주자를 선정하는 경우에는 순위에 따라 일반공급 대상 주택수의 20퍼센트 이상(소수점 이하는 절상)의 예비입주자를 선정하여야 한다. 다만, 제2순위(민영주택을 공급하는 경우에는 제3순위를 말한다)까지 입주자를 모집한 결과 공급신청자수가 일반공급 대상 주택수의 120퍼센트 미만인 경우에는 그러하지 아니하다.

사업주체는 입주자를 선정하는 경우에는 추첨의 방법으로 예비입주자를 선정하여야 하고, 가점제 시행지역에서 공급하는 공공임대주택의 예비입주자를 선정하는 경우에는 같은 순위에서 경쟁이 있으면 가점이 높은 자에게 앞의 순번을 부여하고, 가점이 같거나 가점이 없는 자에 대해서는 추첨을 통하여 순번을 부여하여야 한다.

2. 일반공급

(1) 국민주택의 일반공급

1) 입주자 선정 순위

사업주체는 국민주택의 입주자를 선정하는 경우에는 입주자모집공고일 현재 ① 제1순위: Ⓐ 수도권: 주택청약종합저축에 가입하여 1년이 지난 자로서 매월 약정납입일에 월납입금을 12회 이상 납입한 자, Ⓑ 수도권 외의 지역: 주택청약종합저축에 가입하여 6개월이 지난 자로서 매월 약정납입일에 월납입금을 6

회 이상 납입한 자(다만, 시·도지사는 청약과열이 우려되는 등 필요한 경우에는 청약 1순위를 위한 주택청약종합저축 가입기간 및 납입횟수를 12개월 및 12회까지 연장하여 공고할 수 있다)의 어느 하나에 해당하는 자(다만, 투기과열지구에서 공급하는 주택 또는 청약 조정대상지역에서 공급하는 청약 조정대상주택인 경우에는 과거 5년 이내에 다른 주택의 당첨자가 된 자의 세대에 속한 자를 제외). ② 제2순위: 제1순위에 해당하지 아니하는 자(다만, 투기과열지구에서 공급하는 주택 또는 청약 조정대상지역에서 공급하는 청약 조정대상주택을 청약하는 경우에는 주택청약종합저축에 가입한 자로 한정)의 순위에 따라 선정하여야 한다.

상기 제1순위에서 경쟁이 있으면 Ⓐ 40제곱미터를 초과하는 주택의 공급순차(3년 이상의 기간[3] 무주택세대구성원으로서 저축총액이 많은 자 → 저축총액이 많은 자), Ⓑ 40제곱미터 이하인 주택의 공급순차(3년 이상의 기간 무주택세대구성원으로서 납입횟수가 많은 자 → 납입횟수가 많은 자)별로 공급한다.

2) 추첨 및 선착순 선정

제2순위에서 경쟁이 있는 경우, 각 순차 안에서 저축총액이 동일하거나 같은 순차 안에서 납입횟수가 동일하여 경쟁이 있는 경우에 해당하는 경우에는 추첨의 방법으로 입주자를 선정하고, 상기 절차에 따라 입주자를 선정하고 남은 주택이 있는 경우에는 선착순의 방법으로 입주자를 선정할 수 있다.

(2) 민영주택의 일반공급

사업주체는 민영주택의 입주자를 선정하는 경우에는 입주자모집공고일 현재 다음의 순위에 따라 선정하여야 한다.

① 제1순위 중 Ⓐ 수도권: 주택청약종합저축에 가입하여 1년이 지나고 공급

3) 무주택기간은 Ⓐ 입주자모집공고일 현재 무주택세대구성원 전원이 주택을 소유하지 아니한 기간을 무주택기간으로 산정(이 경우 무주택세대구성원 중 주택공급신청자의 무주택기간은 30세가 되는 날(주택공급신청자가 30세가 되기 전에 혼인한 경우에는 가족관계의 등록 등에 관한 법률에 따른 혼인관계증명서에 혼인신고일로 등재된 날)부터 계속하여 무주택인 기간으로 산정한다). Ⓑ 무주택세대구성원이 주택을 소유한 사실이 있는 경우에는 그 주택을 처분한 후 무주택자가 된 날(두 차례 이상 주택을 소유한 사실이 있는 경우에는 최근에 무주택자가 된 날을 말한다)부터 무주택기간을 산정한다.

규칙에서 정하는 예치기준금액에 상당하는 금액을 납입한 자로서 투기과열지구에서 주택을 공급하는 경우 또는 청약 조정대상지역에서 청약 조정대상주택을 공급하는 경우에는 세대주가 아닌 자, 투기과열지구에서 주택을 공급하는 경우 또는 청약 조정대상지역에서 청약 조정대상주택을 공급하는 경우에는 과거 5년 이내에 다른 주택의 당첨자가 된 자의 세대에 속한 자, 투기과열지구, 수도권에 지정된 공공주택지구(공공주택 특별법 제2조제2호에 따른 공공주택지구를 말하며 개발제한구역에서 해제된 면적이 해당 지구면적의 50퍼센트 이상인 경우로 한정)에서 주택을 공급하는 경우 또는 청약 조정대상지역에서 청약 조정대상주택을 공급하는 경우에는 2주택 한 세대에 속한 자, 85제곱미터를 초과하는 공공건설임대주택을 공급하는 경우에는 2주택 이상을 소유한 세대에 속하는 자 중 어느 하나에도 해당하지 아니하는 자와 1순위 중 Ⓑ 수도권 외의 지역: 주택청약종합저축에 가입하여 6개월이 지나고 공급규칙에서 정한 예치기준금액에 상당하는 금액을 납입한 자로서 투기과열지구에서 주택을 공급하는 경우 또는 청약 조정대상지역에서 청약 조정대상주택을 공급하는 경우에는 세대주가 아닌 자, 투기과열지구에서 주택을 공급하는 경우 또는 청약 조정대상지역에서 청약 조정대상주택을 공급하는 경우에는 과거 5년 이내에 다른 주택의 당첨자가 된 자의 세대에 속한 자, 투기과열지구에서 주택을 공급하는 경우 또는 청약 조정대상지역에서 청약 조정대상주택을 공급하는 경우에는 2주택(토지임대주택을 공급하는 경우에는 1주택) 이상을 소유한 세대에 속한 자, 85제곱미터를 초과하는 공공건설임대주택을 공급하는 경우에는 2주택 이상을 소유한 세대에 속하는 자 중 어느 하나에도 해당하지 아니하는 자. 다만, 시·도지사는 청약과열이 우려되는 등 필요한 경우에는 청약 1순위를 위한 주택청약종합저축 가입기간을 12개월까지 연장하여 공고할 수 있다.

② 제2순위 : 제1순위에 해당하지 아니하는 자. 다만, 투기과열지구에서 공급하는 주택 또는 청약 조정대상지역에서 공급하는 청약 조정대상주택을 청약하는 경우에는 주택청약종합저축에 가입한 자로 한정한다.

한편, 사업주체는 85제곱미터 이하인 민영주택의 입주자를 선정하는 경우 같은 순위에서 경쟁이 있으면 그 순위에 해당하는 자에게 일반공급되는 주택 중

주택공급규칙에서 정하는 일정한 요건에 해당하는 경우 추첨방식, 선착순 방식으로 입주자를 선정하여야 한다.

3. 우선공급

(1) 행정구역 변경에 따른 우선공급

특별시장 · 광역시장 · 특별자치시장 · 시장 또는 군수는 시 · 군의 행정구역의 통합으로 주택건설지역의 변동이 있는 경우 통합 전의 군주택건설지역에서 통합일부터 2년 이내에 사업주체가 민영주택을 공급하는 때에는 통합 전의 군주택건설지역의 거주자를 대상으로 제29조제1항에 따라 입주자로 선정하게 할 수 있다.

(2) 주상복합건축물에 대한 우선공급

건축주는 건축법 제11조에 따른 건축허가를 받아 주택외의 시설과 주택을 동일 건축물로 하여 대통령령으로 정하는 호수 이상으로 건설 · 공급하는 건축물 중 주택에 대해서는 해당 사업부지의 소유자에게 1세대 1주택을 기준으로 우선공급할 수 있다.

(3) 임대사업자 등에 대한 우선공급

시장 · 군수 · 구청장은 사업주체가 민영주택을 공급하는 경우로서 주택의 공급물량, 청약률, 임대수요 등 지역 여건을 고려하여 필요하다고 인정하는 경우에는 Ⓐ 부동산투자회사법에 따른 부동산투자회사, Ⓑ 자본시장과 금융투자업에 관한 법률에 따른 집합투자기구, Ⓒ 입주자모집 승인 당시 민간임대주택에 관한 특별법에 따른 민간임대주택 및 공공주택 특별법에 따른 공공임대주택을 단독주택은 20호 이상, 공동주택은 20세대 이상 임대하는 자, Ⓓ 소속 근로자에게 임대하려는 고용자(법인으로 한정)의 어느 하나에 해당하는 임대사업자 또는 공공주택 특별법 제4조에 따른 공공주택사업자(ⒶⒷⒹ의 경우에는 임대사업을 하려는 자를 포함)에게 주택의 전부 또는 일부를 우선공급하게 할 수 있다. 이 경우 시장 · 군수 · 구청장은 우선공급에 관한 기준을 별도로 정할 수 있다.

(4) 직장주택조합에 대한 우선공급

사업주체는 국민주택을 입주자모집공고일 현재 주택법 제11조제5항에 따라 설립 신고된 직장주택조합(조합원이 20명 이상인 직장주택조합으로 한정)에 그 건설량의 40퍼센트의 범위 안에서 우선공급(이하 “단체공급”이라 한다)할 수 있다. 다만, 아래 ⒶⒷⒸ에 따른 순위별로 단체공급을 받음으로써 그 주택조합의 남은 조합원 수가 20명에 미달하는 경우에는 주택의 단체공급 신청에 있어서 그 수를 제한하지 아니한다.

상기의 국민주택을 단체공급받으려는 직장주택조합의 조합원은 주택청약종합저축에 가입하여 매월 약정납입일에 월납입금을 6회 이상 납입한 자이어야 하고, 상기의 단체공급을 받으려는 직장주택조합은 주택조합설립신고필증사본, 조합원의 주택청약종합저축 통장 사본(이 경우 해당 직장주택조합의 조합장은 원본을 확인하여야 한다)의 서류를 사업주체에게 제출하여야 한다.

한편, 사업주체는 단체공급에 경쟁이 있으면 Ⓐ 제1순위: 해당 주택건설지로부터 4킬로미터 이내에 조합원의 직장이 있는 조합, Ⓑ 제2순위: 해당 주택건설지로부터 8킬로미터 이내에 조합원의 직장이 있는 조합, Ⓒ 제3순위: 해당 주택건설지역에 조합원의 직장이 있는 조합의 순위에 따라 공급하여야 한다. 다만, 같은 순위에서 경쟁이 있는 때에는 신청조합원의 평균저축총액이 많은 조합에 우선공급하여야 한다.

(5) 대규모 택지개발지구 등에서의 우선공급

사업주체는 대규모 택지개발지구[택지개발촉진법에 따른 택지개발사업이 시행되는 지역(수도권지역에 한정) 및 경제자유구역법에 따른 경제자유구역 개발사업이 시행되는 구역(경제자유구역개발사업시행구역)으로서 면적이 66만 제곱미터 이상인 지역] 또는 행정중심복합도시 예정지역에서 건설·공급하는 주택은 Ⓐ 주택건설지역이 특별시·광역시인 경우에는 해당 주택건설지역 거주자에게 50퍼센트, Ⓑ 주택건설지역이 행정중심복합도시 예정지역인 경우에는 해당 주택건설지역 거주자에게 행정중심복합도시건설청장이 정하여 고시하는 비율,

Ⓒ 주택건설지역이 경기도인 경우에는 해당 주택건설지역 거주자에게 30퍼센트, 경기도 거주자에게는 20퍼센트(다만, 해당 주택건설지역의 주택공급신청자가 공급량에 미달될 경우에는 경기도 거주자 공급물량에 포함)의 구분에 따라 시·도지사가 정하는 기간(해당 주택건설지역이 투기과열지구인 경우에는 1년 이상의 범위에서 정하는 기간) 이상 거주하고 있는 자에게 우선공급할 수 있다. 다만, 수도권 외의 경제자유구역개발사업시행구역으로서 면적이 66만 제곱미터 이상인 지역에서 건설·공급하는 주택 수의 30퍼센트의 범위에서는 국토교통부장관이 정하는 바에 따라 입주자모집공고일 현재 해당 주택건설지역에 광역시장·시장 또는 군수가 정하는 기간 이상 거주하고 있는 자에게 우선공급할 수 있으며, 그 나머지 수의 주택의 공급에 대해서는 국토교통부장관이 정하는 바에 따른다.

4. 특별공급

공급규칙에서 특별공급대상으로 정하고 있는 대상에 대하여 공급건설량의 일정비율을 특별공급하고 있다. 특별공급대상은 국가유공자 또는 그 유족 등에 대한 국민주택의 특별공급, 85제곱미터 이하 민영주택의 특별공급, 개발제한구역해제 공공택지 주택의 특별공급, 경제자유구역 내 민영주택의 특별공급, 비수도권 민영주택의 특별공급, 다자녀가구 특별공급, 신혼부부 특별공급, 외국인 특별공급, 생애최초 주택 구입자 특별공급, 도시개발사업에 따른 철거주택 소유자에 대한 특별공급, 국가유공자 등 특별공급, 노부모 부양자에 대한 특별공급, 이전기관 종사자 등 특별공급 등이 있다. 특별공급의 입주자저축은 국민주택을 특별공급받으려는 경우는 주택청약종합저축에 가입하여 6개월이 지나고 매월 약정납입일에 월납입금을 6회 이상 납입하였을 것, 민영주택을 특별공급받으려는 경우는 주택청약종합저축에 가입하여 6개월이 지나고 공급규칙 별표2의 예치기준금액에 상당하는 금액을 납입하였을 것을 요건으로 한다.

한편, 입주자모집승인권자는 특별공급의 비율을 증가 또는 감소시킬 수 있다. 이 경우 Ⓐ 각 특별공급 비율은 10퍼센트(전체 건설량을 기준으로 한다)의 범위 내의 비율에서 증가 또는 감소시킬 것, Ⓑ 각 유형별 특별공급비율은 최소 3퍼센트 이상일 것, Ⓒ 특별공급 비율의 조정 후 각 유형별 비율의 합이 조정 전의 각 유형별 비율의 합을 초과하지 아니할 것의 요건을 모두 충족하여야 한다.

Ⅴ. 입주자 선정 및 관리

1. 입주자 선정

(1) 주택소유 여부 판정기준

주택소유 여부를 판단할 때 주택의 공유지분을 소유하고 있는 것은 주택을 소유하고 있는 것으로 보되, Ⓐ 상속으로 주택의 공유지분을 취득한 사실이 판명되어 사업주체로부터 공급규칙에 따라 부적격자로 통보받은 날부터 3개월 이내에 그 지분을 처분한 경우, Ⓑ 도시지역이 아닌 지역 또는 면의 행정구역(수도권은 제외)에 건축되어 있는 주택으로서 ㉠ 사용승인 후 20년 이상 경과된 단독주택, ㉡ 85제곱미터 이하의 단독주택, ㉢ 소유자의 가족관계의 등록 등에 관한 법률에 따른 최초 등록기준지에 건축되어 있는 주택으로서 직계존속 또는 배우자로부터 상속 등에 의하여 이전받은 단독주택의 어느 하나에 해당하는 주택의 소유자가 해당 주택건설지역에 거주(상속으로 주택을 취득한 경우에는 피상속인이 거주한 것을 상속인이 거주한 것으로 본다)하다가 다른 주택건설지역으로 이주한 경우, Ⓒ 개인주택사업자가 분양을 목적으로 주택을 건설하여 이를 분양 완료하였거나 사업주체로부터 공급규칙에 따른 부적격자로 통보받은 날부터 3개월 이내에 이를 처분한 경우, Ⓓ 세무서에 사업자로 등록한 개인사업자가 그 소속 근로자의 숙소로 사용하기 위하여 주택법 제5조제3항에 따라 주택을 건설하여 소유하고 있거나 사업주체가 정부시책의 일환으로 근로자에게 공급할 목적으로 사업계획 승인을 받아 건설한 주택을 공급받아 소유하고 있는 경우, Ⓔ 20제곱미터 이하의 주택을 소유하고 있는 경우(다만, 2호 또는 2세대 이상의 주택을 소유한 자는 제외한다), Ⓕ 60세 이상의 직계존속(배우자의 직계존속을 포함)이 주택을 소유하고 있는 경우(특별공급의 경우 무주택세대구성원에 해당하는지 여부를 판단할 때는 제외), Ⓖ 건물등기부 또는 건축물대장등의 공부상 주택으로 등재되어 있으나 주택이 낡아 사람이 살지 아니하는 폐가이거나 주택이 멸실되었거나 주택이 아닌 다른 용도로 사용되고 있는 경우로서 사업주체로부터 공급규칙에 따른 부적격자로 통보받은 날부터 3개월 이내에 이를 멸실시키거나 실제 사용하고 있는 용도로 공부를 정리한 경우, Ⓗ 무허가건물을 소유하고 있는 경우에는 주택을 소유하지 아니한 것으로 본다.

(2) 재당첨 제한

재당첨 제한 대상 주택인 Ⓐ 공급규칙 제3조제2항 각 호(제3호, 제5호, 제7호 및 제9호는 제외)의 주택, Ⓑ 공급규칙 제47조(이전기관종사자 등 특별공급)에 따른 주택, Ⓒ 분양가상한제 적용주택, Ⓓ 분양전환공공임대주택, Ⓔ 토지임대주택, Ⓕ 청약 조정대상지역에서 공급하는 청약 조정대상주택에 해당하는 주택에 당첨된 자의 세대에 속한 자는 재당첨 제한기간 동안 다른 분양주택(분양전환공공임대주택을 포함하며, 민영주택인 경우에는 투기과열지구에서 공급하는 주택과 청약 조정대상지역에서 공급하는 청약 조정대상주택만 해당)의 입주자로 선정될 수 없다.

재당첨 제한기간은 Ⓐ 당첨된 주택이 85제곱미터 이하인 경우에는, 수도권정비계획법 제6조제1항에 따른 과밀억제권역에서 당첨된 경우에는 당첨일부터 5년간, 과밀억제권역 외의 지역에서 당첨된 경우에는 당첨일부터 3년간이고, Ⓑ 당첨된 주택이 85제곱미터를 초과하는 경우는, 과밀억제권역에서 당첨된 경우에는 당첨일부터 3년간, 과밀억제권역 외의 지역에서 당첨된 경우에는 당첨일부터 1년간이며, Ⓒ 토지임대주택의 경우에는 당첨일부터 5년간이다.

(3) 특별공급 횟수 제한

특별공급은 한 차례에 한정하여 1세대 1주택의 기준으로 공급한다. 다만, 사업주체가 ⓐ 국가, 지방자치단체, 한국토지주택공사 및 지방공사인 사업주체가 해당 주택건설사업을 위하여 철거하는 주택, ⓑ 사업주체가 공공사업으로 조성된 택지를 공급받아 주택을 건설하는 경우 해당 공공사업의 시행을 위하여 철거되는 주택, ⓒ 도시·군계획사업(도시 및 주거환경정비법에 따른 주택재개발사업 및 주택재건축사업은 제외)으로 철거되는 주택, ⓓ 재해로 인하여 철거되는 주택, ⓔ 시·도지사, 한국토지주택공사 또는 지방공사가 주택의 내력구조부 등에 중대한 하자가 발생하여 해당 거주자의 보호를 위하여 이주 및 철거가 필요하다고 인정하는 주택, ⓕ 공익사업을 위한 토지 등의 취득 및 보상에 관한 법률 제4조에 따른 공익사업의 시행을 위하여 철거되는 주택(가목부터 다목까지의 규정에 해당하는 사업을 위하여 철거되는 주택은 제외한다), ⓖ ⓐ~ⓕ에 해당하는 주택 및 도시 및 주거환경정비법에 따른 주택재개발사업으로 철거되는 주택의 세입자로서 해당 사업을 위한 고시 등이 있은 날 현재 3개월 이상 거주하거나 재해가 발생한 날 현재 전입신고를 하고 거주하고 있는 자(직계존속의 사망, 실종선고 및 행방불명 등으로 형제자매를 부양하여야 하는 단독세대주로서 무주택자인 미성년자를 포함), ⓗ 도시 및 주거환경정비법에 따른 주거환경개선사업(개발제한구역 안에서 시행되는 것으로 한정한다)으로 철거되는 주택의 세입자로서 같은 법 시행령 별표2 제2호가목에 따른 기준일 현재 3개월 이상 거주한 자(직계존속의 사망, 실종선고 및 행방불명 등으로 형제자매를 부양하여야 하는 단독세대주로서 무주택자인 미성년자를 포함), ⓘ 해당 주택을 건설하는 지역에서 철거되는 주택을 관계법령에 따라 해당 사업시행을 위한 고시 등이 있은 날 이전부터 소유 및 거주한 자(대지와 건물의 소유자가 같은 경우에 한하며, 1세대 1주택에 한한다)에 따라 주택을 특별공급하는 경우 등 공급규칙에서 별도로 정한 경우에는 그러하지 아니하다.

(4) 공급질서 교란자에 대한 자격제한

주택법 제65조에 의한 주택의 입주자 자격제한은 같은 조 제1항을 위반한 행위를 적발한 날부터 Ⓐ 공공주택지구의 주택(민영주택은 제외): 10년, Ⓑ 투기과열지구의 주택: 5년, Ⓒ Ⓐ 및 Ⓑ외의 지역의 주택: 3년 기간까지로 한다. 주택법 제65조제1항을 위반한 행위를 적발한 행정기관은 지체 없이 그 명단을 국토교통부장관 및 전산관리지정기관에 알려야 하고, 전산관리지정기관은 통보받은 명단을 전산관리하여야 한다.

2. 당첨자 관리

(1) 당첨자의 명단관리

사업주체는 당첨자의 명단이 확정된 경우에는 그 명단을 지체 없이 별지 전산관리지정기관이 정하는 방식으로 전산관리지정기관에 통보하여야 한다. 다만, 지역주택조합, 직장주택조합, 도시 및 주거환경정비법에 따른 정비사업조합 등의 사업주체는 시장·군수·구청장이 통보하여야 한다. 한편, 당첨자명단을 관리함에 있어서 당첨자로 선정 또는 확정된 후 Ⓐ 세대주 또는 세대원 중 한 명이 취학·질병요양·근무상 또는 생업상의 사정으로 세대원 전원이 다른 주택건설지역으로 퇴거함으로써 계약을 체결하지 아니하였거나 해약한 자, Ⓑ 세대주 및 세대원 전원이 국외이주함으로써 계약을 체결하지 아니하였거나 해약한 자, Ⓒ 공공임대주택을 공급받은 후 사업주체에게 그 주택을 명도한 자, Ⓓ 사업주체의 파산, 입주자모집승인 취소 등으로 이미 납부한 입주금을 반환받았거나 해당 주택에 입주할 수 없게 된 자, Ⓔ 사업계획 승인의 취소 또는 조합설립인가, 사업시행인가의 취소 등으로 사실상 주택을 공급받을 수 없게 된 자, Ⓕ 당첨이 취소된 부적격 당첨자에 해당하게 된 자는 당첨자로 보지 아니한다.

(2) 부적격 당첨자의 명단관리

사업주체는 부적격 당첨자가 소명기간에 해당 공급자격 또는 선정순위가 정당함을 소명하지 못하는 등 당첨이 취소되는 경우에는 7일 이내에 그 명단을 전산관리지정기관에 통보하여야 하며, 전산관리지정기관은 통보받은 자의 명단을 당첨자 명단에서 삭제하는 등 전산관리하여야 한다. 당첨이 취소된 자는 당첨일부터 1년 동안 다른 분양주택(분양전환공공임대주택을 포함)의 입주자로 선정될 수 없다.

다만, 사업주체는 부적격 당첨자가 Ⓐ 같은 순위에서 경쟁이 없는 경우에는 해당 순위의 자격을 갖춘 자, Ⓑ 같은 순위에서 경쟁이 있는 경우에는 사업주체가 소명기간에 재산정한 가점제 점수(가점제를 적용하여 공급하는 경우로 한정) 또는 공급 순차별 자격(순차별로 공급하는 경우로 한정)이 해당 순위의 당첨자로 선정되기 위한 가점제 점수 또는 자격 이상에 해당하는 자의 어느 하나에 해당하는 경우에는 당첨자로 본다.

제 3 절 주택정책 주요 연혁

Ⅰ. 연대별 주요 주택정책

1. 1960년대 주택정책

경제개발계획 초기 100만호 주택건설안, 주택건설 5개년 계획이 제시되었으나, 현실적 여건이 미흡해 제대로 실현되지 못하였다. 1962년에는 대한주택공사법이 제정되어 공공주택공급을 주관하게 되었고, 이후 주택공사는 임대주택 및 공공주택분양사업을 진행하게 되고 국가의 주택정책을 수행하는 중요한 기능을 하게 되었다. 아울러, 1962년 경제개발 5개년 계획의 주택투자액은 총 투자액의 9.3%인 813억 원으로 당시 GNP의 1.5%. 정부투자액은 총 주택투자액의 6.4%였다. 그러나 당시 공영아파트 가격이 도시근로자 소득 평균의 4~5배로 당시에는 사회적 약자를 위한 공공주택 개념이 정립되지 않았다.

2. 1970년대 주택정책

정부에 대한 부정적 민심을 달래기 위한 방법으로 주택문제를 포함한 대중의 복지문제가 주요 관심사항으로 등장하였다. 1972년 유신 직후 250만호 주택건설 10개년 계획이 발표되었다. 이를 위하여 1972년 12월 주택건설촉진법이 제정되었다. 1976년 대한주택공사의 주택건설 실적은 총 18,925호로, 이중 임대주택 7천호, 분양주택 6,175호, AID차관[4] 분양주택 4,170호, 수탁건설주택 1,085

4) 개발도상국의 경제개발을 위해 미국이 제공하는 장기융자의 하나로, 1951년에 제정되었던 상

호였다. 그 결과 주택보급률 68.1%로 나타났다. 이러한 정책은 저소득층 등 사회적 약자에 대한 공공주택 공급이 필요하다는 정부정책의 인식변화라는 점에서 공공주택정책이 태동하였다는 데 정책적 함의를 가진다. 그러나 유신체제와 경제실정에 대한 중산층과 저소득층의 불만을 무마하기 위한 전시성 정책에 불과하였다는 평가를 받는다.

3. 1980년대 주택정책

사회적 동요를 억제하기 위해 공공주택 건설 및 택지개발계획안이 수립되어, 10년 동안 주택 5백만호 건설계획에 따라, 1982~1987년 140만호를 건설하였다. 1981년 주택임대차보호법이 제정되고, 1982년 임대주택촉진법이 마련되어 6년간 약 13만호를 공급하여, 자가율이 향상되었다. 70년대에 비해 공공주택 공급량은 획기적으로 개선되었고, 임차인보호 및 임대주택건설관련법 제정 등 공공주택에 대한 정부차원의 인식이 제고되었으나, 신규 주택공급이 수도권에 집중되어 형평성이 미흡하였다고 할 수 있다. 이 시기는 정권의 정통성 부재에 대한 여론호도용 정책으로, 중산층 이하 국민들의 주거안정 및 주거복지에 대해 전혀 고려하지 않고, 정치적 목적의 전시성 정책만 남발한 결과라고 평가받는다.

Ⅱ. 80년대 이후 역대 정부의 주택정책

1. 전두환 정부(1980~1988)

전두환 정부에서의 주택정책은 주택의 경기활성화 정책과 투기억제정책의 순환과정으로 볼 수 있다. 즉, 주택경기가 위축되면 부양대책을 시행하고 다시 주택시장이 과열되면 투기억제정책을 세우는 등의 조치가 이루어진 것이다. 특히

호안전보장법(Mutual Security Act)에 의거한 개발차관기금(DLF)의 후신으로 미국 대외원조법(FAA) 중의 경제원조 분야인 국제개발법(Act for International Development : AID)에 근거를 두고 있다. 따라서 AID차관이라고도 부르는데 미국의 대외원조 공여방식이 원조에서 차관으로 전환됨에 따라 DLF 및 이의 후신인 AID차관이 미국 대외원조의 주종이 되고 있다.

이 기간 동안에는 정부에 의한 주택공급이 확대되어 주택건설 비중에 있어서 민간 위주에서 공공부문위주로 전환되었다.

제5차 경제개발5개년계획기간(1982~1986)동안 총 주택건설 규모는 115만 5,000호인데 이중에 공공부문의 비중에 52%로서 과거 경제개발 5개년 계획기간동안의 민간위주의 주택건설이 공공부문으로 바뀌어 이 기간에는 정부가 주택공급자로서의 역할을 주도적으로 수행하였다.

1980년대 초의 주택정책은 위축된 주택경기를 활성화시키려는 정책으로 출발하였는데 이 시기에 있어서 경기활성화 정책으로는 1981년 양도세율 인하, 국민주택 전매기간의 단축 등이 있다. 그러나 이와 같은 부양책 효과로 주택경기가 과열되고 주택가격이 상승하자, 1982년대 말 민영주택에 대한 채권매입제도 등 투기억제대책을 마련하게 되었다. 그렇지만 주택가격은 1981년을 기준으로 서울의 경우 1982년부터 1983년까지 연속 2년간 무려 40.6%가 급등하였다.

그러나 1983년 말부터 1987년까지는 주택가격이 안정을 되찾았고 일부지역은 주택가격이 하락하였다. 이와는 달리 매매가격에 비해 전세가격은 1981년 기준으로 서울이 26.5%, 1985년까지 69.5%, 1987년까지 122.2%의 상승률을 기록했다. 1980년에서 1987년 사이의 주택가구 수는 총 185만 가구가 증가하였으나 주택재고는 같은 기간에 100만호가 증가하는데 그쳤다. 따라서 주택부족현상이 심화되어 1987년 주택보급률은 전국적으로 69.2%, 서울은 이보다 훨씬 낮은 50.6%로 최저수준을 기록했다. 경제적으로는 호황을 누려왔으나 주택가격과 임대료의 급등으로 주택을 소유하지 못하고 불안정한 주거생활을 하던 중·저소득층의 고통을 가중시켰고 이에 따라 민심의 동요를 불러왔다. 근로자의 임금도 급격히 올랐지만 주거비 상승에 훨씬 미치지 못하였다. 특히 토지투기에 의한 토지가격이 급등하면서 주택가격도 영향을 받기 시작하였다.

정부는 1988년 부동산투기를 억제하기 위해 부동산검인계약서제도 및 공시지가제도를 도입하였다. 사태가 이렇게 되자 정부는 물가와 민심안정차원에서 긴급조치들을 내놓게 되었는데 그 내용으로는 1가구 1주택 비과세요건을 1년 이상 거주 또는 3년 이상 보유에서, 3년 이상 거주 또는 5년 이상 보유로 연장, 1가구 2주택 양도세 면제기간을 2년 6개월로 하는 등의 조치를 들 수 있다. 이는 기존 자가 소유자들이 다른 주택을 소유하는 것을 투기행위로 보고 세금을 중 과세하여 투기를 억누르려고 한 것이다. 이 정책의 효과는 곧바로 나타나 팔려는 사람만 있어 거래가 전혀 이루어지지 않았고 단기차익을 노리는 가수요도 크게 줄어들었다. 그러나 이러한 조치로 3개월가량 주택가격이 하락하는 현상이 나타났으나 그 후 다시 상승세로 돌아서 단기효과로 끝나고 말았다. 한편 공공주택건설 및 택지개발 기본계획을 수립하여 주택공급에 투자를 확대하기 위하여 노력했는데, 주택의 대량공급을 통한 주택가격 안정을 위해 1988년부터 5년간 200만호를 건설하는 계획을 수립하였다.

2. 노태우 정부(1988-1993)

전두환 정부에 이어 등장한 노태우 정부에서도 주택가격이 상승하자 이를 막을 투기억제정책을 여러 차례 실시하였으나 별다른 효과를 보지 못하였다. 노태우 정부는 주택공급을 통해서 주택가격 상승을 억제하도록 노력하였다. 기존의 분양가상한제에서는 양질의 주택을 공급하기가 어렵다고 판단하고 1989년부터 분양가 원가연동제를 실시하였다. 즉, 그간에 분양가 완전 자율화의 실시가 복잡한 이해관계로 인해 현실적으로 어려운 상황에서 정부가 부분적으로 규제를 완화하는 방안을 모색하여 주택입지 및 물가상승률을 고려하여 분양가를 탄력적으로 조정할 수 있도록 하였다. 또한 부동산가격 급등의 진원지인 서울의 주택가격안정을 위해 수도권의 주택공급을 획기적으로 늘리는 대책을 마련하였다. 이와 같이 1980년대 후반부터 토지투기로 인해 토지가격이 급등하여 주택가격 안정기조가 흔들리게 되었다. 이와 같은 투기를 막기 위해 투기억제정책을 발표하는 반면 주택경기 활성화 대책도 함께 발표하여 노태우 정부는 1988년 8.10 부동산 조치를 통하여 총통화증가억제, 투기억제지역의 확대, 양도세 중과, 투기꾼 및 부동산 업자에 대한 세무조사강화 및 토지공개념을 도입하였다.

또한, 부동산 검인계약서제도를 도입하고 지가공시제도를 실시함과 동시에 주택공급목표를 200만호로 제시하고 1989년 말부터 경기도 성남시 분당구 일대 540만평과 고양군 일산읍 일대 460만평에 각각 10만 5,000호(42만 수용)와 7만 5,000호(30만 수용) 및 평촌, 산본, 중동 등 5대 신도시 건설에 박차를 가했다. 하지만 기존의 분양가 상한가 규제의 상황에서는 주택공급을 위축시키는 결과가 초래되어 정부가 의욕적으로 추진하던 주택 200만호 건설계획의 추진은 불가능하게 되고, 원가연동제 방식으로 전환하여 분양가를 규제하도록 하여 실제 건설비용이 분양가에 반영될 수 있도록 함으로써 민간주택부문의 건설촉진을 통해 주택건설의 활성화를 도모하였다. 또한, 토지소유에 대한 불평등이 심화되어 전국적으로 상위 5%의 토지소유자가 전국토지의 76.9%, 서울토지의 65.9%, 부산, 대구, 성남의 80% 이상을 소유하고 있는 것으로 나타나고 특히 서울, 부산 등 대도시에서는 전 가구의 70% 정도가 한 평의 땅도 갖지 못하는 것으로 나타나자 중·저소득층의 불만이 커져 갔다. 또한 기존의 제도로는 부동산거래사실을 포착하기가 어려웠고 양도차익에 대한 세금도 부과하기 어려웠다. 그리고 부동산관련 세금을 부과하는 과세표준이 너무 낮았으며 비과세 감면조항이 많아 실효성이 없었다.

이를 해결하기 위해 1989년 토지 공개념과 관련하여 토지초과이득세법, 택지소유상한제, 개발이익환수법 등 3개 법률이 도입되었으며, 1989년 초에는 이전까지 부처별로 평가, 운영하던 기준시가, 과표시가 표준액을 하나로 통일하기 위한 공시지가제도를 도입하였다. 그 결과 1989년 토지공개념 입법과 전후한 부동산투기억제 정책에 따라 토지가 32%의 높은 상승률을 보인 후 주춤해지면서 1992년부터는 하락세로 돌아서기 시작하여 1992년 1.3%, 1993년에는 7.4%가 하락하였다. 그러나 1990년대 접어들면서 토지가격 하향안정이 토지공개념의 입법화 영향 때문인지 거시적 경제여건으로 인한 부동산시장의 안정 또는 침체인지에 대해서는 정확하게 해석하기가 어렵다. 1990년 4월 4일 경제 활성화 종합대책에서도 부동산투기를 억제하기 위하여 국세청에 '부동산투기행위 정보관리센터'를 설치하여 세금추징 외에 여신규제 등의 조치로 상습부동산투기행위자를 규제하고 또 공시지가체계를 확립하여 투기우려지역에 대해서는 토지초과이득세를 1년마다 과세하는 등 토지공개념 제도를 강력히 추진하였다. 또한 자금출자조사 강화, 제2금융권 토지매입관련 자금여신규제 등으로 부동산시장으로서의 자금유입을 억제하고 개정된 비업무용 부동산 판정기준에 따라 업무용 안정범위를 엄격하게 적용하도록 하였다.

그러나 부동산가격의 높은 상승세가 지속되고 상습투기자 뿐만 아니라 봉급생활자들까지 부동산투기가 빈번하자 1990년 4월 13일 다시 부동산투기억제대책을 발표하였다. 주택과 관련하여 탈법, 탈세 행위를 집중조사하고 부동산등기를 의무화하기 위한 제도적 장치를 강구하는 한편 전세가격을 조기에 안정시키기 위해 기본적으로 공급확대에 주력하면서 부동산투기의 간접적 요인을 최대한 제거한다는 것이 목적이었다.

주택 200만호 건설계획의 추진으로 주택가격이 하향안정세로 돌아서자 1992년 1월에 건설투자과열을 진정시키기 위해 주택건설을 연 50만호 수준으로 적정관리하고 분기별, 지역별로도 평준화하여 건설투자집중에 따른 건자재 수급불균형 등 부작용을 최소화하는 주택의 안정공급대책을 발표하였다. 1992년 2월 27일에는 기존의 임시방편적인 사후단속에서 탈피하여 제도적이고 지속적인 사회단속의 틀을 정착시켜 부동산투기를 근본적으로 봉쇄하고 국민들의 투기의식을 불식시킨다는 것이었다. 이 대책에서는 불법적인 부동산중개행위에 대한 처벌강화와 토지거래허가제의 미비점을 보완하며 1992년 3월부터 시행된 택지초과소유 부담금제를 투기발생지역으로 확대 실시하였다. 이와 함께 개발부담금 부과대상을 확대하여 토지공개념제도의 실효성을 높이고 투기적거래행위 제재강화 및 국민주택과 임대주택의 전매 시에 이를 강제환수할 수 있는 행정대집행 근거를 마련하고 주택투기방지를 위한 제도적 장치를 보완하였다.

3. 김영삼 정부(1993~1998)

1990년 주택시장은 1980년대 말의 주택가격급등에 따른 각종투기억제 대책 및 주택공급확대 대책의 영향으로 전반적인 안정세에 들어섰다. 이에 주택정책도 지속적인 주택시장안정을 꾀하기 위한 방향으로 이루어졌다. 즉 주택전산망 구축이나 부동산투기억제를 위한 토지공개념법제의 제정 및 시행 등과 맞물려 과거의 주택가격급등과 같은 사회 · 경제적 폐해가 재발되지 않도록 한 것이다. 특히 지속적인 주택공급을 통하여 주택시장의 수요와 공급의 불균형을 해소하기 위해 이용 가능한 택지 확보차원에서 준농림지 전용 확대 등 토지이용 규제 완화가 이어지고 주택시장안정 대책의 일환으로 미분양률이 높은 강원, 전북,

충북, 제주 등에 대해 25.7평 규모 이상의 주택에 대하여 분양가 자율화를 실시했다.

1993년 서울을 제외한 지역의 아파트 미분양사태가 벌어졌다. 대전, 목포 등 일부지역에서는 초기분양률이 10%이하로 떨어져 분양공고를 내고도 사업자체를 포기하는 업체까지 생겨났다. 1993년 8월 12일 '금융실명거래법 및 비밀보장에 관한 대통령 긴급명령'으로 1993년 8월 13일 이후 모든 금융거래는 실명으로만 가능하게 되었다. 금융실명제에 따라 예상되는 부동산투기를 억제하기 위해 전 국토에 대해 토지거래허가제를 실시하고 부동산구입자금에 대해 자금출처조사를 하겠다고 발표함으로써 부동산거래가 크게 위축된 것이다. 1995년 분양가 결정을 놓고 건설업계는 분양가의 10% 이상 인상을 요구하였으나 재정경제원은 평균 2.7%를 제시하였다. 건축비도 최소한 20% 이상을 요구한데에 대해 1994년 수준인 5.6%를 고수했다.

건설교통부는 1994년에도 건설업계가 표준건축비를 13% 이상 인상을 요구하였으나 물가인상의 영향 등의 부담논리를 내세워 5% 아래로 잡고 있었으며 다른 분야는 가격파괴 등으로 원가를 낮추는 상황에서 주택업계의 대폭 인상요구를 들어줄 수가 없는 입장이었다. 업계는 분양가의 단계적 자율화, 유효수요창출을 위한 임대사업자 범위확대, 주택구입자금의 장기 저리융자를 요구하였다. 어음재할인허용, 토지구입 후 3~4년 이내 이용개발하지 않을 경우 적용되는 택지초과부담금 부과의 최소화 등도 요구하였다. 단기적으로 주택공사가 미분양 아파트를 매입, 재분양하는 방안과 업체소유 토지를 토지개발공사가 매입하여 업계의 자금난을 완화하는 방안도 제시되었다. 정부로서도 하도급업체를 포함하여 2만여 업체에 200만 여명의 근로자가 생계를 꾸려가는 주택건설업계의 위기를 외면할 수만은 없는 입장이었다. 이에 따라 건설교통부는 민영주택건설자금 및 주택구입자금 지원확대, 임대용사원아파트 세제지원 등 지원책을 강구하고 또 기업들이 무주택종업원을 위해 임대목적으로 25.7평 이하의 주택을 5가구 이상 취득하는 경우 주택취득자금의 10%를 소득세 및 법인세에서 공제해주도록 하였다.

그리고 이를 중소기업이 아닌 일반기업에서도 확대 적용하여 어떤 기업이든

사원용으로 임대주택으로 구입하면 같은 세제혜택을 주고 무주택근로자 증여세 면제대상 주택규모를 18평에서 25.7평까지 확대하였다. 이와 함께 1995년 8월 선택사양에 대한 추가비용을 건축비의 15% 이내로 상향조정하고 연립주택의 경우 20%, 철골조아파트는 16%를 가산한 가격을 건축비 상한가격으로 하는 내용으로 분양가원가연동제를 개정하였다.

1995년 11월 7일에는 주택시장안정대책을 발표하였는데 미분양아파트 구입자에 대한 자금지원과 세제혜택이었다. 주택매입대출금 상환이자의 30% 상당액을 세액에서 공제하고 미분양아파트를 매입하여 5년 이상 보유하거나 임대한 후 양도할 경우 일반 양도세율 30~50% 대신 20%의 특례세율을 적용토록 하였다. 이밖에도 중소형주택의 무건축비율의 대폭축소, 전용면적 18~25.7평의 미분양아파트 융자지원, 회사채 발행기준완화, 비업무용 토지보유기간 5년 연장 등의 규제완화 및 지원책이 포함되었다.

1995년부터는 주택보급률이 90% 이상이고 미분양주택이 많은 일부지역의 분양가 규제를 철폐하였다. 1995년 11월에는 강원, 충북, 전북, 제주 등 4개 도시에서 전용면적 85㎡ 이상 주택의 분양가규제가 폐지되었다. 수도권이외의 지역에서 공공택지 및 공공주택자금 지원을 받지 않는 주택을 80% 이상 공정이 진행된 후 분양하는 경우에도 분양가규제를 받지 않도록 하였다.

1996년 6월에는 단독주택, 연립주택 및 85㎡ 초과 철골조아파트의 분양가규제가 철폐되고 강원, 충북, 전북, 제주지역의 주택과 대전, 충남, 전남, 경북, 부산, 대구, 광주의 전 평형에 대해 분양가를 자율화하였다. 수도권지역에서도 공공택지 및 공공자금 지원없이 공정이 80%에 달한 후 분양하는 주택의 분양가를 자율화하였다.

4. 김대중 정부(1998~2003)

정부는 총체적 불황에 대처하고 대량실직 상태를 방지하기 위해 주택의 수요와 공급을 진작하고 거래를 촉진시키기 위하여 주택경기활성화대책을 1998년 5월부터 12월까지 잇달아 발표하였다. 연이은 주택경기활성화대책의 주요내용을 보면 크게 주택관련 세금감면, 분양신청요건완화를 통한 수요진작, 규제완화를 통한 공급촉진 등으로 나누어 볼 수 있다.

수요의 급격한 위축을 막기 위해 양도소득세 감면, 취득세 및 등록세 감면, 주택자금소득공제 확대, 분양가전매제한 완화, 주택구입시의 국민주택채권매입부담 경감, 주택구입자금 출처조사중단, 재당첨규제 완화, 채권입찰제 폐지, 청약예금 가입기준완화, 청약배수제 확대, 주택조합원자격조건 완화 등의 조치가 취해졌다. 또 공급자지원책으로는 소형주택 의무비율 완화 내지 폐지, 분양가규제 완화 등 공급제약 요인들을 줄이고 중도금체납으로 인한 자금난을 덜기 위한 중도금대출을 실시하고 민간기업의 택지개발 참여확대, 주택신용보증기금 보증 기능강화 등 주택개발의 여건을 개선하였다. 또한 정부는 주택건설업체들이 경영난에 따른 주택공급의 위축을 방지하기 위하여 1999년 들어 주택건설촉진책을 발표하였다.

주요내용으로는 시중의 부동산자금을 주택시장으로 유인하기 위한 방안으로 만 20세 이상 내외국인도 주택청약예금 및 주택부금통장을 개설할 수 있도록 하고 국민주택 재당첨제한제도를 폐지하여 특수은행을 제외한 모든 은행에서 통장을 개설할 수 있도록 하는 등 주택청약제도를 개선하는 내용을 담고 있는 주택건설촉진대책을 발표하였다. 주택건설자금 대출이자 인하조치를 연말까지 연장하고 20호 미만 공동주택 및 주상복합 건물 내의 주택에도 건설자금을 지원하는 한편 호당 대출한도액도 500만~1,000만으로 인상하였다. 특히 김대중 정부는 정권의 출범과 동시에 IMF외환위기여파로 소득감소, 실업증가, 고금리 현상이 나타났으며 주택부문에서도 주택수요를 크게 감소시키고 주택가격도 크게 하락하였다. 특히 주택건설업자의 70~80%가 주택건설을 중단할 정도로 주택생산이 전년도에 비해 전반으로 줄었다. 국가경제 전체가 위기에 처하게 되자 이를 해결하기 위한 중차대한 과제를 안게 되었다. 내수경기를 활성화하여 생산가동률을 높이고 투자를 진작시키기 위하여 소비를 진작시키는 정책과 함께 20년 이상 규제일변도의 주택건설 분야를 철폐하거나 완화시켰으며 모든 건설경기를 진작시켜 건설산업 특유의 고용효과와 전후방 연관효과를 통해서 내수경기를 살려냈다. 즉, 정책의 주안점은 주택의 안정적 공급보다는 외환위기 극복 이후 침체된 건설경기부터 살리자는 것이었고 그 결과 내수경기를 중심으로 경기회복조짐이 가시화되었다. 그러한 조치로서 전국 토지거래신고구역 전면해제, 소형주택건설 의무비율 폐지, 민영주택 25.7평 초과분양가 자율화, 주택경기활성화를 위한 자금지원 등이 있다. 그 결과 김대중 정부가 출범한 1998년 이후 정부가 내놓은 주택건설경기 활성화 및 시장안정대책 등은 무려 35차례에 이른다. 이와 같은 김대중 정부의 경기활성화 정책에 편승하여 주택가격은 5년 누적치로 17%정도가 상회하는 높은 상승률을 기록했다. 또 지자체 공공임대주택사업의 사업비를 50%까지 지원하며 민간임대업자의 구입자금 지원한도를 호당 3,000만원에서 6,000만원으로 인상하였다. 공공개발택지의 임대주택용지 공급비율을 10%에서 20%로 확대하고 양도소득세 특례세율을 적용, 2001년 말까지 매각하는 경우 10%만을 부과하도록 조세특례제한법을 개정토록 하였다.

이때 발표된 전세가 안정대책도 주택건설촉진에 맞춰져 있다. 신규주택의 조기공급, 임대주택건설 확대, 택지공급 확대 등이 공급촉진책의 주요내용이다. 하지만 2000년 이후에는 서울강남지역 재건축을 중심으로 가격이 급등하자 정부의 주택정책은 기존의 경기활성화 정책에서 주택가격 안정정책으로 변화하기 시작하였다. 특히 은행대출금리가 7%수준으로 떨어져 전세를 월세로 전환하는 경향이 늘면서 전세부족과 높은 월세전환이율이 사회문제로 등장하였다. 이에 따라 2001년 3월에 전월세 종합대책이 마련되었다. 이 정책에서는 근로자 및 서민주택 구입자금대출금리를 연 7~7.5%로 인하하고 수도권 내 공공개발택지의 소형주택 공급비율을 50%에서 60%로 늘렸다. 임대사업자에 대한 국민주택기금대출 금리를 연 5.5%로 내리는 한편 임대사업자 주택신용한도를 1인당 6,000만원에서 2억원으로 올렸다. 또 임대사업자의 임대보증금 소득금액산정에 적용하는 이자율을 연6%로 인하하였다.

2001년 말부터 서울강남지역을 중심으로 주택시장과열현상이 보이자 2002년 1월과 3월 두 차례에 걸쳐 주택시장안정대책을 발표하였다. 이 계획의 연장선상으로 2003년부터 10년간 주택건설 및 서민주거안정 지원방안을 담은 주택종합계획이 수립되었다. 이 계획에서는 100만호의 국민임대주택, 50만호의 10년 장기임대주택 등 총 150만호의 장기임대주택을 건설하여 전체 재고주택에서 장기공공임대주택의 비율을 15%로 늘리는 방안이 포함되었다. 위와 같은 내용의

2002년 3·6주택시장안정대책이후 주택매매 및 전세가격 상승세가 안정세로 돌아서는 듯 하다가 동년 여름부터 가을철로 접어들면서 급등세로 돌아서기 시작했다. 이는 부동산경기 활성화를 위한 정책지원, 주식시장의 침체, 저금리기조 및 주택대출 확대로 주택투자수요가 급증했기 때문이다. 이에 정부는 2002년 9·4대책 및 10·11대책 등 강력한 투기억제대책을 발표하였으며 그 후 주택가격 상승률이 일시적으로 다시 낮아졌다.

5. 노무현 정부(2003~2008)

노무현 정부의 주택정책은 김대중 정부의 공공임대주택 공급정책을 계승해서 향후 10년 동안 임대주택 150만 가구건설을 목표로 세웠다. 이는 전체 공급목표량 500만 가구의 30%에 해당한다. 정부에 의한 주택분양가 규제정책은 1983년부터 분양가상한제-원가연동제-분양가자율화과정을 겪으면서 진행되고 있는데, 노무현 정부는 집권초기부터 수시로 투기억제정책을 펼쳤으나 2005년 1월부터 7월 사이에 서울강남은 12.4%. 강북은 1.6%가 각각 상승했으며 수도권지역은 6.6% 상승을 보였다. 2003년부터 3~4년간 서울강남지역 재개발, 재건축아파트를 중심으로 집값이 다시 폭등하자 노무현 정부는 투기억제정책을 재편하여 분양가 상한제를 실시하게 되었다.

1983년부터 1988년까지 시행하였다가 과다한 규제정책으로 비판받아 1989년 폐지한 바 있는 분양가 상한을 통제하는 강력한 규제제도를 2005년 3월에 다시 도입하기 시작하였다. 또한 2002년 주택가격이 다시 상승하고 분양시장이 다시 과열되자 투기과열지구제도를 도입하면서 분양권 전매조치도 다시 도입하였다. 노무현 정부가 진행한 투기억제정책으로는 주택거래신고제, 투기과열지구지정제도, 주택투기지역지정제도 등이 있다. 이들 제도의 기본취지는 직·간접적으로 가수요를 억제하는 주택수요정책이라고 할 수 있다. 노무현 정부는 주택가격 급등의 원인이 강남의 재건축아파트를 근원지로 보고 재건축아파트의 대부분에 대하여 위 3가지 수요억제정책을 적용하여 조합원지위 양도금지 및 선시공후분양제도도입과 2005년 5월 16일부터 기존아파트의 면적에 비해 재건축으로 증가되는 용적률의 25%를 의무적으로 서민용 임대주택을 건설하게 하여 개발에 따른 이익을 환수시키는 개발이익환수제를 도입하는 등 재건축에 대한 추가적인 시장규제정책을 펼쳤다. 하지만 주택의 공급을 통한 주택가격안정보다는 투기억제정책을 통한 주택에 대한 수요를 규제하는 방향으로 일관했으며, 주택공급정책은 서울인근의 실수요자를 위한 것이라기보다는 단순히 양적위주로 수도권외곽이나 임대주택건설에 치중하고 있는 편이다.

또한, 김대중 정부에서 주택경기활성화정책의 일환으로 주택에 대한 규제를 완화하자 주택가격이 급등하였고 이에 따라 각종투기억제정책을 남발하였다. 역대 어느 정부보다 많은 투기억제정책을 발표하였다. 2002년에 주택보급률 100%를 달성하려는 역사적 전환점을 맞이하였지만 주택가격의 급등으로 오히려 주택보급률 100%가 무색할 지경에 도달했다. 특히 주택가격상승으로 상승의 진원지 역할을 해온 재건축에 대하여 집중적으로 규제가 가해지고 부동산공개념 도입차원에서 주택거래신고제(2004.4.)와 재건축개발환수제도(2005.5.)가 마련되었다. 또한 노무현 정부는 주택뿐 만아니라 부동산시장 전체를 안정시키기 위해 종합부동산세를 도입함은 물론 다양한 규제와 징벌적세금의 중과로서 이른바 세금폭탄에 가까운 조치들을 쏟아냈다.

6. 이명박 정부(2008~2013)

이명박 정부의 주택정책은 보금자리 주택, 도시형생활주택이 대표되는데, 이를 통하여 자가주택 활성화에 초점을 두고 있다. 2008년 주택정책발표에서는 2018년까지 보금자리주택 150만호 건설계획(중소형 분양 70만호, 10년국민임대 80만호(영구임대주택 10만호 포함))이 포함되어 있다. 민간 50만호, 국민임대주택 공급이 매년 10만호에서 4만호로 축소, 임대주택공급에서 자가주택 확대로 정책을 변경하였다. 그 결과 주택보급률 101.9%, 자가율 54.1%(2010년)를 달성하였다. 이시기는 공공주택정책 후퇴기로 표현되며, 정치적 홍보용으로 정책을 이용하여, 실제 임대주택공급이 대폭 축소되었다.

또한, 이명박 정부의 서울과 수도권 주택정책은 한마디로 재개발 및 재건축을 통한 공급확대라고 할 수 있다. 그런데, 재개발 재건축이 강조되는 것은 또 다른 시대적 변화가 반영되는 측면도 있다고 본다. 이명박 정부는 작은 정부, 큰 시장을 뼈대로 한 경제살리기를 목표로 하였다. 또한 실용주의와 경제성장, 자원외교, 친서민정책 등을 추구하였다. 그러나 한미 쇠고기 협상 논란으로 인하여 지지율이 10%대로 급락하는 위기를 맞기도 하였다. 경제면에서는 2008년 미국발 금융위기에 성공적으로 대처하여 조기에 위기를 극복하는 성과를 거뒀다. 또한 세계경제의 악화에도 불구하고 세계 평균보다 높은 성장률을 거두었다. 그러나 공약으로 제시한 747공약(7년 내에 7% 성장으로 국민소득 4만 달러 달성)을 2008년 미국발 금융위기로 인하여 달성하지 못하였으며, 경제성장에 대한 국민의 열망에도 불구하고, 기대에 충분히 부응하지 못하였다는 평가와 외형적 성장에 치중하여서 국민의 소득분배 개선에 소극적이었다는 지적도 있다.

이명박 대통령의 경제정책은 시장중시 경제정책인 이른바 《MB노믹스(nomics)》라고 부르며, 슬로건은 '줄푸세 타고 747로'이다. 이는 세금은 줄이고, 간섭과 규제는 풀고, 법치주의를 확립하여 7% 성장, 4만불 소득, 세계 7위 경제를 이룩하자는 뜻을 가지고 있다. 이를 목표로 성장우선정책과 규제완화와 투자활성화, 각종 감세정책 등이 적극 추진되었다.

이명박 정부는 경제위기에 따른 경제활성화를 위해 수도권 지역의 투기지역과 투기과열지구를 해제하거나, 수도권 산업단지 내 공장의 신설과 증설을 전면 허용한다는 등의 방침을 가지고 있는데, 이에 대해 수도권 외(外) 지역과 야당은 국토균형발전 정책을 포기한 지방 죽이기라고 반발하면서 우려가 커졌다. 이명박 정부는 수도권 그린벨트를 일부 해제해서 서민용 주택을 공급하는 방안을 추진하였는데, 이를 '보금자리 주택'이라고 하고 있다. 기존의 신도시보다 저렴하고, 거주환경도 좋기 때문에 관심을 끌었다. 이명박 정부는 보금자리 투기세력은 공공의 적이라고 말하면서 이 정책의 성공을 위해 노력하였다. 그러나 보상비 문제, 그린벨트 해제 및 보금자리주택 지구지정과 관련된 경기도와의 협의 부재, 거주 서민들에 대한 배려부족 등이 문제로 거론되었다. 또한 수도권 이외 지역에 대한 배려부족 등도 비판받았다.

2009년 이후에는 집값이 주춤거리면서 전세수요가 급증하여 전세가격이 급등하는 양상을 보였는데 이에 대해 정부는 이렇다 할 대책을 제시하지 못하였다. 서울 서초구의 경우 2년 새 전셋값이 평균 30.2%가 올랐고, 부산도 2년간

28.8%가 올랐다. 비수기인 겨울에도 전셋값은 수그러들 조짐을 보이지 않았다. 치솟는 전셋값 때문에 도시 외곽으로 밀려나는 이른바 '전세 유민'이 급증하였지만 정부는 사실상 손을 놓고 있었던 것이다.

아울러, 경제 활성화를 위한 감세정책이 감세 포퓰리즘 및 부자감세라는 논란이 있었는데, 논쟁이 된 감세정책의 일환으로써 종합부동산세(종부세) 정책이 있다. 하지만 종부세 폐지로 인한 세수감소가 2조 2,000억 원에 달해 재정악화 및 복지축소로 이어질 것이라는 우려와, 이러한 감세로 인한 혜택은 대부분 부자들이 받기 때문에 종부세에 폐지 반대에 100만 명이 서명하는 등 크게 반발이 일었다. 이후 강남의 20억짜리 주택의 종부세는 참여정부 시절 1,200만원에서 이명박 정부에서는 73만원으로 급감한 것으로 드러났다.

7. 박근혜 정부(2013~2017)

박근혜 정부의 주택정책에서 키워드는 뉴스테이(기업형임대주택), 행복주택이다. 아울러, 월세 활성화도 고려된다. 박근혜 정부는 총부채상환비율(DTI) · 담보인정비율(LTV)을 완화하는 동시에 2017년까지 행복주택과 뉴스테이 30만 가구를 공급하겠다는 내용의 서민주거지원 정책을 제시했다. 박근혜 정부의 행복주택은 소유가 아니라 이용의 개념이다. 하우스푸어 문제를 해결하기 위하여 유수지와 철도부지를 활용하여 20만호를 건립하여 대학생용 기숙사, 신혼부부, 사회초년생 등에게 60%를 공급하고, 장애인, 기초생활수급자 등 취약계층에 20%, 일반 청약자에게 20%를 공급하는 것이다. 국유지를 활용하기 때문에 도심에 위치하면서도 주변 시세의 50% 수준으로 장기임대아파트를 공급할 수 있다는 것이다. 2013년 착공예정지로 오류, 가좌, 공릉, 고잔, 목동, 잠실, 송파 등 7곳이 선정되었다.

이러한 정책과 관련하여 주변시세의 반값이라고 하더라도 도심지의 가격이 만만치 않은 데다가, 대학과의 거리가 멀어 교통비와 등하교 이동으로 인한 시간낭비를 감안하면 잠실이나 오류지구가 그림의 떡이 될 수도 있다고 지적되었다. 물론 근교의 학교나 통학버스가 있는 지역에 혜택이 되는 대학생도 있겠으나, 지방에서 유학 온 모든 학생들에게 골고루 혜택이 주어지지는 못한다는 말일 것이다. 차라리 대학에 기숙사 건축비를 정부가 지원하여 주는 것이 더 효과적이란 지적도 있다. 또, 빗물유수지는 악취 등의 문제가 있고, 철도부지는 소음의 문제가 있어 주거지로 문제가 있지 않느냐는 것과 임대아파트 봉사활동 등을 통하여 보면 상당히 빈민가 형태로 되어 있어 임대아파트가 주거적합지가 아니라 빈민지역(슬림화)처럼 되거나 시설이 쾌적하지 못할 수 있다는 점, 지역주민의 임대아파트 설립의 반대문제 등을 지적하였다.

한편, 복지부에서 실시하고 있는 주택바우처를 국토교통부로 이관하여 당시 65만가구에 지급되는 주택바우처를 100만가구 이상으로 늘리고, 기초수급비에 포함된 주택바우처를 분리하여 별도로 월 10만원 수준으로 하여 무주택자에게는 임대료로, 집을 가진 사람에게는 주택개조비 등으로 사용하도록 하겠다는 것이었다. 주거급여는 최저생계비(4인가구 기준 월소득 127만원) 이하 세입자의 경우 전액 현금으로, 주택보유자에게는 70%만 현금(30%는 주택개량)으로 지급하는 것이다. 또, 기준 소득 이하 주택보유자에게는 주택 개보수비용 위주로 개조비를 70%로 올려 지급방식이 바뀌는 것이다. 주택바우처는 월 7만원 수준으로 연간 5천 7백억 원이 소요되고 있는데, 중위소득 40% 이하의 약 100만가구로 확대할 경우 연간 1조원이 소요되며, 타 용도 사용을 막기 위하여 지자체의 직접 개보수 공사 실시, 임차인과 지자체기 직접 계약 등의 방식으로 생활비로의 전용은 차단할 것으로 기대하였다.

박근혜 정부의 장애인주택 정책은 별도로 추진되지는 않지만, 20만호 중 취약계층에 20%를 공급하는 것에 포함되어 있다. 장애인시설을 개선하는 것을 주택정책이라고 말하기는 어려울 것이다. 아무리 생활시설이 주거시설로 개념을 달리하였다고 하더라도 주거정책이라고 할 수는 없다. 또한 탈시설을 주거정책에 포함하여 계획하기에는 어려움이 있어 보인다. 무주택자를 위한 체험홈이나 탈시설, 장애인을 위한 임시거처소 등은 주택정책이 아니라 복지정책으로 다루어질 것이다. 박근혜 정부의 주택정책은 연간 7만호 중 4만호가 푸어(빈민)정책으로 추진되었고, 부동산 정상화 정책과 더불어 행복주택이 양대 정책으로 추진되었다.

박근혜 정부의 경제정책 아젠다는 '창조경제'이다. 그러나 많은 사람들이 알지 못하는데다가 아는 사람들조차 제각각이어서, 논란이 되었다. 또, 박근혜 대통령은 취임 1주년인 2014년 2월 25일 경제혁신 3개년 계획을 대국민담화 형식으로 발표했다. 경제혁신 3개년 계획의 목표는 2017년에 3%대 초반까지 떨어질 것으로 예상되는 잠재성장률을 4%대로 끌어 올리고, 고용률 70%를 달성하고, 1인당 국민소득 3만불을 넘어 4만불 시대로 가는 초석을 다지는 것이며, 경제혁신 3개년 계획의 핵심전략은 기초가 튼튼한 경제, 역동적인 혁신 경제, 내수·수출 균형 경제이다. 이 중 세 번째 '내수·수출 균형경제' 전략은 주택정책과 많은 관련을 가지고 있다. 이를 추진하기 위하여 내수기반 확대, 투자여건 확충, 청년·여성 고용률 제고 등 과제가 제시되었다. 내수기반 확대와 관련해서는 전셋값 문제 해결 및 서민금융 상품 지원한도 확대를 통한 가계부채 비율 5% 축소, 민간택지 민영주택 전매제한 완화 및 청약제도 개선, 주택구입자금 지원, 공공임대 리츠 등 공공임대주택 공급주체 다양화 등을 추진하였다.

박근혜 정부의 경제정책에서 대표되는 용어로 초이노믹스를 들 수 있다. 박근혜 대통령은 2014년 6월 개각에서 새누리당 친박계의 핵심 인사인 최경환을 경제부총리로 내정하였다. 7월 취임한 최경환 부총리는 41조원의 재정을 풀어서 경기를 부양하는 경기부양방안을 발표하였다. 그는 부동산시장을 살리기 위하여 DTI, LTV 등의 부동산 규제를 완화하여 대출총량을 확대하는 방안을 8월 1일 발표하였다. 또한 기타 부동산 규제를 해제하고, 재건축에 대한 과세 세율과 양도소득세의 세율을 인하하는 등의 부동산경기부양책도 발표하였다. 이와 더불어 최경환 부총리는 가계소득이 증대되어야 성장이 지속될 수 있다고 말하여 가계소득 증대를 주요 정책목표로 설정하였다. 그는 또 기업의 투자부진 상황을 벗어나 기업 투자를 촉진하기 위하여 현금을 쌓아두는 기업에 세금을 부과하고 배당을 증액하는 기업은 보상하겠다는 정책목표를 설정하였다. 구체적인 정책으로 투자나 임금 증가, 배당 등이 당기 소득의 일정액에 미달한 경우 10% 세율로 추가 과세하는 기업소득 환류세제를 추진하였다. 이에 따라 최경환 부총리의 취임 직후 주가가 크게 상승하였으며, 소비심리의 일정 정도 회복, 그동안 침체돼 있었던 부동산 시장이 일부 살아나는 기미를 보였다. 또한, 최 부총리는 경기부양의 일환으로서 한국은행과의 정책공조를 강조하였다. 한국은행은 세월호

사고 이후 경기회복세가 꺾인 것에 대한 대책으로써 금융통화위원회에서 금리를 0.25% 인하하였고, 계속된 경기부진에 대한 대책으로 10월 금리를 0.25% 추가 인하하였다. 최경환 부총리가 추진한 금융완화적 경기부양방안에 대하여 언론에서는 최경환 부총리의 성인 최(CHOI)를 영어식으로 읽어서 초이노믹스라고 칭하고 있다. 그러나 경기부양책의 효과가 지속되지 않았고, 부동산시장 역시 크게 회복세를 보이지 않아서 한계가 지적되었다.

8. 문재인 정부(2017~)

문재인 정부의 주택정책을 평가하기에는 아직 초기단계라 단정할 수는 없다. 도시재생뉴딜정책, 6·19대책, 8·2대책, 주거복지로드맵 등을 통하여 주택정책의 일면을 볼 수 있다.

문재인 정부는 출범한 이후 2016년의 박근혜정부가 시행한 11·3 부동산 대책을 보완하여 주택시장의 안정적 관리를 위한 선별적, 맞춤형 대응방안(2017년 6·19 부동산 대책)을 내놓았다. 주요 내용으로는 조정대상지역을 선별·추가하여 전매제한기간 확대, LTV·DTI 조건 강화 등이다. 종전에 조정대상지역으로 지정됐던 서울시 전체, 경기도 과천시·성남시·하남시·고양시·남양주시·화성시 동탄2신도시, 부산시 해운대구·연제구·동래구·남구·수영구와 세종특별자치시 등 37개의 지역에 경기도 광명시, 부산시 부산진구·기장군를 포함시켜 총 40개의 지역에 전매제한기간을 강화하고 1순위 제한, 재당첨 제한 등의 관리방안을 적용하기로 했다. 서울의 경우 과열 정도에 따라 강남 4구(강남구·서초구·송파구·강동구)와 그 외 지역으로 차등 적용하던 전매제한기간을 전역으로 확대했으며, 조정대상지역 전체에서 LTV와 DTI의 규제비율이 각각 70%와 60%에서 10%p씩 낮춰졌다. 하지만 대책의 수위는 예상보다도 낮았다는 얘기가 나온다. 규제지역에서 벗어난 서울 인근 지역은 자유롭게 매매가 가능하여 기존 분양권이나 입주를 갓 시작한 단지 가격은 더욱 치솟을 것으로 보이며, 이에 대한 희소성만 높였다는 평가다. 한편으론 오피스텔 등 아파트 대체 투자상품에 시중 자금이 몰리면서 풍선효과가 나타나기도 했다. 하지만 이후에도 비수기인 여름철임에도 불구하고 서울의 아파트 가격은 가파른 상승세를 보여, 시장상황을 지켜보면서 필요하면 투기과열지구 지정 등 더욱 강한 수단을 동원할 수 있다고 사전에 밝혀 정부가 추가 대책을 내놓을 것이란 전망이 나오기 시작했다. 정부가 부동산 시장 과열에 신경쓰지 않을 수 없기 때문이다.

이후 8월 2일 새로운 부동산 대책(8·2대책)을 내놓았다. 서울시, 세종시, 경기도 과천시는 투지과열지구로, 서울시 강남구·서초구·송파구·강동구·용산구·성동구·노원구·마포구·양천구·영등포구·강서구와 세종시는 투기지역으로 묶였으며 이 지역에서의 LTV와 DTI는 예외 없이 40%로 적용되었다. 조정대상지역도 양도소득세를 중과시키고 장기보유특별공제를 없애는 등의 규제를 가했으며, 부산시 부산진구·해운대구·연제구·동래구·남구·수영구·기장군은 민간택지로는 처음으로 분양권 전매가 1년 6개월 간 혹은 소유권 이전 등기시까지 금지되었다. 6·19 대책에서 풍선효과를 보았던 오피스텔도 규제가 강화되었으며 분양권 불법 전매에 대한 처벌도 강화했다. 하지만 부동산 보유세 인상은 처음부터 검토조차 하지 않았고, 양도소득세를 인상하여 다주택 투기 세력이 임대주택 사업자로 빠져나갈 구멍을 만들어줬다는 비판도 받았다.

9월 5일에는 8·2 부동산 대책 후속조치를 단행하여 대구시 수성구와 경기도 성남시 분당구를 투기과열지구로 추가 지정하고 인천시 연수구·부평구, 경기도 안양시 만안구 및 동안구·성남시 수정구 및 중원구·고양시 일산동구 및 일산서구와 조정대상지역에 포함된 부산시 일부지역을 집중 모니터링 지역으로 지정했다. 또한 최근 12개월 간 평균 분양가격상승률이 물가상승률을 2배 초과한 경우, 분양 직전 2개월 청약경쟁률이 5:1을 초과하거나 국민주택규모 이하 청약경쟁률이 10:1을 초과한 경우, 3개월 간 주택 거래량이 지난해 같은 기간 대비 20% 이상 증가한 경우 중 하나라도 충족하면 분양가 상한제를 적용하기로 했다. 분양가 상한제는 2015년 4월 이후 적용 사례가 없어 사실상 사문화한 것을 2년 5개월여 만에 부활시킨 셈이다.

10월 24일에는 가계부채 종합대책을 내놓으면서 주택담보대출을 더욱 강화하였는데, 신DTI·DSR을 2018년부터 순차적으로 적용하며 다주택자의 양도세를 중과하고 금리를 인상하는 등의 조치를 취하기로 했다.

생애주기별 맞춤형 '주거복지로드맵(2017.11.29.)'은 문재인정부의 주택정책에 대한 종합대책으로 볼 수 있다. 주요 골자를 살펴보면, 먼저, ① 생애단계별·소득수준별 맞춤형 주거지원이다. Ⓐ [청년] 셰어형·창업지원형 등 맞춤형 청년주택 30만실 공급, 청년 우대형 청약통장 신설(금리 최고 3.3%, 이자소득 500만원까지 비과세), 월세대출 한도 확대(30→40만원), 전세대출 1인가구 대출연령 제한완화(25→19세 이상), 분할상환 허용, Ⓑ [신혼] 신혼특화형 공공임대 20만호 공급, 신혼희망타운(분양형) 7만호 공급(수도권 4.7만), 특별공급 2배 확대(공공 15→30%, 민영 10→20%), 전용 구입·전세자금대출 도입(최저금리 구입 1.2%, 전세 1.7%), Ⓒ [고령] 무장애 설계 적용·복지서비스 연계 등 맞춤형 공공임대 5만호 공급, 연금형 매입임대(고령자 주택을 매입·리모델링하여 임대로 공급, 대금은 연금식 지급), 주택 개보수 지원을 위한 수선유지급여 지원 확대(+50만원), Ⓓ [취약계층] 저소득층을 위한 공적 임대주택 41만호 공급, 주거급여 지원대상 및 지원금액 확대, 긴급지원주택 도입, 취약계층 주거지원사업 활성화, 아동이 있는 빈곤가구 지원 강화(전세임대 무상지원, 소액 주거비 대출), 그룹홈 활성화 및 재난·재해 피해주민 지원 강화이다. 다음으로, ② 무주택 서민·실수요자를 위한 공적 주택 100만호 공급이다. Ⓐ [공공임대] LH등 공공이 직접 공급하는 공공임대주택 총 65만호 공급, 장기임대주택 대폭 확대(15만호 → 28만호), 도시재생사업과의 연계를 통해 도심내 공급 확대(노후 공공청사 복합개발, 정비사업 재정착 리츠 등), Ⓑ [공공지원] 뉴스테이의 공공성을 강화한 공공지원주택 총 20만호 공급[시세 미만의 초기임대료 적용, 무주택자 우선 공급 등 규제 강화). 즉, 공공임대·공공지원주택 확대를 통해 공적임대주택 재고율을 2022년까지 OECD 평균(8%)을 상회하는 9% 달성(재고 200만호↔2016년 6.3%)한다는 것이다. 또, Ⓒ [공공분양] 공공분양주택을 총 15만호 공급(신혼희망 7만호 포함), Ⓓ [민간분양] 분양가상한제가 적용되는 공공택지 공급을 연 8.5만호 수준(수도권 6.2만호)으로 확대하여 저렴한 민영주택 공급확대 유도, Ⓔ [택지확보] 기 확보한 77만호 공공택지 외에 수도권 인근 우수한 입지에 40여개 신규 공공주택지구를 개발하여 16만호 부지를 추가 확보한다.

〈주택 100만호 공급계획(만호)〉

구분	'18	'19	'20	'21	'22	합계	연평균
합계	18.8	19.9	19.9	20.5	20.9	100.0	20.0
공공임대(준공)	13.0	13.0	13.0	13.0	13.0	65.0	13.0
공공지원(부지확보)	4.0	4.0	4.0	4.0	4.0	20.0	4.0
공공분양(분양)	1.8	2.9	2.9	3.5	3.9	15.0	3.0

다음으로, ③ 법·제도 정비 및 협력적 주거복지 거버넌스 구축이다. Ⓐ [법·제도] 주택임대차보호법을 법무-국토부가 공동소관(주거·부동산 정책과 연계강화), 공공임대주택 유형 통폐합 및 대기자 명부제도 개선, 도심내 노후 영구임대단지 재건축을 통한 도심내 공급 확대, Ⓑ [거버넌스] 지자체의 주거복지 조직 및 주거복지센터 전문인력 확충, 지자체의 임대주택 입주자 선정권한 강화 및 투자규제 합리화, 사회적 경제주체의 임대주택 공급 활성화를 위한 지원 강화(기금 융자, 보증, 택지지원, 사회주택 허브리츠 설립 등)이다.

한편, 주택시장의 변수가 될 정책으로는 '도시재생 뉴딜사업'이다. 기존 시가지 낙후지역과 노후 주거지 환경 개선사업으로 일컬어지는 도시재생 뉴딜 프로젝트에는 연간 10조원, 5년간 50조원의 자금이 투자된다. 이는 임기동안 500여 개의 구도심과 노후 주거지를 개선하는 초대형 사업으로 국가 재정과 주택도시기금·LH 등 공공기관 사업비가 투입된다. 이 프로젝트는 도시재생 기법과 함께 기존의 뉴타운 재개발사업도 대거 포함돼 있어 지금보다 재개발·재건축 사업이 더 촉진될 여지가 다분하다. 기존 노후 주거지역에 개발 바람이 불어 주변의 주택시장이 활기를 띌 것이라는 얘기다. 사업모델은 면적 규모에 따라 우리동네살리기, 주거정비지원형, 일반근린형, 중심시가지형, 경제기반형 등 다섯 가지이다. ① 가장 소규모인 우리동네살리기는 면적 5만㎡ 미만 소규모 저층 주거 밀집지역에서 추진하며 거주민 1,000가구 이하 마을이 해당된다. 이곳에는 주택 개량과 함께 CCTV, 무인택배함 등 생활밀착형 소규모 생활편의시설이 설치된다. ② 주거정비지원형은 5만~10만㎡ 저층 단독주택지역을 대상으로 하며 도로정비, 주택정비, 공공임대주택 공급 등이 이루어진다. ③ 일반근린형은 10만~15만㎡ 주거지와 골목상권 혼재지역이다. 여기에는 노인·청소년 등 지역민을 위한 문화서비스 공간 등이 설치된다. ④ 중심시가지형은 주로 상업지역(20만㎡)에서 이루어지며 노후시장 개선, 빈점포 리모델링을 통한 창업공간 지원 등이 이루어진다. ⑤ 경제기반형은 역세권, 산업단지, 항만 등 대규모 사업지(50만㎡ 산업 지역)가 해당된다. 여기에는 복합지식산업센터 건립, 국유지활용 개발 등이 이루어진다.

Ⅲ. 역대정부 주택정책의 평가와 공통점

1. 역대정부 주요 주택정책의 평가

김대중 정부는 임기 첫 해만 해도 부동산시장 활성화 정책을 폈지만 이듬해인 1999년에는 국민임대주택을 매년 10만 가구씩 공급하겠다고 제시했다. 국민주택기금 및 전·월세 보증금에 대한 융자 지원이 본격화된 것도 이때부터다. 임기 마지막 해인 2002년에는 국민임대주택 100만 가구 건설계획을 추가로 내놓았다. 국민임대주택은 이후 노무현 정부의 공공임대주택, 이명박 정부의 보금자리주택, 박근혜 정부의 행복주택 등으로 명맥이 이어졌다. 노무현 정부는 집권 첫해 국민임대주택 50만 가구를 5년 동안 공급하고, 10년 동안 장기 공공임대주택을 150만 가구 건설하겠다고 발표했다. 재개발·재건축 시 소형주택 60% 공급을 의무화했다. 이명박 정부도 집권 첫해에 보금자리주택 150만 가구를 공급하겠다고 했다. 소형주택 의무공급 비율과 분양권 전매제한 규정을 완화하는 등 다주택자들을 위한 정책도 펼쳤다. 이어 박근혜 정부는 총부채상환비율(DTI)·담보인정비율(LTV)을 완화하는 동시에 2017년까지 행복주택과 뉴스테이 30만 가구를 공급하겠다는 내용의 서민주거지원 정책을 제시했다.

역대 정부가 내세운 임대주택의 공급 목표와 실제 이행에는 차이가 있다. 임기 중에 공급한 임대주택 수는 노무현 정부 39만 3,000가구, 이명박 정부 45만 5,000가구, 박근혜 정부 55만 1,000가구 등이다. 시장에 미친 영향도 달랐다. 노무현 정부 5년 동안 주택 매매가는 15.2%나 뛰었지만 전셋값은 1.66% 오르는 데 그쳤다. 반면 이명박·박근혜 정부 시절 매매가는 각각 6.8%, 8.2% 오른 반면 전셋값은 각각 15.54%, 18.16% 급등했다.

이에 앞서 전두환 정부는 500만 가구 건설계획을 발표했고, 주택임대차보호법을 제정했다. 노태우 정부는 영구임대주택 25만 가구 건설을 선언했고, 1년이던 임대차 보호기간을 2년으로 확대했다. 또 전세보증금을 부당하게 인상할 경우 5년 전까지 소급 과세할 수 있도록 하는 강력한 전·월세 안정 대책을 내놓기도 했다. 김영삼 정부에서는 주택임대사업자제도를 도입했고, 재개발사업지구내 세입자를 위한 임대주택 특별공급을 시작했다.

2. 역대정부 주택정책의 공통점

전두환 정부에서부터 역대정부가 발표한 주택정책은 대략 150여개가 넘는다. 그러나 이렇게 많은 주택정책의 발표에도 불구하고 이러한 정책이 주택시장에 미친 영향, 특히 정부가 목적으로 하는 가격안정이나 입주자보호 등에는 큰 성과를 이루지 못하였던 것으로 평가된다. 각 정부별 정책을 통해 공통적인 주택정책으로는 공급과 수요관련 주택정책이 있다. 이를 두 가지 정책적 측면으로 나누어 살펴보면 다음과 같다.

첫째, 공급확대정책이다. 수요자중심에서 각종 임대료 및 자기소유주택에 대한 지원대책을 시행하고 있으나 입주물량 부족 등 절대적인 공급물량이 부족한 상황에서 크게 실효성이 없는 것으로 나타났다. 임차가구들을 위한 공급확대정책 역시 준공까지 일정기간이 소요되는 바 효과측면에서 전자와 마찬가지라고 볼 수 있다. 주거안정을 위한 단기적인 대책으로는 임대료 및 자기소유주택에 대한 지원책이 가장 실효성이 있는 것으로 보여진다. 공급정책의 또 다른 측면이 수요진작을 통한 건설경기 활성화를 대부분 시장이 극도로 침체되어 있을 시기에 시행됨으로써 단기간 내 가시적인 성과가 없었던 것으로 보인다. 경기상승기에 본격적인 효과를 발휘하며 경기활성화를 위한 공급확대정책 역시 효과가 없는 것으로 나타났는데 이는 공급확대정책이 가시화되기 위해서는 2년 내지 3년 정도의 시간이 소요되기 때문이다.

둘째, 수요관리 정책이다. 가격안정효과에 있어서 정부의 투기억제 대책은 가격상승 기에는 효과를 미치지 못하다가 이것이 누적되어 오히려 가격 하락기에 효과가 나타났다. 정부의 투기억제 대책발표 이후 가격이 일시 하락세를 보이는 경우가 있었으나 이는 대부분 정부대책이 비수기에 취해진 영향으로 파악되며 본격적인 하락의 원인이 되었다고 보기는 어렵다. 특히 투기수요를 억제하고 실수요자들의 주택구입기회를 확대하려는 정책으로 분양권전매제한, 실수요자 우선공급 등 관련 대책의 시행결과 투기수요를 감소시키는 효과가 있었던 것으로 파악된다. 이를 종합해 볼 때 정부의 주택정책에 있어서 단기적으로 효과는 매우 미미한 것으로 평가할 수 있다. 특히 수요측면의 대책보다 공급측면의 대책들이 단기간에 효과가 없었던 것으로 나타났다. 단기대책으로는 주택구매 능력을 확대해 주는 주택관련 대출의 확대와 분양권 전매가 가장 큰 효과가 있었던 것으로 나타났다. 또한 경기활성화 정책의 경우에는 경기침체기에는 효과가 없다가 오히려 경기가 회복한 이후인 가격상승 기에 주택가격을 상승시키는 원인이 되는 것으로 나타났다. 이와 같이 우리나라의 주택정책에 목표가 주택공급량 및 주택보급률 등 양적인 측면으로부터 질적이고 배분을 중시하는 형평성측면으로 목표가 전환되고 있기는 하지만 여전히 양적인 면이 중시되고 있는바 주택정책의 목표로서 중요한 요소인 주택가격의 안정을 통한 경제안정이 도외시 되었다

제 4 절 주택공급과 수요정책 및 거래규제

Ⅰ. 주택공급정책

주택정책에서 주택의 공급을 실행하기 위해서는 각종 정책들이 필요하게 된다. 토지에 대한 용도조정 및 택지조성사업, 공공 및 민간에 대한 택지분양정책, 대지권확보정책, 주택사업관련 각종 인허가 정책, 공급자의 자격관리, 분양 및 임대 등 공급방식, 주택유형별 공급정책 등 다양한 형태의 정책적인 고려가 있다.

아울러, 주택의 공급에는 우선적으로 택지의 조성문제가 있다. 주거환경이 양

호하고 접근성 등이 고려된 택지의 조성과 공급은 생각처럼 쉬운 문제가 아니다. 우리의 주거지역 집중도와 교육, 문화, 기반시설 등을 감안하면 대도시 중심의 택지조성이 선호되지만, 대도시 주변은 이미 포화상태이며, 토지가격도 큰 부담이다. 또 환경적인 문제를 고려한다면 과거 그린벨트를 해제하여 택지를 조성하는 것과 같은 문제도 부담이 될 수 있다. 그러므로 현재 적극적으로 추진하고 있는 도시재생을 통하여 안정적이고 환경이 우수한 양질의 택지를 공급하기 위하여 기존의 도시공간을 활용하려는 노력은 택지부족문제도 해결하고 환경, 문화 등 여타 문제를 해결하면서 주택의 공급문제에 가장 큰 비중을 가지는 택지문제를 해결하는 방법이 될 수 있다.

한편, 주택정책을 실현하는 것은 정부의 정책적인 고려도 중요하지만 공급자(정부, 공공, 민간)와 수요자(기관, 개인)의 관계를 설정하고 권리보호를 위한 장치, 거래질서를 정립하는 것도 중요한 정책적 과제라고 할 수 있다. 일반적으로 공급자를 사업주체라고 하는데, 등록제를 통하여 사업시행이 가능하다. 사업주체는 정부나 지자체도 당사자이지만 직접적으로 하지 않고 토지주택공사 등을 통하여 공공부분의 사업주체가 된다. 그리고 대부분의 민간사업자(건설업지)가 공급주체가 된다. 이러한 정책을 수행하는 기관으로 LH를 비롯한 지방도시개발공사 등이 있고, 공급정책을 금융서비스를 통하여 지원하는 기관으로 주택도시기금, 은행 등을 비롯한 HUG, HF 등을 들 수 있다.

공급정책은 최대한의 공급이 바람직한 것은 아니다. 과도한 공급은 미분양물량으로 건설경기가 위축되고 건설업체의 부도로 나타나 계약자와 하도급업체 등 연관산업의 연쇄부도로 이어질 수 있고, 국가경제에 위협이 될 수 있다. 그리고 공급물량이 부족한 경우 주택가격의 폭등 등으로 투기수요가 발생할 수 있고, 국민의 주거불안이 가중될 수 있어 사회문제를 비롯한 경제에 악영향을 미칠 수 있다. 또한 공급정책은 지역적인 고려, 인구적인 고려, 소득수준 등 실수요부분에 대한 정책적인 고려가 필요하고, 주택가격 등 공급구조에 대한 고려도 중요하다고 할 수 있다. 공급방법 등에 관하여는 앞서 법규부분에서 설명하였다.

Ⅱ. 수요정책

수요정책은 주택을 공급받는 개별 소비자를 위한 정책적인 문제를 다룬다고 할 수 있다. 가장 대표적인 것이 분양자격관리정책, 우선 및 특별공급과 대상자정책, 청약제도관련정책 등을 들 수 있다. 물론, 취등록세 및 양도세 등 세제관련문제, 각종 대출관련 문제 등도 주요한 수요정책의 일환으로 풀이할 수 있다. 최근에 이슈가 되는 DTI, LTV, DSR 등은 이러한 정책의 일환으로 볼 수 있다.

수요정책에서 가장 큰 두 가지 방향은 촉진과 규제이다. 우선 수요촉진은 경제전반의 침체로 국민경제가 어려운 경우 이를 활성화하기 위한 경우, 국민의 주거불안이 가중되고 가계안정을 필요로 하는 경우에 각종 규제를 완화하고 특별혜택을 부여하여 수요를 촉진하는 경우이다. 그리고 부동산 경기의 이상 징후로 국민경제에 악영향을 초래하거나 지역간 불균형 등 부동산 과열이 발생하거나, 불법거래 및 투기수요가 발생하는 경우 각종 규제정책을 통하여 이를 차단하기 위한 정책들이 규제형태로 나타난다. 결국 수요촉진과 규제는 양면성을 가진다. 그러나 취약계층 등 국민의 주거불안 해소와 선의의 거래자를 보호하기 정책적인 고려는 이러한 촉진과 규제정책을 적용하는 경우에도 항상 고려되어야 한다.

Ⅲ. 분양관리 및 거래규제

1. 분양가 관리정책

분양가 관리정책으로 대표적인 것이 분양가 상한제이다. 물론 주변시세에 비하여 월등히 고분양가인 경우 보증기관의 보증심사를 강화하거나 보증거절을 통하여 분양가격인하를 유도하기도 한다. 분양가상한제란 집값 안정화의 일환으로, 주택을 분양할 때 택지비와 건축비에 건설업체의 적정 이윤을 보탠 분양가격을 산정하여 그 가격 이하로 분양하도록 정한 제도를 말한다.

연혁적으로 보면 분양가규제는 이미 1977년부터 분양상한가라는 제도를 도입하여 시작하였다. 당시 중동붐으로 유입된 자본이 부동산시장에 유입되면서 아파트가격 급등이 사회문제로 이슈화되었기 때문이다. 이는 분양가를 정부에서 획일적으로 정한 상한가(행정규제가격)로 규제하는 제도였다. 하지만, 이러한 획일적 규제로 인해 주택공급 위축이라는 부작용이 나타나, 결국 1980년대 말 전세가격 폭등 등 부동산 대란이라는 대가를 치러야 했다. 이에 정부는 업체의 요구를 수용하고 200만호 주택공급목표 달성을 위해 1989년 11월부터 분양가상한제를 폐지하고, 분양가를 택지비와 건축비에 연동시키는 원가연동제를 시행하였다. 그러나 상황은 1990년대 중반 도산하는 건설업체가 등장하면서 조금씩 바뀌게 되었다. 특히, 외환위기로 인해 주택시장이 침체되고 미분양이 급증하자 1997년 1월 강원, 충북 등 4개 권역의 전용면적 25.7평 이하의 자율화를 시작으로 규제가 완화되었다. 1997년 6월 수도권 이외 지역 전면자율화, 1998년 2월 민간사업자 보유 택지 자율화, 1998년 10월 수도권 25.7평 초과 공공택지 아파트 자율화가 이루어졌고, 이어 1999년 1월에는 국민주택기금을 지원받는 아파트 외는 전면자율화로 사실상 분양가규제가 폐지되었다.

주택경기를 살리기 위해 취해진 분양가 자율화는 2000년대 초반 주택경기 회복과 함께 또다시 분양가 급등으로 이어졌다. 고분양가로 주변 주택가격이 상승하고 다시 분양가를 올리는 악순환이 나타난 것이다. 당시 분양가 자율화 이후 서울 지역 아파트 평균 분양가는 1998년 512만원이었던 것이 점점 급상승하자, 분양가 규제의 목소리가 다시 힘을 얻기 시작했다. 이에 정부는 2005년 3월 9일 분양가상한제를 다시 도입하게 되었다. 정부는 무주택 서민의 주택마련 곤란, 건설업체 폭리 등의 문제점을 제기하며, 공공택지에서 건설·공급되는 주거전용 85㎡ 이하 주택은 택지비와 건축비를 기준으로 분양가 상한을 직접 규제하게 되었다. 또한, 판교 신도시와 은평 뉴타운의 고분양가에 대한 논란이 이어지며 민간아파트에 대한 분양가공개 요구 목소리가 높아졌다. 2006년 2월 24일부터는 분양가상한제 주택을 공공택지에서 건설·공급되는 주거전용면적 85㎡이하 주택뿐만 아니라 주거전용면적이 85㎡를 초과하는 주택에 대해서도 적용하게 되었으며, 2007년 9월 1일부터는 주택법 제38조 개정(2007년 4월 20일)시행에 따라 일반에게 건설·공급되는 모든 공동주택에 대하여 분양가상한제를 적용하게 되었다.

이 제도는 공공택지에 건설하여 공급하는 공동주택뿐 아니라 민간택지에도 적용되며 주상복합도 포함된다. 이 제도에 따른 분양가격 산정은 '건축비(기본형 건축비+건축비 가산비용)+택지비'를 합산하는 방식으로 계산된다. 이 제도에 적용되는 주택을 분양할 때는 산정된 분양가격 이하로 공급하여야 하며, 입주자 모집 공고안에 규정된 양식에 따라 분양가격을 공시하여야 한다. 즉, 분양가상한제에 의한 분양가격의 산정식은 건축비(기본형건축비+건축비 가산비용)[5]와 택지비[6]의 합이다. 국토교통부장관은 주택건설에 투입되는 건설자재 등의 가격변동을 고려하여 산정한 공동주택 건설공사비지수와 이를 반영한 기본형 건축비를 매년 3월 1일과 9월 1일을 기준으로 고시한다. 건축비 가산비용은 공동주택분양가격 산정 등에 관한 규칙에 따라 산정한다. 택지비는 공공택지의 경우에는 해당 택지의 공급가격에 공동주택분양가격 산정 등에 관한 규칙에서 정한 택지와 관련된 비용을 가산한 금액이며, 민간택지의 경우에는 부동산 가격공시 및 감정평가에 관한 법률에 따라 감정평가한 가액에 공동주택분양가격 산정 등에 관한 규칙에서 정한 택지와 관련된 비용을 가산한 금액이다.

사업주체는 분양가상한제 적용주택으로서 공공택지에서 공급하는 주택에 대

5) Ⓐ 기본형 건축비는 지상층 건축비와 지하층 건축비로 이루어지는데 국토부장관은 공동주택 건설공사비지수(주택건설에 투입되는 건설자재 등의 가격변동을 고려하여 산정한 지수로서 주택건축비의 등락을 나타냄)와 이를 반영한 기본형 건축비를 매년 3월 1일과 9월 1일을 기준으로 고시한다. 주택건설에 투입되는 주요 건설자재의 가격이 기본형 건축비를 고시한 후 3개월이 지난시점에 15% 이상 변동한 경우에는 해당 자재의 가격변동을 고려하여 공동주택 건설공사비지수와 이를 반영한 기본형건축비를 조정하여 고시하여야 한다. 시장·군수·구청장은 해당 지역의 특성을 감안하여 95% 이상 105% 이하의 범위 내에서 따로 정하여 고시할 수 있다. Ⓑ 건축비 가산비용은『공동주택분양가격 산정 등에 관한 규칙』 별표1(건축비 가산비용의 항목별 내용 및 산정방법)에 따른다.

6) Ⓐ 공공택지에서 주택을 공급하는 경우는 해당 택지의 공급가격에『공동주택분양가격 산정 등에 관한 규칙』이 정하는 택지와 관련된 비용을 가산한 금액이고, Ⓑ 공공택지 외의 택지에서 주택을 공급하는 경우는『부동산 가격공시 및 감정평가에 관한 법률』에 따라 감정평가한 가액에『공동주택분양가격 산정 등에 관한 규칙』이 정하는 택지와 관련된 비용을 가산한 금액이다. 예외로 사업주체가 공공택지외의 택지에서 주택을 공급하여 분양가심사위원회의 심사를 거쳐 매입가격을 공시하는 경우에는『주택법』 시행령에 규정된 범위 내에서 당해 매입가격을 택지비로 볼 수 있음. 단, 매입가격을 택지비로 보는 경우 택지비는 주택단지 전체에 동일하게 적용한다.

하여 입주자모집승인을 얻은 때에는 입주자 모집공고안에 규정된 양식에 따라 분양가격을 공시해야 하며, 공공택지 외의 택지에서 공급되는 분양가상한제 적용주택(수도권정비계획법의 규정에 따른 수도권 등 분양가상승 우려가 큰 지역으로서 동법시행령의 기준에 해당되는 지역 안에서 공급되는 주택)에 대해 시·도지사 등이 입주자모집승인을 하는 경우에도 따로 규정된 양식에 따라 분양가격을 공시해야 한다.

분양가상한제 적용주택은 전매가 제한된다. 전매제한 기간은 수도권에서 개발제한구역을 해제하여 개발된 주거 전용면적 85㎡ 이하의 분양가격이 ① 시세의 70% 미만인 경우에 보금자리주택은 8년, 그 외의 주택은 5년, ② 시세의 70% 이상 85% 미만인 경우에 보금자리주택은 6년, 그 외의 주택은 3년, ③ 85% 이상인 경우에 보금자리주택은 4년, 그 외의 주택은 2년이다. 여기에 해당하지 않는 수도권 과밀억제권역에 속하는 투기과열지구의 경우, 공공택지주택 전용면적 85㎡ 이하는 5년, 85㎡ 이상은 3년이고, 민간택지주택은 전용면적에 관계없이 3년이다. 비투기과열지구는 공공택지와 민간택지 구분없이 모두 1년이다. 수도권 이외의 투기과열지구 공공택지주택은 3년, 민간택지주택은 1년(대전·세종시·충남·충북은 3년)이고, 비투기과열지구는 공공택지주택만 1년이고 민간택지주택은 전매 제한이 없다.

2. 투기과열관리정책

투기과열관리정책은 투기우려가 있거나 조짐이 보이는 지역을 대상으로 조정대상지역, 투기과열지구, 투기지역을 지정하여 각종 규제와 제한 조건을 부과하는 제도라고 할 수 있다. 이를 통하여 실수요가 아닌 비정상적인 투기성 분양시장의 안정화를 도모하여 주거복지향상을 기하고자 하는 것이다.

(1) 투기과열지구

투기과열지구란 주택가격이 급등하거나 주택에 대한 투기수요로 청약 경쟁이 과열되어 무주택자 등 실수요자의 내 집 마련 기회가 어려운 지역에 대하여 청약·전매(轉賣)제도 등을 강화 운영함으로써 투기를 차단하고 시장과열 현상을 완화하기 위하여 국토부장관 또는 시·도지사가 지정한 지구를 말한다. 2002년 4월 공급규칙을 개정하여 투기과열지구 지정제도를 도입하였고, 8월에는 주택건설촉진법에 그 근거를 명확히 하였으며, 2003년 5월에는 전면 개정된 주택법으로 동 제도를 시행하고 있다.

투기과열지구는 주택가격 안정을 위하여 해당 주택건설지역인 특별시·광역시·도 또는 시·군·구의 행정구역을 단위로 지정하는 것을 원칙으로 하고 있으나, 주택가격의 상승이나 투기의 우려가 일부지역에 국한하는 경우에는 그 일부지역만을 지정할 수 있도록 하고 있으며, 투기과열지구로 지정된 지역에서 분양되는 주택에 대해서는 일정 기간 분양권 전매 제한, 청약1순위 자격 제한, 재건축 조합원 지위 양도(讓渡) 금지, 지역조합 조합원의 선착순 모집금지 등의 의무를 부여하고 있다.

투기과열지구는 해당 지역의 주택가격상승률이 물가상승률보다 현저히 높은 지역으로서 그 지역의 청약경쟁률·주택가격·주택보급률 및 주택공급계획 등과 지역 주택시장 여건 등을 고려하였을 때 주택에 대한 투기가 성행하고 있거나 성행할 우려가 있는 지역 중 ① 주택공급이 있었던 직전 2개월간 해당 지역에서 공급되는 주택의 청약경쟁률이 5 대 1을 초과하였거나 국민주택규모 이하 주택의 청약경쟁률이 10 대 1을 초과한 곳, ② 주택의 분양계획이 지난달보다 30% 이상 감소한 곳, 주택건설사업계획의 승인이나 건축허가 실적이 지난해보다 급격하게 감소한 곳으로 주택공급이 위축될 우려가 있는 곳, ③ 신도시 개발이나 주택의 전매행위 성행 등으로 투기 및 주거불안의 우려가 있는 곳으로서 시·도별 주택보급률이 전국 평균 이하인 경우, 시·도별 자가주택비율이 전국 평균 이하인 경우, 해당 지역의 주택공급물량이 입주자저축 가입자 중 주택청약 제1순위자에 비하여 현저하게 적은 경우에 해당하는 곳을 대상으로 지정한다.

<table>
<tr><th>구분</th><th colspan="2">주요 내용</th></tr>
<tr><td>법령</td><td colspan="2">주택법 제63조제2항, 시행규칙 제25조</td></tr>
<tr><td>지정
기준</td><td colspan="2">정량적 요건: 주택가격상승률이 물가상승률보다 현저히 높은 지역으로서
① 직전 2개월 청약경쟁률이 5:1을 초과하는 경우 or
② 주택분양계획이 전월대비 30% 이상 감소하는 경우 or
③ 주택건설사업계획승인이나 주택건축허가 실적이 지난해보다 급격하게 감소한 곳 or
④ 신도시개발이나 전매행위 성행 등으로 주거불안 우려가 있는 경우로 주택보급률 또는 자가주택 비율이 전국 평균 이하이거나, 주택공급물량이 청약1순위자에 비해 현저히 적은 경우
정성적 요건 : 지역주택시장 여건 등을 고려하였을 때 주택에 대한 투기가 성행하고 있거나 우려되는 지역</td></tr>
<tr><td rowspan="2">지정
효과</td><td>기존</td><td>▪ 청약1순위 자격제한
- 5년내 당첨사실이 있는 자의 세대에 속한 자
- 세대주가 아닌 자, 2주택 이상 소유 세대에 속한 자
▪ 민영주택 재당첨 제한
▪ 재건축 조합원당 재건축 주택공급수 제한(1주택)
* 수도권 과밀억제권역 외의 지역은 도시정비법(6.28일 발의) 개정시행 이후 적용
▪ 전매제한 : 소유권이전등기시
▪ 지역주택조합 조합원 교체 및 신규가입 제한 등
▪ 재건축 주합원 지위양도 금지(조합설립인가 후)
▪ 민간택지 분양가상한제 적용 주택의 분양가 공시 등(수도권 등에 한정)</td></tr>
<tr><td>신규
or
강화
(8.2
대책)</td><td>▪ 청약1순위 자격요건 강화
- 청약통장 가입후 2년 경과 + 납입횟수 24회 이상
▪ 가점제 적용 확대(85㎡ 이하 조정대상지역 75%, 투기과열지구 100%)
▪ 오피스텔 전매제한 강화(소유권이전등기시까지) 및 거주자 우선분양 적용(20%)
* 수도권 외의 지역은 건축물분양법(8.18일 발의) 개정시행 이후 적용
▪ 재개발 · 재건축 규제 정비
- 재개발 등 조합원 분양권 전매제한(소유권이전등기시)
- 정비사업 분양(조합원/일반) 재당첨 제한(5년)
- 재건축 조합원 지위 양도제한 예외사유 강화
▪ 거래가액 3억원 이상 주택 자금조달계획, 입주계획 신고 의무화
▪ LTV · DTI 40% 적용(주담대1건 이상 보유세대 30%, 실수요자 50%)</td></tr>
</table>

(2) 조정대상지역

조정대상지역은 투기과열지구 지정요건 중 정량요건의 일부를 준용하여 과열이 발생하였거나, 발생할 우려가 있는 지역을 말한다. 선정조건은 주택가격, 청약경쟁률, 주택보급률 등과 관련하여 Ⓐ 주택가격상승률이 물가상승률보다 현저히 높은 지역, Ⓑ 청약경쟁률이 5 대 1을 초과하였거나, 국민주택 규모 이하 주택 청약 경쟁률이 10 대 1을 초과한 곳(투기과열지구 준용), Ⓒ 주택의 전매행위 성행 등으로 주택시장 과열 및 주거 불안의 우려가 있는 곳으로서 시도별 주택보급률이 전국 평균 이하, 시·도별 자가주택비율이 전국 평균 이하에 해당하는 곳(투기과열지구 준용)에 해당하는 지역 중 청약과열이 발생하였거나, 청약과열 우려가 있는 지역이다.

한편, 조정대상지역 중 과열지역의 정량요건은 주택가격을 전제조건으로 하고, 주택공급, 분양권 전매량, 주택보급률 등을 선택적으로 활용하도록 하였다.

과열지역 요건		세 부 내 용
전제조건	주택가격	직전 3개월간 주택가격상승률 〉 동기간 물가상승률 × 1.3
선택요건 (택 1)	주택공급	주택공급이 있었던 직전 2개월간 청약경쟁률이 5:1을 초과 (또는 국민주택규모 이하 10:1 초과)
	분양권 전매량	직전 3개월간 분양권 전매량이 전년동기대비 30% 이상 상승
	주택보급률	시도별 주택보급률 또는 자가주택비율이 전국 평균 이하

아울러, 조정대상지역 중 위축지역의 정량요건도 주택가격을 전제조건으로 하고, 주택거래량, 미분양 주택 수, 주택보급률 등을 선택요건으로 고려하도록 하였다.

위축지역 요건		세 부 내 용
전제조건	주택가격	직전 6개월간 월평균 주택가격상승률이 1.0% 이상 하락
선택요건 (택 1)	주택거래량	3개월 연속 전년동기 대비 20%이상 감소
	미분양	직전 3개월 평균 미분양주택 수가 전년동기 대비 2배 이상
	주택보급률	시도별 주택보급률 또는 자가주택비율이 전국 평균 이상

(3) 투기지역

투기지역의 지정요건으로는 ① 직전월 가격상승률 〉 전국소비자물가상승률 × 130%과 ② 직전 2개월 평균 가격상승률 〉 직전 2개월 평균 전국가격상승률 × 130%를 충족하는 경우, 또는 ① 직전월 가격상승률 〉 전국소비자물가상승률 × 130%과 ③ 직전 1년간 가격상승률 〉 직전 3년간 연평균 전국가격상승률을 충족하는 경우이다. 이 요건 충족지역으로서 당해 지역의 부동산가격상승이 지속될 가능성이 있거나 확산될 우려가 있다고 판단되는 경우 투기지역으로 지정한다. 절차적으로는 국토교통부장관의 지정 요청에 따라 기획재정부 부동산가격안정심의위원회 심의를 거쳐 기획재정부장관이 지정한다.

(4) 조정대상지역, 투기과열지구, 투기지역 비교

1) 지역별 효과 비교

<table>
<tr><th>구분</th><th>조정대상지역</th><th>투기과열지구</th><th>투기지역</th></tr>
<tr><td rowspan="2">기존</td><td colspan="2">▪청약1순위 자격제한
- 5년내 당첨사실이 있는 자의 세대에 속한 자
- 세대주가 아닌 자, 2주택 이상 소유 세대에 속한 자
▪민영주택 재당첨 제한
▪재건축 조합원당 재건축 주택공급수 제한(1주택)</td><td rowspan="2">▪양도세 가산세율 적용
- 1세대가 주택과 조합원 분양권을 3개 이상 또는 비사업용 토지를 보유한 경우 양도세율 +10%p
▪주담대 만기연장 제한
▪기업자금대출 제한
▪농어촌주택취득 특례 배제
- 농어촌주택도 양도세 주택수 산정 시 포함</td></tr>
<tr><td>▪전매제한
- 소유권이전등기시(서울, 과천·광명) / 1년6개월(성남)
▪단기 투자수요 관리
- 중도금대출보증 발급요건 강화, 2순위 신청시 청약통장 필요, 1순위 청약일정 분리
▪LTV, DTI 10%p 하향 (투기과열지구·투기지역 外)</td><td>▪전매제한
- 소유권이전등기시
▪재건축 조합원 지위양도 금지(조합설립인가 후)
▪민간택지 분양가상한제 적용 주택의 분양가 공시</td></tr>
<tr><td rowspan="2">신규 추가

또는

효과 강화

(8.2 대책)</td><td colspan="2">▪청약1순위 자격요건 강화
- 청약통장 가입후 2년 경과 + 납입횟수 24회 이상
▪가점제 적용 확대(조정대상지역 75%, 투기과열지구 100%)
▪오피스텔 전매제한 강화(소유권이전등기시까지) 및 거주자 우선분양 적용(20%)</td><td rowspan="2">▪주담대 건수 제한
- 차주당1건 → 세대당1건</td></tr>
<tr><td>▪양도세 가산세율 적용
- 2주택자 +10%p
- 3주택자 이상 +20%p
▪다주택자 장기보유특별공제 적용 배제
▪1세대 1주택 양도세 비과세 요건 강화
- 2년 이상 거주요건 추</td><td>▪재개발·재건축 규제 정비
- 재개발 등 조합원 분양권 전매제한(소유권이전등기시)
- 정비사업 분양(조합원/일반) 재당첨 제한(5년)
- 재건축 조합원 지위 양</td></tr>
</table>

구분	조정대상지역	투기과열지구	투기지역
	가 ▪ 분양권 전매시 양도세율 50%로 일괄 적용	도제한 예외사유 강화 ▪ 거래 시 자금조달계획, 입주계획 신고 의무화 - 거래가액 3억원 이상 주택	
		▪ LTV · DTI 40% 적용(주담대1건 이상 보유세대 30%, 실수요자 50%)	
적용지역	40개 지역 서울(전역, 25개구), 경기(과천 · 성남 · 하남 · 고양 · 광명 · 남양주 · 동탄2), 부산(해운대 · 연제 · 동래 · 부산진 · 남 · 수영구 · 기장군), 세종	27개 지역 서울(전역, 25개구), 경기(과천), 세종	12개 지역 서울(강남 · 서초 · 송파 · 강동 · 용산 · 성동 · 노원 · 마포 · 양천 · 영등포 · 강서), 세종

2) 지역범위 비교

지구, 지역설정에서 보면 투기지역은 반드시 투기과열지구에 포함되고, 투기지역과 투기과열지구는 조정대상지역에 포함되는 것으로 볼 수 있다.

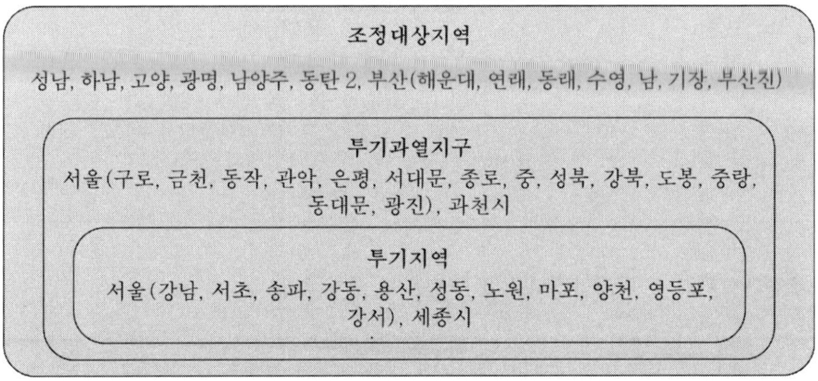

(5) 지역별 지정효과

1) (투기과열지구와 투기지역이 아닌) 조정대상지역

<table>
<tr><th>지 역</th><th colspan="2">규제내용</th></tr>
<tr><td rowspan="4">경기 6개시
(성남, 하남, 고양, 광명, 남양주, 화성 동탄2)
+
부산 7개구
(해운대, 연제, 동래, 수영, 남, 기장, 부산진)</td><td colspan="2">전국 적용효과 + 기존 조정대상지역 지정 효과</td></tr>
<tr><td>세제</td><td>▪다주택자 양도소득세 중과 및 장기보유 특별공제 배제
▪1세대 1주택 양도소득세 비과세 요건 강화(거주요건 추가)
▪분양권 전매시 양도소득세 강화(50%)</td></tr>
<tr><td>청약</td><td>▪1순위 자격 요건 강화(+투기과열지구)
▪가점제 적용 확대(+투기과열지구)</td></tr>
<tr><td>기타</td><td>▪오피스텔 전매제한(소유권 이전등기시) 및 지역 거주자 우선 분양(+투기과열지구)</td></tr>
</table>

2) (투기지역이 아닌) 조정대상지역 & 투기과열지구

<table>
<tr><th>지 역</th><th colspan="2">규제내용</th></tr>
<tr><td rowspan="4">서울 14개구
(구로, 금천, 동작, 관악, 은평, 서대문, 종로, 중, 성북, 강북, 도봉, 중랑, 동대문, 광진)
+ 과천시</td><td colspan="2">전국 적용효과 + 조정대상지역 지정 효과 + 기존 투기과열지구 지정효과</td></tr>
<tr><td>금융</td><td>▪LTV, DTI 40% 적용(+투기지역)
1세대 1건 이상 주담대 가구는 LTV, DTI 30% 적용</td></tr>
<tr><td>정비사업</td><td>▪재개발 등 조합원 분양권 전매 제한
▪정비사업 분양분(조합원+일반분양) 재당첨 제한
▪재건축 조합원 지위 양도제한 강화</td></tr>
<tr><td>기타</td><td>▪자금조달계획 선정 의무화</td></tr>
</table>

3) 조정대상지역 & 투기과열지구 & 투기지역 모두 해당

<table>
<tr><th>지 역</th><th colspan="2">규제내용</th></tr>
<tr><td rowspan="2">서울 11개구
(강남, 서초, 송파, 강동, 용산, 성동, 노원, 마포, 양천, 영등포, 강서) + 세종시</td><td colspan="2">전국 적용효과 + 조정대상지역 지정 효과 + 투기과열지구 지정효과</td></tr>
<tr><td>금융</td><td>▪주택담보대출 제한 강화(세대당 1건)</td></tr>
</table>

3. 주택소유 및 분양제한정책

정부가 시행하는 주택소유제한 정책으로는 1가구 1주택정책과 대한 세제혜택, 고가주택 및 다주택소유자에 대한 중과세정책, 분양권당첨제한규정, 주택소유자에 대한 분양권 후순위제도 등을 시행하고 있다. 분양권 당첨제한규정은 기 분양권에 당첨된 경우 일정기간 추가당첨을 제한하는 것인데, 이는 실수요자 중심의 분양제도를 유도하는 정책이라고 할 수 있다. 1가구 1주택정책은 정부가 주택정책의 목표로 삼고 있는 하나의 지표로 1가구당 1호의 주택을 공급한다는 것을 의미한다. 세대별 주민등록표에 기재되어 있는 세대주와 그 가족으로 구성된 1가구가 국내에 1개의 주택을 소유하는 것을 말한다. 지방세법 시행령에서는 1주택을 여러 사람이 공동으로 상속받는 경우 지분이 가장 큰 상속인을 그 주택의 소유자로 본다. 이 경우 지분이 가장 큰 상속인이 두 명 이상일 경우에는 지분이 가장 큰 상속인 중 그 주택에 거주하는 사람, 나이가 많은 사람의 순서로 그 주택의 소유자를 판정한다.

한편, 같은 의미로 1세대 1주택이 있는데, 1세대 1주택이란 원칙적으로 동일한 주소에서 생계를 같이하는 1세대가 국내에 1개의 주택을 소유하고 3년 이상 보유한 주택을 말한다. 1세대 1주택의 경우 소득세법에 규정된 고급주택이 아닌 주택과 이에 부수된 5~10배 이내의 토지는 양도소득세가 과세되지 않는다. 여기서 '세대'는 거주자와 그 배우자가 그들과 같은 주소 또는 거소에서 생계를 같이하는 가족과 함께 구성하는 세대로 주민등록법상 '세대'와는 개념이 다르다. 예컨대 1주택을 계산할 때 부부가 주민등록상 각각 별도의 세대를 구성, 각자가 주택을 소유하고 있어도 1세대 2주택으로 본다. 이 같은 제한을 두는 것은 1세대에서 2주택을 소유한 사람이 그의 배우자를 주민등록상 다른 세대로 구성하게 한 후 그 주택을 양도할 때 비과세혜택을 받지 못하게 하기 위해서다. 그러나 1세대 2주택이라도 불가피한 경우 일부 비과세 해주고 있다. 이는 실수요 주택정책을 실현하여 자가주택소유를 활성화하고 국민의 주거복지향상을 기하고자 하는 정책적인 고려이다. 즉, 취득세 및 등록세의 혜택, 양도세 등에 대한 감면혜택 및 중과세정책을 통하여 실행되고 있다.

4. 투명성 제고 정책

거래신고가를 왜곡하여 시세차익에도 불구하고 세금탈피 및 누락을 방지하고자 실거래가신고제도를 통하여 거래의 투명성을 제고하고 있다. 그리고 투기수요를 억제하고 실수요자를 보호하기 위하여 청약통장의 거래금지, 분양권전매제도 제한 등의 정책을 실행하고 있다. 그러나 원천적으로 투기수요억제와 실수요자 중심의 분양정책을 강화하기 위해서는 보다 다양한 형태의 투기수요억제정책이 필요하다. 예를 들면 부동산거래소 내지 분양권거래소를 통하여 투명성을 제고할 수 있다. 아울러 분양권등록제도를 통하여도 이러한 효과를 가져올 수 있다.

(1) 부동산 실거래가 신고제도

부동산 매매 계약을 체결한 날로부터 법으로 정해진 일정 기간(현행 60일) 이내에 실거래가를 신고해야 하는 제도이다.[7] 토지 · 건물 등 부동산 매매계약시 공인중개사는 물론 거래당사자도 실거래가 계약 내용을 부동산이 소재한 시 · 군 · 구에 신고해야 한다. 부동산중개 및 거래신고에 관한 법률(현 공인중개사의 업무 및 부동산 거래신고에 관한 법률)에 따라 2006년 1월부터 시행되었다. 이 제도의 도입으로 서울 강남 · 송파 · 강동 · 용산, 경기도 과천 · 분당 등 6개

7) 실거래가 신고제도에서 실거래가격지수는 아파트매매계약을 체결하여 지방자치단체에 신고한 실제 거래가격 자료를 가격수준 및 변동률로 파악하여 공개하는 지수를 말한다. 계약월 기준으로 매월 작성하며 매월 하순에 발표한다. 2006년 1월 1일부터 시행된 부동산거래 신고제도에 따라 축적된 실거래 가격자료를 기초로 작성한 가격지수로서 실제 거래가 완성된 특정지역 아파트의 가격변화를 기준시점(2006년 1월)을 100으로 한 상대가격으로 표시한 것이다. 실거래 가격지수가 125라 하면 25% 상승하였다는 것을 뜻한다. 반복매매모형의 통계기법으로 작성하는데 지수산정 기간 중 거래신고가 2번 이상 있는 동일 주택(아파트)의 가격변동률과 거래량으로 지수를 만든다. 정부가 이것을 만들어 공개하는 이유는 전국의 재고 아파트를 대상으로 실제 거래되어 신고된 아파트의 거래가격수준 및 변동률을 파악하여 정확한 시장동향 정보를 국민에게 제공하고 정부 정책수립에 참고자료로 활용하기 위해서다. 작성지역은 수도권의 서울, 경기, 인천, 6대 광역시로 부산, 대구, 인천, 광주, 대전, 울산 그리고 9개도로 경기, 강원, 충북, 충남, 전북, 전남, 경북, 경남, 제주다. 전용면적기준으로 소형(60㎡ 이하), 중소형(60㎡ 초과 85㎡ 이하), 중대형(85㎡ 초과 135㎡ 이하), 대형(135㎡ 초과)으로 나누어 작성하며 기준시점은 신고제도 시행기인 2006년 1월(지수값=100)이다.

지역의 전용 18평 초과 아파트에 한해서 실시하던 주택거래신고제가 사실상 전국의 모든 토지, 건물로 확대되었다. 법 시행 당시에는 30일 이내에 신고해야 하던 신고기간이 2007년 6월 29일부터 60일 이내로 변경되었다.

실거래가 공개 대상은 거래대상자나 중개업자가 신고한 2006년 1월부터 거래된 주택(단독, 다가구, 다세대, 연립, 아파트 단지)이다. 또한 전·월세가 공개 대상은 2011년 1월에 확정일자를 부여받은 주택(단독, 다가구, 다세대, 연립, 아파트 단지)이다. 실거래가 공개 근거는 공공기관의 정보공개에 관한 법률에 규정되어 있으며, 공공기관은 국민의 생활에 매우 큰 영향을 미치는 정책에 관한 정보와 국민이 알아야 할 필요가 있는 정보를 국민에게 공개하도록 적극 노력할 의무가 있다.

실거래가격 신고를 하지 않거나 허위로 신고한 경우, 매도자·매수자 및 중개업자는 취득세 3배 이하의 과태료 처분을 받게 되며, 거래당사자가 중개업자에게 신고를 하지 못하게 하거나 허위 내용을 신고하도록 요구했을 경우에는 500만원 이하의 과태료 처분을 받게 된다. 중개업자가 거래계약서를 허위 기재하거나 이중계약서 등을 작성했을 경우에는 중개업 등록취소 또는 6개월 이내의 자격정지 처분을 받게 된다. 또한 이후 조세범처벌법에 의한 조세포털 혐의로 기소되는 경우에는 3년 이하의 징역 또는 탈루세액의 3배에 해당하는 벌금형에 처해질 수 있다.

(2) 분양권 전매제한제도

분양권 전매제도는 청약통장을 가지고 분양권을 얻은 사람이 입주 전에 입주할 권리를 다른 사람에게 파는 것을 말한다. 부득이 분양권 전매가 필요한 사람들도 있으나 한참 부동산 투기 열풍이 불 당시, 분양권 전매제도를 투기의 수단으로 악용하는 경우가 많았다. 따라서 정부에서는 부동산 시장의 안정을 위해 분양권 전매제한이라는 규제를 만들어 투기과열지구의 부동산 전매를 금지했다. 또한 분양권 전매제도는 분양절차에 따라 청약, 당첨된 경우에만 적용되기 때문에 미분양 아파트는 분양권 전매 제도에 해당되지 않는다.

즉, 전매제한제도는 주택의 수급상황 및 투기우려 등을 감안하여 규정된 기간

동안 신규 주택의 입주자 선정 지위 또는 주택에 대해 상속 이외의 매매·증여 및 그 밖의 권리 변동을 수반하는 일체의 행위를 제한하는 것이다. 사전적으로 '전매(轉賣)'는 다른 사람이 산 것을 다시 사는 것을 의미하며 전매제한이라 함은 산 것을 다시 파는 것을 제한하는 것으로 그 제한 대상은 포괄적이라고 할 수 있으나, 주로 주택법에서 규정하는 주택을 대상으로 하여 실수요자에 대한 주택의 수급 및 투기억제를 위해 기간을 정하여 주택입주자로 선정된 지위 또는 주택에 대한 상속 이외의 매매(賣買)·증여(贈與) 및 그 밖의 권리 변동을 수반하는 일체의 행위에 대한 제한을 의미한다.

전매제한대상은 주택입주자로 선정된 지위는 일반적인 입주권과 분양권을 의미하며, ① 입주권은 관리처분계획인가 등을 통해 조합원 등이 입주자로 선정된 지위를 말하고, ② 분양권은 청약을 통해 조합원 외의 일반이 입주자로 선정된 지위를 말한다. 주택법에서는 입주자로 선정되어 당해 주택에 입주할 수 있는 권리·자격·지위에 대한 전매제한의 대상 및 기간을 10년 이내에서 지역별로 규정하도록 하고 있다.

주택법에 의한 분양권 전매제한 대상은 ① 투기과열지구(投機過熱地區)안에서 건설·공급되는 주택의 입주자로 선정된 지위, ② 분양가상한제 적용주택 및 당해 주택의 입주자로 선정된 지위(다만, 수도권정비계획법에 따른 수도권 이외의 지역으로서 투기과열지구가 아니거나 지정 해제된 지역 중 공공택지 외의 택지에서 건설·공급되는 분양가상한제 적용주택 및 해당 주택의 입주자로 선정된 지위는 제외), ③ 주택법의 규정에 의하여 지정된 주택공영개발지구에서 분양가상한제가 적용되지 않는 공공기관이 건설·공급하는 공동주택 및 당해 주택의 입주자로 선정된 지위이다.

한편, 전매제한 대상인 주택의 입주자로 선정된 자 또는 주택을 공급받은 자의 생업상의 사정 등으로 전매가 불가피하다고 인정되는 경우에는 따로 예외를 규정하고 있으며, 공공택지에서 건설 공급되는 주택의 경우에는 해당 사업자인 LH 및 지방공사가 당해 주택을 우선 매입할 수 있다. 또한 전매제한 대상 주택을 공급하는 사업주체는 주택의 소유권을 제3자에게 이전할 수 없음을 소유권에 관한 등기에 소유권 보존등기와 동시에 부기등기(附記登記)를 해야 할 의무를 가진다. 이 같은 주택법에 규정된 주택관련 전매제한 이외에도 택지개발촉진법에 의한 택지개발사업으로 조성 공급되는 택지에 대한 전매제한 및 건축물의 분양에 관한 법률에 의한 수도권 내의 특별시, 광역시 및 대도시에서 분양하는 100실 이상의 오피스텔에 대한 제한 등이 있다.

다만, 전매제한대상 중 전매가 불가피한 사유로 사업주체의 동의를 받은 경우에는 전매가 가능한 경우가 있는데, 그 예로 ① 세대원(세대주가 포함된 세대의 구성원)이 근무 또는 생업상의 사정이나 질병치료·취학·결혼으로 인하여 세대원 전원이 다른 광역시, 시 또는 군(광역시의 관할구역에 있는 군을 제외)으로 이전하는 경우(다만, 수도권으로 이전하는 경우를 제외), ② 상속에 의하여 취득한 주택으로 세대원 전원이 이전하는 경우, ③ 세대원 전원이 해외로 이주하거나 2년 이상의 기간 해외에 체류하고자 하는 경우, ④ 이혼으로 인하여 입주자로 선정된 지위 또는 주택을 그 배우자에게 이전하는 경우, ⑤ 공익사업을 위한 토지 등의 취득 및 보상에 관한 법률의 규정에 의하여 수립된 이주 대책의 대상자가 ⓐ 이주대책용 주택을 공급받기로 결정된 후 투기과열지구의 지정 또는 분양권 전매제한으로 해당 주택의 분양권 전매가 금지되는 경우와 ⓑ 이주대책용으로 공급받은 분양가상한제 적용주택을 전매제한기간의 1/2 이상을 경과하여 전매하는 경우로서 시장·군수 또는 구청장이 확인하는 경우, ⑥ 주택법에 의한 투기과열지구를 제외한 전매제한 대상 주택의 소유자가 국가·지방자치단체 및 금융기관에 대한 채무를 이행하지 못하여 경매 또는 공매가 시행되는 경우가 해당된다.

(3) 분양권거래소(부동산 거래소) 및 분양권등록제도

분양권 전매거래 시장의 투명성 제고를 위하여 분양권등록제도 내지 분양권 거래소의 설치가 필요하다. 투명한 거래질서를 위하여 분양권을 등록하고, 거래를 위해서는 거래소를 통하여 진행되게 하거나 거래신고를 통하여 가능하도록 하는 것이다.

현행 분양권(조합원지위 포함) 계약에 대한 정보에 대한 등록제도가 마련되어 있지 않아 분양권에 대한 정보가 제한적이고 투명성이 낮다. 즉, 분양계약정보를 건설사를 통해서만 확인 가능해 분양권 전매 및 계약관계에 대한 자료가 제한적이고 투명성이 낮다. 그러므로 분양권 등록제도를 도입하여 권리변동이 있을 경우 신고의무를 부과하고, 등록정보를 공시하여 거래의 투명성을 제고하는 것이다. 현행 등기와 같이 분양대상물에 대한 정보(동/호수/면적/완공예정/지분/보증)와 소유자 정보, 분양권 실거래가 정보, 대출에 대한 정보 등을 등록하고, 거래신고 내지 공개된 시장(거래소)을 통하여 진행된다면 시장 투명화에 기여(불법전매 모니터링)할 수 있고, 정책 통계활용(실거래가 정보, 입주물량, 입주율 등)함은 물론, 분양권 거래 보호, 투기를 억제하고 실수요자 중심의 거래질서가 확립될 수 있다.

현재 공공분양의 경우는 LH와 지방공사가 담당하고 있어 거래관계가 엄격하게 관리되고 있다. 그러나 아파트 분양의 대부분을 차지하는 민영아파트는 사각지대에 놓여 있다. 특히 민영아파트는 투기수요와 거래관계가 엄격하지 않아 거래투명성을 유지하는데 어려움이 있다. 그러므로 전국의 모든 민간아파트 분양보증을 취급하고 있는 주택도시보증공사(HUG)는 모든 분양계약자정보를 가지고 있고, 보증이행 등에도 계약자정보가 정확하게 관리되어야 하므로 주택도시보증공사로 하여금 분양부터 소유권등기이전까지의 "분양권 거래소 기능과 등록소 역할"을 수행할 수 있도록 하여 투기수요를 차단하고, 실수요자에게 주택공급이 이루어질 수 있도록 하여, 분양권거래관계의 투명성을 제고할 필요가 있다.

제 5 절 주택정책관련 주요 제도

Ⅰ. 주택분양제도

1. 주택분양제도의 의의

주택분양이란 주택사업자가 입주자에게 주택을 판매하는 것을 말한다. 우리나라는 과거 주택의 대량공급정책 목표하에서 제도권의 건설금융공급의 부족문제를 보완하기 위하여 소비자자금을 활용하는 주택선분양제도를 허용하였다. 선분양은 주택이 완공되기 전에 분양을 하는 것으로 분양대금을 계약부터 공정에 따라 일정부분 선납하여 건설자금으로 활용되어 자금력이 약한 부분을 보완하고 신도시개발과 주택공급을 획기적으로 확대하는데 지대한 역할을 하였다. 한편, 후분양은 공정률 일정 수준 이상에서 아파트를 판매하거나 준공후에 판매하는 방식으로 정부는 2004년부터 선분양을 제한하고 후분양제로의 전환을 단계적으로 추진하기로 결정한 바 있으나,[8] 이후 논의를 통하여 그 시행시기를 보류한 바 있다. 현재 우리나라는 선분양이 일반적인 주택분양방식이라고 할 수 있다.

2. 선분양제도

선분양제도는 아파트 등 주택건설을 위한 대지(垈地)가 확보되면 주택업체가 착공과 동시에 분양보증을 받아 입주자를 모집하는 것으로, 주택선분양제도는 공급규칙 제7조(입주자모집시기 및 조건) 및 제26조(입주금의 납부)에 의거하

8) 그러나 자금력이 미약한 중소건설업체의 주택건설자금마련의 곤란성 등으로 대형건설사 중심으로의 과점화가 우려되는 등 보다 체계적인 논의가 필요하여 그 시기는 검토되어야 한다. 2017년 정부는 공공부분을 우선적으로 후분양제로 전환한다는 방침을 정하고, 민간부분에 대하여는 보다 면밀한 검토를 진행하는 등 신중한 정책적 고려를 하는 중으로 파악된다.

여 운용되고 있다. 또한 주택청약제도 및 청약관련저축제도, 분양가격규제, 분양권전매제도 등과 연계되어 있으며, 주택법에 의거하여 분양보증제도와 연계된다. 사업주체가 주택이 건설되는 대지의 소유권을 확보하고, 주택도시보증공사로부터 분양보증을 받으면 착공과 동시에 입주자를 모집하고 주택이 완공되지 않은 상태에서도 입주자의 자금동원이 가능하다. 사업주체가 입주자로부터 받는 입주금은 청약금 · 계약금 · 중도금 및 잔금으로 구분되며, 분양주택의 경우 청약금은 주택가격의 10%, 계약금은 청약금을 포함하여 20%, 중도금은 60%의 범위 안에서 받을 수 있다. 선분양제도하에서 주택사업자들은 입주자들이 내는 계약금과 중도금, 잔금을 받아서 집 짓는 것이 가능하므로 건설업체는 자금조달 능력이 부족해도 주택을 지어 팔 수 있다. 따라서 선분양제는 주택건설자금 확보가 쉬어 주택공급을 늘리는 장점이 있다. 또 소비자에게는 분양가격 규제 및 가격 상승기에 수익자산의 확보와 일시에 막대한 구입자금을 마련하지 않고 분납할 수 있다는 이점을 제공한다.

그러나 소비자는 주택가격의 80% 정도를 완공 이전에 납부해야 하는 위험부담을 안아야 하며, 고가의 재산을 완제품을 보지도 않고 사전에 구입해야 하는 불리함이 있다. 또 선분양제도는 분양권 전매(주택을 분양받은 사람이 그 지위를 다른 사람에게 넘겨주어 입주자를 변경하는 것)를 통한 투기과열로 주택시장을 교란시키고, 확정분양가격 및 분양가격 자율화 등과 맞물려 주택가격의 상승요인으로 작용하기도 한다.

3. 후분양제도

선분양제 아래에서 사업시행자나 시공사의 부도로 분양권자가 손해를 보게 되므로 이를 보완하기 위하여 분양보증을 마련하여 시행하고 있으나 보증료가 분양가격에 영향을 준다는 지적과, 분양권 전매 등의 투기양상으로 주택공급시장의 왜곡을 가져오는 부작용이 발생한다는 여론에 의거 정부는 2004년부터 선분양을 제한하고 후분양제로의 전환을 단계적으로 추진하기로 하였으나 여러 가지 시장상황이 이를 시행할 수 있는 여건이 미비하여 보류한 바 있다. 후분양제도는 주택을 완공한 후 또는 일정 정도 지은 후에 분양하는 것으로, 공정률이 일정 수준 이상 정도 되었을 때 분양을 시작하는 방식이다. 후분양제도 하에서는 주택사업자가 소비자에게 완공된 주택을 판매하게 되므로 불확실성에 근거한 비전문적인 다수의 시장참여 기회가 소멸되고, 소비자의 선택권이 강화된다. 한편 주택건설업체는 그동안 소비자로부터 받았던 선분양자금을 다른 공급선에서 조달해야 하므로, 사업자의 신용과 자금조달 능력에 따라 영향을 받게 되므로 주택건설시장이 자금력이 강한 사업자중심으로 과점화된다는 우려도 있다.

Ⅱ. 주택청약제도

1. 의의와 개요

주택청약제도란 청약관련 예금을 통하여 일정한 요건을 갖춘 자에게 동시분양되는 아파트에 청약할 수 있는 자격을 주는 제도이다.

분양주택은 크게 국민주택, 민영주택 및 중형국민주택으로 구분되는데, 주택청약자들은 분양받고자 하는 분양주택의 종류에 따라 일정한 입주자격을 갖추어 사겠다는 의사표시로 청약통장에 가입해야 한다. 과거에는 청약예금, 청약부금, 청약저축 등 3종류의 청약통장만 있었는데, 국민주택에 청약하기 위해서는 청약저축에 가입해야 하고, 민영주택을 위해서는 청약예금과 청약부금에 가입하면 된다. 청약예금은 일정금액을 일시에 정기예금으로 예치하는 것으로 일정기간 경과하면 청약자격이 발생하는데, 분양주택의 규모에 따라 청약자격을 얻기 위해서는 지역별로 일정금액 이상을 예치해야 한다. 청약저축은 적금형식으로 불입하여 일정기간 경과 후 국민주택 및 중형국민주택 청약권이 부여된다. 단, 20세 이상 무주택 세대주만 가입할 수 있다. 반면, 청약예금과 부금은 20세 이상 세대주면 누구나 가입할 수 있고, 2년 이상 가입하면 1순위, 6개월 이상 가입하면 2순위 자격이 주어진다.

2009년 5월 6일 청약종합저축이 새롭게 출시되었다. 공공주택 청약이 가능한 청약저축 기능에 민영주택 청약이 가능한 청약예금·부금 기능을 추가한 종합청약통장으로서, 무주택세대주 여부와 연령에 관계없이 누구든지 1인 1계좌로 가입할 수 있다. 다만, 월납입금 총액이 청약예금의 예치금 최대한도(1,500만원)까지 50만원을 초과하여 납입 가능하며, 공공주택 청약 시 10만원 초과 납입한 금액은 예치금으로만 인정된다. 그리고 납입 횟수 산정은 청약저축과 동일하게 연체·선납을 인정하고 있다. 새로운 청약통장의 등장은 1989년 청약부금이 도입된 이후 20년 만이다. 청약통장제도를 바꾼 배경은 1인 1통장 가입만 허용돼 주택수요자의 청약기회가 제한되는 문제를 개선해 청약기회를 확대하기 위한 것이다.

2. 청약제도의 변천과 현황

주택청약제도는 1977년 8월 18일 국민주택 우선공급에 관한 규칙(공급규칙)을 신설하면서 출발하였다. 처음에는 국민주택기금을 지원받아 건설되는 공공주택에 적용되었으나, 이듬해 민영주택에도 청약제도를 적용하면서 현재 청약제도의 모태가 되었다. 초기에는 청약 요건이 까다롭지 않았다. 정부는 당시 가족이 있는 무주택 세대주가 국민주택청약부금에 가입하고 일정기간 일정액을 납입하면 공공아파트 청약 1순위 자격을 주었다. 민영아파트도 1가구 1계좌 원칙에 따라 국민청약부금이나 청약예금에 가입해 일정기간 일정액을 넣으면 1순위로 분양받았다. 전매금지조항은 없었다. 민영아파트 청약예금 가입자 중 6회 이상 떨어진 가구는 우선당첨권을 주는 0순위 통장도 있었다. 1980년대 들어 당첨권 전매, 0순위 통장 불법거래 등이 성행하면서 제도의 허점이 드러나기 시작하면서, 1983년에는 0순위 통장제도가 폐지되고 투기과열지구에는 채권입찰제가 실시됐다. 재당첨 금지 기간도 공공은 5년, 민영은 3년으로 강화했다.

200만호 주택건설이 본격적으로 추진된 1990년대에는 청약제도가 보다 정교하게 다듬어졌다. 전용 85㎡ 이하 민영아파트 공급량의 50%는 35세 이상 5년 이상 무주택 1순위자에게 우선 공급하였다. 아파트 당첨 경험이 있는 사람은 모두 1순위에서 제외되었다. 민영아파트의 당첨권 전매가 금지되고, 1가구 2주택 이상 소유자는 1순위에서 제외시켰다. 한편, 과열 청약을 막기 위해 민영아파트 분양세대의 20배에 해당하는 장기 예치자에게 청약기회를 주는 20배수 제도도 실시했다. 배수제는 1990년대 중반 이후 미분양이 증가하면서 1997년에는 250

배수까지 적용되었다가 1999년 외환위기로 인한 경기침체로 폐지되었다. 또한 20년 넘게 지켜오던 1세대 1계좌 원칙까지 폐기하는 등 청약규제가 대폭 완화되었다.

2000년대 들어 주택시장이 회복되자 청약규제가 다시 강화되었다. 2002년 투기과열지구제도를 재도입하고, 2003년 투기과열지구 내 전매제한을 강화하였다. 2004년엔 전용 85㎡ 이하 민간 아파트의 75%를 무주택 세대주에게 우선 공급토록 하고, 이듬해에는 공공택지 내 전용 85㎡ 이하 민간아파트의 75%를 무주택 세대주에게 우선 공급하도록 확대하였다. 전매제한도 조건에 따라 최장 5년으로, 재당첨 금지기간도 조건에 따라 최장 10년으로 늘어났다. 2006년에는 최장 10년까지 전매를 제한토록 했다. 2007년 9월에는 실수요자 중심의 주택공급을 위해 청약가점제가 적용되기 시작했다. 이는 무주택기간(32점), 부양가족수(35점), 입주자저축 가입기간(17점)을 점수화하여 합산점수(총점 84점)가 높은 순으로 입주자를 선정하는 제도이다.

주택청약제도는 시장상황에 따라 끊임없이 발전하고 변화되어 왔다. 주택의 절대부족 시대에 과열된 청약열기를 진정시키고, 금융위기 등으로 침체된 분양시장을 부양시키기 위한 경기 조절수단으로써 주역을 담당해 왔다. 그러나 2008년 글로벌 금융위기 이후 수도권 분양시장 침체가 장기화되면서 청약제도의 개선 필요성이 제기되었다. 과거 부족한 주택을 무주택자들에게 우선 공급하고 투기를 억제하기 위해 도입된 청약제도의 도입취지가 약화된 것이다.

Ⅲ. 특별분양제도

입주자모집공고일 현재 무주택세대주로서 일정한 입주자격을 갖춘 사람이 일정한 범위에서 국민주택 등을 특별분양 받을 수 있도록 한 제도를 말한다. 특별분양을 받을 수 있는 사람은 입주자모집공고일 현재 무주택세대주로서 ① 국가유공자 또는 그 유족, ② 5·18 민주유공자 또는 그 유족, ③ 특수임무수행자 또는 그 유족, ④ 참전 유공자는 국가보훈처장이 정하는 기준에 따라 1회에 한정하여 그 주택 건설량의 5%를 특별분양 받을 수 있다.

그리고 입주자 모집공고일 현재 무주택세대주로서 ① 장기복무제대군인, ② 10년 이상 복무한 군인, ③ 의사상자 또는 의사자유족, ④ 북한이탈주민, ⑤ 납북피해자, ⑥ 공공사업으로 인해 철거되는 주택에 거주하는 자 중 특별시장·광역시장·시장·군수가 인정하는 자, ⑦ 일본군위안부 피해자, ⑧ 국민주택기금에 예탁된 연기금 또는 자금을 적립한 자, ⑨ 장애인등록증이 교부된 자, ⑩ 공무원 또는 군인으로 10년 이상 근무한 자로서 전 가족이 해외에서 2년 이상 거주하고 귀국한자 또는 정부의 인사발령에 따라 근무지 이전으로 전 가족이 주택건설지역을 달리하여 거주하는 자 중 그 사유가 발행한 날부터 2년 이내인 자 등에 한하여 사업주가 공급하는 주택건설량의 10% 범위 내에서 특별분양을 받을 수 있다. 근거는 주택공급에 관한 규칙이다. 다양한 형태의 주택공급과 특별분양제도는 앞서 주택법규 중 공급규칙에서 설명하였다.

Ⅳ. 주택거래신고제

정부가 지정한 주택거래신고지역에서 아파트 등을 매매할 경우 15일 안에 관할 시·군·구에 실거래가격을 신고해야 하는 제도이다. 주택법에 따라 2004년 3월 30일부터 시행되었다. 하지만 연립주택의 경우에는 시행일로부터 2년이 지난 2006년 3월 30일부터 적용대상에서 제외되었다. 건설교통부장관을 위원장으로 하는 주택정책심의위원회에서 주택거래신고지역으로 지정하면, 이 지역에서 주택을 사고 팔 경우 15일 안에 관할 시·군·구에 실거래가격 등을 반드시 신고해야 하는 제도이다.

대상은 투기지역 가운데 신고지역으로 지정된 지역에 한한다. 이 가운데 국민은행(주)의 월간 도시 주택가격 동향조사 결과를 기준으로 아파트 값 또는 연립주택의 가격 상승률이 월 1.5% 이상 또는 3개월간 상승률 누계가 3% 이상인 지역이다. 그밖에 연평균 아파트 값 또는 연립주택 가격 상승률이 전국 평균 상승률의 2배 이상 지역도 포함된다.

신고 대상 부동산은 주거전용면적이 60㎡를 초과하는 아파트이다(주택법시행령 제107조의2 제2항, 종래 주거전용면적이 150㎡를 초과하는 연립주택도 신고

대상이었으나 2004.3.29. 개정법률 제18348호 부칙 제2항에서 그 유효기간을 2004년 3월 30일부터 2년간으로 제한하였다). 그러나 재건축·재개발 정비구역 안의 아파트·주택단지는 평형에 상관없이 신고해야 한다. 신고 내용은 거래 당사자의 인적사항과 거래 일자, 주택 종류, 실거래가, 소유권 이전 예정일, 주택구입자금 조달계획 등이다. 주택구입자금 조달계획은 자기자금·대출·기타로 구분해 제출한다. 이 경우 대출액은 관할 세무서에도 통보되기 때문에 자금출처가 불명확할 때는 주택을 구입하기 어렵다.

부동산 거래내역을 1년 이상 신고하지 않을 때는 취득세의 최고 5배까지 과태료가 부과된다. 또 신고를 늦추는 경우에도 기간에 따라 취득세의 1~4배가 부과된다. 신고지역은 주택가격이 다시 오를 우려가 없다고 인정될 때에 한해 해제된다.

제 3 장

도시계획과 도시재생정책

제 1 절 도시계획 및 도시재생

Ⅰ. 도시계획

1. 도시계획의 의의

도시계획은 인간의 주거와 활동기능을 능률적이고도 효과적으로 공간에 배치하는 계획이다. 그러므로 장단기 계획이 동시에 수립되어야 하는데, 이를 위해 우선 인구증가, 교통량, 주택수요, 문화·교육의 충실도, 산업구조의 장래변화, 생활양식의 변화 등에 관한 통계자료의 수집·분석을 요한다. 인간의 활동에서 도시활동은 경제활동·소비활동·위락활동(慰樂活動) 등이 포함된다. 이들 각종 도시활동 계획을 통해 배치하려면 여러 가지 절차와 과정을 밟아야 한다. 따라서 현대적인 의미의 도시계획은 절차·과정을 통해서 가장 적절한 방안을 이끌어내는 것을 뜻하기도 한다.

도시계획을 수립하기 위해서는 인구 등에 관한 통계자료의 수집·분석을 통해 장기·중기·단기간에 걸친 예측을 한다. 이 예측을 통해 나타난 수요변화에 대처하기 위해 바람직한 목표를 설정해 놓고 이것을 실현하기 위한 장기계획을 수립한다. 이것을 통칭 도시기본계획이라고도 한다. 기본계획에는 각종 지표·목표·실현을 위한 정책수단 등이 포함되어 그 도시가 지향할 기본방향의 성격을 띤다.

기본계획과 병행해서 중기개발계획을 수립해야 한다. 개발계획과 기본계획의 장기성과는 성격이 다르며, 보다 세부적이고 실현 가능성이 있는 사업들로 구성된다. 그리고 이것을 뒷받침해 주는 중기·단기 재정투자계획을 작성한다. 단기계획 속에는 그해에 집행할 집행계획이 포함된다. 도시계획은 이와 같이 장기·중기·단기의 세 가지 계획이 동시에 수립되어야 할 뿐 아니라, 물리계획, 사회 및 경제계획이 입체적으로 짜여진 계획의 특징을 내포하고 있다. 그런데 종래에는 기본계획 속에 물리계획만을 포함하여 도시계획을 추진해 왔기 때문에, 복합적인 현대 도시문제를 해결하는 데 한계가 있었으나, 이러한 폐단은 1970년대 이후로 점차 시정되어 왔다.

한편, 도시계획의 정의를 협의와 광의로 구분할 수 있는데, 좁은 의미의 도시계획은 도시의 물적 시설을 대상으로 하여 그것의 설치·규모·위치·조형미 등에 관한 계획을 수립하는 것으로, 그 물적 시설의 기능과 용도에 영향을 미치는 사회적·경제적 측면은 제2차적인 배려의 대상으로 보는데 반하여, 넓은 의미의 도시계획은 도시의 사회적·경제적 관리를 통한 도시의 발전과 변천을 꾀하는 것이다.

따라서 그 물적 시설에 대한 대책은 사회적·경제적 문제를 해결하기 위한 수단으로 보는 입장이다. 이러한 도시계획의 역사는 인류의 역사와 더불어 발생한 도시의 역사만큼이나 오래되었다고 볼 수 있다. 그런데 지금까지의 도시계획에 관한 학문적·사회적 인식은 이상의 두 가지 견해를 바탕으로 하되, 근본적으로 도시라는 인간 정주공간의 경제적·물리적 발전을 계획적으로 접근하는데 의의가 있다.

2. 도시계획의 역사

도시계획의 역사는 도시의 역사만큼이나 오래되었다. 고대 로마의 신전(神殿)·공회당(公會堂), 그리스의 광장 등을 중심으로 형성되었던 격자형 도로(格子型道路)를 갖춘 고대도시에서부터, 중세 성곽도시에 이르기까지 도로, 각종 건물의 배치, 하수처리를 위한 배수시설 등 토목·건축적인 측면에서 도시계획이 이루어졌다. 도시 중심부의 대로(大路)·광장, 상징적인 기념비·공공건물 등이 당시의 독특한 도시계획 요소였던 것이다.

산업혁명을 계기로 도시는 그 형태·성격·성장속도 등이 이전시대와는 판이하게 새로운 도시로 변하면서, 보다 복잡하고 다양한 성격의 도시계획이 요청되었다. 아울러, 산업혁명을 계기로 공장이 주택가로 침입하여 공해를 일으키고 주택가를 빈민가로 만들 뿐 아니라 도시의 각종 질병, 사회적 범죄 등이 나타나고, 이농인(離農人)들의 주택문제 등이 대두됨에 따라 도시계획이 점차 사회·경제적인 요인에 관심을 두게 되었으며, 이것이 도시계획을 통한 사회개혁운동으로 발전하게 되었다.

우리나라의 경우도 고대국가부터 왕도의 체계적인 계획과 설계에서 도시계획의 일면을 볼 수 있다. 왕궁과 성곽, 진입대로와 수로, 관청과 민가의 배치, 그리고 공공시설 및 기타 도시시설의 구조적인 설계가 그것이다. 그리고 고대국가에서도 지방도시들을 건설하면서 행정적인 역할과 군사시설로써의 기능도 함께 하면서 성곽의 설치와 지방도시의 설계는 치밀하게 구체적으로 계획되지 않고는 불가능했을 것이다. 그것은 지리적인 여건과 외침 등에 대비한 행정적 및 군사적인 것이면서 교역 등이 함께 이루어지는 시장의 기능도 함께 할 수 있는 도시시설의 설계가 필요했을 것이다. 이러한 면은 고대국가들은 물론 중세이후 한양의 설계 및 배치도에서도 구체적인 계획과 실행을 엿볼 수 있다.

3. 우리나라의 도시계획

(1) 우리나라 근현대 도시계획

우리나라의 근현대도시계획은 1910년 국권침탈 이후 일제가 식민지수탈정책의 일환으로 개발정책을 실시한 것을 시작하여 몇 단계로 나누어 발전하여 왔다. 조선시대의 수도인 한양은 중세의 성곽도시의 특징을 지녔던 폐쇄적 도시였던 것을, 일제가 1934년 조선시가지계획령을 공포하고부터 도로, 철도, 광장, 상하수도 등을 설치하고, 주거지구·상업지구 등을 구분하는 현대적 의미의 토지이용계획을 도입하였다. 8·15광복과 6·25전쟁을 겪으면서 한국의 도시는 큰 변화를 겪게 되었는데, 해외동포들의 귀국, 전쟁피난민들의 대도시정착, 농촌인구의 이농향도성(離農向都性) 등으로 인해 한때 무계획적인 도시확산을 거듭해 왔다.

1950년대 전쟁이 종료되고 정부의 서울 환도 후 파괴된 수도의 재건을 위해 서울도시계획을 수립한 바 있었으나, 인식부족과 재정적인 뒷받침이 부족하여 큰 진전을 보지 못하였다. 도시는 불량무허가주택·판자촌·실업자 등의 많은 문제를 안은 채 1961년 5·16군사정변을 맞았다. 1960년대는 도시계획의 큰 전환기가 되었는데, 도시계획의 모법(母法)이 되는 도시계획법이 1962년 12월 31일에 공포된 것을 비롯하여, 국토종합계획법(1963.12)·토지구획사업법(1966.8)·하수도법(1966.8)·도시재개발법(1976.12)·주차장법(1979.4) 등이 계속 제정되어 제도적인 정비를 갖추었다.

그러나 이와 같은 법적 정비와 병행하여, 도시들은 경제성장의 필연적인 현상으로 대도시의 확장이 계속 이루어져 서울·부산·대구 등 상주인구 100만 명을 넘는 대도시가 생겼는가 하면, 이들 도시와 소도시 간의 지역적 격차, 이농향도성의 심화, 대도시의 교통난, 주택·공원·교육시설·상하수도 및 위락시설의 부족 등 많은 문제를 야기시켰다.

1979년을 기하여 도시의 계획적이고도 의도적 성장의 필요를 느껴, 전국 40개 도시(법적으로 인구 5만 이상)가 장기계획을 수립하기 시작하여 2년간의 검토·조정을 거쳐 그 확정을 보게 되었다. 경제개발을 효과적으로 추진하기 위해 그 동안 울산·안산·창원 등 신공업도시를 계획·개발하였고, 이곳에 각종 공업단지를 조성하여 새로운 개념의 토지이용계획·도시설계·단지계획·공동구시설(共同溝施設) 등을 적용하였다.

(2) 시기별 도시계획 추진형태

1) 광복 전

1934년에 공포된 조선시가지계획령을 계기로, 1934년 나진에 대하여 최초의 도시계획이 수립되었으며, 1936년 서울, 1937년 부산·대구·인천 등에 도시계획이 수립되었고, 광복이 될 때까지 총 38개 도시의 도시계획이 수립되었다.

당시의 계획은 25년 내지 30년 앞을 내다보는 장기계획이었으며, 시설계획의 성격을 띠고 있었다. 도시계획의 주요 내용은 가로계획, 토지구획정리사업계획, 용도지역지구제에 한정되었으며, 계획의 방법론은 일반적으로 조사·분석·계획의 과정을 거쳐 이루어졌다. 그러나 당시의 계획은 목표연도의 미래상 제시에 그친 정적인 계획이었으며, 사업계획과 예산간의 괴리 등 협의의 도시계획적 입장이었다.

2) 광복 후

① 초기 도시계획 법제의 마련

조선시가지계획령은 1962년 도시계획법이 제정될 때까지 우리나라 도시계획의 기본법 구실을 하였다. 그러나 1962년 1월 20일 총칙 51조의 도시계획법이 제정, 공포됨으로써 우리나라도 도시계획개념의 도입과 제도적인 정비의 독자적인 기틀이 마련되었다. 그 뒤 1962년 건축법과 분리하여 제정된 도시계획법에서부터 토지구획정리사업법, 도시재개발법, 주차장법 등이 분리, 제정되었으며, 1971년과 1972년 도시계획법은 개발제한구역제도의 도입 등 대폭 수정, 보완되었으며, 1980년 도시공원법이 제정됨으로써 도시계획에 관한 많은 법제가 정비되었다.

② 체계적인 도시계획 법제의 정비

우리나라 도시계획은 1981년 도시계획법의 개정을 통하여 새로운 전기를 마련하였다. 개정된 주요 내용은 공청회 개최의 의무화를 통한 계획과정에의 주민참여 확대, 도시계획 상임기획단, 또는 전문기관의 설치를 통한 도시계획의 전문화와 질적 수준향상, 그리고 시가화조정구역의 법제화를 통한 시한적 개발구역제의 도입 등을 들 수 있다. 또한, 도시계획체제와 관련하여 주목할 만한 사항은 20년 장기계획인 도시기본계획과 주요 도시시설물에 대한 연차별 집행계획을 체계화시킴으로써, 도시기본계획에서 연차별 집행계획으로 이어지는 일련의 도시계획체계가 확립되어, 우리나라의 도시계획에서도 종합성 · 과정성 · 제도성의 특징이 제도적으로 뒷받침되었다. 1988년 2월에는 다양하게 변모해 가는 도시활동에 대응하기 위해 12개 용도지역으로 세분화와 재편성이 이루어졌고, 방재지구를 신설 보완하였으며 매년 단위로 수립하던 집행계획을 3년 이내에 시행될 2단계 집행계획으로 구분하였다. 택지개발촉진법과 주택건설촉진법을 제정하여, 대규모 도시개발사업에 따른 부정적 영향을 최소화하기 위한 장치로서 인구 · 환경 · 교통 평가제도가 마련되었다.

1991년 12월에는 광역계획구역을 신설하였고, 토지이용의 합리화와 도시미관의 증진을 위하여 상세계획구역을 도입하였다. 1992년 7월에는 토지의 효율적 이용과 유통기능의 증진을 위하여 상업지역에 유통상업지역을 추가하는 등 각종 조치가 취해졌다.

③ 도시개발정책의 변천과정

도시개발정책의 변천과정을 보면, 국토분단으로 국토와 경제구조는 파행성을 면하지 못하였고, 1960년대까지는 인력 · 재원 · 기술 · 경험 등의 부족으로 제대로 도시계획을 수립하지 못하다가, 1960년대에 와서야 경제개발계획과 병행된 도시개발정책은 1965년의 서울↔인천 특정지역개발계획을 시작으로, 1966년의 울산특정지역개발계획 등 파급효과를 노린 특정지역개발계획이 중심이 되었다. 1960년대의 도시개발사업은 인구의 도시집중과 자동차 증가에 따른 도시교통이 당면문제였으므로, 토지구획정리사업과 이를 통한 도로건설이 주종을 이루었다. 1970년대는 도시계획의 상위계획인 제1차 국토종합개발10개년계획(1972~

1981)이 실시된 시기이며, 1960년대 후반부터 건설된 고속도로로 우리나라 도시계획은 전환기를 맞이하게 되었다.

종래 도시는 철도역과 국도를 중심으로 시가지를 형성하였으나, 고속도로가 생김으로써 교차로와 진입로를 중심으로 한 시가지의 재편성이 불가피하게 되었고, 이로 인하여 도시기능의 재배치를 가져왔다. 1970년대 도시개발의 특징은 자동차교통에 밀린 시가지 내 철도노선과 역사의 이전에 있다. 한편, 두 차례에 걸친 경제개발계획은 입지정책의 미비로 인하여 많은 우량농지를 잠식하였다. 이와 관련하여 1970년대 초반 식량자급이 크게 문제화되자 1970년 도시계획법의 개정으로 개발제한구역이 신설되고, 1972년 농지의 보전 및 이용에 관한 법률이 제정되었으며, 이와 같은 분위기는 농지보전을 위한 도시계획의 재정비를 불가피하게 하였다. 이것은 과거 우리나라의 도시계획구역이 필요 이상으로 넓은 지역을 포괄하고 있었던 점을 시정하고, 도시 내 농지에 대한 새로운 인식과 반성의 계기가 되기도 하였다. 1976년 포항시를 제외한 34개의 시급 도시와 122개 읍에 대하여 농지보전을 위한 도시계획재정비가 단행되었다. 또, 1970년부터는 면급 도시계획이 실시되기 시작하여 도시계획적용 도시가 크게 늘어나게 되었다. 도시계획구역이 축소되어 가용토지가 줄어들자 각 도시는 점차 토지의 고밀도화를 계획하게 되었다. 따라서 1976년 도시계획법시행령을 개정하여 아파트지구를 제도화하였으며, 또 도시재개발법을 제정하여 도시 내 공간의 합리적 이용을 꾀하였다. 그리고 1977년 단계적 개발을 위하여 시가화조정지구제도가 도입되었다. 이와 같은 고밀도정책은 1971년부터 개발제한구역의 지정 및 반월·창원·여천·과천 등의 신도시 건설과 더불어 1970년대 도시정책의 근간이 되었다.

1981년에는 1970년대의 고도경제성장으로 인한 도시계획의 제도적 결함을 보완하기 위하여 도시계획법을 대폭 개정하였다. 이 밖에도 1980년대는 택지의 대량공급을 위하여 택지개발촉진법을 제정하였고, 주택난의 근본적 해결을 위한 주택건설촉진법을 제정하였다.

1990년 12월에는 도로·철도·수도 등 광역적인 정비체계가 필요한 시설을 효율적으로 설치 관리하기 위하여 광역계획구간을 신설하였고, 토지이용의 합리화 및 토지미관의 증진을 위하여 택지개발예정지구·공업단지·재개발구역 등 일정한 지역에 건축물의 용적과 용도 등을 정하는 상세계획구역을 도입하였다. 1992년 7월에는 토지의 효율적 이용과 유통기능의 증진을 위하여 상업지역에 유통상업지역을 추가하였으며, 인구 50만 이상 도시에는 일반주거지역을 1종·2종·3종으로 세분할 수 있도록 하였고, 지구의 종류에 위락지구 및 자연취락지구를 신설하였으며, 시설보호지구를 필요에 따라 학교시설보호지구·공용시설보호지구·항만시설보호지구로 세분할 수 있도록 규정하였다. 그리고 민주화·지방화의 추세에 따라 건설교통부장관이 도시기본계획을 승인하고자 할 때에는 미리 관계 지방의회 의견을 듣도록 함으로써 현지 주민들의 의견이 반영될 수 있도록 하였고, 건설교통부장관의 권한이었던 대부분의 도시계획에 관한 권한을 시·도지사에 위임하였다. 그리고 현실에 맞지 않는 벌금·과태료의 금액을 현실화하여 법의 실효성을 확보하도록 하였다.

(3) 현행 도시계획

도시계획법에 따르면 "도시계획이라 함은 도시계획구역과 그 구역 안에서 도시의 건전한 발전을 도모하고, 공공의 안녕질서와 공공복리의 증진을 위한 토지이용·교통·위생·산업·보안·국방·후생 및 문화 등에 관한 계획을 말한다." 라고 개괄적인 내용을 언급하고 있다.

그 내용은 구체적으로 토지이용계획(구역·지역·지구의 지정 변경)·교통계획 및 시설계획(도로·광장·주차장·자동차정류장·철도·삭도·고속도로·항만·운하)·공원녹지계획(녹지공원·운동장·유원지·관망탑·공공공지·공동묘지)·공공처리시설계획(수도·하수도·쓰레기 및 오물처리장, 전기공급시설·저수지·가스공급시설·유류저장 및 송유설비·공동구)·상업업무시설계획(시장·유통업무설비)·교육·문화시설계획(학교·도서관)·방재시설계획(방수설비·방화설비·사방설비·방풍설비)·기타시설(도살장·화장장)·도시개발사업계획(토지구획정리사업, 주택지조성사업, 공업지조성사업) 등이다.

이와 같이 우리나라의 도시계획은 내용면에서 열거주의를 택하고 있어, 제외된 것은 반드시 도시계획으로 결정할 필요는 없으며, 도시계획법시행령에서 대상 내용에 대하여 보다 세분화하고 있다. 아울러 지나치게 물적 시설에 치중한 경향이 있고, 인구 · 사회 · 경제 · 산업 · 행정 · 재정에 대한 내용은 빠져 있어 앞으로 개선이 요망된다.

(4) 도시계획 추진단계

1) 입안

도시계획법에 따르면 시장 또는 군수는 그 관할 도시구획지역 안에서 시행할 도시계획의 내용에 적합하도록 입안하여야 한다. 다만, 국토교통부장관은 국가계획과 관련된 경우에는 직권 또는 관계 중앙행정기관의 장의 요청에 따라 관할 시장 또는 군수의 의견을 들은 후 스스로 입안할 수 있다. 또, 시와 군 또는 두 개 이상의 시나 군의 행정구역에 걸치는 도시계획을 입안하고자 할 때에는 관계 시장 또는 군수의 협의에 의하여 공동으로 입안하거나 그 입안할 자를 결정한다.

국토교통부장관 또는 시 · 도지사는 협의가 성립되지 않은 경우에는 대상구역이 같은 도(서울특별시 및 광역시를 포함)의 행정구역안에 있는 경우에는 관할 시 · 도지사, 대상구역이 2 이상의 도의 행정구역에 걸치는 경우에는 국토교통부장관과 협의하여 입안할 자를 지정하고 이를 고시하여야 한다. 다만, 대상구역이 2 이상의 도의 행정구역에 걸치는 경우에는 지정 전에 관계 중앙행정기관의 장과 협의하여야 한다.

2) 결정

도시계획법에 따르면, 도시계획은 국토교통부장관이 직권 또는 도시계획입안자의 신청에 의하여 대통령령이 정하는 사항에 관하여 관계 지방의회의 의견을 듣고 중앙도시계획위원회의 의견을 거쳐 이를 결정한다. 결정된 도시계획을 변경할 때에도 또한 같다. 다만, 대통령령으로 정하는 경미한 사항의 변경에 있어서는 그렇지 않다.

한편, 국토교통부장관은 국방상 기밀을 요한다고 인정되는 경우에는 그 도시계획의 전부 또는 일부에 관한 결정에 있어 그 부분에 대하여 관계 지방의회의 의견과 중앙도시계획위원회의 의결절차를 생략할 수 있다. 그리고 상기의 결정에 필요한 도시계획에 관한 중요한 기준 및 도시계획시설기준에 관해서는 국토교통부령으로 정한다.

아울러, 국토교통부장관은 도시계획을 결정할 때에는 대통령령이 정하는 바에 의하여 지체없이 이를 고시하고, 결정된 도시계획도면을 시장 또는 군수에게 송부하여 일반에게 공람시켜야 하고, 도시계획의 결정을 신청하는 경우에는 국토교통부령이 정하는 서류와 도면을 첨부하여야 한다.

3) 집행관리

도시계획의 집행은 원칙적으로 도시계획구역을 관할하는 시장 또는 군수가 담당하게 된다. 이 밖에도 국토교통부장관이나 도지사 및 행정청이 아닌 자 등이 집행자가 될 수 있다.

행정청이 아닌 자가 시행자로 될 경우에는 시행희망자가 해당 도시계획구역의 시장 또는 군수에게 도시계획사업신청서를 제출하고 국토교통부장관의 승인을 받아야 한다. 이러한 도시계획사업의 종류로는 토지구획정리사업·주택지조성사업·공업용지조성사업 및 재개발사업 등이 있다.

4) 도시계획 추진단계의 현행 법규 평가

1930년대에 시작된 우리나라의 근대적 도시계획은 짧은 기간 동안의 눈부신 업적에도 불구하고 지금도 많은 시행착오를 거듭하고 있으며, 개선되어야 할 점으로는, ① 도시계획법이 계획절차법이지 진정한 개발계획법과는 아직도 상당한 거리가 있고, ② 도시계획법은 중앙집권적 성격을 띠고 있으며 도시적 특성을 무시한 획일적 계획을 강요하고 있으며 부분별 계획기간의 관련성 부족, 집행계획의 미비 상세계획을 위한 제도적 뒷받침의 부족 등의 미비점이 남아 있고, ③ 계획목표·대안설정·평가검토·실천계획·환류 등 계획절차상의 신축성에 대한 고려가 부족할 뿐만 아니라, 계획의 요식화적 성격이 아직도 강하며, ④ 1995년 이후 도농통합적인 행정구역개편으로 많은 도농통합시가 생겨났으나 총체적인 계획적 관리가 부족하다.

도시계획이란 한 번에 그치는 것이 아니라 도시가 존재하는 한 반복되어야 하며, 도시를 계획하고 개발하고 정비하는 과정에서 항상 참고해야 할 미완성의 법규이다. 이에 따라 각 도시별로 독특한 내용·지표·범위 등을 갖출 수 있도록 계획수립기법의 자율성을 최대한 부여하고, 그 도시가 당면한 문제점의 성격에 알맞은 계획기법을 개발하여 실천할 수 있도록 유도·권장하여야 한다.

앞으로 인구증가와 더불어 도시화율의 증가 등으로 인하여, 현대도시의 특성인 인구 및 제반도시기능의 고밀도화 및 집중화, 도시규모의 광역화, 도시공공시설의 거대화, 도시건축의 초고층화 등의 현상은 지속적 도시발전을 위한 계획적 패러다임의 시대적 전환을 요구하고 있다. 따라서 도시계획이 다루어야 할 분야는 더욱 늘어나게 될 것이며, 도시계획에 대한 폭넓고 깊은 연구가 더욱 절실하다.

탈산업화사회 내지 정보사회, 우주시대의 도시계획이 지향하여야 할 방향은 끊임없는 연구와 기술혁신이며, 기존 분야에 대한 적절한 처리와 함께 새로운 개척 분야에 대해서도 눈을 돌려야 할 것이다.

Ⅱ. 도시재생정책

1. 도시재생의 의미

도시재생이란 산업구조의 변화, 즉 기계적 대량생산 위주의 산업에서 최근 신산업(전자공학·하이테크·IT산업·바이오산업·AI·IoT·빅데이터 등)으로 변화되는 산업구조 및 신도시 위주의 도시 확장으로 인해 상대적으로 낙후된 기존 도시에 새로운 기능을 활성화하고 창출함으로써 쇠퇴한 도시를 새롭게 경제적·사회적·물리적으로 부흥시키는 도시사업을 의미한다. 즉, 좁은 의미로는 기성시가지에 있어 시간적 흐름에 따른 노후화로 인해 공간적·환경적으로 쇠퇴한 지역을 물리적으로 개선하는 사업을 일컬어 왔다. 그러나 최근에는 장소의 재탄생이라는 넓은 의미의 도시재생으로서, 기존의 물리적 환경정비 위주로 추진되어온 사업의 한계를 넘어 환경적·경제적·사회문화적으로 쇠퇴한 도시지역의 인프라를 재정비하고 주거복지 차원까지 포괄하는 새로운 공간 창출을 도모하는 개념으로 확장되고 있다.

2. 도시재생 추진현황

도시재생은 초기 재개발, 재건축, 주거환경정비사업 등 개별법에 따라 운용되다가 2002년 도시 및 주거환경 정비법으로 통합되면서 일원화되었고, 이후 소규모 정비사업의 한계를 보완하기 위해 2005년 도시재정비 촉진을 위한 특별법이 제정되면서 뉴타운사업이 본격화 되었다. 뉴타운사업은 금융위기를 겪으면서 사업성이 악화되면서 주민갈등, 사업지연 등의 문제가 나타나면서 많은 지구가 주민설문조사를 토대로 해제되었고, 금융위기 이후 기존의 물리적 정비를 지양하고 도시의 경제적 · 사회적 · 문화적 활력 회복을 위하여 도시경쟁력을 제고하며 지역 공동체를 회복할 수 있는 도시재생사업을 도입하기에 이르렀다. 제도적 근거로서 2013년에 도시재생 활성화 및 지원에 관한 특별법(도시재생법)이 제정되고, 2013년 도시재생특별위원회 구성 및 국가도시재생기본방침 수립, 2013년 도시재생선도지역 13곳 지정 및 사업착수, 2014년 12월 주택도시기금법 제정, 2015년에는 주택도시기금법 시행 및 주택도시기금 개편과 주택도시기금 운용 및 관리규정(훈령) 개정, 2015년 12월 도시계정 운용업무 시행세칙 제정으로 주택도시기금에서 도시재생 지원 출자 및 도시재생지원 융자제도를 마련하였고, 2017년 도시재생 뉴딜정책이 발표되었다. 도시계획 및 도시재생 법령 및 사업추진현황을 정리하면 아래와 같다.

한편, 도시재생사업은 유형에 따라 정책 및 제도 지원사항이 다른데, Ⓐ 도시경제기반형은 기반시설이 확충 · 정비, 배후지역 환경 개선, 국 · 공유지 또는 저이용 공공시설 등 활용, 주택도시기금을 통한 투 · 융자 지원 가능, Ⓑ 근린재생 중심시가지형(근린중심형)은 도시기반시설 확충 등 지원, 도심지 국 · 공유자산 활용, 핵심집객시설의 확충, 리모델링 등에 대한 주택도시기금 투 · 융자 지원 가능, Ⓒ 근린재생 일반형(근린일반형)은 기초생활인프라 확충, 마을기업 등에 대한 소규모 투 · 융자 지원, 교육 및 컨설팅 지원 등이다.

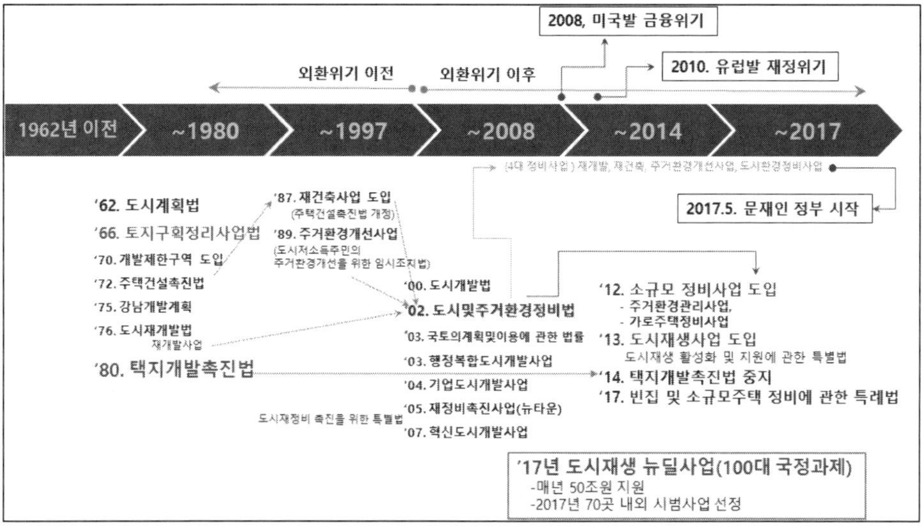

자료 : The 5th International Forum on Housing and Urban Finance(2017)

정부는 2014년 도시재생 선도지역 선정(13곳)을 토대로 성공모델을 가시화하고 2016년부터 33곳의 신규 사업으로 확대하여 지역맞춤형 도시재생모델을 확산하였다. 즉, 선도지역 13곳은 경제기반형 2곳, 근린재생형 11곳(일반 6곳, 소규모 5곳), 일반지역 33곳은 경제기반형 5곳, 근린재생형 28곳(중심시가지 6곳, 일반 19곳)이었다. 2016년에는 신규 도시재생사업 지원 대상지역을 공고하였는데 현황은 아래와 같다.

구분	대상지역
경제기반형	서울 노원 · 도봉구, 인천 중 · 동구, 경기 부천, 대전 중 · 동구, 대구 서 · 북구
근린중심형	전북 전주, 충북 제천 · 충주, 경북 김천 · 안동, 울산 중구, 경남 김해, 부산 영도구, 제주 제주시
근린일반형	서울 용산 · 구로, 인천 강화군, 경기 부천 · 성남 · 수원, 충남 아산, 전북 남원, 광주 서구 · 광산구, 전남 나주 · 광양, 강원 춘천, 대구 서구, 울산 북구 · 동구, 부산 중구 · 강서구 · 서구

3. 도시재생 뉴딜정책

(1) 도시재생 뉴딜정책의 의의

도시재생 뉴딜이란 문재인정부가 5년간 50조원을 투자해 전국 낙후지역 500곳을 정비하는 프로젝트를 말한다. 즉, 문재인 정부의 주요 국정 과제 중 하나로, 전국의 낙후 지역 500곳에 매년 재정 2조원·주택도시기금 5조원·공기업 사업비 3조원 등 5년 간 총 50조원을 투입하는 도시재생 사업이다. 사업 대상지 절반 이상이 1,000가구 이하의 소규모 지역(우리 동네 살리기)으로 추진된다.

도시재생 뉴딜사업은 우리동네 살리기(소규모 주거), 주거지 지원형(주거), 일반 근린형(준주거), 중심 시가지형(상업), 경제 기반형(산업) 등 5가지 유형으로 구분되고 있다. 2017년 뉴딜사업은 시범사업으로 추진되었으며, 주민협의나 계획수립 진행 등이 준비된 사업을 선정하여 신속히 추진할 수 있도록 하였다. 또한 지자체마다 지역에 특화된 사업내용을 발굴하고 차별화된 사업모델로 발전시켜 모범사례화를 추진하였다. 국토교통부는 뉴딜사업 선정계획을 발표하면서 가능한 사업모델로 ① 주거복지형 주거재생 뉴딜사업 모델, ② 일자리 창출형 청년창업 지원 뉴딜사업 모델, ③ 사회통합형 도시재생 어울림 플랫폼 모델, ④ 도시경쟁력 회복형 스마트도시 기술 적용 뉴딜사업 모델 등을 제시하였고, 뉴딜사업은 사업의 시급성 및 필요성(사업의 시급성, 사업 필요성), 사업계획의 타당성(추진체계 구축, 사업계획의 적절성, 사업의 실현가능성, 주민참여 및 역량강화), 도시재생뉴딜효과(주거복지 및 삶의 질 개선, 일자리창출 및 도시경쟁력, 사회통합 및 지속가능성, 부동산시장 영향)의 항목으로 평가하여 선정된다.

(2) 도시재생 뉴딜사업 5대 모델 내용

사업 모델은 면적 규모에 따라 우리동네살리기, 주거정비지원형(주거지 지원형), 일반근린형, 중심시가지형, 경제기반형 등 다섯 가지로 나뉜다.

가장 소규모인 ① 우리동네살리기는 면적 5만㎡ 미만 소규모 저층 주거밀집지역에서 추진하며 거주민 1,000가구 이하 마을이 해당된다. 이곳에는 주택 개량과 함께 CCTV, 무인택배함 등 생활밀착형 소규모 생활편의시설이 설치된다. ② 주거정비지원형은 5만~10만㎡ 저층 단독주택지역을 대상으로 하며 도로정비, 주택정비, 공공임대주택 공급 등이 이루어진다. ③ 일반근린형은 10만~15만㎡ 주거지와 골목상권 혼재지역이다. 여기에는 노인·청소년 등 지역민을 위한 문화서비스 공간 등이 설치된다. ④ 중심시가지형은 주로 상업지역(20만㎡)에서 이뤄지며 노후시장 개선, 빈 점포 리모델링을 통한 창업공간 지원 등이 이루어진다. ⑤경제기반형은 역세권, 산업단지, 항만 등 대규모 사업지(50만㎡ 산업지역)가 해당된다. 여기에는 복합지식산업센터 건립, 국유지 활용 개발 등이 이루어진다.

제 2 절 도시계획 및 도시재생 관련 주요 정책법규

도시 및 도시재생정책관련 주요법령으로는 앞서의 주택법 및 건축법을 비롯하여, 도시개발법, 도시재정비촉진을위한특별법, 전통시장육성에관한특별법, 국토의 계획 및 이용에 관한 법률(국토계획법), 도시 및 주거환경정비법(도시정비법), 도시재생 활성화 및 지원에 관한 특별법(도시재생법) 등을 들 수 있다. 이들 중 도시계획정책은 국토계획법, 도시재생정책은 도시정비법과 도시재생법을 중심으로 설명하고자 한다.

Ⅰ. 국토계획

도시계획은 국토계획의 범주에서 종합적인 국토계획의 일환으로 추진된다. 그러므로 국토계획법에서도 국토의 이용·개발과 보전을 위한 계획의 수립 및 집행 등에 필요한 사항을 정하여 공공복리를 증진시키고 국민의 삶의 질을 향상시키는 것을 목적으로 하고 있다.

1. 도시 및 국토계획

(1) 도시 및 국토계획의 구분

① 광역도시계획이란 국토계획법에 따라 지정된 광역계획권의 장기발전방향을 제시하는 계획을 말하고, ② 도시 · 군계획이란 특별시 · 광역시 · 특별자치시 · 특별자치도 · 시 또는 군(광역시의 관할 구역에 있는 군은 제외)의 관할 구역에 대하여 수립하는 공간구조와 발전방향에 대한 계획으로서 도시 · 군기본계획과 도시 · 군관리계획으로 구분된다. 여기에서 ③ 도시 · 군기본계획이란 특별시 · 광역시 · 특별자치시 · 특별자치도 · 시 또는 군의 관할 구역에 대하여 기본적인 공간구조와 장기발전방향을 제시하는 종합계획으로서 도시 · 군관리계획 수립의 지침이 되는 계획을 말하고, ④ 도시 · 군관리계획이란 특별시 · 광역시 · 특별자치시 · 특별자치도 · 시 또는 군의 개발 · 정비 및 보전을 위하여 수립하는 토지이용, 교통, 환경, 경관, 안전, 산업, 정보통신, 보건, 복지, 안보, 문화 등에 관한 Ⓐ 용도지역[1] · 용도지구[2]의 지정 또는 변경에 관한 계획, Ⓑ 개발제한구역, 도시자연공원구역, 시가화조정구역(市街化調整區域), 수산자원보호구역의 지정 또는 변경에 관한 계획, Ⓒ 기반시설의 설치 · 정비 또는 개량에 관한 계획, Ⓓ 도시개발사업이나 정비사업에 관한 계획, Ⓔ 지구단위계획구역의 지정 또는 변경에 관한 계획과 지구단위계획, Ⓕ 입지규제최소구역의 지정 또는 변경에 관한 계획과 입지규제최소구역계획을 말한다. 아울러, ⑤ 지구단위계획이란 도시 · 군계획 수립 대상지역의 일부에 대하여 토지 이용을 합리화하고 그 기능을 증진시키며 미관을 개선하고 양호한 환경을 확보하며, 그 지역을 체계적 · 계획적으로 관리하기 위하여 수립하는 도시 · 군관리계획을 말한다. ⑥ 용도구역이란 토

1) 용도지역이란 토지의 이용 및 건축물의 용도, 건폐율(건축법 제55조의 건폐율), 용적률(건축법 제56조의 용적률), 높이 등을 제한함으로써 토지를 경제적 · 효율적으로 이용하고 공공복리의 증진을 도모하기 위하여 서로 중복되지 아니하게 도시 · 군관리계획으로 결정하는 지역을 말한다.

2) 용도지구란 토지의 이용 및 건축물의 용도 · 건폐율 · 용적률 · 높이 등에 대한 용도지역의 제한을 강화하거나 완화하여 적용함으로써 용도지역의 기능을 증진시키고 경관 · 안전 등을 도모하기 위하여 도시 · 군관리계획으로 결정하는 지역을 말한다.

지의 이용 및 건축물의 용도 · 건폐율 · 용적률 · 높이 등에 대한 용도지역 및 용도지구의 제한을 강화하거나 완화하여 따로 정함으로써 시가지의 무질서한 확산방지, 계획적이고 단계적인 토지이용의 도모, 토지이용의 종합적 조정 · 관리 등을 위하여 도시 · 군관리계획으로 결정하는 지역을 말한다.

한편, 국가계획, 광역도시계획 및 도시 · 군계획의 관계에서, 도시 · 군계획은 특별시 · 광역시 · 특별자치시 · 특별자치도 · 시 또는 군의 관할 구역에서 수립되는 다른 법률에 따른 토지의 이용 · 개발 및 보전에 관한 계획의 기본이 되고, 광역도시계획 및 도시 · 군계획은 국가계획에 부합되어야 하며, 광역도시계획 또는 도시 · 군계획의 내용이 국가계획의 내용과 다를 때에는 국가계획의 내용이 우선한다. 이 경우 국가계획을 수립하려는 중앙행정기관의 장은 미리 지방자치단체의 장의 의견을 듣고 충분히 협의하여야 한다. 또, 광역도시계획이 수립되어 있는 지역에 대하여 수립하는 도시 · 군기본계획은 그 광역도시계획에 부합되어야 하며, 도시 · 군기본계획의 내용이 광역도시계획의 내용과 다를 때에는 광역도시계획의 내용이 우선한다.

(2) 국토 이용관리원칙 및 도시의 지속가능평가

국토는 자연환경의 보전과 자원의 효율적 활용을 통하여 환경적으로 건전하고 지속가능한 발전을 이루기 위하여 Ⓐ 국민생활과 경제활동에 필요한 토지 및 각종 시설물의 효율적 이용과 원활한 공급, Ⓑ 자연환경 및 경관의 보전과 훼손된 자연환경 및 경관의 개선 및 복원, Ⓒ 교통 · 수자원 · 에너지 등 국민생활에 필요한 각종 기초 서비스 제공, Ⓓ 주거 등 생활환경 개선을 통한 국민의 삶의 질 향상, Ⓔ 지역의 정체성과 문화유산의 보전, Ⓕ 지역 간 협력 및 균형발전을 통한 공동번영의 추구, Ⓖ 지역경제의 발전과 지역 및 지역 내 적절한 기능 배분을 통한 사회적 비용의 최소화, Ⓗ 기후변화에 대한 대응 및 풍수해 저감을 통한 국민의 생명과 재산보호의 목적을 이룰 수 있도록 이용되고 관리되어야 한다.

한편, 국토교통부장관은 도시의 지속가능하고 균형 있는 발전과 주민의 편리하고 쾌적한 삶을 위하여 도시의 지속가능성 및 생활인프라(교육시설, 문화 · 체육시설, 교통시설 등의 시설로서 국토교통부장관이 정하는 것) 수준을 평가할 수 있고, 평가결과를 국가와 지방자치단체는 도시·군계획의 수립 및 집행에 반영하여야 한다.

(3) 도시지역의 관리의무

국토는 토지의 이용실태 및 특성, 장래의 토지 이용 방향, 지역 간 균형발전 등을 고려하여야 하는 바, 도시지역은 인구와 산업이 밀집되어 있거나 밀집이 예상되어 그 지역에 대하여 체계적인 개발·정비·관리·보전 등이 필요한 지역으로 그 지역이 체계적이고 효율적으로 개발·정비·보전될 수 있도록 미리 계획을 수립하고 그 계획을 시행하여 개발·정비 및 보전에 필요한 조치를 마련하여야 한다.

2. 광역도시계획

(1) 광역계획권의 지정

국토교통부장관 또는 도지사는 둘 이상의 특별시·광역시·특별자치시·특별자치도·시 또는 군의 공간구조 및 기능을 상호 연계시키고 환경을 보전하며 광역시설을 체계적으로 정비하기 위하여 필요한 경우에는 광역계획권으로 지정할 수 있다. 이 경우 광역계획권이 둘 이상의 특별시·광역시·특별자치시·도 또는 특별자치도(시·도)의 관할 구역에 걸쳐 있는 경우는 국토교통부장관이 지정하고, 광역계획권이 도의 관할 구역에 속하여 있는 경우는 도지사가 지정한다. 또한, 중앙행정기관의 장, 시·도지사, 시장 또는 군수는 국토교통부장관이나 도지사에게 광역계획권의 지정 또는 변경을 요청할 수 있고, 국토교통부장관은 광역계획권을 지정하거나 변경하려면 관계 시·도지사, 시장 또는 군수의 의견을 들은 후 중앙도시계획위원회의 심의를 거쳐야 한다. 아울러, 도지사가 광역계획권을 지정하거나 변경하려면 관계 중앙행정기관의 장, 관계 시·도지사, 시장 또는 군수의 의견을 들은 후 지방도시계획위원회의 심의를 거쳐야 한다.

(2) 광역도시계획의 수립권자

국토교통부장관, 시·도지사, 시장 또는 군수는 Ⓐ 광역계획권이 같은 도의 관할 구역에 속하여 있는 경우는 관할 시장 또는 군수가 공동으로 수립, Ⓑ 광역계획권이 둘 이상의 시·도의 관할 구역에 걸쳐 있는 경우는 관할 시·도지사가 공동으로 수립, Ⓒ 광역계획권을 지정한 날부터 3년이 지날 때까지 관할 시장 또는 군수로부터 광역도시계획의 승인 신청이 없는 경우는 관할 도지사가 수립의 구분에 따라 광역도시계획을 수립하여야 한다. 그럼에도 불구하고 국가계획과 관련된 광역도시계획의 수립이 필요한 경우나 광역계획권을 지정한 날부터 3년이 지날 때까지 관할 시·도지사로부터 광역도시계획의 승인 신청이 없는 경우는 국토교통부장관이 수립한다.

한편, 국토교통부장관은 시·도지사가 요청하는 경우와 그 밖에 필요하다고 인정되는 경우에는 관할 시·도지사와 공동으로 광역도시계획을 수립할 수 있으며, 도지사는 시장 또는 군수가 요청하는 경우와 그 밖에 필요하다고 인정하는 경우에는 관할 시장 또는 군수와 공동으로 광역도시계획을 수립할 수 있으며, 시장 또는 군수가 협의를 거쳐 요청하는 경우에는 단독으로 광역도시계획을 수립할 수 있다.

(3) 광역도시계획의 내용 및 승인

광역도시계획에는 Ⓐ 광역계획권의 공간구조와 기능분담에 관한 사항, Ⓑ 광역계획권의 녹지관리체계와 환경보전에 관한 사항, Ⓒ 광역시설의 배치·규모·설치에 관한 사항, Ⓓ 경관계획에 관한 사항, Ⓔ 그 밖에 광역계획권에 속하는 특별시·광역시·특별자치시·특별자치도·시 또는 군 상호 간의 기능연계에 관한 사항으로서 대통령령으로 정하는 사항 중 그 광역계획권의 지정목적을 이루는데 필요한 사항에 대한 정책 방향이 포함되어야 한다. 아울러, 시·도지사, 시장 또는 군수는 광역도시계획을 수립하거나 변경하려면 미리 관계 시·도, 시 또는 군의 의회와 관계 시장 또는 군수의 의견을 들어야 하고, 국토교통부장관은 광역도시계획을 수립하거나 변경하려면 관계 시·도지사에게 광역도시계획안을 송부하여야 하며, 관계 시·도지사는 그 광역도시계획안에 대하여 그 시·도의 의회와 관계 시장 또는 군수의 의견을 들은 후 그 결과를 국토교통부장관에게 제출하여야 한다.

한편, 시·도지사는 광역도시계획을 수립하거나 변경하려면 국토교통부장관의 승인을 받아야 하고, 국토교통부장관은 광역도시계획을 승인하거나 직접 광역도시계획을 수립 또는 변경(시·도지사와 공동으로 수립하거나 변경하는 경우를 포함)하려면 관계 중앙행정기관과 협의한 후 중앙도시계획위원회의 심의를 거쳐야 한다.

3. 도시·군기본계획

(1) 도시·군기본계획의 수립권자와 대상지역

특별시장·광역시장·특별자치시장·특별자치도지사·시장 또는 군수는 관할 구역에 대하여 도시·군기본계획을 수립하여야 하며(다만, 시 또는 군의 위치, 인구의 규모, 인구감소율 등을 고려하여 대통령령으로 정하는 시 또는 군은 도시·군기본계획을 수립하지 아니할 수 있다), 지역여건상 필요하다고 인정되면 인접한 특별시·광역시·특별자치시·특별자치도·시 또는 군의 관할 구역 전부 또는 일부를 포함하여 도시·군기본계획을 수립할 수 있다. 아울러, 인접한 특별시·광역시·특별자치시·특별자치도·시 또는 군의 관할 구역을 포함하여 도시·군기본계획을 수립하려면 미리 그 특별시장·광역시장·특별자치시장·특별자치도지사·시장 또는 군수와 협의하여야 한다.

(2) 도시·군기본계획의 내용 및 승인

도시·군기본계획에는 Ⓐ 지역적 특성 및 계획의 방향·목표에 관한 사항, Ⓑ 공간구조, 생활권의 설정 및 인구의 배분에 관한 사항, Ⓒ 토지의 이용 및 개발에 관한 사항, Ⓓ 토지의 용도별 수요 및 공급에 관한 사항, Ⓔ 환경의 보전 및 관리에 관한 사항, Ⓕ 기반시설에 관한 사항, Ⓖ 공원·녹지에 관한 사항, Ⓗ 경관에 관한 사항, Ⓘ 기후변화 대응 및 에너지절약에 관한 사항, Ⓙ 방재 및 안전에 관한 사항, Ⓚ Ⓐ~Ⓙ사항의 단계별 추진에 관한 사항, Ⓛ 그 밖에 대통령령으로 정하는 사항에 대한 정책 방향이 포함되어야 한다. 아울러, 특별시장·광역시장·특별자치시장 또는 특별자치도지사는 도시·군기본계획을 수립하거나 변경하려면 관계 행정기관의 장(국토교통부장관을 포함)과 협의한 후 지방도시계획위원회의 심의를 거쳐야 한다.

한편, 시장 또는 군수는 도시·군기본계획을 수립하거나 변경하려면 대통령령으로 정하는 바에 따라 도지사의 승인을 받아야 하고, 도지사는 도시·군기본계획을 승인하려면 관계 행정기관의 장과 협의한 후 지방도시계획위원회의 심의를 거쳐야 한다.

4. 용도지역 및 지구단위계획

(1) 용도지역에서 도지지역

국토교통부장관, 시·도지사 또는 대도시 시장은 용도지역의 지정 또는 변경을 도시·군관리계획으로 결정한다. 이때 도시지역은 Ⓐ 주거지역: 거주의 안녕과 건전한 생활환경의 보호를 위하여 필요한 지역, Ⓑ 상업지역: 상업이나 그 밖의 업무의 편익을 증진하기 위하여 필요한 지역, Ⓒ 공업지역: 공업의 편익을 증진하기 위하여 필요한 지역, Ⓓ 녹지지역: 자연환경·농지 및 산림의 보호, 보건위생, 보안과 도시의 무질서한 확산을 방지하기 위하여 녹지의 보전이 필요한 지역으로 구분하여 지정한다.

(2) 지구단위계획의 수립 및 구역지정

지구단위계획은 도시의 정비·관리·보전·개발 등 지구단위계획구역의 지정목적, 주거·산업·유통·관광휴양·복합 등 지구단위계획구역의 중심기능, 해당 용도지역의 특성, 그 밖에 대통령령으로 정하는 사항을 고려하여 수립한다. 지구단위계획의 수립기준 등은 대통령령으로 정하는 바에 따라 국토교통부장관이 정한다. 아울러, 지구단위계획구역의 지정은 국토교통부장관, 시·도지사, 시장 또는 군수는 국토계획법에 따라 지정된 용도지구, 도시개발법에 따라 지정된 도시개발구역, 도시정비법에 따라 지정된 정비구역, 택지개발촉진법에 따라 지정된 택지개발지구, 주택법에 따른 대지조성사업지구, 산업입지 및 개발에 관한 법률의 산업단지와 준산업단지, 관광진흥법에 따라 지정된 관광단지와 관광특구, 개발제한구역·도시자연공원구역·시가화조정구역 또는 공원에서 해제되는 구역, 녹지지역에서 주거·상업·공업지역으로 변경되는 구역과 새로 도시지역으로 편입되는 구역 중 계획적인 개발 또는 관리가 필요한 지역, 도시지역 내 주거·상업·업무 등의 기능을 결합하는 등 복합적인 토지 이용을 증진시킬 필요가 있는 지역으로서 대통령령으로 정하는 요건에 해당하는 지역, 도시지역 내 유휴토지를 효율적으로 개발하거나 교정시설, 군사시설, 그 밖에 대통령령으로 정하는 시설을 이전 또는 재배치하여 토지 이용을 합리화하고, 그 기능을 증진시키기 위하여 집중적으로 정비가 필요한 지역으로서 대통령령으로 정하는 요건에 해당하는 지역, 도시지역의 체계적·계획적인 관리 또는 개발이 필요한 지역, 그 밖에 양호한 환경의 확보나 기능 및 미관의 증진 등을 위하여 필요한 지역으로서 대통령령으로 정하는 지역의 어느 하나에 해당하는 지역의 전부 또는 일부에 대하여 지구단위계획구역을 지정할 수 있다.

(3) 지구단위계획의 내용

지구단위계획구역의 지정목적을 이루기 위하여 지구단위계획에는 Ⓐ 용도지역이나 용도지구를 대통령령으로 정하는 범위에서 세분하거나 변경하는 사항, Ⓑ 기존의 용도지구를 폐지하고 그 용도지구에서의 건축물이나 그 밖의 시설의 용도·종류 및 규모 등의 제한을 대체하는 사항, Ⓒ 대통령령으로 정하는 기반시설의 배치와 규모, Ⓓ 도로로 둘러싸인 일단의 지역 또는 계획적인 개발·정비를 위하여 구획된 일단의 토지의 규모와 조성계획, Ⓔ 건축물의 용도제한, 건축물의 건폐율 또는 용적률, 건축물 높이의 최고한도 또는 최저한도, Ⓕ 건축물의 배치·형태·색채 또는 건축선에 관한 계획, Ⓖ 환경관리계획 또는 경관계획, Ⓗ 교통처리계획, Ⓘ 그 밖에 토지 이용의 합리화, 도시나 농·산·어촌의 기능 증진 등에 필요한 사항으로서 대통령령으로 정하는 사항 중 Ⓒ와 Ⓔ의 사항을 포함한 둘 이상의 사항이 포함되어야 한다. 다만, Ⓑ를 내용으로 하는 지구단위계획의 경우에는 그러하지 아니하다.

5. 도시계획위원회

(1) 중앙도시계획위원회

광역도시계획 · 도시 · 군계획 · 토지거래계약허가구역 등 국토교통부장관의 권한에 속하는 사항의 심의, 국토계획법 또는 다른 법률에서 중앙도시계획위원회의 심의를 거치도록 한 사항의 심의, 도시 · 군계획에 관한 조사 · 연구의 업무를 수행하기 위하여 국토교통부에 중앙도시계획위원회를 둔다.

(2) 지방도시계획위원회

1) 시 · 도도시계획위원회

시 · 도지사가 결정하는 도시 · 군관리계획의 심의 등 시 · 도지사의 권한에 속하는 사항과 다른 법률에서 시 · 도도시계획위원회의 심의를 거치도록 한 사항의 심의, 국토교통부장관의 권한에 속하는 사항 중 중앙도시계획위원회의 심의대상에 해당하는 사항이 시 · 도지사에게 위임된 경우 그 위임된 사항의 심의를 하게 하거나 도시 · 군관리계획과 관련하여 시 · 도지사가 자문하는 사항에 대한 조언, 그 밖에 대통령령으로 정하는 사항에 관한 심의 또는 조언 등 자문에 응하게 하기 위하여 시 · 도에 시 · 도도시계획위원회를 둔다.

2) 시 · 군 · 구도시계획위원회

도시 · 군관리계획과 관련된 시장 또는 군수가 결정하는 도시 · 군관리계획의 심의와 국토교통부장관이나 시 · 도지사의 권한에 속하는 사항 중 시 · 도도시계획위원회의 심의대상에 해당하는 사항이 시장 · 군수 또는 구청장에게 위임되거나 재위임된 경우 그 위임되거나 재위임된 사항의 심의, 개발행위의 허가 등에 관한 심의를 하게 하거나 도시 · 군관리계획과 관련하여 시장 · 군수 또는 구청장이 자문하는 사항에 대한 조언, 그 밖에 대통령령으로 정하는 사항에 관한 심의 또는 조언 등 자문에 응하게 하기 위하여 시 · 군(광역시의 관할 구역에 있는 군을 포함) 또는 구(자치구를 말한다)에 각각 시 · 군 · 구도시계획위원회를 둔다.

Ⅱ. 도시환경정비

도시정비법은 도시기능의 회복이 필요하거나 주거환경이 불량한 지역을 계획적으로 정비하고 노후·불량건축물을 효율적으로 개량하기 위하여 필요한 사항을 규정함으로써 도시환경을 개선하고 주거생활의 질을 높이는데 이바지함을 목적으로 하고 있다.

1. 정비구역 및 정비사업

(1) 정비구역

정비구역이란 정비사업을 계획적으로 시행하기 위하여 도시정비법의 규정에 의하여 지정·고시된 구역을 말한다.

(2) 정비사업

정비사업이라 함은 도시정비법에서 정한 절차에 따라 도시기능을 회복하기 위하여 정비구역 또는 가로구역(街路區域: 정비구역이 아닌 대통령령으로 정하는 구역을 말하며, 아래 Ⓕ의 사업으로 한정)에서 정비기반시설을 정비하거나 주택 등 건축물을 개량하거나 건설하는 Ⓐ 주거환경개선사업 : 도시저소득주민이 집단으로 거주하는 지역으로서 정비기반시설이 극히 열악하고 노후·불량건축물[3])이 과도하게 밀집한 지역에서 주거환경을 개선하기 위하여 시행하는 사

3) 노후·불량건축물이란 ⓐ 건축물이 훼손되거나 일부가 멸실되어 붕괴 그 밖의 안전사고의 우려가 있는 건축물, ⓑ 내진성능이 확보되지 아니한 건축물 중 중대한 기능적 결함 또는 부실 설계·시공으로 인한 구조적 결함 등이 있는 건축물로서 대통령령으로 정하는 건축물, ⓒ 주변 토지의 이용상황 등에 비추어 주거환경이 불량한 곳에 소재할 것과 건축물을 철거하고 새로운 건축물을 건설하는 경우 그에 소요되는 비용에 비하여 효용의 현저한 증가가 예상될 것의 요건에 해당하는 건축물로서 대통령령으로 정하는 바에 따라 특별시·광역시·특별자치시·도·특별자치도 또는 지방자치법 제175조에 따른 서울특별시·광역시 및 특별자치시를 제외한 인구 50만 이상 대도시의 조례(시·도조례)로 정하는 건축물, ⓓ 도시미관을 저해하거나 노후화로 인하여 구조적 결함 등이 있는 건축물로서 대통령령

업, Ⓑ 주택재개발사업 : 정비기반시설이 열악하고 노후·불량건축물이 밀집한 지역에서 주거환경을 개선하기 위하여 시행하는 사업, Ⓒ 주택재건축사업 : 정비기반시설은 양호하나 노후·불량건축물이 밀집한 지역에서 주거환경을 개선하기 위하여 시행하는 사업, Ⓓ 도시환경정비사업 : 상업지역·공업지역 등으로서 토지의 효율적 이용과 도심 또는 부도심 등 도시기능의 회복이나 상권활성화 등이 필요한 지역에서 도시환경을 개선하기 위하여 시행하는 사업, Ⓔ 주거환경관리사업 : 단독주택 및 다세대주택 등이 밀집한 지역에서 정비기반시설과 공동이용시설의 확충을 통하여 주거환경을 보전·정비·개량하기 위하여 시행하는 사업, Ⓕ 가로주택정비사업 : 노후·불량건축물이 밀집한 가로구역에서 종전의 가로를 유지하면서 소규모로 주거환경을 개선하기 위하여 시행하는 사업을 말한다. 다만, Ⓒ의 경우에는 정비구역이 아닌 구역에서 시행하는 주택재건축 사업을 포함한다.

2. 기본계획의 수립 및 정비구역의 지정

(1) 도시 및 주거환경 정비 기본방침 수립

국토교통부장관은 도시 및 주거환경을 개선하기 위하여 10년마다 도시 및 주거환경 정비를 위한 국가 정책방향, 도시·주거환경정비기본계획의 수립 방향, 노후·불량 주거지 조사 및 개선계획의 수립, 도시 및 주거환경 개선에 필요한 재정지원계획, 그 밖에 도시 및 주거환경 개선을 위하여 필요한 사항으로서 대통령령으로 정하는 사항을 포함한 기본방침을 수립하고, 5년마다 그 타당성을 검토하여 그 결과를 기본방침에 반영하여야 한다.

(2) 도시·주거환경정비기본계획의 수립

특별시장·광역시장·특별자치시장·특별자치도지사 또는 시장은 정비사업의 기본방향, 정비사업의 계획기간, 인구·건축물·토지이용·정비기반시설·지형 및 환경 등의 현황, 주거지 관리계획, 토지이용계획·정비기반시설계획·공동이

으로 정하는 바에 따라 시·도조례로 정하는 건축물에 해당하는 건축물을 말한다.

용시설설치계획 및 교통계획, 녹지·조경·에너지공급·폐기물처리 등에 관한 환경계획, 사회복지시설 및 주민문화시설 등의 설치계획, 도시의 광역적 재정비를 위한 기본방향, 정비구역으로 지정할 예정인 구역(정비예정구역)의 개략적 범위, 단계별 정비사업추진계획(정비예정구역별 정비계획의 수립시기를 포함), 건폐율·용적률 등에 관한 건축물의 밀도계획, 세입자에 대한 주거안정대책, 그 밖에 주거환경 등을 개선하기 위하여 필요한 사항으로서 대통령령이 정하는 사항이 포함된 도시·주거환경정비기본계획(기본계획)을 10년 단위로 수립하여야 한다. 다만, 도지사가 기본계획을 수립할 필요가 없다고 인정하는 시(대도시가 아닌 지역을 말한다)와 천재지변 등 긴급히 추진해야할 정비사업은 기본계획을 수립하지 아니할 수 있다. 아울러, 특별시장·광역시장·특별자치시장·특별자치도지사 또는 시장은 기본계획에 대하여 5년마다 그 타당성 여부를 검토하여 그 결과를 기본계획에 반영하여야 한다.

(3) 정비계획의 수립 및 정비구역의 지정

자치구의 구청장 또는 광역시의 군수(구청장등)는 기본계획에 적합한 범위에서 노후·불량건축물이 밀집하는 등 대통령령으로 정하는 요건에 해당하는 구역에 대하여 도시정비법 제4조의 사항이 포함된 정비계획을 수립하여 이를 주민에게 서면으로 통보한 후 주민설명회를 하고 30일 이상 주민에게 공람하며 지방의회의 의견을 들은 후(이 경우 지방의회는 구청장 등이 정비계획을 통지한 날부터 60일 이내에 의견을 제시하여야 하며, 의견제시 없이 60일이 지난 경우 이의가 없는 것으로 본다) 이를 첨부하여 특별시장·광역시장에게 정비구역지정을 신청하여야 하고, 정비계획의 내용을 변경할 필요가 있을 때에는 같은 절차를 거쳐 변경지정을 신청하여야 한다.

특별시장, 광역시장, 특별자치시장, 특별자치도지사, 시장 또는 군수는 정비구역을 지정 또는 변경 지정한 경우에는 당해 정비계획을 포함한 지정 또는 변경 지정 내용을 당해 지방자치단체의 공보에 고시하고 국토교통부령이 정하는 방법 및 절차에 따라 국토교통부장관에게 그 지정내용 또는 변경지정내용을 보고하여야 하며, 관계 서류를 일반인이 열람할 수 있도록 하여야 한다. 아울러, 구청장등은 정비예정구역 또는 정비구역(정비구역등)이 도시정비법 제4조의3의 규정에 해당하는 사유가 발생한 경우 특별시장·광역시장에게 정비구역 등의 해제를 요청하여야 하고, 특별자치시장, 특별자치도지사, 시장 또는 군수는 직접 정비구역 등을 해제하여야 한다.

3. 정비사업의 시행

(1) 정비사업의 시행방법

정비사업의 시행방법은 ① 주거환경개선사업, ② 주택재개발사업, ③ 주택재건축사업, ④ 도시환경정비사업, ⑤ 주거환경관리사업, ⑥ 가로주택정비사업으로 구분할 수 있다. 한편, ② 및 ③에 따라 오피스텔을 건설하여 공급하는 경우에는 국토계획법에 따른 준주거지역 및 상업지역에서만 건설할 수 있다. 이 경우 오피스텔의 연면적은 전체 건축물 연면적의 100분의 30 이하여야 한다.

(2) 사업시행인가

사업시행자(공동시행의 경우를 포함하되, 사업시행자가 시장·군수인 경우 제외)는 정비사업을 시행하고자 하는 경우에는 사업시행계획서에 정관등과 그 밖에 국토교통부령이 정하는 서류를 첨부하여 시장·군수에게 제출하고 사업시행인가를 받아야 한다. 인가받은 내용을 변경하거나 정비사업을 중지 또는 폐지하고자 하는 경우에도 또한 같다. 다만, 대통령령령이 정하는 경미한 사항을 변경하고자 하는 때에는 시장·군수에게 이를 신고하여야 한다.

시장·군수는 정비구역이 아닌 구역에서 시행하는 주택재건축사업의 사업시행인가를 하고자 하는 경우에는 건축물의 높이·층수·용적률 등 대통령령령이 정하는 사항에 대하여 건축법 제4조에 따라 특별자치시·특별자치도·시·군·구(자치구를 말한다)에 설치하는 건축위원회의 심의를 거쳐야 하며, 사업시행인가(시장·군수가 사업시행계획서를 작성한 경우 포함)를 하고자 하는 경우(인가받은 내용을 변경하는 경우를 포함) 정비구역으로부터 200미터 이내에 교육시설이 설치되어 있는 때에는 해당 지방자치단체의 교육감 또는 교육장과 협의하여야 한다.

시장·군수는 사업시행인가(시장·군수가 사업시행계획서를 작성한 경우 포함)를 하거나 그 정비사업을 변경·중지 또는 폐지하는 경우에는 국토교통부령이 정하는 방법 및 절차에 의하여 그 내용을 당해 지방자치단체의 공보에 고시하여야 한다. 다만, 경미한 사항을 변경하고자 하는 경우에는 그러하지 아니하다.

(3) 정비사업시행을 위한 조치 등

사업시행자는 주거환경개선사업 및 주택재개발사업의 시행으로 철거되는 주택의 소유자 또는 세입자에 대하여 당해 정비구역 내·외에 소재한 임대주택 등의 시설에 임시로 거주하게 하거나 주택자금의 융자알선 등 임시수용에 상응하는 조치를 하여야 한다. 이 경우 사업시행자는 그 임시수용을 위하여 필요한 때에는 국가·지방자치단체 그 밖의 공공단체 또는 개인의 시설이나 토지를 일시 사용할 수 있고, 국가 또는 지방자치단체는 사업시행자로부터 임시수용시설에 필요한 건축물이나 토지의 사용신청을 받은 때에는 대통령령이 정하는 사유가 없는 한 이를 거절하지 못한다. 이 경우 그 사용료 또는 대부료는 이를 면제한다. 아울러, 사업시행자는 정비사업의 공사를 완료한 때에는 그 완료한 날부터 30일 이내에 임시수용시설을 철거하고, 그 건축물이나 토지를 원상회복하여야 한다. 또한, 도시환경정비사업의 사업시행자는 사업시행으로 이주하는 상가세입자가 사용할 수 있도록 정비구역 또는 정비구역의 인근에 임시상가를 설치할 수 있다.

한편, 사업시행자는 정비구역안에서 정비사업을 시행하기 위하여 필요한 경우에는 공익사업을위한토지등의취득및보상에관한법률 제3조의 규정에 의한 토지·물건 또는 그 밖의 권리를 취득하거나 사용할 수 있다. 다만, 가로주택정비사업의 경우에는 그러하지 아니하다.

4. 관리처분계획 등

(1) 분양공고 및 분양신청

사업시행자는 사업시행인가의 고시가 있은 날(사업시행인가 이후 시공자를 선정한 경우에는 시공자와 계약을 체결한 날)부터 60일 이내에 개략적인 부담금내역 및 분양신청기간 그 밖에 대통령령이 정하는 사항을 토지등소유자에게 통지하고 분양의 대상이 되는 대지 또는 건축물의 내역 등 대통령령이 정하는 사항을 해당 지역에서 발간되는 일간신문에 공고하여야 한다. 이 경우 분양신청기간은 그 통지한 날부터 30일 이상 60일 이내로 하여야 한다. 다만, 사업시행자는 관리처분계획의 수립에 지장이 없다고 판단하는 경우에는 분양신청기간을 20일의 범위 이내에서 연장할 수 있다. 아울러, 대지 또는 건축물에 대한 분양을 받고자 하는 토지등소유자는 분양신청기간 이내에 대통령령이 정하는 방법 및 절차에 의하여 사업시행자에게 대지 또는 건축물에 대한 분양신청을 하여야 한다.

(2) 주택의 공급

사업시행자는 정비사업(주거환경개선사업 및 주거환경관리사업의 사업시행자는 제외)의 시행으로 건설된 건축물을 관리처분계획에 따라 토지등소유자에게 공급하여야 한다. 사업시행자가 정비구역안에 주택을 건설하는 경우에는 입주자 모집조건·방법·절차, 입주금(계약금·중도금 및 잔금)의 납부방법·시기·절차, 주택공급방법·절차 등에 관하여는 주택법 제54조의 규정에 불구하고 대통령령이 정하는 범위안에서 시장·군수의 승인을 얻어 사업시행자가 이를 따로 정할 수 있다.

(3) 지분형주택의 공급

정비사업의 사업시행자(주택공사등이 사업시행자인 경우로 한정)는 분양대상자와 사업시행자가 공동 소유하는 방식으로 주택(지분형주택)을 공급할 수 있다. 이 경우 공급되는 지분형주택의 규모, 공동 소유기간, 분양대상자 등 지분형

주택의 공급에 필요한 사항은 대통령령으로 정한다.

5. 공사완료에 따른 조치 등

시장·군수가 아닌 사업시행자는 정비사업에 관한 공사를 완료한 때에는 대통령령이 정하는 방법 및 절차에 의하여 시장·군수의 준공인가를 받아야 하고, 준공인가신청을 받은 시장·군수는 지체없이 준공검사를 실시하여야 한다. 이 경우 시장·군수는 효율적인 준공검사를 위하여 필요한 때에는 관계행정기관·정부투자기관·연구기관 그 밖의 전문기관 또는 단체에 준공검사의 실시를 의뢰할 수 있다. 시장·군수는 준공검사의 실시결과 정비사업이 인가받은 사업시행계획대로 완료되었다고 인정하는 때에는 준공인가를 하고 공사의 완료를 당해 지방자치단체의 공보에 고시하여야 하고, 시장·군수는 직접 시행하는 정비사업에 관한 공사가 완료된 때에는 그 공사의 완료를 당해 지방자치단체의 공보에 고시하여야 한다. 한편, 시장·군수는 준공인가를 하기 전이라도 완공된 건축물이 사용에 지장이 없는 등 대통령령이 정하는 기준에 적합한 경우에는 입주예정자가 완공된 건축물을 사용할 것을 사업시행자에 대하여 허가할 수 있다. 다만, 자신이 사업시행자인 경우에는 허가를 받지 아니하고 입주예정자가 완공된 건축물을 사용하게 할 수 있다.

6. 도시분쟁조정위원회

정비사업의 시행으로 인하여 발생된 분쟁의 조정을 위하여 정비구역이 지정된 특별자치시, 특별자치도, 또는 시·군·구(자치구를 말한다)에 도시분쟁조정위원회를 둔다. 조정위원회는 부시장·부지사·부구청장 또는 부군수를 위원장으로 한 10인 이내의 위원으로 구성하며, 위원은 Ⓐ 해당 특별자치시, 특별자치도 또는 시·군·구에서 정비사업 관련 업무에 종사하는 5급 이상 공무원, Ⓑ 대학이나 연구기관에서 부교수 이상 또는 이에 상당하는 직에 재직하고 있는 자, Ⓒ 변호사, 건축사, 감정평가사, 공인회계사, Ⓓ 그 밖에 정비사업에 전문적 지식을 갖춘 자로서 시·도조례로 정하는 자 중에서 시장·군수가 임명 또는 위촉한다. 이 경우 Ⓐ 및 Ⓒ의 어느 하나에 해당하는 자가 각 2인 이상이 포함되어야 한다.

Ⅲ. 도시재생

도시재생이란 인구의 감소, 산업구조의 변화, 도시의 무분별한 확장, 주거환경의 노후화 등으로 쇠퇴하는 도시를 지역역량의 강화, 새로운 기능의 도입·창출 및 지역자원의 활용을 통하여 경제적·사회적·물리적·환경적으로 활성화시키는 것을 말한다. 도시재생법은 도시의 경제적·사회적·문화적 활력 회복을 위하여 공공의 역할과 지원을 강화함으로써 도시의 자생적 성장기반을 확충하고 도시의 경쟁력을 제고 하며 지역 공동체를 회복하는 등 국민의 삶의 질 향상에 이바지함을 목적으로 하고 있다.

1. 도시재생계획

(1) 도시재생전략계획 및 도시재생활성화계획

1) 도시재생전략계획

도시재생전략계획이란 전략계획수립권자가 국가 도시재생 기본방침[4]을 고려하여 도시 전체 또는 일부 지역, 필요한 경우 둘 이상의 도시에 대하여 도시재생과 관련한 각종 계획, 사업, 프로그램, 유형·무형의 지역자산 등을 조사·발굴하고, 도시재생활성화지역[5]을 지정하는 등 도시재생 추진전략을 수립하기 위한 계획을 말한다. 전략계획수립권자는 특별시장·광역시장·특별자치시장·특별자치도지사·시장 또는 군수(광역시 관할구역에 있는 군의 군수는 제외)를 말한다.

---

4) 국가도시재생기본방침이란 도시재생을 종합적·계획적·효율적으로 추진하기 위하여 수립하는 국가 도시재생전략을 말한다.

5) 도시재생활성화지역이란 국가와 지방자치단체의 자원과 역량을 집중함으로써 도시재생을 위한 사업의 효과를 극대화하려는 전략적 대상지역으로 그 지정 및 해제를 도시재생전략계획으로 결정하는 지역을 말한다.

2) 도시재생활성화계획

도시재생활성화계획이란 도시재생전략계획에 부합하도록 도시재생활성화지역에 대하여 국가, 지방자치단체, 공공기관 및 지역주민 등이 지역발전과 도시재생을 위하여 추진하는 다양한 도시재생사업을 연계하여 종합적으로 수립하는 실행계획을 말하며, 주요 목적 및 성격에 따라 Ⓐ 도시경제 기반형 활성화계획: 산업단지, 항만, 공항, 철도, 일반국도, 하천 등 국가의 핵심적인 기능을 담당하는 도시·군계획시설의 정비 및 개발과 연계하여 도시에 새로운 기능을 부여하고 고용기반을 창출하기 위한 도시재생활성화계획, Ⓑ 근린재생형 활성화계획: 생활권 단위의 생활환경 개선, 기초생활인프라 확충, 공동체 활성화, 골목경제 살리기 등을 위한 도시재생활성화계획의 유형으로 구분한다.

(2) 도시재생사업

도시재생사업이란 도시재생활성화지역에서 도시재생활성화계획에 따라 시행하는 Ⓐ 국가 차원에서 지역발전 및 도시재생을 위하여 추진하는 일련의 사업, Ⓑ 지방자치단체가 지역발전 및 도시재생을 위하여 추진하는 일련의 사업, Ⓒ 주민 제안에 따라 해당 지역의 물리적·사회적·인적 자원을 활용함으로써 공동체를 활성화하는 사업, Ⓓ 도시 및 주거환경정비법(도시정비법)에 따른 정비사업 및 도시재정비 촉진을 위한 특별법에 따른 재정비촉진사업, Ⓔ 도시개발법에 따른 도시개발사업 및 역세권의 개발 및 이용에 관한 법률에 따른 역세권개발사업, Ⓕ 산업입지 및 개발에 관한 법률에 따른 산업단지개발사업 및 산업단지 재생사업, Ⓖ 항만법에 따른 항만재개발사업, Ⓗ 전통시장 및 상점가 육성을 위한 특별법에 따른 상권활성화사업 및 시장정비사업, Ⓘ 국토의 계획 및 이용에 관한 법률에 따른 도시·군계획시설사업 및 시범도시(시범지구 및 시범단지를 포함) 지정에 따른 사업, Ⓙ 경관법에 따른 경관사업, Ⓚ 빈집 및 소규모주택 정비에 관한 특례법에 따른 빈집정비사업 및 소규모주택정비사업, Ⓛ 공공주택 특별법에 따른 공공주택사업, Ⓜ 그 밖에 도시재생에 필요한 사업으로서 대통령령으로 정하는 사업을 말한다.

(3) 국가와 지방자치단체의 책무

국가와 지방자치단체는 도시재생사업을 추진하는 데에 필요한 예산을 확보하고 관련 시책을 수립·추진하여야 하고, 국가와 지방자치단체는 도시재생사업을 추진할 때 주민의 삶의 질 향상을 우선적으로 고려하여야 하며, 도시재생전략계획이 수립된 경우, 해당 지방자치단체의 장은 도시재생전략계획이나 도시재생활성화계획 등의 실효성을 확보하기 위하여 지방재정법 제33조에 따른 중기지방재정계획에 반영하여야 한다.

(4) 국가도시재생기본방침의 수립

국토교통부장관은 도시재생 활성화를 위한 국가도시재생기본방침을 10년마다 수립하여야 하며, 필요한 경우 5년마다 그 내용을 재검토하여 정비할 수 있고, 국가도시재생기본방침은 국토기본법 제6조 제2항 제1호에 따른 국토종합계획의 내용에 부합하여야 한다. 그리고 국가도시재생기본방침에는 Ⓐ 도시재생의 의의 및 목표, Ⓑ 국가가 중점적으로 시행하여야 할 도시재생 시책, Ⓒ 도시재생전략계획 및 도시재생활성화계획의 작성에 관한 기본적인 방향 및 원칙, Ⓓ 도시재생선도지역의 지정기준, Ⓔ 도시 쇠퇴기준 및 진단기준, Ⓕ 기초생활인프라의 범위 및 국가적 최저기준, Ⓖ 그 밖에 도시재생 활성화를 위하여 필요한 사항으로서 대통령령으로 정하는 사항이 포함되어야 한다.

아울러, 국토교통부장관은 국가도시재생기본방침의 수립을 위하여 도시재생종합정보체계를 활용하여 도시쇠퇴를 진단할 수 있다. 이 경우 국토교통부장관은 관계 지방자치단체에 자료를 요청할 수 있으며, 지방자치단체는 이에 우선적으로 협조하여야 한다. 한편, 국토교통부장관은 국가도시재생기본방침을 수립하거나 변경하려면 관계 중앙행정기관의 장과 협의하고 해당 지방자치단체의 장의 의견을 수렴한 후 도시재생특별위원회와 국무회의의 심의를 거쳐 대통령의 승인을 받아야 한다. 다만, 대통령령으로 정하는 경미한 사항을 변경하는 경우에는 그러하지 아니하다.

2. 도시재생의 추진체계

(1) 도시재생특별위원회 및 도시재생기획단

1) 도시재생특별위원회

도시재생에 관한 정책을 종합적이고 효율적으로 추진하기 위하여 국무총리 소속으로 도시재생특별위원회(특별위원회)를 두고, 특별위원회는 Ⓐ 국가 도시재생 기본방침 등 국가 주요 시책, Ⓑ 둘 이상의 특별시 · 광역시 · 특별자치시 · 특별자치도 또는 도의 관할구역에 속한 전략계획수립권자가 공동으로 수립하는 도시재생전략계획, Ⓒ 국가지원 사항이 포함된 도시재생활성화계획, Ⓓ 도시재생 선도지역 지정 및 도시재생 선도지역에 대한 도시재생활성화계획, Ⓔ 그 밖에 도시재생과 관련하여 필요한 사항으로서 위원장이 회의에 상정하는 사항을 심의한다. 위원장은 국무총리가 되고, 위원은 Ⓐ 정부위원: 대통령령으로 정하는 관계 중앙행정기관의 장, Ⓑ 민간위원: 도시재생에 관한 학식과 경험이 풍부한 자 중에서 위원장이 위촉하는 자로 하되, 10명 이상 30명 이하로 구성한다.

2) 도시재생기획단

특별위원회의 업무를 지원하고 Ⓐ 국가도시재생기본방침의 작성, Ⓑ 도시재생활성화계획, 도시재생사업 등의 평가 및 지원에 관한 사항, Ⓒ 지방도시재생위원회, 관계 행정기관 및 관계 기관과의 협의, Ⓓ 도시재생사업 관련 예산 협의, Ⓔ 그 밖에 대통령령으로 정하는 사항의 업무를 수행하기 위하여 국토교통부장관 소속으로 도시재생기획단을 둔다.

(2) 지방도시재생위원회

Ⓐ 지방자치단체의 도시재생 관련 주요 시책, Ⓑ 도시재생전략계획 및 도시재생활성화계획, Ⓒ 그 밖에 도시재생과 관련하여 필요한 사항을 심의하거나 자문에 응하게 하기 위하여 지방자치단체에 지방도시재생위원회(지방위원회)를 둘 수 있다.

한편, 국토의 계획 및 이용에 관한 법률 제113조에 따른 지방도시계획위원회가 설치된 지방자치단체의 경우에는 지방도시계획위원회가 대통령령으로 정하는 지방위원회의 구성·운영 등에 대한 조건을 충족하는 경우 지방도시계획위원회가 지방위원회의 기능을 수행하게 할 수 있다.

(3) 전담조직의 설치

전략계획수립권자는 도시재생전략계획 및 도시재생활성화계획의 수립·지원 및 사업추진과 관련한 관계 기관·부서 간 협의 등을 위하여 도시재생 관련 업무를 총괄·조정하는 전담조직을 설치할 수 있다. 도지사와 자치구의 구청장 및 광역시 관할구역에 있는 군의 군수(구청장등)는 필요한 경우 대통령령으로 정하는 바에 따라 전담조직을 설치할 수 있다.

전담조직은 Ⓐ 도시재생 관련 현황 및 주요지표의 조사·관리, Ⓑ 도시재생활성화계획 및 도시재생사업의 총괄·조정·관리·지원, Ⓒ 관계 기관, 관계 행정기관과의 업무 협의 및 교류, Ⓓ 지역 협업체제의 구축·운영, Ⓔ 도시재생 관련 국고보조금 등의 관리, Ⓕ 마을기업 등 지역자원을 활용한 도시재생사업의 발굴 및 추진, Ⓖ 도시재생활성화계획 및 도시재생사업 평가 및 점검, Ⓗ 재원조달 및 관리, Ⓘ 그 밖에 도시재생의 원활한 추진을 위하여 필요한 사항으로서 대통령령으로 정하는 사항을 수행한다.

(4) 도시재생 지원기구의 설치

국토교통부장관은 Ⓐ 도시재생 활성화 시책의 발굴, Ⓑ 도시재생 제도발전을 위한 조사·연구, Ⓒ 도시재생전략계획 및 도시재생활성화계획의 수립 등 지원, Ⓓ 도시재생사업의 시행 및 운영·관리 지원, Ⓔ 도시재생 종합정보체계의 구축·운영·관리 등에 관한 업무, Ⓕ 도시재생전문가의 육성 및 파견 등의 업무, Ⓖ 도시재생 지원센터 운영 등의 지원, Ⓗ 그 밖에 국토교통부장관이 정하는 업무를 수행하기 위하여 도시재생 지원기구를 설치하되, 대통령령으로 정하는 공공기관을 도시재생지원기구로 지정할 수 있다.

(5) 도시재생 지원센터의 설치

전략계획수립권자는 Ⓐ 도시재생전략계획 및 도시재생활성화계획 수립과 관련 사업의 추진 지원, Ⓑ 도시재생활성화지역 주민의 의견조정을 위하여 필요한 사항, Ⓒ 현장 전문가 육성을 위한 교육프로그램의 운영, Ⓓ 마을기업의 창업 및 운영 지원, Ⓔ 그 밖에 대통령령으로 정하는 사항에 관한 업무를 수행하도록 하기 위하여 도시재생 지원센터를 설치할 수 있다. 도지사 및 구청장등은 필요한 경우 대통령령으로 정하는 바에 따라 도시재생 지원센터를 설치할 수 있다.

3. 도시재생전략계획

(1) 도시재생전략계획의 수립

전략계획수립권자는 도시재생을 추진하려면 도시재생전략계획을 10년 단위로 수립하고, 필요한 경우 5년 단위로 정비하여야 하고, 지역 여건상 필요한 경우 인접한 지방자치단체의 관할구역 전부 또는 일부를 포함하여 도시재생전략계획을 수립할 수 있다. 이 경우 전략계획수립권자는 미리 해당 지방자치단체의 장의 동의를 받아야 한다. 다만, 공동으로 도시재생전략계획을 수립하는 경우에는 그러하지 아니하다.

아울러, 도시재생전략계획을 수립할 때에는 국가 도시재생 기본방침 및 국토계획법 제19조에 따른 도시 · 군기본계획의 내용에 부합하도록 하여야 하며, 도시재생과 관련한 각종 계획, 사업, 프로그램, 유형 · 무형의 지역자산 등이 우선적으로 도시재생활성화지역에 연계 · 집중됨으로써 도시재생이 효과적으로 이루어질 수 있도록 하여야 한다.

(2) 도시재생전략계획의 내용

도시재생전략계획에는 Ⓐ 계획의 목표 및 범위, Ⓑ 목표 달성을 위한 방안, Ⓒ 쇠퇴진단 및 물리적 · 사회적 · 경제적 · 문화적 여건 분석, Ⓓ 도시재생활성화지역의 지정 또는 변경에 관한 사항, Ⓔ 도시재생활성화지역별 우선순위 및 지역 간 연계방안, Ⓕ 도시재생 지원센터 구성 및 운영 방안, Ⓖ 지방정부 재원조달 계획, Ⓗ 지원조례, 전담조직 설치 등 지방자치단체 차원의 지원제도 발굴, Ⓘ 그 밖에 전략계획수립권자가 도시재생을 위하여 수립하는 사업계획의 사항이 포함되어야 하고, 도시재생전략계획이 수립된 지역에 대하여 다른 법률에 따른 사업계획을 수립할 경우 해당 도시재생전략계획에 부합하도록 하여야 한다.

아울러, 전략계획수립권자가 도시재생전략계획으로 도시재생활성화지역을 지정하려는 경우에는 Ⓐ 인구가 현저히 감소하는 지역, Ⓑ 총 사업체 수의 감소 등 산업의 이탈이 발생되는 지역, Ⓒ 노후주택의 증가 등 주거환경이 악화되는 지역의 요건 중 2개 이상을 갖추어야 한다.

(3) 도시재생전략계획 수립을 위한 기초조사 및 주민 의견청취 등

전략계획수립권자가 도시재생전략계획을 수립하거나 변경하려면 대통령령으로 정하는 바에 따라 기초조사를 하여야 한다. 이 경우 도시재생 종합정보체계를 활용할 수 있고, 효율적인 조사 또는 측량 등을 위하여 필요한 경우 대통령령으로 정하는 바에 따라 기초조사를 전문기관에 위탁할 수 있다.

또한, 전략계획수립권자는 도시재생전략계획을 수립하거나 변경하려면 대통령령으로 정하는 바에 따라 미리 공청회를 개최하여 주민과 관계 전문가 등의 의견을 수렴하고 해당 지방의회의 의견을 들어야 하며, 공청회 또는 지방의회에서 제시된 의견이 타당하다고 인정하면 도시재생전략계획에 반영하여야 한다.

한편, 특별시장 · 광역시장 · 특별자치시장 또는 특별자치도지사는 도시재생전략계획을 수립하거나 변경하려면 관계 행정기관의 장과 협의한 후 지방위원회의 심의를 거쳐야 한다. 다만, 대통령령으로 정하는 경미한 사항을 변경하는 경우에는 그러하지 아니하다. 아울러, 도시재생전략계획을 수립하거나 변경한 때에는 관계 행정기관의 장에게 관계 서류를 송부하여야 하며, 대통령령으로 정하는 바에 따라 그 계획을 공고하고 일반인이 열람할 수 있도록 하여야 한다.

(4) 시 · 군 도시재생전략계획의 승인

시장 또는 군수가 도시재생전략계획을 수립하거나 변경하려면 대통령령으로 정하는 바에 따라 도지사의 승인을 받아야 한다. 다만, 대통령령으로 정하는 경미한 사항을 변경하는 경우에는 그러하지 아니하다.

도시재생전략계획을 승인하려면 관계 행정기관의 장과 협의한 후 지방위원회의 심의를 거쳐야 하고(이 경우 협의 요청을 받은 관계 행정기관의 장은 특별한 사유가 없는 한 그 요청을 받은 날부터 30일 이내에 의견을 제시하여야 한다), 서로 다른 도에 속한 둘 이상의 시장 또는 군수가 공동으로 도시재생전략계획을 수립하거나 변경하려면 해당 지방위원회의 심의를 거친 후 국토교통부장관의 승인을 받아야 한다. 다만, 대통령령으로 정하는 경미한 사항을 변경하는 경우에는 그러하지 아니하다. 국토교통부장관 또는 도지사가 도시재생전략계획을 승인한 때에는 관계 행정기관의 장과 해당 시장 또는 군수에게 관계 서류를 송부하여야 하며, 관계 서류를 받은 시장 또는 군수는 대통령령으로 정하는 바에 따라 그 계획을 공고하고 일반인이 열람할 수 있도록 하여야 한다.

4. 도시재생활성화계획

(1) 도시재생활성화계획의 수립

전략계획수립권자는 도시재생활성화지역에 대하여 도시재생활성화계획을 수립할 수 있고, 구청장등은 도시재생활성화지역에 대하여 근린재생형 활성화계획을 수립할 수 있으며, 도시재생활성화계획에는 Ⓐ 계획의 목표, Ⓑ 도시재생사업의 계획 및 파급효과, Ⓒ 도시재생기반시설의 설치 · 정비에 관한 계획, Ⓓ 공공 및 민간 재원 조달계획, Ⓔ 예산 집행 계획, Ⓕ 도시재생사업의 평가 및 점검 계획, Ⓖ 행위제한이 적용되는 지역, Ⓗ 그 밖에 대통령령으로 정하는 사항이 포함되어야 한다.

아울러, 도시경제기반형 활성화계획을 수립하는 때에는 해당 도시재생활성화지역 내의 산업단지, 항만, 공항, 철도, 일반국도, 하천 등 국가의 핵심적인 기능을 담당하는 도시 · 군계획시설의 정비 · 개발과의 연계방안과 해당 도시재생활성화계획의 도시경제 · 산업구조에 대한 파급효과 등을 우선적으로 고려하여야 하고, 전략계획수립권자 또는 구청장등은 도시재생활성화계획을 수립하거나 변경하려면 국가도시재생기본방침 및 도시재생전략계획에 부합하도록 하여야 한다.

(2) 도시재생활성화계획의 확정 및 승인

특별시장 · 광역시장 · 특별자치시장 또는 특별자치도지사는 도시재생활성화계획을 수립하거나 변경하려면 관계 행정기관의 장과 협의한 후 지방위원회의 심의를 거쳐 확정한다. 다만, 대통령령으로 정하는 경미한 사항을 변경하는 경우에는 그러하지 아니하다. 또한, 시장 · 군수 또는 구청장등이 도시재생활성화계획을 수립하거나 변경하려면 해당 특별시장 · 광역시장 또는 도지사의 승인을 받아야 한다. 이 경우 특별시장 · 광역시장 또는 도지사는 관계 행정기관의 장과 협의한 후 지방위원회의 심의를 거쳐야 한다. 다만, 경미한 사항에 해당하는 경우에는 그러하지 아니하다.

전략계획수립권자 또는 구청장등은 관계 행정기관의 장과 협의하기 전 또는 도시재생활성화계획 승인 신청 전에 대통령령으로 정하는 바에 따라 공청회를 개최하여 주민이나 관계 전문가 등으로부터 의견을 수렴하고 해당 지방의회의 의견을 들어야 하고, 특별시장 · 광역시장 · 특별자치시장 · 특별자치도지사 또는 도지사는 도시재생활성화계획에 국가지원 사항이 포함된 경우 확정 또는 승인 전에 국토교통부장관에게 국가지원 사항에 대하여 결정을 받아야 한다. 이 경우 국토교통부장관은 관계 중앙행정기관의 장과 협의한 후 특별위원회의 심의를 거쳐야 한다.

(3) 도시재생활성화계획의 효력

도시재생활성화계획은 고시한 날부터 그 효력이 발생하고, 도시재생활성화계획의 고시일 이전에 사업이나 공사에 착수한 자(도시재생법 또는 다른 법률에 따라 허가 · 인가 · 승인 등을 받아야 하는 경우에는 그 허가 · 인가 · 승인 등을 받아 사업이나 공사에 착수한 자를 말한다)는 해당 도시재생활성화계획의 고시에 관계없이 그 사업이나 공사를 계속할 수 있다.

아울러, 도시재생활성화계획이 고시된 때에는 Ⓐ 국토계획법에 따른 도시 · 군관리계획(국토계획법의 근린재생형 활성화계획의 경우는 제외)의 결정 또는 변경 및 같은 법에 따른 도시 · 군계획시설사업의 시행자 지정, Ⓑ 건축법에 따른 특별건축구역의 지정 및 같은 법에 따른 건축협정의 인가 또는 같은 법에 따른 건축협정 집중구역의 지정, Ⓒ 경관법에 따른 경관협정의 인가, Ⓓ 도시정비법에 따른 주거환경개선사업에 대한 같은 법에 따른 정비계획의 결정 및 정비구역의 지정, Ⓔ 교통약자의 이동편의 증진법에 따른 보행우선지역의 지정, Ⓕ 전통시장 및 상점가 육성을 위한 특별법에 따른 상권활성화구역 지정 및 변경, Ⓖ 공유재산 및 물품 관리법에 따른 사용·수익허가의 결정·변경·지정 또는 인가 등(인가등)을 받은 것으로 보며, 이에 대한 고시나 공고를 한 것으로 본다.

(4) 도시재생활성화계획의 효력 상실

특별시장·광역시장·특별자치시장 또는 특별자치도지사는 도시재생사업의 추진 상황으로 보아 도시재생활성화계획의 목적을 달성하였거나 달성할 수 없다고 판단하는 때에는 관계 행정기관의 장과 협의한 후 지방위원회의 심의를 거쳐 도시재생활성화계획을 취소할 수 있다. 또한, 시장·군수 또는 구청장등은 도시재생사업의 추진 상황으로 보아 도시재생활성화계획의 목적을 달성하였거나 달성할 수 없다고 판단하는 때에는 해당 특별시장·광역시장 또는 도지사에게 도시재생활성화계획의 취소를 요청할 수 있다. 이 경우 특별시장·광역시장 또는 도지사는 관계 행정기관의 장과 협의한 후 지방위원회의 심의를 거쳐 도시재생활성화계획의 취소 여부를 결정하여야 한다.

아울러, 도시재생활성화계획에 국가지원 사항이 포함된 경우 특별시장·광역시장·특별자치시장·특별자치도지사 또는 도지사가 도시재생활성화계획을 취소하기 전에 국토교통부장관의 동의를 받아야 한다. 이 경우 국토교통부장관은 관계 중앙행정기관의 장과 협의한 후 특별위원회의 심의를 거쳐 해당 도시재생활성화계획 취소에 대한 동의 여부를 결정하여야 한다. 한편, 도시재생활성화계획을 고시한 날부터 3년이 되는 날까지 하나의 도시재생사업도 착수하지 아니한 경우 그 도시재생활성화계획은 취소된 것으로 보며, 도시재생활성화계획이 취소된 것으로 보는 때에는 해당 도시재생활성화지역의 용도지역은 도시재생활성화계획의 결정·고시 이전의 용도지역으로 환원되거나 폐지된 것으로 본다.

(5) 행위 등의 제한

도시재생활성화계획이 고시된 날부터 도시재생활성화계획에 적합하지 아니한 건축물의 건축, 공작물의 설치, 토지의 형질변경, 토석의 채취, 토지분할, 물건을 쌓아두는 행위 등 대통령령으로 정하는 행위를 하고자 하는 때에는 전략계획수립권자 또는 구청장등의 허가를 받아야 한다. 허가받은 사항을 변경하고자 하는 때에도 또한 같다.

5. 도시재생사업의 시행

(1) 도시재생사업의 시행

도시재생사업은 도시재생법에서 정한 사항 외에는 해당 사업의 시행에 관한 사항을 규정하고 있는 관계 법령에 따라 시행하고, 도시재생활성화계획이 고시되기 전부터 도시재생활성화지역에서 시행 중이거나 그 시행이 확정된 사업이 도시재생활성화계획에 포함된 경우에는 해당 사업을 도시재생법에 따른 도시재생사업으로 본다.

(2) 도시재생사업의 시행자

도시재생사업 중 다른 법률에서 사업시행자에 대하여 별도로 규정하지 아니한 사업의 경우에는 Ⓐ 지방자치단체, Ⓑ 대통령령으로 정하는 공공기관, Ⓒ 지방공기업법에 따라 설립된 지방공기업, Ⓓ 도시재생활성화지역 내의 토지 소유자, Ⓔ 마을기업, 사회적기업 육성법에 따른 사회적기업, 협동조합 기본법에 따른 사회적협동조합 등 지역 주민 단체 중에서 전략계획수립권자 또는 구청장등이 사업시행자를 지정할 수 있다.

아울러, 도시재생활성화계획이 고시되기 전부터 도시재생활성화지역에서 시행 중이거나 그 시행이 확정된 사업이 도시재생활성화계획에 포함된 경우 해당 사업의 시행자를 도시재생사업의 시행자로 본다.

6. 도시재생 활성화를 위한 지원

(1) 보조 또는 융자

국가 또는 지방자치단체는 도시재생 활성화를 위하여 대통령령으로 정하는 바에 따라 Ⓐ 도시재생전략계획 및 도시재생활성화계획 수립비, Ⓑ 도시재생 제도발전을 위한 조사·연구비, Ⓒ 건축물 개수·보수 및 정비 비용, Ⓓ 전문가 파견·자문비 및 기술 지원비, Ⓔ 도시재생기반시설의 설치·정비·운영 등에 필요한 비용, Ⓕ 도시재생지원기구 및 도시재생지원센터의 운영비, Ⓖ 문화유산 등의 보존에 필요한 비용, Ⓗ 마을기업, 사회적기업 육성법에 따른 사회적기업, 협동조합 기본법에 따른 사회적협동조합 등의 지역활성화사업 사전기획비 및 운영비, Ⓘ 도시재생사업에 필요한 비용, Ⓙ 도시재생사업을 위한 토지·물건 및 권리 취득에 필요한 비용, Ⓚ 그 밖에 대통령령으로 정하는 사항에 대하여 그 비용의 전부 또는 일부를 해당 사업 또는 업무를 수행하는 자에게 보조하거나 융자할 수 있다.

아울러, 국가는 지방자치단체의 재정상태 및 도시재생활성화계획의 평가 결과 등을 고려하여 대통령령으로 정하는 바에 따라 보조 또는 융자의 규모·비율 등을 달리 할 수 있고, 보조하거나 융자하는 데에 필요한 지금을 일반회계, 국가균형발전 특별법 제30조에 따른 지역발전특별회계 또는 주택도시기금법에 따른 주택도시기금에서 지원한다.

(2) 도시재생특별회계의 설치 및 운용

전략계획수립권자는 도시재생 활성화 및 도시재생사업의 촉진과 지원을 위하여 도시재생특별회계를 설치·운용할 수 있다. 다만, 도지사는 필요한 경우 대통령령으로 정하는 바에 따라 도시재생특별회계를 설치·운용할 수 있다.

① 도시재생특별회계의 세입은 Ⓐ 지방세법에 따라 부과·징수되는 재산세 중 대통령령으로 정하는 일정비율 이상의 금액, Ⓑ 개발이익환수에 관한 법률에 따른 개발부담금 중 지방자치단체귀속분의 일부, Ⓒ 재건축초과이익 환수에 관

한 법률에 따른 재건축부담금 중 지방자치단체 귀속분, Ⓓ 수도권정비계획법에 따라 시 · 도에 귀속되는 과밀부담금 중 해당 시 · 도의 조례로 정하는 비율의 금액, Ⓔ 일반회계로부터의 전입금, Ⓕ 정부의 보조금, Ⓖ 차입금, Ⓗ 해당 도시재생특별회계 자금의 융자회수금, 이자수익금 및 그 밖의 수익금이다.

② 도시재생특별회계의 세출은 Ⓐ 도시재생사업을 위한 조사 · 연구비, Ⓑ 도시재생전략계획 및 도시재생활성화계획의 수립 비용, Ⓒ 도시재생사업에 필요한 비용, Ⓓ 도시재생활성화지역 내 임대주택 건설 · 관리 비용, Ⓔ 전문가 활용비 및 기술비, Ⓕ 도시재생특별회계의 조성 · 운용 및 관리를 위한 경비, Ⓖ 도시재생지원센터의 구성비 및 운영비, Ⓗ 마을기업 등의 사전기획비 및 운영비, Ⓘ 공공 건축물의 보수 및 정비 비용, Ⓙ 도시재생활성화지역 내 폐가, 공가 매입 및 활용 비용, Ⓚ 또는 융자 비용, Ⓛ 그 밖에 필요한 사항으로 해당 지방자치단체의 조례로 정하는 사항이다.

전략계획수립권자 또는 도지사는 도시재생특별회계를 통한 지원이 도시재생활성화지역에 집중될 수 있도록 노력하여야 하고, 국토교통부장관은 필요한 경우에는 지방자치단체의 장에게 도시재생특별회계의 운용상황을 보고하게 할 수 있다. 아울러, 도시재생특별회계의 설치 및 운용 · 관리에 관하여 필요한 사항은 해당 지방자치단체의 조례로 정한다.

(3) 도시재생종합정보체계의 구축

국토교통부장관은 도시재생활성화를 위하여 관련 정보 및 통계를 개발 · 검증 · 관리하는 도시재생종합정보체계를 구축하여야 하고, 관계 중앙행정기관의 장은 도시재생종합정보체계가 원활히 운영될 수 있도록 각 부문별 소관 분야의 정보 및 통계를 작성하여 제공하는 등 적극 협력하여야 한다. 아울러, 국토교통부장관은 도시재생종합정보체계를 구축하기 위하여 관계 중앙행정기관 · 지방자치단체 · 공공기관의 장에게 관련 정보 또는 자료의 제출을 요구할 수 있다. 이 경우 자료의 제출을 요구받은 관계 기관의 장은 국방상 또는 국가안전보장상 기밀을 요하는 사항 등 정당한 사유가 없으면 이에 응하여야 한다.

(4) 국유재산 · 공유재산 등의 처분

도시재생활성화계획을 확정 또는 승인하려는 특별시장 · 광역시장 · 특별자치시장 · 특별자치도지사 또는 도지사는 도시재생활성화계획에 국유재산 · 공유재산의 처분에 관한 내용이 포함되어 있는 때에는 미리 관리청과 협의하여야 한다. 이 경우 관리청이 불분명한 재산 중 도로 · 하천 · 구거(溝渠) 등에 대하여는 국토교통부장관을, 그 외의 재산에 대하여는 기획재정부장관을 관리청으로 본다.

도시재생활성화지역 내의 국유재산 · 공유재산은 도시재생사업 외의 목적으로 매각하거나 양도할 수 없고, 도시재생사업의 시행자가 폐도(廢道)나 그 밖에 이와 유사한 국유재산 또는 공유재산을 부득이하게 도시재생 목적으로 사용하려는 경우로서 대통령령으로 정하는 경우에는 국유재산법 제9조 또는 공유재산 및 물품 관리법 제10조에 따른 국유재산종합계획 또는 공유재산의 관리계획과 국유재산법 제43조 또는 공유재산 및 물품 관리법 제29조에 따른 계약의 방법에도 불구하고 도시재생사업의 시행자 등에게 우선적으로 이를 수의계약으로 매각 · 임대 또는 양여할 수 있다.

(5) 조세 및 부담금의 감면

국가 및 지방자치단체는 도시재생 활성화를 위하여 필요한 경우에는 도시재생사업의 시행자에 대하여 조세특례제한법 및 지방세특례제한법에서 정하는 바에 따라 법인세 · 소득세 · 취득세 · 등록면허세 및 재산세 등의 조세를 감면할 수 있다. 아울러, 국가 및 지방자치단체는 도시재생 활성화를 위하여 필요한 경우에는 도시재생사업의 시행자에 대하여 개발이익환수에 관한 법률, 농지법, 초지법, 산지관리법, 도시교통정비 촉진법, 자연환경보전법, 공유수면 관리 및 매립에 관한 법률, 환경개선비용 부담법, 국토의 계획 및 이용에 관한 법률 및 대도시권 광역교통 관리에 관한 특별법에서 정하는 바에 따라 개발부담금, 농지보전부담금, 대체초지조성비, 대체산림자원조성비, 교통유발부담금, 생태계보전협력금, 공유수면 점용료 · 사용료, 환경개선부담금, 기반시설설치비용 및 광역교통시설 부담금을 감면하거나 부과하지 아니할 수 있다.

한편, 도시재생활성화계획에 따라 건축하는 Ⓐ 문화예술진흥법에 따른 문화시설, Ⓑ 의료법에 따른 병원, 한방병원 또는 종합병원, Ⓒ 상법 제169조에 따른 회사의 본점 또는 주사무소 건물, Ⓓ 그 밖에 전략계획수립권자가 도시재생을 위하여 필요하다고 인정하는 시설에 해당하는 건축물에 대하여는 지방세특례제한법 및 지방자치단체의 조례로 정하는 바에 따라 취득세, 등록면허세 등 지방세를 감면할 수 있다. 다만, 시장 · 군수 또는 구청장등은 취득세, 등록면허세 등 지방세를 감면하고자 하는 때에는 대통령령으로 정하는 바에 따라 특별시장 · 광역시장 또는 도지사의 승인을 받아야 한다.

(6) 건축규제의 완화 등에 관한 특례

전략계획수립권자 또는 구청장등은 필요한 경우 국토의 계획 및 이용에 관한 법률 또는 같은 법의 위임에 따라 규정한 조례에도 불구하고, 국토계획법 제77조와 관련한 위임 규정에 따라 조례로 정한 건폐율 최대한도의 예외, 같은 법 제78조와 관련한 위임 규정에 따라 조례로 정한 용적률 최대한도의 예외(다만, 국토계획법 제78조에 따른 용적률의 최대한도를 초과할 수 없다)의 내용을 포함하는 내용으로 도시재생활성화계획을 수립할 수 있다.

전략계획수립권자 또는 구청장등은 필요한 경우 주택법 및 주차장법에 따른 주차장 설치기준을 완화하는 내용으로 도시재생활성화계획을 수립할 수 있고, 필요한 경우 건축법 제60조 제2항에 따라 조례로 정한 가로구역별 건축물의 최고 높이 또는 같은 조 제3항에 따른 높이 제한에도 불구하고 이를 완화하는 내용으로 도시재생활성화계획을 수립할 수 있다.

7. 도시재생선도지역

(1) 도시재생선도지역의 개념

도시재생선도지역이란 도시재생을 긴급하고 효과적으로 실시하여야 할 필요가 있고 주변지역에 대한 파급효과가 큰 지역으로, 국가와 지방자치단체의 시책을 중점 시행함으로써 도시재생 활성화를 도모하는 지역을 말한다.

(2) 도시재생선도지역의 지정

국토교통부장관은 도시재생이 시급하거나 도시재생사업의 파급효과가 큰 지역을 직접 또는 전략계획수립권자의 요청에 따라 도시재생선도지역으로 지정할 수 있다.

전략계획수립권자는 도시재생선도지역의 지정을 요청하기 전에 대통령령으로 정하는 바에 따라 주민과 관계 전문가 등으로부터 의견을 수렴하고 해당 지방의회의 의견을 들어야 하고, 국토교통부장관은 도시재생선도지역을 지정하거나 변경 지정하는 때에는 관계 중앙행정기관의 의견을 수렴하고, 특별위원회의 심의를 거쳐야 한다(다만, 대통령령으로 정하는 경미한 사항을 변경하는 경우에는 그러하지 아니하다). 또, 국토교통부장관은 도시재생선도지역을 지정 또는 변경 지정하는 때에는 대통령령으로 정하는 바에 따라 그 내용을 관보에 고시하고 관계 서류를 일반인이 열람할 수 있도록 하여야 하고, 국토교통부장관은 전략계획수립권자에게 도시재생선도지역의 지정과 지원에 필요한 자료를 제출하도록 요청할 수 있다.

(3) 도시재생선도지역에 있어서의 특별조치

전략계획수립권자는 지정된 도시재생선도지역에 대하여 도시재생전략계획의 수립 여부와 관계없이 도시재생활성화계획을 수립할 수 있고(다만, 도시재생전략계획이 수립된 지방자치단체의 경우에는 도시재생전략계획이 변경된 것으로 본다), 도시재생선도지역에서 도시재생활성화계획을 수립하거나 변경하려면 지방위원회의 심의를 거쳐 국토교통부장관에게 승인을 요청하여야 한다(경미한 사항에 해당하는 경우에는 그러하지 아니하다). 아울러, 국토교통부장관은 도시재생활성화계획의 승인을 요청받은 경우 특별위원회의 심의를 거쳐 승인한다. 또, 국토교통부장관 및 전략계획수립권자는 지정된 도시재생선도지역에 대하여 예산 및 인력 등을 우선 지원할 수 있고, 국가는 도시재생선도지역에서 도시재생기반시설 중 대통령령으로 정하는 시설에 대하여 다른 법률의 규정에도 불구하고 설치비용의 전부 또는 일부를 부담할 수 있다.

제3절 도시 및 도시재생정책 주요 연혁

Ⅰ. 도시화와 패러다임의 변화

도시는 1980년대 경제의 세계화가 급속하게 진전됨에 따라 통상, 통신 및 무역의 국내 및 국제적인 네트워크의 결절점으로서 기능하고, 국가의 경계를 넘어서 직접 세계와 결합하게 하는 등 보다 자족적인 단위로 크게 변모하였다.

다국적 기업에 의한 국제적인 수평분업체제나 국제금융자본시장의 성장은 글로벌한 관리거점이 되는 세계도시(global center)를 형성함과 동시에 생산 비용의 절감이나 제품의 판로 확대를 위해서 생산공정의 글로벌한 재배치나 물류, 정보망의 거점 정비가 이루어지고 도시의 구조적 변동이 일어났다. 또한, 이와 같은 세계적인 네트워크에 위치한 도시는 각국, 각 지역에서 다양한 인간이나 문화, 정보가 모여서 경제적 융합 및 문화적 변화를 촉진하게 되었고, 새로운 비즈니스를 창출하기도 하였으며, 기존의 비즈니스를 확대하는 기능을 가지게 되어서 경제활동에 커다란 영향을 미치게 되었다. 1970년대 후반 이후 탈공업화가 진행되고, 심각한 경제 쇠퇴에 직면한 도시에서는 세계도시화 전략이 경제개발 전략과 결합하여 네트워크상의 결절기능을 높이기 위해서 대규모의 도시 재구조화가 전개되었다. 이는 1980년대에 있어서 도시가 변모하게 된 첫 번째 요인이 되었다.

런던의 도크랜드(Docklands), 뉴욕의 배터리파크(Battery Park), 파리의 라데팡스(Ladefense), 도쿄의 항만개발 등 대규모 도시개발 프로젝트가 전개되기도 하였고, 우리나라에서는 올림픽 개최를 맞이하여 대규모의 도시재개발 사업이 실시되었고, 중국에서는 경제개방 정책에 따라서 심천이나 상해 등에서의 대규모 재개발이 추진되었다. 이들 도시에서는 국제공항이나 텔레포트(teleport) 등의 인프라 정비나 새로운 오피스 수요에 대응한 재개발이 전개되기도 하고,

투자를 촉진하기 위하여 엔터프라이즈 죤이나 자유무역지대의 도입에 의한 자본과 물자 이동의 자유화나 민간 투자에 대한 우대조치, 규제완화 등이 취해지기도 했다.

화려한 도시의 재구조화의 한편에서는 도시의 사회적인 계층 분화현상을 가져온 것도 1980년대의 특징이었다. 도심지구에 생긴 오피스 붐은 주변의 근린지구에 젠트리피케이션(Gentrification)을 야기시켰고, 공장 등 직장의 감소를 초래함과 함께 재생지구에서 배제된 저소득층이 도심이나 교외의 대규모 공공주택 단지에 집중하기도 하고, 이들 쇠퇴지구에서는 공공투자가 삭감되기도 하여 재생된 도심지구와 쇠퇴지구 사이에 불균형적인 도시발전이 나타나기도 하였다. 저소득층이나 민족적, 인종적 소수계층 등 새로운 빈곤층의 분화현상이 일어나고 사회적, 민족적, 인종적 고립화에 따라 반사회적인 현상이 만성화되는 문제가 일어나기도 한다.

특히 옛날부터 이민 노동자의 비율이 높았던 유럽에서는 심각한 도시쇠퇴에 직면한 1970년대 후반부터 1980년대에 걸쳐 대도시 교외의 주택단지에서 범죄나 반사회적 폭동사건(반달리즘, vandalism)이 일어났고, 미국 로스엔젤레스의 사우스 센트럴 지구에서는 인종문제를 계기로 폭동이 일어나기도 했다. 이러한 문제 지역에서 공통적으로 발견되는 요인 중의 하나로서 대규모 단위의 배타적인 토지이용규제에 의해 지역주민의 사회적인 접촉이 방해된 것이 있다. 도시는 사회적, 문화적, 경제적 발전에 있어서 중요한 자원을 구성하기도 하고, 그들이 각각 내부 관련성을 가지고 있기 때문에 도시정책에 있어서 단지 물적 환경정비 뿐만 아니라, 사회 경제정책을 포함한 다각적인 접근이 중요하다.

영국이나 프랑스에서는 중앙정부와 지역의 관련 공공단체가 협력해서 종합적인 도시정책을 실시하는 조직을 설립하여 산업진흥이나 고용창출, 직업훈련, 사회복지, 문화 스포츠 진흥 등의 커뮤니티 활성화 시책을 전개하였고, 미국에서는 지자체 수준에서 도심지구의 재생에 의한 이익을 근린지구의 사회문제 해결을 위한 다양한 시도가 이루어지고 있다. 도시에서 다양한 사회적 그룹을 융합하고, 도시의 문화적 변화를 촉진시키는 것은 도시문제를 해결하기 위한 중요한 과제이기도 하다.

지구 수준에서의 환경문제에 대한 관심이 높아짐에 따라 도시정책에 있어서도 환경적인 여건을 검토하는 것이 중요하게 되었다. 여러 활동이 집중하는 도시에서 대부분의 물질이나 에너지가 소비되고, 도시가 배출하는 열, 폐기물, 수질이나 대기의 오염 물질 등이 환경악화의 큰 요인이 된다. 이러한 현상은 국제적인 환경 기준이나 대기의 오염물질 등이 환경악화의 큰 요인이 되고 있어, 국제적인 환경 기준이나 도시환경 정책의 제휴가 요구되고 있다. 다만 도시에서 보다 에너지 효율성이 높은 자원이용을 유지해야하고 토지의 고도 이용을 억제하여야 하지만, 도시의 분산화나 도시 내부지역의 황폐화를 초래한다면, 도시 전체에 악영향을 미치는 일이므로, 양호한 주거환경을 확보하면서 토지 이용의 효율적인 활용을 꾀하고 에너지나 물, 교통시설 등의 보다 효율적인 활용을 촉진하는 일보다 지구 환경에의 부하가 적은 도시구조를 형성할 필요가 있다. 또한 에너지나 물, 교통시설 등의 효율적인 이용을 촉진하는 것 뿐 아니라 새로운 기술 도입도 필요하다. 따라서 사회간접자본에 대한 장기적인 투자가 필요하다.

아울러, 도시정비를 위한 재원을 확보하고, 인프라 정비에 소요되는 자본을 누가 부담하느냐 하는 것도 중요한 과제이다. 도시정책에 있어서 협치가 중요한 과제이다. 사회간접자본의 정비는 기업의 생산성을 향상시켜 위험부담을 감소시키고, 사회간접자본의 정비가 가져올 장래 이익을 현재 프로젝트 비용으로 적정하게 평가하는 것이 중요하다. 프랑스나 독일은 도시계획상 수익자로서의 건설자나 토지소유자의 부담을 명확히 하고 있다. 미국이나 프랑스에서 도입된 민관 파트너십이나 협의정비구역 등은 공공의 통제하에서 민간투자를 유도하면서 일정한 도시정비 사업을 분담하는 제도이고 이는 민간참여형 협치의 도시계획을 지향하는 것이다.

1980년대 후반부터 1990년대에 걸쳐 도시는 국내 및 국경을 초월하여 점점 상호 의존이 강조되었다. 유럽 공동체의 확대, 독일 통합 및 동유럽의 재편 등의 지정학적인 변화, 유럽이나 북미, 동아시아 지역에서의 자유무역지대의 창설, 비즈니스나 통상관계, 도시의 사회구조나 거주 패턴 역시 변화하고 있다. 즉, 도시정책은 국제적인 시야에 의한 문제 해결이 점점 중요하게 인지되고 종합적인 접근이 요구되고 있다.

Ⅱ. 도시개발

1. 도시화와 도시개발의 필요성

도시개발은 도시가 성장하고 변화함에 따라 새로운 도시공간에 대한 수요가 발생되기 때문에 필요하다. 도시는 도시화 과정과 도시의 사회·경제적 활동의 변화에 따라 성장하고 변화하게 된다. 이러한 성장과 변화를 수용하기 위하여 도시에는 주택과 생활편익시설, 산업 및 상업업무시설, 도로와 공원녹지, 공공기반시설 등과 같은 새로운 도시공간에 대한 수요가 발생하게 되며 이러한 수요를 충족시키기 위한 공급수단으로서의 도시개발이 필요하게 되는 것이다.

도시화 혹은 인구와 경제활동의 도시집중현상은 인류역사상 고대로부터 있어 왔지만 도시화가 본격적으로 시작된 것은 근세의 현상으로서 산업혁명 이후라고 할 수 있다. 산업혁명은 소규모 수공업을 기계제 대공업으로 생산방식을 전환시키면서, 또 증기기관 등 교통수단의 혁명을 동반하여 도시성장에 결정적인 역할을 했다. 공업은 도시지역에서 수많은 직업을 창출하면서 농어촌 인구를 흡수하는 동시에 교통수단의 발달로 시장영역이 확대됨에 따라 인구유입과 도시확장이 진행되었기 때문이다. 이러한 급속한 도시화는 주택부족, 공공기반시설의 부족, 생활편익시설 부족, 환경오염과 자연환경의 훼손 등 열악한 도시환경의 문제를 유발하게 되었으며 이러한 도시문제는 결국 새로운 도시공간에 대한 수요로 나타나 도시개발을 필요로 하게 되는 것이다.

산업혁명이 시작된 18세기 중엽 이후 전 세계 도시인구의 성장은 총인구의 성장에 비해 빠른 속도로 진행되어 도시화율은 크게 높아졌다. 세계인구 중 10만 명 이상의 도시인구비율은 1800년의 1.7%에서 1890년에는 5.5%, 1950년에는 13.1%에 도달하였다. 그리고 1950년대를 전환점으로 도시인구는 더욱 급속히 증가되어 30년 뒤인 1980년에는 40%를 넘어섰다. 1994년의 경우 세계 약 25억 명의 인구가 도시에 상활하여 도시화율은 44.8%에 달하고 있으며 2025년에는 전 세계 인구의 60%가 도시에 거주할 것이라고 예측되고 있다. 이러한 도시화 추세는 후진국에서 계속되어 21세기 말에는 전 세계 인구의 절대다수가 도시에 거주할 것으로 예측되고 있어서 전 세계적으로 미래의 도시개발 수요가 얼마나 큰지를 짐작할 수 있다.

2. 도시개발의 종류와 개발방식

개발대상지의 상태에 따라 도시개발을 크게 유형화 해본다면 신개발과 재개발로 구분할 수 있다. 새로운 시가지개발 또는 신개발이란 아직 도시적 형태와 기능을 지니지 않은 토지에서 도시적 기능을 부여하기 위해 토지의 형질을 변경하고 건축물의 건축이나 시설물의 설치를 실시하는 개발행위를 의미한다. 반면에 재개발은 노후화되거나 쇠퇴한 기성시가지를 대상으로 하는 정비활동으로서 도시의 기능을 회복하거나 환경의 질적 수준을 제고하기 위하여 대상지역의 건축물이나 시설물을 모두 철거하고 재개발하거나 기존 시설의 전부 또는 일부를 유지하며 수복·보존·개량 등을 실시하는 개발행위를 의미한다.

신개발은 토지개발, 건축물개발, 토지와 건축물의 종합개발 등 세 가지의 유형으로 구분하여 이해하는 것이 필요하다. 토지개발은 토지의 절토와 성토를 통해 정지작업을 하고 도로와 상하수도 등 각종 도시의 공공기반시설을 설치하여 건축물을 건축할 수 있도록 부지 또는 대지를 조성하는 개발을 의미하는 것으로서 택지개발사업이 대표적이다.

건축물개발은 토지개발에 의해 조성된 부지나 대지에 건축물을 건축하는 개발행위를 의미하는 것으로서 건축물 개발주체는 직접 개발하거나 토지 개발주체로부터 조성된 부지나 대지를 매입 또는 임대하여 개발을 하게 된다. 토지와 건축물의 종합개발은 토지 개발과 건축물 개발을 하나의 사업으로 시행하는 개발행위를 의미하는 것으로서 주택건설사업이 대표적인 사례이다.

Ⅲ. 도시재개발

1. 도시재개발의 의의

도시재개발이란 기존 도시지역 내 특정지역의 물리적 환경을 개선, 보수, 혹은 구조물의 철거 등을 통하여 지속적인 도시성장과 발전을 도모하는 것을 말한다. 이 경우 도시의 특정지역이란 건축물이 노후화되었거나 불량한 상태라고 판단되는 지역이다. 재개발의 대상구역 중 대부분 빈민들의 집단적 주거지인 불량주거지(혹은 슬럼)와 기존 도심부 상업지역 중 노후건축물이 밀집된 지구 등이 대표적인 예이다.

도시의 특정지역은 토지이용의 비효율성으로 교통혼잡, 공공시설의 입지불가능, 기반시설의 노후 혹은 질적 낙후 등으로 도시발전과 시민생활에 불편과 불경제를 초래하는 지역에 대한 재개발 사업이 필요하다. 당해 지역의 경제활동의 미약, 해당 주민의 사회경제적 어려움, 그리고 기타 도시문제(범죄, 마약, 공해문제 등)가 발생되고 있는 지구의 지역사회 개발을 위한 노력 또한 필요하다. 보다 광의적으로 해석하면 정태적인 기존 도시의 물리적 환경을 동태적인 사회경제여건에 적응시켜 나가는 지속적인 도시성장 및 발전과정으로 정의할 수 있다. 그러나 실제적으로는 협의의 개념인 물리적인 도시공간의 개선을 위한 수단으로 이해해야 할 것이다.

재개발이 필요한 이유는 도시의 성장과 변화, 도시의 재구성, 그리고 건물의 경제적 수명과 관련하여 검토할 수 있다. 도시의 성장과 변화 관점에서 볼 때, 도시지역은 정적인 상태가 아니고 경제·사회적 여건의 변화에 따라 내부적 재구성을 경험하면서 끊임없이 확장, 수축 또는 변화한다. 즉 도시에 영향을 주는 많은 여건 변화는 경제활동의 입지 및 경제활동공간의 점진적인 변화와 도시내부 또는 지역 간의 인구이동을 초래한다. 이러한 동적인 변화양상은 토지이용의 밀도변화를 초래하여 어떤 곳은 성장, 발전하지만 다른 곳은 쇠퇴하는 지역이 발생하게 된다. 이에 따라 노후화된 부분은 제거해서 신진대사작용을 촉진하고, 또 현재는 제 기능을 발휘하고 있지만 앞으로 쇠퇴할 가능성이 있는 지역에 대해서는 적절한 예방조치를 강구하기 위하여 재개발이 필요하게 된다.

도심재개발은 물리적인 도시공간의 개선을 위한 수단일 뿐만 아니라, 도시의 성장과 발전 과정에서 발생하는 도시문제를 해결하고자 하는 노력이다. 동시에 도시를 새로운 상황에 적응하도록 하는 도시재생의 한 수단이기도 하다. 따라서 도심재개발의 필요성은 다음과 같은 몇 가지 측면에서 검토될 수 있다.

첫째, 경제적 측면이다. 도시의 한 지구가 토지생산성이 낮을 때 도시재개발의 필요성이 대두된다. 토지의 효율적인 이용이란 토지가격이 높은 곳을 고도로 개발하고 최고의 지대를 지불할 수 있는 가장 생산적인 기능이 입지하도록 하는 것이다. 그리고 기존의 건물이나 시설물이 노후하여 제기능을 발휘하지 못하여 이를 방치할 경우 경제적으로는 큰 손실을 가져올 수 있다. 가장 합리적이고 효율적인 토지이용과 경제적인 기능 변화에 적응하도록 하는 점에서 도심재개발은 경제적 측면에서 매우 중요하다.

둘째, 물리적·공간적 측면이다. 부적격 시설과 건물을 적정 기능과 건물로 대체하고 도시기능을 회복하는 수단의 하나로 적정기능에 적합한 물리적 공간을 제공하는 방법이 도심재개발이다. 새로운 공간의 조성은 건물을 대체하는 것은 물론, 도로 등 도시기반시설을 양적·질적으로 확충하고 불량한 공간을 정비하여 매력적인 공간을 창출하는 것이 포함된다.

셋째, 사회적인 필요성이다. 서구 대도시 도심지의 경우 특정계층이나 집단(빈민층)이 집중되어 있고, 범죄, 폭력, 약물거래, 교육시설의 낙후, 실업의 만연 등 사회적 문제가 심각하게 나타나기도 한다. 도심재개발은 이러한 사회적 문제에 대한 치료와 예방책으로서의 중요성을 지니고 있다.

2. 재개발의 목적

재개발의 일반적인 목적은 문제가 있다고 판단되는 지역의 개선 및 활성화이다. 주거환경을 개선함으로써 주민의 주거안정을 도모하고 노후불량한 건축물을 대체하거나 개보수함으로써 경제적인 효율성을 증대시킨다는 다양한 목적을 지니고 있다. 이러한 목적을 네 가지로 나누어 살펴보면 다음과 같다.

첫째, 주택 및 물리적 시설의 불량, 노후화를 개선, 예방하는 것이 목적이다. 개별 주택의 물리적 시설의 불량화나 노후화를 방치해 두면 주변의 다른 주택에 영향을 미치고, 결국 지역사회 주거환경 전체를 악화시킨다. 특히 불량 노후화된 주택이 집단화한 경우에는 도시 전체의 환경악화 뿐만 아니라 해당지역 주민의 보건위생 등의 문제를 야기하기 때문에 재개발은 필수적이다.

둘째, 재개발은 교통시설과 교통체계의 정비, 지역사회를 위한 학교, 공원 등 다양한 공공시설과 서비스를 적정 배치 공급하기 위하여 필요하다. 즉 재개발은 궁극적으로 주민의 삶의 질을 향상시키고 도시의 공공시설 및 서비스를 공간적으로 적정 배치한다는 목적을 담고 있다.

셋째, 재개발지역 주민들의 사회경제적 조건을 향상시키며 공동체적 삶의 질을 향상시킨다.

넷째, 경제적 효율성을 증대하는 것이다. 도시는 산업과 인구가 집중함으로써 밀도가 증대되며 토지 가격도 매우 높다. 단위 토지면적당 생산성의 확대라는 측면에서 토지이용의 경제적 효율성의 확보는 재개발의 매우 주요한 목표이다. 특히 상업업무지구의 재개발은 경제적 효율성의 증대가 주요한 재개발의 목표로 인식되고 있으며, 상업지구의 활성화는 도시경제적 파급효과를 지닌다.

3. 재개발의 유형

재개발의 유형은 재개발 대상의 공간적 범위와 토지이용, 재개발방식 등에 의하여 여러 가지로 나누어 볼 수 있다. 우선 재개발 대상의 공간적 범위에 따라 재개발 유형을 분류하면 개별 건축물 단위의 재개발, 블록(block)단위의 재개발, 지구단위의 재개발로 구분할 수 있다. 이것은 다시 재개발을 점진적 재개발과 종합적인 재개발로 구분할 수 있다.

점진적 재개발은 개별 소유자가 자기 토지에서 개별 건축물에 대한 재개발을 점진적으로 수행하는 것으로서 소규모의 자금으로 사업이 추진된다. 이러한 점진적 재개발은 기존 토지의 소유패턴을 유지하고 이루어지기 때문에 강제적인 철거로 인한 복잡한 민원이나 정치·사회·법률적인 문제가 발생하지 않는다. 뿐만 아니라 기존 토지의 필지형태가 유지되기 때문에 재개발을 하더라도 가로와 블록의 형태가 보존되고 역사적으로나 건축적으로 또는 미적으로 의미 있는 건축물을 보전할 수 있으므로 도시의 특성을 보존하고 도시공간에서 과거와의 계속성을 유지할 수 있다.

반면에 블록단위 또는 지구단위의 재개발은 종합적인 재개발의 성격을 가진다. 종합적 재개발은 다수의 토지소유자와 필지로 구성된 비교적 넓은 지역을 대상으로 전면적인 재개발을 실시하는 것으로서 막대한 비용을 투자하여 실시하는 특징을 가진다. 넓은 지역의 도시공간구조를 하나의 종합적인 계획에 의하여 일관성을 가지고 재구성하는 특징을 가지나 개발과정에 많은 이해당사자의 갈등과 권리의 조정을 필요로 한다.

재개발은 재개발 대상지의 토지이용에 따라 분류하면 주거지 재개발, 상업업무지구 재개발, 공공시설의 정비를 위한 재개발 등으로 분류할 수 있다. 우리나라의 도시 및 주거환경정비법은 재개발을 주거환경개선사업, 주택재개발사업, 주택재건축사업, 도시환경정비사업으로 구분하고 있는데 앞의 세 가지는 주거지 재개발 사업에 해당되고 도시환경정비사업은 상업지역이나 공업지역에서의 재개발에 해당된다고 할 수 있다.

또한, 재개발을 시행하는 방식에 따라 전면재개발(redevelopment), 수복재개발(rehabilitation), 보전재개발(conservation) 등으로 분류할 수 있다. 우선 철거재개발이라고도 하는 전면재개발은 재개발 대상구역의 도시시설과 구조물이 전체적으로 노후화되고 그로 인해 도시환경이 극도로 불량하다고 인정될 때에 기존의 시설을 전면적으로 철거하고 새로운 시설물로 대체시켜 쾌적하고 능률적이며 기능적인 도시환경을 창출해 내는 적극적인 개발방식이다. 이 방법의 문제점은 오랜 역사와 문화가 있는 지역을 시설물이 불량하다는 이유로 전면 철거하여 이질적인 시설을 건립할 경우 도시의 정체성이 훼손된다는 점이다.

수복재개발은 관리상 부실로 인하여 도시환경이 악화될 우려가 예견되거나 이미 악화된 지역에 대하여 기존시설을 보존하면서 노후 및 불량화 요인만을 제거하는, 즉 부분적인 철거재개발 형식으로 구역 전체의 기능과 환경을 회복하거나 개선시키는 소극적인 개발방식이다. 회복시키는 조치로서는 건물의 개보수, 하부기반시설의 보완, 공공부문에 의한 공공시설 설치, 자발적인 청소 및 도색 등을 들 수 있다.

보전재개발은 아직은 불량 또는 노후화 현상이 나타나지는 않았으나 현 상태로 방치할 경우 환경악화가 예상되는 지역에 예방적 조치로 시행하는 재개발 방식으로서 이 방식은 역사적 혹은 문화적인 가치를 보존해야 할 시설물이 존재하는 지역에서 주로 시행된다.

4. 도시재개발의 효과와 문제점

재개발의 일반적인 목적은 문제가 있다고 판단되는 지역의 개선 및 활성화이다. 주거환경을 개선함으로써 주민의 주거안정을 도모하고 노후불량한 건축물을 대체하거나 보수함으로써 경제적인 효율성을 증대시킨다는 다목적을 지니고 있다.

보다 구체적으로 재개발의 목적을 보면 첫째, 주택 및 물리적 시설의 불량, 노후화를 개선 예방하는 목적이다. 개별주택의 물리적 시설의 불량화나 노후화를 방치해 두면 주변의 다른 주택에 영향을 미치고(근린효과 및 외부효과), 결국 지역사회 주거환경 전체를 악화시킨다. 특히 불량노후화된 주택이 집단화한 경우는 도시 전체의 환경악화뿐만 아니라 해당 지역 주민의 보건 위생 등의 문제를 야기시키기 때문에 재개발은 필수적인 도시 관리사업인 것이다.

둘째, 재개발은 단순히 불량주택이나 노후 혹은 부적합건축물을 철거·보수하는 것에 끝나는 것이 아니고 교통시설과 교통체계의 정비, 지역사회를 위한 학교, 공원 등 다양한 공공시설과 서비스를 적정배치, 공급하는 것이 중요하다. 궁극적으로 시민의 삶의 질을 향상시키고 도시의 공공시설 및 서비스를 공간적으로 적정 배치한다는 목적을 담고 있다.

셋째, 해당 재개발지역의 주민들의 사회경제적 조건을 향상시키며 공동체적 삶의 질을 향상시킨다. 특히 미국과 같은 다민족 도시사회의 재개발은 흑인주거지의 자녀 및 성인교육, 취업알선 및 직업훈련, 문화적 참여기회 마련 등의 사회재개발 목표를 담고 있다.

넷째, 경제적 효율성 증대 목표를 빼놓을 수 없다. 도시는 산업과 인구의 집중으로 밀도가 증대되며, 토지가격이 비싸다. 단위 토지 면적당 생산성의 확대라는 측면에서 토지이용의 경제적 효율성의 확보는 매우 중요한 도시 관리의 목표가 된다. 특히 상업업무지구의 재개발은 경제적 효율성의 증대가 중요한 재개발의 목표로 인식되고 있으며 상업지구의 활성화는 도시경제적인 파급효과를 기대하게 된다.

우리나라에서 실시되고 있는 도심재개발과 주택재개발에서 나타나는 긍정적 효과에도 불구하고, 지난날 경험을 통해 나타난 재개발의 문제점과 부작용이 나타나고 있는데, 주변지역과의 일체감 및 연계성 부족, 고밀도 개발로 인한 교통혼잡의 초래, 공용용지 확보의 어려움, 관리처분에 따른 권리평가의 어려움과 이로 인한 갈등의 발생, 그리고 상위계획과의 연계미흡 등이 문제점으로 지적되고 있다.

Ⅳ. 새로운 도시개발로써의 도시재생

1. 새로운 도시계획개념의 대두

거대도시는 공간적으로 밀집된 대도시권들 사이의 강력한 경제적 연계를 바탕으로 나타난 새로운 도시개념이라 할 수 있다. 현재 세계 여러 지역에서 볼 수 있는 대규모의 도시집중 역시 이러한 거대도시의 개념으로 이해할 수 있다. 독일의 루르(Ruhr)지역, 네덜란드의 란트스타트(Randstad)지역, 일본의 홋카이도 메갈로폴리스(megalopolis) 등이 대표적인 사례이다.

인구 및 산업의 대도시 집중현상은 필연적으로 이용 가능한 토지의 부족현상을 야기하였다. 이에 따라 기존 토지의 합리적 이용방향이 제시되기 시작하였는데 대표적인 사례로는 지하공간 개발이 있다. 지하공간이란 합리적인 이용이 가능한 범위 내에서 지표면의 하부에 자연적 또는 인위적으로 조성된 일정 규모의 공간자원을 의미한다. 이러한 지하공간을 도시공간 이용의 효율화에 따른 경제성의 제고와 지하공간 개발을 통한 지상환경의 보호 목적 하에 개발하는 것을 지하공간 개발이라 한다.

초기의 지하공간 개발은 지상부분의 재개발과 함께 소규모로 이루어져 왔으나 현재는 기술의 발달과 함께 도심지내 각종 도시기능간 연계 도모, 쾌적성 향상 도모, 에너지 절약 등에 대한 인식이 증대됨에 따라 개발 규모가 확대되고 있으며, 각국에서 다발적으로 이루어지고 있다.

현재 우리나라의 지하철역을 중심으로 한 지하가로와 지하광장, 지하쇼핑몰 등이 지하공간 개발의 일례라고 할 수 있으며, 대표적인 지하공간 개발사례로는 파리시 레알(Les Halles) 재개발지구의 지하공간 개발과 뉴욕시 록펠러센터(Rockfeller Center), 몬트리올시 지하네트워크 개발 등이 있다.

지하공간 개발과 함께 현대도시 개발에서 주목할 사항으로는 수변공간 개발이 있다. 수변공간(waterfront)이란 의미는 일반적으로 수제선(水際線)을 사이에 두고 육역(陸域)과 수역(水域)을 포함한 장을 뜻한다. 이러한 수변공간의 개발은 항만기능이 기술·사회의 변화에 따라 쇠퇴함에 따라 새로운 기능창출을 위한 항만지역 재개발에서 비롯되었다.

최근 들어 수변공간개발에 대한 중요성이 증대된 것은 첫째, 과거 대도시들의 성장이 강이나 해안을 중심으로 성장한 바 수변공간 개발은 곧 주변도시의 기능활성화에 직결된다고 볼 수 있기 때문이다.

둘째, 수변공간이 갖는 다양한 이점, 즉, 안락함, 쾌적함 등의 정서적 안정감 제공으로 인하여 주거공간, 관광·위락공간 등으로 개발하기에 용이하기 때문이다.

셋째, 도시지역 내 개발가용용지 부족에 대한 해결책으로서 마지막 남은 한계용지의 의미를 지니고 있기 때문이다. 이러한 측면에서 볼 때 수변공간 개발에 대한 수요는 지속적으로 증대될 전망이다.

대표적인 수변공간 개발사례로는 고베의 포트 아일랜드(Port Island)와 요코하마의 미나토 미라이 21(Minato Mirai 21), 런던의 도크랜드(Docklands), 뉴욕의 배터리 파크 시티(Battery Park City), 샌프란시스코의 피어 39(Pier 39) 등이 있다. 우리나라도 한강수변, 청계천, 부산 영도 등을 일례로 볼 수 있다.

2. 지속가능한 개발을 위한 도시패러다임

환경친화적 개념에 의해 논의 되고 있는 지속가능한 개발은 지구 환경 용량

내에서 개발을 추진함으로써, 삶의 질을 높이고 급속한 도시화와 과도한 개발로 인한 환경적, 경제적, 사회적 문제점을 극복하고자 한다. 이에 발맞추어 21세기 지구환경시대에 등장하고 있는 도시개발 패러다임은 ① 뉴어바니즘(New urbanism), ② 스마트 성장(Smart Growth), ③ 컴팩트 시티(Compact City), ④ 어반 빌리지(Urban Village) 등이 있다.

① 뉴어바니즘은 도시의 무분별한 확산에 의해 생태계 파괴, 공동체의식 약화, 지역성 약화, 보행환경 악화, 인종과 소득계층 격리 현상 등 도시문제를 극복하기 위한 대안으로 1980년대 미국과 캐나다에서 시작되었다. 추구하는 목표는 교외화 현상이 시작되기 이전의 인간적인 척도를 지닌 근린주구가 중심인 도시로 회귀하자는 것이다. 뉴어바니즘의 기본개념은 근린주구 구성기법에 근거하여 걷고 싶은 보행환경체계 구축, 편리한 대중교통체계 구축, 복합적인 토지이용, 다양한 주택유형의 혼합, 건축 및 도시설계 코드 사용, 고밀도 개발, 녹지공간의 확충, 자동차 사용의 최소화이다. 이러한 목표달성을 위해 건물, 가로, 블록, 근린지구, 타운, 도시 및 지역에 이르는 다양한 분야에 대한 세부적인 도시설계 및 건축계획 지침을 제안하여 실현한다. 뉴어바니즘은 대중교통의 접근성을 확보하고 보행자 중심 계획과 복합용도 근린주구 설계의 필요성을 재발견하였다. 대표적인 도시로는 플로리다 주의 시사이드(seaside)와 새클라멘트의 라구나웨스트(Laguna West)가 있다.

② 스마트성장은 2차 세계대전이후 교외화가 가져온 스프롤(sprawl)[6]을 치유하기 위해서 시작된 도시운동이다. 이 운동은 기개발된 지역 안에서의 신규주택 건설과 상업적 개발을 강조함으로써 새로운 도로와 시설, 어메니티(amenity)[7]에 드는 공공투자와 신개발로 인해 발생하는 사회적 비용을 줄여

6) 도시계획과 관리 등이 불량하여 발생하는 현상으로, 도시 시설이나 설비가 부족한 채로 도시가 저밀도로 무질서하게 교외로 확산되는 것을 말한다. 이 지역은 각종 재해와 위생에 불안정하여 도시시설 등이 뒤 따라 설치된다하여도 예산과 자원을 낭비하는 비효율을 초래한다. 스프롤은 모든 방향에서 개발확대를 가능하게 하는 간선도로와 자동차의 부산물이며 후진국의 도시에서 발생하며 행정력이 미치지 못하는 틈에 도시로 유입된 가난한 사람들이 만들어 내어 나타나는 현상이다.

7) 어메니티는 어떤 장소나 기후 등에서 느끼는 쾌적함을 일컫는 용어로, 1990년대 중반부터 서유럽 국가들을 중심으로 농촌 어메니티 운동 또는 농촌 어메니티 정책이 유행하면서 의미가 확대되었다. 이 경우에는 농촌 특유의 자연환경과 전원풍경, 지역 공동체 문화, 지역

보자는 취지이다. 기본 원칙은 혼합토지이용, 컴팩트한 건물 디자인, 주거지 선택의 범위 확대, 보행 가능한 근린주구 건설, 장소성이 살아있는 개성 있고 매력적인 커뮤니티 육성, 오픈 스페이스, 농지, 자연경관, 취약한 환경지역의 보존, 기존 커뮤니티를 위한 개발 강화와 관리, 다양한 교통수단의 선택기회 제공, 예측가능하고 공평하며 효율적인 개발 결정, 개발결정에 있어 커뮤니티와 이해관계자간의 협력 등이 있다. 대표적인 도시로는 메릴랜드주의 베네스다시(Bethesda)가 있다.

③ 컴팩트시티는 교외지역 주거지를 저밀도로 확산시키는 개발방식 대신 시가화된 기존의 도시 또는 신도시로 설정된 지역을 고밀도로 집중적으로 개발하는 것이다. 이것은 자연자원의 무분별한 훼손을 막고, 직주근접을 통하여 교외지역에서 발생하는 교통량을 최소화함은 물론 인프라 및 에너지의 효율적 이용을 도모할 수 있는 장점을 가지고 있다. 컴팩트시티 개발은 다수의 교외지역에 확산된 개발보다는 소수의 고밀도개발을 통하여 환경부하를 최소화하고 정주지 개발의 효율성을 높이려는 목적을 가지고 있다. 즉, 도시의 방만한 교외확산을 방지하고 개발지역을 고밀도로 이용함으로써 미개발지를 보호할 수 있게 되어 자연생태계에 대한 부하를 최소화할 수 있다. 그러나 이러한 컴팩트시티 개발은 공원, 정원 등과 같은 녹지공간의 부족을 초래하여 거주민으로부터 자연과의 원활한 친화를 빼앗기 쉽다는 단점을 가지고 있다. 따라서 자연환경보전과 도시개발의 관계 속에서 적정 개발밀도를 도출해야 하는 과제를 안고 있다.

④ 어반 빌리지는 쾌적하고 인간적 스케일의 도시환경 계획을 목표로 1989년 영국에서 시작되었다. 기본 개념은 복합적인 토지 이용, 도보권내 초등학교, 공

특유의 수공예품, 문화유적 등 다양한 차원에서 사람들에게 만족감과 쾌적성을 주는 요소를 통틀어 일컫는다. 자연 경관을 해치지 않고 사람들에게 만족감을 줄 수 있는 농촌의 모든 경제적 자원이 농촌 어메니티이다. 서유럽에서는 이러한 농촌 어메니티를 농촌개발의 새로운 패러다임으로 정해 정부의 농업정책에 적극 반영하고 있다. 더욱이 어메니티는 농촌개발에만 머무르지 않고, 지금은 어촌개발이나 각종 경제 분야에서도 활용되면서 쾌적성만을 의미하는 단순한 추상명사에서 쾌적함과 만족감을 주는 모든 요소들을 함축하는 용어로 의미가 확대·사용되고 있다. 어항을 중심으로 한 생산 기반시설 위주의 산업공간에서 벗어나 친환경적인 리모델링을 통해 새로운 어촌을 만드는 것을 어촌 어메니티라고 한다. 또 쾌적한 도시환경을 도시 어메니티라고 하는데, 어메니티는 이처럼 어느 한 요소에 국한되지 않고 다양한 분야에서 쓰이고 있다.

공시설 및 편익시설 배치, 융통성 높은 건물 계획, 보행자 우선계획, 적정개발규모(이상적인 개발규모는 40㏊당 거주인구 300~500인), 지역특성을 반영한 고품격 도시 및 건축 설계, 다양한 가격·규모의 주거유형 혼합을 통해 경제적, 사회적, 환경적으로 지속가능한 커뮤니티를 개발하는 것이다. 또한 대중교통네트워크와 기존 도시와 연계된 개발을 목표로 하며 교외지역의 녹지 개발보다는 기성시가지 기개발지역의 재생에 주안점을 두고 있다. 어반 빌리지 개념이 적용된 최초의 사례는 영국 런던의 도크랜드 지역에 있는 웨스트 실버타운(West Silvertown)이며, 현재 파운드베리(Poundbury)를 비롯하여 그린이치 밀레니엄빌리지(Greenwich Millennium Village)까지 20개 이상의 어반 빌리지가 진행되고 있다.

3. 도시활동의 변화와 도시개발

현대의 도시개발 방향은 특정 기능을 중심으로 진행되는 경향을 보이고 있다. ① 실버타운 개발, ② 테크노폴리스 개발, ③ 관광휴양지 개발, ④ 정보화도시 개발 등이 그 예이다. 이러한 개발종류의 세분화는 사회현상 및 도시활동의 변화에 따라 나타나는 것으로서 점차 도시가 개성화되고 있음을 의미한다.

① 실버타운 개발은 인구의 고령화, 고령자의 경제력 향상, 복지서비스 수요의 고급화와 동양의 경우 부양의식과 가족구조의 변화에 기인한다. 일반적으로 실버타운은 노년층에 있어 노년기의 삶의 질을 높여주기 위해 신체적 특성에 맞는 건물설계와 서비스 프로그램을 통해 개인의 독립성과 자율성을 유지하며 생활할 수 있도록 계획된 노인집단주거 중심의 도시를 의미한다. 실버타운은 입지적 특성에 따라 도시형, 도시근교형, 전원·휴향형으로 나누며, 대표적인 개발사례로는 미국 캘리포니아 주의 레저월드와 엔젤스 플라자, 일본의 로열라이프다마 등이 있다.

② 테크노폴리스 개발은 지역의 문화전통과 자연환경에 첨단기술산업의 활력을 도입하여 첨단기술산업군, 학술연구기관, 쾌적한 생활거주환경의 세 가지 기능이 잘 조화된 도시조성을 실현하여 미래지향적인 새로운 정주체계를 달성하고자 한 개발이다. 이는 지역의 지식집약화가 높은 부가가치를 얻는 산업정책전략

인 동시에 인구 및 산업의 지방 분산을 꾀하고 지방의 자립적 발전기반을 구축하여 국가발전의 성장거점을 확립하려는 지역개발이라 할 수 있다. 이와 유사한 개발로는 연구학원도시 개발, 테크노폴리스군과 미국의 실리콘 밸리 등이 있다.

③ 관광휴양지 개발은 장기 체재를 전제로 일정 규모의 양호한 자연조건을 가진 지역에 레크리에이션, 스포츠, 상업, 문화, 숙박 등을 위한 시설들이 복합적으로 갖춰져 인간의 휴양 및 에너지 재충전을 목적으로 구성된 지역 혹은 시설들에 대한 개발이다. 이러한 관광휴양지 개발은 국가마다 국민들이 즐기는 스포츠, 여행, 휴양형태에 따라 다양하게 개발되고 있다. 대표적인 관광휴양지 개발로는 프랑스 랑그도크루시용지역과 일본의 화원촌 관광산촌, 싱가포르의 부란다라트지역, 미국의 레이크파인로취 빌리지 등이 있다.

④ 유시티(U City)의 도시개발(정보화 도시개발)은 시대의 정보기술의 발전과 그에 따른 도시공간기능의 변화에 의해 등장하였다. 유시티의 개발은 유비쿼터스 기술이 접목된 공간과 도시구성요소가 상호 전자공간으로 연결되어 정보를 주고받고, 사람과 커뮤니케이션을 이루고, 언제, 어디서나 다양한 서비스를 제공받거나 제공할 수 있는 도시로 도시첨단화 및 활성화 촉진, 도시기능의 최적화, 그리고 도시환경과 기반여건이 고도화된 특성을 가지고 있다. 도시의 공간, 기능, 구조가 고도화되어 도시의 합리성과 생산성, 편리성, 쾌적성, 환경성, 안정성 등을 개선시켜 삶의 공간을 최적화하는 것이다. 대표적인 유시티개발로는 홍콩의 사이버 포트, 싱가포르의 원 노스, 말레이시아의 MSC, 덴마크의 크로스로드 등이 있다.

위의 개발유형 이외에도 도심 공동화 현상으로 도심의 주거기능 활성화를 위한 복합용도개발과 리우환경회의 결과로 친환경적인 도시개발이 최근 꾸준히 관심을 가지게 하는 개발유형이라 할 수 있다.

4. 도시재생수단으로서의 도시마케팅

(1) 도시재생의 개념 및 필요성

도시는 고정된 불변의 공간이 아니라 끊임없이 변화하는 생물과 같아 'Life

Cycle'도 존재하며, 경우에 따라서는 그 생명이 다하기 전에 재생을 통해 새롭게 거듭나기도 한다. 도시의 발전과정에 있어서 산업구조의 변화와 경제적 요건들이 변화함에 따라 전통적으로 도시의 중심이었던 지역이나 산업의 중심지가 여러 가지 이유로 쇠퇴하게 되는데, 이 경우 기존 도심은 보수 및 관리소홀, 슬럼화 등의 문제를 발생시켜 왔다.

그동안 이러한 도시문제를 해결하는 방안으로서 경제 논리에 의해 기존의 노후시설들은 철거 후 깨끗한 이미지를 창출할 수 있는 방식의 재개발이 주로 행해져 왔는데, 이는 기존 도시구조를 파괴하고 그 지역의 정체성을 충분히 반영 못하는 우를 범하였다. 이에 대한 대안으로 물리적 시설의 개선과 개발이익을 화두로 하여 진행된 재개발사업과는 차별화된 도시재생(Urban Regeneration)이라는 개념이 등장하였다.

일반적으로 도시재생은 기존도시가 가지고 있는 물리적·사회적·경제적 문제를 치유하기 위한 모든 행위를 말한다. 일반적으로 도시재개발, 도시재활성화, 도시쇄신 등의 복합어를 포괄하는 광의의 개념으로 받아들여지고 있다. 도심부의 경제적 기반을 재구축하고 물리적 환경을 개선함으로써 도심부로의 인구 및 산업의 회귀를 촉진하고 도심부를 활성화시켜 도심부가 도시 활성화의 촉매제 역할을 하는데 목적이 있다. 대도시 지역의 무분별한 외부확산을 억제하고 도심부 쇠퇴현상을 방지함으로써 도심지역의 재활성화를 모색하는 것이라고 할 수 있다.

로버츠(Roberts)와 사이크스(Sykes)는 도시재생을 일정 도시지역에서 경제적, 물리적, 사회적, 환경적 조건이 변화하고 지속적으로 개선되어야 하는 여러 문제점을 해결하기 위한 총체적이고 종합적인 비전과 행동이라고 정의하고 있다. 즉, 도시재생이란 대도시지역의 외연적 확산을 억제하고, 도시쇠퇴 현상을 방지하며, 도시지역의 재활성화를 도모함으로써 궁극적으로 경제성장과 환경보전이 조화를 이루는 지속 가능한 도시개발을 추진하고자 하는 것이라고 정의할 수 있다. 이는 쇠퇴지역의 문제를 종합적인 시각에서 해결하려는 접근으로 해당 지역의 경제적, 사회적, 환경적 상태를 지속적으로 개선함으로써 기존도시의 재활성화를 도모하고자 하는 것이다.

도시 쇠퇴의 중심에 있는 도심지역은 오랜 역사 속에서 지역의 문화와 전통을 쌓아 온 도시의 얼굴이며 만남과 교류의 장소로서의 성격을 가지고 있다. 다시 말해 도심지역은 지역의 정체성과 역사성을 가지고 있다는 것인데 이것은 도시 간의 경쟁이 심화된 오늘날에는 도시경쟁력을 강화시키는 중요한 요인이 될 수 있다. 따라서 쇠퇴된 도심지역을 재생하여 지역의 역사성과 정체성이라는 지역 특성을 보존하고 업그레이드시키는 것은 도시간의 경쟁력을 확보하기 위한 유용한 전략이 될 수 있다.

또한 도시공간의 쇠퇴로 인해 해당지역이 공동화되고 이로 인해 저소득층의 유입으로 슬럼화되기 시작하면 빈곤, 범죄 등의 사회적 문제까지 함께 발생하여 도시의 쇠퇴가 가속화되기 때문에 이를 예방하기 위해서도 낙후된 도시공간의 재생은 중요한 의미를 가진다.

아울러 세계화와 신자유주의의 등장으로 도시경쟁력이 곧 국가경쟁력이라는 도시관이 확산됨에 따라 세계의 많은 도시들은 도시경쟁력을 확보하기 위해 기성시가지의 정비가 최대의 화두로 떠오르고 있다. 이에 따라 영국, 독일, 프랑스, 미국, 캐나다, 일본 등 선진국에서는 낙후된 기성시가지의 활력을 불러일으키기 위한 다각적인 노력을 시도하고 있다.

특히 도시재생에 가장 많은 노력을 기울이고 있는 영국의 경우 쇠퇴한 기성시가지의 도시기능을 재편하고 도시경제를 재생하는 정책을 시도하고 있으며, 1980년대 후반부터 공공섹터가 중심이 되어 사업을 진행하고 있다. 뿐만 아니라 도시재생사업을 적극적으로 유도하기 위해 사업별 특성에 따라 다양한 도시재생기구를 창설, 운영해 오고 있다. 그리고 산업혁명의 주역으로 1920년대 중반부터 경험했던 산업화 이후 번성한 공업도시의 쇠퇴현상을 치유하기 위해 물리적 환경재생뿐 아니라 거주인구 유입을 위한 신산업유치에 목표를 두고 있다. 영국의 도시재생사례는 쇠퇴한 환경개선뿐 아니라 고용기회확대와 시대변화에 따라 기능을 상실한 도시공간의 재편으로 지역의 문화적 정체성을 회복한다는 문화적 배경을 둔 공적측면이 강조된 사업이라는 면에서 도시재생의 필요성을 보여주고 있다.

(2) 최근의 신도시 유형과 도시개발의 미래조망

1960년대에서 1990년대 사이에 건설된 신도시들은 대체로 국토 및 지역개발과 대도시문제 해결이라는 두 가지 정책목표에 의해서 추진되었으며 그 정책의 뿌리나 도시의 성격 또한 과거 영국이나 일본에서 채택했던 전통적인 신도시와 크게 다르지 않았다. 그러나 2000년대에 접어들면서 새롭게 착수되고 있는 최근의 신도시들은 이전과는 크게 다른 몇 가지 특징을 띠고 있다.

첫째는 신도시의 종류가 매우 다양해졌다는 점이다. 2000년 이후 우리나라에서 추진되고 있는 신도시의 유형은 행정중심복합도시, 혁신도시, 기업도시, 계획적 자족 신도시, 주택공급을 위한 신도시 등이 있다.

둘째 특징은 신도시개발의 목적이 매우 다양해졌다는 점이다. 과거 1990년대까지의 신도시개발은 주로 공업단지 건설과 거점개발 그리고 서울의 인구분산을 겨냥하였으나 2000년 이후에는 국토의 균형발전(행정중심복합도시), 혁신환경의 창출(혁신도시), 민간투자촉진과 지역경제 활성화(기업도시), 수도권 주택공급과 자족기능강화(자족 신도시), 임대주택공급 등 신도시개발의 목적이 크게 다변화되었다.

셋째 특징은 계획 및 설계기법의 선진화로 신도시의 질적 수준이 향후 크게 향상될 것으로 전망된다는 점이다. 과거의 신도시가 도시공간과 주거의 양적인 공급에 급급하여 획일화 경향이 강했던 데 비하여 계획 및 설계 노하우가 크게 향상되었고, 특히 최근에는 민간의 창의력을 극대화하고 수준도 업그레이드 되었다. 뿐만 아니라 환경 친화적이고 에너지 절약형 기법과 최첨단 정보통신기술의 도입, 나아가 유시티(U city) 및 여기에 친환경·생태공간계획기법을 접목한 유비쿼터스-에코시티(U Eco city)개념에 이르기까지 다양한 계획 및 설계기법이 개발·적용됨으로써 향후 개발되는 신도시의 질적 수준은 놀라울 정도로 향상될 것으로 전망된다.

(3) 도시재생과 도시마케팅

1990년대 이후 세계화 지방화에 따라 각 지역들의 공간상의 상대적 역학관계가 새롭게 변화하였고, 이러한 변화속에서 도시간의 경쟁이 심화되면서 차별화된 도시 이미지와 관광객 유치를 위해 '문화'가 매우 중요한 화두로 떠오르게 되었다. 이에 따라 도시화의 역사가 긴 서구도시들은 도시재생을 위한 일련의 도시개발전략들을 구사하기 시작하였고, 각 도시의 독특한 역사와 문화는 이러한 전략의 핵심적 수단으로 인식되었다. 특히 기존 도시 및 쇠퇴공간의 이미지를 재구축함으로써, 지역경제의 활성화 및 지역주민의 사회적 통합을 이루려는 도시문화전략들이 중요한 지역정책으로 부각되었다. 그 과정에서 각 도시들은 도시의 기능회복을 위해 외부의 관광객 유치, 거주인구의 증대뿐 아니라 일자리 창출을 위한 기업을 유치하고자 해당 도시의 차별화된 이미지와 상품성을 홍보하는 도시마케팅 정책을 실시하게 되었다. 즉 도시재생과정에서 지역주민이 살고 싶은 도시공간을, 외부 관광객이 구경 가 보고 싶은 도시공간을, 기업이 들어와 산업활동 하기에 좋은 도시를 만들어 차별화된 도시 기능 유치와 새로운 공간 창출과 홍보를 위한 도시마케팅 전략을 통해 도시의 기능회복과 도시경쟁력을 확보할 수 있었다.

실제로 도시재생에 성공한 외국 도시들, 예를 들면 구겐하임 미술관을 건설해 쇠퇴한 구도심에 관광객을 유치하여 지역경제를 살린 스페인의 빌바오(Bilbao), 특이한 대규모 물류항과 포도주 창고를 개조해 쇼핑몰과 박물관, 문화공간이 어우러진 대규모 복합주거단지로 변모시킨 프랑스 파리의 베르씨(Bercy) 프로젝트, 독특한 외형의 쿤스트 하우스(Kunsthaus)를 건립과 동과 서로 갈라진 도시를 서로 연결시키는 역할을 하는 인공섬 개발, 문화의 다리를 통해 두 지역의 교류 활성화를 통해 분리된 동과 서지역의 통합을 유도하고 많은 관광객을 유치하고 있는 오스트리아의 그라츠(Graz) 등의 사례를 살펴보면 이들의 공통점은 도시재생 사업을 추진하는데 있어서 도시공간과 기능회복 이외에 도시의 정체성 확립이라는 목표를 포함시켰다는 것이다. 즉 이들은 도시재생의 수단으로 도시의 정체성을 잃지 않으면서 인간의 삶의 공간으로서의 도시공간과 기능을 회복시키기 위해, 그리고 과거와 달리 소득수준과 삶의 질 상승에 따라 증대된 문화수요를 충족하기 위해 경제적, 물량 위주의 개발보다는 해당 도시만의 색깔을 만들어 낼 수 있는 새로운 도시문화공간 개발을 선택하였다. 그리고 이를 통해 만들어진 해당 도시만의 차별화된 이미지를 도시마케팅의 전략으로 활용하고 있다.

제 4 절 국내외 도시재생 주요 사례

도시재생은 산업구조 변화에 따라 쇠퇴한 도시에 새로운 기능을 추가하는 등의 방법으로 부흥시키는 것으로, 제2차 세계대전 이후 선진국 도시에서 급속히 나타난 도시 확장으로 인한 도심 공동화 현상을 극복하기 위해 등장했다. 방법론적으로는 도로·공원 등 도시기반 정비, 건축물 리모델링, 첨단산업단지 조성, 역사적 경관 보전·복원 등 다양한 방법이 이에 포함된다.

Ⅰ. 도시재개발과 도시재생 유형사례

도시재개발 내지 도시재생 유형은 다양하다. 문화적인 가치를 최대한 활용하여 문화공간으로 복원하는 재생사업을 통하여 관광자원화하는 유형, 수변공원이나 산업이 쇠퇴하여 낙후된 항만 등을 개조하여 새로운 고용창출을 제고하거나 도시의 새로운 활력을 불어넣는 유형, 도시의 편리성을 제고하고 도시와 사람이 공존하며 과거와 현재가 공존하는 역사적 가치를 제고하는 유형, 친환경적인 도시공간을 재창출하여 삶이 생동하는 도시공간으로 만드는 유형, 복합기능도시 재건을 통한 지역산업을 재건하는 유형 등 다양하다. 여기에서는 다양한 유형 중에서 복합기능도시로의 재생, 수변공간의 재생, 하천생태복원을 통한 재생, 지하공간을 활용한 도시재생을 중심으로 설명한다.

1. 도시재생의 주요 방향

세계의 많은 도시들은 기성시가지의 재생을 통해 도시경쟁력을 확보하기 위한 다각적인 노력을 시도하고 있는데, 이들의 핵심전략은 기존의 노후화되고 쇠퇴된 도시공간의 재조성, 특히 도시문화공간조성을 통해 주민의 삶의 질 제고와 관광객을 통한 도시경쟁력 확보와 쇠퇴한 산업을 대체할 수 있는 새로운 산업의 유치를 통한 도시경제 활성화에 있다.

Ⓐ 도시문화 공간의 조성을 통한 도시재생은 발틱센터와 게이츠헤드 밀레니엄 브리지, 그리고 음악관인 세이지 게이츠헤드의 건설을 통해 석탄과 밀가루를 나르던 타인강변의 쇠퇴한 공업지구에서 새로운 관광문화의 중심지가 된 영국의 게이츠헤드시, 대도시로의 인구유출과 기존 도시의 노후화로 인해 경쟁력을 상실한 재래시장을 도서관과 문화센터, 교육기관이 공존하는 복합시설로 정비해 과거 재래시장의 명성을 되찾은 일본의 아오모리시(青森市) 등이 대표적인 사례라고 할 수 있다. 이들은 도시재생의 수단으로 도시의 정체성을 잃지 않으면서 인간의 삶의 공간으로서의 도시공간과 기능을 회복시키기 위해, 그리고 과거와 달리 소득수준과 삶의 질 상승에 따라 증대된 문화수요를 충족하기 위해 경제적, 물량위주의 개발보다는 문화공간 개발을 선택한 것이다.

Ⓑ 침체된 지역경제의 활성화를 위해 새로운 산업의 유치를 시도한 대표적인 사례로 쇠퇴한 굴뚝도시에서 첨단도시로 부활한 영국의 쉐필드시를 들 수 있다. 전통산업인 철강산업이 쇠퇴일로를 걷게 되면서 이를 대체할 새로운 산업을 모색하던 쉐필드시는 지역내 산학연계를 통해 IT, 영상, 음반위주의 신기술연구와 관련 중소기업 육성과 과학연구단지와 문화산업시구 조성 등과 같은 첨단인프라 구축을 통해 일자리 창출과 지역경제의 활성화를 도모하였다. 이와 더불어 유럽최대 규모의 쇼핑센터건설, 유니버시아드 대회유치를 계기로 이뤄진 돈밸리 스타디움을 비롯한 다양한 체육시설 건설을 통해 노후화된 도심지역에 대한 대대적인 환경개선사업을 벌여 철강도시로서의 부정적인 이미지를 씻어버리려는 노력을 기울여 회색의 죽어가는 도시를 활기넘치는 도시로 재생시켰다.

또한 일본 후쿠오카현(福岡縣) 북부에 위치한 키타큐슈시(北九州)도 과거의 철강산업을 대신할 새로운 산업의 유치를 통해 도시재생을 시도하였다. 이에 따라 키타큐슈시는 와세다대학 대학원 정보생산시스템 연구과와 같은 대학과 연구소 유치를 통한 아시아의 중핵적 학술연구기능의 거점으로의 성장을 목표로 키타큐슈학술연구도시 조성사업 추진을 통해 도시재생을 도모하고 있다.

ⓒ 산업구조의 변화로 인해 방치된 산업시설들을 문화유산으로 인식하고 이들의 역사적 가치를 보존하기 위해 기존 시설들을 보존한 채 새로운 용도의 공간을 조성하여 도시재생에 성공한 도시들이 적지 않다. 그 대표적인 예로는 과거의 제재소와 중공업 공장들이 밀집한 지역을 복합문화상업공간으로 재생된 캐나다의 그랜빌 아일랜드, 그리고 독일의 맥주문화를 상징하는 양조장 건물군이 젊은 층의 상업문화수요를 흡수하는 공간으로 재탄생된 디 쿨투어브라우어라이 등이 있다. 또한 런던 템즈강변 남쪽편의 공장지대에 있던 뱅크사이드 화력발전소가 영국을 대표하는 미술관 중 하나인 테이트 모던 갤러리도 재탄생하기도 하였는데, 이는 발전소의 원형을 유지하고 내부를 개조하여 화력발전소의 역사적 가치를 보존하고 있기도 하다.

2. 주요 도시재생 형태

(1) 복합기능도시로의 재생

전세계에서 가장 먼저 도시재생 정책이 도입된 곳은 영국이다. 산업혁명을 선도한 나라였으나, 2차 대전 뒤 런던의 도클랜드, 맨체스터, 리버풀, 셰필드 등 주요 공업·항만 지역에서 급속한 쇠퇴가 나타났다. 더욱이 80년대 등장한 대처 정부는 사양산업인 제조업·광업 등에 대한 대규모 구조조정과 폐업 등을 통해 주요 공업·무역 도시 지역을 더욱 황폐하게 만들었다. 이때 등장한 것이 바로 '도시재생' 사업이며, 특히 런던의 도클랜드 지역에서 벌어진 대규모 사업은 도시재생의 가장 대표적 사례로 손꼽힌다. 도클랜드 낙후지역은 도시재생사업을 통해 주거, 상업, 문화가 어우러진 복합기능도시로 새로 태어났다. 도클랜드가 도시재생의 시작으로 구분되는 것은 이전까지 단순히 낙후된 물리적 환경을 개선하는 개발에서 벗어나, 역사와 전통을 유지하면서도 도시에 새로운 활력을 불어 넣었으며 동시에 일자리 창출 등 사회, 경제 문제까지 해결할 수 있는 개발이었다는 점이다.

(2) 수변공간의 재생

도시 수변공간(waterfront)은 물이라는 자연환경과 도시 활동이 만나는 곳이다. 접점인 그 장소는 많은 사람들과의 교류와 경험이 집적되어 있을 뿐만 아니라 일상의 공간으로 쓰여지는 아주 특색 있는 도시공간으로서의 의미를 갖는다. 또한 도시 안의 수변공간은 도시민들에게 쾌적함을 제공해주고 오픈스페이스로 다양한 사회적 기능과 집회장소를 제공할 수 있으며, 도시 활성화를 촉진하고 교류의 장소로써 기능한다. 이러한 예로 우리나라에서도 청개천 복원사업을 들 수 있고, 한강수변의 공원화 사업도 이러한 예로 볼 수 있다. 외국에서는 센프란시스코의 피어39 등 재생사업에서도 볼 수 있다. 국내에서 청개천은 산업화 시기 서울의 인구밀집과 하천주변의 낙후된 도심을 복개사업을 통해 청개고가도로를 건설하여 도심교통난을 해소하는 듯 하였으나 점차 주변환경은 악화되고 상업지구도 쇠퇴하면서 새로운 구조설계의 필요성이 증대되었다. 결국 고가도로를 철거하고 하천을 복원하여 시민의 휴식처이자 문화적인 공간으로 탈바꿈하였다. 물론 생태적인 부분을 좀더 고려하였더라면 하는 아쉬움은 있다. 그러나 서울도심에 이러한 공간의 탄생은 과거 한성의 문화복원과 현대의 도시가 함께 공존하는 공간으로 자리매김하여가고 있다.

(3) 하천생태복원을 통한 도시재생

미국 텍사스주 남부에 위치한 샌안토니오시의 리버워크(Riverwalk) 기반산업은 군수산업이었으며, 이곳은 과거에 홍수조절의 운하였다. 이것을 콘크리트로 덮어 직강형으로 정비하여 강변 산책로를 개발하였으나 시민들에게 외면받아 황폐해졌으며, 부랑자들이 머무는 장소로 변해버렸다.

이러한 문제점을 해결하기 위해서 직강형의 하천을 자연형으로 복원하려는 움직임으로 콘크리트를 뜯어내고 주변에 다양한 상업문화 시설을 연계하였다. 그 결과 복원하천의 관광자원화로 인근 유역의 경제적 가치가 향상하였고, 주변지역의 지역사회 및 주민들간의 유대증진을 위한 촉매역할을 하고 있다. 하천의 재정비로 친환경적 도시를 건설하고 강변을 시민들의 활동이 집중되는 명소로 재정비하는 데에 그 목적이 있다. 강변 양쪽으로 보행자 전용도로를 조성하고 산책로를 연결하는 31개의 석교를 설치하여 접근성을 높였다. 직강형에서 자연형호안으로 정비하여 하천의 우회수로 터널을 건립하였다. 이로 인해 하천의 양안에 공원을 조성하여 공간을 계획할 수 있었다. 샌안토니오강 주변 블록의 개발밀도, 용도, 높이 등 가이드라인을 제정하여 주변지역을 활성화 시켰다. 또한 강변에 랜드마크적인 경관을 조성하기 위하여 호텔, 상업시설, 오피스를 입지시켰으며, 각각의 건축물연계공간에 공원, 광장 등의 오픈스페이스를 조성하였다. 이후에 도심부 거주자 및 고용이 증가했으며 경제가 활성화되고 재정비 사업이 활성화되었다. 우리나라에서도 여의도 샛강 생태공원조성은 이러한 예라고 할 수 있다.

(4) 지하공간개발을 통한 도시개발

인구 및 산업의 대도시 집중현상은 필연적으로 이용가능한 토지의 부족현상을 야기하였다. 이에 따라 기존 토지의 합리적 이용방향이 제시되기 시작하였는데 대표적인 사례로 지하공간 개발이 있다.

지하공간이란 합리적인 이용이 가능한 범위 내에서 지표면의 하부에 자연적 또는 인위적으로 조성된 일정 규모의 공간자원을 의미한다. 이러한 지하공간을 도시공간 이용의 효율화에 따른 경제성의 제고와 지하공간 개발을 통한 지상환경의 보호 목적 하에 개발하는 것을 지하공간 개발이라 한다. 초기의 지하공간 개발은 지상부분의 재개발과 함께 소규모로 이루어져 왔으나 현재는 기술의 발달과 함께 도심지내 각종 도시기능간 연계 도모, 쾌적성 향상 도모, 에너지 절약 등에 대한 인식이 증대됨에 따라 개발 규모가 확대되고 있으며, 각국에서 다발적으로 이루어지고 있다. 우리나라도 삼성역일대에 대한 지하도시개발 청사진이 제시되었다. 대표적인 지하공간 개발사례로는 파리시 레알(Les Halles) 재개발지구의 지하공간 개발과 뉴욕시 록펠러센터(Rockfeller Center), 몬트리올시 지하네트워크 개발 등이 있다.

사례에서 캐나다 몬트리올은 지난 2006년 세계 215개 도시를 대상으로 한 평가에서 22위를 차지할 만큼 도시환경 및 삶의 질이 높은 도시이다. 건축 및 도시 분야에서 몬트리올에 대한 관심은 도시 지하공간 개발에 대한 성과 때문이라고 할 수 있다. 몬트리올 지하도시는 전체길이 32㎞로 지하철역 10개와 기차역 2개, 버스터미널 2개와 연결되며, 지상출입구가 155개로 도심 사무 공간의 80%, 상가 공간의 35%를 연결하면서 안전하고 편리한 도시 공간 창출의 성공사례로 평가받는다.

Ⅱ. 외국의 도시재생 주요 사례

외국의 도시재생 사례는 앞에서 언급한 것처럼 대부분의 선진국들에서 많이 찾아볼 수 있다. 특히 오랜 도시역사를 가진 지역의 경우, 산업발전에 따른 도시의 기능이 변화된 경우, 인구변화가 큰 경우, 역사와 문화가 새로운 변화에 직면한 경우 등 도시의 발전과 쇠퇴, 공존과 변화 및 기능조정과정에 있는 경우가 많은 사례로 설명되고 있다.

영국의 ① 도클랜드는 대표적인 사례이다. 도클랜드(Dockland)는 런던시 동쪽 8㎞지점 템즈강 기의 선박수리 및 항만지구로서 옛날에 영국 런넌의 항구중 하나로 한때에는 세계에서 가장 큰 항구였다. 도클랜드 재개발은 1980년대초에 낙후된 런던 도심 지역을 새롭게 재개발하여 런던의 도시경제 부활은 물론 침체된 영국경제를 되살리려는 목표로 영국총리가 주도한 도심재생사업이다. 이 사업은 1960년대 후반 이후 일본과 한국 등 개도국 조선업과의 경쟁에서 밀려나 조선업의 쇠퇴를 경험하면서 사실상 버려진 공간을 재개발 하여 부가가치가 높은 21세기형 도시형 산업을 수용할 공간을 만드는 것이었다. 오피스, 주거, 상업, 오락 및 신교통수단 도입 등 복합기능을 보유한 공간확보를 목적으로 하는 재개발 계획이라고 할 수 있다.

1978년과 1983년 사이에만 도클랜드에서 일자리 12,000개가 사라졌다. 런던시에서 성장하는 지역에 있는 일자리는 주로 서비스업이었기 때문에 블루칼라 근로자들로 구성된 도클랜드 지역 주민들에게는 혜택이 갈 수 없었다. 시장기능에 의존해서는 이 지역의 부활을 기대하기 어려운 절망적인 상황이었다. 이에 LDDC(London Dockland Development Corporation)를 설립하여, 자치구가 보유한 개발권은 박탈하고 LDDC에게 토지를 사고 팔 수 있는 권한을 부여하였다. 또한 토지관리, 도시 기능 배치, 빌딩건설, 인프라 공급업무 등을 수행할 수 있는 권한도 주었다.

도클랜드지역 개발사업이 런던도클랜드개발공사(LDDC)의 주도로 1981년 7월에 착수되었다. LDDC는 낙후된 지역이미지가 원인이 되고 있는 낮은 토지가치가 경제 활성화를 막고 있다고 판단, 지역이미지의 혁신적 개선방안을 찾을 수 밖에 없었다. 이를 위해 1981년에서 1989년까지 2,100만 파운드를 이미지 개선활동에 투입하여 도로, 광장, 공원, 각종 도로 등 인프라를 적극적으로 공급함으로써 신속하게 성공적으로 이 지역이 재개발되는 계기를 만들었으며, 타 지역에도 좋은 영향을 주었다. 이후 18년에 걸쳐 진행된 장기간의 개발로 낙후된 런던대도시권의 경제회생을 돕고 나아가 영국경제가 다시 부활한 계기가 되었다. 특히 런던시가 필요로 하는 금융, 법률산업 등 생산자서비스업 입지용 오피스 공간을 새롭게 공급함으로써 런던이 세계 금융산업의 중심지 지위를 확고하게 유지할 수 있는 기반을 다질 수 있었다.

도클랜드 지역에 건설된 카너리 워프는 런던시의 대표적 랜드마크가 되었을 뿐만 아니라 초고층 업무, 상업빌딩 등이 입지하고 있고 주변에 양질의 주거시설과 레저시설이 들어서도록 유도함으로써 낙후된 런던 동부지역의 발전과 영국경제의 회생으로까지 기여했다는 평가를 받고 있다.

이 밖에도 스페인 ② 빌바오는 1980년대 기반사업 몰락으로 쇠퇴한 빌바오에 대해 도시민 삶의 질 향상과 도시환경 개선 및 경쟁력 향상을 꾀하자는 전략을 수립하여, 문화적이고 창조적인 관점에서 도시재생을 추진하였다. 현재 빌바오를 대표하는 구겐하임미술관과 네르비온 강가의 대규모 문화단지 조성, 도시경관 정비 등으로 도시경쟁력을 높이고 도시환경 전반에 걸친 파급효과를 유발하고 있다. 이는 기반산업 몰락지역의 문화적 부흥을 꾀하였다는데 의미가 크다.

다음으로, 일본 ③ 도쿄 미나미아오야마 잇쵸메도 좋은 사례이다. 공공시설복합형 도심공공주택 사례로서 임대주택, 상업・업무시설, 도시활동지원시설 등으로 구성되는 복합시설을 계획하였고, 지역커뮤니티 형성에 기여할 수 있는 주택배치, 라이프스타일 변화나 리모델링에 대처할 수 있는 유연성 부여, 육아세대를 위한 보육원과 고령자를 배려한 그룹홈 등 다양한 도시 활동층에 대한 지원 시설로 개발하였다. 이는 다양한 지역구성원을 위한 공간의 재창조라는 관점에서 의미가 크다고 할 수 있다.

아울러, 미국 ④ 뉴욕 하이라인은 1980년 열차운행 중단으로 20여년간 방치되어 도심의 흉물로 전락한 고가철로 하이라인을 공공장소로 재창조하기 위한 지역사회모임의 노력으로, 뉴욕시민을 위한 고가철도공원을 조성하였다. 즉 해당 지역 일대를 역사보존지구로 지정하고, 허드슨 강을 배경으로 도시 전망을 제공하면서 현대와 전통이 멋스럽게 조화된 공간으로 재탄생시킴으로써 도시 이미지 향상에 기여하였다. 이는 방치된 도심의 흉물공간을 공원으로 재탄생시켰다는데 의미가 있다.

Ⅲ. 국내 도시재생 주요 사례

우리나라는 2006~2007년부터 도심재생을 위한 조처로 전국 주요도시에 41개의 도시재정비 촉진지구를 지정했으며, 이 가운데 서울 종로구 · 중구 세운상가, 대전 동구 대전역세권, 대구 동구 동대구역세권, 부산 영도구 영도 제1지구 등 7개를 시범 지구로 선정했다. 이들 시범지구에서는 주거환경 개선 · 기반시설 확충 · 도시기능 회복 등의 사업이 추진되었다.

그러나 우리나라에 도시재생이 자리 잡기 시작한 것은 얼마 되지 않는다. 2013년 처음으로 도시재생 활성화 및 지원에 관한 특별법(도시재생법)이 제정되었으니 아직 걸음마 단계라고 할 수 있다. 이법에서 '도시재생이란 인구의 감소, 산업구조의 변화, 도시의 무분별한 확장, 주거환경의 노후화 등으로 쇠퇴하는 도시를 지역역량의 강화, 새로운 기능의 도입 · 창출 및 지역자원의 활용을 통하여 경제적 · 사회적 · 물리적 · 환경적으로 활성화시키는 것'이라고 규정하고 있다.

기존 재개발 · 재건축은 수익성 있는 노후 지역에 개발이익에 관심 있는 토지 · 건물 소유자가 중심이 되어 주택 또는 기반시설을 정비하는 물리적 환경변화에 치중했다면, 도시재생은 공공 지원이 필요한 쇠퇴지역에 거주자 중심의 지역공동체가 주체가 되어 사회·경제·문화·물리적 환경을 개선하는 사업이다. 여기서 정부는 쇠퇴하는 도시의 기준으로 Ⓐ 인구가 현저히 감소하는 지역, Ⓑ 총사업체 수의 감소 등 산업의 이탈이 발생되는 지역, Ⓒ 노후주택의 증가 등 주거환경이 악화되는 지역을 기준으로 삼는다.

반면에 본격적인 도시재생의 개념이 도입되기 전에도 국내에서는 여러 지역에서 도시재생을 위한 노력들이 있어왔다. 예를 들면 한 때 ① 탄광산업이 활황일 때 정선군 사북탄좌는 번성하는 도시였다. 그러나 폐광이 되면서 도시화는 멈추고 슬럼화 되어가면서 정선군은 석탄체험관을 만들고 강원랜드 등을 유치하여 정선을 새로운 관광지역으로 탈바꿈시켰다.

또한 ② 서울에서는 광화문지구 및 청계천의 복원사업을 비롯하여 Ⓐ 서울역고가의 차량통행을 중지하고 고가공원으로 전환시켰고, Ⓑ 숭인창신지구를 새롭게 문화역사공간으로 변화시켰다. 또 Ⓒ 서울 성곽을 보수하여 주변공간을 모두 역사공간으로 탈바꿈하여 문화유산의 보존 및 관광상품으로 개발하였다. 한편, ③ 현대적인 도시재생 즉 도시재생금융의 개념을 도입하여 추진한 도시재생사업은 천안시[8]의 도시재생사업을 들 수 있다. 이후 각 시도별로 소규모의 다양한 형태의 도시재생사업이 진행되고 있다.

1. 문화예술관광중심의 도시재생

국토교통부는 2014년 도시재생사업선도지역 13곳을 지정하고 재생사업을 진행하였다. 그중 창원시는 대표적인 재생사업 성공지역으로 꼽힌다. 창원시는 원도심 인구(구 마산지역)가 약 49% 정도 감소하는 등 도시쇠퇴가 심각했다. 이에 국토교통부는 창원 원도심을 도시재생선도지역으로 추진하였고, 유동인구와 청년 창업이 증가하고 있다고 밝힌바 있다.

창원시는 원도심의 쇠퇴를 극복하기 위해서 문화·예술 중심의 도시재생 추진 전략을 수립했다. 문화도시의 정체성 부여를 위한 작품 전시, 벽화, 조형물 설치, 미술·공예 체험 프로그램 등을 진행했다. 창원시가 빈 점포를 활용하여

8) 천안시 동남구청사 부지(약 6천평) 일반상업지역을 사업비 2,286억원을 민관협력사업으로 HUG주택도시기금 출자로 리츠를 설립하였다. 중심시가지 복합개발형태로 진행된다.

조성한 창동 예술촌·부림 창작공예촌에는 102명의 예술가가 활동 중이다.

창원시 도시재생선도지역에는 국토교통부 뿐만 아니라 4개 중앙부처에서 1,600억 규모의 협업사업이 12개 이상 진행됐다. 주차공간부족문제를 해소하고, 공연예술을 활성화하기 위해, 국토교통부와 중소기업청이 손잡고 오동동 문화광장과 부림시장도심공원을 조성했으며 해양수산부와 서항 해양공원조성을 함께 했다. 또한 마산 아귀찜거리를 관광코스로 개발하기 위한 음식테마거리 관광활성화사업은 문화체육관광부와 협업으로 진행되었다. 이렇게 민간의 적극적 참여와 부처 협업으로 도시재생사업을 꾸준히 시행한 결과, 창원시는 사업시행 전과 비교하여, 유동인구는 132.6%, 월 매출액은 45.0%, 영업점포수는 13.5%, 청년 창업사례는 39.5% 증가했다.

2. 특화산업 기반조성 도시재생사업

도시재생법에 따르면 국토교통부뿐 아니라 지자체에서도 도시재생사업을 추진할 수 있다. 이것이 많은 지자체에서 도시재생센터를 설치하는 이유다. 대표적으로 서울을 보면, 2015년 1단계로 13개 지역을 '서울형 도시재생지역'으로 선정했고, 2017년에 2단계 17개 지역을 선정했다. 이들 지역은 쇠퇴한 산업지역, 역사·문화 특화지역, 노후 주거지역, 저이용·저개발 중심지역으로 구분돼 각각 목적에 맞게 도시재생사업이 추진된다.

대표적으로 창동·상계 일대 지역의 경우 특화산업기반을 조성과 문화·예술 관련 산업육성이 주요 계획이다. 특화산업 조성을 위해 서울주택도시공사 등이 참여해 지식형 첨단산업과 같은 거점지역을 조성해 일자리를 창출할 계획이다. 또 문화·예술 산업으로는 국내 최초 아레나급(1만 5,000석~2만석) 복합문화공연시설을 건립해 동북권 문화·예술 기반을 구축하고 아울러 공원·녹지·중랑천변 친수공간 조성 등으로 부족한 생활, 여가 인프라를 확충하기로 했다.

사실 산업지역을 특화시킨 사례는 도시재생이라는 개념적인 문제가 대두되기 전에 이미 우리나라는 좋은 선례를 가지고 있다. 과거 구로공단지역은 제조산업이 밀집한 서울의 대표적인 공단지역이었다. 그러나 지금은 디지털산업단지로 탈바꿈하고 첨단사무공간 및 각종 디지털산업이 자리하여 새로운 산업단지메카로 자리매김하였다. 이러한 사례는 최근 자동차산업, 조선산업 등이 쇠퇴하는 지역에 대한 도시재생을 어떻게 추진할 것인가 하는 답을 주는 좋은 선례라고 할 수 있다.

3. 환경보존과 문화공간형 도시재생

부천시는 2014년 폐쇄되었던 여월정수장을 부천여월농업공원으로 재탄생시켰다. 여월정수장은 1980년대부터 2001년까지 20여 년 동안 부천시민에게 수돗물을 공급하던 곳이었다. 도시가 커지면서 까치울정수장이 대체 가동을 시작하자 여월정수장은 오랫동안 방치된 채 있었다. 이곳에 정수장이라는 역사성을 살리기 위해 침전지, 정수지, 여과지, 회수조 등의 시설물을 허물지 않고 활용하여 수생식물과 생물이 공존하는 생태연못을 가꾸었다. 더불어 캠핑장, 도시텃밭, 수변쉼터 등을 만들어 아동 및 청소년들에게 농업문화를 배울 수 있는 기회를 제공하고, 이곳에서 수확한 작물은 소외계층과 나누고 기부하여 공동체의 가치를 배울 수 있도록 했다.

또한 부천시는 용도 폐기된 삼정동 소각장을 전시·문화 예술 공간 부천미래문화 플랫폼으로 조성하는 계획을 세우고 추진하였다. 이 역시 소각로 및 배기가스 플랜트를 보존하면서 환경 전시장으로 탈바꿈한다. 2015년 7월부터 약 한 달 동안 공간의 탐닉이라는 작품전시회를 열었고, 이를 통해 폐 소각장이 문화공간으로 변모 할 수 있는 가능성을 확인했으며 부천지역작가들의 참여를 이끌어 냈다. 이외에도 부천시는 자투리 공간을 놓치지 않고 활용했다. 부천자원순환센터 1층의 자투리 공간을 활용하여 기후변화체험관을 만들어 지구온난화 및 기후변화에 대한 홍보 교육을 실시해 시민들의 인식 전환을 꾀하고, 외곽순환도로 하부공간에 음지식물을 주제로 해그늘 식물원을 조성한 바 있다.

4. 생태호수공원조성 도시재생

서산시는 예천동·읍내동에 위치한 일명 똥방죽을 생태호수공원으로 재탄생시켰다. 과거 이곳은 중앙저수지였으나 1970~80년대 재래식 화장실의 인분 처리장소가 되면서 '똥방죽'이라는 별칭으로 불리게 됐다. 2000년대 초반까지 시내 오폐수가 유입돼 악취 등 심각한 환경 오염문제를 발생시킨 곳이었다. 이에 서산시는 주민의 의견을 청취하여 생태호수공원으로 바꾸는 작업을 시작했다. 시민이 찾고 즐기는 공간을 만들기 위해 대학과 MOU를 맺고 조각 작품을 전시하였다. 여름철엔 아이들이 뛰어놀 수 있는 바닥분수를, 겨울에는 야외 스케이트장을 조성했으며, 각종 체육시설과 목교를 설치했다. 이로써 시민 품을 떠났던 중앙저수지는 중앙호수공원이라는 이름으로 다시 시민 품에 돌아왔다. 하지만 호수공원으로 유입되는 하천이 적고 물 순환이 부족해 지속적으로 녹조가 발생하는 환경문제가 대두됐다. 이에 서산시는 다시 시민에게 귀를 기울이고 해법을 찾았다. 현장토론과 전문연구를 통해 천연광물을 활용한 수질개선사업을 실시했고, 시민들 역시 호수공원동호회 등을 만들어 자발적으로 호수공원 가꾸기에 나섰다. 이에 중앙호수공원은 2015년 하루 평균 3천 명이 찾는 쉼터로 자리를 잡았다.

Ⅳ. 성공적 도시재생사업을 위한 균형과 협업

정부와 지자체에서 도시재생에 힘을 쏟고 있고 주변에서 성공한 사례들이 많이 나올수록 참여 지역은 늘어갈 것으로 보인다. 도시재생은 분명 철거와 건설로 얼룩진 지난 우리모습을 바꾸는 개념이다. 그렇지만 우후죽순으로 생기고 있는 지역의 도시재생센터를 환영의 눈으로만 보기는 힘들다. 국토교통부가 2014년 도시재생사업선도지역으로 지정한 또 다른 곳인 순천도 문화·예술을 도시재생의 핵심콘텐츠로 활용했다. 수변경관, 야간경관 개선사업과 순천 출신 예술가 창작스튜디오, 문화의 거리 청년작가를 중심으로 전시·체험행사, 창작예술품 판매시장 운영 등 앞서 말한 창원시와 상당히 흡사하다. 물론 이밖에 다른 지역은 전혀 다른 주제로 사업이 진행된 곳도 많다. 하지만 위에 사례에서 보듯이 지역마다 선정 이유는 달랐지만 풀어내는 방식은 비슷한 곳도 있었다. 게다가 지방 도시재생센터들은 우수사례로 선정된 지역을 벤치마킹할 가능성도 얼마든지 있다. 즉, 큰 계획 없이 진행되다가는 어디서 본 듯한 뻔한 도시재생이 될 가능성이 충분한 것이다.

또 한 가지 놓치지 말아야 할 것은 협업이다. 도시재생은 사회, 경제, 문화 등과 맞물려 있는 만큼 국가 차원에서 큰 그림을 함께 그리고 필요 재정과 인력 등을 현명하게 배분할 필요가 있다. 하지만 국토교통부와 타 정부부처, 지자체와 정부, 또 각 지자체끼리는 얼마나 소통하며 전체 균형을 맞춰가고 있는지는 미지수다. 도시재생법의 제정이후, 유행처럼 번지는 도시재생이 올바로 나가도록 방향을 잘 잡아야 한다. 또, 젠트리피케이션[9]과 같은 문제도 고려되어야 한다. 국내 뿐만 아니라 외국사례들을 살펴보아도 지방정부를 비롯한 정부, 지역주민, 지역경제공동체 등 이해관계자들의 협업이 가장 큰 성공적 요인으로 볼 수 있다. 아울러, 국내의 도시재생사업이 특정 지역만의 문제가 아니라 전국적인 균형을 필요로 하고 있다. 지역 편중적인 도시재생은 초기 단계에 있는 국내 도시재생사업의 추진력을 약화시킬 수 있다. 즉, 공공기관 지방이전 등으로 지역균형발전을 추진하고, 지방자치제를 도입하여 정착되어 가는 과정에서 지역적 특성과 균형을 고려한 도시재생사업의 추진은 성공적인 도시재생사업을 추진하기 위한 또 하나의 요소라고 할 수 있다. 편중은 곧 다른 지역의 반감을 불러

9) gentrification, 재건축 등으로 인해 도시 환경이 변하면서 중·상류층이 낙후됐던 구도심의 주거지로 유입되고, 이에 따라 주거비용이 상승하면서 비싼 월세 등을 감당할 수 없는 원주민들이 다른 곳으로 밀려나는 현상을 이른다. '도시회춘화현상(都市回春化現像)'이라고도 한다. 이 현상은 1964년 영국의 사회학자 루스 글래스(R. Glass)가 노동자들의 거주지에 중산층이 이주를 해오면서 지역 전체의 구성과 성격이 변하는 것을 설명하면서 처음 사용했다. 본래 신사 계급을 뜻하는 '젠트리'에서 파생된 말로 본래는 낙후 지역에 외부인이 들어와 지역이 다시 활성화되는 현상을 뜻했지만, 최근에는 외부인이 유입되면서 본래 거주하던 원주민이 밀려나는 부정적인 의미로 많이 쓰이고 있다. 젠트리피케이션은 우선 임대료가 저렴한 구도심에 독특한 분위기의 개성 있는 상점들이 들어서면서 진행된다. 즉, 이들 상점이 입소문을 타고 유명해지면서 유동인구가 늘어나고, 이에 대규모 프랜차이즈점들도 들어서면서 임대료가 치솟게 된다. 그 결과 소규모 가게와 주민들이 치솟는 집값이나 임대료를 감당하지 못해 동네를 떠나게 되고, 동네는 대규모 상업지구로 변화된다. 미국에서는 제2차세계대전 후 중산층 백인의 교외화 현상이 두드러졌고, 이로 인하여 뉴욕·보스턴 등 대도시 도심은 흑인과 외국인 이민자를 비롯한 소수민족의 게토로 전락하였다. 이후 1970년대부터 도시에 사는 젊은 전문직 종사자(여피족)들이 게토화된 도심의 낙후지역으로 몰려들어 자본이 본격적으로 유입되고 부유층의 이주를 촉진함으로써 젠트리피케이션이 진행되었다. 한국에서는 2000년대 이후 번성해진 구도심의 상업공간을 중심으로 한 젠트리피케이션이 진행되어 사회적 관심을 끌었다. 대표적 사례로 서울의 경우 종로구 서촌을 비롯해 홍익대 인근, 망원동, 상수동, 경리단길, 삼청동, 신사동 가로수길 등에서 젠트리피케이션 현상이 벌어지고 있다.

오고 이러한 여론은 필요성과 타당성이 인정된다고 하더라도 국민적인 공감대를 얻기 어려울 수 있어, 정책의 안정화보다는 폐착이 될 수도 있는 만큼 협업과 균형은 도시재생사업의 중요한 성공요인이라고 할 수 있다.

제 4 장

금융시장과 금융정책

제1절 서 설

금융시장은 화폐의 대차거래가 이루어지는 시장을 말하며 화폐시장이라고도 한다. 이것이 일반상품시장과 다른 점은 ① 그 곳에서 거래되는 대상이 질적으로 무차별한 화폐이며, ② 그 화폐는 기한부로 매매되며 이자를 낳는 대부자본이라는 것 등이다. 금융시장에서 화폐의 수급량에 따라 자본으로서의 가격인 이자가 결정된다. 그러나 구체적인 거래에서는 그 매매조건이 각양각색이며, 대부기간・이자 및 상환・보증 등에 있어서 각각 상이하다. 금융시장을 대부기간에 따라 단기금융시장과 장기금융시장으로 나누어, 전자를 화폐시장(money market), 후자를 자본시장(capital market)이라고 하기도 한다. 이러한 분류는 편의상 실제의 금융계에서 사용되고 있는 형식적인 것으로 단기금융시장과 화폐시장, 장기금융시장과 자본시장이 반드시 일치하는 것은 아니다. 오히려 이 분류는 할인시장・콜 마켓을 전자, 공사채의 기채시장(起債市場)・주식발행시장·특정의 금융기관(이를테면 우리나라의 한국산업은행)을 후자로 하는 것이 편리하다는 정도의 의미를 가진다. 거래대상은 단일의 상품인 자본으로서의 화폐이므로 금융시장을 하나로서 취급하는 것이 보다 그 본질을 잘 파악할 수 있게 한다고 할 수 있다.

농산물 시장에서는 농산물 생산자가 공급자가 되고 일반 소비자들이 수요자가 되며, 거래되는 상품은 쌀·콩·채소·과일과 같은 농산물이다. 금융시장도 다른 시장과 마찬가지로 수요자와 공급자 그리고 상품이 있어야 한다.

금융시장이란 기업, 가계, 정부 등 경제주체들이 금융상품을 거래하여 자금을 조달하고 여유자금을 운용할 수 있도록 자금수요자와 자금공급자가 만나 금융거래를 하는 곳이다. 경제주체들은 자금의 수요자와 공급자로 구분된다. 일반적인 수요자는 재고유지나 사업 확장을 위해서 항상 돈이 필요한 기업이다. 소비자들도 자동차 구입이나 주택구입과 같이 일시적으로 대규모 지출이 필요한 경우에는 자신들의 소득으로 지출을 감당할 수 없기 때문에 수요자가 될 수도 있다. 정부도 조세수입보다 지출이 많은 경우에 자금의 수요자가 될 수 있다. 이밖에 외국도 자금의 공급자나 수요자가 될 수 있다. 자금의 공급자는 본인들의 수입이나 소득보다 지출이 적은 사람들인데 이들은 자신들이 저축한 돈의 가치가 증가하기를 바라는 사람이다. 저축자들은 단순히 돈을 보관하는 것이 아니라 투지자가 되이서 적극적으로 돈을 증식시키려고 한다. 이들은 채권이나 주식을 포함한 다양한 금융상품을 구입하여 이자나 배당소득 그리고 매매차익을 노린다. 대출상품을 제외하고는 금융상품의 수요자가 자금의 공급자가 되고 금융상품의 공급자가 자금의 수요자가 된다.

한편, 금융시장의 규제정책은 각종 금융업별로 규제사항을 다루고 있지만, 정책적으로는 이자율 규제, 대출한도 규제(DTI, LTV, DSR 등), 환거래규제도 주요한 부분에 해당한다. 이중 환거래규제 법규는 외국환관리를 목적으로 하는 것으로 기본법규로 외국환거래법 등으로 구성되어 있다. 현행 외국환거래법은 1998년 9월 16일자 법률 제5550호로 과거 외국환관리법을 폐지하고 새롭게 제정 공포되어 1999년 4월 1일자로 시행되었으며 동 법은 외국환거래에 관련되는 모든 대외거래를 대상으로 한 포괄적인 법률로서 추상적인 규정만을 두고 있으며 시행령 이하의 제 규정에서 구체적인 세부사항을 규정하고 있다. 실제로 외국환거래제도의 내용을 구체화한 것이 외국환거래규정(기획재정부장관 고시)인데, 외국환거래의 유동적 성질에 대응하여 외국환거래제도를 기동적이고 신축적으로 변경해 나가는 것은 외국환거래규정을 수시로 개정하는 방법에 의하고 있다. 아울러, 환거래자유화는 과거 정부주도 경제개발 당시에는 부족한 외자를 동원하기 위해 규제위주의 외환관리시스템을 유지하여 왔으나 1990년대 이후 세계경제의 자유화·개방화 추세에 맞추어 외환부분의 자유화가 단계적으로 꾸준히 추진되고 있다. 1998년 6월 정부는 당시 경제위기 극복을 위해 외자유치를 촉진하고, 21세기 새로운 국제경제질서 구축에 대비한 외환시장의 선진화를 위해 2단계에 걸쳐 외환거래제도를 자유화하는 외국환거래 자유화방안을 발표하였고, 2002년 4월 정부는 우리나라를 동북아 금융허브로 육성해 나가기 위해 2011년까지 비상시 거래정지조치(safeguard) 등을 제외하고는 모든 외환규제를 철폐함으로써 외환자유화를 마무리하여 OECD 회원국 중상위 수준으로 외환제도를 자유화하는 것을 목표로 외환부분의 규제를 대폭 폐지하는 외환시장 중장기 발전방향을 발표하였다. 2006년 5월 금융허브 육성을 지원하고 선진 외환시장 발전을 위해 정부는 2002년 자유화계획 완료시기를 당초 2009년에서 2011년으로 앞당기고 일부 보완하는 내용의 외환자유화 추진방안을 발표하였고, 2007년 11월 정부는 2006년 자유화추진방안에 따른 2009년 자유화 완료를 위한 이행방안 시행 및 외환거래시스템의 software 선진화를 위해 시장 친화적 외환거래시스템 구축을 위한 외환제도 개선방안을 발표하였다.

제 2 절 금융시장 및 금융정책법규

금융시장과 관련한 주요한 법규로는 은행관련법, 여신전문금융업법, 보험업법, 신탁업법, 자본시장과 금융투자업에 관한 법률(자본시장법) 등 많은 법령이 있으나 본 절에서는 자본시장법을 중심으로 설명한다.

Ⅰ. 금융시장 규제법규

자본시장법 이전의 금융시장 규제 개별법규는 주요 업종별로 구분하면, 보험업, 은행업, 증권업, 선물업, 종합금융업, 자산운용업, 신탁업 등 관련법규가 각각 구분하여 여러 가지의 법규로 규제되고 있었다. 그러나 자본시장법의 등장으로 보험업과 은행업을 제외한 거의 모든 금융시장 법규가 금융투자업으로 통합되어 규제되고 있다고 할 수 있다. 즉 자본시장법의 등장은 금융시장의 기본법률에 해당하는 지위를 얻게 되었다. 자본시장법은 대한민국 금융시장을 하나로 통합하는(증권사+파생상품) 빅뱅 카오스화 법률로, 민법, 상법의 특별법이기 때문에 상장회사 등은 상법만이 아니라 자본시장법도 준수해야 한다. 이 때문에 상장회사와 관련된 법령이 다소 엉키게 된 감이 있다.

등장배경을 보면, 2003년 3월에 발표된 통합금융법 구상계획에 따라 은행 및 보험을 제외한 자본시장의 금융업 간의 겸영을 허용하여 한국판 골드만삭스 등과 같은 내형 두사은행 설립을 유도하겠다는 정부의 정책의도에서 나온 법률이다. 본 법률 이전에는 허용되는 금융상품을 증권업법, 파생상품법 등 각 법률에서 일일이 열거했으나, 온갖 파생상품이 나오는 속도를 법이 못 따라가 이 법으로 통합시켰다. 통합 후에는 만들어선 안 되는 것들만 규정하고 나머지는 모두 허용하는 것으로 바뀌었다(이른바 금융상품 포괄주의). 열거주의 시절에는 새로운 금융상품이 나올 때 이 금융상품을 허용해야 할 지 말아야 할 지 규제 기준이 명확하지 않았으나, 포괄주의로 바뀌면서 하면 안 되는 것을 규제하고 있다.

1999년 투자신탁회사의 판매 분리 조치와 상반되게, 자산운용업의 증권사 내 겸업이 허용되면서, 투자신탁회사와 증권사가 합병할 수 있는 법적인 근거를 마련해 주었다. 게다가 증권사가 은행업에도 진출할 수 있기 때문에 은행과 증권의 경쟁이 시작되었다. 은행업을 취급하는 증권사를 투자은행이라고 한다.

또한 이 법 시행 후 모든 금융상품에 대해 투자은행(증권사)이 투자자들에게 운용방법, 운용성과, 주의사항 등을 즉시, 세심히 가르쳐 주고 투자자 신용등급과 위험도를 구분해서 금융상품에 대해 투자를 유도시킨다. 요즘 펀드 상담 받으러 가면 최소 2~3시간은 쓰게 되는 것이 이 자본시장법 때문이다.

자본시장법은 크게 네 가지의 목적이 있다. 즉, ⓐ 열거주의에서 포괄주의로 변경, ⓑ 기관별 규율 체계에서 기능별 규율 체계로 전환, ⓒ 업무 범위 확대, ⓓ 투자자 보호 강화이다. 이 법은 2007년 초 한미 FTA 타결을 앞두고 대한민국 국회에서 통과되어 2년의 유예기간을 거친 후, 2009년 2월 4일부터 시행되었다. 2015년 7월 6일 대한민국 국회 본회의에서 크라우드 펀딩을 허용하는 개정안이 통과되어 2016년부터 시행되었다.

Ⅱ. 자본시장법의 개요

자본시장의 금융혁신과 공정한 경쟁을 촉진하고 투자자를 보호하며 금융투자업을 건전하게 육성함으로써 자본시장의 공정성·신뢰성·효율성을 높여 국민경제 발전에 이바지하기 위하여 제정한 법률로, 금융투자업 상호간의 겸영을 허용하고 금융상품에 대한 규제를 철폐하며, 투자자 보호를 확대하는 것 등을 주요 내용으로 한다.

정식 명칭은 '자본시장과 금융투자업에 관한 법률'이며, 이를 줄여 자본시장법이라고 한다. 종전의 증권거래법과 선물거래법, 간접투자자산운용업법, 신탁업법, 종합금융회사에 관한 법률, 한국증권선물거래소법 등 자본시장과 관련된 6개 법률을 통합하여 제정된 법률(법률 제8635호)로서 2007년 8월 3일 공포되어 2009년 2월 4일부터 시행되었다. 총칙, 금융투자업, 증권의 발행 및 유통, 불공정거래의 규제, 집합투자기구, 금융투자업 관계기관, 한국거래소, 감독 및 처분, 보칙, 벌칙 등 총 10편 449조와 부칙으로 이루어져 있다.

주요 내용은 금융투자업 상호간 겸영 허용, 포괄주의 규제로 전환, 투자자 보호 확대, 증권사에 대한 지급결제 업무 허용 등이다. 종전에는 개별 법률에 의거하여 운영해오던 증권업·자산운용업·선물업·신탁업 등 자본시장과 관련된 금융업이 금융투자업으로 통합된다. 이에 따라 일정한 요건을 갖추면 은행과 보험을 제외한 모든 금융업무를 취급할 수 있다. 증권사와 자산운용사를 하나로 합칠 수도 있고, 별도의 법인으로 겸영할 수도 있다. 또 종전에 금융회사는 법률에서 규정한 금융상품만 판매할 수 있었으나, 포괄주의 규제로 전환함에 따라 일정 요건만 충족하면 법률에서 규정하지 않은 금융상품도 판매할 수 있다.

투자자 보호를 강화하여 손해와 관련된 입증책임을 금융투자회사에게 두었다. 이에 따라 금융투자회사는 투자자의 투자목적과 재산상황, 투자경험 등을 파악하여 해당 투자자에게 적합한 상품만을 권유하여야 하는 적합성의 원칙이 적용되고, 설명의무와 손해배상책임을 법률로 규정하며, 투자자가 요청하지 않은 투자권유와 투자자의 의사에 반하는 재권유가 법률로 금지된다. 이밖에 계약해지권과 수수료 비교 공시, 제재조치 공개 의무 등도 규정하고 있다.

또 증권사에 지급결제 권한을 부여함으로써 이용자가 증권사 종합자산관리계좌(CMA)에 급여를 자동이체하면서 필요할 때 증권이나 파생상품에 투자하고, 신용카드 결제나 각종 공과금 납부, 송금, 현금자동출납기를 통한 입출금 등을 할 수 있게 되었다. 자본시장법이 시행됨으로써 투자은행을 육성하고 소비자 입장에서는 선택 폭이 확대된다는 장점이 있지만, 금융투자회사가 자산운용과 상품판매를 동시에 할 수 있게 됨으로써 이들에 대한 감독이 제대로 이루어지지 않을 경우 내부 공모행위 등의 부작용이 생길 수도 있다.

Ⅲ. 금융투자상품과 금융투자업

1. 금융투자상품

금융투자상품이란 이익을 얻거나 손실을 회피할 목적으로 현재 또는 장래의 특정(特定) 시점에 금전, 그 밖의 재산적 가치가 있는 것(금전등)을 지급하기로 약정함으로써 취득하는 권리로서, 그 권리를 취득하기 위하여 지급하였거나 지급하여야 할 금전등의 총액(판매수수료 등 법령으로 정하는 금액 제외)이 그 권리로부터 회수하였거나 회수할 수 있는 금전등의 총액(해지수수료 등 법령으로 정하는 금액 포함)을 초과하게 될 위험(투자성)이 있는 것을 말한다. 다만, Ⓐ 원화로 표시된 양도성 예금증서, Ⓑ 신탁법 제78조제1항에 따른 수익증권발행신탁이 아닌 신탁으로서 ⓐ 위탁자(신탁계약에 따라 처분권한을 가지고 있는 수익자를 포함한다)의 지시에 따라서만 신탁재산의 처분이 이루어지는 신탁, ⓑ 신탁계약에 따라 신탁재산에 대하여 보존행위 또는 그 신탁재산의 성질을 변경하지 아니하는 범위에서 이용·개량 행위만을 하는 신탁(제103조제1항제1호의 재산을 신탁받는 경우는 제외하고 수탁자가 신탁법 제46조부터 제48조까지의 규정에 따라 처분 권한을 행사하는 경우는 포함한다. 관리형신탁)의 수익권, ⓒ 그 밖에 해당 금융투자상품의 특성 등을 고려하여 금융투자상품에서 제외하더라도 투자자 보호 및 건전한 거래질서를 해할 우려가 없는 것으로서 법령으로 정하는 금융투자상품의 어느 하나에 해당하는 것을 제외한다. ② 금융투자상품은 Ⓐ 증권, Ⓑ 파생상품(장내파생상품, 장외파생상품)과 같이 구분한다.

2. 증권

증권이란 내국인 또는 외국인이 발행한 금융투자상품으로서 투자자가 취득과 동시에 지급한 금전등 외에 어떠한 명목으로든지 추가로 지급의무(투자자가 기초자산[1]에 대한 매매를 성립시킬 수 있는 권리를 행사하게 됨으로써 부담하게 되는 지급의무를 제외)를 부담하지 아니하는 것을 말한다. 다만, Ⓐ 투자계약증권, Ⓑ 지분증권, 수익증권 또는 증권예탁증권 중 해당 증권의 유통 가능성, 자본시장법 또는 금융관련 법령에서의 규제 여부 등을 종합적으로 고려하여 법령으로 정하는 증권에 해당하는 증권은 일정한 조건 충족시 증권으로 본다. 아울러, 증권은 Ⓐ 채무증권[2], Ⓑ 지분증권[3], Ⓒ 수익증권[4], Ⓓ 투자계약증권[5], Ⓔ

1) 기초자산이란 Ⓐ 금융투자상품, Ⓑ 통화(외국의 통화를 포함), Ⓒ 일반상품(농산물·축산물·수산물·임산물·광산물·에너지에 속하는 물품 및 이 물품을 원료로 하여 제조하거나 가공한 물품, 그 밖에 이와 유사한 것), Ⓓ 신용위험(당사자 또는 제삼자의 신용등급의 변동, 파산 또는 채무재조정 등으로 인한 신용의 변동을 말한다), Ⓔ 그 밖에 자연적·환경적·경제적 현상 등에 속하는 위험으로서 합리적이고 적정한 방법에 의하여 가격·이자율·지표·단위의 산출이나 평가가 가능한 것에 해당하는 것을 말한다.

2) 채무증권이란 국채증권, 지방채증권, 특수채증권(법률에 의하여 직접 설립된 법인이 발행한 채권을 말한다. 이하 같다), 사채권(상법 제469조제2항제3호에 따른 사채의 경우에는 제7항제1호에 해당하는 것으로 한정), 기업어음증권(기업이 사업에 필요한 자금을 조달하기 위하여 발행한 약속어음으로서 대통령령으로 정하는 요건을 갖춘 것), 그 밖에 이와 유사(類似)한 것으로서 지급청구권이 표시된 것을 말한다.

3) 지분증권이란 주권, 신주인수권이 표시된 것, 법률에 의하여 직접 설립된 법인이 발행한 출자증권, 상법에 따른 합자회사·유한책임회사·유한회사·합자조합·익명조합의 출자지

파생결합증권[6], Ⓕ 증권예탁증권[7]과 같이 구분한다.

3. 파생상품

① 파생상품이란 Ⓐ 기초자산이나 기초자산의 가격 · 이자율 · 지표 · 단위 또는 이를 기초로 하는 지수 등에 의하여 산출된 금전등을 장래의 특정 시점에 인도할 것을 약정하는 계약, Ⓑ 당사자 어느 한쪽의 의사표시에 의하여 기초자산이나 기초자산의 가격 · 이자율 · 지표 · 단위 또는 이를 기초로 하는 지수 등에 의하여 산출된 금전등을 수수하는 거래를 성립시킬 수 있는 권리를 부여하는 것을 약정하는 계약, Ⓒ 장래의 일정기간 동안 미리 정한 가격으로 기초자산이나 기초자산의 가격 · 이자율 · 지표 · 단위 또는 이를 기초로 하는 지수 등에 의하여 산출된 금전등을 교환할 것을 약정하는 계약, Ⓓ Ⓐ~Ⓒ까지의 규정에 따른 계약과 유사한 것으로서 법령으로 정하는 계약에 해당하는 계약상의 권리를 말한다. 다만, 해당 금융투자상품의 유통 가능성, 계약당사자, 발행사유 등을

분, 그 밖에 이와 유사한 것으로서 출자지분 또는 출자지분을 취득할 권리가 표시된 것을 말한다.

4) 수익증권이란 수익증권, 그 밖에 이와 유사한 것으로서 신탁의 수익권이 표시된 것을 말한다.

5) 투자계약증권이란 특정 투자자가 그 투자자와 타인(다른 투자자를 포함) 간의 공동사업에 금전등을 투자하고 주로 타인이 수행한 공동사업의 결과에 따른 손익을 귀속받는 계약상의 권리가 표시된 것을 말한다.

6) 파생결합증권이란 기초자산의 가격 · 이자율 · 지표 · 단위 또는 이를 기초로 하는 지수 등의 변동과 연계하여 미리 정하여진 방법에 따라 지급하거나 회수하는 금전등이 결정되는 권리가 표시된 것을 말한다. 다만, Ⓐ 발행과 동시에 투자자가 지급한 금전등에 대한 이자, 그 밖의 과실(果實)에 대하여만 해당 기초자산의 가격 · 이자율 · 지표 · 단위 또는 이를 기초로 하는 지수 등의 변동과 연계된 증권, Ⓑ 자본시장법에 따른 계약상의 권리, Ⓒ 해당 사채의 발행 당시 객관적이고 합리적인 기준에 따라 미리 정하는 사유가 발생하는 경우 주식으로 전환되거나 그 사채의 상환과 이자지급 의무가 감면된다는 조건이 붙은 것으로서 주권상장법인이 발행하는 사채, Ⓓ 은행법에 따른 상각형 조건부자본증권, 은행주식 전환형 조건부자본증권 및 은행지주회사주식 전환형 조건부자본증권, Ⓔ 금융지주회사법에 따른 상각형 조건부자본증권 또는 전환형 조건부자본증권, Ⓕ 상법 제469조제2항제2호, 제513조 및 제516조의2에 따른 사채, Ⓖ 그 밖에 Ⓐ~Ⓕ에 따른 금융투자상품과 유사한 것으로서 대통령령으로 정하는 금융투자상품에 해당하는 것은 제외한다.

7) 증권예탁증권이란 채무증권, 지분증권, 수익증권, 투자계약증권, 파생결합증권을 예탁받은 자가 그 증권이 발행된 국가 외의 국가에서 발행한 것으로서 그 예탁받은 증권에 관련된 권리가 표시된 것을 말한다.

고려하여 증권으로 규제하는 것이 타당한 것으로서 법령으로 정하는 금융투자상품은 그러하지 아니하다.

② 장내파생상품이란 Ⓐ 파생상품시장에서 거래되는 파생상품, Ⓑ 해외 파생상품시장(파생상품시장과 유사한 시장으로서 해외에 있는 시장과 법령으로 정하는 해외 파생상품거래가 이루어지는 시장을 말한다)에서 거래되는 파생상품, Ⓒ 그 밖에 금융투자상품시장을 개설하여 운영하는 자가 정하는 기준과 방법에 따라 금융투자상품시장에서 거래되는 파생상품에 해당하는 것을 말한다. ③ 장외파생상품이란 파생상품으로서 장내파생상품이 아닌 것을 말한다.

4. 금융투자업

(1) 금융투자업의 의의

금융투자업이란 이익을 얻을 목적으로 계속적이거나 반복적인 방법으로 행하는 행위로서 Ⓐ 투자매매업, Ⓑ 투자중개업, Ⓒ 집합투자업, Ⓓ 투자자문업, Ⓔ 투자일임업, Ⓕ 신탁업에 해당하는 업(業)을 말한다.

여기에서 Ⓐ 투자매매업이란 누구의 명의로 하든지 자기의 계산으로 금융투자상품의 매도·매수, 증권의 발행·인수 또는 그 청약의 권유, 청약, 청약의 승낙을 영업으로 하는 것, Ⓑ 투자중개업이란 누구의 명의로 하든지 타인의 계산으로 금융투자상품의 매도·매수, 그 중개나 청약의 권유, 청약, 청약의 승낙 또는 증권의 발행·인수에 대한 청약의 권유, 청약, 청약의 승낙을 영업으로 하는 것, Ⓒ 집합투자업이란 집합투자(2인 이상의 투자자로부터 모은 금전등 또는 국가재정법 제81조에 따른 여유자금을 투자자 또는 각 기금관리주체로부터 일상적인 운용지시를 받지 아니하면서 재산적 가치가 있는 투자대상자산을 취득·처분, 그 밖의 방법으로 운용하고 그 결과를 투자자 또는 각 기금관리주체에게 배분하여 귀속시키는 것, 예외 있음)를 영업으로 하는 것, Ⓓ 투자자문업이란 금융투자상품, 그 밖에 법령으로 정하는 투자대상자산(이하 "금융투자상품등"이라 한다)의 가치 또는 금융투자상품등에 대한 투자판단(종류, 종목, 취득·처분, 취득·처분의 방법·수량·가격 및 시기 등에 대한 판단을 말한다)에 관한 자문에 응하는 것을 영업으로 하는 것, Ⓔ 투자일임업이란 투자자로부터 금융투자상품등에 대한 투자판단의 전부 또는 일부를 일임받아 투자자별로 구분하여 그 투자자의 재산상태나 투자목적 등을 고려하여 금융투자상품등을 취득 · 처분, 그 밖의 방법으로 운용하는 것을 영업으로 하는 것, Ⓕ 신탁업이란 신탁을 영업으로 하는 것을 말한다.

한편, 전담중개업무란 전문투자형 사모집합투자기구, 그 밖에 법령으로 정하는 투자자(전문투자형 사모집합투자기구등)에 대하여 ⓐ 증권의 대여 또는 그 중개 · 주선이나 대리업무, ⓑ 금전의 융자, 그 밖의 신용공여, ⓒ 전문투자형 사모집합투자기구등의 재산의 보관 및 관리, ⓓ 그 밖에 전문투자형 사모집합투자기구등의 효율적인 업무 수행을 지원하기 위하여 필요한 업무로서 법령으로 정하는 업무를 효율적인 신용공여와 담보관리 등을 위하여 법령으로 정하는 방법에 따라 연계하여 제공하는 업무를 말한다.

(2) 금융투자업의 적용배제

① 자기가 증권을 발행하는 경우에는 투자매매업으로 보지 아니한다(다만, Ⓐ 투자신탁의 수익증권, Ⓑ 법령으로 정하는 파생결합증권, Ⓒ 투자성 있는 예금계약, 그 밖에 이에 준하는 것으로서 법령으로 정하는 계약에 따른 증권, Ⓓ 투자성 있는 보험계약에 따른 증권은 그러하지 아니하다). ② 두사권유대행인이 투자권유를 대행하는 경우에는 투자중개업으로 보지 아니하고, ③ 불특정 다수인을 대상으로 발행 또는 송신되고, 불특정 다수인이 수시로 구입 또는 수신할 수 있는 간행물 · 출판물 · 통신물 또는 방송 등을 통하여 조언을 하는 경우에는 투자자문업으로 보지 아니한다.

또한, ④ 투자중개업자가 투자자의 매매주문을 받아 이를 처리하는 과정에서 금융투자상품에 대한 투자판단의 전부 또는 일부를 일임받을 필요가 있는 경우로서 법령으로 정하는 경우에는 투자일임업으로 보지 아니하고, ⑤ 담보부사채신탁법에 따른 담보부사채에 관한 신탁업, 저작권법에 따른 저작권신탁관리업의 경우에는 신탁업으로 보지 아니하며, ⑥ Ⓐ 거래소가 증권시장 또는 파생상품시장을 개설 · 운영하는 경우, Ⓑ 투자매매업자를 상대방으로 하거나 투자중개업자를 통하여 금융투자상품을 매매하는 경우, Ⓒ 전문사모집합투자업자가 자신이 운용하는 전문투자형 사모집합투자기구의 집합투자증권을 판매하는 경우, Ⓓ 그 밖에 해당 행위의 성격 및 투자자 보호의 필요성 등을 고려하여 금융투자업의 적용에서 제외할 필요가 있는 것으로서 법령으로 정하는 경우에는 법령으로 정하는 바에 따라 금융투자업으로 보지 아니한다.

(3) 금융투자상품시장

① 금융투자상품시장이란 증권 또는 장내파생상품의 매매를 하는 시장을 말한다. ② 거래소란 증권 및 장내파생상품의 공정한 가격 형성과 그 매매, 그 밖의 거래의 안정성 및 효율성을 도모하기 위하여 금융위원회의 허가를 받아 금융투자상품시장을 개설하는 자를 말한다. ③ 거래소시장이란 거래소가 개설하는 금융투자상품시장을 말한다. ④ 거래소시장은 Ⓐ 증권시장: 증권의 매매를 위하여 거래소가 개설하는 시장, Ⓑ 파생상품시장: 장내파생상품의 매매를 위하여 거래소가 개설하는 시장과 같이 구분한다.

Ⅳ. 금융투자업의 주요 규제사항

1. 경영건전성 유지

(1) 재무건전성 유지

금융투자업자(겸영금융투자업자, 그 밖에 법령으로 정하는 금융투자업자를 제외)는 Ⓐ 자본금·준비금, 그 밖에 총리령으로 정하는 금액의 합계액에서 Ⓑ 고정자산, 그 밖에 단기간 내에 유동화가 어려운 자산으로서 총리령으로 정하는 자의 합계액을 뺀 금액(이하 “영업용순자본”이라 한다)을 금융투자업자의 자산 및 부채에 내재하거나 업무에 수반되는 위험을 금액으로 환산하여 합계한 금액(총위험액) 이상으로 유지하여야 한다. 영업용순자본과 총위험액의 산정에 관한 구체적인 기준 및 방법은 금융위원회가 정하여 고시하며, 금융투자업자는 매 분기의 말일을 기준으로 영업용순자본에서 총위험액을 뺀 금액을 기재한 서면을 해당 분기의 말일부터 45일 이내로서 법령으로 정하는 기간 이내에 금융위원회에 보고하여야 하며, 보고기간 종료일부터 3개월간 본점과 지점, 그 밖의 영업소에 비치하고, 인터넷 홈페이지 등을 이용하여 공시하여야 한다.

(2) 경영건전성기준

금융투자업자(겸영금융투자업자를 제외한다)는 경영의 건전성을 유지하기 위하여 Ⓐ 자기자본비율, 그 밖의 자본의 적정성에 관한 사항, Ⓑ 자산의 건전성에 관한 사항, Ⓒ 유동성에 관한 사항, Ⓓ 그 밖에 경영의 건전성 확보를 위하여 필요한 사항으로서 법령으로 정하는 사항에 관하여 금융위원회가 정하여 고시하는 경영건전성기준을 준수하여야 하며, 이를 위한 적절한 체계를 구축·시행하여야 한다.

금융위원회는 경영건전성기준을 정함에 있어서 금융투자업자가 영위하는 금융투자업의 종류 등을 고려하여 금융투자업별로 그 내용을 달리 정할 수 있고, 금융투자업자의 경영건전성 확보를 위한 경영실태 및 위험에 대한 평가를 할 수 있다. 다만, 자산규모 등을 고려하여 법령으로 정하는 금융투자업자에 대하여는 평가를 실시하여야 한다. 아울러, 금융위원회는 금융투자업자가 적정기준을 충족하지 못하거나 기준을 위반한 경우에는 금융투자업자에 대하여 자본금의 증액, 이익배당의 제한 등 경영건전성 확보를 위한 필요한 조치를 명할 수 있다.

(3) 대주주와의 거래제한 등

금융투자업자(겸영금융투자업자는 제외)는 다음 Ⓐ~Ⓒ에 해당하는 행위를 하여서는 아니 된다. 다만, 담보권의 실행 등 권리행사에 필요한 경우, 자본시장법 제176조제3항 제1호에 따른 안정조작 또는 같은 항 제2호에 따른 시장조성을 하는 경우, 그 밖에 금융투자업자의 건전성을 해치지 아니하는 범위에서 금융투자업의 효율적 수행을 위하여 법령으로 정하는 경우에는 그러하지 아니하며, 이 경우 금융위원회는 Ⓐ 그 금융투자업자의 대주주가 발행한 증권을 소유하는 행위, Ⓑ 그 금융투자업자의 특수관계인(금융투자업자의 대주주를 제외한다) 중 법령으로 정하는 자가 발행한 주식, 채권 및 약속어음(기업이 사업에 필요한 자금을 조달하기 위하여 발행한 것에 한한다)을 소유하는 행위(다만, 법령으로 정하는 비율의 범위에서 소유하는 경우 제외), Ⓒ 그 밖에 금융투자업자의 건전한 자산운용을 해할 우려가 있는 행위로서 법령으로 정하는 행위별로 그 소유기한 등을 정하여 고시할 수 있다.

금융투자업자는 대주주(그의 특수관계인을 포함)에 대하여 신용공여(금전·증권 등 경제적 가치가 있는 재산의 대여, 채무이행의 보증, 자금 지원적 성격의 증권의 매입, 그 밖에 거래상의 신용위험을 수반하는 직접적·간접적 거래로서 법령으로 정하는 거래)를 하여서는 아니 되며, 대주주는 그 금융투자업자로부터 신용공여를 받아서는 아니 된다. 다만, 금융투자업자의 건전성을 해할 우려가 없는 신용공여로서 법령으로 정하는 신용공여의 경우에는 이를 할 수 있다.

한편, 금융위원회는 금융투자업자의 대주주(회사에 한함)의 부채가 자산을 초과하는 등 재무구조의 부실로 인하여 금융투자업자의 경영건전성을 현저히 해칠 우려가 있는 경우로서 법령으로 정하는 경우에는 금융투자업자에 대하여 대주주가 발행한 증권의 신규취득 및 제2항 단서에 따른 신용공여를 제한할 수 있다.

(4) 대주주의 부당한 영향력 행사의 금지

금융투자업자의 대주주(그의 특수관계인을 포함한다)는 금융투자업자의 이익에 반하여 대주주 자신의 이익을 얻을 목적으로 Ⓐ 부당한 영향력을 행사하기 위하여 금융투자업자에 대하여 외부에 공개되지 아니한 자료 또는 정보의 제공을 요구하는 행위(다만, 금융회사의 지배구조에 관한 법률 제33조제6항 또는 상법 제466조에 따른 권리의 행사에 해당하는 경우 제외), Ⓑ 경제적 이익 등 반대급부의 제공을 조건으로 다른 주주와 담합하여 금융투자업자의 인사 또는 경영에 부당한 영향력을 행사하는 행위, Ⓒ 그 밖에 Ⓐ 및 Ⓑ에 준하는 행위로서 법령으로 정하는 행위를 하여서는 아니 된다.

2. 영업행위 규칙

(1) 공통 영업행위 규칙

1) 신의성실의무

금융투자업자는 신의성실의 원칙에 따라 공정하게 금융투자업을 영위하여야 하고, 금융투자업을 영위함에 있어서 정당한 사유 없이 투자자의 이익을 해하면서 자기가 이익을 얻거나 제삼자가 이익을 얻도록 하여서는 아니 된다.

2) 상호의 사용 및 명의대여금지

① 금융투자업자가 아닌 자는 그 상호 중에 금융투자라는 문자 또는 이와 같은 의미를 가지는 외국어 문자로서 법령으로 정하는 문자를 사용하여서는 아니 되고, ② 증권을 대상으로 하여 투자매매업 또는 투자중개업을 영위하는 자가 아닌 자는 그 상호 중에 증권이라는 문자 또는 이와 같은 의미를 가지는 외국어문자로서 법령으로 정하는 문자를 사용하여서는 아니 되며(다만, 증권집합투자기구는 증권이라는 문자 또는 이와 같은 의미를 가지는 외국어문자로서 법령으로 정하는 문자를 사용할 수 있다), ③ 장내파생상품 또는 장외파생상품을 대상으로 하여 투자매매업 또는 투자중개업을 영위하는 자가 아닌 자는 그 상호 중에 파생 또는 선물이라는 문자 또는 이와 같은 의미를 가지는 외국어문자로서 법령으로 정하는 문자를 사용하여서는 아니 된다.

또한, ④ 집합투자업자가 아닌 자는 그 상호 중에 집합투자, 투자신탁 또는 자산운용이라는 문자 또는 이와 같은 의미를 가지는 외국어문자로서 법령으로 정하는 문자를 사용하여서는 아니 되고(다만, 투자신탁인 집합투자기구는 투자신탁이라는 문자 또는 이와 같은 의미를 가지는 외국어문자로서 법령으로 정하는 문자를 사용할 수 있다), ⑤ 투자자문업자가 아닌 자는 그 상호 중에 투자자문이라는 문자 또는 이와 같은 의미를 가지는 외국어문자로서 법령으로 정하는 문자를 사용하여서는 아니 되고(다만, 부동산투자회사법에 따른 부동산투자자문회사는 투자자문이라는 문자 또는 이와 같은 의미를 가지는 외국어문자로서 법령으로 정하는 문자를 사용할 수 있다), ⑥ 투자일임업자가 아닌 자는 그 상호 중에 투자일임이라는 문자 또는 이와 같은 의미를 가지는 외국어문자로서 법령으로 정하는 문자를 사용하여서는 아니 되고, ⑦ 신탁업자가 아닌 자는 그 상호 중에 신탁이라는 문자 또는 이와 같은 의미를 가지는 외국어문자로서 법령으로 정하는 문자를 사용하여서는 아니 된다(다만, 집합투자업자 또는 자본시장법 제7조 제5항에 따른 업을 영위하는 자는 그 상호 중에 신탁이라는 문자 또는 이와 같은 의미를 가지는 외국어문자로서 법령으로 정하는 문자를 사용할 수 있다). 아울러, ⑧ 금융투자업자는 자기의 명의를 대여하여 타인에게 금융투자업을 영위하게 하여서는 아니 된다.

3) 금융투자업자의 다른 금융업무 영위

금융투자업자(겸영금융투자업자, 그 밖에 법령으로 정하는 금융투자업자를 제외)는 투자자 보호 및 건전한 거래질서를 해할 우려가 없는 금융업무로서 Ⓐ 자본시장법령으로 정하는 금융관련 법령에서 인가·허가·등록 등을 요하는 금융업무 중 보험업법 제91조에 따른 보험대리점의 업무 또는 보험중개사의 업무, 그 밖에 법령으로 정하는 금융업무, Ⓑ 자본시장법령으로 정하는 금융관련 법령에서 정하고 있는 금융업무로서 해당 법령에서 금융투자업자가 영위할 수 있도록 한 업무, Ⓒ 국가 또는 공공단체 업무의 대리, Ⓓ 투자자를 위하여 그 투자자가 예탁한 투자자예탁금으로 수행하는 자금이체업무, Ⓔ 그 밖에 그 금융업무를 영위하여도 투자자 보호 및 건전한 거래질서를 해할 우려가 없는 업무로서 법령으로 정하는 금융업무를 영위할 수 있다. 이 경우 금융투자업자는 Ⓑ부터 Ⓔ까지의 업무를 영위하고자 하는 때에는 그 업무를 영위하고자 하는 날의 7일 전까지 이를 금융위원회에 신고하여야 한다.

4) 금융투자업자의 부수업무 영위

금융투자업자는 금융투자업에 부수하는 업무를 영위하고자 하는 경우에는 그 업무를 영위하고자 하는 날의 7일 전까지 이를 금융위원회에 신고하여야 하고, 금융위원회는 부수업무 신고내용이 Ⓐ 금융투자업자의 경영건전성을 저해하는 경우, Ⓑ 인가를 받거나 등록한 금융투자업의 영위에 따른 투자자 보호에 지장을 초래하는 경우, Ⓒ 금융시장의 안정성을 저해하는 경우의 어느 하나에 해당하는 경우에는 그 부수업무의 영위를 제한하거나 시정할 것을 명할 수 있다.

5) 이해상충의 관리

금융투자업자는 금융투자업의 영위와 관련하여 금융투자업자와 투자자 간, 특정 투자자와 다른 투자자 간의 이해상충을 방지하기 위하여 이해상충이 발생할 가능성을 파악·평가하고, 금융회사의 지배구조에 관한 법률 제24조에 따른 내부통제기준이 정하는 방법 및 절차에 따라 이를 적절히 관리하여야 하고, 이해상충이 발생할 가능성을 파악·평가한 결과 이해상충이 발생할 가능성이 있다고 인정되는 경우에는 그 사실을 미리 해당 투자자에게 알려야 하며, 그 이해상충이 발생할 가능성을 내부통제기준이 정하는 방법 및 절차에 따라 투자자 보호에 문제가 없는 수준으로 낮춘 후 매매, 그 밖의 거래를 하여야 한다. 아울러, 금융투자업자는 그 이해상충이 발생할 가능성을 낮추는 것이 곤란하다고 판단되는 경우에는 매매, 그 밖의 거래를 하여서는 아니 된다.

6) 정보교류의 차단

금융투자업자는 그 영위하는 금융투자업(고유재산 운용업무 포함) 간에 이해상충이 발생할 가능성이 큰 경우로서 법령으로 정하는 경우에는 Ⓐ 금융투자상품의 매매에 관한 정보, 그 밖에 법령으로 정하는 정보를 제공하는 행위, Ⓑ 임원(대표이사, 감사 및 사외이사가 아닌 감사위원회의 위원 제외) 및 직원을 겸직하게 하는 행위, Ⓒ 사무공간 또는 전산설비를 법령으로 정하는 방법으로 공동 이용하는 행위, Ⓓ 그 밖에 이해상충이 발생할 가능성이 있는 행위로서 법령으로 정하는 행위를 하여서는 아니 된다.

아울러, 금융투자업자는 금융투자업의 영위와 관련하여 계열회사, 그 밖에 법령으로 정하는 회사와 이해상충이 발생할 가능성이 큰 경우로서 법령으로 정하는 경우에는 Ⓐ 금융투자상품의 매매에 관한 정보, 그 밖에 법령으로 정하는 정보를 제공하는 행위, Ⓑ 임원(비상근감사 제외) 및 직원을 겸직하게 하거나 파견하여 근무하게 하는 행위, Ⓒ 사무공간 또는 전산설비를 법령으로 정하는 방법으로 공동으로 이용하는 행위, Ⓓ 그 밖에 이해상충이 발생할 가능성이 있는 행위로서 법령으로 정하는 행위를 하여서는 아니 된다.

(2) 투자권유

1) 적합성 원칙

금융투자업자는 투자자가 일반투자자인지 전문투자자인지의 여부를 확인하여야 하고, 일반투자자에게 투자권유를 하기 전에 면담 · 질문 등을 통하여 일반투자자의 투자목적 · 재산상황 및 투자경험 등의 정보를 파악하고, 일반투자자로부터 서명(전자서명법 제2조 제2호에 따른 전자서명 포함), 기명날인, 녹취, 그 밖에 법령으로 정하는 방법으로 확인을 받아 이를 유지 · 관리하여야 하며, 확인받은 내용을 투자자에게 지체 없이 제공하여야 한다. 아울러, 금융투자업자는 일반투자자에게 투자권유를 하는 경우에는 일반투자자의 투자목적 · 재산상황 및 투자경험 등에 비추어 그 일반투자자에게 적합하지 아니하다고 인정되는 투자권유를 하여서는 아니 된다.

2) 적정성의 원칙

금융투자업자는 일반투자자에게 투자권유를 하지 아니하고 파생상품, 그 밖에 법령으로 정하는 금융투자상품(파생상품등)을 판매하려는 경우에는 면담 · 질문 등을 통하여 그 일반투자자의 투자목적 · 재산상황 및 투자경험 등의 정보를 파악하여야 하고, 일반투자자의 투자목적 · 재산상황 및 투자경험 등에 비추어 해당 파생상품 등이 그 일반투자자에게 적정하지 아니하다고 판단되는 경우에는 법령으로 정하는 바에 따라 그 사실을 알리고, 일반투자자로부터 서명, 기명날인, 녹취, 그 밖에 법령으로 정하는 방법으로 확인을 받아야 한다.

3) 설명의무

금융투자업자는 일반투자자를 상대로 투자권유를 하는 경우에는 금융투자상품의 내용, 투자에 따르는 위험, 그 밖에 법령으로 정하는 사항을 일반투자자가 이해할 수 있도록 설명하여야 하고, 설명한 내용을 일반투자자가 이해하였음을 서명, 기명날인, 녹취, 그 밖의 법령으로 정하는 방법 중 하나 이상의 방법으로 확인을 받아야 한다. 아울러, 금융투자업자는 설명을 함에 있어서 투자자의 합리적인 투자판단 또는 해당 금융투자상품의 가치에 중대한 영향을 미칠 수 있는 사항(중요사항)을 거짓 또는 왜곡(불확실한 사항에 대하여 단정적 판단을 제공하거나 확실하다고 오인하게 할 소지가 있는 내용을 알리는 행위)하여 설명하거나 중요사항을 누락하여서는 아니 된다.

4) 손해배상책임

금융투자업자는 투자상품설명, 중요사항의 거짓 또는 왜곡하여 설명하거나 누락하는 등을 위반한 경우 이로 인하여 발생한 일반투자자의 손해를 배상할 책임이 있다. 그 손해액은 금융투자상품의 취득으로 인하여 일반투자자가 지급하였거나 지급하여야 할 금전등의 총액(법령으로 정하는 금액 제외)에서 그 금융투자상품의 처분, 그 밖의 방법으로 그 일반투자자가 회수하였거나 회수할 수 있는 금전등의 총액(법령으로 정하는 금액 포함)을 뺀 금액은 손해배상책임에 따른 손해액으로 추정한다.

5) 부당권유의 금지

금융투자업자는 투자권유를 함에 있어서 Ⓐ 거짓의 내용을 알리는 행위, Ⓑ 불확실한 사항에 대하여 단정적 판단을 제공하거나 확실하다고 오인하게 할 소지가 있는 내용을 알리는 행위, Ⓒ 투자자로부터 투자권유의 요청을 받지 아니하고 방문 · 전화 등 실시간 대화의 방법을 이용하는 행위(다만, 투자자 보호 및 건전한 거래질서를 해할 우려가 없는 행위로서 법령으로 정하는 행위 제외), Ⓓ 투자권유를 받은 투자자가 이를 거부하는 취지의 의사를 표시하였음에도 불구하고 투자권유를 계속하는 행위(다만, 투자자 보호 및 건전한 거래질서를 해할 우려가 없는 행위로서 법령으로 정하는 행위 제외), Ⓔ 그 밖에 투자자 보호 또는 건전한 거래질서를 해할 우려가 있는 행위로서 법령으로 정하는 행위를 하여서는 아니 된다.

6) 투자권유준칙

금융투자업자는 투자권유를 함에 있어서 금융투자업자의 임직원이 준수하여야 할 구체적인 기준 및 절차(투자권유준칙)를 정하여야 한다. 다만, 파생상품 등에 대하여는 일반투자자의 투자목적 · 재산상황 및 투자경험 등을 고려하여 투자자 등급별로 차등화된 투자권유준칙을 마련하여야 한다.

아울러, 금융투자업자는 투자권유준칙을 정한 경우 이를 인터넷 홈페이지 등을 이용하여 공시하여야 한다. 투자권유준칙을 변경한 경우에도 또한 같다. 또한, 협회는 투자권유준칙과 관련하여 금융투자업자가 공통으로 사용할 수 있는 표준투자권유준칙을 제정할 수 있다.

(3) 직무관련 정보의 이용 금지 등

1) 직무관련 정보의 이용 금지

금융투자업자는 직무상 알게 된 정보로서 외부에 공개되지 아니한 정보를 정당한 사유 없이 자기 또는 제삼자의 이익을 위하여 이용하여서는 아니 된다.

2) 손실보전 등의 금지

금융투자업자는 금융투자상품의 매매, 그 밖의 거래와 관련하여 자본시장법 제103조제3항에 따라 손실의 보전 또는 이익의 보장을 하는 경우, 그 밖에 건전한 거래질서를 해할 우려가 없는 경우로서 정당한 사유가 있는 경우를 제외하고는 Ⓐ 투자자가 입을 손실의 전부 또는 일부를 보전하여 줄 것을 사전에 약속하는 행위, Ⓑ 투자자가 입은 손실의 전부 또는 일부를 사후에 보전하여 주는 행위, Ⓒ 투자자에게 일정한 이익을 보장할 것을 사전에 약속하는 행위, Ⓓ 투자자에게 일정한 이익을 사후에 제공하는 행위를 하여서는 아니 된다. 금융투자업자의 임직원이 자기의 계산으로 하는 경우에도 또한 같다.

3) 임직원의 금융투자상품 매매

금융투자업자의 임직원(겸영금융투자업자 중 법령으로 정하는 금융투자업자의 경우에는 금융투자업의 직무를 수행하는 임직원에 한한다)은 자기의 계산으로 법령으로 정하는 금융투자상품을 매매하는 경우에는 Ⓐ 자기의 명의로 매매할 것, Ⓑ 투자중개업자 중 하나의 회사(투자중개업자의 임직원의 경우에는 그가 소속된 투자중개업자에 한하되, 그 투자중개업자가 그 임직원이 매매하려는 금융투자상품을 취급하지 아니하는 경우에는 다른 투자중개업자를 이용할 수 있다)를 선택하여 하나의 계좌를 통하여 매매할 것(다만, 금융투자상품의 종류,

계좌의 성격 등을 고려하여 법령으로 정하는 경우에는 둘 이상의 회사 또는 둘 이상의 계좌를 통하여 매매할 수 있다), © 매매명세를 분기별(투자권유자문인력, 조사분석인력 및 투자운용인력의 경우에는 월별)로 소속 금융투자업자에게 통지할 것, Ⓓ 그 밖에 불공정행위의 방지 또는 투자자와의 이해상충의 방지를 위하여 법령으로 정하는 방법 및 절차를 준수할 것의 방법에 따라야 한다.

아울러, 금융투자업자는 그 임직원의 자기계산에 의한 금융투자상품 매매와 관련하여 불공정행위의 방지 또는 투자자와의 이해상충의 방지를 위하여 그 금융투자업자의 임직원이 따라야 할 적절한 기준 및 절차를 정하여야 하고, 분기별로 임직원의 금융투자상품의 매매명세를 기준 및 절차에 따라 확인하여야 한다.

4) 손해배상책임

금융투자업자는 법령 · 약관 · 집합투자규약 · 투자설명서에 위반하는 행위를 하거나 그 업무를 소홀히 하여 투자자에게 손해를 발생시킨 경우에는 그 손해를 배상할 책임이 있다. 다만, 배상의 책임을 질 금융투자업자가 자본시장법을 위반한 경우(투자매매업 또는 투자중개업과 집합투자업을 함께 영위함에 따라 발생하는 이해상충과 관련된 경우에 한한다)로서 그 금융투자업자가 상당한 주의를 하였음을 증명하거나 투자자가 금융투자상품의 매매, 그 밖의 거래를 할 때에 그 사실을 안 경우에는 배상의 책임을 지지 아니한다.

아울러, 금융투자업자가 상기에 따른 손해배상책임을 지는 경우로서 관련되는 임원에게도 귀책사유(歸責事由)가 있는 경우에는 그 금융투자업자와 관련되는 임원이 연대하여 그 손해를 배상할 책임이 있다.

V. 금융투자업자별 영업행위 규제

1. 투자매매업자 및 투자중개업자의 영업행위 규칙

(1) 매매형태의 명시

투자매매업자 또는 투자중개업자는 투자자로부터 금융투자상품의 매매에 관한 청약 또는 주문을 받는 경우에는 사전에 그 투자자에게 자기가 투자매매업자인지 투자중개업자인지를 밝혀야 한다.

(2) 자기계약의 금지

투자매매업자 또는 투자중개업자는 금융투자상품에 관한 같은 매매에 있어 자신이 본인이 됨과 동시에 상대방의 투자중개업자가 되어서는 아니 된다. 다만, 투자매매업자 또는 투자중개업자가 증권시장 또는 파생상품시장을 통하여 매매가 이루어지도록 한 경우와 그 밖에 투자자 보호 및 건전한 거래질서를 해할 우려가 없는 경우로서 법령으로 정하는 경우에 해당하는 경우에는 그러하지 아니하다.

(3) 최선집행의무

투자매매업자 또는 투자중개업자는 금융투자상품의 매매(법령으로 정하는 거래는 제외)에 관한 투자자의 청약 또는 주문을 처리하기 위하여 법령으로 정하는 바에 따라 최선의 거래조건으로 집행하기 위한 기준(최선집행기준)을 마련하고 이를 공표하여야 하고, 최선집행기준에 따라 금융투자상품의 매매에 관한 청약 또는 주문을 집행하여야 하며, 법령으로 정하는 기간마다 최선집행기준의 내용을 점검하여야 한다. 이 경우 최선집행기준의 내용이 청약 또는 주문을 집행하기에 적합하지 아니한 것으로 인정되는 때에는 이를 변경하고, 그 변경 사실을 공표하여야 한다.

아울러, 투자매매업자 또는 투자중개업자는 금융투자상품의 매매에 관한 청약 또는 주문을 받는 경우에는 미리 문서, 전자문서, 그 밖에 법령으로 정하는 방법으로 최선집행기준을 기재 또는 표시한 설명서를 투자자에게 교부하여야 한다. 다만, 이미 해당 설명서(최선집행기준을 변경한 경우에는 변경한 내용이 기재 또는 표시된 설명서를 말한다)를 교부한 경우에는 그러하지 아니하다.

(4) 자기주식의 예외적 취득

투자매매업자는 투자자로부터 그 투자매매업자가 발행한 자기주식으로서 증권시장(다자간매매체결회사에서의 거래를 포함)의 매매 수량단위 미만의 주식에 대하여 매도의 청약을 받은 경우에는 이를 증권시장 밖에서 취득할 수 있다. 이 경우 취득한 자기주식은 법령으로 정하는 기간 이내에 처분하여야 한다.

(5) 임의매매의 금지

투자매매업자 또는 투자중개업자는 투자자나 그 대리인으로부터 금융투자상품의 매매의 청약 또는 주문을 받지 아니하고는 투자자로부터 예탁받은 재산으로 금융투자상품의 매매를 하여서는 아니 된다.

(6) 불건전 영업행위의 금지

투자매매업자 또는 투자중개업자는 Ⓐ 투자자로부터 금융투자상품의 가격에 중대한 영향을 미칠 수 있는 매수 또는 매도의 청약이나 주문을 받거나 받게 될 가능성이 큰 경우 이를 체결시키기 전에 그 금융투자상품을 자기의 계산으로 매수 또는 매도하거나 제삼자에게 매수 또는 매도를 권유하는 행위, Ⓑ 특정 금융투자상품의 가치에 대한 주장이나 예측을 담고 있는 자료(조사분석자료)를 투자자에게 공표함에 있어서 그 조사분석자료의 내용이 사실상 확정된 때부터 공표 후 24시간이 경과하기 전까지 그 조사분석자료의 대상이 된 금융투자상품을 자기의 계산으로 매매하는 행위, Ⓒ 조사분석자료 작성을 담당하는 자에 대하여 법령으로 정하는 기업금융업무와 연동된 성과보수를 지급하는 행위, Ⓓ ⓐ 주권, ⓑ 법령으로 정하는 주권 관련 사채권, ⓒ 주권 또는 사채권과 관련된 증권예탁증권에 해당하는 증권의 모집 또는 매출과 관련한 계약을 체결한 날부터 그 증권이 증권시장에 최초로 상장된 후 법령으로 정하는 기간 이내에 그 증권에 대한 조사분석자료를 공표하거나 특정인에게 제공하는 행위, Ⓔ 투자권유대행인 및 투자권유자문인력이 아닌 자에게 투자권유를 하게 하는 행위, Ⓕ 투자자로부터 금융투자상품에 대한 투자판단의 전부 또는 일부를 일임받아 투자자별로 구분하여 금융투자상품을 취득 · 처분, 그 밖의 방법으로 운용하는 행위(다만, 투자일임업으로서 행하는 경우 등은 이를 할 수 있다), Ⓖ 그 밖에 투자자 보호 또는 건전한 거래질서를 해할 우려가 있는 행위로서 법령으로 정하는 행위를 하여서는 아니 된다. 다만, 투자자 보호 및 건전한 거래질서를 해할 우려가 없는 경우로서 법령으로 정하는 경우에는 이를 할 수 있다.

2. 집합투자업자의 영업행위 규칙

(1) 선관의무 및 충실의무

집합투자업자는 투자자에 대하여 선량한 관리자의 주의로써 집합투자재산을 운용하여야 하고, 투자자의 이익을 보호하기 위하여 해당 업무를 충실하게 수행하여야 한다.

(2) 자산운용의 지시 및 실행

투자신탁의 집합투자업자는 투자신탁재산을 운용함에 있어서 그 투자신탁재산을 보관·관리하는 신탁업자에 대하여 법령으로 정하는 방법에 따라 투자신탁재산별로 투자대상자산의 취득·처분 등에 관하여 필요한 지시를 하여야 하며, 그 신탁업자는 집합투자업자의 지시에 따라 투자대상자산의 취득·처분 등을 하여야 한다. 다만, 집합투자업자는 투자신탁재산의 효율적 운용을 위하여 불가피한 경우로서 법령으로 정하는 경우에는 자신의 명의로 직접 투자대상자산의 취득·처분 등을 할 수 있다.

한편, 투자신탁을 제외한 집합투자기구의 집합투자업자는 그 집합투자재산을 운용함에 있어서 집합투자기구의 명의(투자익명조합의 경우에는 그 집합투자업자의 명의를 말함)로 법령으로 정하는 방법에 따라 집합투자재산(투자신탁재산은 제외)별로 투자대상자산의 취득·처분 등을 하고, 그 집합투자기구의 신탁업자에게 취득·처분 등을 한 자산의 보관·관리에 필요한 지시를 하여야 하며, 그 신탁업자는 집합투자업자의 지시에 따라야 한다. 이 경우 집합투자업자가 투자대상자산의 취득·처분 등을 함에 있어서는 집합투자업자가 그 집합투자기구를 대표한다는 사실을 표시하여야 한다.

(3) 자산운용의 제한

집합투자업자는 집합투자재산을 운용함에 있어서 투자자 보호 또는 집합투자재산의 안정적 운용 등을 해할 우려가 있는 행위로서 법령으로 정하는 행위 등을 하여서는 아니 된다. 다만, 투자자 보호 및 집합투자재산의 안정적 운용을 해할 우려가 없는 경우로서 법령으로 정하는 경우에는 이를 할 수 있다.

1) 집합투자재산의 증권 및 파생상품에 운용 제한

집합투자재산의 증권 및 파생상품에 운용하는 경우에는, Ⓐ 각 집합투자기구 자산총액의 100분의 10 이내의 범위에서 법령으로 정하는 비율을 초과하여 동일종목의 증권에 투자하는 행위(이 경우 동일법인 등이 발행한 증권 중 지분증권(그 법인 등이 발행한 지분증권과 관련된 증권예탁증권을 포함)과 지분증권을 제외한 증권은 각각 동일종목으로 본다), Ⓑ 각 집합투자업자가 운용하는 전체 집합투자기구 자산총액으로 동일법인 등이 발행한 지분증권 총수의 100분의 20을 초과하여 투자하는 행위, Ⓒ 각 집합투자기구 자산총액으로 동일법인 등이 발행한 지분증권 총수의 100분의 10을 초과하여 투자하는 행위, Ⓓ 법령으로 정하는 적격 요건을 갖추지 못한 자와 장외파생상품을 매매하는 행위, Ⓔ 파생상품의 매매에 따른 위험평가액이 법령으로 정하는 기준을 초과하여 투자하는 행위, Ⓕ 파생상품의 매매와 관련하여 기초자산 중 동일법인 등이 발행한 증권(그 법인 등이 발행한 증권과 관련된 증권예탁증권을 포함)의 가격변동으로 인한 위험평가액이 각 집합투자기구 자산총액의 100분의 10을 초과하여 투자하는 행위, Ⓖ 같은 거래상대방과의 장외파생상품 매매에 따른 거래상대방 위험평가액이 각 집합투자기구 자산총액의 100분의 10을 초과하여 투자하는 행위등은 제한된다.

2) 집합투자재산의 부동산에 운용제한

집합투자재산을 부동산에 운용하는 경우에는, Ⓐ 부동산을 취득한 후 5년 이내의 범위에서 법령으로 정하는 기간 이내에 이를 처분하는 행위(다만, 부동산개발사업(토지를 택지·공장용지 등으로 개발하거나 그 토지 위에 건축물, 그 밖의 공작물을 신축 또는 재축하는 사업)에 따라 조성하거나 설치한 토지·건축물 등을 분양하는 경우, 그 밖에 투자자 보호를 위하여 필요한 경우로서 법령으로 정하는 경우를 제외), Ⓑ 건축물, 그 밖의 공작물이 없는 토지로서 그 토지에 대하여 부동산개발사업을 시행하기 전에 이를 처분하는 행위(다만, 집합투자기구의 합병 · 해지 또는 해산, 그 밖에 투자자 보호를 위하여 필요한 경우로서 법령으로 정하는 경우 제외)는 제한된다.

3) 집합투자재산을 집합투자증권에 운용제한

집합투자재산을 집합투자증권에 운용하는 경우에는, Ⓐ 각 집합투자기구 자산총액의 100분의 50을 초과하여 같은 집합투자업자(외국 집합투자업자 포함)가 운용하는 집합투자기구(외국 집합투자기구 포함)의 집합투자증권에 투자하는 행위, Ⓑ 각 집합투자기구 자산총액의 100분의 20을 초과하여 같은 집합투자기구(외국 집합투자기구 포함)의 집합투자증권에 투자하는 행위, Ⓒ 집합투자증권에 자산총액의 100분의 40을 초과하여 투자할 수 있는 집합투자기구(외국 집합투자기구 포함)의 집합투자증권에 투자하는 행위, Ⓓ 각 집합투자기구 자산총액의 100분의 5이내에서 법령으로 정하는 비율을 초과하여 사모집합투자기구(사모집합투자기구에 상당하는 외국 사모집합투자기구 포함)의 집합투자증권에 투자하는 행위, Ⓔ 각 집합투자기구의 집합투자재산으로 같은 집합투자기구(외국 집합투자기구 포함)의 집합투자증권 총수의 100분의 20을 초과하여 투자하는 행위(이 경우 그 비율의 계산은 투자하는 날을 기준으로 한다), Ⓕ 집합투자기구의 집합투자증권을 판매하는 투자매매업자 또는 투자중개업자가 받는 판매수수료 및 판매보수와 그 집합투자기구가 투자하는 다른 집합투자기구(외국 집합투자기구 포함)의 집합투자증권을 판매하는 투자매매업자[외국 투자매매업자(외국 법령에 따라 외국에서 투자매매업에 상당하는 영업을 영위하는 자)를 포함] 또는 투자중개업자[외국 투자중개업자(외국 법령에 따라 외국에서 투자중개업에 상당하는 영업을 영위하는 자)를 포함]가 받는 판매수수료 및 판매보수의 합계가 법령으로 정하는 기준을 초과하여 집합투자증권에 투자하는 행위는 제한된다.

(4) 자기집합투자증권의 취득 제한

투자신탁이나 투자익명조합의 집합투자업자는 집합투자기구의 계산으로 그 집합투자기구의 집합투자증권을 취득하거나 질권의 목적으로 받지 못한다. 다만, 담보권의 실행 등 권리 행사에 필요한 경우(이 경우 취득한 집합투자증권은 법령으로 정하는 방법에 따라 처분하여야 한다)와 수익증권을 매수하는 경우의 어느 하나에 해당하는 경우에는 집합투자기구의 계산으로 그 집합투자기구의 집합투자증권을 취득할 수 있다.

(5) 금전차입 등의 제한

집합투자업자는 집합투자재산을 운용함에 있어서 집합투자기구의 계산으로 금전을 차입(借入)하지 못한다. 다만, 집합투자증권의 환매청구가 대량으로 발생하여 일시적으로 환매대금의 지급이 곤란한 때와 매수청구가 대량으로 발생하여 일시적으로 매수대금의 지급이 곤란한 때의 어느 하나에 해당하는 경우에는 집합투자기구의 계산으로 금전을 차입할 수 있다.

집합투자기구의 계산으로 금전을 차입하는 경우 그 차입금의 총액은 차입 당시 집합투자기구 자산총액에서 부채총액을 뺀 가액의 100분의 10을 초과하여서는 아니 되며, 집합투자업자는 집합투자재산을 운용함에 있어서 집합투자재산 중 금전을 대여(법령으로 정하는 금융기관에 대한 30일 이내의 단기대출 제외)하여서는 아니 되며, 집합투자재산을 운용함에 있어서 집합투자재산으로 해당 집합투자기구 외의 자를 위하여 채무보증 또는 담보제공을 하여서는 아니 된다.

(6) 이해관계인과의 거래제한 등

집합투자업자는 집합투자재산을 운용함에 있어서 법령으로 정하는 이해관계인과 거래행위를 하여서는 아니 된다. 다만, 집합투자기구와 이해가 상충될 우려가 없는 거래로서 Ⓐ 이해관계인이 되기 6개월 이전에 체결한 계약에 따른 거래, Ⓑ 증권시장 등 불특정다수인이 참여하는 공개시장을 통한 거래, Ⓒ 일반적인 거래조건에 비추어 집합투자기구에 유리한 거래, Ⓓ 그 밖에 법령으로 정하는 거래의 어느 하나에 해당하는 거래의 경우에는 이를 할 수 있다. 아울러, 집합투자업자는 집합투자재산을 운용함에 있어서 법령으로 정하는 한도를 초과하여 그 집합투자업자의 계열회사가 발행한 증권(수익증권, 그 밖에 법령으로 정하는 증권 제외하며, 계열회사가 발행한 지분증권과 관련한 증권예탁증권 및 법령으로 정하는 투자대상자산을 포함)을 취득하여서는 아니 된다.

(7) 불건전 영업행위의 금지

집합투자업자는 Ⓐ 집합투자재산을 운용함에 있어서 금융투자상품, 그 밖의 투자대상자산의 가격에 중대한 영향을 미칠 수 있는 매수 또는 매도 의사를 결정한 후 이를 실행하기 전에 그 금융투자상품, 그 밖의 투자대상자산을 집합투자업자 자기의 계산으로 매수 또는 매도하거나 제삼자에게 매수 또는 매도를 권유하는 행위, Ⓑ 자기 또는 법령으로 정하는 관계인수인이 인수한 증권을 집합투자재산으로 매수하는 행위, Ⓒ 자기 또는 관계인수인이 법령으로 정하는 인수업무를 담당한 법인의 특정증권등에 대하여 인위적인 시세를 형성하기 위하여 집합투자재산으로 그 특정증권등을 매매하는 행위, Ⓓ 특정 집합투자기구의 이익을 해하면서 자기 또는 제삼자의 이익을 도모하는 행위, Ⓔ 특정 집합투자재산을 집합투자업자의 고유재산 또는 그 집합투자업자가 운용하는 다른 집합투자재산, 투자일임재산(투자자로부터 투자판단을 일임받아 운용하는 재산) 또는 신탁재산과 거래하는 행위, Ⓕ 제삼자와의 계약 또는 담합 등에 의하여 집합투자재산으로 특정 자산에 교차하여 투자하는 행위, Ⓖ 투자운용인력이 아닌 자에게 집합투자재산을 운용하게 하는 행위, Ⓗ 그 밖에 투자자 보호 또는 건전한 거래질서를 해할 우려가 있는 행위로서 법령으로 정하는 행위의 어느 하나에 해당하는 행위를 하여서는 아니 된다. 다만, 투자자 보호 및 건전한 거래질서를 해할 우려가 없는 경우로서 법령으로 정하는 경우에는 이를 할 수 있다.

(8) 성과보수의 제한

집합투자업자는 집합투자기구의 운용실적에 연동하여 미리 정하여진 산정방식에 따른 보수(성과보수)를 받아서는 아니 된다. 다만, 집합투자기구가 사모집합투자기구인 경우와 사모집합투자기구 외의 집합투자기구 중 운용보수의 산정방식, 투자자의 구성 등을 고려하여 투자자 보호 및 건전한 거래질서를 해할 우려가 없는 경우로서 법령으로 정하는 경우의 어느 하나에 해당하는 경우에는 성과보수를 받을 수 있다. 아울러, 집합투자업자는 성과보수를 받고자 하는 경우에는 그 성과보수의 산정방식, 그 밖에 법령으로 정하는 사항을 해당 투자설명서 및 집합투자규약에 기재하여야 한다.

(9) 수시공시

투자신탁이나 투자익명조합의 집합투자업자는 Ⓐ 투자운용인력의 변경이 있는 경우 그 사실과 변경된 투자운용인력의 운용경력(운용한 집합투자기구의 명칭, 집합투자재산의 규모와 수익률), Ⓑ 환매연기 또는 환매재개의 결정 및 그 사유, Ⓒ 법령으로 정하는 부실자산이 발생한 경우 그 명세 및 상각률, Ⓓ 집합투자자총회의 결의내용, Ⓔ 그 밖에 투자자 보호를 위하여 필요한 사항으로서 법령으로 정하는 사항의 어느 하나에 해당하는 사항이 발생한 경우 법령으로 정하는 바에 따라 이를 지체 없이 공시하여야 한다.

수시공시는 Ⓐ 집합투자업자, 집합투자증권을 판매한 투자매매업자 또는 투자중개업자 및 협회의 인터넷 홈페이지를 이용하여 공시하는 방법, Ⓑ 집합투자증권을 판매한 투자매매업자 또는 투자중개업자로 하여금 전자우편을 이용하여 투자자에게 알리는 방법, Ⓒ 집합투자업자, 집합투자증권을 판매한 투자매매업자 또는 투자중개업자의 본점과 지점, 그 밖의 영업소에 게시하는 방법으로 한다.

3. 투자자문업자 및 투자일임업자의 영업행위 규칙

(1) 선관의무 및 충실의무

투자자문업자는 투자자에 대하여 선량한 관리자의 주의로써 투자자문에 응하여야 하며, 투자일임업자는 투자자에 대하여 선량한 관리자의 주의로써 투자일임재산을 운용하여야 한다. 투자자문업자 및 투자일임업자는 투자자의 이익을 보호하기 위하여 해당 업무를 충실하게 수행하여야 한다.

(2) 계약의 체결

투자자문업자 또는 투자일임업자는 일반투자자와 투자자문계약 또는 투자일임계약을 체결하고자 하는 경우에는 Ⓐ 투자자문의 범위 및 제공방법 또는 투자일임의 범위 및 투자대상 금융투자상품등, Ⓑ 투자자문업 또는 투자일임업의 수행에 관하여 투자자문업자 또는 투자일임업자가 정하고 있는 일반적인 기준 및 절차, Ⓒ 투자자문업 또는 투자일임업을 실제로 수행하는 임직원의 성명 및 주요경력, Ⓓ 투자자와의 이해상충방지를 위하여 투자자문업자 또는 투자일임업자가 정한 기준 및 절차, Ⓔ 투자자문계약 또는 투자일임계약과 관련하여 투자결과가 투자자에게 귀속된다는 사실 및 투자자가 부담하는 책임에 관한 사항, Ⓕ 수수료에 관한 사항, Ⓖ 투자실적의 평가 및 투자결과를 투자자에게 통보하는 방법(투자일임계약의 경우에 한함), Ⓗ 투자자는 투자일임재산의 운용방법을 변경하거나 계약의 해지를 요구할 수 있다는 사실, Ⓘ 그 밖에 투자자가 계약체결 여부를 결정하는 데에 중요한 판단기준이 되는 사항으로서 법령으로 정하는 사항을 기재한 서면자료를 미리 일반투자자에게 교부하여야 한다.

(3) 불건전 영업행위의 금지

1) 투자자문업자 또는 투자일임업자의 영업행위 제한

Ⓐ 투자자로부터 금전·증권, 그 밖의 재산의 보관·예탁을 받는 행위, Ⓑ 투자자에게 금전·증권, 그 밖의 재산을 대여하거나 투자자에 대한 제삼자의 금전·증권, 그 밖의 재산의 대여를 중개·주선 또는 대리하는 행위, Ⓒ 투자권유자문인력 또는 투자운용인력이 아닌 자에게 투자자문업 또는 투자일임업을 수행하게 하는 행위, Ⓓ 계약으로 정한 수수료 외의 대가를 추가로 받는 행위, Ⓔ 투자자문에 응하거나 투자일임재산을 운용하는 경우 금융투자상품등의 가격에 중대한 영향을 미칠 수 있는 투자판단에 관한 자문 또는 매매 의사를 결정한 후 이를 실행하기 전에 그 금융투자상품등을 자기의 계산으로 매매하거나 제삼자에게 매매를 권유하는 행위의 어느 하나에 해당하는 행위를 하여서는 아니된다. 다만, 투자자 보호 및 건전한 거래질서를 해할 우려가 없는 경우로서 법령으로 정하는 경우에는 이를 할 수 있다.

2) 투자일임업자의 투자일임재산 운용제한

Ⓐ 정당한 사유 없이 투자자의 운용방법의 변경 또는 계약의 해지 요구에 응하지 아니하는 행위, Ⓑ 자기 또는 관계인수인이 인수한 증권을 투자일임재산으로 매수하는 행위, Ⓒ 자기 또는 관계인수인이 법령으로 정하는 인수업무를 담당한 법인의 특정증권등에 대하여 인위적인 시세를 형성하기 위하여 투자일임

재산으로 그 특정증권등을 매매하는 행위, Ⓓ 특정 투자자의 이익을 해하면서 자기 또는 제삼자의 이익을 도모하는 행위, Ⓔ 투자일임재산으로 자기가 운용하는 다른 투자일임재산, 집합투자재산 또는 신탁재산과 거래하는 행위, Ⓕ 투자일임재산으로 투자일임업자 또는 그 이해관계인의 고유재산과 거래하는 행위, Ⓖ 투자자의 동의 없이 투자일임재산으로 투자일임업자 또는 그 이해관계인이 발행한 증권에 투자하는 행위, Ⓗ 투자일임재산을 각각의 투자자별로 운용하지 아니하고 여러 투자자의 자산을 집합하여 운용하는 행위, Ⓘ 투자자로부터 ⓐ 투자일임재산을 예탁하는 투자매매업자·투자중개업자, 그 밖의 금융기관을 지정하거나 변경하는 행위, ⓑ 투자일임재산을 예탁하거나 인출하는 행위, ⓒ 투자일임재산에 속하는 증권의 의결권, 그 밖의 권리를 행사하는 행위를 위임받는 행위, Ⓙ 그 밖에 투자자 보호 또는 건전한 거래질서를 해할 우려가 있는 행위로서 법령으로 정하는 행위를 하여서는 아니 된다. 다만, 투자자 보호 및 건전한 거래질서를 해할 우려가 없는 경우로서 법령으로 정하는 경우에는 이를 할 수 있다.

(4) 성과보수의 제한

투자자문업자 또는 투자일임업자는 투자자문과 관련한 투자결과 또는 투자일임재산의 운용실적과 연동된 성과보수를 받아서는 아니 된다. 다만, 투자자 보호 및 건전한 거래질서를 해할 우려가 없는 경우로서 법령으로 정하는 경우에는 성과보수를 받을 수 있으며, 투자자문업자 또는 투자일임업자가 성과보수를 받고자 하는 경우에는 그 성과보수의 산정방식, 그 밖에 법령으로 정하는 사항을 해당 투자자문 또는 투자일임의 계약서류에 기재하여야 한다.

4. 신탁업자의 영업행위 규칙

(1) 선관의무 및 충실의무

신탁업자는 수익자에 대하여 선량한 관리자의 주의로써 신탁재산을 운용하여야 하며, 수익자의 이익을 보호하기 위하여 해당 업무를 충실하게 수행하여야 한다.

(2) 신탁재산의 제한

신탁업자는 Ⓐ 금전, Ⓑ 증권, Ⓒ 금전채권, Ⓓ 동산, Ⓔ 부동산, Ⓕ 지상권, 전세권, 부동산임차권, 부동산소유권 이전등기청구권, 그 밖의 부동산 관련 권리, Ⓖ 무체재산권(지식재산권 포함)의 재산 외의 재산을 수탁할 수 없으며, 부동산 개발사업을 목적으로 하는 신탁계약을 체결한 경우에는 그 신탁계약에 의한 부동산개발사업별로 상기의 재산을 법령으로 정하는 사업비의 100분의 15이내에서 수탁할 수 있다.

(3) 신탁재산 등 운용의 제한

신탁업자는 신탁재산에 속하는 금전을 Ⓐ 증권(법령으로 정하는 증권에 한한다)의 매수, Ⓑ 장내파생상품 또는 장외파생상품의 매수, Ⓒ 법령으로 정하는 금융기관에의 예치, Ⓓ 금전채권의 매수, Ⓔ 대출, Ⓕ 어음의 매수, Ⓖ 실물자산의 매수, Ⓗ 무체재산권의 매수, Ⓘ 부동산의 매수 또는 개발, Ⓙ 그 밖에 신탁재산의 안전성·수익성 등을 고려하여 법령으로 정하는 방법으로 운용하여야 한다. 아울러, 신탁업자는 부동산, 지상권, 전세권, 부동산임차권, 부동산소유권 이전등기청구권, 그 밖의 부동산 관련 권리의 재산만을 신탁받는 경우, 그 밖에 법령으로 정하는 경우를 제외하고는 신탁의 계산으로 그 신탁업자의 고유재산으로부터 금전을 차입할 수 없다.

(4) 여유자금의 운용

신탁업자는 부동산, 지상권, 전세권, 부동산임차권, 부동산소유권 이전등기청구권, 그 밖의 부동산 관련 권리의 재산만을 신탁받는 경우 그 신탁재산을 운용함에 따라 발생한 여유자금을 Ⓐ 법령으로 정하는 금융기관에의 예치, Ⓑ 국채증권, 지방채증권 또는 특수채증권의 매수, Ⓒ 정부 또는 법령으로 정하는 금융기관이 지급을 보증한 증권의 매수, Ⓓ 그 밖에 부동산, 지상권, 전세권, 부동산임차권, 부동산소유권 이전등기청구권, 그 밖의 부동산 관련 권리에 따른 신탁재산의 안정성·수익성 등을 저해하지 아니하는 방법으로서 법령으로 정하는 방법으로 운용하여야 한다.

(5) 불건전 영업행위의 금지

신탁업자는 Ⓐ 신탁재산을 운용함에 있어서 금융투자상품, 그 밖의 투자대상자산의 가격에 중대한 영향을 미칠 수 있는 매수 또는 매도 의사를 결정한 후 이를 실행하기 전에 그 금융투자상품, 그 밖의 투자대상자산을 자기의 계산으로 매수 또는 매도하거나 제삼자에게 매수 또는 매도를 권유하는 행위, Ⓑ 자기 또는 관계인수인이 인수한 증권을 신탁재산으로 매수하는 행위, Ⓒ 자기 또는 관계인수인이 법령으로 정하는 인수업무를 담당한 법인의 특정증권등에 대하여 인위적인 시세를 형성시키기 위하여 신탁재산으로 그 특정증권등을 매매하는 행위, Ⓓ 특정 신탁재산의 이익을 해하면서 자기 또는 제삼자의 이익을 도모하는 행위, Ⓔ 신탁재산으로 그 신탁업자가 운용하는 다른 신탁재산, 집합투자재산 또는 투자일임재산과 거래하는 행위, Ⓕ 신탁재산으로 신탁업자 또는 그 이해관계인의 고유재산과 거래하는 행위, Ⓖ 수익자의 동의 없이 신탁재산으로 신탁업자 또는 그 이해관계인이 발행한 증권에 투자하는 행위, Ⓗ 투자운용인력이 아닌 자에게 신탁재산을 운용하게 하는 행위, Ⓘ 그 밖에 수익자 보호 또는 건전한 거래질서를 해할 우려가 있는 행위로서 법령으로 정하는 행위를 하여서는 아니 된다. 다만, 수익자 보호 및 건전한 거래질서를 해할 우려가 없는 경우로서 법령으로 정하는 경우에는 이를 할 수 있다.

5. 온라인소액투자중개업자 등에 대한 특례

(1) 미등록 영업행위의 금지 및 등록

누구든지 자본시장법에 따라 온라인소액투자중개업자 등록을 하지 아니한 자는 온라인소액투자중개를 할 수 없다. 아울러, 온라인소액투자중개업자가 되고자 하는 자는 금융위원회에 등록하는 경우 자본시장법에 따른 인가를 받은 것으로 본다. 이때 등록을 하려는 자는 Ⓐ 상법에 따른 주식회사, 외국 온라인소액투자중개업자(외국 법령에 따라 외국에서 온라인소액투자중개에 상당하는 영업을 영위하는 자)로서 온라인소액투자중개에 필요한 지점, 그 밖의 영업소를 설치한 자에 해당하는 자일 것, Ⓑ 5억원 이상으로서 법령으로 정하는 금액 이상의 자기자본을 갖출 것, Ⓒ 사업계획이 타당하고 건전할 것, Ⓓ 투자자의 보호가 가능하고 그 영위하고자 하는 업을 수행하기에 충분한 인력과 전산설비, 그 밖의 물적 설비를 갖출 것, Ⓔ 임원이 금융회사의 지배구조에 관한 법률 제5조에 적합할 것, Ⓕ 대주주나 외국 온라인소액투자중개업자가 충분한 출자능력, 건전한 재무상태 및 사회적 신용을 갖출 것, Ⓖ 경영건전성기준 등 법령으로 정하는 건전한 재무상태와 법령 위반사실이 없는 등 법령으로 정하는 건전한 사회적 신용을 갖출 것, Ⓗ 온라인소액투자중개업자와 투자자 간, 특정 투자자와 다른 투자자 간의 이해상충을 방지하기 위한 체계로서 법령으로 정하는 요건을 갖출 것의 요건을 모두 갖추어야 한다.

(2) 유사명칭의 사용 금지

다른 금융투자업(투자중개업 중 온라인소액투자중개에 해당하지 아니하는 것을 포함)을 영위하지 아니하는 온라인소액투자중개업자는 상호에 "금융투자" 및 이와 유사한 의미를 가지는 외국어 문자로서 법령으로 정하는 문자를 사용하여서는 아니 된다. 또한, 온라인소액투자중개업자가 아닌 자는 "온라인소액투자중개" 또는 이와 유사한 명칭을 사용하여서는 아니 된다.

(3) 지배구조 등

온라인소액투자중개업자는 대주주가 변경된 경우에는 이를 2주 이내에 금융위원회에 보고하여야 하고, 그 임직원이 직무를 수행할 때 준수하여야 할 적절한 기준 및 절차로서 법령으로 정하는 사항을 포함하는 내부통제기준을 정하여야 한다.

(4) 영업행위의 규제 등

온라인소액투자중개업자는 자신이 온라인소액투자중개를 하는 증권을 자기의 계산으로 취득하거나, 증권의 발행 또는 그 청약을 주선 또는 대리하는 행위를 하여서는 아니 되며, 온라인소액투자중개를 통하여 증권을 발행하는 자(온라인소액증권발행인)의 신용 또는 투자 여부에 대한 투자자의 판단에 영향을 미칠 수 있는 자문이나 온라인소액증권발행인의 경영에 관한 자문에 응하여서는 아니 된다.

아울러, 온라인소액투자중개업자는 투자자가 청약의 내용, 투자에 따르는 위험, 증권의 매도 제한, 증권의 발행조건과 온라인소액증권발행인의 재무상태가 기재된 서류 및 사업계획서의 내용을 충분히 확인하였는지의 여부를 투자자의 서명 등 법령으로 정하는 방법으로 확인하기 전에는 그 청약의 의사 표시를 받아서는 아니 되고, 온라인소액증권발행인의 요청에 따라 투자자의 자격 등을 합리적이고 명확한 기준에 따라 제한할 수 있으며, 투자자가 청약의 의사를 표시하지 아니한 상태에서 투자자의 재산으로 증권의 청약을 하여서는 아니 되고, 온라인소액증권발행인에 관한 정보의 제공, 청약주문의 처리 등의 업무를 수행할 때 특정한 온라인소액증권발행인 또는 투자자를 부당하게 우대하거나 차별하여서는 아니 된다. 다만, 투자자가 청약의 의사를 먼저 표시하는 등 법령으로 정하는 정당한 사유가 있는 경우에는 그러하지 아니하다.

또한, 온라인소액투자중개업자는 증권의 청약기간이 만료된 경우에는 증권의 청약 및 발행에 관한 내역을 금융위원회가 정하여 고시하는 방법에 따라 지체 없이 투자자에게 통지하여야 하고, 증권의 발행한도와 투자자의 투자한도가 준수될 수 있도록 필요한 조치를 취하여야 한다.

한편, 온라인소액투자중개업자는 ⓐ 투자광고를 자신의 인터넷 홈페이지에 게시하는 행위, ⓑ 온라인소액증권발행인이 게재하는 내용을 자신의 인터넷 홈페이지에 게시하는 행위, ⓒ 자신의 인터넷 홈페이지를 통하여 자신이 중개하는 증권 또는 그 온라인소액증권발행인에 대한 투자자들의 의견이 교환될 수 있도록 관리하는 행위(다만, 온라인소액투자중개업자는 자신의 인터넷 홈페이지를 통하여 공개되는 투자자들의 의견을 임의로 삭제하거나 수정하여서는 아니 된다), ⓓ 사모의 방식으로 증권의 청약을 권유하는 경우에는 온라인소액증권발행인이 게재하는 내용을 특정 투자자에게 전송하는 행위를 제외하고는 증권의 청약을 권유하는 일체의 행위를 하여서는 아니 된다.

제 3 절 금융시장

Ⅰ. 금융시장

1. 금융시장의 의미

금융시장(financial market)은 기업, 가계, 정부, 금융회사 등 경제주체들이 금융상품을 매개로 하여 필요한 자금을 조달하고 여유자금을 운용하는 조직화된 장소를 말한다. 여기에서 장소는 물리적인 장소만을 의미하는 것이 아니다. 최근 들어 인터넷 등을 활용한 다양한 형태의 금융형태가 출현하면서 가상공간에서의 금융거래도 이러한 시장의 한 부분이라고 할 수 있다. 또, 금융상품은 미래의 현금흐름에 대한 법률적 청구권을 나타내는 화폐증서로서 예금, 주식, 채권, 기업어음(CP) 등의 기초자산 뿐만 아니라 선물, 옵션, 스왑 등 파생상품을 포함한다. 금융시장은 직접금융시장과 간접금융시장으로 구분해 볼 수 있는데, 직접금융시장은 금융중개기관을 거치지 않고 자금의 수요자와 공급자 간의 직접증권의 매매형태로 자금거래가 이루어지는 시장을 말하고, 이외의 시장을 간접금융시장으로 볼 수 있다.

금융중개기관은 단순히 거래를 알선하거나 매매 중개역할만 하는 브로커나 딜러가 아니라 자금의 공급자와 수요자 사이에서 당사자의 지위를 가진 채 자기 계산으로 신용대위를 하는 은행과 같은 금융기관이다. 직접증권은 자금의 최종수요자가 자금조달을 위해 직접 발행한 증권으로 주식과 채권, 간접증권은 최종 수요자가 아닌 중개기관이 자금조달을 위해 발행한 예금증서와 보험증서를 말한다.

아울러, 국내금융은 거주자 간에, 자국통화로, 국내에서 발생한 금융거래를 하는데, 국제금융은 이 3가지 요건 중 어느 하나라도 충족되지 않은 경우를 말한다. 국제금융시장은 국제간에 신용이 이루어지는 협의의 금융시장과 외환시장을 포함한 광의의 국제금융시장으로 구분할 수 있는데, 일반적으로 협의의 국제금융시장을 말하며, 외환시장은 별도의 시장으로 분류된다.

〈표 4-1〉 우리나라 금융시장의 구조

<table>
<tr><th colspan="2">구 분</th><th colspan="2">세부구분</th></tr>
<tr><td rowspan="11">전통적 금융시장</td><td rowspan="7">단기금융시장</td><td>콜(Call)</td><td></td></tr>
<tr><td>환매조건부채권(RP)</td><td></td></tr>
<tr><td>양도성예금증서(CD)</td><td></td></tr>
<tr><td>기업어음(CP)</td><td></td></tr>
<tr><td>표지어음(Cover Bills)</td><td></td></tr>
<tr><td>통화안정증권(MSB)</td><td></td></tr>
<tr><td>MMF, MMDA, CMA</td><td></td></tr>
<tr><td rowspan="3">자본시장</td><td>채권시장</td><td>국채, 지방채, 회사채, 금융채, 특수채</td></tr>
<tr><td>자산유동화증권시장</td><td></td></tr>
<tr><td>주식시장</td><td></td></tr>
<tr><td>외환시장</td><td colspan="2"></td></tr>
<tr><td colspan="2" rowspan="5">파생금융상품시장</td><td>주식관련시장</td><td rowspan="4">선도계약, 선물, 옵션, 스왑</td></tr>
<tr><td>금리관련시장</td></tr>
<tr><td>통화관련시장</td></tr>
<tr><td>신용관련시장</td></tr>
<tr><td>파생결합증권시장</td><td></td></tr>
</table>

2. 단기금융시장

단기금융시장은 콜(call), 환매조건부채권(RP), 기업어음(CP), 양도성예금증서(CD), 표지어음, 통화안정증권을 중심으로 볼 수 있다.

단기금융시장은 경제주체 간의 단기자금 과부족을 조절하기 위해 보통 만기 1년 이내의 단기상품이 거래되는 시장이다. 경제주체들이 유휴현금의 보유에 따른 기회비용을 최소화하여 자금조달 및 운용의 효율성을 제고할 수 있는 기회를 제공한다. 단기금융시장은 자본시장에 비하여 자본손실 및 유동성 위험이 적고, 통화신용정책이 수행되는 시장으로 중앙은행은 공개시장조작을 통해 정책금리를 조정하여 단기금리를 조절, 유동성 공급 또는 환수함으로써 자금량을 조절한다.

(1) 콜(Call)시장

콜시장은 금융회사 간 초단기자금을 차입(call money)하거나 대여(call loan)하는 것으로, 1일 내지 수일 내의 자금을 주로 전화나 통신망을 통해 거래된다. 콜시장은 금융회사의 단기적 과부족 조절, 금융시장의 효율성 제고, 금융회사의 중앙은행 차입의존도를 줄여 본원통화의 증가 억제 및 통화관리에 기여한다. 또, 콜시장은 은행간 지준과부족 조절시장으로서의 기능, 상당수 참가기관(여신전문회사 등)의 예금업무를 취급하지 않는 제2금융권의 영업자금 조달 기능도 수행한다.

콜거래 메커니즘으로는 계약체결에 따라 직거래와 중개거래를 하는데, 직거래는 거래당사자들이 직접 합의계약으로 대부분 은행간에 행해지며, 중개거래는 자금중개회사가 자금의 공급과 수요를 연결하여 계약체결로 행해진다. 대금수수는 콜머니, 콜론기관이 모두 은행인 경우 모두 한은 금융망(BOK-wire)을 통해 한은 당좌계정으로 자금수수를 하고, 거래조건으로 콜거래의 최장 만기는 담보여부와 관계없이 90일 이내에서 일별로 정하고, 시제거래는 대부분 1일물로 거래단위는 억원이다. 담보제공여부에 따라 담보콜, 신용콜로, 담보물은 국채, 지방채, 통안채, 특수채, 금융채, 회사채, CP, 주식, 수익증권, CD 및 현금이며, 담보가액은 금융회사 간 협의에 의한다.

(2) 환매조건부 채권시장

환매조건부 채권(Repurchase agreement : RP 또는 Repo)의 매매는 특정한 유가증권을 매매한 후 일정기간 후 매매 당시의 가격에다 소정의 이자를 더한 가격으로 되사거나 되팔 것을 약정한 매매 당사간의 계약으로 이루어진다. 채권 이외에 주식과 부동산 등도 환매조건부 매매의 대상이 될 수도 있으나 전통적으로 RP라고 할 때 채권을 담보로 하는 자금 거래로, 만기 1개월 이내 6개(1일물, 3일물, 7일물, 14일물, 21일물, 30일물)와 60일물, 90일물로 운영된다.

참가기관으로 ① 대 고객 RP는 은행, 증권회사, 종합금융회사, 한국증권금융, 체신관서가 일반인을 대상으로 취급한다. 은행, 종합금융회사, 체신관서는 매도업무만을, 한국증권금융과 증권회사는 매입 및 매도 업무 모두를 취급한다. 매수주체로는 증권회사와 종합금융회사의 경우는 주로 일반법인, 체신관서는 개인고객, 은행의 경우는 일반법인과 개인고객이다. ② 금융기관 간 거래는 단기자금 과부족 조절을 목적으로 은행, 투신운용, 증권회사, 보험회사, 상호저축은행 등 콜시장 참가기관이 참여하고 있으며, 한국자금중개, KIDB채권중개, 서울외국환중개, 그리고 개별증권회사가 중개업무를 담당한다.

매매는 ①대 고객거래는 일반적으로 통장거래, 채권은 실물 교부가 원칙이고, ②금융회사 간 거래는 일반적으로 비통장거래(계약서 수수), 채권은 실물(현물채권) 교부, 등록변경(등록채권), 계좌간 이체(예탁결제원 예탁채권)로 이루어진다. 한편, 대금수급은 ①대 고객거래는 통장거래를 통해 창구에 통장을 제시하여 자금을 회수하고, ②금융회사 간 거래는 BOK wire, 어음교환을 통하여 이루어진다.

(3) 기업어음시장

기업어음(commercial paper, CP)은 신용상태가 양호한 기업이 상거래와 관계없이 단기자금을 조달하기 위하여 자기신용을 바탕으로 발행하는 만기 1년 미만의 융통어음으로, 통상 담보 없이 신용으로 발행되기 때문에 신속한 자금조달 수단으로 이용된다. 금리 면에서 일반적으로 은행대출 보다 유리하고, 할인·매출기관은 할인 CP를 매수기관에 매출함으로써 매매이익이 발생한다.

거래 메커니즘은 보통 할인방식으로 발행하고, 만기가 되면 액면금액을 상환한다. 발행금리는 발행기업과 할인기관이 시장금리, 발행기업의 신용등급, 할인기간 등을 감안하여 결정한다. 할인·매출은 증권회사와 종금사가 담당하고, 증권회사는 수신기능이 없기 때문에 일반적으로 CP를 할인한 후 자체 보유하지 않고 무담보 형식으로 매출한다. 종금사는 매출뿐 아니라 자체보유 목적으로 CP를 할인하고, 매출의 경우 주로 무담보 매출을 한다. CP는 발행단위가 거액인데다 예금자보호대상에 포함되지 않기 때문에 개인보다는 주로 자산운용회사와 은행신탁이 신탁자산 편입용으로 매입한다.

발행기업 신용등급은 증권회사가 고유계정을 통해 할인하는 경우 대상기업, 최장 만기 및 최저액면금액의 제한이 없으므로, 일반적으로 거래 관행상 신용등급 B이상, 최저액면금액을 1억원 이상 발행한다. 종합금융회사의 경우에는 신용등급 B이상으로 최저액면금액을 보통 100억원 이상으로 발행하고, 만기는 3개월이 주종이다.

할인 · 매출은 자금이 필요한 기업은 증권회사 · 종금사 등 할인기관과 협의하여, 어음발행하고, 할인 요청한다. 할인기관은 대상기업과 CP거래에 관한 약정을 맺고 할인한도를 부여하며, 할인 금리에서 연 0.01～0.03%의 매매이익을 감안한 매출금리로 자산운용사 등 매수기관에 매출하는데, 실물교부와 통장거래방식 모두 가능하나 대부분 실물교부 방식을 활용한다.

대금수급은 거래은행 계좌이체 또는 BOK-wire를 통해 지급하고, 만기가 되면 CP보유기관은 자기거래은행을 통해 CP를 교환에 회부하고, 지정한 은행계좌로 결제한다.

(4) 양도성 정기예금증서(CD)

양도성예금증서(NCD)는 은행의 정기예금을 근거로 무기명으로 발행하는데, 금융시장에서 자유롭게 매매할 수 있도록 양도성이 부여된다. 미국의 first National City Bank가 1961년 처음 시작하였고, 우리나라는 1984년 도입하여, 은행간 자금조절이나 단기자금 조달수단으로 많이 활용되고 있다. 예금을 받고 예금증서를 교부한다는 점에서 일반예금처럼 일정기간 소유권을 이전했다가 반환해 오는 계약인 소비임치의 특성과 권리의 이전 행사에 예금증서가 필요하므로 상법상 유가증권으로 간주된다. 예금채무에 대하여 예금지급준비금 예치의무(예금지준예치)가 있으나 예금보호대상에서 제외된다.

① CD 거래 조건

최단 만기일 30일 이상으로 제한하고, 최장 만기는 제한이 없다. 1년 물이 대종을 이루며 할인방식으로 발행한다. 최저액면금액은 개인의 경우 1,000만원, 법인은 1억 이상이다. 보유하고 있는 CD를 현금화할 경우 중개회사를 통해 매각 · 양도한다. 중개회사는 증권회사, 종금사, 자금중개회사 등이다.

② CD 유통 수익률

콜금리와 함께 대표성 있는 단기시장금리로서 은행의 여수신 운용의 기준금리로 사용된다. 은행의 여신이 지속적으로 증가하고 있지만 시중자금이 예금에서 이탈하여 시장형 상품으로 유입되자 자금을 확보하기 위해 은행들의 CD발행이 증가하였고, 이에 따라 CD유통 수익률도 급등하여, 변동금리 대출자의 금융비용의 증가를 초래하였다.

③ CD 발행

일반 개인과 법인 또는 금융기관이 매수할 수 있도록 은행창구에서 직접 발행하거나 증권회사를 통해 발행되는 대고객 CD, 발행은행과 매수은행이 직접 교섭하여 발행 · 매수하는 은행간 CD가 있다.

④ 실물 예탁 · 등록

은행이 직접 CD를 발행하는 경우에는 실물작성 · 교부 방식으로 거래가 이루어진다. 중개기관이 CD를 매출하는 경우는 실물교부와 통장거래 모두 가능하다. 금융기관들은 교부받은 실물 CD를 자체 보관하거나 한국예탁결제원에 예탁한다. 2006.6월 공사채등록법이 개정되어, 금융기관에 한해 CD등록발행제를 시행하고 있다. 은행은 대부분 CD실물을 발행하지 않고 예탁원을 통해 등록 발행한다.

(5) 표지어음 시장

표지어음(Cover Bill)은 금융기관이 할인하여 보유하고 있는 어음들을 통합 또는 분할한 뒤, 이 원어음을 기초로 하여 금융기관이 발행한 약속어음을 말한다. 표지어음은 원어음의 부도여부와 관계없이 금융기관이 어음소지자에게 만기 지급하는 어음으로, 표지어음시장은 1년 이내의 단기금융시장으로 원어음을 할인하는 기업, 이를 기초로 표지어음을 발행하는 금융기관, 그리고 표지어음 매수자로 구성된다.

① MMF(Money Market Fund) : 펀드 재산을 5년 만기 이내의 국채증권, 1년 만기 이내의 지방채증권, 특수채증권, 사채권, 기업어음(CP), 어음, 6개월 만기 이내의 양도성 예금증서(CD) 등의 단기금융상품에 주로 투자하고, 수

시 입출금이 가능한 펀드를 의미한다. MMF는 현금등가물로서의 가치를 유지하기 위하여 금리변동위험, 신용위험, 환율변동위험을 엄격하게 통제하도록 하고 있으며 주식 등 위험이 높은 자산에 대한 투자를 금지하고 있다. 이에 따라 다른 펀드와는 달리 편입되는 자산의 만기, 펀드 보유자산의 가중평균잔존만기, 투자 가능한 채권·기업어음의 신용등급 제한, 외화자산 투자금지의 자산운용규제가 적용된다. MMF는 시중 금리의 변동에 큰 영향 없이 안정적인 수익 추구가 가능하고 환매수수료 없이 언제든지 환매가 가능하기 때문에 단기로 자금을 운용하는 투자자에게 적합한 상품이다.

② MMDA(Money Market Deposit Account)는 미국의 은행이 투자신탁회사의 단기금융상품인 MMF(money market funds)에 대응하기 위해 도입한 상품으로 은행이나 농협, 수협이 취급하는 저축성예금을 의미한다. 입출금이 자유롭고 각종 이체와 결제도 할 수 있으며 예금자보호법에 의하여 5,000만원 한도 내에서 보호를 받을 수 있다. 국내에는 1997년 제4단계 금리자유화 이후 도입되었다. MMDA는 수시입출금이 가능하다는 면에서 MMF와 동일하지만 예치기간·금액에 따라 금리가 차등 적용되고 확정금리라는 면에서 운용실적에 따라 수익이 변동되는 MMF와 다르다. MMDA는 통상 일반 저축예금보다 금리가 높으나 은행에 따라 5백만 원 미만의 소액이거나 법인의 경우 예치기간이 7일 미만인 경우에는 이자가 일반 저축예금보다 낮거나 발생하지 않을 수 있다.

③ CMA(Cash Management Account)는 종합금융회사가 고객으로부터 예탁받은 금전을 어음 및 채무증서 등에 운용하고, 그 수익을 고객에게 지급하는 수시입출금이 가능한 금융상품을 지칭하는 용어로 20여 년 전부터 종금사에서 사용하고 있었다. 하지만 증권회사에서도 고객의 유휴현금을 자동으로 MMF, RP 등에 투자하면서도 수시입출금이 가능한 금융서비스에 CMA라는 명칭을 사용하기 시작하였고, 현재는 예금자보호가 되는 종금사형 CMA와 예금자보호가 되지 않는 증권사형 CMA가 명칭 구분없이 혼용하여 사용되고 있는 실정이다. 증권회사의 CMA는 CMA약정 계좌내 예치자금을 MMF, RP 등의 금융자산에 자동으로 투자(매수)하고 고객의 현금인출 요구시 자동으로 매도하여 주고, 연계된 은행계좌 또는 소액지급결제시스템에 참가한 증권회사의

고객계좌를 통해 급여이체, 인터넷뱅킹, 결제대금(공과금, 카드대금, 보험료 등) 자동납부, 자동화기기를 통한 입출금 등 각종 금융서비스를 제공하는 증권종합계좌서비스를 말한다.

④ 통화안정증권(MSB, Monetary stabilization Bond)은 한국은행이 통화량 조절을 위하여 금융기관과 일반을 대상으로 통화안정증권을 발행하여 유통시키는데, 국채와 마찬가지로 투자제한이 없고 무위험자산으로 금융기관은 자금운용이나 BIS자기자본 비율을 높이기 위한 수단으로 통화안정증권을 매입한다. 거래 약정을 맺은 금융기관을 대상으로 BOK-wire를 통해 경쟁입찰, 매수자에 대한 자격제한이 없으므로 한국은행 본점 및 지역본부 창구를 통해 직접 발행되는 일반매출이다. 일반매출의 발행금리는 한국은행이 동일한 만기의 시장수익률을 참고하여 결정하고, 실물교부와 통화안정증권 등록부에 기재하는 등록발행 양자 가능하나 등록발행이 일반적이다.

3. 자본시장

(1) 주식시장

자본시장(capital market)은 유가증권(주식, 채권, ABS 등)이 발행·유통되는 장기금융시장을 총칭한다. 자금의 수요자(주로 기업)는 유가증권을 발행하거나 매출하여 자금을 조달하고 투자자는 유가증권을 매입함으로써 자신의 금융자산을 운용한다. 우리나라의 자본시장은 주식시장, 채권시장에 ABS(자산 담보부 증권)시장이 추가되었다. 주식시장은 거래대상 주식에 따라 유가증권시장, 코스닥시장, 프리보드로 구분된다.

① KOSDAQ(Korea Securities Dealers Automated Quotation) 시장은 한국거래소가 운영하는 중소기업 및 벤처기업을 위한 주식거래시장이다. ② Free Board : 비상장 주식이나 사장이 폐지된 주식에 유동성을 제공하기 위해 설치된 호가 중개시장이다. 비상장 주식의 거래 편의성과 가격의 공정성을 도모하고, 유망주 소기업이 발행한 주식에 투자할 수 있는 기회를 제공한다. 불공정 거래나 사기행위로 부터 투자자를 보호하는 기능을 한다. 종전에는 제3시장으로

불렸으나 프리보드로 명칭을 바꿔 2005년 7월 공식 출범하였다. ③ 주식시장 : 주식이 거래되는 시장으로 가장 일반적인 자본시장이다. 기업에 대해서는 회사채시장과 함께 장기자금 조달시장으로, 투자자에게는 자금운용시장이다. 기업이 자기자금을 조달하는 시장으로 회사채와 달리 타인자본 의존도를 낮추어 재무안정성을 높인다. 기업공개 및 유상 증자 등을 통해 새로이 공급되는 발행시장과 이미 발행된 주식이 투자자 상호간 거래되는 유통시장으로 구분된다. 주식발행을 통하여 기업공개(IPO, initial public offer)와 유상증자를 실행한다. 기업공개는 자신이 발행한 주식을 증권거래소 시장에서 거래하기 위해 불특정다수인을 대상으로 모집·매출하고, 유상증자는 신주를 발행하여 납입자본금을 증가시킨다. 신주인수권 배정방식에 따라 주주배정, 일반공모, 제3자 배정 등으로 구분된다. 주식시장은 발생시장과 유통시장으로 구분되는데, 발행시장(Primary market)은 자금수요자인 발행인, 자금공급자인 투자자, 주식발행사무를 대행하고 발행위험을 부담하는 인수인으로 구성되어 있다. 인수인은 주로 증권회사(투자매매업자)가 담당한다.

유통시장(Secondary market)은 이미 발행된 유가증권이 투자자들 상호간에 매매 거래되는 시장으로, 유통시장은 주식의 시장성과 환금성을 높여 투자를 촉진, 공정한 가격을 유지하고, 발행시장을 보완한다. 유통시장 구성원은 투자자, 금융투자업자(투자매매업), 투자중개업, 유가증권시장, 코스닥시장, 프리보드, 예탁결제원을 들 수 있다. 매매거래에서 매매주문은 위탁회사인 금융투자업자를 거쳐 증권거래소 등에서 체결하고, 이에 따른 결제는 3일째 되는 날(T+2) 예탁결제원 통해 이루어진다. 매매체결은 유가증권시장·코스닥시장의 경우는 경쟁매매, 프리보드는 상대매매 방식을 취한다. 경쟁매매방식은 매수호가가 매도호가 보다 큰 경우 거래가 체결되고, 다수 호가에 대해서는 Ⓐ 저가 매도호가, Ⓑ 고가 매수호가, Ⓒ 먼저 접수된 호가 순으로 우선 순위를 결정하고, 상대매매방식에서는 매도호가와 매수호가가 일치하는 경우 거래가 체결된다. 위탁증거금은 투자자의 주문을 이행하기 위한 담보로 위탁증거금을 받고 있는데, 한국거래소의 경우에는 증권회사가 자율적으로 결정하고, 프리보드에서는 100% 의무화되었다. 세금부과는 유가증권시장과 코스닥시장에서의 거래에 대해 양도소득세 면제, 증권거래세 0.3% 부과, 프리보드의 거래는 양도소득세와 증권거래세 0.5% 모두 부과한다.

(2) 채권시장

채권은 정부, 공공기관, 기업 등이 비교적 장기의 자금을 일반인과 기관투자자들로부터 조달하기 위해 정해진 이자지급과 원금상환을 약속하며 발행하는 유가증권이다. 채권의 종류에는 발행주체에 따라 국채, 지방채, 회사채, 금융채, 특수채 등을 들 수 있고, 원리금 지급에 대한 제3자의 지급보증 여부에 따라 보증채와 무보증채, 이자지급방식에 따라 할인채, 이표채, 복리채 등으로 구분할 수 있다.

주식연계 채권으로는 발행회사의 주식으로 전환할 수 있는 권리가 부여된 전환사채(CB, convertible bond), 사채권자에게 발행회사의 신주를 일정한 조건으로 매수할 수 있는 권리를 부여한 신주인수권부사채(BW, bond with warrant), 발행회사가 보유하고 있는 기업의 주식과 교환할 수 있는 교환사채(EB, exchangeable bond)가 있다.

회사채의 모집방법에 따라 공모발행과 사모발행이 있는데, 공모발행은 인수기관(증권회사)이 회사채 발행총액을 인수한 후 제3의 매수자에게 매출하고, 사모발행은 최종매수자와 회사채 발행조건을 직접 협의한 후 발행한다. 발행금액은 상법에 의해 회사가 현재 보유하고 있는 순자산액의 4배 이내로 제한하고, 만기는 일반적으로 3년물이 가장 많다.

회사채 공모발행 절차로는 인수기관(주로 증권회사)을 선정, 발행사무 일체 위임, 인수기관은 발행회사채를 총액 인수, 매수자(은행, 자산운용회사, 보험회사 등 기관투자자)에게 당일 매도, 인수기관은 인수 부담을 줄이기 위해 발행계획을 수립할 때부터 미리 매수자를 물색, 매수자에게는 거래은행에 매매체결 내용을 통보하게 하고, 발행회사에게는 매수기관의 거래은행으로 부터 발행자금을 거래 당일 수령하고, 회사채 인수도는 증권회사가 매수자 명의로 예탁결제원에 개설된 계좌에 회사채를 등록한다.

채권 유통시장은 장외시장과 장내시장으로 구성되는데, 현재 대부분의 채권은 주로 증권회사의 단순 중개를 통해 장외시장에서 거래되고 있다.

장내시장은 상장된 채권을 대상으로 표준화된 거래방식에 따라 거래가 이루어지는 조직적인 시장으로, 한국거래소 내에 개설되어있고, 크게 일반채권시장과 국채전문유통시장으로 구분한다. 일반채권시장은 불특정 다수의 일반 투자자가 참여할 수 있는 시장으로 현재 소액국공채와 상장전환사채 위주로 거래되고 있다. 장내시장의 직접참가자는 거래소의 회원증권회사로 제한하여, 개인·일반법인·한국거래소 회원이 아니니 기관투자자, 외국인 등은 회원증권회사에 위탁계좌를 개설하여, 시장에 참여한다.

장외시장의 채권거래는 대부분 증권회사를 중개기관으로 하여 이루어지는데, 이는 채권의 종목이 다양하고 거래조건이 표준화되어 있지 않아 거래소 시장의 자동매매시스템을 통한 원활한 거래가 곤란하기 때문이다. 증권회사는 전화 등을 통해 채권 매도 또는 매수를 원하는 투자자의 호가를 받은 후 반대거래를 원하는 상대방을 찾아 거래를 중개하여, 시장조성에 따른 재고상품을 보유할 위험이 없다. 단순 중개방식으로 채권거래를 중개하는 이유는 대체로 증권회사들이 채권을 인수·보유할 만큼의 자체 자금여력을 갖고 있지 못하며, 채권보유시 금리변동에 따른 위험을 충분히 방어·분산(hedge)할 만큼의 다양한 파생상품이 없기 때문이다. 거래단위는 관행상 100억원 정도이다.

한편, 국채시장에서 현재 발행 중인 국채는 국고채권, 외국환평형기금채권(외화표시), 국민주택채권 등 3종이 있다. 국고채권이 발행물량이 제일 많고 거래가 활발하게 이뤄지고 있어 우리나라 채권시장을 선도하는 지표채권이라고 할 수 있다.

(3) 자산유동화증권시장(ABS)

1) 자산유동화의 의미

자산유동화(ABS)는 부동산, 매출채권 등과 같이 유동성이 떨어지나 재산적 가치가 있는 유·무형의 자산을 기초(담보)로 하여 유동화증권(ABS, asset backed securities)을 발행(자산의 증권화 : asset securitization)하는 행위를 말한다.

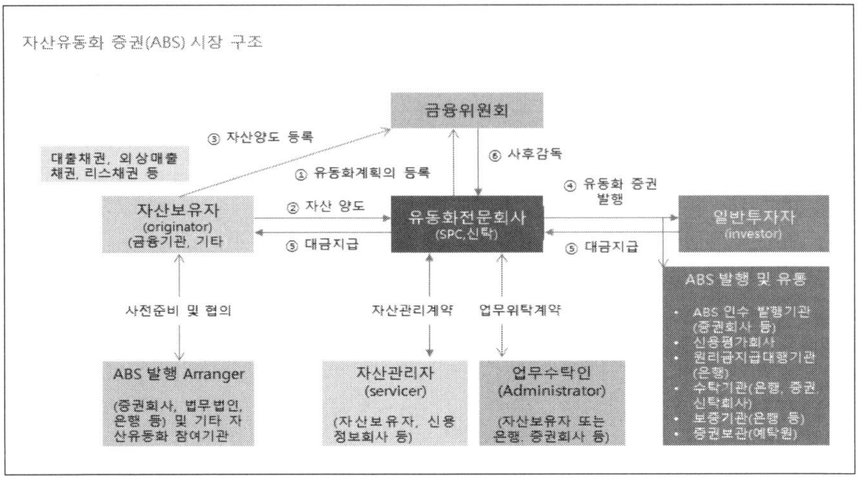

2) 자산유동화의 기본요소

법과 규정에서 ① 자산보유자는 보유자산을 유동화할 수 있는 금융회사, 기업, 공공법인 등을 말하고, ② 유동화전문기구(SPV)는 자산 보유자로부터 유동화 자산을 양도 받아 이를 기초로 유동화 증권을 발행하는 회사(① 유동화전문회사(SPC) - 유한회사로서 직원을 두지 않는 Paper company, ② 자본시장법 상 신탁회사)를 말한다. ③ 유동화 자산은 자산유동화의 대상이 되는 자산을 말하고, ④ 유동화증권은 SPV가 유동화자산을 기초로 발행할 수 있는 증권으로서, 사채(ABS), 수익증권, 출자증권, 기타의 증권, 증서 등이 있다. ⑤ 업무수탁인은 paper company인 SPC를 대신하여 SPC의 사무(ABS 발행 등)를 처리하는 회사(주로 은행)를 말하고, ⑥ 자산관리자는 paper company인 SPC를 대신하여 유동화자산을 관리하는 회사로 Ⓐ 자산보유자(보유자산을 유동화한 기업), Ⓑ 소정의 요건을 갖춘 전문유동화자산관리업자(AMC))를 말한다.

3) 유동화 자산의 종류

유동화자산의 종류로는 ① 매출채권 ABS는 매출채권을 기초자산으로 하여 발행된 ABS, ② 카드 ABS는 카드채권을 기초로 발행된 ABS, ③ Auto loan ABS는 자동차 저당 채권(auto loan)을 기초로 하는 것, ④ NPL ABS는 금융기관의 부실자산(NPL, none performing loan)을 기초로 하는 것, ⑤

MBS(mortgage backed securities)는 부동산저당 채권을 기초로 하는 것, ⑥ PF ABS는 PF 미래 수익을 기초로 하는 것, ⑦ CDO(collateralized Debt Obligation)[8]는 다수의 채권 등을 들 수 있다.

한편, Amortizing ABS는 SPC가 유동화 자산으로부터 현금을 회수할 때 그 현금을 바로 원리금 상환 재원으로 이용(ex. auto loan ABS)하는 것이고, Revolving ABS는 SPC가 유동화 자산으로부터 회수한 현금으로 유동화 자산과 동종 · 동질의 자산을 계속적 · 반복적으로 매입(ex. 카드ABS)하는 것이다.

합성 CDO의 발행구조와 보험과의 비교

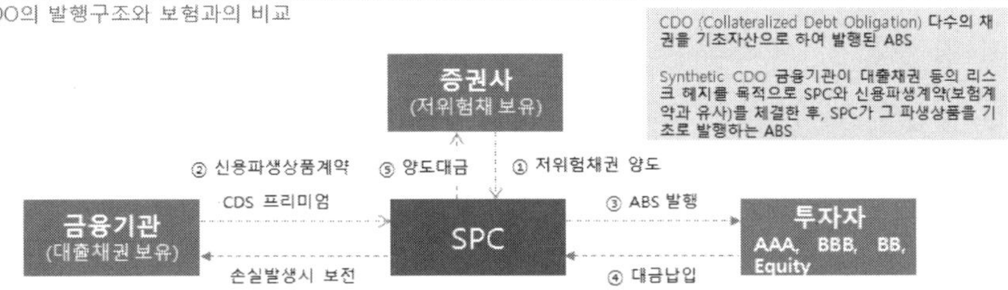

구 분	합성 CDO	보 험	비 고
목 적	대출채권의 신용위험 (부도 등) 헤지	대출채권의 신용위험 헤지	유사
계 약	금융기관과 SPC가 신용파생상품계약 체결	금융기관과 SPC가 보험계약 체결	유사
대출채권 부도 시	신용사건에 해당되므로 SPC가 손실 보전	보험사고에 해당되므로 보험사가 보험금 지급	유사
수수료	Swap Premium 정기 지급	보험료 정기 지급	유사
손실보전 등의 재원	국공채 등 저위험 자산 (유동화 자산)	보험사의 보유자산	

4) 유동화 증권의 종류

① ABS 사채는 유동화 자산을 기초로 발행되는 사채, ② 유동화 출자증서는 유동화 자산을 기초로 발행된 출자증서, ③ 유동화 수익증권은 유동화 자산을 기초로 발행된 수익증권(ex. MBS), ④ ABCP는 유동화 자산을 기초로 발행

8) 부채담보부증권(CDO, Collateralized Debt Obligation)은 회사채나 대출채권 등 기업의 채무를 기초자산으로 하여 유동화증권을 발행하는 금융기법의 한 종류로, 수익을 목적으로 발행하는 것(Arbitrage CDO)과 신용위험을 투자자에게 전가하기 위하여 발행하는 것(Balance Sheet CDO)으로 구분된다. 회사채를 기초자산으로 하는 경우에는 회사채담보부증권(CBO, Collateralized Bond Obligation), 대출채권인 경우에는 대출채권담보부증권(CLO, Collateralized Loan Obligation)이라고 한다. CBO는 다수의 채권(bond)만을 기초 자산으로 하여 발행하는데, P(primary)-CBO는 신규 발행된 채권을 기초자산으로 하여 발행된 ABS, S(secondary)-CBO는 유통시장에서 매입한 채권을 기초자산으로 하여 발행한다. 또, CLO는 다수의 여신만을 기초 자산으로 하여 발행한다.

된 CP를 말한다.

4. 파생상품시장

(1) 파생상품 및 파생금융상품

1) 파생상품

실물자산(농산물, 비철금속, 귀금속, 에너지 등)과 금융자산(통화, 주식, 채권 등)과 같은 여러 가지 기초자산(underlying assets)의 미래 가격을 현재 시점에서 결정한 후, 미래의 계약 만기일(결제일)에 미리 결정된 가격 및 방법으로 해당 상품에 대해 매매, 교환 또는 권리 의무의 이행 등을 하는 형태의 계약을 말한다.

2) 파생금융상품

통화, 채권, 주식 등 기초금융자산의 가치 변동에 의해 금융상품의 가치가 결정되는 금융계약으로, ① 선도계약(forward contracts)과 선물(futures)은 기초금융자산을 미래의 특정시점에 특정가격으로 사고팔기로 약정하는 계약으로, 선도계약은 일반적으로 장외시장에서 거래 당사자 간에 직접 거래하고, 만기일에만 자금결제를 한다. 선물은 표준화된 거래조건에 맞춰 정형화된 시장을 통해 가격 변동에 따른 손익금액을 일일 정산하는 방식으로 거래된다. ② 옵션(options)은 기초자산을 미래의 특정시점 또는 기간 동안 특정 행사가격(strike price)으로 매입(call) 또는 매도(put)할 수 있는 권리를 사고파는 계약이다. 옵션은 기초자산 가격의 변화에 대해 비대칭적 손익(asymmetric payoffs)을 갖고 있으며, 거래를 개시할 때 프리미엄을 지급한다. ③ 스왑(swap)은 일반적으로 두 개의 금융자산 또는 부채에서 파생되는 미래 특정시점의 현금흐름을 교환하기로 하는 계약으로, 서로 다른 통화 표시 채무의 원리금 상환을 교환하기로 약정하는 통화스왑, 변동금리채무와 고정금리채무 간의 이자지급을 교환하기로 약정하는 금리스왑 등이 있다.

(2) 선물거래

1) 선물거래방식

선물환거래는 표준화된 특정상품을 미래의 일정시점에 미리 정한 가격으로 매매하기로 현재 시점에서 합법적으로 약속하는 거래로, 계약기간 중 매수자나 매도자에게 가격변동이 유리한 경우 언제라도 제도화된 선물시장에서 반대매매를 통해 인수나 인도의 의무를 완수하는 거래이며, 거래 매수자는 동일한 기초자산의 선물을 매도하여, 매도자는 마찬가지로 이를 매수하여 포지션을 청산할 수 있다.

거래방식에는 ① 위험회피 거래 : 선물환거래 기능은 우선 가격변동위험을 회피하고, 위험회피자(hedger)는 선물거래를 통해 위험을 제거한다. ② 투기거래 : 현물과 관계없이 선물시장에서 가격변동 위험을 감수하고 자기 책임 하에 선물을 매매하여 시세 차익을 챙긴다. 선물거래가 형성되기 위해서는 투기거래자(speculator)의 존재와 역할이 매우 중요하다. 투기거래자는 일일 거래자(day trader), 초단기 거래자(scalper), 포지션 거래자(position trader)로 구분되는데, 일일 거래자는 자신이 취한 포지션을 통상 하루를 넘기지 않고 거래가 종료되기 전에 청산하고, 포지션이란 선물을 매수하거나 매도하여 선물계약을 보유하고, 포지션거래자는 비교적 장기간 포지션을 보유한다. 초단기 거래자는 순간적인 시장상황을 이용, 소규모거래를 반복, 매매차익을 확보한다. ③ 차익 거래 : 선물의 이론가격과 실제가격 사이에 일시적인 가격 불균형이 발생했을 때 장래에 그 차이가 좁혀질 것을 예상하여 현물과 선물거래를 동시에 행하여 이로부터 이익을 얻는 거래이다. 그러한 예로, 선물가격이 높고 이자율이 낮은 경우 돈을 빌려 현물을 매수하고 선물을 매도하여 만기에 인도함으로써 매수차익거래를 실현하고, 반대로 선물가격이 낮고 이자율이 높은 경우, 선물을 매수하고 현물을 매도하여 고금리로 예금하였다가 만기에 예금한 돈을 찾아 현물을 인수함으로써 매도차익거래를 실현한다. ④ 스프레드 거래 : 동일한 시장 또는 다른 시장 간에서 서로 연계성이 있는 선물들 간의 가격차이로부터 이익을 획득하기 위한 거래로, 양 종목의 매입·매도포지션을 동시에 보유하고, 기초자산이 동일한 선물종목에서 어느 한 결제 월의 선물을 매입(매도)하고 동시에 다른 결제 월의 선물을 매도(매입)하여 결제 월물별 가격차이로부터 이익을 얻는 만기간 스프레드거래, 코스피200선물과 스타지수선물과 같이 기초자산이 상이한 선물종목을 대상으로 하는 시장 간 스프레드거래가 있다. 한편, 주가지수 선물은 거래소 상장주식으로 구성된 지수에 일정금액을 곱해 이를 거래대상으로 하는 선물거래이다.

3) 선물거래 구조와 시장의 유형

① 선물거래의 구조

선물 계약 매입자는 만기 시점에 기초자산의 가격이 약정한 선물가격 보다 높거나 낮거나 그와 관계없이 해당 기초자산을 일정시점에 매입해야 하고, 매도자는 반대로 매도한다. 매입자의 입장에서는 기초자산의 가격이 높을수록 선물거래로부터 이익을 취하고, 반대로 매도자는 기초자산의 가격이 낮을수록 유리하다.

② 선물시장의 유형

Ⓐ 주가지수선물시장 : 주식시장에 상장·등록된 일부 또는 전체 종목의 주가지수를 대상으로 선물거래가 이루어지는 시장으로, KOSPI 200 지수를 거래대상으로 하는 KOSPI 200선물시장(1996.5월 개설), KOSDAQ 스타지수를 거래대상으로 하는 스타지수선물시장(2005.11월 개설)으로 구분할 수 있다. 주가지수선물시장은 실물이 존재하지 않는 주가지수를 거래대상으로 하는데다 고위험·고수익의 시장이기 때문에, 결제수단과 결제방식이 일반적인 주식시장과 다르다. 결제수단의 경우 실물 양·수도가 불가능하므로 거래 시 약정한 주가지수와 만기일의 실제 주가지수 간의 차이를 현금으로 결제하고, 약정금액의 일부분(15%)만을 증거금으로 납부함으로써 계약이 성립하고, 향후 결제위험을 피하기 위해 매일의 기초자산 가격 변동에 따른 평가손익을 증거금에서 가감한다. 이 과정에서 증거금이 일정수준 이하로 줄어들면 추가적으로 입금을 요구하는 일일정산 제도를 적용한다. 가격 결정이 합리적으로 이루어질 수 있도록 이론가격을 작성·발표하고 있고, 이론가격은 주가지수선물 대신 현물시장에서 실제로

주식을 매입하는 경우를 가정하여, 현물가격에 주가지수선물 결제일까지의 자금조달비용과 배당수익을 가감하여 산정한다. Ⓑ 개별주식선물시장 : 기초자산이 개별주식인 선물을 대상으로 하며, 거래시점에 예측한 주식의 미래가격과 미래에 실제로 형성된 주식가격과의 차액을 주고 바든 선물계약으로 보유주식의 헷지거래, 주식·주식선물간 차익거래, 레버리지거래 등의 장점이 있다. Ⓒ 금리선물시장 : 기초자산인 금리로부터 그 가치가 파생되는 금융상품을 대상으로 하며, 기초자산인 금리를 거래대상으로 하여 현재시점에 정한 가치로 미래의 특정시점에 사거나 팔 것을 약정하는 계약이다. 실제로 거래대상이 되는 기초자산은 금리 자체가 아니라 금리수준에 따라 가치가 변동되는 국채 등 고정금리부 금융상품이다. Ⓓ 상품선물시장 : 상장되어 있는 상품선물로는 금선물과 돈육선물 두 가지가 있다.

(3) 옵션

① 옵션의 의의

미래의 특정일자에 현재 약정한 가격으로 거래대상 상품을 사거나 팔 수 있는 권리를 사고파는 계약으로, 대상 상품을 살 수 있는 권리를 콜옵션(call option), 그것을 팔 수 있는 권리를 풋옵션(put option)으로 구분된다. 이러한 권리를 행사할 수 있는 옵션을 사는 대신 상대방에게 대가를 지불해야 하는데 이것을 옵션프리미엄이라고 한다. 옵션의 장점은 ① 이익 가능성을 열어둔 채 손실 폭은 제한되고, ② 손익구조가 비대칭적이어서 독특한 손익구조의 합성이 용이하며, ③ 변동성 거래를 할 수 있다.

옵션은 매입자 입장에서 콜옵션의 가치는 0보다 크므로 이를 매입하기 위해서는 프리미엄을 매도자에게 지급하고, 매입자의 손익은 콜옵션의 가치에서 지급한 프리미엄만큼 차감하고, 매도자의 손익은 프리미엄만큼 더한다. 한편, 콜옵션은 행사시점에 기초자산 가격(S)이 행사가격(X)에 콜옵션 프리미엄(c)을 더한 값(X+C)보다 높을 경우 이익이 발생하고 기초자산 가격이 그 보다는 낮으나 행사가격보다는 높을 경우에는 프리미엄 일부를 회수하며, 기초자산 가격이 행사가격 이하일 경우 옵션행사를 포기하므로 프리미엄만큼 손실이 발생한다

(옵션 포기).

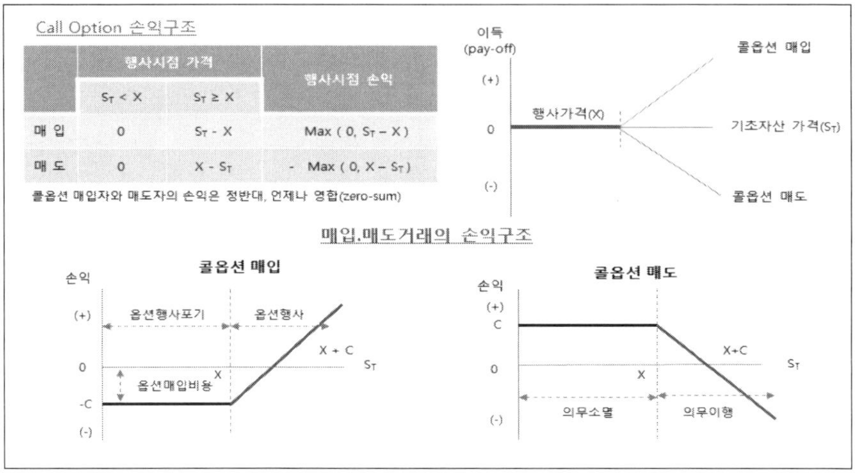

② 옵션거래와 선물거래 비교

구 분	옵션거래	선물거래
권리와 의무	매입자=권리를 가짐 매도자=의무를 가짐	매입자와 매도자 모두 권리와 의무
거래의 대가	매입자가 매도자에게 권리에 대한 옵션프리미엄 지급	계약대가 지불할 필요 없음(계약당시의 기대이익이 서로 같아 계약가치가 0)
리스크	매입자 : 지불한 프리미엄으로 제한됨 매도자 : 무제한이되 프리미엄만큼 줄어듦	매입자 매도자 모두 무제한
위탁증거금	매입자는 없으며 매도자에게만 부과	매입자와 매도자 모두에게 부과
일일정산	매입자는 필요 없으며, 매도자 간 일일 정산함	매입자와 매도자 모두 일일 정산함

③ 풋옵션(put option)

행사시점의 기초자산의 시장가격이 행사가격보다 낮은 경우만 옵션 행사, 그렇지 않은 경우에는 옵션행사를 포기한다. 풋옵션 매수자가 얻는 이점은 행사시점의 풋옵션의 가치와 같다. 옵션에는 주가지수옵션, 개별주식옵션, 채권·금리옵션, 통화옵션, 상품옵션 등이 있다.

옵션프리미엄으로 매수자는 권리만을 보유하기 때문에 매도자에게 프리미엄을 지급한다. 매수자의 손익은 지급된 프리미엄만큼 낮아지고 매도자의 손익은 그 만큼 높아진다. 행사시점의 기초자산 가격(S)은 행사가격(X)에서 풋옵션 프리미엄(P) 만큼 뺀 값(X-P)보다 낮을 경우에는 이익 발생, 기초자산 가격이 그보다는 높지만 행사가격보다 낮을 때에는 프리미엄 일부를 회수하고, 기초자산 가격이 행사가격 이상일 경우에는 권리 포기하게 되고 프리미엄만큼만 손실이 발생한다.

Put Option 손익구조

	행사시점 가격		행사시점 이익
	$S_T \leq X$	$S_T > X$	
매 입	$X - S_T$	0	Max $(0, X - S_T)$
매 도	$S_T - X$	0	- Max $(0, X - S_T)$

풋옵션 매수자와 매도자의 손익은 정반대로써 언제나 영합(zero-sum)

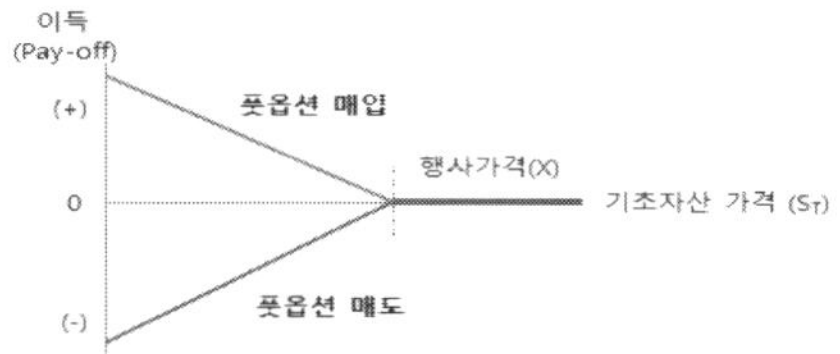

매입.매도거래의 손익구조

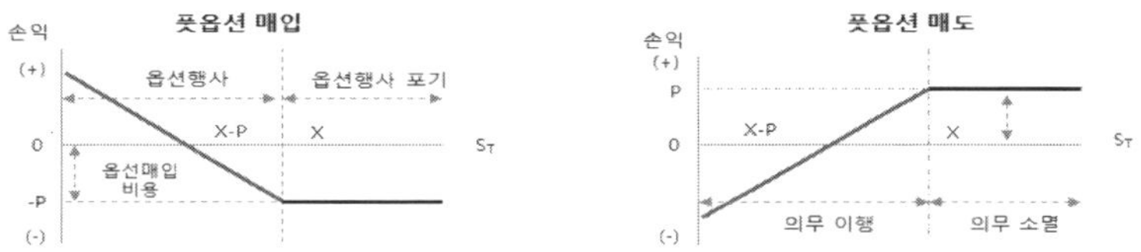

그러나 행사가격과 실제가격 간의 차이에 따라 옵션 매수자의 가격변동에 따른 수익은 무한대로 커질 수 있으나 손실은 옵션프리미엄만큼으로 한정한다. 옵션 매도자의 가격 변동에 따른 수익은 옵션프리미엄에 국한, 손실은 무한대로 커질 수 있다. 옵션 매도자는 옵션 프리미엄을 받고 거래 상대방에게 매매할 권리를 제공함으로써 손실에 대한 위험을 무한대로 감수하는 위험선호자가 된다.

④ 옵션의 기능

선물과 마찬가지로 미래의 가격 변동에 따른 위험을 관리하는 수단으로 이용되고, 가격 변동의 위험을 회피하고자 하는 헤저(hedger)는 옵션 만기일까지 가격 변동에 대한 걱정 없이 기다리다가 유리한 조건일 경우만 권리를 행사하여, 옵션프리미엄만 지불하면 되므로 증거금을 납부해야 하는 선물 보다 간단하게 위험을 관리하고, 그 만큼 레버리지 효과도 크고 위험도도 높아진다.

⑤ 옵션의 내재 가치

옵션프리미엄은 내재가치에 시간가치를 합한 것으로, 옵션을 행사할 때 이로부터 얻는 이익이다. 즉 매수자의 손익을 나타내는데, 등가옵션(ATM: at the money)은 권리행사 시 매수자 무이익(무손실)으로, Call과 Put 모두 기초자산가격과 행사가격이 같다. 한편, 내가격옵션(ITM) 권리행사 시 매수자 이익은 Call은 기초자산가격 〉 행사가격이고, Put은 기초자산가격〈 행사가격이고, 외가격옵션(OTM)은 권리행사 시 매수자 손실은 Call은 기초자산가격〈 행사가격이고, Put은 기초자산가격 〉 행사가격이다.

(5) 스왑

스왑은 두 거래 상대방이 미래의 특정 기간 마다 서로 다른 현금 흐름을 교환하기로 약정하는 계약으로, 대표적인 예로 고정금리 이자와 변동금리 이자를 교환하는 이자율 스왑, 이종통화를 교환하는 통화스왑이 있다.

① 이자율 스왑(IRS, interest rate swap)은 차입금에 대한 금리 리스크의 헤지나 차입비용의 절감을 위하여 두 차입자가 각자의 채무에 대한 이자지급 의무를 상호간에 교환하는 계약으로, 주로 같은 통화와, 원금 및 만기가 같은 부채구조를 가지고 있는 두 당사자 간의 거래가 대부분이며, 자금의 흐름도 원금의 교환 없이 이자차액만 수수한다. 이자율스왑은 크게 대 고객시장과 은행간 시장에서 활용된다.

② 통화 스왑은 2개 또는 그 이상의 거래기관이 사전에 정해진 만기와 환율에 따라 상이한 통화로 차입한 자금의 원리금을 상호교환하는 거래를 말한다. 거래 메커니즘에서 한국기업 A회사와 미국기업 B회사를 예시하면, A사의 차입금리는 원화는 연7%, 달러화는 연 10% 수준, B사의 차입금리는 원화 8%, 달러화 9% 수준으로 가정하면, A사는 미국에 공장설비투자를 하기 위해 1백만 달러의 자금이 필요하고, B사는 한국에서 상업용 부동산 매입을 위해 10억원의 자금이 필요하고, 현재 원-달러 환율은 1달러에 1,000원, 두 회사가 자금을 필요로 하는 기간은 2년이라고 가정할 때, 먼저 A사는 원화 10억원, B사는 달러화 1백만 달러를 각각의 자국은행에서 차입한 후 현재 환율 1달러 = 1,000원

비율로 교환, 1년 후에 A사는 1백만 달러에 대한 연 9% 이자를 B사에 지급하고, B사는 10억원에 대한 연 7% 이자를 A사에 지급하고, 교환된 이자는 자국은행의 차입금 이자를 상환하는데 사용하고, 2년 후에는 2년 차의 이자와 원금을 서로 교환하여 자국은행에 차입금 이자와 원금을 상환한다.

상기의 거래에서 스왑거래를 통한 이자절감으로 A사는 달러를 직접 차입할 때보다 연 1%(10%-9%)의 이자를 아낄 수 있었고, B사도 원화를 직접 차입할 때보다 연 1%(8%-7%)의 이자를 덜 부담한다.

(6) 신용파생상품

1) 신용파생상품

선도, 선물, 옵션, 스왑은 주가, 금리, 환율변동 등 시장 리스크로부터 헤지하는 것이기 때문에 시장파생상품(market derivatives)이다. 신용파생상품(credit derivatives)은 부도, 파산, 신용등급 하락 등과 같은 신용위험을 기초로 하여 가치가 결정된다.

① 준거자산(reference asset) : 신용파생상품은 채권과 대출같이 신용위험을 가진 채무증권 등으로부터 신용위험만을 분리하여 거래할 수 있도록 설계된 금융계약이다. 여기에서 신용위험자산을 준거자산이라 칭한다. 신용위험을 상대방에게 전가시키는 쪽을 위험매도자 또는 보장매입자, 신용위험을 부담하는 거래자를 위험매입자 또는 보장제공자라고 한다.

② 신용사건(credit event) : 일반적으로 신용파생상품은 준거자산의 신용상태가 일정 수준 이하로 악화되는 경우인 신용사건이 발생, 보장 제공자가 보장매입자에게 일정액의 현금흐름을 지불하는 상품, 보장 매입자는 준거자산에서 발생한 손실(대출채권 부실화, 채권의 신용위험 증가로 인한 가치하락 등)을 신용파생상품 거래의 이익으로 보전한다.

2) 신용파생상품의 종류

신용스왑, 신용옵션, 신용연계채권(CLN, credit linked note) 등을 들 수 있다. ① 신용스왑(CDS)은 신용위험을 해지하려는 보장매입자가 보장제공자에게 일정액의 수수료를 일시 또는 정기적으로 지불하고 신용사건 발생시 손실을 보상하는 것, ② 신용옵션은 옵션의 구매자에게 특정한 자산이나 신용스프레드를 일정한 행사가격에 일정 시점 또는 일정 기간 내에 사거나 팔 수 있는 권한을 부여하는 것, ③ 신용연계채권(CLN)은 발행기업의 신용을 나타내는 지표(신용등급, 신용스프레드)의 변동과 연계하여 이자 또는 원금 상환액이 변동되는 채권이다.

한편, 신용부도스왑(CDS, credit default swap)은 보장매입자가 일정한 수수료(프리미엄)를 지급하고, 그 대가로 신용사건이 발생할 때 보장제공자로 부터 손실액을 지급받기로 한 계약으로, 신용파생상품 중 가장 거래가 활발한 상품의 일종으로 기초자산에 대한 지급보증 성격이 있다.

5. 외환시장

(1) 외환시장

국제거래에 참여하는 사람들이 대금의 결제과정에서 필요한 외환이나 대금으로 받은 외환의 환전을 위해 자국통화와 교환하는 시장으로, 여기에서 외환이란 국제간에서 결제수단으로 사용할 수 있는 외국통화 또는 외국통화표시 청구권을 말하며, 미국달러($), 유로, 엔 등의 통화뿐만 아니라 외국통화로 표시된 채권, 주식 등 금융자산을 포괄한다.

<table>
<tr><td rowspan="2">외환시장
(광의)</td><td>○ 외환시장
- 매개변수 : 환율
(이종통화 간의 매매)</td><td>▷ 전통적 외환거래
- 현물환, 선물환, 외환스왑
▷ 외환파생금융상품거래
- 통화선물, 통화옵션, 통화스왑</td></tr>
<tr><td>○ 외화자금시장
- 매개변수 : 금리
(대출과 차입 등 외화대차 거래)</td><td>▷ 외화콜시장
▷ 외화단기대차 시장</td></tr>
</table>

(2) 외환시장의 기능

① 수출대금으로 벌어들인 외환을 원화로 환전, 국내에서 거래되는 재화와 용역의 구매력, ② 외환은 수요자인 수입업자와 외환공급자인 수출업자는 시장을 통해 대외거래 결제, ③ 환율이 외환의 수급사정에 따라 변동, 국제수지 조정

기능을 수행, ④ 외환시장은 환위험 회피 수단과 함께 환투기거래 기회도 제공하는 기능을 한다.

(3) 외환시장의 용어

① 하락과 상승 : 환율 표시를 자국통화로 표시했을 때 환율의 상승은 외국통화 1단위가 더 많은 국내통화와 교환된다는 것으로 자국통화의 가치가 하락하는 것이고, 반면에 환율 하락은 통화가치의 상승을 의미한다. ② 일방선물환과 스왑선물환 : 선물환거래는 일방적으로 매입 또는 매도거래만 발생하는 일방선물환거래와 선물환거래가 스왑거래의 일부로 일어나는 스왑선물환 거래로 구분된다. ③ 차액결제선물환(NDF, non-deliverable forward) : 일방선물환거래는 만기시점에 실물인수도가 일어나는 일반선물환거래와 실물 인수도 없이 차액만 결제하는 NDF로 나뉜다. NDF는 주로 비거주자들이 국제화되지 않은 통화를 대상으로 환위험 헤지나 환투기 목적으로 이용된다. ④ NDF거래와 환율 : 비거주자가 원/달러 NDF를 매입하면 국내 외국환은행은 NDF를 매도하는 것이므로 매도초과포지션 상태가 되어 환위험에 노출된다. 이를 헷지하기 위해 국내 외국환은행은 외환시장에서 현물환을 매입, 포지션 정리를 한다. 현물환 매입 수요가 증가하므로 원/달러 환율이 상승압력되고, NDF 거래 만기 시에 차액 정산하면 NDF 거래 금액만큼 국내 외국환은행의 선물환포지션이 소멸하는데, 이에 따른 현물환포지션 해소, 현물환 매도, 환율 하락이 이어진다.

(4) KIKO

통화옵션 상품으로 정식명칭은 Knock-in-Knock-out(KIKO) 옵션으로 barrier 옵션의 일종이다. 배리어 옵션은 손익이 옵션 만기의 기초자산 가격에만 의존하는 것이 아니라 기초자산 가격이 일정한 수준(barrier)을 벗어나면 옵션이 소멸하거나 효력이 발생한다.

① KIKO의 설계 : KIKO에 가입한 수출기업들이 영업이익을 내고도 대규모 환차손을 입어 큰 문제가 발생하는데, 2008년 연초 1달러 940원에서 등락하던 환율이 11월 중 한때 1,500원대를 넘어설 정도로 급격히 상승하였다. 보통

환율이 상승하면 수출대금의 원화가 증가하여 이익을 얻는 게 정상이지만 KIKO에 가입한 기업의 현실은 정반대이다. 환위험을 헤지하기 위해 가입한 파생금융상품이 오히려 환위험을 키운 결과가 된다. 수출기업들에게 판매된 KIKO의 계약 형태는 콜옵션 매도와 풋옵션 매입을 2:1로 결합한 후, 여기에 barrier를 두어 환율이 일정 범위 내에서 움직이는 경우에만 환위험 헤지가 나타나도록 설계한다.

② 환차손 발생 : 계약기간 동안 환율이 knock-in과 knock-out 수준 사이에서 움직이면 A기업은 계약환율 940원에서 환위험 해지할 수 있다. 즉 환율이 940원 아래로 떨어지면 매입한 풋옵션을 행사하여 수출대금 환차손만큼 상쇄할 수 있다. 그러나 환율이 knock-out 수준 아래까지 떨어지면 풋옵션 계약효력이 소멸하여 환위험 해지된 상태가 된다. 반대로 환율이 크게 상승하여 knock-in 수준을 터치하면 콜옵션 매도계약의 효력 생겨남. 만약 환율이 1,000원 수준까지 올랐다면 A기업은 시장에서 1달러에 1,000원씩을 주고 100만 달러를 사서, 콜옵션 매입자에게 1달러 940원 수준에 팔아야 하기 때문에 손실을 입게 된다.

③ KIKO의 매력 : KIKO옵션은 다른 환위험 헤지 수단(선물환 매도, 통화풋옵션 매입 등)에 비해 계약 비용이 들지 않고, 환율이 Knock-in 수준을 터치할 정도로 오르지 않는 한 어느 정도 이익을 얻는 투기적 매력이 있다. 현실적으로는 환율이 예측을 벗어나 과도하게 변동하였고, KIKO 가입 기업은 감당하기 어려운 환차손을 안게 되었다. KIKO옵션이 위험성을 안고 있을 뿐 아니라 과도한 헤지를 조장하고, 고객에게 위험성을 충분히 설명하지 않은 문제 도출된다.

Ⅱ. 국제금융시장 및 국제금융

1. 국제금융시장의 의의

국제적인 금융거래가 이루어지는 시장, 특히 단기자금에 대한 수요와 공급이 이루어지는 시장으로 국제금융시장은 세계적인 금융기관들이 지점 또는 현지법인의 형태로 영업망을 집중시킴으로써 국제금융 거래가 지속적으로 이루어지는 장소로 외환시장, 단기금융시장(money market), 중장기금융시장(capital market), 주식시장(equity market) 및 파생금융상품시장(financial derivatives market) 등을 포괄한다.

국제금융은 사실상 각국 금융시장의 금리(金利)에 차이가 있어, 보다 유리한 시장에서 자금을 차입하든지 대출하려는 것 때문에 국제금융시장이 생기게 된다. 즉, 각국의 외환(外換)을 다루는 은행은 잉여외환자금을 이런 시장에서 운용하며, 또한 부족한 외환자금을 조달하는 이외에 다각적인 외환거래 결제장소로 이용하고 있다. 한편 대부국(貸付國)과 차입국(借入國)이 주로 사용하는 통화도 다를 수 있고, 따라서 환율변동의 가능성은 언제나 존재하므로, 단지 금리차만이 문제가 될 수 없으며 국내금융과는 달리 대차쌍방 사이에 신용이 충분하지 못한 점도 있어 여러 보조기관이 개재할 필요성이 생긴다. 이런 점이 금융시장의 특색이라 할 수 있다. 또한 대차 기간의 장단에 따라 단기국제금융과 장기국제금융으로 나눌 수 있는데, 전자만을 좁은 뜻에서 국제금융시장이라 하고 후자를 국제자본시장이라고 하여 구별할 때도 있다.

국제금융시장으로서 자본주의 초기에 유명했던 곳은 암스테르담·브뤼셀·안트베르펜 등이었으나, 나폴레옹전쟁 이후 런던과 파리로 옮겨졌다. 국제금융시장으로서의 바람직한 요건은 ① 안정적인 통화제도, ② 자유로운 외환거래의 보증, ③ 시장이 있는 나라의 통화에 대한 대량적이며 계속적인 수급유지, ④ 시장이 있는 나라에서의 장기적인 국제수지의 균형, ⑤ 어음할인 시장과 은행제도의 발달 등이다. 이와 같은 요건을 갖춘 시장으로서 제1차 세계대전까지는 런던이 독점적인 위치에 있었으나, 전후에 영국 파운드가 점차 약체화한 데 비해 미국 달러의 지위가 향상된 것을 배경으로 뉴욕시장이 현저하게 대두되었고, 제2차 세계대전 이후로 뉴욕시장이 런던과 함께 2대 국제금융시장의 하나가 되었다.

2. 국제금융과 국제수지의 개념 및 정의

(1) 국제금융

국제금융은 국내금융과 대조되는 개념으로서 국가와 국가 사이에서 이루어지는 자금의 유통이다. 그 형태에 따라 재화 및 용역거래와 자본거래로 구분된다. 전자는 나라와 나라사이에서 재화를 사고팔거나 용역을 제공하고 그 대가를 받는 등 비금융적 거래에 의하여 자금이 오고 가는 것으로 경상계정항목으로 계상되고, 후자는 자금 그 자체의 거래, 즉 금융 거래를 통하여 자금이 유통되는 것으로 자본계정항목의 대상이 되는 것이다. 이들 거래는 모두 경제적 동기에 의하여 자발적으로 이루어지는 것이지만, 그 결과는 궁극적으로 각 당사국의 국제수지로 나타난다. 한 나라의 국제수지를 구성한다는 점에서는 이 두 종류의 거래가 서로 견제·보전하는 관계에 있다. 만일 한 국가의 수입이 지출해야 할 자금에 미달할 경우, 즉 국제수지가 적자인 경우에는 이를 보전할 필요가 생긴다. 그러나 국제금융은 서로 다른 화폐제도를 가진 국가 간의 경제거래라는 점에 그 특색이 있는 것이므로 한 나라의 화폐가 그대로 다른 나라에서 유통될 수는 없다. 따라서 수출입·투자·송금 등 일반적인 자금이동은 외국환에 의하여 이루어지며 국제수지의 적자를 메우기 위해서도 외국환을 사용하거나 외국으로부터 자금을 차입해 와야 한다.

국제금융거래에서 발생하는 국제수지 불균형의 조정을 고전 경제학에서는 가격효과의 조정에서 찾았다. 가격효과의 조정에는 금본위제하에서의 금(金)이동에 의한 조정과 지폐본위제하에 있어서의 환시세 조정이 있다. 전자는 금의 이동이나 물가기구를 통하여 국제수지의 불균형이 자동적으로 조정되고 환율변동의 폭은 금수송점의 범위 내에 있게 되는데, 이 조정효과를 얻기 위해서는 금본위제의 규칙이 준수되어야 한다.

국제금융(international finance)은 19세기 영국을 중심으로 국제무역이 급신장함에 따라 영국은행들의 자국기업에 대한 대외진출지원으로부터 출발하였지만, 본격적인 국제금융은 1950년 말 유럽달러시장의 형성과 미국 은행의 유럽

진출에서 비롯되었다고 할 수 있다. 따라서 국제금융은 국제무역에 수반되는 자금거래와 자금조달, 대출 또는 해외 직·간접투자 등이 국경을 넘어 이루어지는 현상을 말한다.

(2) 국제수지

국제수지는 일정 기간(보통 1년) 내에 자국의 거주자와 외국의 거주자 간에 이루어진 모든 대외경제거래를 체계적으로 기록한 것으로 국제수지는 주로 한 나라의 대외적 자금의 수불상황을 밝히려는 목적으로 만들어진다. 그 형식과 작성방법은 제2차 세계대전 전에는 나라에 따라 차이가 있어 국제적으로 비교하기가 불편하였으나, 전후에는 국제통화기금(IMF)이 통일기준으로서 국제수지제요를 공표하여 각국은 이에 준거하여 만들게 되었다. 이것을 IMF방식의 국제수지표라고 한다.

국제수지표의 구성은 경상수지와 자본수지로 이루어지는데, 경상수지는 상품수지 및 서비스수지, 소득수지, 경상이전수지로 이루어지고, 자본수지는 투자수지, 기타 자본수지 등으로 구분된다. 국제수지는 경상수지, 자본수지, 준비자산증감, 오차 및 누락으로 구성되며, 이 중에서도 경상수지가 가장 중요한 내용을 담고 있기 때문에 일반적으로 국제수지라 할 때는 경상수지를 의미하기도 한다. 경상수지는 앞에서 설명한 대로 상품수지, 서비스수지, 소득수지 및 경상이전수지로 구분되는데, 이 중 상품 및 서비스수지가 우리 경제에 미치는 영향이 가장 크다고 할 수 있다. 우리가 상품과 서비스를 외국에 수출하면 수출분 만큼 수요가 증가하므로 생산 확대를 유발하게 되어 일자리가 늘어나고 소득도 증대되는데 반해 상품이나 서비스를 외국에서 수입하면 수입분 만큼 수요가 감소하므로 국내 기업이 생산을 축소하게 되어 급여 또는 일자리가 감소하기 때문에 상품 및 서비스수지는 소득 및 고용과 직접 관련이 있다. 상품 및 서비스수지를 포함한 경상수지가 전체적으로 흑자를 나타내면 외국에 판 재화와 서비스가 사들인 것보다 많으므로 수출을 통해 늘어나는 소득과 일자리가 수입을 통해 줄어드는 소득과 일자리보다 크게 되고 따라서 전체적으로 그만큼 국민소득이 늘어나고 고용이 확대된다.

Ⅲ. 주요 국제금융기관

1. 세계은행(WB, World Bank)

국제통화기금(IMF), 세계무역기구(WTO)와 함께 3대 국제경제기구로 꼽히며, 영향력으로 봤을 때는 IMF와 함께 세계 경제의 양대산맥을 형성하고 있다. 세계은행은 1944년 브레턴우즈 협정(Bretton Woods Agreements)에 근거해 설립된 국제연합 산하의 금융기관으로, 전후 각국의 전쟁피해 복구 및 개발 자금을 지원해 주기 위해 1945년 12월 27일 설립된 국제부흥개발은행(IBRD)이 그 출발이었다. 이후 1956년 7월 국제금융공사(IFC, International Finance Corporation)가, 1960년 9월 국제개발협회(IDA, International Development Association)가, 1966년 국제투자분쟁해결본부(ICSID)가, 1988년 국제투자보증기구(MIGA)가 설립되었다. 일반적으로 국제부흥개발은행(IBRD), 국제개발협회(IDA), 국제금융공사(IFC), 국제투자보증기구(MIGA, Multilateral Investment Guarantee Agency), 국제투자분쟁해결본부(ICSID) 등을 합쳐 세계은행그룹(World Bank Group)이라고 한다. 이 중에서 IBRD와 IDA를 합쳐 흔히 세계은행(WB)이라 부르며, 협의의 의미로는 세계은행의 핵심 기구인 IBRD만을 지칭하기도 한다.

IBRD는 빈곤문제 등을 해결하기 위한 목적으로 1945년 12월 27일 창설되었고, 본부는 미국 워싱턴DC에 있으며 직원은 1만 3,000여 명이다. 2013년 현재 188개 회원국을 보유한 국제금융기관이며, 연간 500억~600억 달러를 개도국 개발프로젝트에 투자하고 있다. 그리고 IDA는 저소득국가의 경제개발과 생산성 향상을 위해 저금리의 융자를 지원하는 국제금융기구이다. 한편, IBRD의 총재 및 총회 위원, 상무이사가 IDA와 IFC의 직책을 겸임하고 있으며, IBRD가 IDA와 IFC의 재원을 보조하는 등 세 기구가 상호보완적으로 운영되고 있다.

세계은행은 회원국들로부터의 출자나 채권발행 등으로 저리로 개발도상국가에 자금을 지원하는 역할을 하고 있으며, 이외에도 세계경제 및 개별 국가들에 필요한 정책자문 등의 역할을 하기도 한다. 세계은행의 주요 의사 결정은 188개국(2013년 현재) 대표 25명으로 구성된 이사회에서 내린다. 회원국 지분이 가장 많은 미국 · 영국 · 프랑스 · 독일 · 일본 5개국이 각 1명을 선임하고, 20명은 나머지 회원국들이 선출한다. 이들 이사가 투표로 총재를 뽑는데, 회원국의 지분에 따른 가중치가 부여된다. 회원국 총지분의 85% 이상의 지지를 얻으면 총재로 선임되는데 미국이 가장 많은 16.05%의 투표권(거부권 행사 가능)을 갖고 있다. 유럽권의 목소리가 강한 국제통화기금과 달리 미국 주도로 운영되며, 설립 후 11명의 총재 모두 미국인이 맡아 왔다.

우리나라는 1955년 58번째 세계은행 회원국이 되었고, 1970년 대표이사국으로 선임되었다. 분담금 비중으로는 2013년 현재 2조 8,880억원을 출자해 1.40%에 이른다. 1만명이 넘는 세계은행 직원 가운데 한국인은 50여 명이며, 한국은 2012년부터 2년씩 상임이사국과 대리이사국을 번갈아 가면서 맡고 있다. 한편, 2012년 4월 세계은행 제12대 총재로 한국계 김용 다트머스대 총장이 공식 선임되어, 7월 1일 공식 취임하여 5년간의 임기에 들어갔다.

한편, International Bank for Reconstruction and Development(IBRD)는 세계은행의 근간을 이루고 있어 세계은행(World Bank)이라고도 한다. 1944년 브레튼우즈협정(Bretton Woods Agreement)에 따라 국제연합의 전문기관으로서 제2차 세계대전 후 각국의 전쟁피해 복구와 개발을 위해 1946년에 설립되었다. 주요 목적은 ① 가맹국의 정부 또는 기업에 융자하여 경제 · 사회 발전에 기여하고 ② 국제무역의 확대와 국제수지의 균형을 도모하며 ③ 저개발국(개발도상국)에 대하여 기술원조를 제공하는 것이다. 자금은 가맹국에의 주식 할당에 의한 자기자본, 특별준비금, 차입금(세계은행채의 발행으로 조달), 투자 이윤 등으로 이루어지며 예금은 없다.

주로 개발도상국의 공업화를 위해 융자를 해주고 있는데 5~6%의 이율로 융자조건이 엄격해 융자대상은 선진국과 중진국이 많다. 융자를 받기 위한 조건은 ① 차입자가 외화로 상환할 수 있는 능력이 있어야 하며 ② 융자대상이 되는 개발계획이 실행가능해야 하고 ③ 정부 이외의 차입자에게는 정부보증이 있어야 한다.

기구는 총회 · 이사회 및 사무국으로 구성되어 있는데, 총회는 최고 의사결정 기관으로 회원국이 임명하는 위원과 대리 위원 각 1명씩으로 구성되며, 년 1회 회의를 개최한다. 총회는 IBRD 협정에 의해 총회 전권사항을 제외하고 이사회에 권한을 위임한다. 총재는 자신이 의장을 맡고 있는 총회에서 선출된다.

2. 국제통화기금(IMF, International Monetary Fund)

(1) 개요

세계무역 안정을 목적으로 설립한 국제금융기구로, 세계무역의 안정된 확대를 통하여 가맹국의 고용증대, 소득증가, 생산자원 개발에 기여하고자 설립되었다. 주요활동과 업무로는 외환시세 안정, 외환제한 제거, 자금 공여이다. 1944년 체결된 브레턴우즈협정에 따라 1945년에 설립되어, 1947년 3월부터 국제부흥개발은행(IBRD)과 함께 업무를 개시한 국제금융기구다. 이 두 기구를 총칭하여 브레턴우즈기구라고도 하며, 약칭은 IMF이다. 2011년 기준 가입국은 총 188개국이며, 본부는 미국 워싱턴DC에 있다. 총회 · 이사회 · 사무국과 그밖에 20개국 재무장관위원회, 잠정위원회, 개발위원회 등이 있다. 최고기관인 총회는 각 가맹국이 임명하는 대표 1인과 대리 1인으로 구성되며, 회합은 연차회합과 임시로 열리는 특별회합이 있다.

가맹국은 크게 14조국과 8조국으로 나누어진다. '8조국'이란 IMF협정 제8조에서 규정하고 있는 의무규정을 준수할 것을 수락한 국가를 말한다. 8조에서는 경상지불에 대한 환제한 철폐, 차별적 통화조치철폐, 다른 외국보유 잔고에 대한 교환성 부여 등 3가지 의무를 부과하고 있으며 이 의무를 수락 이행하는 국가를 8조국이라 한다. '14조국'이란 IMF협정 제14조의 의무를 이행할 것을 수락하고 잠정적으로 외국환관리를 할 수 있는 국가를 말하는데 개발도상국이 대부분이다. IMF는 돈을 낸 비율에 따라 의결권을 갖기 때문에 돈을 가장 많이 낸 미국의 입김이 강하게 작용한다. 현재 미국은 전체 기금의 18% 정도를 내고 있고, 따라서 의결권도 18%를 행사한다. 따라서 IMF의 정책이 결정되기 위해서는 83% 이상이 찬성해야 한다는 현실을 감안하면 미국의 영향력은 절대적이다.

100억 달러로 출발해 여러 차례 증자를 통해 1970년 10월 30일부터 총액 289억 510만 달러가 되었다. 가맹국은 일정한 할당액에 따라 25%를 금으로, 75%를 자국통화로 납입하도록 되어 있었으나, 1978년 4월 신협정에 따라 금에 의한 납입은 SDR(Special Drawing Rights)로 납입하게 되었다. IMF가 인정할 경우, 다른 회원국 통화 또는 자국통화로 납입할 수 있다. 할당액은 각 가맹국이 IMF의 자금을 이용할 때 대출한도를 정하는 기준이 된다. 특별인출권은 SDR로 표시한다.

(2) 목적 및 활동

국제통화기금은 세계무역의 안정된 확대를 통하여 가맹국들의 고용증대, 소득증가, 생산자원개발에 기여하는 것을 궁극적인 목적으로 한다. 이를 위하여 다음과 같은 활동을 하고 있다.

① 외환시세 안정 : 제2차 세계대전 전 평가절하 경쟁이 세계경제를 혼란으로 빠뜨린 경험이 있어, IMF를 설립할 때는 외환시세의 안정을 중요하게 여겼다. 외환시세의 기초가 되는 각국 통화 환평가는 금 또는 미국 달러 가치를 기준으로 표시한다. 각 가맹국은 IMF평가의 상하 각 1% 이내로 외환시세를 안정시킬 의무를 진다. 다만 가맹국의 경제에 기본적 불균형이 있을 경우에는 절상·절하 등 평가 변경을 인정하며, 10% 이내면 IMF의 사전승인을 필요로 하지 않으나, 10% 이상이면 사전승인이 필요하다. 그러나 이러한 원칙은 1971년 통화위기 때 무시되어 다각적인 평가조정이 이루어졌다.

② 외환제한 철폐 : 가맹국은 IMF의 목적을 달성하기 위하여 외환제한을 철폐할 의무가 있다. 첫째는 경상적 지불에 대한 외환제한의 철폐다. 가맹국은 IMF의 승인이 없는 한 상품무역이나 용역거래를 위한 지불에 제한을 해서는 안 된다. 둘째는 차별적인 통과조치의 철폐다. 쌍무적 무역협정이나 복수환율제 등 다른 나라와 다른 결제방법을 사용하거나 다른 외환시세를 적용해서는 안 된다. 셋째는 외국인 자국통화 보유잔액의 교환성이다. 외국인이 보유하는 자국통화의 잔액을 요구하는 대로 금, 미국 달러, 상대국 통화로 교환해 주어야 한

다. 이러한 외환제한의 철폐에 관해서는 IMF협정 제8조에 규정되어 있으며, 이를 승인한 나라를 IMF 8조국이라고 한다.

③ 자금 공여 : 가맹국의 국제수지가 일시적으로 불균형(적자)이 되었을 경우, 평가절하·수입제한을 피할 수 있도록 IMF가 외화자금을 공여할 수 있다. 이 경우 외화자금의 공여는 관계국 통화당국에 대해서만 이루어지며, 대가로 자국통화를 IMF에 지불한다. 이는 일반적으로 경상거래를 위한 지불에 필요한 경우에 한하며, 한 나라가 이용할 수 있는 외화자금의 양은 그 나라의 출자액의 125%까지고, 3~5년 이내에 상환해야 했다.

그러나 1980년 IMF·IBRD 합동 연례총회에서 비산유 개발도상국의 부채 격증에 따른 국제수지 악화를 집중 논의하면서 IMF 융자한도 600% 확대, 개발도상국에 대한 경제구조 조정차관 확대 등을 합의하였다. 그러나 1981년에 열린 IMF·IBRD 합동 연례총회에서 선진국들이 긴축정책을 더욱 강화하기로 합의하여 빈국들에 대한 원조증대의 기대가 무산되었다.

(3) 운영자금

국제통화기금은 각국의 국제무역 규모, 국민소득액, 국제준비금보유량 등에 따라 회원국 정부의 출자로 이루어진다. 회원국은 일시적인 국제수지 불균형이 있을 경우 필요한 외환은 IMF로부터 자국통화로 구입할 수 있다. 또 회원국들의 일시적인 국제수지 불균형을 지원하기 위한 방편들도 마련하고 있다. 1952년 대기성 차관협정을 도입하여 회원국이 실질적 필요를 예상해서 미리 대출한도액을 협상할 수 있도록 하였다.

1961년에는 10개국이 대기성 차관을 제공하는 일반차입협정을 체결하였다. 1963년에는 수출변동에 대한 보상금융제도를 도입하여 개발도상국이 갑작스런 수출액 감소에 직면했을 때, 외환을 통제하거나 극심한 불황을 겪지 않고도 이에 대처할 수 있도록 해주는 방법이다.

국제거래의 규모가 확대되고 금융위기가 잇달아 발생함에 따라 국제수지 안정을 위해 쓰일 추가 준비금이 필요해지자, 1969년 10월 IMF 연례회의에서 국제유동성 공급을 영구적으로 확대하는 SDR창설을 승인하였다. SDR로 인해 금이나 회원국들의 자국통화를 추가로 출자하지 않고도, 사실상 회원국들의 할당액이 증가하는 효과가 나타났다. 1986년부터는 IMF는 IBRD와 함께 빈곤한 나라들을 원조하기 위한 수십억 달러의 공동대출자금을 새롭게 조성하였다.

3. 국제결재은행(BIS, Bank for International Settlements)

(1) 개요

국제금융을 안정시키는 것을 목적으로 하여 주요국의 공동출자에 의해 1930년 설립된 국제은행으로, 국제금융을 안정시키는 것을 목적으로 한다. 본부 소재지는 스위스 바젤이며, 각국 중앙은행들 사이 조정을 맡는 국제협력기관이라고 하여 '중앙은행들의 중앙은행'이라고 불리기도 한다. 설립 당시의 주목적은 제1차 세계대전 이후 독일의 배상문제를 처리하는 것이었으며, 유럽 각국의 중앙은행 사이에서 거래되는 환(煥)업무를 처리하는 것을 담당했다.

1980년대 중남미에 대한 선진은행들의 부실채권이 늘어나면서 국제결제은행의 바젤위원회는 1988년 자기자본비율(BIS) 기준도 설정하였다. 회원국을 대상으로 자기자본비율 기준을 적용하고 있으나 비회원 감독 당국에게도 이 기준을 채택하도록 권고한다. 국제결제은행은 좀더 영역을 넓혀 경제금융조사와 자문까지 맡아서 하고 있다. 금융정책의 조정 및 국제통화문제에 관한 토의·결정 등에 중요한 역할을 수행하고 있다. 멕시코와 브라질 등 채무누적국가의 금융위기에 대해 단기연계자금의 융자를 실시하는 등의 국제적인 신용질서 유지를 위한 역할도 함께 해나가고 있다.

(2) 자기자본비율(BIS) 기준

국제결제은행의 바젤위원회(선진 10개국(G10) 중앙은행 총재회의)는 지난 80년대 선진은행들의 중남미에 대한 부실채권이 늘어나면서 국제금융의 안정성이 문제시 되자 1988년 자기자본비율(BIS)기준을 설정했다. 자기자본비율은 금융기관의 재무건전성을 나타내는 기준으로, 이는 위험가중자산(총자산)에서 자기자본이 차지하는 비율을 말한다. 국제결제은행에서는 국제금융시장에서 자기자본비율을 8% 이상 유지하도록 권고하고 있다. 이는 원칙적으로 회원국을 적용 대상으로 하고 있으나 비회원 감독 당국에서도 이 기준을 채택하도록 권고하고 있다. 이를 '바젤Ⅰ'이라 한다.

그러나 금융환경의 급격한 변화로 기존 BIS기준으로는 금융기관의 적정한 금융상태를 평가하는데 한계가 드러나자 1999년부터 새로운 협약 마련을 위한 협의가 진행되었고, 협의 끝에 2004년 '바젤Ⅱ(신BIS협약)'가 발표되어 2008년부터 시행되었다. 이에 따르면 기존 은행의 BIS 자기자본비율은 8% 이상으로 유지하되, 보통주 자본비율을 2% 이상, 기본자본 비율을 4% 이상 유지하도록 하는 등 최소자본규제를 다양화하였다.

하지만 2008년 글로벌 금융위기가 발생하면서 보다 강화된 기준마련을 위한 논의가 진행되었고, 2010년 이와 관련한 '바젤Ⅲ'가 발표되었다. 바젤Ⅲ에 따르면 BIS비율 기준을 8% 이상에서 단계적으로 10.5%까지 높이고, 보통주 자본비율 4.5%, 기본자본비율 6% 기준을 유지하도록 하고 있다. 또한 은행의 국공채 등 고유동성자산에서 순현금유출액이 차지하는 비율을 나타내는 유동성커버리지비율(LCR, liquidity coverage ratio)을 100% 이상, 필요안정적자금(자산)에서 가용안정적자금(자산)이 차지하는 비율을 나타내는 순안정자금조달비율을 100% 이상 유지하도록 하는 등 글로벌 유동성기준을 도입하였다.

국제결제은행은 바젤Ⅲ를 2013년부터 단계적으로 도입을 시작해 2015년 전면 시행한다는 계획이었다. 하지만 2013년 1월 6일 스위스 바젤에서 열린 바젤은행감독위원회(BCBS) 회의에서 LCR을 100% 이상 유지하도록 하는 규제도입시기를 4년 연기하여 2015년 60%에서 해마다 10%씩 높여 2019년부터 도입한다고 합의하였다.

4. 국제투자보증기구(MIGA, Multilateral Investment Guarantee Agency)

개발도상국의 민간투자를 보장하고 투자촉진을 도모하기 위한 국제기구로, 1988년에 설립되었다. 주요활동과 업무로는, 이전위험, 권리박탈위험, 계약위반위험, 전쟁 및 내란 위험 등으로부터 보증하는 것이다. 2012년 현재 가입국은 177개국이다. 약칭 MIGA는 다자간 투자보증기구라고도 하며, 국제부흥개발은행(IBRD)과 국제개발협회(IDA), 국제금융공사(IFC) 등과 함께 세계은행으로 불린다.

국제통화기금(IMF)과 국제부흥개발은행의 합동 연례총회가 1985년 10월 11일 한국 서울특별시에서 개최되었을 때 이 기구의 설립을 서울협약으로 채택하고, 1986년 9월 IMF잠정위원회에서 만장일치로 그 세칙을 합의하여 1988년 설립하였다. 가입국 대표로 구성되는 총회와 이사회 등이 있다.

비상업적 위험을 보증하고 투자를 크게 늘려 개발도상국에 대한 투자를 촉진하는 것이 목적이다. 비상업적 위험이란 이전위험, 권리박탈위험, 계약위반위험, 전쟁 및 내란 위험 등을 말한다. 그밖에 정보기술 제공, 투자촉진협정 체결, 관련국 사이의 분쟁해결 등도 담당한다.

5. 국제개발협회(IDA, International Development Association)

저소득국가에 대한 경제개발과 생활수준의 향상을 목적으로 창설된 기구로, 국제부흥개발은행의 자매기구로서 창설되었으며, 총회 · 이사회 · 경영진 등이 모두 같다. 제2의 세계은행이라 할 수 있다. 제2차세계대전 후 저소득국에 대한 경제적 지원의 필요성이 대두되자, 이들 국가를 지원하기 위한 새로운 기구를 설립하자는 논의가 미국을 중심으로 전개되어, 1960년 1월에 협정문이 의결되고 그해 9월 24일에 정식 발효되었다.

국제부흥개발은행(IBRD) 융자보다 더 용이한 조건의 대 최빈개도국 융자필요성이 1950년대에 부각됨에 따라 이러한 필요성에 대처하기 위해 국제부흥개발은행의 제휴기관으로서 출범하였다. 그 재원은 국제부흥개발은행의 수입, 국제개발협회 회원국에 의해 납입되는 태환성 통화의 자본금, 국제개발협회 선진회원국의 기부금 등 3가지 방법을 통해 조달된다. 국제개발협회 융자를 얻기 위해서는 4가지 조건이 부합되어야 한다.

첫째, 1인당 국민소득 835달러(1995년 기준) 이하의 최빈개도국이어야 한다. 둘째, 장기개발융자에 합당한 충분한 경제, 금융 및 정치적 안정이 필요하다. 셋째, 매우 어려운 국제수지문제를 안고 있으며, 통상적인 융자조건하에서는 외환을 차입할 가능성이 적은 상황에 있어야 한다. 넷째, 개발에 대한 진정한 의지가 있어야 한다.

1995년 현재 국제부흥개발은행 융자(loan)와 구별하여 국제개발협회 융자(credit)는 행정경비를 충당할 소액의 수수료를 제외하고는 무이자 25~30년 상환기간이 거의 대부분이다. 원금상환은 10년 거치 후 시작된다. 그리고 국제부흥개발은행은 국제개발협회 운영을 책임지고 있으며, 국제부흥개발은행 총회, 상무이사와 총재는 국제개발협회 업무를 겸임하고 있다.

주요수혜국은 인도·방글라데시·파키스탄·이집트·인도네시아 등이다. 국제개발협회의 융자재원은 회원국의 출자금과 정기적으로 이루어지는 재원보충 출연금으로 구성된다. 우리나라는 1961년 5월 18일에 가입한 이후 1974년까지 총 1억 2,000만 달러를 지원받았으며, 1978년 이후로는 입장이 바뀌어 재원공여국(財源供與國)으로서 참여하여 약 1,500만 달러를 출연한 바 있다.

이국간 경제원조의 감소전망에 따라 국제개발협회의 구실은 더욱 증대될 것으로 보이며, 1988년부터 1990년까지 1억2000만 달러를 추가 출연하였으며, 앞으로 우리나라의 참여도는 더욱 확대될 것이다.

6. 국제금융공사(IFC, International Finance Corporation)

개발도상국과 저개발국에 투자하는 국제연합 산하 금융기관이다. 주요 활동으로는 펀드조성을 통한 직접투자, 무담보 자금대출 등 저개발국가 기업에 대한 투자를 진행한다. 국제금융공사는 개발도상국과 저개발국가의 민간 기업에 자금을 투자하는 국제금융기구이다. 국제연합(UN) 산하 기구이며 제2차 세계대전 이후 전쟁 피해의 복구를 목적으로 했던 국제부흥개발은행(IBRD)의 자매 기구이기도 하다. 국제금융공사가 처음 세워진 것은 1956년이다. IBRD는 저개발국가 정부의 보증을 통해 주로 자금을 집행했기 때문에 민간 기업들이 이 자금의 혜택을 누리기가 쉽지 않았다. 이런 IBRD의 한계를 보완하기 위해 정부의 보증이 필요 없는 민간 투자 형식의 금융기구로 국제금융공사가 세워졌다. 1960년 세워진 국제개발협회(IDA)와 함께 국제부흥개발은행의 양대 산하 금융기관으로 평가 받는다. 우리나라도 1964년 출자금 13만 9,000달러를 내고 77번째 회원국으로 가입했다.

국제금융공사의 가장 큰 특징은 정부의 보증 없이 민간 기업에 투자를 한다는 것과 대출 이외에 자본투자를 병행한다는 점이다. 국제부흥개발은행과 국제개발협회는 대출 형식으로 투자를 진행하지만 국제금융공사는 펀드를 조성해 기업의 유상증자에 참여하는 형식으로도 투자를 한다. 이 때문에 국제금융공사는 개발도상국의 다양한 기업의 주요 주주로 등록돼 있으며 이들 기업의 지배구조 개선을 위해 상당한 영향력을 행사한다. 2002년에는 1억 5,000만 달러 규모의 펀드를 조성해 기업 지배구조 개선을 약속받는 조건으로 한국의 10~15개 상장기업에 투자하는 '한국기업지배구조펀드'를 세우기도 했다. 1980년대까지 대출과 투자 대상은 아시아와 중남미 지역에 집중돼 있었으나 동유럽이 자유화된 이후에는 이들 국가에도 활발하게 진출했다. 2010년 현재 자본금은 24억 5,000만 달러다.

아울러, 관련 기관으로, Ⓐ 국제투자분쟁해결센터는 국제부흥개발은행 그룹 내의 2개 소규모 연관 기관으로 국가와 외국인 사이의 투자 분쟁을 해결하기 위한 기술을 제공한다. 81개국이 비준했다. Ⓑ 국제농업연구에 관한 자문그룹은 각국으로부터 기여금을 걷어 11개국의 국제농업연구센터와 이 그룹이 포함하고 있는 프로그램에 재정지원을 한다. 공동의장 및 후원자는 국제부흥개발은행, 식량농업기구(FAO, Food and Agriculture Organization), 국제연합 개발계획(UNDP, United Nations Development Program)이다.

Ⅳ. 국제 통화제도와 금융질서

1. 국제통화제도의 변천

(1) 브레튼 우즈 체제(bretton woods)

1960년대에 들어와 유럽국가들의 경제성장이 급속해짐에 따라 국제유동성 부족문제가 심각하게 대두되고, 브레튼 우즈 체제가 전제로 하고 있는 미국경제 및 미국 달러화의 절대적 우위 및 신인도가 흔들리게 되자, 브레튼 우즈 체제는 구조적 모순이 나타나기 시작하였다. 특히 유로달러시장 등 통제 불가능한 단기

국제금융시장의 급속한 성장과 각국 간의 생산력 구조의 변화는 국제수지불균형을 심화시키고 국제통화불안을 조성하는 요인으로 작용하게 되었다. 이와 같은 세계 경제정세의 변화와 더불어 대두된 브레튼 우즈 체제의 문제점은, ① 국제유동성부족, ② 환율 및 국제수지 조정상의 경직성, ③ 기축통화 신인문제로 요약할 수 있다.

(2) 스미소니언(smithsonian) 체제

IMF체제는 1960년대 중반부터 내재적인 문제점으로 인하여 1971년 8월 15일 닉슨 미국대통령은 금태환정지를 선언하였다. 달러의 금태환정지로 국제통화질서가 혼란에 휩싸이자 이를 수습하기 위한 선진 10개국의 재무장관과 중앙은행 총재회의가 1971년 12월 17~18일간 워싱턴의 스미소니언 박물관에서 개최되었다. 이 회의의 주요 내용은, ① 환율체제는 고정환율제도를 유지하되, 종래의 금 또는 미국의 달러평가 대신 보다 신축성 있는 기준율(central rate)제도를 도입하고, ② 미국 달러의 금에 대한 평가를 7.895% 절하(금 1온스=35달러에서 38달러로)하고, 이에 따라 다국 간 평가를 조정함과 아울러, ③ 환율변동폭을 기준율의 상하 2.25%로 하는 와이더 마진(wider margin)제를 도입하는 것 등이었다. 그러나 스미소니언 체제는 브레튼 우즈 체제의 모순을 근본적으로 제기한 것이 아니라, 통화불안을 진정시키기 위한 과도기적 잠정체제의 성격을 지니고 있었기 때문에 주요 국가 간의 국제수지불균형이 개선되기는 커녕 더욱 확대되었으며 결국 고정환율제의 와해를 초래하였다.

(3) 킹스턴(kingston) 체제

스미소니언 체제가 환율의 변동폭을 확대하여 고정환율을 유지하려 하였으나 많은 국가가 계속 평가절하를 단행하고 변동환율제를 실시함으로서 스미소니언 체제는 단명으로 끝나게 되었다. 따라서 1972년 9월 IMF 연차총회에서 발기된 20개국 위원회가 주동이 되어 1976년 1월 자마이카의 킹스턴에서 열린 5차회의에서 신통화제도로 향하는 최종보고서가 작성되어 킹스턴 체제가 출범하였다. 킹스턴 체제의 내용을 보면, Ⓐ 변동환율제를 인정함으로써 질서 있고 안정적인 환율조정과 이를 통한 국제수지 조정도 가능하게 되었다. Ⓑ 금을 폐화 조치함으로서 SDR(Special Drawing Rights)[9]을 본위로 하여 이를 실질적인 가치평가의 기준으로 삼게 되었기 때문에 금이나 달러 부족에 의한 통화파동을 막을 수 있게 되었다. Ⓒ SDR의 사용범위를 대폭 확대하여 IMF의 승인 없이 또는 국제수지와 관계없이 가맹국 간에 SDR거래를 할 수 있게 하며, SDR의 활동제한을 보완하기 위해 주요국의 통화를 병용할 수 있게 되었다. Ⓓ 개발도상국을 지원하기 위해 신탁기금을 설치하여 1차 상품수출국에 대한 보상금융제도를 개선하여 인출한도를 할당액의 50%에서 75%로 확대시켰다.

2. 국제금융질서와 리스크

금융자유화와 더불어 글로벌 금융위기에서 볼 수 있는 것처럼 세계는 단일경제공동운명체라고 할 수 있다. 한 국가의 금융은 곧 국제금융과 연계되고 한 국가의 금융위기는 다른 국가에 영향을 미쳐, 연쇄적으로 글로벌 금융위기를 초래한다. 이는 유럽연합국의 국가부도로 인한 연합해체 위기 등 연쇄반응, 미국의 금융사태가 몰고 온 국제금융위기에서 여실히 드러나고 있다. 그러므로 세계경제공동체는 국제적인 표준을 설정하고 이를 실행하는 등 금융체제가 점점 국제기준으로 표준화되어 가고 있다. 이러한 움직임에서 BIS기준이나 바젤Ⅲ 등

9) IMF의 특별인출권을 말하는 것으로서 SDR은 IMF에서 창설되어 IMF가맹국이 규약에 정해진 일정조건에 따라 IMF로부터 국제유동성을 인출할 수 있는 권리를 말한다. 국제통화체제로서, 제2차대전 이전은 금을 국제통화로 하고 대전 후는 이에 대립하는 외화(미달러, 영파운드)를 제2의 통화로 해서 금과 병행시켜 왔으나, 1967~68년의 파운드위기와 달러불안을 계기로 IMF는 이 특별인출권을 제3의 통화로 해서 국제유동성을 부여하고 국제통화로서의 기능을 발휘하게 되었는데, IMF의 일반인출권(이른바 자금공여)과는 구별된다. SDR은 1969년 IMF 제22차총회에서 가맹 106개국에 의해 승인되었으며 70년 1월 1일부터 초년도에 35억 달러, 2차, 3차년도에 각각 30억달러가 발행되기에 이르렀다. 1974년 6월에는 SDR의 가치를 스탠더드 바스켓(standard basket) 방식으로 할 것을 결정하고 7월 1일부터 실시했다. 스탠더드 바스켓 방식이란 단위바스켓 중에 16개 주요국 통화를 적당한 단위수로 넣어 놓고 매일 변화하는 각국 통화의 가치를 당일의 외국환시장의 비율(rate)에 상응한 달러로 환산, 이것으로부터 역산하여 각국 통화표시의 SDR의 가치를 정하는 것이다. 1980년 9월부터 표준 바스켓방식이 이제까지의 16개국 통화에서 5개국(미국, 독일, 영국, 프랑스, 일본) 통화로 축소되었다. 1999년에는 유로화의 도입으로 달러화, 유로화, 파운드화, 엔화의 4대 통화 체제가 되었고, 이후 2016년 10월 중국 위안화가 편입되어 5대 통화 체제로 변경되었다.

각종 국제협약에서 나타나고 있다. 그러나 이러한 상황에서 그만큼 리스크도 증대된다고 할 수 있다.

금융자유화란 각국의 금융시스템의 안정화를 도모하고 신용질서를 유지하기 위한 지금까지 행하여왔던 금리규제, 국제자금이동의 규제, 외국금융기관의 진출규제, 금융기관의 업무 분야 규제 등 제반규제를 대폭으로 완화 내지 철폐함을 말한다. 이러한 자유화를 촉진시킨 주요 배경으로는 첫째로, 세계경제의 상호의존관계의 심화에 있다. 제2차 세계대전 이후 IMF, 가트(GATT) 체제(즉 고정환율, 자유무역 체계)하에서 각국의 무역거래는 순조로이 증가되어 왔고 이에 따라 무역금융이 확대되었다. 1970년대에 오면서 고정환율제가 변동환율제로 이행되고 제1차 석유파동, 선진국의 저성장으로 이행과 국제수지의 불균형, 비산유국 개발도상국가의 적자누적과 이에 따른 경상수지 적자보전을 위한 대량의 국제적 자금이동이 발생하게 되었다. 이처럼 무역거래의 확대 및 무역금융의 확대, 국가의 저축-투자 불균형에서 오는 자금과 부족의 조정, 기업의 해외진출 및 여유자금의 해외운용 등에 따라 각국은 경제적 상호의존관계가 심화되고 이에 따른 금융거래 규모도 거대화됨과 동시에 규제가 없고 자유로운 유로시장으로 금융거래가 집중되었다. 둘째로, 금융수요의 다양화이다. 각국의 개인소득이 증대하고 금융자산의 축적이 크게 향상됨에 따라 보유자산을 수익성 높은 금융자산으로 운용하려는 경향이 높아졌다. 이에 따라 은행의 저축성예금으로부터 증권, 신탁, 보험 등으로 자금이동이 발생하였고, 이렇게 다양한 선호에 대응하는 금융상품의 개방이 요구되었으며 이에 따른 금리규제 및 업무 분야의 규제가 완화되어야만 했다. 셋째로, 금융기관의 기술혁신의 진전을 들 수 있다. 즉 정보처리 및 통신기술의 발달은 원격지에 있는 시장의 이용을 용이하고 편리하게 하였으며 자금결제시스템의 효율화와 여러 가지 금융서비스 및 상품의 개발을 촉진시켰다. 특히 정보처리 및 통신기술의 발달은 외환시장, 채권시장, 주식시장의 세계화, 글로벌화를 촉진시켰다. 또한 고도의 사무처리능력을 지닌 컴퓨터시스템의 개발 및 출현은 선물, 옵션(option) 및 스왑(swap) 등의 최첨단 금융기술을 이용한 상품의 개발을 촉진시켰다. 이와 같이 금융자유화는 빠르게 진행되었다.

결국, 국제업무의 확대에 따른 환(煥)리스크, 장기대출 및 개발도상국가에 대한 대출과 관련되는 신용리스크, 금융의 증권화에 따른 가격변동리스크 등 여러 가지 금융리스크가 증대되어왔다. 불건전한 비효율적인 금융기관은 정리되거나 도태될 우려가 있다. 또한 한 나라에서 발생한 금융기관의 도산은 단일시장이 아니라 세계시장으로 파급되어 세계적인 금융시스템의 동요를 가져올 수 있다.

또한, 헤지펀드의 이동에 따른 국제금융시장의 불안을 가져올 수 있다. 헤지펀드란 투기성자금을 지칭하는 것으로서 증권시장을 무대로 한다는 점에서 뮤추얼펀드(MF, Mutural Fund) 등의 수익증권과 같지만 운영방법에서 매우 다르다. MF는 일반인 누구나 가입할 수 있으나 헤지펀드는 일반인에게 공개하지 않고 주로 금융기관들이 가입한다. 헤지펀드 등의 투기성 자금이 세계금융자유화 및 개방화 바람을 타고 각국을 자유롭게 드나들면서 한 국가 또는 특정 지역의 경제 및 금융시장을 과열시켜 투기 분위기를 조성한 후 투기차익을 얻은 후 다른 지역으로 이동하면서 경제 및 금융시장을 교란시켜 국제금융시장을 매우 불안하게 만드는 주역이라 할 수 있다. 이처럼 투기차익을 노리는 대규모 투기성 자금의 이동으로 야기되는 국제금융시장의 교란은 1990년대 초부터 본격화되기 시작했다. 그 예로서 1992년 퀀텀펀드의 영국파운드화를 통한 투기차익 획득전략과 그로 인해 야기된 유럽각국의 환율체계불안, 1994년 페소화 투매로 인한 멕시코 통화위기, 1997년에 시작된 동남아시아 및 한국의 외환금융위기, 1998년에 일어나고 있는 일본엔화의 하락 등은 모두가 헤지펀드 등 투기성 자금의 교란이 직·간접적인 영향이라고 할 수 있다.

제 4 절 금융정책

금융정책이란 통화량 또는 이와 관련되어 있는 여러 가지 변수의 변경을 통해서 국민경제활동의 수준을 조정함으로써 완전고용, 물가안정, 국제수지의 향상, 경제성장의 촉진 등의 정책목표를 달성하기 위해서 금융당국(정부와 중앙은행)이 취하는 경제정책을 말한다.

재정정책이 정부지출이나 조세수입을 통해서 국민소득의 흐름에 직접적인 영향을 미치는데 비하며, 금융정책은 통화량이나 이자율 등의 변경을 통해서 간접적으로 국민소득의 흐름에 영향을 미칠 따름이다. 이를 위해서 금융당국이 사용하는 금융정책의 수단으로는 일반적 정책수단과 선별적 정책수단을 들 수 있다. 전자를 양적 통제수단이라 하고 후자를 질적 통제수단이라고 부르기도 한다. 다만, 금융정책도 국가정책의 일부분에 해당하며, 국가정책목표를 달성하기 위한 세부단위에 해당한다고 할 수 있다. 그러므로 국가정책과 국가정책목표와의 연계성을 가지고 검토되어야 한다.

Ⅰ. 국가정책과 금융정책

1. 국가정책목표와 금융정책

국가정책목표를 달성하기 위하여 정부는 국가경제목표를 가지고 있는데 이러한 경제목퓨를 실현하는 여러 정책들 중에 가장 중요한 요소로 금융시스템을 안정적이고 효율적으로 운영하고자 정책당국은 금융정책을 추진한다. ① 금융시스템은 금융기관, 금융시장, 그리고 이들을 뒷받침하고 규율하는 금융관련 법령으로 구성되어 있으며, 끊임없이 변화하고 있는 금융환경의 영향을 받는다. ② 금융당국은 금융시스템 정책, 통화신용정책, 금융감독정책 등의 금융정책을 통해 금융환경 변화에 효과적으로 대응해 나가면서 금융시장의 안정, 금융중개의 효율화, 그리고 금융기관과 금융산업의 성장·발전을 추구한다. ③ 금융정책은 다른 경제정책들과 함께 경제성장, 물가안정, 고용증대, 그리고 국제수지 균형과 같은 경제정책의 목표를 달성하는 한 수단이다. 결국, 금융경제의 발전은 실물경제 발전과 함께 국가의 부강 및 국민의 삶의 질 향상이라는 국가정책의 최종목표 달성에 기여한다.

2. 경제정책의 목표와 금융정책

경제정책은 대내균형(물가안정과 금융안정 등), 경제성장(고용증진과 소득증진 등), 대외균형(국제수지개선 등)을 목표로 한다. 이러한 정책목표를 달성하기 위한 금융정책은 대내균형을 위해서는 금융위기 관리정책, 중앙은행의 통화신용정책, 금융감독기관의 금융시스템 안정화 정책을 추진한다. 또한, 경제성장을 위해서는 금융확장정책, 물간안정을 전제로 한 중앙은행의 보완적 통화신용정책, 금융시스템의 안정을 바탕으로 한 금융감독기관의 보완적 감독정책을 추진한다. 아울러 대외균형을 위해서는 외환정책, 중앙은행의 보완적 통화신용정책을 추진한다.

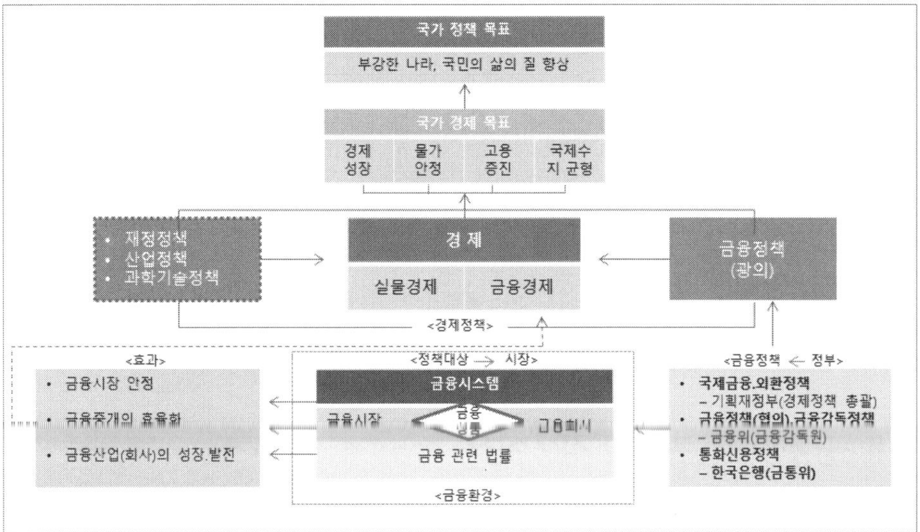

시장경제는 공공재(국방, 치안, 사회간접자본)의 필요성, 불완전 경쟁, 분배의 불평등, 실업, 인플레이션, 외부성, 의사결정의 불확실성 등의 요인으로 내재적인 불안전성을 갖고 있기 때문에 이를 보완하는 정부의 역할이 중요하다. 정부도 정책을 결정하고 추진하는 과정에서 경직성과 비효율성의 위험을 항상 갖고 있으므로 정부의 개입을 최적으로 하여 시장 기능이 위축되거나 왜곡되지 않도록 하는 것이 중요하므로, 효율성을 위주로 하는 시장의 기능과 시장에 비해 공평성에 역점을 두는 정부의 정책이 상호 보완적일 필요가 있다.

① 정책의 상충과 조화 : 거시경제정책의 목표달성과 동시에 금융시장과 금융산업 자체의 안정과 발전을 추구해야 하는 이중적 성격을 가진다. 그러므로

서로 밀접한 연관성을 갖고 있으나 때로는 상충하기도 하여 각 정책 당국 간 조화로운 정책과 선택 운영이 필요하다. 금융산업의 국제경쟁력 제고를 위해 금융기관의 겸업화 및 대형화, 금융서비스 이용편의제고를 위해 다양한 금융상품 출시, 금융이용자의 금융기관 간 거래에 불이익이 없도록 보호정책을 펼친다.

② 정책의 분장과 협력 : 대체로 정부와 중앙은행 등 정책당국이 업무를 분장하여 협력적이고 조화롭게 추진한다. 두 기관이 금융정책을 나누어 담당하는 것은 보다 큰 전문성과 중립성을 갖고 책임 있게 정책을 추진하기 위한 것이다. 상위의 경제정책목표를 달성하기 위해 개별 정책당국이 하위의 목표를 설정하여 추진하는 것이므로 최종 정책목표와의 조화 및 연결이 필수적이다.

③ 정책의 일관성과 중립성 : 경제정책의 총괄·조정의 권한을 갖고 있는 정부가 중앙은행의 통화신용정책을 경기부양 등 거시경제목표 달성을 위한 수단으로 재량적으로 동원할 경우 적지 않은 부작용을 초래한다. 특히 선거에 의해 선출되는 정부와 정치집단은 다음 선거를 의식하여 단기적이거나 단편적인 효과창출을 목적으로 정책을 추진한다. 그 결과 선거 전의 경기확장과 선거 후의 스태그플레이션이 반복되는 정치적 경기순환이 발생하기도 한다.

Ⅱ. 금융정책의 구분 및 실행수단

1. 금융정책의 의미

금융정책(financial policy)는 넓은 의미로 정부와 중앙은행이 경제목표(경제성장, 완전고용, 물가안정, 국제수지 균형)를 달성하거나 산업의 발전과 금융시장의 안정을 위해서 금융기관과 금융시장을 대상으로 금융적 수단(통화량, 금리, 신용 등)을 사용하는 것을 말한다. 금융정책은 부문별로는 금융제도정책, 통화신용정책, 금융감독정책으로 구분하여 볼 수 있다.

2. 금융정책의 구분

(1) 금융제도정책

금융제도(financial system)는 금융시장, 금융기관, 그리고 이들을 형성하고 운영하는데 필요한 모든 법규와 관행을 총칭하는 것이다. 정책적으로 금융제도 정책은 금융시장, 금융기관, 금융상품, 금융이용자 보호제도 등 금융시스템을 구성하는 요소들이 유기적으로 형성되고 시장원리에 따라 효율적으로 운용될 수 있도록 관련 법규를 제·개정하고 관행을 정착시킨다. 구체적으로 금융시장과 금융기관을 어떻게 형성하고 운영하며, 시장에 제공되는 금융상품은 어느 정도의 범위와 내용으로 허용할 것인지, 그리고 시장 참여자의 편의와 보호를 위해서 어떤 제도적 장치를 마련할 것인지 등을 결정하고 시행한다.

우선, 금융시장과 관련한 정책으로 자금의 잉여주체와 부족주체 간에 자금거래가 이루어지는 장소인 시장이 자금을 중개하고 금융자산의 가치를 결정하며 자산의 유동성을 제고하고 금융거래의 위험을 감소시키는 기능이 제대로 수행되도록 한다. 다음으로 금융기관과 관련한 정책으로 금융시장에서 자금의 공급자와 수요자 간의 자금융통을 매개하는 기관으로서 금융기관이 금융의 중개, 거래비용절감, 만기 및 금액의 변환, 신용위험 및 수익률 변동위험의 축소, 지급결제수단의 제공 등이 제대로 수행되도록 한다. 금융기관은 공공적인 역할과 성격으로 인해 정부의 규제와 감독을 받고 있으나 금융기관도 기업의 속성을 갖고 있으므로 이윤을 창출하고 이를 극대화한다. 아울러, 시장원리에 따른 자율경쟁이 최대한 발휘되도록 하는 것도 중요하다.

한편, 다양한 금융상품을 제공하기 위해서는 금융상품은 성격에 따라 예금, 증권, 보험, 신탁, 자산운용상품 등으로 구분하고, 금융산업의 겸업화와 금융혁신 등의 추세에 따라 복합적인 금융상품을 확대하고, 금융자율화와 개방화 진전으로 개별적인 금융상품의 개발과 운용에 대한 제한을 크게 완화하여야 한다.

(2) 통화신용정책

통화신용정책이란 중앙은행이 물가안정 등 정책의 최종목표를 달성하기 위해 통화량과 신용공급량을 조절하거나 금융기관의 자금대출 및 금리를 규제하는 활동이다. 이는 통화량과 여신규모를 조절하는 양적 통화신용정책, 자금배분과 금리수준을 직접 규제하는 질적 통화신용정책으로 구분된다. 1960년대 융자 사전승인제와 금융기관 대출한도제, 1970년 후반 은행별 민간 신용한도제, 그 후 공개시장조작 등 간접조절방식에 의한 통화정책수단을 활용하였다.

통화정책 운용체계는 중앙은행이 물가안정 등 최종목표를 달성하기 위해 관리하는 중간목표 또는 명목기준지표(예: 본원통화 공급, 콜금리, 달러 환율 등), 그리고 이를 실질적으로 실현하기 위한 통화정책의 수단(예: 공개시장조작, 대출정책, 지급준비 등) 모두를 포괄한다. ① 통화목표관리제(Monetary targeting)는 통화운용 체계에서 사용하는 변수(통화, 환율, 인플레이션)에 따라 통화 타게팅은 물가안정 등 정책의 최종목표를 달성하기 위해 통화지표의 증가율을 중간목표로 정하고 이를 달성하는 방식이다. ② 환율목표제(Exchange rate targeting)는 자국통화와 외국통화 간의 비율인 환율을 일정수준에서 유지하도록 하는 방식이다. ③ 물가안정목표제(Inflation targeting)는 중앙은행이 일정기간 동안 달성해야 할 물가상승률 목표를 미리 제시하고 이에 맞춰 통화정책을 운용하는 것이다. 1977년 말 한은법 개정으로 한은이 매년 정부와 협의, 물가안정목표를 설정·공표하고 이를 달성하는 물가안정목표제 체제로 변경하였다. ④ 목표물가 관리제도(inflation targeting scheme)는 정책당국이 최종목표인 물가안정에 대해 명시적인 목표를 설정하고 통화량, 이자율, 환율, 기대 인플레이션 등 다양한 정보 변수를 활용, 장래의 실제 인플레이션과 목표 인플레이션 간의 괴리를 축소해 나가는 정책 방식이다.

(3) 금융감독정책

금융감독(financial supervision)은 정책당국이 건전한 신용질서와 공정한 금융거래 관행을 확립하고 예금자와 투자자 등 금융소비자를 보호하기 위해 금융시장과 금융기관을 감시 감독하는 것이다. 그러므로 금융감독정책은 금융감독이 효과적으로 이루어질 수 있도록 금융감독관련 법규와 관행을 마련하고 이를 금융환경 변화에 맞게 개선해 나가는 일체의 활동을 말한다.

금융산업은 국민경제에서 차지하는 역할의 비중이 매우 큰데 비해 금융산업의 특성상 시장실패의 가능성과 그 영향이 광범위하다. 금융기관은 정부의 인·허가에 따른 독과점적 성격을 갖고 공공재성격의 금융서비스를 제공하므로, 금융시장은 시장참여자 간의 정보의 비대칭성 문제와 부정적 외부효과 문제 등을 내포하고 있다.

금융산업에 대하여 정책당국이 금융부문을 감독하는 이유는 첫째, 금융시장의 실패와 시스템위험예방 내지 최소화를 위해서다. 금융기관이 부실화 될 경우 그 영향은 주주, 임직원, 특정 소수의 채권자는 물론 불특정 다수의 예금자와 투자자들에게 상당한 피해를 주고 시장에 미치는 영향은 매우 심각하고, 그 여파는 다른 은행과 금융기관들에 예금인출을 일으키고 금융시장을 일시에 마비를 시킬 수 있다. 이러한 예는 1997년 말 금융외한 위기 사태를 통해서도 경험할 수 있었다.

둘째, 금융시장에 내재해 있는 정보의 비대칭을 해소하기 위해서다. 시장에 대한 아무런 규제가 없이 상대적으로 정보력이 떨어지는 개인과 정보수집 능력을 월등히 갖춘 금융기관 간에 거래가 이루어질 경우 개인 투자자들은 피해 볼 가능성 크다. 그러므로 정부는 시장의 정보가 투명하고 공정하게 원활히 유통되도록 유도하고, 허위정보를 규제할 수 있는 장치를 마련하여 시행하여야 한다. 다만, 정부의 개입과 규제는 금융기관의 자율성 및 경영의 효율성, 그리고 시장메커니즘이 최대한 보장될 수 있도록 정보의 비대칭성 해소와 불공정거래 방지 등에 한정하여야 한다. 정확한 정보공개를 위한 정보전달규제, 기준에 맞고 투명한 재무제표 제시를 위한 규제, 시게 조종과 같은 불공정행위나 위법행위에 대한 규제 등을 중심으로 감독활동이 이루어져야 하는 한계를 가진다고 할 수 있다.

3. 금융정책의 실행수단

일반적 정책수단이란 금융정책의 효과가 국민경제의 어떤 일부분이 아니라 국민경제의 전반에 대하여 영향을 미치는 정책수단을 말하는데, 여기에는 공개시장조작·재할인율조정·지불준비율조정의 세 가지 정책수단이 포함된다. 먼저 공개시장조작(open market operation)이란 금융정책의 여러 수단 가운데서도 가장 유력하고 부작용이 적은 정책수단으로서, 중앙은행이 국채시장에서 국채를 매입 또는 매각하여 통화량 및 은행의 지불준비금을 변화시키고 이자율을 변경시키는 기능을 수행한다. 재할인율의 조정이란 중앙은행이 일반은행에 대하여 부과하는 대출이자율을 변경시켜 일반은행의 대출이자율이 이에 따르도록 함으로써 자금의 양적조절을 꾀하려는 정책이다. 그러나 일반은행에 대한 중앙은행의 자금공급방법은 상업어음의 재할인뿐만 아니라 일반적 대부형태의 방법도 채용되고 있으므로 중앙은행은 재할인율의 변경뿐만 아니라 대부이자율의 변경을 통해서 일반은행에 대한 자금공급량을 조절하기도 한다. 지불준비율의 조정이란 은행의 예금부채의 일정비율을 현금자산으로 은행이 금으로 보유하거나 또는 중앙은행에 예입하도록 법령으로 규정한 법령지불준비제도에 의거해서 법정지불준비율을 변경시킴으로써 은행이 보유하는 실제준비금과 통화량에 영향을 미치는 정책수단을 말한다. 예컨대 법정지불준비율을 인하하면 은행에 있어서의 초과지불준비금이 증가되어 통화승수의 크기를 증가시킨다. 이와 반대로 법정지불준비율을 인상하면 초과지불준비금이 감소하고 통화승수가 감소한다. 따라서 금융팽창의 효과를 기대할 때에는 법정지불준비율을 인하시킨다.

이상과 같이 일반적인 정책수단은 간접적으로 통화량을 규제하는 방식으로서 가장 중요한 것이 공개시장조작이다. 그런데 이 수단은 국·공채시장이 존재하여 이것이 원활히 운행되고 있는 것을 전제로 한다. 따라서 국·공채시장이 존재하고 있지 않은 후진국이나 국·공채시장이 존재하는 나라일지라도 공개시장조작만 가지고는 충분한 통화량 규제의 효과를 기대할 수 없는 사정이 있을 때는 이른바 한도제라는 직접적인 수단이 채택되는 수가 있다. 한도제(ceiling)라 함은 이를테면 통화량, 일반은행의 자산, 중앙은행의 국내자산 또는 국내총여신량이 일정한도를 넘지 못하도록 그 상한선을 설정하는 것을 말한다. 지금까지 언급한 직접적·간접적 영향을 미치는 일반적 정책수단은 단독적으로 사용되기도 하고 상호보완적으로 실시되기도 하는데, 일반적으로는 이러한 정책수단을 관련성 있게 사용하여 상호 보완적인 효과를 기대하는 것이 상례로 되어 있다.

다음으로 선별적 정책수단이란 어떤 특정부문에 대하여 선별적으로 영향을 미칠 것을 목적으로 취해지는 금융정책을 말한다. 선별적 정책수단을 크게 두 가지 종류로 나눌 수 있는데, 하나는 경제안정을 주목적으로 하는 것으로서 일반적 금융통제정책의 집행결과로서 어떤 특정부문이 바람직하지 못한 영향을 받는 경우 그것을 중화하기 위해 취하는 선별적 통제이고 다른 하나는 경제의 특정부분의 육성 또는 발전을 위한 것이다. 전자는 대체로 선진국에서 후자는 후진국에서 채택되는 수단으로서 전자의 경우에는 증권금융의 규제, 소비자신용의 규제, 부동산신용의 규제 등이 해당되며 후자의 경우에는 중소기업의 지원이나 수출의 진흥, 그 외에 농업의 지원이나 중화학공업 및 기계공업의 육성을 위한 특별한 금융적 지원이 행하여지는 것이 해당된다.

금융정책이란 지금까지 논한 여러 가지 정책수단을 통해서 완전고용의 달성, 물가안정, 국제수지의 개선 등 여러 가지 경제적 목표를 달성하기 위한 경제정책으로 과연 이것이 얼마만큼 유효한 정책수단인가 하는 문제가 항상 제기되어 왔다. 특히 1930년대의 대공황 이후 금융정책에 대한 불신은 고조되었으며 그 중에서도 케인즈파의 경제학자들은 금융정책의 효과에 대해서 매우 강한 회의를 품게 되었으며 재정정책의 중요성을 강조하였다. 그러나 제2차대전 이후에는 세계경제의 초점이 불경기와 실업의 문제로부터 인플레이션으로 이행됨에 따라 금융정책의 유효성에 대한 재평가가 이루어졌는데, 프리드먼(Friedman, M.)을 중심으로 하는 신화폐수량설이 그것을 이론적으로 뒷받침하였다. 그러나 다시 1960년 후반 이후에 이른바 스태그플레이션의 현상이 나타난 뒤로는 금융정책뿐만 아니라 재정정책도 별다른 실효를 거두지 못하고 있는 실정이다.

Ⅲ. 금융정책의 변화 추이

1. 금융정책수행기관 및 금융정책변화 추이

우리나라 금융정책은 기획재정부가 경제정책 전반과 국제금융정책을, 금융위원회가 금융제도정책과 감독정책, 한국은행(금통위)이 통화신용정책, 그리고 금융감독위원회가 금융위원회의 지도·감독을 받아 금융기관에 대한 검사·감독업무를 수행한다. 이러한 금융정책의 특징으로, 금융정책은 재정정책과 함께 가장 중요한 경제정책 중 하나이며 일반적으로 경제정책 중 그 파급효과가 가장 강력하다. 금융정책은 재정정책과 달리 경제의 총수요 및 총공급에 직접적인 개입은 하지 않지만 금융기관이나 경제주체의 의사결정에 영향을 미침으로써 정책목표를 달성하고, 정부와 중앙은행은 금융정책을 통해 민간 경제주체들이 보유하고 있는 금융자산의 구조를 변경시킴으로써 정책목표를 간접적으로 달성한다.

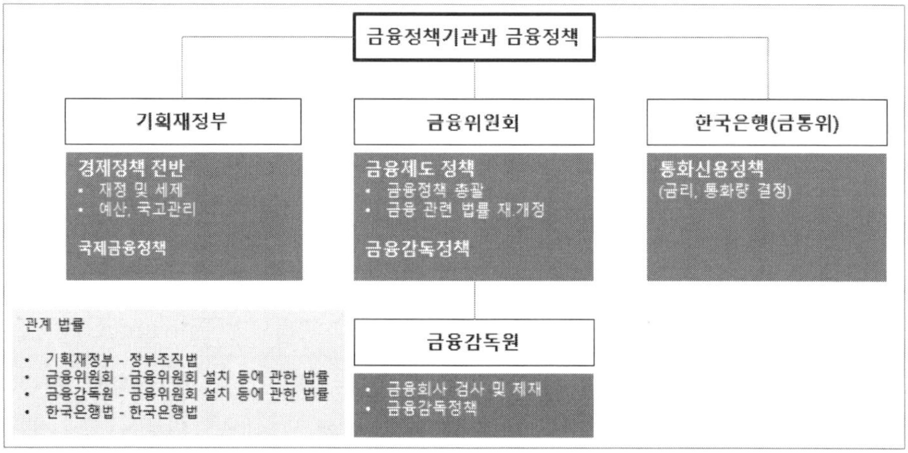

이러한 우리나라의 금융정책의 변천과정을 살펴보면 시기적으로 1980년대부터 그 특징을 살펴볼 수 있다.

① 1980년대(경제안정화와 금융자유화 추진)는 정책의 최우선 목표를 물가안정에 두고 경제 안정화를 추진하였다. 1980년대 중반 이후 물가 안정 유지 속

에 대외경제 여건(3저 현상 : 유가 하락, 미달러화 약세, 국제금리 하락) 호전에 힘입어 고도성장과 대규모 경상수지 흑자를 바탕으로 금융의 자유화 및 국제화를 추진하였다. 이는 1970년대 고도성장 과정에서 누적된 문제를 해소하고, 지속적인 경제성장을 위한 단단한 기반의 조성에 있었다.

② 1990년대 전반(실질적인 금융자유화와 개방화 추진)에는 경기가 경상수지 적자로 반전되어, 수출 및 경기가 둔화되고, 물가 오름세는 확장되었다. 1993년 신경제 100일 계획과 신경제 5개년 계획의 시행, 금융실명제 실시 등 금융개혁을 추진하였다. 1991~1995년 금융자유화 조치의 하나로 요구불예금 등 일부 단기 수신금리를 제외한 모든 금리자유화, 외환거래 선진화 및 자유화 일환으로 시장평균환율제도 도입, 한국은행의 외환집중제 완화, 외국인의 국내 직접투자와 거주자의 해외투자에 대한 지속적인 완화, 금융국제화를 위한 시장개방 추진, 1996년 OECD 가입과 실질적인 자본자유화를 추진하였다.

③ 1990년대 후반(금융위기발생 및 구조조정 추진)에는 대기업 중심의 과도한 확장투자와 외환 및 자본 자유화의 급속한 추진에 따른 금융·외환의 질서 혼란 등 경제의 취약점이 노출되기 시작하여, 1997년 들어서면서 대기업의 부도, 경상수지 적자 누증, 외환 유입 부진, 금융기관의 부실채권이 급증하였고, 태국, 인도네시아 등 동남아시아의 외환위기 여파, 한국경제에 대한 해외투자자의 불신 고조, 해외차입금 만기 연장 애로, 1997년 11월 외환수급 불균형 심화, 환율급등, 외환보유액 소진으로 대외결제 불능(moratorium)에 직면하여 IMF 긴급자금 지원을 요청하였고, 경제정책 운용에 대한 몇 가지 조건 하에 지원이 이루어졌다. 외환위기의 근본 원인이 경제의 구조적 취약성에 있었으므로 이를 개선하기 위해 금융기관 및 기업 등 경제 전반의 강력한 구조조정 추진, 금융기관에 공적자금 투입, 금융중개기능 회복, 금융관련 규정 국제기준에 맞게 선진화, 금융권역별로 다원화되었던 감독체제를 금융감독위원회, 금융감독원으로 일원화, 한국은행 설립목적을 물가안정으로 단일화 하고, 통화신용정책을 중립적으로 수립하여 집행하게 되었다.

④ 2000년대 전반(경제 전반 정상적 궤도 진입)에는 1997~1998년 경제위기의 성공적 극복, 실물 또는 금융 면에서 정상적 궤도로 진입하였다. 그러나

2003년 중반 신용카드, 신용불량자, 중소기업금융 문제 등 금융부분의 구조적인 취약점이 노출되기 시작하여 카드사 증자 등 경영개선, 가계대출 만기 연장 등 가계대출 안정화, 신용불량자 신용회복지원제도, 중소기업 회생을 위한 워크아웃 활성화 등을 추진하게 되었다.

⑤ 2000년대 중반 이후(금융산업의 변화 발전)는 정부 주도 금융 구조조정은 2000년 중반 이후 마무리되고, 금융위기 교훈을 바탕으로 금융시장 전반에 대한 리스크관리 선진화, 투자자 보호, 금융소외계층 지원을 위한 다양한 정책을 추진하게 되었다. 2004년 1월 간접투자자산운용법 시행으로 금융기관의 자산운용업무 영역과 투자대상 범위 대상을 확대하여, 주식, 채권 등 기존 유가증권에서 파생금융상품, 부동산, 실물자산으로 확대되어 자본시장 활황과 주식형 펀드의 열풍을 가져왔다. 2005년 1월 한국증권선물거래소 개설과 2009년 2월 자본시장과 금융투자업에 관한 법률(자본시장법) 시행으로 금융투자산업의 걸림돌이 된 기존의 칸막이 식 규제를 해소하여, 다양한 금융상품 거래가 활성화 되었다. 한편, 2007년 후반 미국의 서브프라임 모기지 부실사태로 전 세계 금융시장의 위기를 야기하기도 하였다.

2. 금융제도의 형성과 정비

(1) 금융제도의 형성

초기 금융제도는 외국의 제도를 모방하면서 형성되었다. 1960~70년대 사금융 양성화 등 정책적 목적 하에 상호신용금고, 투자금융, 새마을금고 등 비은행 금융기관 제도를 자생적으로 도입하였고, 1980~90년대 대부분 국제적 정합성에 맞춰 금융기관의 신규진입, 업무영역 조정, 소유구조 개편, 설립 인가요건 및 절차가 객관화되었고, 점차 준칙주의로 변모하였다. 외국인의 금융기관 설립 허용, 금융기관 대형화 및 전문화 제도 개선, 퇴출 관련 법규 정비가 이루어졌고, 업무영역 조정은 2000년대 세계적인 겸업주의 추세와 새로운 업무영역 출현으로 금융지주회사방식이나 업무제휴 등을 통한 겸업금융 확대가 이루어졌다. 아울러 금융기관의 소유 지배 구조는 산업지배가 가져오는 폐해와 책임경영을 통한 경영효율화라는 두 개의 상충된 목표의 조정 문제가 부각되었다.

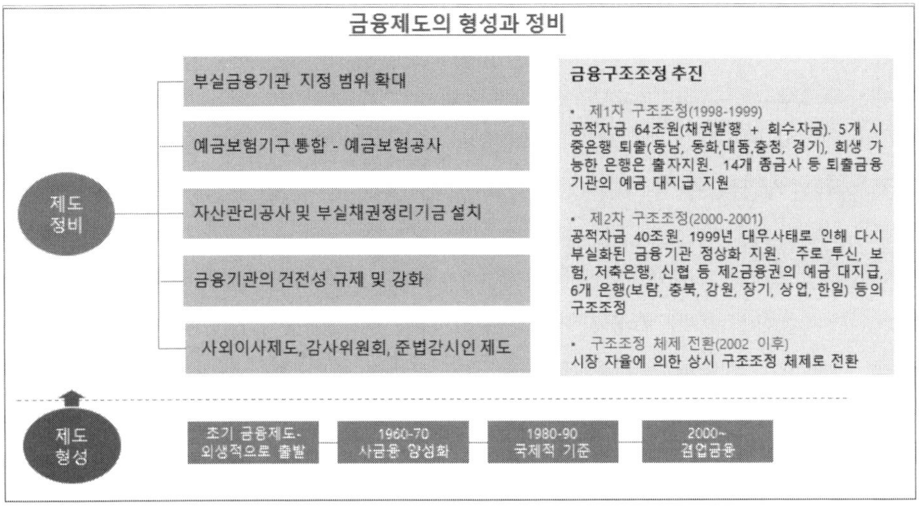

(2) 금융제도의 정비

금융제도의 정비는 주로 금융구조조정으로 나타나고 있다. 금융구조조정은 부실금융회사 퇴출, 금융시스템 전반의 불확실성 제거, 건전성 감독체계 강화, 부실 재발 방지에 목적을 가지고, 업종 전반의 부실화 정도와 경제에 미치는 파장을 고려하여 은행, 종금사, 기타 제2금융권 순으로 금융구조조정을 추진하였다.

1997년 금융산업의 구조개선에 관한 법률로 예금자의 예금채권에 대한 지급정지상태 금융기관에 한정되던 부실금융기관의 지정범위를 부채가 자산을 초과하는 금융기관으로 확대되었고, 1997년 예금자 보호법을 개정하여 예금보험기금, 증권투자자보호기금, 보험보증기금, 신용관리기금으로 분할 예금보험기구를 예금보험공사로 통합하였다. 예금보험공사 출자에 의한 정리금융기관(가교 금융기관) 제도 도입, 부실금융기관의 영업 및 계약을 정리금융기관이 양수함으로 부실기관을 신속하게 퇴출할 수 있도록 하였다. 아울러, 1997년 금융기관 부실자산 등의 효율적 처리 및 한국자산관리공사의 설립에 관한 법률을 제정하여, 자산관리공사는 금융기관으로부터 부실재산을 위임 받거나 인수, 보유하고 있던 부실채권의 회수, 추심, 또는 재산의 매각 등으로 조기정리할 수 있도록 하였다. 한편, 2000년 금융기관의 건전성규제 및 강화조치로 적기 시정조치, 경영평가제도, 신 자산건전성 분류제도를 도입하였고, 2000년 경영투명성 제고 및 책임경영체제 확립을 위해, 일정규모 이상의 금융기관 이사총수 ½ 이상(3인 이상) 사외이사제도, 사회이사가 2/3 이상이며 3인 이상인 경우 감사위원회 도입, 준법감시인을 두어 법규준수 여부 등 내부통제를 의무화하였다.

3. 금융감독정책 추이

금융감독체계는 1998년 이전에는 은행, 증권, 보험 등 금융권역별로 감독권이 분산되어 있었다. 동일 금융권역내에서도 해당 감독기관과 정부(재정경제부) 간에 감독권한이 이원화되어 있었다. 즉, Ⓐ 은행권역은 한국은행, 은행감독원, 재정경제부, Ⓑ 증권권역은 증권감독원, 재정경제부, Ⓒ 보험권역은 보험감독원, 재정경제부가 담당하고 있었다. 1970년대 이후 설립된 비은행금융회사에 대한 포괄적 감독권은 재정경제부, 일부 회사에 대한 검사업무는 한국은행, 은행감독원, 신용관리기금에 위임되어 있었다.

1980년대 후반 이후 자유화, 규제완화 등으로 금융기관의 업무가 겸업화, 다양화되고, 금융산업의 대외개방화, 세계화가 촉진되어, 은행, 증권, 보험 등 권역별로 분산되어 있는 다원적 금융체제로는 금융기관의 건전성 등에 대한 감독업무의 효과적인 수행에 한계가 발생하였다. 1997년 12월 금융감독기구의 설치 등에 관한 법률을 제정하고, 1998년 4월 국무총리 소속의 금융감독위원회 발족과, 1999년 1월 금융감독원이 탄생하였다. 이는 기존의 은행감독원, 증권감독원, 보험감독원, 신용관리기금 등 4개 감독기관을 통합한 것이다. 금융감독위원회는 중요한 감독정책에 대해 판단하는 최고의사결정기구이고, 금융감독원은 실제로 감독을 수행한다. 이후 금융감독위원회는 2008년 2월 정부조직개편에 따라 구 재정경제부의 금융정책기능을 통합하여 금융위원회로 개편하였다.

이러한 금융감독체제의 초점은 금융구조를 개혁하여 경제체질을 개선하고 국가적 경제위기를 극복하기 위한 것이다. 즉, Ⓐ 금융부문은 부실금융회사 정리, 경영정상화 유도, 시장기능 회복, Ⓑ 기업부문은 대기업의 재무구조 개선, 한계기업의 정리, 재무 건전성과 수익성 개선이다. 선진금융제도 도입으로 금융회사에 대한 건전성 규제의 기반을 확고히 하고, 기업회계제도의 도입, 공시제도를 확충하여 기업의 투명성 제고는 물론, 최근 금융의 정보화, 세계화, 통합화 시대를 맞이하여 금융산업과 금융시장이 더욱 복잡하게 발전하고 있다.

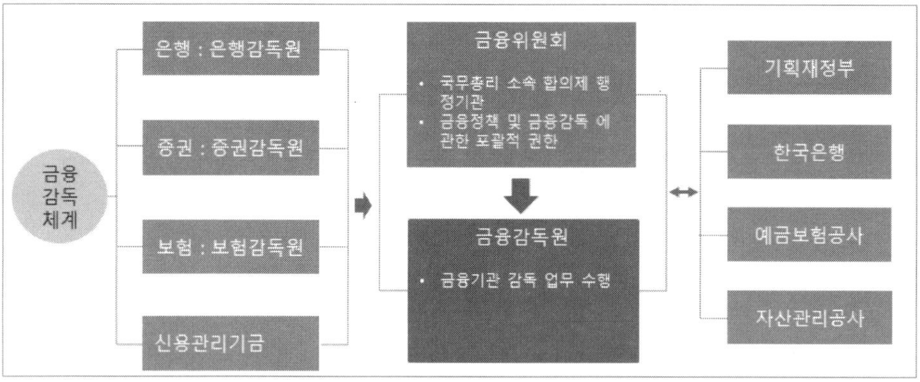

한편, 금융감독 유관기관과의 관계에서, ① 금융위와 금감원의 관계 : 금융위는 금융정책 및 금융감독에 관한 포괄적인 권한을 보유하고 정책수행을 하고, 구체적인 감독업무는 금감원이 수행한다. 두 기관은 별개의 독립기관이지만 일정부분 업무에 관여하여, 견제와 균형이 이루어진다. ② 기획재정부와의 관계 : 금융정책의 총괄업무는 금융위로 이전하였다. 그러나 국제금융정책 업무는 여전히 기재부 소관이다. 그러므로 기재부 업무들이 금융정책에 밀접한 영향을 미치고 있어 상호 긴밀한 정책적 협조가 이루어지고 있다. ③ 한국은행과의 관계 : 한은은 무자본 특수법인으로 통화신용정책에 대한 의결기구로 금통위를 주관하고 있다. 금통위가 필요하다고 인정하는 경우 금감원에 금융기관 검사 요구, 검사 공동참여 요구 등으로 정책적인 협조가 이루어지고 있다.

Ⅳ. 금융기관

1. 금융회사와 금융기관

최근에는 금융기관들이 대부분 민영화된 주식회사 형태를 갖추고 있으므로 점차 금융기관을 금융회사로 부르는 추세이다. 그러나 금융회사 역시 금융의 공공성 측면을 감안하면서 활동을 해야 한다는 점을 고려하여 금융기관으로 계속 부르는 것도 의미가 있다.

2. 금융기관의 기능

금융기관은 예금을 수입하여 조성한 자금을 대출로 운용하는 고전적인 은행업, 즉 금융시장에서 자금의 공급자와 자금의 수요자에게 적절한 금융수단을 제공하고, 저축과 수요를 충족시키는 역할을 주로 담당한다. 최근에는 그 기능이 확대 · 발전하고 있다. 주요 기능은 다음과 같다.

① 거래비용 절감 기능 : 금융기관은 다수의 자금 제공자와 수요자를 대상으로 금융자산을 거래하기 때문에 거래비용 면에서 규모의 경제가 작용한다. 직접거래 시 보다 적은 비용으로 금융수요를 충족, 자금수요자와 공급자 간의 탐색비용 절감, 신용정보 획득의 용이성과 정보분석 능력을 통해 감시비용 절감을 가져온다.

② 자산변환 기능 : 개인의 저축을 기업의 투자로 연결시키는 기능을 한다. 즉 만기변환은 저축자로부터 다양한 단기 자금을 수취하여 기업에게 필요한 기간만큼 안정적으로 자금을 공급하고, 금액변환은 소액의 자금을 집적하여(pooling)하여 거액의 자금으로 전환된다.

③ 지급결제 기능 : 은행을 중심으로 금융기관들은 고객과 고객 간, 금융기관과 고객 간의 다양한 지급결제 수단(수표, 어음, 신용카드, 계좌이체 등)을 제공한다. 지급결제 수단은 과거에는 서면 형식 위주였으나 요즘에는 신용카드나 전자화폐 등의 전자방식이 크게 확대되고 있다.

3. 금융기관과 금융경제

금융기관은 그 본연의 기능을 통해 국민경제를 성장시키고, 금융자산으로 집결된 자금을 기업투자에 지원하며, 기업투자에 따른 리스크를 감소시키면서 투자효율을 향상시켜, 독자적인 성장동력을 지닌 지식기반 고부가가치 산업으로 진전된다.

반면에, 금융기관의 경기순응성(procycality)으로 경기 침체기에는 기업대출을 축소하여, 신용경색(credit crunch)을 초래하고, 호황기에는 적극적인 영업 전략으로 거품경제(bubble economy)를 유발할 가능성도 있다.

4. 금융기관의 겸업화

금융산업은 전통적으로 은행업, 보험업, 증권업을 3대 축으로 발전하여, 오늘날 세계의 금융산업은 전자통신기술의 발달과 함께 고객 수요의 다양화, 규제 완화 등의 영향으로 대형화, 겸업화, 증권화 현상 확산일로에 있다. 특히 금융기관 간 인수, 합병과 전략적 제휴를 통한 겸업화가 급속히 확대되고 있으며 이로 인해 은행, 증권, 보험 업무를 통합하여 운용하는 금융서비스가 출현하였다.

금융환경은 1980년대 이후 금융규제 완화와 함께 금융산업의 개방화·국제화가 빠른 속도로 진전되면서 금융기관 간 경쟁이 격화되었다. 1970년대 까지만 해도 금융기관의 진입, 소유구조, 금리, 자금조달 및 운용방법 등 광범위한 규제로 경쟁이 제한적이었으나, 금융의 디지털화가 본격화된 1990년대 말부터 IT기술을 바탕으로 하는 국제간 금융서비스가 가능하여, 국경을 초월한 자유 경쟁시대 속으로 진입하였고, 다양한 고객 수요 충족을 위해 겸업금융(universal banking) 추구, 동종업종에서 이종업종으로 확대되었다. 경쟁격화에 따른 위험 추구 행위로 금융기관의 건전성이 저하되는 부작용을 초래하였고, 금융기관 간 상호연계성의 증가, 금융기관의 대형화 및 그룹화 진전, 개별 금융기관의 도산이 전체 금융시장에 미치는 영향이 커졌다.

5. 금융기관의 분류

IMF 편제방식은 한국은행 등 통화당국의 통화정책목적에 따라 구분되고, 금융감독당국에서는 금융기관의 기능 및 규모의 유사성, 관련 법령상의 연관성 등을 고려하여 다르게 구분한다. 금융감독기구가 설립되기 이전의 각 감독기관별 감독대상 구분이 실질적으로 중요한 역할을 수행하였다.

우리나라 금융환경의 변화에서는 금융지주회사법 제정(2000년), 방카슈랑스 도입(2003년), 자본시장과 금융투자업에 관한 법률 제정 시행, 금융의 디지털화 인터넷뱅킹 및 사이버 주식거래 비중 급격히 증가, 금융의 통합화 현상 시현, 전자금융거래는 금융투자업과 은행업을 중심으로 크게 확산되었고, 외국인의 주식투자한도 폐지 등 외국인의 투자규제 완화, 외국계 자본이 크게 증가하고 국내 금융기관도 해외진출이 증가하였다. 외국자본의 진출방식도 지점 운영방식이나 매매차익을 노린 펀드 중심에서 국제적인 대형 금융기관이 기존 금융기관을 인수하는 방식으로 전환하였다. 2000년대 들어 저금리기조가 정착되면서 종래의 공급자 시장보다 수요자 중심의 시장 비중이 증대되었고, IMF 외환위기 이후 지속적인 구조조정으로 금융회사 수가 대폭 감소하였다.

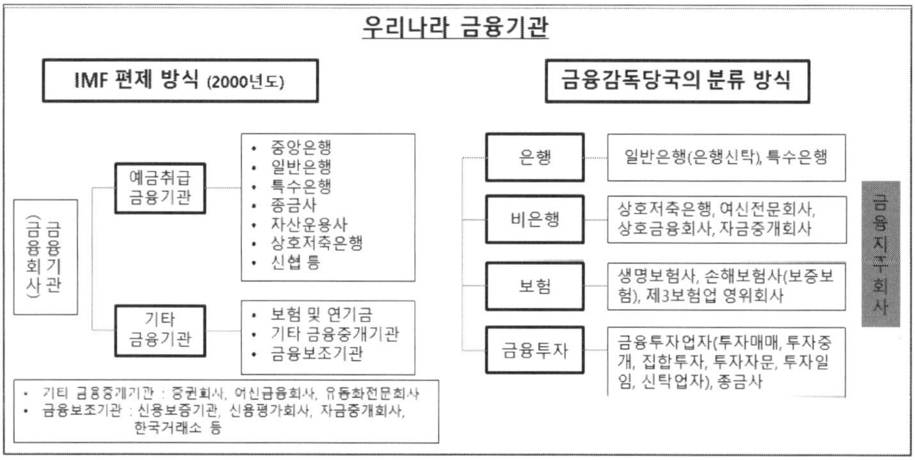

6. 금융보조기관

금융기관의 역할을 보완하는 금융보조기관은 다양하다. 소위 금융기능을 수행하는 공공기관을 말하는데, 주요 금융보조기관으로 예금보험공사, 금융결재원, 한국거래소, 한국예탁결재원, 한국증권전산, 신용보증기관, 정책금융기금운용기관 등을 들 수 있다.

(1) 지급결제제도와 금융결재원

1) 지급결제제도

지급결제는 각종 결제활동에 따라 발생하는 거래당사자 간의 채권·채무관계를 화폐적 가치이전을 통해 청산하는 행위이다. 이러한 지급결제를 가능케 하는 지급수단, 지급결제 참가기관, 금융기관 간의 자금이체시스템 등을 통틀어 지급결제제도(payment system)라고 한다. 지급결재시스템은 금융결재원이 담당하고 있다.

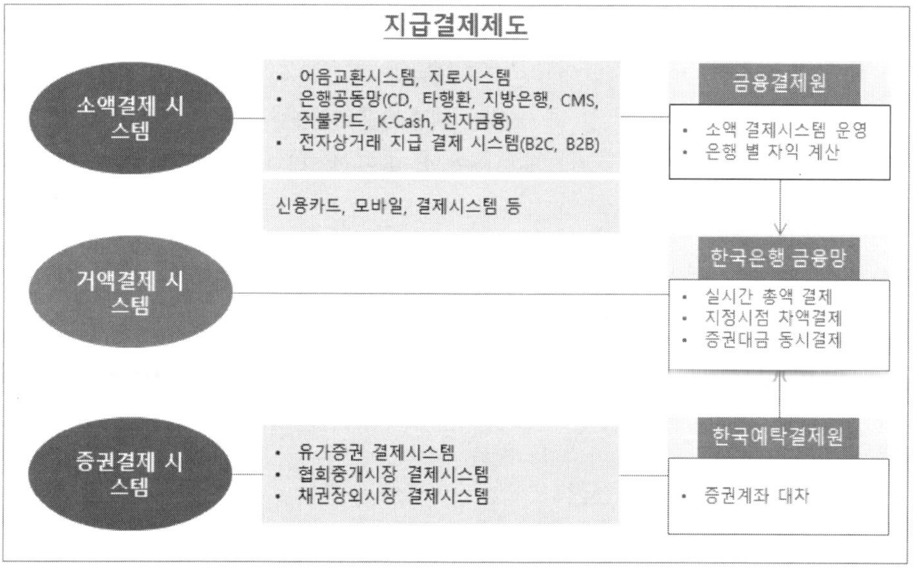

① 거액결제시스템 : 한국은행금융결제망(BOK-wire)으로, 은행, 보험, 증권사 대부분이 참가하며 한국은행에 개설되어 있는 당좌예금 계정간의 자금이체를 통해 자금을 결제한다. ② 소액결제시스템 : 개인, 기업 등 경제주체들 간의 자금이체를 처리하고, 그 결과 발생하는 금융기관 간의 자금대차 금액을 정산하는 시스템으로, 금융결제원이 맡고 있는 부분이 바로 소액결제시스템이다. ③ 증권결제시스템 : 주식·채권 등을 매매할 때 소유권을 이전하고 매매대금을 결제하는 시스템이다. 유가증권결제(한국거래소+한국예탁결제원 운영), 협회중개시장(한국예탁결제원+금융투자협회 운영), 채권장외시장 및 기관결제시스템

(한국예탁결제원 운영)으로 운영되고 있다. 소액결제시스템과 증권결제시스템에서 금융기관 간 대차금액을 상계(netting)한 후 주고 받을 차액결제금액을 금융결제원과 한국예탁결제원이 한국은행에 통보하고, 한국은행은 금융기관 간 당좌예금 계정에서 결제금액을 이체하는 것으로 지급결제를 마무리한다.

한편, 지로(Giro)는 일상적인 거래에서 발생하는 채권·채무의 결제나 각종 자금이전을 지급인과 수취인이 직접 현금이나 수표로 지급 받는 대신 금융기관의 예금계좌를 이용하여 결제하는 것이다. 지로의 종류에는 장표지로, 전자지로, 인터넷지로를 들 수 있다.

2) 금융결제원

금융산업의 핵심 인프라인 지급결제시스템을 구축 운영하는 지급결제 전문기관이다. 금융회사의 전산 도입 초기에는 개별은행이 본점과 지점 간의 온라인망을 운영하는 수준이었으나, 정보통신산업의 발달과 새로운 금융서비스에 대한 고객의 요구(needs) 증대로 전 은행을 하나로 네트워크할 필요성이 증대되었고, 전자금융서비스의 핵심 인프라인 금융공동망을 구축 운영하기 위해 어음교환과 지로업무를 각각 전담하여 수행하던 전국어음교환관리소와 은행지로관리소를 통합하여 1986년 6월 금융결제원을 설립하였다. 참가기관은 사원은행, 준사원은행, 우체국, 외국은행지점, 상호저축은행 특별참가기관 등이다.

(2) 증권금융제도와 증권전산

증권금융은 일반적으로 유가증권을 담보, 증권과 관련하여 이루어지는 모든 신용공여행위로 증권시장에서 필수적인 기능이다. 이를 운영하는 기관으로 ㈜증권금융은 증권회사와 은행 등 금융회사들이 출자하여 만든 주식회사로서 주주는 자본금기준으로 증권단(약 40%), 증권유관기관(약 14%), 은행단(약 33%), 보험단(약 2%)으로 비중을 가지고 있다. 자금은 주로 투자자예탁금과 발행어음 등 예수금으로 조달하고, 증권유통금융, 담보금융지원대출 등에 운용하고 있다.

증권금융의 주요 내용으로는 Ⓐ 증권인수금융(primary market financing) : 발행시장에서 인수인이나 일반투자자에게 증권의 인수·취득 등에 소요되는 자금을 지원한다. Ⓑ 증권유통금융(margin loan) : 증권유통시장에서 신용거래 관련 금융투자업자를 통하여 투자자에게 주식 매수에 필요한 결제자금을 빌려주거나(증권유통금융 융자), 매도증권을 빌려주는(증권유통금융 대주) 업무로, 유통금융은 증권의 신용거래를 통하여 가수급 제공, 실수급과 조화, 시장의 유동성 증대에 기여한다. Ⓒ 증권담보금융(securities-backed loan) : 주식, 채권, 수익증권 등 유가증권을 보유한 일반 개인이나 법인이 그 보유증권을 담보로 하여 금융기관으로부터 대출을 받음으로써 자금을 융통할 수 있는 금융이다. Ⓓ 투자자예탁금관리 : 증권투자자가 주식 매수 또는 파생상품거래 결제를 위해 금융투자업자에게 일시적으로 맡겨놓은 투자자예탁금을 이들 회사로부터 전액 재예치 받아 안전하게 보관·관리하여 투자자 보호 및 증권시장의 안정화에 기여한다. Ⓔ 우리사주관리 : 우리사주 전담기관으로 우리사주조합원이 취득한 자사주 예탁 받아 보관·관리, 우리사주조합의 결성과 운영을 지도·홍보·교육하고, 우리사주의 취득에 필요한 자금을 지원한다. Ⓕ 일반고객금융 : 개인 또는 법인이 보유하고 있는 주식, 채권, 수익증권, CD 등 담보로 필요한 자금을 장기 저리로 대출하여, 공모·실권주 청약과 관련 높은 금리와 함께 매매차익까지 기대할 수 있다.

한편, ㈜한국증권전산(KOSCOM)은 1977년 증권업계의 전산화를 위해 재무부와 증권거래소에 의해 증권거래소의 자회사 형태로 설립된 IT 전문회사로, 증권회사 전체를 위한 전산시스템을 개발·운용하고 있고, 1983년 공동온라인시스템을 개발하여 가동하고 있다. 주요 주주로는 한국거래소, 한국예탁결제원, 증권회사 등이다.

(3) 증권예탁제도와 한국예탁결제원

증권예탁제도는 증권을 대량으로 보유하고 있는 금융투자업자나 기관투자가 등의 예탁자가 중앙예탁기관(예탁결제원)에 계좌를 개설하여 증권을 예탁하고, 증권의 양도나 질권설정 등의 권리이전을 실물증권의 인도 대신 계좌부간 대체기재의 방법으로 하는 제도이다. 이 제도는 증권의 대량유통에서 오는 업무의 번잡성을 줄이고, 유통과정에서 초래될 수 있는 도난·분실 등의 사고발생 위험을 해소하여, 유통의 원활화를 위해 도입되었다.

한국예탁결제원은 자본시장법에 의거하여 증권의 집중예탁과 대체결제, 매매거래에 따른 결제업무를 담당하는 특수법인으로, 1974년 12월 한국증권대체결제주식회사로 출범하였다. 약 1,000개에 가까운 기관투자가(외국인투자자 포함)와 350여만 명의 개인투자자가 보유하고 있는 주식, 채권 등의 유가증권을 종합적으로 관리한다.

예탁결제업무에서 예탁유형에는 예탁자가 실물을 예탁하는 전형적인 일반예탁, 투자자와 발행회사 등의 편의를 위해 도입된 일괄예탁, 권리예탁, 대행예탁 등이 있다. Ⓐ 외국인 보유 국내 증권의 보관 : 외국인 투자자가 국내 증권에 투자할 경우 국내 보관기관을 선임하는데, 외국인 보유 국내증권은 보관기관인 국내 금융투자업자와 국내 외국환은행을 통해 예탁결제원에 전량예탁을 의무화하고 있어, 증권의 실물이동이 없어도 계좌대체에 의한 결제가 가능하다. Ⓑ 담보・증거금관리 : 증권거래의 담보・증거금 관리는 증권대차거래, Repo거래, 담보콜거래, 장외파생금융상품의 담보물 관리 등을 들 수 있다. Ⓒ 공사채 등록 : 채권의 소유자 또는 이해관계자가 채권실물을 보유하지 않는 대신, 등록기관에 비치된 공사채 등록부에 채권자의 성명, 주소, 채권금액 등의 권리내역을 등록하도록 함으로써 채권자의 권리를 확보하고, 해당 채권의 발행자와 기타 제3자에게 대항할 수 있도록 하고 있다. Ⓓ 증권의 명의개서 대행 : 발행회사를 대신하여 주식 관련사무 일체를 대행하는 자를 두고 있는데 이를 명의개서대행회사라고 한다. 자본시장법에 의거 금융위원회에 등록한 은행 등에 한정하고 있으며, 현재 예탁결제원외에 하나은행, 국민은행 등이 명의개서대행업무를 취급하고 있다.

(4) 신용보증기관

신용보증제도는 담보력 또는 신용도가 취약한 기업에게 공적보증제도를 통하여 자금을 원활하게 지원하도록 하는데 목적이 있다. 우리의 신용보증제도는 신용보증기금과 기술신용보증기금을 경쟁적으로 제공하는 체제를 갖추고 있다. 신용보증기금은 담보능력이 미약한 기업의 채무보증으로 자금융통의 원활화를 도모하고, 신용정보의 효율적 관리운용을 통하여 건전한 신용질서를 확립하기 위하여, 1976년 6월 신용보증기금법에 의해 설립되었다. 신용보증기금의 재원은 정부출연금, 금융기관 출연금, 특별출연금 등으로 마련되고 있다. 한편, 기술신용보증기금은 담보능력이 미약한 신기술사업자 및 일반기업의 채무를 보증하여 자금융통을 원활히 하고자 1989년 4월 설립되었다.

(5) 정책금융기금운영기관

정책금융 및 정책기금운영기관으로 대표적인 것이 한국정책금융공사(KoFC)와 주택도시보증공사(HUG)이다. 한국정책금융공사는 한국산업은행을 분할하면서 그 동안 산업은행이 수행해 오던 정책금융기능을 승계·발전시키기 위해 설립된 국책 금융회사로, 산업은행을 상업금융 부문과 정책금융 부문으로 분할하여, 상업금융 부문은 지주회사방식으로 민영화 하고, 순수 정책금융 부문만을 수행하는 정책금융공사로 2009년 10월 설립되었다. 한편, 주택도시보증공사는 국내 최대 정책기금인 주택도시기금의 운용을 통해 주택과 도시재생관련 정책금융을 수행하고 있고, 주택도시금융정책수행을 위한 각종 금융 및 보증을 통하여 서민주거안정과 도시재생사업의 자금을 조달 운영하고자 주택도시기금법에 따라 2015년 7월 설립되었다.

(6) 미소금융제도와 사회적 기업

미소금융제도는 금융사각지대를 해소하고 금융소외계층이 사회·경제적으로 자립할 수 있는 기반을 마련해 주기 위하여 제도권 금융이용이 곤란한 저신용자를 대상으로 창업자금, 운영자금 등 자활자금을 무담보·무보증으로 지원하는 마이크로 크레딧(Micro Credit) 사업을 말한다. 이러한 예로 방글라데시 그라민 은행(Grameen Bank)을 들 수 있다.

미소금융재단은 휴면예금을 재원으로 마이크로 크레딧 사업을 지원하는 소액서민금융재단으로 휴면예금관리재단법에 의거 2008년 3월에 비영리 재단법인으로 설립되었고, 2009년 12월에는 그 기능을 확대하여 미소금융 사업을 시행하게 되었다. 재계와 금융권 등의 기부금과 휴면예금 출연금을 재원으로 기금조성을 확대하고 있다.

한편, 사회적 기업은 비영리조직과 영리기업의 중간 형태로 취약계층에 사회서비스(교육, 예술, 관광, 운동, 간병, 가사지원 등) 또는 일자리를 제공하여 지역주민의 삶의 질을 높이는 등의 사회적 목적을 추구하면서 재화와 서비스의 생산·판매 등 영업활동을 수행하는 기업으로, 재활용품을 수거·판매하는 아름다운 가게, 폐타이어 등 재활용품을 활용하여 만든 악기를 통해 소외계층을 위한 공연을 하는 노리단 등을 들 수 있다.

V. 중앙은행과 통화신용정책

1. 중앙은행의 개념 및 주요 기능

(1) 중앙은행의 개념 및 역사

중앙은행(central bank)은 국가 금융시스템의 중심이 되는 국가기관으로서 은행권(화폐)의 발행을 독점하고, 통화공급과 신용조절을 담당한다. 중앙은행의 활동은 통화량 및 시장 이자율의 변동, 금융시장에서의 자원배분에 직접적인 영향을 미치고, 나아가 물가안정과 경제성장에 영향을 미친다. 역사적으로는 1668년 스웨덴 국립은행(Swedish Riksbank), 1694년 잉글랜드은행(Bank of England), 19C 프랑스, 독일 등 유럽의 중앙은행을 시작으로, 처음에는 상업은행으로, 점차 중앙은행으로 형태와 기능이 변모하였다. 1913년 미국 연방준비은행, 후진국들의 중앙은행은 설립 초기부터 중앙은행의 역할과 기능을 가졌다.

(2) 중앙은행의 주요 기능

① 발권은행 : 중앙은행은 국고금의 출납과 정부재정의 부족 자금 차입을 위해 정부의 은행으로 설립된 특허상업은행으로 출발하였다. 특허상업은행은 정부의 은행으로 기능하였고, 신인도가 높아 은행들이 발행한 은행권은 다른 일반은행이 발행한 은행권 보다 유통 범위가 넓었다. 금본위제도 시절에는 은행권 발행고와 금 보유고와의 관계를 일정하게 유지해야 했으나 금화의 전액 준비제도

에서 부분 준비제도로 이행하게 되자 정부는 특허상업은행에게 이들 은행들이 발행한 은행권에 대한 태환성 유지 의무를 부과하였다. 관리통화제도를 실시하는 현재 이러한 의무조항은 없어졌고 중앙은행의 재량에 맡기고 있다. 세계 각국에서 발행되는 은행권은 무제한적 통용력을 지닌 법화(legal tender)이며, 화폐발행이 남발되지 않도록 최고 발행액의 제한과 같은 여러 가지 장치를 마련하고 있다. 금 및 외화를 준비하는 것은 대외적으로 국가신용을 유지하고 대외결제를 원활히 하고 있으며, 민간에 대한 신용공여는 주로 일반은행에 대한 대출로, 정부에 대한 신용공여는 정부가 발행한 증권 인수 방식으로 행해지고 있다. ② 은행의 은행 : 중앙은행 거래는 정부를 제외하고, 주로 시중은행을 상대로 예금거래, 대출거래, 유가증권 매매, 외환거래 등을 거래한다. 중앙은행은 민간에게 신용을 공여할 수 있는 최종 대부자로서 기능을 한다. ③ 정부의 은행 : 정부의 대리인으로서 국고금의 출납·보관, 국채의 발행 및 상환, 정부에 신용공급을 한다. 아울러, 중앙은행은 ④ 통화신용정책수행을 통하여 통화량과 금리수준의 조절을 통해 물가안정, 경제성장, 국제수지 균형 등 거시경제 목표 달성, 국민경제발전에 기여하는 기능을 한다.

2. 한국은행

한국은행은 한국은행법에 근거하여 설립된 무자본 특수법인으로, 한국은행의 정책결정은 7인의 위원으로 구성된 금융통화위원회에서 심의·의결한다. 한국은행은 한국은행권의 발행, 통화신용정책 수립 및 집행, 은행의 은행으로서 예금수입과 예금지급준비금제도 운영, 금융기관에 대한 대출, 공개시장에서의 증권매매 업무, 정부의 은행으로서 정부 및 정부 대행기관의 업무, 지급결제제도의 운영관리 등의 지급결제업무, 외화자산의 보유 운용, 금융감독원에 금융기관 검사 및 공동 검사 요구, 경제조사 및 통계작성, 국제기구에서의 정부대표 기능 등을 수행한다.

3. 통화신용정책

(1) 통화정책 목표

중앙은행이 경제가 경기과열이나 침체 없이 안정적으로 성장하기 위해 돈의 양이나 금리를 조정하는 정책을 펼친다. 통화정책은 물가안정, 경제성장, 국제수지 균형, 고용 및 금융안정 등을 달성하는 것을 목표로 한다. 이 중에서도 특히 물가안정에 초점을 맞추고 있는데 이는 물가가 안정되지 않고서는 경제 내의 불확실성을 줄일 수 없고 장기적인 경제성장과 국제수지 균형 등 다른 목표도 달성할 수 없기 때문이다.

(2) 통화정책 수단

통화정책 수단은 직접조절 수단과 간접조절 수단으로 구분되는데, 직접조절 수단은 시장원리보다 정책당국의 행정적 권한에 이루어지는 정책으로 은행여수신 금리 규제, 대출규모 통제 등으로, 간접조절 수단은 중앙은행이 시중에 공급하는 돈의 양이나 금리를 변경함으로써 간접적으로 시중의 통화량을 조절하는데, 공개시장조작, 대출정책, 지급준비율 정책 등을 활용한다. 현재 우리나라는 주로 간접 조절수단을 이용하고 있다.

(3) 통화정책의 운영체계

통화정책의 최종목표인 물가안정을 이루기 위해 중앙은행이 통화정책을 결정하고 집행하는 제도적 장치로 통화정책의 운영체계는 ① 통화정책의 최종목표 ② 최종목표를 달성하기 위해 중점관리하는 중간목표와 운용목표 등 명목기준지표[10] ③ 통화정책의 제도적 측면에서 중앙은행의 독립성, 책임성, 투명성 등 확보 ④ 통화정책의 수단으로 구성된다고 할 수 있다.

(4) 통화지표

통화는 한 나라의 경제에서 유통되는 화폐로, 통화는 화폐의 범주에 무엇을

10) 명목기준지표 : 통화 타케팅, 환율 타게팅, 인플레이션 타게팅

포함하느냐에 따라 의미가 다르다. ① 본원통화는 중앙은행이 공급한 통화로서 중앙은행의 통화성 부채이다. 화폐발행액과 대 중앙은행 지준예치금으로 구성되고, 화폐발행액은 다시 민간화폐보유액과 금융기관의 시재금으로 나뉜다. 금융기관의 시재금과 대 중앙은행 지준예치금의 합계가 금융기관의 지급준비금이 되고, 민간화폐보유액(현급통화)과 금융기관의 지급준비금의 합이 본원통화이다. ② 파생통화는 중앙은행이 공급하는 본원통화를 기초로 하여 예금은행이 창출하는 통화로, 예금은행의 통화성 부채이다. 본원통화를 기초로 해서 예금은행이 파생통화를 만들어 내는 것을 신용창조라고 하는데, 신용창조되는 통화액은 본원적 예금과 지급준비율에 의해 결정된다.

통화지표는 통화의 양을 나타내는 지표로, 통화는 화폐의 범주 안에 무엇을 포함시키느냐에 따라 달라지고, 그에 따라 통화지표도 여러 가지로 구분된다. 중앙은행이 작성하고 있는 통화지표는 현금통화(민간이 보유고 있는 지폐와 주화), 본원통화(RB), 협의통화(M1), 광의통화(M2), 금융기관 유동성(Lf), 광의 유동성(L)이다. 그 동안 중심통화지표를 M1, 본원통화(RB), M2 등으로 변경하면서 통화타게팅을 운영한다. 금융자유화와 국제화가 크게 진전되면서 어떤 통화지표도 실물경제와 안정적인 상관관계를 지속적으로 보이고 있지 못하므로 통화지표를 중간목표로 관리하던 통화정책 방향을 2001년부터는 인플레이션을 직접 관리하는 금리중심의 통화정책으로 전환하였다.

(5) 통화정책의 파급경로

통화정책(기준금리 변경)은 다양한 경로를 거쳐 경제전반에 영향을 미치는데 경제상황에 따라 경로 별로 영향의 크기가 다라질 수 있다.

중앙은행이 공개시장조작 등으로 통화량을 조절하면 콜금리가 즉시 반응한다. 그러면 양도성예금금리, 기업어음 금리와 같은 90일 이내 만기의 단기금리도 콜금리와 거의 같은 방향으로 움직인다. 이에 따라 장기금리, 은행여수신 금리도 차례로 변동하고, 이 금리 수준의 변화는 가계의 소비나 기업의 생산·투자 활동에 영향을 미치고 이 과정에서 총수요와 물가도 변동을 하게 되는데, 이렇게 ① 금리변동의 경로가 형성된다.

중앙은행의 금리인하로 채권수익률이 낮아지면 주식과 부동산에 대한 수요가 증가하고 그 결과 자산가격이 상승하고, 가계의 부가 커져 소비가 증가한다. 또한 금리인하로 주가가 오르면 기업의 시장가치가 커지고, 이에 따라 기업들은 높은 가격으로 주식을 발행하게 되며, 그 결과 상대적으로 적은 비용으로 더 많은 투자가 이루어지는 ② 자산가격 경로가 형성된다.

국내금리가 내려가면 원화로 표시된 금융자산의 수익률이 떨어져, 상대적으로 수익률이 높아진 달러화 표시 금융자산을 선호하게 되고, 원화를 팔고 달러를 사야 한다. 그 결과 원화의 초과공급과 달러화의 초과수요를 가져와 원화가치를 떨어뜨리게(원화환율 상승) 된다. 이러한 가격변화로 수입은 줄어들고 수출은 늘어 경상수지가 개선된다. 또한 환율상승은 수입가격을 높여 국내 물가상승을 초래하는 ③ 환율경로가 형성된다.

중앙은행이 통화량을 늘리면 금융기관은 대출할 수 있는 여력이 생기고, 이를 이용해 금융기관이 대출을 늘리면 기업들은 이 돈으로 기계설비를 사거나 공장을 짓는 등 투자를 더 많이 하고 가계도 소비를 늘리게 된다. 그 결과 경제활동이 활발해지고 물가가 상승압력을 받는 ④ 신용경로가 형성된다.

(6) 금리중시 통화정책

한국은행 기준금리는 한국은행이 금융기관과 환매조건부(RP[11])) 증권매매와 같은 거래를 할 때 기준이 되는 정책금리를 말하는데, 물가동향, 국내외 경제상황, 금융시장 여건 등을 종합적으로 고려해 통화정책의 목표인 물가안정을 달성하기 위해 매월 금융통화위원회에서 결정된다. 기준금리는 초단기금리인 콜금리에 즉시 영향을 미치고, 장단기 시장금리, 예금과 대출금리의 변동으로 이어져 궁극적으로 실물경제활동에 영향을 미친다. 금리변동은 소비와 투자, 주식 · 부동산 같은 자산가격, 환율 등 국가경제에 미치는 영향이 폭넓고 다양하다.

11) RP(Repurchase Agreement)는 환매조건부채권으로, 환매조건부채권이란 금융기관이 일정 기간 후에 다시 사는 조건으로 채권을 팔고 경과 기간에 따라 소정의 이자를 붙여 되사는 채권으로, 채권투자의 약점인 환금성을 보완하기 위한 금융상품이다. 환매조건부채권 매매는 자금 수요자가 자금을 조달하는데 이용하는 금융거래 방식의 하나로 주로 콜자금과 같이 단기적인 자금 수요를 충족하기 위해 생겼다. 우리나라의 RP거래 형태에는 한국은행 RP, 금융기관의 대고객 RP, 기관 간 RP가 있다.

오늘날 세계 금융시장의 눈과 귀는 미국 연방준비제도 이사회의 결정에 집중되어 있다. 즉, 세계경제에 커다란 영향을 미치고 있는 미국의 경기가 앞으로 어떻게 전개되고 인플레이션 압력이 언제 나타날 지, 그리고 이를 억제하기 위해 연준이 금리를 어떻게 조절할 지가 주요한 관심사이다.

두 차례의 석유파동으로 물가가 크게 올랐던 1970년대에 미국 연준 등 대부분의 중앙은행들은 물가와 통화량사이에는 밀접한 관계가 있다고 가정하고 통화량을 중간지표로 삼아 정책을 폈다. 그러나 1980년 중반 이후 금융자유화와 개방화가 빠르게 진행되면서 물가와 통화량과의 관계가 크게 약화되었고, 이에 따라 많은 나라의 중앙은행들이 통화량 대신 금리를 중심으로 하는 통화정책으로 이행되었다. 우리나라도 지난 1979년 이후 광의통화(M2)를 중심지표로 통화정책을 펴왔으나 국내외 금융환경의 변화로 통화량 중심의 정책이 한계를 드러내면서 점차 금리중시 정책으로 전환을 모색하게 되었다. 금리를 중시한다는 것은 중앙은행이 금융시장의 기대와 반응을 존중하면서 시장친화적인 통화정책을 편다는 것을 의미한다. 오늘날 각국의 중앙은행들은 통화정책을 수행할 때 시장원리를 존중하고 경제주체들에게 정책방향을 명확하게 전달하기 위해 노력하고 있으나, 이러한 노력은 금리중시 통화정책을 채택함으로써 보다 효과적으로 달성할 수 있다.

통화량의 변동은 충분한 시간이 지난 뒤에야 그 효과를 알 수 있고 정확도도 떨어지지만, 금리는 실시간으로 정확한 관측이 가능하기 때문에 중앙은행 입장에서는 시장의 반응을 정책에 즉시 반영한다. 아울러 금리의 미조정(fine-tuning)을 위해 거래에 참가하는 과정에서 중앙은행은 통화정책 방향에 대해 투명하고 명확한 신호를 시장에 보낼 수 있다. 이러한 의미에서 금리를 중시하는 통화정책은 발달된 금융시장을 바탕으로 통화정책의 선진화를 이루어가는 하나의 과정이라고 할 수 있다.

(7) 통화정책의 과제

1) 해외부문 유입과 통화안정증권

① 통화안정증권의 발행

한국은행은 1980년 후반 이후 지속적인 과잉유동성을 주로 통화안정증권의 발행을 통해 흡수하고, 일시적인 유동성 과부족은 RP매매 조작을 통해 조절하고 있다. 외환위기 이후 통화안정증권의 발행이 급증하고 있는데, 이러한 급격한 증가는 주로 해외부문을 통한 대규모의 본원통화 공급을 불태화하는 과정에서 발생하고 있다. 한국은행이 공개시장에 필요한 적격 증권을 충분히 갖고 있지 않은 상황에서 과잉 유동성 환수 수단으로 통화안정증권 발행이 확대되었다.

한편, 시장금리 상승압력은 발행비용의 증대 등 부작용을 수반하여 통화정책의 신축적인 운영을 어렵게 한다. 즉, 공개시장조작의 일환으로 통화안정증권을 발행할 경우 발행금리인상이 불가피하여 전반적인 금리상승을 초래한다. 한국은행이 통화안정증권의 이자를 지급할 수 있을 정도로 흑자를 유지하지 못하는 경우 통화정책에 대한 신뢰성과 독립성이 손상되고, 통화안정증권에 대한 연간 지급이자로 시중에 공급된 본원통화를 다시 흡수하기 위해 통화안정증권을 추가로 발행해야 하는 악순환이 발생한다.

② 통화안정증권 발행 억제 대책

Ⓐ 외환시장 개입을 최소화하고, 공공기관 · 공기업 · 금융기관의 외채를 조기상환 등 해외부문을 통한 본원통화의 증발압력 중화, Ⓑ 재정의 일시 자금을 한국은행으로부터 일시 차입하는 대신 재정증권발행 등을 통해 조달, Ⓒ 보유외환을 국민연금에 공급하여 원화자금을 흡수하는 만기환매 통화스왑거래 실시, Ⓓ 외화대출 연계 통화스왑거래제도 도입을 통해 외국환은행에 원화를 대가로 외환보유액을 대출, 외국환은행은 자본재수입자금 대출 및 해외영업자금 등에 사용한 후 만기 환매, Ⓔ RP매각을 늘려 통화안정증권발행 수요대체, Ⓕ 지급준비율을 인상하여 본원통화를 영구적으로 흡수, Ⓖ 총액한도대출제도 개선으로 금융기관별 한도를 축소하고 지원대상기업을 중소기업으로 한정하는 등의 억제정책을 실행하고 있다.

2) 전자화폐출현과 통화정책의 과제

전자화폐의 출현은 금융시스템의 불안, 통화정책의 수행 애로, 화폐발행의 독점력 약화를 가져올 수 있다.

① 전자화폐의 확산과 문제

금융의 디지털화로 인해 전자화폐가 확산되고 있다. 우리나라에서 사용되고 있는 전자화폐는 K-Cash, Mybi, VisaCash 등 은행과 신용카드사가 서비스를 제공하고 있다. 전자화폐는 사용의 편리성 등 많은 장점을 가지고 있으나 중앙은행이 수행하는 업무와 관련하여 부정적 영향이 예상된다. 이러한 부정적 영향으로는 Ⓐ 금융시스템의 불안 : 사이버 공간에서 전자화폐를 발행하는 회사가 불법행위를 저지르거나 시스템의 결함으로 잘못된 메시지가 네트워크상에 광범위하게 퍼질 경우, 금융시스템 뿐만 아니라 경제전체에 불안요소로 작용할 가능성이 있다. 지급결제제도와 금융시장이 복잡·다양화되어 시장상황을 파악하거나 이에 대처하기 위한 정책적 판단이 더욱 어려울 것으로 예상된다. Ⓑ 통화정책 수행 애로 : 전자화폐 등 새로운 지급결제 수단의 사용 확대는 통화승수, 통화량, 통화유통속도 등 변화를 초래하여, 통화지표의 유영성에 상당한 영향을 미칠 수 있어, 전자화폐의 사용으로 인한 민간의 통화수요 감소는 금융기관의 본원통화 수요로 이어져 금리조정 등 통화신용정책의 운용에 제약이 될 수 있다. Ⓒ 화폐발행의 독점력 약화 : 중앙은행이 금융시스템의 중심에 위치하여 통화신용정책을 수행할 수 있는 것은 본원통화의 독점적 공급자인데, 본원통화는 모든 거래의 최종적인 결제수단이기 때문에 GDP의 10% 정도(선진국 평균)에 불과한 자금만 갖고도 중앙은행은 경제 내의 모든 거래에 대해 지렛대 역할을 한다. 전자화폐 발행회사가 직접 고객계정을 설치하여 고객에게 신용을 제공하고, 다른 전자화폐와의 결제시스템까지 구축할 경우 실질적인 발권력 행사가 가능하기 때문에 중앙은행을 중심으로 하는 현재의 금융체계에 근본적인 변화가 예상된다.

② 민간 전자화폐

정부 전자화폐는 중앙은행(정부)의 규율을 받는 은행 등의 금융기관이 발행한다는 점에서 통화정책에 미치는 영향이 크지 않으나, 중앙은행의 규율을 받지 않는 비금융기관이 발행하는 민간 전자화폐는 정부화폐(법정화폐+예금통화+금융기관 발행 전자화폐)를 대체하는 정도에 따라 영향력이 달라진다. 민간 전자화폐가 민간의 신뢰를 얻어 성공적으로 사용되기 위해서는 정부화폐와의 교환성 확보가 중요한데, 민간 전자화폐는 정부화폐가 제공하지 못하는 유용성과 편리성을 갖추고 있어 일부 대체할 수는 있으나 완전 대체 가능성이 희박하다.

3) 자산가격변동과 통화정책

① 자산의 거품 형성 및 붕괴

일반적으로 주식과 부동산은 변동성이 매우 높아 자산의 거품 형성과 붕괴과정을 겪는다. 자산가격이 경제의 기초적 여건에서 벗어나 거품을 형성하게 된 주원인은 시장규율의 미비와 투자자들의 비합리적인 행동 때문이다. 시장규율이 제대로 정립되지 않은 상태에서는 금융기관의 도덕적 해이가 만연하게 되는데, 개인과 기업들의 고위험 자산선호와 투기적 경향, 투자자들의 군집행동, 경제에 대한 과도한 낙관 또는 비관, 짧은 시야 등 같은 비합리적인 행동을 하게 된다. 이러한 예로 글로벌 금융위기(2008년)때 자산가격이 붕괴하면서 발생한 신용경색을 들 수 있다.

② 중앙은행의 통화신용정책 대응

우리나라는 경제성장과 함께 주식과 부동산의 자산규모가 급격히 팽창하여, 경제주체들이 이에 대한 보유 비중도 높아졌다. 자산가격의 변동에 따라 소비와 투자 등 실물경제의 활동 영향으로, 자산 가격 변동 가능성에 관심이 높아졌다. 즉, 자산 가격의 급격한 변동은 경제전반에 치명적인 영향을 미치므로 중앙은행이 통화정책으로 대응할 필요가 있다. 다만, 문제는 중앙은행이 자산가격의 변동에 대응하기 위해서는 현재의 자산 가격이 경제의 기초여건을 반영한 적정한 수준인지, 아니면 비합리적인 투기 등에 기인한 거품인지 식별하기 어렵고, 현재의 자산 가격이 거품이라는 확신이 있어도 이를 제거할 수 있는 수단이 마땅치 않으며, 중앙은행의 주된 정책수단은 금리인데 이를 변경할 경우 자산 가격뿐 아니라 여타 경제변수에도 영향을 미치고, 자산가격의 거품만을 제거하는 효과 기대할 수 없다. 주식과 같이 가격이 형성될 때 경제주체들의 미래에 대한 기대가 큰 영향을 미치는 상황에서는 섣부른 대응이 오히려 부작용 초래할 수 있다.

아울러, 대부분 사람들은 상품과 서비스의 가격 등 일반물가의 상승에 대해서는 해롭게 생각하는 한편, 주식과 부동산 등 보유자산의 가격상승에 대해서는 자신들의 부를 늘린다는 점에서 유익한 것으로 인식하고 있으며, 중앙은행이 금리 인상으로 자산 가격을 하락시키고 가계 및 기업 소유 자산 가치를 낮춘다면 통화정책에 대한 심한 반발이 발생할 수 있다. 결국, 다수의 경제학자들과 중앙은행 당국자들은 자산가격의 상승이 명백히 물가 상승으로 이어질 가능성이 없는 한 통화정책을 통해 직접 대응하는 것은 바람직하지 않다는 견해를 갖고 있다.

4) 파생상품 확대와 통화정책

파생금융상품은 리스크 헤지를 위한 수단으로 유용할 뿐만 아니라 투기수단으로도 이용되어, 종종 파생상품 관련 사고가 발생한다. 파생상품시장이 급속이 확대되고 있는데, 명목금액은 약6경원 수준으로 최근 연평균 10% 이상 증가하는 추세이다.

통상적인 경제·금융 환경 하에서는 파생상품의 거래가 금융시장의 효율성을 높이므로 기초자산을 안정시키는 효과가 있으나 시장상황이 급변할 때에는 파생상품이 시장의 변동 폭을 더욱 커지게 할 가능성이 크지만, 파생금융상품 자체가 가격 변동의 발단이 되는 경우는 드물다. 개개의 경제주체는 금리나 환율의 변동으로 인한 리스크를 파생금융상품을 통해 다른 경제주체로 전가하여 회피할 수 있으나 경제 전체로 보면 그 리스크가 없어지는 것이 아니므로 통화정책이 물가상승률 등에 미치는 궁극적 영향력은 파생금융상품으로 인해 줄어들지 않는다. 다만, 파생금융상품의 시장이 확대될 경우 통화정책의 여러 파급경로의 상대적인 중요성이 변할 수 있고, 통화정책의 효과가 최종목표에 미치는 파급속도 및 정도에도 영향을 미친다.

중앙은행의 통화정책 수립과 관련하여 전통적인 통화지표에 어느 정도 영향을 미치고, 파생금융상품의 확산으로 전통적인 화폐의 대체재가 생겨날 수 있으므로 화폐수요에 영향을 미쳐, 파생금융상품을 통해 금리나 환위험 분리, 관리가 쉬워지고 자산의 대체성도 높아질 가능성이 있다. 금융자산에 내재된 정보내용의 변화 가능성이 있으므로 중앙은행은 환율, 장단기금리 등 종합적으로 모니터링할 필요가 있다.

중앙은행은 최종적인 결제수단인 화폐를 독점적으로 공급하는 지위를 갖고 있기 때문에 파생금융상품 시장이 발달하더라도 이 지위에 영향을 미치지 못하고, 시중은행의 지급준비금에 대한 수요가 있는 한 중앙은행은 단기금리에 대한 통제력을 유지한다. 아울러, 통화정책 수단의 유효성에 어느 정도 영향이 있으므로, 중앙은행이 통화총량이 아닌 파생금융상품을 이용하여, 단기금융시장에 영향을 미치고, 중앙은행의 추가적인 시장조작수단이 될 수도 있다.

Ⅵ. 금융감독과 규제

1. 금융감독 및 금융감독정책

정책당국이 건전한 신용질서와 공정한 금융거래 관행을 확립하고 예금자와 투자자 등 금융소비자를 보호하기 위해 금융시장과 금융기관을 감시 감독하는 행위를 금융감독이라고 한다.

금융감독정책은 금융감독이 효과적으로 이루어질 수 있도록 금융감독 관련 법규와 관행을 마련하고 이를 금융환경에 맞게 개선해 나가는 일체의 활동을 말하는데, 기능별로는 ① 시스템 감독으로 경제전반에 걸친 금융혼란으로부터 금융시스템의 안전성 확보에 초점을 맞추고, ② 건전성 감독으로 금융회사의 자본적정성 규제와 리스크관리를 통해 건전성을 확보하며, ③ 영업행위 감독으로 금융회사와 금융소비자 간의 거래에서 적절한 행위와 영업관행에 관한 규칙과 지침을 정하여 소비자를 보호한다.

또한, 대상별로는 ① 기관감독을 통해 개별 금융회사를 감독대상으로 금융회사와 금융산업의 시스템리스크 방지, ② 시장감독을 통해 금융시장의 공정성과 효율성 제고 및 투자자를 보호하기 위해 금융시장을 감독한다.

2. 금융회사의 설립 규제

금융회사의 설립신청은 금융위원회를 통하여 인가, 허가, 등록제도를 기본으로 한다. 설립을 위해서는 법인성격의 정합성, 사업계획의 타당성, 자본금 및 주주구성, 설립인수자금의 적정성, 발기인·대주주·경영진의 경영능력, 성실성, 공익성 등을 고려한다. 이처럼 설립시에도 일정한 요건과 절차를 필요로 하지만 부실한 경우 등에는 퇴출제도를 두고 있다.

(1) 설립 인가·허가 및 승인

설립 인가·허가 및 승인의 법률적 의미는 다소 차이는 있지만 금융회사 설립에 있어서 일반적, 상대적 금지를 특정한 경우에 해제하여 적법하고 일정하게 사실행위 또는 법률행위를 할 수 있게 해 준다는 점에서 유사하다. 등록의 경우는 인가권자의 판단, 의지에 상관없이 법규에서 정하는 특정요건을 갖추고 등록절차를 거치기만 하면 누구나 해당사업을 영위하는 것이다.

① 인가대상은 Ⓐ 은행권역으로 시중은행, 외국은행 국내지점, Ⓑ 비은행권역으로 상호저축은행, 신용협동조합, Ⓒ 금융투자권역으로 투자매매업자, 투자중개업자, 집합투자업자 및 신탁업자, Ⓓ 공통권역으로 금융지주회사 이다. ② 허가대상은 Ⓐ 비은행권역으로 전업신용카드사, Ⓑ 보험권역으로 생명회사, 손해보험사, 제3보험 영위 회사이다. ③ 등록대상으로는 Ⓐ 비은행권역의 여신전문업종으로 유통계 신용카드회사, 시설대여업자, 할부금융사, 신기술금융사, Ⓑ 금융투자권역으로 투자자문업자, 투자일임업자, Ⓒ 보험권역으로 보험설계사, 대리점, 중개사 등 보험영업을 담당하는 판매조직과 보험계리사, 손해사정사 등 보험상품의 설계나 보험금지급에 필요한 전문조직이다.

(2) 신청 요건

법인성격은 개인 또는 특정단체에 의해 완전 소유·지배되는 경우를 방지한다. 상법상 주식회사, 신용협동조합은 민법상의 비영리법인 조합, 보험회사는 상법상 상호회사도 인정된다. 자본금은 최저 이상의 자본금, 자본금 요건은 금융권역별, 금융회사별, 영업종류별 다르다. 주주는 출자능력, 재무상태, 사회적 신용, 법규, 건전한 관행 위반, 출자금의 적법성과 적정성 등, 경영진과 대주주는 적격성 심사를 한다. 예를 들어 산업자본의 은행소유를 제한한다.

(3) 퇴출제도

신설뿐만 아니라 퇴출 시에도 금융소비자의 재산보호, 금융시스템에 미치는 충격을 완화하기 위해 금융감독당국의 인·허가 또는 승인이 필요하다. 자발적 퇴출 외에도 금융위원회는 금융회사의 건전성이 악화되어 계속기업으로 존속이 어려운 경우 적기시정조치의 경영개선명령을 발동하여 퇴출조치 한다.

3. 건전성 감독

(1) 경영건전성 규제대상

금융감독제도에서 건전성 감독은 ① 업무영역 규제대상에서 금융회사가 영위할 수 있는 업무는 고유업무, 부수업무(부대업무) 및 겸업업무인데, Ⓐ 고유업무는 금융회사의 본질적 기능에 따른 업무(적금 수입, 대출, 외국환), Ⓑ 부수업무는 고유업무를 영위함에 따른 부수되어 도움이 되는 업무(보증이나 어음인수), Ⓒ 겸영업무는 별도인가를 받아 취급하는 업무(신탁, 신용카드, 자산운용업무, 방카슈랑스)로 구분된다.

② 업무행위규제는 공정경쟁을 촉진하고, 부당·불법행위를 방지하는 것으로, 금지행위규제를 제한적으로 금지하는 방식에서 금지행위를 제외한 모든 것을 허용하는 포괄주의 방식으로 점차 이행하고 있다. 그 대상으로 Ⓐ 은행(유가증권 투자한도, 부동산 취득, 부당대출 금지, 여신관련 금지행위, 신용공여 한도), Ⓑ 금융투자업자(이해상충 방지, 투자권유), Ⓒ 보험회사(자산운용과 보험모집, 계약보전 업무)로 구분할 수 있다.

③ 자기자본규제와 관련하여, 금융회사는 일반기업과 달리 예금조달 등을 통해 부채를 많이 조달하고, 고위험 자산에 투자하며, 초과수익은 자신에게 초과위험은 예금주와 투자자에게 전가 위험이 있으므로, 은행은 BIS 자기자본 비율

최소 8%, 상호저축은행은 5%, 여신전문금융회사는 7%(신용카드 8%), 신협은 순자본비율 2%, 금융투자회사는 영업용순자본비율 100%, 보험회사는 책임보험금 대비 순자산비율인 지급여력비율 100% 이상 유지하도록 하고 있다.

④ 경영건전성규제에서 은행의 유동성은 고객의 예금청구에 지급, 기타 채무상환이나 신규대출 취급, 자산의 취득 등으로 자금이 필요할 때 적절히 대처할 수 있도록 하고, 자산 건전성은 차주의 채무상환능력, 연체기간, 부도여부 등 기준에 따라 정상, 요주의, 고정, 회수의문, 추정손실로 분류하고 이에 따라 적정한 대손충당금을 적립하도록 하고 있다.

⑤경영공시제도는 금융회사의 경영정보를 예금주, 주주 및 채권자 등 이해관계인에게 공개토록 하는 것이다. 이를 통하여 금융회사에 대한 정확하고 시기적절한 정보가 공급되어 시장규율이 이루어지도록 하기 위한 것이다. 금융회사의 조직, 인력, 재무상황, 경영방침 등 기본적인 경영정보는 정기공시, 거액의 부실채권이나 금융사고 발생, 적기 시정조치가 부과된 경우는 수시공시를 하도록 하고 있다.

(2) 경영실태평가

경영실태평가는 각 금융회사의 경영실적, 건전성, 경영진의 경영능력, 법규준수 사항 및 리스크관리 실태 등 다양한 평가항목에 걸쳐 등급을 부여하는 방식으로 이루어진다. 세부항목으로, Ⓐ 은행본점 및 현지법인은 CAMEL-R방식으로 자본적정성, 자산건전성, 경영관리의 적정성, 수익성, 유동성, 리스크관리, Ⓑ 외국지점 및 국내은행 국외지점은 ROCA방식으로 리스크관리, 경영관리 및 내부통제, 법규준수, 자산건전성, Ⓒ 특수은행은 CACREL방식으로 자본적정성, 자산건전성, 법규준수, 수익성, 유동성, 위험관리를 활용한다. Ⓓ 비은행 금융회사 및 보험회사는 CAMEL방식으로 자본적정성, 자산건전성, 경영관리적정성, 수익성, 유동성을, Ⓔ 증권회사는 CERI(Capital adequacy, Earnings, Risk management, Internal controls), Ⓕ 금융지주회사는 LOPECM(Lead subsidiaries, Other subsidiaries, Parent company, Earnings, Capital adequacy, Management) 등을 평가한다. 평가결과 적기 시정조치를 하는데,

금융회사의 건전성을 자본충실도, 경영실태평가 등을 기준으로 여러 단계의 등급으로 나누고, 경영상태가 악화되어 하위 등급을 받은 금융회사에 대해 단계적으로 시정조치를 한다. 경영개선 권고 → 경영개선 요구 → 경영개선 명령 단계별 조치 내용은 금융회사의 인력과 조직운영에 대한 개선권고에서 명령까지 범위와 강도가 다르다.

4. 은행감독

(1) 은행의 규제와 감독

은행은 일반기업과 달리 영리를 추구하는 기업성 외에 고도의 공공성이 요구된다. 은행의 건전한 육성 및 발전은 국가경제발전에 중요하므로, 금융제도의 안전성유지, 예금자보호를 위해 다른 산업에 비해 많은 규제와 감독이 이루어진다. 은행감독은 은행의 건전한 운영을 도모, 자금중개 기능의 효율성제고, 예금자보호, 신용질서유지, 금융시장안정과 국민경제 기여토록 하는 것이다. 이 목적달성을 위해 은행법이 제정되었다.

감독사항	세부내용
은행업 진입 및 퇴출 등의 허가	은행업 영위 인가, 영업소 설치 협의 겸업과 분할, 합병, 해산, 양도 인가
은행의 소유 구조 규제	동일인의 주식 보유 한도 제한 대주주의 거래에 대한 감독 대주주 발행 주식의 취득 한도 대주주의 부당한 영향력 행사 차단 대주주와의 거래 제한 조치
은행의 경영지배구조 개선	이사회 제도, 감사위원회 제도 준법감시인 제도
은행의 업무 범위 제한	고유업무, 부수업무, 겸업업무
은행의 건전 경영지도	경영지도기준, 자산의 건전성 BIS자기자본, 은행 자회사 감독 경영실태 평가, 적기 시정조치

① 은행업의 진입·퇴출 등의 허가는 은행경영의 건전성유지, 예금자보호 등을 위해 은행의 중대한 조직변경을 초래한 행위, 분할, 합병, 영업의 전부 또는

일부의 양수도, 겸영업무행위, 은행업의 폐지, 해산 등 인가가 필요하고, 정관변경, 자본금감소의 경우에는 미리 신고하여야 한다. 은행업 인가 최저 자본금은 시중은행 1,000억, 지방은행 250억이고, 은행의 영업소의 설치는 자율화되어 있으나 국외에 점포를 신설, 또는 본점을 다른 지역으로 이전하는 경우 사전에 협의하여야 한다.

② 은행의 소유구조 규제에서는 동일인 주식보유 한도제를 근간으로 하는 현행 은행소유구조는 1982년 산업자본의 은행지배 방지를 목적으로 도입되었고, 대주주의 사금고화 방지를 위해 동일인의 한도를 설정하고 있다. Ⓐ 동일인의 주식보유한도는 원칙적으로 의결권이 있는 은행 발행주식 총수의 10%(지방은행은 15%), 비금융주력자(산업자본)가 은행의 최대주주가 되거나 경영에 관여한 경우 4% 초과 보유는 금융위 승인이 필요한데, 비금융주력자 비금융부문에 투자한 자본비중이 25% 이상이거나 자산합계 2조원 이상인 경우이다. Ⓑ 대주주에 대한 신용공여 한도 : 대주주는 시중은행의 10%(지방은행 15%)초과 보유주주, 시중은행의 4%초과 보유주주로 최대주주는 은행의 주요 경영사항에 사실상 영향력을 미치므로, 개별대주주에게 은행 자기자금의 25%와 대주주 출자비율(은행자기자본 지분)중 적은 금액을 한도로 적용한다.

③ 은행의 경영지배구조개선는 1990년 이후 책임경영체제 확립, 이사회 기능 활성화를 위한 장치이다. Ⓐ 이사회제도에서는 이사회에 사외이사 3인 이상, 사외이사 수는 전체 이사 수의 50% 이상을 유지하여야 하고, Ⓑ 감사위원회는 경영진 직무를 제3자의 관점에서 견제, 감시한다. 감사위원회는 정관에 따라 감사 또는 감사위원회 중에 선택할 수 있다. 다만, 감사위원회는 3인 이상의 이사, 총 위원의 2/3은 사외이사여야 한다. Ⓒ 준법감시인은 내부통제기준의 준수여부를 점검하고, 위반의 경우 조사하여 감사위원회에 보고하는 자로 1인 이상을 두어야 한다.

(2) 은행의 경영지도

① 경영지도 기준 : 은행은 은행업을 영위할 때 자기자본을 충실히 하고, 적정한 유동성의 유지, 경영의 건전성 확보, 경영의 건전성 유지를 위해 금융위원

회가 정한 경영지도 기준을 준수하여야 한다. 은행경영에 대한 건전성 확보 수단으로 BIS 자기자본비율, 원화유동성비율, 외화유동성비율, 만기불일치비율을 기준으로 활용한다.

② 경영개선 협약(MOU) : 경영지도비율이 악화될 우려가 있거나 경영상 취약 부문이 있다고 판단되는 은행에 대해서는 이를 개선하기 위한 계획 또는 약정서 제출하거나 해당 은행과 경영개선 협약(MOU)을 체결한다.

③ 자산 건전성 감독 : 은행은 정기적으로 차주의 채무상환능력과 금융거래 내용 등을 감안하여 보유자산의 건전성을 '정상, 요주의, 고정, 회수의문, 추정손실'의 5단계로 분류하여, 적정한 수준의 대손충당금을 적립하여야 한다.

은행의 경영지도 기준

경영지도 기준	목적	산출방식	표준비율
BIS 자기자본비율	은행의 손실을 흡수하고 청산능력을 확보	$\frac{BIS자기자본}{위험가중자산}$	8% 이상
원화 유동성 비율	예금 인출 등의 수요를 즉시 충족 유동성 확보	$\frac{유동성자산}{유동성부채}$	100% 이상
외화 유동성 비율	외화자금 조달·운용의 적정 유동성 유지	$\frac{외화유동성자산}{외화유동성부채}$	85% 이상
외화자산부채 만기일 불일치 비율	외화자금 조달·운용의 적정 유동성 유지	$\frac{(기간별\ 외화유동성자산 - 외화유동성부채}{외화유동성부채}$	•7일 이내: 0% •30일 이내: △10% 이상
중장기 외화대출 재원 조달 비율	중장기 외화자금 조달·운용의 적정한 관리	$\frac{상환기간\ 1년\ 이상\ 외화조달잔액}{외화대출잔액}$	80% 이상

(3) 은행의 자기자본과 자산 감독

1) BIS 자기자본비율

국제결제은행 산하의 바젤 은행감독위원회에서 정한 국제적인 자본적정선 기준으로, 국제결제은행은 '중앙은행들의 중앙은행'이라 불리고 각국 중앙은행들 간 조정을 맡는 국제협력기관이며, 은행의 건전성과 안전성이 중요하다고 판단해 1988년 BIS 자기자본비율을 고안하였다. BIS 자기자본비율(BIS기준 자기자본 나누기 위험 가중자산 곱하기 100%), 즉 위험가중자산 대비 자기자본비율이 8% 넘어야 안정한 은행으로 인정하며, 10%를 넘을 경우 우량은행으로 평가된다. 금융의 국제화, 파생상품거래 확대 등 리스크증가로 BIS자기자본비율이 강화된 관리가 필요해졌다.

① 자기자본 규제 : 은행의 자기자금은 은행업을 영위하는데 필요한 기본자금을 공급하는 외에 예상하지 못한 손실이나 자산가치 하락에 따른 손실을 흡수하는 쿠션역할을 한다. 은행의 주된 채권자인 예금자는 자기자본의 규모를 건전성 평가의 중요한 기준으로 이용하고, 일정수준 이상의 자기자본을 보유한 은행은 예금인출사태(bank run)를 피할 수 있다. 일정 수준 이하로 자기자본비율이 하락하는 경우 감독당국으로부터 폐쇄 등의 조치가 취해진다.

② BIS 기준 자기자금 : 국제결제은행(Bank for International settlement)이 정한 기준에 따라 계산된 자기자금으로, 자기자본은 기본자금(Tier I)에 보완자본(Tier II)을 더하고 공제항목을 빼서 산출한다. Ⓐ 기본자본은 납입자본금 등 영구적 성격의 자본을 말하고, Ⓑ 보완자본은 상위 보완자본[Upper Tier II Capital : 대손충당금(정상, 요주의), 재평가 적립금, 일정요건을 갖춘 영구후순위채] + 하위 보완자본[Lower Tier II Capital : 하위 기한부 후순위채(기본자본의 50%만 인정)]으로 구분된다. Ⓒ 공제항목은 회계상 자산으로 인식되나 자기자본 규제 목적상 은행의 자산으로 간주받지 못하는[기본자본 공제항목(영업권 및 무형자산 상당액 + 주식할인발행차금) + 자기자본 공제항목(금융업을 영위하는 비연결자회사에 대한 출자금액 + 부실금융기관이 발행한 후순위채권)]항목을 말한다.

2) 위험가중자산

위험가중자산은 신용위험 가중자산과 시장위험 가중자산 및 운영위험 가중자산을 합산한 것이다. ① 신용위험 가중자산 : 자산 항목별 자산가액에 위험가중치를 곱한 금액의 합산으로, 위험가중치는 신용리스크 정도 또는 자산의 가치상실 가능성에 대한 척도로 차주의 신용도에 따라 차등화된다. ② 시장위험 가중자산 : 금리, 주식, 외환, 상품 리스크. 이 요소들은 위험가중자산에 중복되어 계산되지 않도록 신용리스크 산출에서는 차감된다. ③ 운영위험 가중자산 : 기초지표법, 표준방법, 고급측정법의 3가지 방법 중에서 선택하는데, 이러한 예로 총이익의 일정비율을 은행자체의 손실자료를 근거로 운영리스크로 산출한다.

(4) 은행의 경영실태 평가

경영실태평가제도는 1996년 도입하였고, 은행의 경영상태, 재무상태, 경영관리의 적정성, 법규준수 상황 등 종합적이고 통일된 형식으로 파악하여 은행의 경영실태를 실질적으로 평가하는 제도이다. 일반은행의 경우 자본의 적정성, 자산건전성, 경영관리의 적정성, 수익성, 유동성, 시장리스크에 대한 민감도 등 평가항목으로 구성된다. 평가방법은 일반은행, 특수은행, 국내은행의 해외점포, 외은지점 별로 달리 적용한다. 평가방법은 각 부문의 계량지표 및 비계량 평가항목을 고려하여, 부문별 평가등급과 종합평가등급 1등급(우수)에서 5등급(위험)까지 5단계로 평가하고, 경영실태평가는 은행에 대한 적기 시정조치 기준으로 활용한다. 적기 시정조치는 부실화 소지가 있는 은행에 대해 부실화가 크게 진전되기 전에 적절한 경영개선조치를 취함으로써 경영 정상화, 또는 조기퇴출을 실행한다. 경영개선 조치는 권고, 요구, 명령의 3단계로 시행된다.

5. 금융지주회사 감독

(1) 금융지주회사

① 금융주식회사 등장 배경 : 금융자율화와 국제화의 영향으로 금융기관 간의 경쟁이 격화되면서 세계의 유수 금융기관들은 대형화하는 추세에 있다. 겸업화를 통해 규모의 경제, 범위의 경제를 실현하고, 대형화·겸업화는 동종 또는 이종기관 간의 합병을 통해 가능하지만 서로 다른 두 조직을 하나로 응집해야 하는 어려움이 있다. 이 어려움을 피하면서 비교적 용이하게 대형화·겸업화를 달성하는 방법으로 금융주식회사가 등장하게 되었다.

② 금융지주회사법 제정 : 우리나라는 1997년 외환위기 이후 기업 및 금융의 구조조정을 효과적으로 수행하기 위해 독점규제 및 공정거래에 관한 법률

(공정거래법)에 의거하여 금융회사를 도입하였다. 은행법은 소유제한 규정에 따라 은행을 자회사로 하는 금융지주회사 설립이 사실상 불가능 하여, 공정거래법과는 별개로 2000년 10월 금융지주회사에 대한 단일 법률로 금융지주회사법을 제정하여, 자회사 업종에 상관없이 금융지주회사 및 그 자회사 등을 동일한 기준 아래에서 감독할 수 있게 되었다.

③ 금융지주회사법 상 금융지주회사 : 금융지주회사는 주식 또는 지분의 소유를 통해 금융업을 영위하는 회사(금융기관) 또는 금융업의 영위와 밀접한 관련이 있는 회사를 지배하는 것을 주된 사업으로 하며, 1개 이상의 금융기관을 지배하는 회사이다. 여기에서 '지배'는 금융지주회사가 단독으로 또는 특수관계자와 합하여 최다출자자인 것이고, '주된 사업'은 금융지주회사가 소유하고 있는 자회사의 주식(지분) 가액의 합계액이 당해 지주회사 총자산의 50% 이상인 것을 말한다.

④ 순수지주회사 : 지주회사는 자체적인 사업활동을 영위하지 않는 순수지주회사와 자체적으로 사업활동을 영위하면서 지주회사의 역할도 수행하는 사업지주회사로 구분할 수 있다. 우리나라는 금융지주회사가 자회사 등의 건전경영에 전념할 수 있도록 순수지주회사만 허용되고 있다.

⑤ 금융지주회사 감독 : 금융회사도 하나의 금융기관이므로 다른 금융기관에 적용되는 설립인가, 주식 소유제한, 지배구조, 경영건전성 등의 감독기준을 적용한다. 금융지주회사 그룹 전반의 경영건전성을 확보하기 위해 금융지주회사와 자회사들을 연결해서 평가하는 연결감독제도로 운영되고, 금융지주회사에 속하는 자회사 상호간에는 고객정보 공유를 통한 시너지 창출을 위해 고객의 동의 없이 고객정보를 제공할 수 있다.

(2) 금융지주회사의 소유제한 및 지배구조

① 은행지주회사 : Ⓐ 자회사로 은행을 두지 않은 금융지주회사에 대해서는 소유에 대한 아무런 제한을 가하지 않는 반면, Ⓑ 은행을 자회사로 두고 있는 은행지주회사는 산업자본의 은행지배와 지주회사를 통한 은행의 사금고화를 예방하기 위해 은행과 동일하게 소유를 제한한다.

② 소유 제한 : 동일인 보유 한도 10%(지방은행 지주회사 15%), 4% 초과 10% 이내 주식 보유(사후 보고로 완화), 비금융주력자는 9%초과 보유를 금지하고 있다.

③ 지배구조로 사외이사는 이사 총수의 ½(3인 이상), 감사위원회는 이사 총수의 2/3 사외이사 선임, 금융지주회사 임직원은 자회사 임원 겸직이 가능하다.

④ 대주주에 대한 신용공여 한도는 대주주가 은행지주회사를 악용한 사금융화를 방지하기 위하여, 자회사를 포함한 은행지주회사의 대주주 신용공여한도는 은행지주회사의 자기자본 순합계액의 25%에 해당하는 금액과 당해 대주주가 은행지주회사에게 제공하는 출자비율에 해당하는 금액 중 적은 금액으로 한다.

⑤ 금융지주회사 그룹 내부거래 규제로 그룹 내 자회사 부실이 여타 회사에 전염되는 것을 방지한다. 그러므로 자회사는 금융지주회사에 신용공여가 불가하다. 은행, 종금 및 증권회사인 자회사는 당해 금융지주회사의 여타 자회사에게 자기자본의 10% 초과 지원 불가, 자회사 등은 금융지주회사의 주식과 자신이 직접 지배하는 손자회사가 아닌 여타 자회사 주식 소유 금지, 유동화전문회사 등 예외적인 경우를 제외하고 자회사 상호간 불량자산 거래가 제한된다.

⑥ 금융지주회사 그룹 내 정보 공유로는 금융지주회사와 당해 자회사 상호간 고객정보 이용이 가능한데, 금융지주회사의 경영효율성을 높이고 금융그룹화의 취지를 살리기 위함이다. 즉, 고객정보의 이용 및 보호에 관한 법률, 금융실명거래 및 비밀보장에 관한 법률 적용이 배제된다.

6. 신용감독

신용감독은 금융회사가 신용을 제공하고 있는 거래기업의 신용위험을 적절히 통제하고, 발생한 부실은 효율적으로 관리하도록 하여 금융기관의 자산 건전성 제고를 유도하고, 금융회사와 거래기업 간의 건전한 금융거래 관계 확립, 거래기업의 재무구조 개선 및 건전경영을 유도하는 것이다.

감독 수단으로는 신용공여한도제도를 통해 여신의 편중위험을 관리하고, 주채무계열제도를 통해 대규모 계열기업군의 신용위험을 집중관리하고, 신용정보관리를 통해 신용정보 인프라 확충을 한다.

신용공여한도제도는 은행의 신용공여한도를 결정하는 기준인 자기자본은 종전 대차대조표 상의 단순 자기자본 기준에서 기본자본에 보완자본을 합산하고 공제항목을 차감한 BIS기준 자기자본으로 변경하여, 동일인은 개인이나 개별기업, 동일차주는 신용위험을 공유하는 계열기업군으로 공정거래법에서 규정한 기업집단에 속하는 회사를 대상으로 한다. 은행 자회사는 은행이 의결권 있는 발행주식의 15%를 초과하는 주식을 소유한 회사이고, 모자은행은 은행이 다른 은행의 의결권 있는 발행주식의 15%를 초과하는 주식을 보유한 은행이다.

주채무계열제도는 금융기관 신용공여액이 전전년말 현재 금융기관 전체 신용공여액의 0.1% 이상인 계열기업군으로, 주채권은행은 담당 주채무계열 또는 계열 소속기업체의 여신상황 등 해당기업 관련 정보를 종합적으로 관리하고, 기업경영지도 등 재무구조 개선을 유도한다.

개인신용정보관리는 각 금융회사 등 신용정보 이용 및 보호에 관한 법률에 따라, 자기와 거래하는 개인의 금융거래정보를 신용정보 집중기관에 집중, 동시에 집중기관으로부터 수집된 개인정보를 제공받아 활용한다. 종합 신용정보 집중기관인 전국은행연합회는 금융회사 전체, 법원 및 국세청 등 공공기관으로부터 신용정보를 집중 관리·활용하고, 개별 신용정보 집중기관으로는 한국정보통신연합회, 생명보험협회, 손해보험협회, 여신금융협회, 금융투자협회를 들 수 있다.

7. 금융투자와 자본시장 감독

기존 금융법률체계는 은행업법, 증권거래법, 선물거래법, 자산운용업법, 파생상품거래, 신탁업법, 종금업법, 한국증권선물거래소법, 보험업법, 서민금융관련법 등으로 구성되어 있었다. 이 중 은행업법, 보험업법, 서민금융관련법을 제외한 금융법률은 자본시장법으로 통합하여 시행되었다.

(1) 자본시장 규제

자본시장법(자본시장과 금융투자 업에 관한 법률 2009.2 시행)은 은행법, 보험업법을 제외한 자본시장을 규율하는 여타 법률을 통합한 것이다. 이를 통하여 증권, 선물, 자산운용회사 등 금융투자업종을 효율적으로 규제하고, 자본시장을 건전하게 육성하고자 하는 목적을 가지고 있다.

자본시장법이 시행되기 전에는 각 권역별 금융회사들이 취급할 수 있는 금융상품과 영위할 수 있는 업종이 한정(칸막이식 규제)되고, 경영건전성과 영업행위에 관한 규제수준이 다르게 결정되어, 금융이 자율화, 겸업화되고 있는 현실에서는 이러한 규제방식이 비효율적이었다. 즉, 금융회사가 취급할 수 있는 금융상품의 종류가 법률에 의거 한정적으로 열거되고, 창의적인 상품개발을 통한 금융혁신에 애로가 있었고, 금융업의 겸영이 엄격하게 제한되어 시너지효과를 통한 경쟁력제고에 한계, 동일한 금융기능을 수행하는 금융회사들이 다른 규제체제의 적용을 받아 규제차익의 문제 발생, 투자자 보호장치 미흡, 금융투자상품의 불완전판매와 불공정거래에 대해 적절한 대응이 어려워 자본시장에 대한 투자자의 신뢰가 저하되었다. 이를 개선하고자 금융상품에 대한 포괄적 정의 도입, 금융업간 겸영 허용, 규제방식을 기관별에서 기능별체계로 재편하여 투자자 보호 및 불공정거래 규제 수준을 강화하였다.

(2) 금융투자상품

구 증권거래법은 증권회사가 취급할 수 있는 유가증권으로 국채, 회사채, 주식, 수익증권 등 21종을 열거하고, 파생상품의 기초자산으로는 유가증권, 통화, 일반상품, 신용위험 등의 4종으로 제한하였다. 자본시장법은 금융투자상품의 개념을 추상적으로 정의하여 향후에 출현할 수 있는 모든 금융투자상품을 법률의 규율대상으로 포괄하는 한편, 금융회사의 상품 취급범위를 확대하고, 금융투자상품을 원본손실이 발생할 수 있는 금융상품으로 정의, 파생상품의 기초자산범위를 모든 경제, 자연, 환경적 위험을 포괄하였다.

① 원본 손실 가능성을 갖고 있다는 것은 투자한 원본금액이 회수한 금액보다 커 손해를 볼 가능성이 있다는 것이다. 즉, 투자성, 원본손실 가능성은 금융투자상품과 여타 금융상품을 구분하는 기준이다.

② 증권 : 주식, 회사채 등의 전통적인 유가증권은 경제적 실질내용에 따라 채무증권, 지분증권, 수익증권, 증권예탁증권으로 분류되고, 투자계약증권과 파생결합증권이라는 새로운 개념의 신종증권을 포괄한다.

③ 파생상품 : 파생상품의 기초자산의 범위를 폭넓게 정의하여, 가능한 모든 자산을 기초로 파생상품이 개발될 수 있도록 하였고, 금융투자상품, 통화, 신용위험, 그밖에 자연적·환경적·경제적 현상 등에 속하는 위험 등 평가가 가능한 것은 어느 것이든 파생상품의 기초자산이 된다.

④ 증권예탁증서(DR) : 다국적기업이 해외의 거래소에 증권(주식)을 상장하는 경우 예상되는 발행 및 유통 상의 여러 문제점을 고려하여, 원증권은 본국에 소재한 금융기관에 보관하고, 해외의 투자자에게는 원증권에 대한 소유권을 인정하는 표시로써 발행하여 주는 증서이다. 우리나라 기업이 주로 활용하는 것은 ADR과 GDR인데, 미국에서 발행하는 경우 ADR(American Depository Receipt), 미국과 유럽 등 복수시장에서 동시에 발행하는 경우 GDR(Global Depository Receipt)이다.

(3) 금융투자업 및 기능별 규제

금융회사를 규제할 때 종전에는 증권회사, 선물회사, 자산운용사 등을 중심으로 금융업을 분류·적용하는 기관별 규제였으나, 자본시장법에서는 경제적 실질을 기준으로 분류한 금융기능에 따라 규제하고 있다.

1) 금융투자업

금융투자업은 자본시장법이전에는 증권업, 선물업, 종합금융업, 자산운용업, 신탁업, 투자자문업, 투자일임업 등으로 구분할 수 있었는데, 자본시장법의 시행 이후에는 기능별로 구분하면 다음과 같다.

Ⓐ 투자매매업(investment trading business) : 금융투자업자가 자기의 계산으로 금융투자상품의 매도·매수·증권의 발행·인수 또는 그 청약의 권유·청약·청약의 승낙 등 영업을 하는 것이다.

Ⓑ 투자중개업(investment brokerage business) : 타인의 계산으로 금융투자상품의 매도·매수·증권의 발행·인수에 대한 청약의 권유·청약·청약의 승낙 등 영업행위를 하는 것이다.

Ⓒ 집합투자업(collective investments business) : 펀드 운용, 2인 이상의 투자자 또는 기금관리주체로부터 금전 등을 모아, 투자자로부터 일상적인 운용

지시를 받지 않으면서 재산적 가치가 있는 투자대상자산을 취득·처분 등의 방법으로 운용, 그 결과를 배분하여 귀속시킨다.

Ⓓ 투자자문업(investment advisory business) : 금융투자상품의 가치 또는 종류, 종목, 취득·처분의 방법, 수량, 가격, 시기 등에 관한 투자 판단의 자문에 응하는 것이다.

Ⓔ 투자일임업(discretionary investment business) : 투자자로부터 금융투자상품에 대한 투자판단의 전부 또는 일부를 위임 받아 투자자별로 구분한 후, 자산의 취득·처분 등을 운용할 수 있다.

Ⓕ 신탁업(trustee business) : 금전, 부동산 등 자산을 신탁 받아 관리·운용하는 영업을 할 수 있다.

2) 투자자

투자자는 전문성과 보유자산 규모 등 투자위험의 감수능력에 따라 구분된다. Ⓐ 전문투자자 : 국가, 중앙은행, 금융기관 등의 기관투자자와 상장법인은 원칙적으로 전문투자자이고, 개인인 경우 순자산이 일정금액 이상인 경우에 한하여 그 자격을 인정한다. Ⓑ 일반투자자 : 전문투자자가 아닌 경우 모두 일반투자자이다.

금융투자상품, 금융투자업, 투자자의 세 가지 요소를 경제적 실질에 따라 재분류하고, 이들 요소에 의해 결정되는 금융기능이 동일할 경우, 어떤 금융회사가 업무를 취급하든지 관계없이 동일한 규제를 적용한다. 위 3가지 요소를 결합하면 1개의 금융기능이 된다. 예로 일반투자자를 대상으로 하는 주식(지분증권) 중개업, 전문투자자를 대상으로 하는 장외파생상품 매매업 등을 들 수 있다.

동일한 기능에 대해서는 시장진입조건, 건전성 규제, 영업행위 규제, 투자자 보호와 관련하여 동일한 수준의 규제를 적용하고, 투자자가 노출되는 위험의 크기에 따라 규제수준이 차등화된다. 금융투자업자는 여러 금융기능들에 대해 전부 또는 일부만을 영위할 수 있기 때문에, 여러 금융투자업종을 겸영하거나 일부업종에 대해 특화하는 것도 가능하고, 새로운 업무를 하려는 경우에는 인가변경을 통해 업무를 추가할 수 있기 때문에 진입규제가 중복되는 일도 줄어들었다.

(4) 금융투자감독

1) 금융투자업 규제

① 진입규제 원칙 : 인가제의 대상은 등록제보다 엄격한 진입조건을 설정하는데, 금융투자상품의 위험이 클수록 진입요건 강화, 투자자의 위험 감수능력에 따라 진입조건 강화, 일반투자자가 전문투자자보다 더 강화, 일반투자자를 상대로 장외파생상품을 매매하는 인가요건이 가장 엄격하고, 전문투자자를 상대로 주식이나 채권투자자문을 하는 경우 인가 요건이 가장 약하다.

② 진입인가 요건 : 일정한 법적 형태를 갖추어야 한다. 즉, 업무 단위 별로 요구되는 최저 자기자본 보유, 실질적 위험 흡수능력 구비, 사업계획의 타당성과 건전성, 투자자 보호와 업무수행에 적합한 인적·물적 설비 보유, 임원의 결격사유가 없어야 하고, 대주주의 자격요건을 갖추어야 하며, 이해상충 방지체제 구축 등을 갖추어야 한다.

③ 인가제와 등록제 : Ⓐ 투자가가 노출되는 위험이 큰 경우는 인가제로 투자매매업, 투자중개업, 집합투자업, 신탁업이 해당하고, Ⓑ 등록제는 고객의 자산을 수탁하지 않는 투자일임업, 투자자문업으로 위험의 크기가 상대적으로 작은 경우에 해당한다. 한편, 자기자본 규모는 전문투자자만을 대상 영업하는 경우에는 모든 투자자를 대상으로 할 때보다 필요 자기자본 규모를 $\frac{1}{2}$ 적용한다.

2) 건전성 감독

건전성 규제는 금융기능별로 위험의 크기에 따라 차등적인 수준으로 적용하여, 고객과 직접 채권채무 관계가 있는 투자매매업 등에는 강한 규제, 채권채무 관계가 없이 고객의 자산을 수탁하는 투자중개업, 집합투자업, 신탁업 등에는 이 보다 약한 규제를 하고 있다. 다만, 투자일임업과 투자자문업에 대해서는 재무건전성 규제가 없다.

금융투자회사들이 다양한 금융서비스를 제공하고 겸업화·대형화할 수 있기 위한 제도적 여건이 마련되어 겸영에 따른 이해상충 발생과 금융서비스의 리스크가 증대되고 있고, 자본시장은 금융투자상품의 거래가 점차 복잡·다양화되면서 비전문가인 투자자가 전문가인 금융투자업자에게 의존하는 비중이 심화되고 있어 투자자와 금융투자업자 간에 정보비대칭이 현저하게 발생하고 있어 영업행위의 규제를 하고 있다.

한편, 정보 공유 차단장치를 설치하고 있는데, 금융투자업자는 이해상충이 큰 금융투자업 부문 간에 부적절한 정보의 흐름을 통제하기 위해 금융투자상품의 매매와 소유현황에 관한 공유, 임직원의 겸직, 사무공간 또는 전산설비의 공동이용 등의 행위를 할 수 없다.

아울러, 일반투자자를 대상으로 한 투자권유규제를 강화하고 있다. 즉, Ⓐ 투자자 특성 파악 의무 : 투자권유를 하기 전에 면담과 질문을 통해서 투자목적, 재산상황, 투자경험 등 정보를 파악하고 서면으로 확인·유지하며, Ⓑ 적합성의 원칙 : 투자자에게 적합하지 않다고 인정되는 투자권유는 금지되고, Ⓒ 설명의무 : 투자를 권유할 때 투자자가 이해할 수 있도록 설명해야 하고, Ⓓ 부당권유 금지 : 거짓 내용을 알리는 행위, 불초청 권유 행위, 상황을 오인하게 하는 행위는 금지되고, Ⓔ 투자권유대행인 : 불완전판매로 인한 투자자에게 손실초래를 방지하기 위하여 증권에 관한 전문지식과 일정한 요건을 갖춘 후 금융위원회에 등록해야 하고, Ⓕ 손실 보전 금지 : 손실보전 또는 이익보장 행위는 투자자의 자기 책임의 원칙에 위배되며, Ⓖ 투자광고 규제 : 금융투자업자의 정확한 명칭, 상품의 내용, 투자에 따른 위험 등 표시를 하도록 하고 있다.

한편, 영업용 순자본비율제도는 총 위험액에 대한 영업용 순자본비율을 의미하는 것으로, 영업용 순자본 = 자산 - 부채 - 차감항목 + 가산항목이다. 총 위험액은 영업을 하면서 직면할 수 있는 손실을 미리 예측 계량한 값으로, 영업용순자본비율은 150% 이상 유지할 의무를 지우고 있다.

3) 금융투자펀드의 운용대상 자산 규제

① 집합투자 : 2인 이상에게 투자권유를 하여 모은 금전 또는 국가재정의 여유자금으로 투자자 또는 기금관리주체로부터 일상적인 운용지시를 않은 채 재산적 가치가 있는 투자대상자산을 취득·처분하거나 그 밖의 방법으로 운용한 후 그 결과를 투자자 또는 각 기금관리의 주체에게 배분하여 귀속하는 것이다. 자산운용사가 운용하는 펀드 업무가 여기에 해당되며, 구 간접투자자산운용업법에서 쓰였던 '간접투자'에 대응되는 개념이다. 다만 자본시장법의 집합투자는 종

전의 간접투자에서 보다 포괄적으로 정의하고, 이전보다 다양한 투자기구와 투자대상을 허용하여, 각 펀드에 대한 자산운용 규제도 완화하였다.

② 투자기구 : 종전에는 투자기구의 형태가 투자신탁(신탁형 펀드), 투자회사(뮤츄얼 펀드), 투자합자회사 형태의 사모투자전문회사(PEF)로 제한하였으나, 현행 체제에서는 민법상으로 설립 가능한 모든 투자기구 활용이 가능하여, 투자신탁, 투자회사 외에 투자유한회사, 투자합작회사(공모 및 사모), 투자조합, 투자익명조합 형태의 집합투자기구가 출현하였다.

③ 투자대상 : 종전에는 투자대상 범위를 증권, 선물, 파생상품, 부동산, 실물자산, 어음, 보험금지급청구권, 어업권, 광업권 등으로 열거 한정하였으나, 자본시장법체계에서는 '재산적 가치가 있는 모든 것'으로 개념을 포괄적으로 정의하고 있다.

④ 펀드 유형별 투자대상 : 펀드자산의 50%를 초과하는 주요 투자대상 자산을 증권펀드, 부동산펀드, 특별자산펀드, 단기금융펀드(MMF), 각 펀드 별 주요 투자대상 자산을 기초자산으로 하는 파생상품도 투자대상에 포함되었다.

(5) 자본시장감독

1) 자본시장감독의 의의

자본시장감독은 ① 유가증권시장 감독(발행시장 관련제도, 유통시장 관련 제도, 외국인 유가증권 매매, 파생상품 시장 감독), ② 기업공시제도, ③ 불공정거래규제를 대상으로 한다.

즉, 증권시장(자본시장, 유가증권시장)은 기업 등 발행 주체는 발행시장을 통해 직접적으로 대량의 자금을 적은 비용으로 조달할 수 있으며, 투자자는 발행시장을 통해 증권을 매입하여 보유하거나 유통시장에서 매각함으로써 저축과 투자수익을 확보할 수 있다. 아울러, 자본시장 감독 당국은 발행시장과 유통시장의 건전한 발전을 위해, 투자자의 투자판단에 중요한 영향을 미치는 발행회사의 경영상황과 발행되는 증권에 관한 정보가 적시에 공정하게 공시되도록 하는데 중점을 두고, 불성실한 공시에 대해서는 엄격한 제재를 하고 있다.

2) 증권발행절차 등 규제

① 공모(public offering)는 일반적으로 증권을 투자자(50인 이상)에게 분산 매각하는 행위로, 투자자보호를 위해 공시의무가 부과된다. 공모는 대상증권이 신규발행 또는 이미 발행된 것인지에 따라 모집과 매출로 나뉜다. Ⓐ 모집은 50인 이상의 투자자에게 새로 발행되는 증권취득의 청약을 권유하는 것이고, Ⓑ 매출은 50인 이상의 투자자에게 이미 발행된 증권의 매도 또는 매수 청약을 권유(유가증권시장 또는 코스닥시장 밖에서 거래)하는 것이다. ② 사모(private offering)는 새로 발행되는 증권의 취득을 권유하는 것 중에서 공모방식인 모집에 해당하지 않는 것으로, 사모에 대해서는 공시의무가 없다. ③ 증권신고서는 발행회사가 증권을 발행하기 이전에 그 해당 증권 및 발행회사 관련 정보를 일반투자자에게 공시하도록 하는 제도로, 금융위원회는 증권신고서를 검토하여 수리한다. ④ 투자설명서는 증권의 청약을 권유할 때 투자자들이 올바른 판단을 할 수 있도록 발행회사의 내용과 발행되는 증권의 내용을 일반 투자자에게 제공하는 투자권유문서로, 원칙적으로 투자설명서를 미리 교부하지 않은 상태에서는 투자자 증권을 취득하게 하거나 매도가 불가하다. ⑤ 증권발행 실적 보고서는 발행인이 증권의 모집·매출이 끝나면 발행결과를 기재한 증권발행실적보고서를 금융위에 제출하는 것이고, ⑥ 소액공모 공시는 증권의 발행금액이 10억 미만으로 공모에 해당하지 않은 경우 증권신고서 제출의무 없다. 투자자에게 기초적인 투자정보를 알 수 있도록 발행인의 재무상태, 영업실적, 증권발행 개요 등 최소한의 공시의무를 준수해야 하고, 공시서류는 금융위에 제출한다.

3) 유통시장 규제

① 주식 유통시장

주식 유통시장에는 일정한 절차 등을 필요로 하는 몇 가지 제도를 갖추고 있는데, 그 내용은 다음과 같다.

Ⓐ 회원제도 : 금융투자업자가 시장에서 매매거래하기 위해서는 시장에 회원으로 가입하고, 일반투자자는 금융투자업자에 개설된 계좌(위탁계좌)를 통해 주식투자를 한다.

Ⓑ 상장제도 : 기업이 발행한 증권이 일정한 요건을 갖추고 있는 지 심사하여 시장에서 거래될 수 있도록 자격을 부여한다.

Ⓒ 매매제도 : 유가증권시장과 코스닥시장은 시장별로 매매거래단위, 가격 제한폭, 주문방법 등 자세한 규정을 두고 매매를 한다.

Ⓓ 결제제도 : 매매거래가 성사되면 주식의 인·수도와 그에 따른 대금을 결제하는데, 결제는 회원 간에 순채권과 순채무를 확정하여, 그 차이만 계좌 대체한다.

Ⓔ 공시제도 : 기업의 경영실적, 재무상태, 합병·증자 등 기업의 주요 내용을 적시 공개한다.

② 채권 유통시장

채권은 한국거래소 내 장내유통시장을 통한 장내거래와 제도화된 시장을 통하지 않는 장외거래로 구분된다. 거래대상 종목은 다양한 반면, 종목당 발행규모가 적고 거래단위는 크다는 채권의 특성이 있고, 대부분(80% 이상) 기관투자자들 간에 장외거래가 이루어진다.

Ⓐ 국고채 전문 유통시장 : 1999년 한국증거래소 내에 개설되었고, 국고채 전무 딜러 간의 매매거래와 증권회사를 통한 위탁매매를 한다. 국고채 딜러(PD: primary dealer)는 국고채 투자매매업 허가를 받은 금융회사로 인수와 유통실적이 우수한 금융회사를 선정(증권회사 및 은행 등)한다.

Ⓑ 일반채권시장 : 일반회사채, 소액 국공채, 주식관련 사채(CB, BW), 기타 채권 거래시장으로, 일반투자자는 증권회사에 위탁계좌를 개설 거래에 참여한다.

Ⓒ 소액 국공채시장 : 일반 국민이 주택구입, 부동산 등기, 자동차 등록 등을 할 때 구입하는 국공채의 환금성을 제고하기 위해 1995년 개설된 시장이다.

Ⓓ 환매조건부 채권 매매시장 : 현재시점에서 현물로 유가증권을 매도하고, 동시에 사전에 정한 미래의 특정시점에 그 증권을 다시 매수하기로 약속된 것이다. 2개의 매매계약이 동시에 이루어지는 유가증권의 매수·매도 계약이며, 거래대상채권은 국고채권, 통화안전증권, 예금보험기금채권, 신용평가 등급이 AAA 등급 이상 우량 회사채 등이다.

4) 파생상품시장감독

파생상품거래 감독은 파생상품(선물, 옵션 등) 거래가 이루어지는 거래소 등 시장에 대한 감독과 파생상품거래에 참여하는 금융회사의 건전성을 확보하기 위한 감독을 말한다. 시장에 대한 감독은 주로 자본시장법에 의해 이루어지고, 금융회사에 대한 감독은 금융권역별 법규에 따라 파생상품의 신용위험과 시장위험에 충당할 자본규제 등이 명시되고 있다.

(6) 기업공시제도

기업공시제도는 현재 또는 미래의 투자자에게 기업의 경영활동과 관련된 모든 정보를 완전하게 공시하도록 하여 균등한 조건 하에서 투자자 간의 거래가 이루어지도록 함과 동시에 내부자거래 등 증권거래의 사기적 행위를 차단하기 위한 것이다. 유통시장의 공시수단은 사업보고서(분기·반기 보고서), 주요사항보고서, 수시공시, 공정공시 및 조회공시 등을 들 수 있다.

① 주요사항 보고 : 자본시장법에서는 사업보고서 제출대상 법인은 주요한 경영변동사항이 발생하는 경우에 이를 해당사항이 발생한 다음 날까지 공시하도록 규정하고 있다. 그 내용으로는 부도 및 은행거래정지, 영업정지, 회생절차 개시신청, 해산, 증자 및 감자, 포괄적 주식교환 및 이전, 합병·분할 및 분할합병, 중요한 영업 자산의 양·수도, 자기주식의 취득·처분, 주채권은행의 공동관리, 중대 소송제기 등이다.

② 조회공시 : 투자자 보호를 위하여 풍문·보도내용 등의 사실여부와 주가 및 거래량의 급변 시에 투자자의 투자판단에 중대한 영향을 미칠 수 있는 정보가 있는 지 그 유·무를 거래소가 상장법인에 확인하여 공시하도록 하고 있다.

③ 공정공시 : 기업의 주요정보를 애널리스트, 기관투자가 등의 특정집단에게 선별적으로 제공함으로써 발생할 수 있는 시장 참가자들의 정보 불균형을 최소화하기 위한 제도로, 한 회사의 정보제공자가 기관투자자 등에게 경영계획, 영업계수 관련 정보를 제공하는 경우, 당해 법인이 이를 의무적으로 공시하여야 한다.

④ 공개매수신고(take-over bid, tender offer) : 기업지배권을 획득·유

지·강화할 목적으로 상장법인이 발행한 의결권 있는 주식 등을 장외에서 불특정 다수인으로부터 매수하는 것으로, 누구든지 거래소 시장 밖에서 6개월간 10인 이상으로부터 주식 등을 매수·교환·입찰 등을 함으로써 본인과 특별관계자와 합산하여 발생주식 5% 이상을 보유하게 되는 경우 공개매수를 통해야 한다. 공개매수 목적, 매수자금 내역, 매수기간, 가격, 결제일 등을 기재한 공개매수 신고서를 금융위원회에 제출하고 일반에 고시한다.

⑤ 전자공시시스템(DART, Dart Analysis Retrieval and Transfer system) : 2001.1부터 실시하고 있으며, 모든 공시사항을 전자문서화하여 공시하도록 하고 있다. 시스템은 금융감독원에서 운영관리하고 있다.

(7) 불공정거래 조사

1) 불공정거래 조사 체계

불공정거래조사체계에서 한국거래소는 감리업무를 담당하면서 미공개 정보이용행위, 시세조종행위, 단기 매매차익취득행위, 소유주식 보고의무 위반행위, 기타 불공정한 거래행위 등이 발견되면 금융위원회, 증권선물위원회, 금융감독원에 통보를 하고 해당기관에서는 조사업무를 담당하는데 불공정한 거래상황에 대하여 검찰고발(수사기관통보)을 하고 검찰은 형사처벌 등의 조치를 한다.

① 불공정거래 : 증권·선물시장에는 불특정 다수인의 참가와 정보의 비대칭성으로 인해 가격메커니즘이 왜곡되거나 사기적인 거래행위 가능성이 존재한다. 이는 자본시장에 대한 신뢰성을 훼손하여 건전한 투자자의 시장이탈을 야기한다. 불공정거래는 좁게는 증권거래질서의 공정성과 투자자의 신뢰훼손을 초래하는 사기적인 거래행위이고, 넓게는 유가증권의 발행 및 유통의 전 과정에서 일어나는 각종 신고의무위반 등 증권시장의 질서를 훼손하는 일체의 행위를 말한다. 통상 불공정거래라고 하면 미공개정보의 이용, 시세조종 등 협의의 불공정거래 행위를 말한다.

② 단기매매차익 취득행위 : 유가증권시장 또는 코스닥 상장법인의 임직원 또는 주요 주주가 해당 법인의 주권 등을 매수(매도)한 후 6개월 이내에 매도(매수)하여 이익을 얻는 행위를 말한다.

③ 소유주식 보고의무 위반행위 : 유가증권시장 또는 코스닥 상장 법인의 임직원 또는 주요 주주의 주식소유 현황 보고의무 위반을 말한다.

④ 5% Rule 보고제도 : 주식 등을 5% 이상 대량 보유하거나 그 보유비율이 1% 이상 변동된 경우에는 그 변동내용을 5일 이내에 금융위원회와 한국거래소에 보고해야 한다. 이는 정보를 신속하게 공시하도록 하여 투자자를 보호하고, 기존 대주주에 대한 적대적 M&A와 주식 매집에 대해 공시토록 하여 대주주 등이 방어조치를 할 수 있도록 하여 경영안정화를 도모한다.

2) 불공정거래 경보시스템

불공정거래 경보시스템은 미공개정보의 이용행위, 시세조종행위 등 사회적 해악이 큰 불공정거래행위를 차단하기 위해 도입되었다. 이 시스템은 단기간에 주가 상승폭이 매우 커서 불공정거래의 가능성이 큰 종목을 투자주의, 투자경고, 투자위험의 3단계로 구분 공표함으로써 일반투자자들의 추종매매를 억제하고 있다.

8. 비은행 감독규제 등

(1) 비은행감독

비은행금융회사는 일반적으로 은행 이외의 금융회사를 통칭하는 것으로, 금융감독업무에서는 통상 은행, 금융투자업자, 보험회사를 제외한 영역의 금융회사로 예금을 수취하거나 여신업무 등 수행하는 금융회사이다.

건전성 감독을 위해 1997년 외환위기 이후 강화하여, BIS 자기자본비율 규제, 적기 시정조치, 경영실태평가제도, 회계처리 준칙, 대손충당금 적립 기준 및 경영공시제도 등을 두고 있다.

1) 금융회사 검사체계

금융감독은 금융회사 및 금융시장의 건전성과 안정성을 확보하기 위한 일련의 규제와 지도행위로, 금융감독업무는 일반적으로 사전예방적 감독활동과 교정적인 검사활동으로 구분된다.

검사는 관련 법령의 준수 여부, 감독조치에 의한 규제나 지도사항의 이행상태를 상시 또는 현장에서 점검·확인하고, 필요한 경우 제재를 부과하는 행위로, 검사제도 운영은 최근에는 국제기준에 입각하여 사전 예방적인 경영컨설팅 위주로 수행하고 있다. 검사는 운영방식에 따라 종합검사, 부문검사로 나뉘고, 검사방법에 따라 현장검사, 서면검사로 구분된다. 검사결과 문제가 있는 경우 금융회사에게는 영업인가 등 취소, 업무의 전부 또는 일부의 정지, 영업점 폐쇄 등의 조치가 수반되고, 임직원에게는 임원 해임권고, 임원 업무집행 정지, 직원의 징계조치 등의 제재가 수반된다.

한편, 금융소비자가 금융회사에 비하여 전문지식이 부족하고 교섭능력이 낮아서 권익과 재산을 보호하기 힘든 불공정한 상태에 빠지기 쉬우므로 이를 바로잡기 위한 감독기능이 금융소비자보호제도이다. 금융소비자보호제도는 정보의 비대칭성 문제 해소, 금융시장의 공정경쟁 촉진, 금융회사의 경영효율성 제고를 목표로 하고 있다.

2) 회계감독

① 기업회계 기준은 다수의 권위 있는 전문가의 합의에 의하여 기업이 회계처리를 함에 있어서 지켜야 할 규범을 종합적으로 체계화한 것으로 주식회사의 외부감사에 관한 법률의 규정에 따라 금융위원회가 한국회계기준원(KAI, Korea Accounting Institute)에 위임하여 제정하였다.

② 국제회계기준(IFRS, International Financial Reporting Standards) : 자본시장의 세계화 추세에 따라 전 세계적으로 단일기준으로 작성된 신뢰성 있는 재무정보의 요구가 증대되어, 국제회계기준위원회(IASB, International Accounting Standards Board)가 국제적으로 통일된 회계기준 도입을 목표로 제정한 회계기준이다. 국제증권감독위원회는 2000.5월 이 회계기준을 전 세계 단일기준으로 채택할 것을 의결한 뒤 세계 100여 국가가 도입, 미국도 2007년부터 외국기업의 재무보고 시 허용하고 있다. 한국회계기준원은 2007년 11월 회계기준 국제정합성 확보를 통한 회계정보 신뢰성 및 대외 신인도 제고를 위해서 국제회계기준과 동등한 한국채택 국제회계기준(K-IFRS)을 제정 발표하였다. 이에 따라 상장기업 및 금융기관은 2011년까지 국제회계기준을 의무적으

로 도입하였고, 상장기업 중 자산 2조원 이상인 기업은 2011년, 2조원 미만은 2013년까지 국제회계기준에 의한 분·반기 연결재무제표를 공시하고 있다.

③ 국제회계기준의 특징은 원칙중심 기준체계, 공정가액 평가, 연결재무제표중심 공시체제이다. Ⓐ 원칙중심 기준 체계 : 상세하고 구체적인 회계처리 방법을 제시하는 기존의 규정중심 기준체계와 달리 회계담당자가 거래의 실질에 기초하여 합리적으로 회계처리할 수 있도록 기본원칙과 방법론을 제시하고 있다. 기업활동이 복잡해짐에 따라 예측 가능한 모든 활동에 대해 세부적인 규칙 제시가 불가능하여, 규정되어 있지 않은 부분을 이용하여 각종 변칙적 회계처리가 발생하는 규정중심 기준체계의 한계를 극복하고자 하였다. Ⓑ 공정가치 측정 : 자본시장의 정보이용자에게 가장 최근의 기업 재무상황 및 내재가치에 대한 유의미한 정보제공, 금융자산·부채 및 유·무형자산, 투자부동산까지 공정가치의 측정을 의무화하고 있고, Ⓒ 연결재무제표를 기본으로 사업보고서, 분·반기 보고서 등 모든 공시서류를 연결재무제표 기준으로 작성하여 공시하도록 하고 있다.

3) 회계감리

회계감리제도는 외부감사의 공신력과 실효성을 제고하고 외부감사인의 감사업무를 적절히 지도·감독할 수 있는 수단이다. 외부감사제도는 피감사 기업으로부터 독립된 제3자에게 회계감사를 실시하게 함으로써 기업 재무의 객관성과 신뢰성을 확보하고 기업의 건실한 발전을 유도하기 위한 것이다. 우리나라 회계감리업무는 금융위원회 내 증권선물위원회가 담당하고, 금융감독원은 증권선물위원회로부터 감사업무를 위탁받아 수행하고 있다. 감리업무의 원활한 수행을 위하여 필요한 경우 당해 회사, 관계회사, 계열회사, 감사인에 대한 자료의 제출, 의견의 진술 또는 보고서 요구, 회계에 관한 장부와 서류를 열람하거나 업무와 재산상태를 조사한다. 한편, 상장회사가 아닌 회사의 감사보고서에 대한 감리업무 등 일부 업무에 대해서는 한국공인회계사회가 증권선물위원회로부터 위탁받아 수행하고 있다.

① 감사보고서에 대한 감리 : 외부감사 및 회계 등에 관한 규정에 따라, Ⓐ 혐의기업감리 : 검찰과 이해관계자 등이 증빙자료와 함께 위반혐의를 직시하여 요청하는 경우 실시한다. Ⓑ 표본감리 : 감사인의 공정한 감사를 기하기 위해

관련 법령에 대한 위반혐의가 없더라도 무작위 표본추출에 의한 회사의 감사보고서를 감리한다. Ⓒ 부문감리 : 감리업무의 효율적 운영을 위하여 필요한 경우 혐의 사항, 특정계정과목 또는 특정항목을 범위를 제한 실시한다. ② 감사인에 대한 감리 : 감리결과 발견된 지적사항과 관련 Ⓐ 감사인 : 금융위원장에게 등록취소·업무정지 건의, 감사 업무 제한 조치, Ⓑ 공인회계사 : 금융위에 등록취소·직무정지 등 건의 또는 감사업무 참여 제한 조치, Ⓒ 당해회사 : 유가증권의 발행 제한, 임원의 해임권고 등 조치, 검찰 고발 등 형사조치를 부가한다. ③ 감사인 지정제도 : 회계정보의 이용자보호를 위해, 회계분식의 우려가 있거나 그 사회적 파급효과로 보아 공정한 감사가 필요하다고 인정하는 경우 보다 독립적이고 공정한 외부감사가 이루어지도록 감사인을 지정하는 제도로, 이 제도는 우리나라에서 독특하게 운영되고 있다.

4) 건전성감독

거시건전성 감독측면에서 오늘의 경제상황을 보면 금융부문의 규모가 실물부문 보다 빠른 속도로 증대하고, 금융업종 간, 국경 간의 활발한 통합이 이루어지고 있다. 또한 금융상품의 복잡성, 금융회사의 영업활동의 다양성, 그리고 리스크의 동반성 측면에서도 복잡화되고 있다. 금융환경의 변화는 많은 순기능을 갖고 있지만 반대로 경제전반의 리스크에 대한 취약성을 크게 높이는 문제점도 있다. 과거 미국의 투자금융회사(IB)와 금융시장의 위기가 글로벌 실물경제의 침체를 초래 확산되었다. 금융감독의 역할도 지금까지의 미시적인 감독 위주에서 거시적인 감독으로 비중을 높여가고 있다. 최근 국제금융기구와 해외의 감독기관도 개별 금융회사의 건전성 뿐 아니라 금융시스템 전체의 안정성 확보를 위해 거시적 금융감독이 강화되고 있다.

구 분		미시건전성 감독	거시건전성 감독
감독목표		개별금융회사 경영안전성 유지 (금융시스템 안정성 유지)	금융시스템전반의 리스크 요인 감독 (금융시스템 안전성 유지)
감독수단		-각종 위험요인에 대한 표준화된 감독기준(재무건전성, 각종 한도 규제 등) -경영실태평가 및 적기 시정조치	-경기 대응적 감독기준 -거시 금융환경 변화에 따른 리스크 요인 분석
경제상황에 대한 인식		금융회사 영업행태와 무관한 외생변수	금융회사의 영업행태에 의해 영향 받는 내생변수
목표 자기자본 산출	개별 금융회사	전체 금융시장에서이 중요도와 무관하게 일률적으로 결정	전체 금융시장에서의 중요도에 따라 차등화된 기준 적용
	시스템 전체	개별금융회사의 목표 자기자본의 합으로 산출	총량을 먼저 배분한 후 금융회사에 배분

(2) 연금감독

인구노령화가 급속히 진행되면서, 연봉제와 비정규직의 채용이 확산되고 있어, 2005년 퇴직연금제도를 도입하였다. 기존의 퇴직금제도의 문제점을 개선하고 근로자의 노후소득을 보장하기 위함이다. 그러나 중간 정산 및 일시금 지급 등에 따른 노후소득 보장기능 미흡, 퇴직금 사내장부상 적립에 따른 근로자의 수급권 보장 취약성, 법의 보호가 더욱 필요한 소규모 작업장에는 적용되지 않는 능의 문제점이 있다. 퇴직급여제도(퇴직금 또는 퇴직연금)는 모든 사업장에 적용, 사용자는 근로자의 퇴직급여 지급을 위해 퇴직금 또는 퇴직연금제도 중 하나 이상을 설정하여야 한다.

퇴직연금(Retirement pension)은 근로자의 재직기간 동안 매달 적립되어 운용되는 기업연금 형태의 연금으로, 퇴직금제도는 급여수준의 결정, 부담금의 납부, 적립금의 운영 내용에 따라 확정급여형[12]과 확정기여형[13]으로 구분된다.

---

12) 확정급여형(DB, defined benefit) : 근로자가 퇴직 시 받을 연금급여가 근무기간과 평균임금에 의해 사전에 확정되는 급여형태이다. 사용자(근로자가 고용하는 회사)가 부담할 금액은 적립금의 운용결과에 따라 변동되며, 사용자가 적립금의 운용방법을 선택하고 위험도 부담하는데, 경영이 안정적이고 영속적인 대기업에서 선호하고 있다.

13) 확정기여형(DC, defined contribution) : 급여를 지급하기 위해 사업자(회사)가 부담해야 할 부담금의 수준을 사전에 결정하고, 적립금의 운용방법을 결정하는 근로자가 적립

한편, 개인퇴직계좌(IRA, individual retirement account)는 직장이동 등의 변화가 생기더라도 은퇴 시까지 연금제도를 유지하는 것으로, 10인 이하 사업장이 개인퇴직계좌에 가입할 경우 퇴직연금제도를 설정한 것으로 인정한다. 아울러, 퇴직연금 사업자는 근로자의 수급권 보호하기 위해 전문성을 갖춘 건전한 금융기관으로 제한하고 있는데, 은행·보험·증권·자산운용사·신탁업자 등 금융위에 등록한 기관으로 한다. 결국 퇴직연금감독은 법령에서 규정하고 있는 퇴직연금의 적정한 설정은 물론 운영에 대하여 감독하여 근로자 등의 노후생활을 안정적으로 보장할 수 있도록 하는데 의의가 있다.

(3) 전자금융감독

전자금융은 은행, 증권, 보험 등의 금융기관이 컴퓨터, 정보통신기술 등을 활용하여 금융업무와 관련한 시스템을 전산화하고 금융상품의 판매, 금융서비스 채널의 제공, 지급결제 등 금융업무와 관련 부수업무를 전자적 방식으로 처리하는 것이다.

전자금융은 비대면, 공개 네트워크의 이용, 제3자에 대한 IT기술 의존 등의 증가로 금융기관의 전반적인 리스크 상황과 수준이 전통적인 금융서비스를 제공할 때와 다르며, 국경을 초월한 금융서비스 증가에 따라 국가간 상이한 법규체제, 고객 신용평가의 어려움 등으로 인한 문제 발생 우려가 있다. Ⓐ 타행환송금서비스 : 금융기관들이 금융공동전산망 중계센터인 금융결제원의 중계시스템을 상호 연결하여 국내외 은행간 송금업무를 전자적으로 처리하는 자금이체서비스로, 현금송금, 추심대전 송금, 자기앞수표 조회, 타행발행 자기앞수표 송금 등 처리를 한다. Ⓑ 전자방식 Giro : 경제활동에서 발생하는 채권·채무의 결제나 자금이체 시 거래당사자가 현금 또는 수표를 사용하는 대신 지급결제센터의 정보처리를 통해 은행의 예금계좌에서 이체함으로써 해당금액을 결제하는 서비스로 대량지급, 자동계좌이체, 납부자 자동계좌이체 등을 들 수 있다. Ⓒ 자금관리서비스 : 여러 은행과 거래하는 기업 등이 모든 거래 은행과 접속할 필

금의 운영성과와 그에 따른 퇴직 후 연금 급여액의 변동을 직접 부담한다. 기업의 수명이 짧거나 연봉제를 실시하는 기업, 직장이동이 빈번한 근로자에 적합하다.

요 없이 CMS센터인 금융결제원 또는 한 은행과의 거래만으로도 전체 거래은행의 firm banking 서비스를 제공받을 수 있는 시스템으로 대량자금의 입금, 출금이체 등에 활용된다. Ⓓ 선불전자지급수단 : 발행인 외의 제3자로부터 재화 또는 용역을 구입하고 그 대가를 지급하는데 사용되는 카드로, IC형 교통선불카드 또는 인터넷 쇼핑몰의 전자지급수단이 있다. Ⓔ 전자지급결제대행(PG, payment gateway) : 인터넷 쇼핑몰 등의 전자상거래에서 구매자로부터 대금을 수취하여 가맹점(판매자)에게 최종적으로 지급될 수 있도록 지급결제정보를 송수신하는 것 또는 대가의 정산을 대행, 매개하는 것을 말한다. Ⓕ 결제대금예치(escrow) : 전자상거래에서 대금지급시점과 물품인수시점 간에 시차가 발생하는 경우 물품 판매에 따른 지급결제의 안전성을 확보하기 위해 공신력 있는 제3자가 구매자의 결제대금을 예치 받고 구매자에게 물품이 전달되었는지 확인한 후 대금을 지급하는 것이다. Ⓖ 신용카드 VAN서비스 : 신용카드사와 가맹점 간에 통신망을 구축하여 신용카드 거래의 조회, 승인・매출전표 수집 및 청구대행, 가맹점 관리 등 업무수행에 활용된다.

9. 구조조정

(1) 금융구조조정

금융회사가 금융시장에서 자금 중개기능을 원활하기 위해서는 건전성과 지급능력을 유지해야 한다. 건전성은 금융회사가 지금 청산되더라도 채무를 상환하기에 충분한 순 자산규모를 보유하는 것이고, 지불능력은 예금자 또는 투자자의 상환 또는 지급요구에 즉시 응할 수 있을 만큼 충분한 재산과 유동성을 확보하는 것이다. 건전성과 지급능력을 유지하기 위해서는 적정 규모의 자기자본 보유 및 여신과 투자를 건전하게 운용하여야 한다. 이를 위하여 Ⓐ 부실 금융기관 제재 : 건전성과 지급능력 기준 미달의 경우 적기 시정조치, 영업정지 및 인허가 취소 등 시장 퇴출조치를 한다. 또한, Ⓑ 부실금융회사 정상화 : 부실채권 누적과 자금조달 실패로 인한 유동성 부족을 겪게 되고 종국에는 지불불능사태가 된다. 이는 해당 금융회사를 넘어 금융중개시스템 전체에 대한 신뢰저하로 예금인출 사태 등 전염효과를 유발하는데, 감독당국은 부실우려가 있는 금융회사에 대해 건전성과 지급능력을 평가하여 회생가능성이 있는 금융회사에 대해서는 자본확충과 부실채권매입 등의 방식으로 정상화를, 회생가능성이 없는 금융회사는 시장에서 즉각 퇴출조치 한다.

1) 금융구조조정의 원칙

Ⓐ 최소비용의 원칙 : 부실금융회사를 정리할 때는 정부의 자금이 투입된다. 투입형태는 예금대지급이나 이자비용부담의 형태로, 부실채권매입이나 출자·출연을 통해 자본을 확충한다. 투입된 공정자금은 완전 회수가 어려워, 정부는 직접 부채를 지거나 정부가 보증하는 채권을 발행하여 공적자금을 조성하는데, 결국 국민의 조세부담으로 전가되므로, 공적자금 투입을 최소화할 필요가 있다. Ⓑ 손실부담 : 부실금융회사정리에 따른 비용을 최소화하고 도덕적 해이를 방지하기 위해 이해당사자에게 부실에 따른 비용부담을 분담시킨다. Ⓒ 예금자 보호 : 채권자의 손실분담이 불가피한 경우에도 예금자보호의 원칙은 반드시 준수되어야 한다. 금융회사와 예금자 사이에 정보비대칭 문제가 있으므로 한 금융회사가 부실되어 예금인출을 중지하면 여타 금융회사들의 지급능력에 대해서도 신뢰를 갖지 못하게 되어 예금인출이 일시에 쇄도(bank run)하게 된다. Ⓓ 중개기관으로서의 계속적 역할 수행 : 금융회사의 신용창출 및 지급결제 기능은 해당 기관의 소유구조의 변화나 구조조정과 무관하게 지속된다. Ⓔ 사회·경제적 여건 고려 : 부실금융회사를 청산시키거나 자산부채이전(또는 계약 이전) 방식으로 정리할 경우, 폐쇄된 금융회사의 임직원 고용승계는 완전히 이루어지기 어려우므로 실업 등의 사회적 문제가 발생한다. Ⓕ 정리방식의 적용 가능성 : 자산부채 이전이나 합병방식으로 정리하는 경우에는 자본시장의 발달정도와 인수여력을 갖춘 금융회사의 존재여부가 중요하다.

2) 금융구조조정방법

부실금융회사 정리는 지급능력기준(solvency criteria)을 사용하여 부실화의 우려가 큰 금융기관을 선정한다. 선정기준은 합리적이고 투명해야 이해관계자들의 반발을 최소화할 수 있는데, BIS 자기자본비율 등 국제적으로 인정되는 객관적 기준을 적용하고, 정리방식은 경제적 여건에 적합한 방식을 선택하여, 금융시장에 미치는 부작용과 구조조정비용을 최소화 한다. 예금대지급은 예금보험공사가, 부실채권매입은 자산관리공사를 통해 이루어진다. 부실 금융회사의 재무구조 개선은 자본확충, 부채축소, 보유자산의 시장가치 증대 등이다.

정리방식으로는 Ⓐ 단순 청산(liquidation) : 예금보험공사가 부실금융회사의 예금자에게 부보예금(보험금)을 지급하거나 타 금융회사에 이전시킨 후 해당 금융회사를 청산한다. Ⓑ 가교 금융기관(bridge bank) 설립 : 부실금융회사의 정리방안을 단기간 내에 마련하지 못하는 경우 정부가 일시적으로 소유권을 가짐으로써 부실금융기관의 신뢰도 하락을 막고, 영업정상화를 도모한다. Ⓒ 제3자 매각을 전제로 한 국유화 : 부실금융회사를 제3자에게 매각할 때까지 정부가 일시적으로 소유하여 관리한다. Ⓓ 인수합병(Merger & Acquisition) : 부실금융회상의 자산부채 및 인원을 타 금융회사에 포괄적으로 인수시키고, 인수금융회사의 손실 일부를 정부가 보전한다. Ⓔ 자산부채이전(P&A, purchase of assets & assumption of liabilities) : 부실금융기관의 부실채권을 제외한 우량자산과 부채를 우량 금융회사에 인수시키고, 인수되지 않는 부실채권은 부실자산전담관리기구 등을 통해 정리한다.

구조조정 이후의 조치로는 경영합리화와 지배구조 개선, 건전성과 수익성 제고를 들 수 있는데, Ⓐ 경영합리화는 자회사 및 점포 정리 등 조직과 인원의 정리를 통한 비용절감 시행, 핵심분야 전문성과 경쟁력 제고에 중점을 둔다. Ⓑ 지배구조 개선으로는 부실경영으로 금융회사에 손실을 끼친 경영진과 주주의 교체 등 책임을 부과한다. Ⓒ 내부통제 절차 강화는 여신심사, 사후관리 등 위험관리부문을 개선한다. Ⓓ 시장규율 및 금융감독기능 강화로 부실금융기관은 시장원리에 의해 언제든지 퇴출된다는 인식을 제고한다.

3) 외환위기 이후의 금융구조조정 원칙

1997년 말 외환위기는 고도성장과정에서 누적되어온 경제 각 부문의 취약점에 기인하고 있다. 이러한 상황으로 Ⓐ 기업은 수익성 위주의 내실 있는 경영보다는 외형성장에 치중하여 과다한 차입에 의한 과잉투자를 하였고, Ⓑ 금융회사는 기업의 수익성과 영업전망, 재무상황 등을 종합적으로 평가하기보다는 외형적인 규모만 믿고 담보위주의 대출관행에 안주하였으며, ⓒ 정부는 기업과 금융회사의 이와 같은 영업행태에 대한 효과적인 감시 및 감독시스템을 제대로 구축하지 못했기 때문이다.

정부의 3가지 구조조정 원칙 : Ⓐ 부실금융회사는 국제기준, 국내법규, 시장원리에 입각하여 공정하고 투명하게 정리한다. Ⓑ 공적자금 이해관계자의 엄격한 손실분담과 자구노력을 조건으로 지원하고, 도덕적 해이를 방지하고 국민부담을 최소화한다. ⓒ 신속하고 과감한 개혁으로 금융시장의 조기 안정화를 도모한다. 이러한 원칙아래 정부는 금융구조조정을 일관성 있게 추진함으로써 금융시스템 전반에 만연한 불확실성을 상당부분 해소하였고, 금융 중개기능을 조기에 정상화하는 효과를 거두었다.

4) 금융구조조정 추진

금융구조조정은 지급능력 기준에 따라 부실 우려가 큰 금융회사를 선정, 선정된 금융회사가 제출한 경영정상화 계획을 전문가로 구성된 경영평가위원회에게 개관적으로 평가토록 한 후, 최종적으로 금융감독위원회에서 퇴출 또는 경영 정상화 추진 여부를 결정하여, 1998~2009.6 16개 은행을 포함 945개 금융회사를 합병, 자산부채 이전, 청산 등의 방법으로 정리하였다. 구조조정을 위한 공적자금은 예금보험공사와 자산관리공사의 채권 발행, 국유재산특별회계 등의 공공자금 및 기 집행된 공적자금의 회수 등으로 조성하였고, 경영정상화를 추진하는 금융회사를 지원하기 위해 출자, 출연, 부실채권 및 자산 매입을 추진하였다. 퇴출되는 금융회사의 예금자를 보호하기 위한 예금대지급을 추진하였다.

아울러, 금융부실 재발 방지를 위해 시장기능에 의한 상시 구조조정체제 구축, 금융기관 건전성 확보를 위해 은행의 대손충당금 적립기준 강화, 차주의 미래상환능력을 반영한 신자산건전성 분류기준 도입, 경영의 투명성 제고를 위해 경영공시제도 도입, 은행에 대해 실시해오던 경영실태평가제도(CAMELS)를 여타 금융권역으로 확대 적용, 은행의 동일인 또는 동일 차주에 대한 편중여신 감축, 금융회사 대주주의 자격요건 강화, 사회이사 중심의 이사회제도를 도입하여 책임경영체제를 강화하였다.

은행 구조조정 현황을 살펴보면, 제1차 구조조정은 5개 은행(동화, 동남, 대동, 충청, 경기) 퇴출, 제일은행은 해외매각, 상업과 한일은 합병하여 한빛은행으로, 강원과 충북은 조흥은행으로, 보람은 하나은행으로, 장기신용은 국민으로, 동남은행은 주택은행으로 합병하였고, 제2차 구조조정은 대외여건 악화 및 대우그룹 구조조정으로 금융기관의 잠재부실이 우려되고, 금융시장이 불안정하여, 독자생존 불가능한 은행(한빛, 평화, 광주, 경남)은 우리은행으로, 제주은행은 신한은행으로 합병하고, 독자생존 조건부 은행인 조흥은행은 신한은행으로, 외환은행은 자체정상화를 추진하였으며, 기타 서울은행은 하나은행에 매각하였다.

(2) 기업구조조정

1) 기업구조 조정 단계

기업구조조정은 일반적으로 급변하는 경제환경변화에 적응하고 기업의 가치를 극대화하기 위하여 사업부문 개편, 재무구조 개선, 소유·지배구조 조정 및 변경 등을 통하여 경영 각 부문을 혁신하고 조정하는 활동이다. 기업개선작업(workout)은 재무적 곤경에 처했거나 경제적으로 회생가능성이 있는 기업을 대상으로 채권금융회사와 기업이 협력하여 재무구조와 사업구조를 조정, 기업회생과 채권회수를 증대하는 일련의 과정이다. 법원 주도 구조조정 및 청산은 일반적으로 기업이 부실화되면 채권금융회사 주도로 구조조정이 추진된다. 그러나 채권자 및 주주 등 관계자들 사이의 이해관계의 조정에 실패하거나 기업부실화 정도가 심각하여 채권금융회사의 자금지원이 이루어지지 않을 경우 해당 기업의 청산에 앞서 법원의 주도로 구조조정이 추진된다.

2) 기업구조조정 추진 내용

기업구조조정은 정부와 재계가 합의·선정 추진하기로 합의하고 5대 핵심과제로 기업경영의 투명성 제고, 상호지급보증 해소, 재무구조 개선, 핵심주력사업으로 역량 집중, 지배주주 및 경영진의 책임강화를 두었다.

Ⓐ IMF 합의 : 정부는 경제개혁 프로그램인 '금융·기업 구조개혁 촉진 방안'을 IMF와 합의하여 발표하였다. Ⓑ 자율적 구조 조정 : 상대적으로 높은 신용도와 풍부한 유동성을 갖춘 5대 주채무 계열기업에 대해서는 채권금융기관과 재무구조개선 약정을 협의·체결하여 자율적으로 구조조정 추진하였다. Ⓒ 워크

아웃 : 단기적인 현금흐름의 문제로 부도위험을 갖고 있는 여타 주채무계열 기업과 중견기업에 대해서는 WORKOUT 구조조정을 추진하였다.

한편, 기업구조조정과 관련하여 ⓐ 주채무계열제도는 금융회사의 신용 공여액이 일정 규모 이상인 기업 집단(전체 신용공여 잔액의 0.1% 이상)에 대하여 채권은행 공조로 신용위험을 집중 관리하는 제도로, 2009년 주채무계열은 45계열의 기업집단이고, ⓑ 주채권은행은 주채무계열 주기업체의 주된 채권은행으로 주채권은행은 계열소속 기업체의 여신규모 등을 감안하여 채권은행 간 상호협의 결정한다. 주채권은행은 재무구조가 취약한 계열에 대하여 약정체결 등을 통해 재무구조 개선 유도, 여신 부실화 우려 시 채권은행 협의회를 구성하여 처리대책 수립·추진, 채권은행들과 주채무계열의 기업경영정보를 공유하고 종합관리, 주채무계열 소속 기업체간 채무보증을 해소하고 은행은 주채무계열 소속 기업체의 지급보증을 통한 신규여신을 금지한다.

시기별 기업구조 조정 추진 주요 내용

기업구조 조정 준비기 (1997.11~1998.3)	제1단계 기업구조 조정기 (1998.4~2000.8)	제2단계 기업구조 조정기 (2000.9~현재)
• 기업구조조정을 위한 5대 핵심과제 합의 • 5대 핵심과제 추진을 위한 관련 법규 정비	• 금융·기업구조개혁 촉신방안 발표 • 주채권은행과 주채무계열 재무구조 개선 약정 체결 • 1차 부실기업 판정 및 워크아웃 추진 • 기업구조조정 협약 체결 및 워크아웃 추진 • 5대 계열간 사업교환 합의	• 제2단계 금융구조조정발표-부실기업 조기 정리로 금융기관 건전성 회복 및 시장원리에 의한 상시 구조조정 • 2차 부실기업 판정 및 정리 추진 • 채권금융기관 자율의 기업신용위험 상시시스템 구축 • 채권은행협의회 운영협약 체결 • 기업구조조정 관련 법규 정비

3) 기업구조조정제도의 비교

2006년 4월부터 기존의 도산 3법(회사정리법, 화의법, 파산법)이 채무자 회생 및 파산에 관한 법률(채무자회생법)로 통합 시행되고 있다. 기업의 모든 부채를 동결한 후 법원의 관리 하에 채권자와 주주 등 관계인의 이해를 조정한다. 회생절차가 진행 중에는 일반적으로 채권금융회사의 신규 자금지원이 없고, 대상기업의 하청업체와 일반거래채권자 등도 채권회수에 어려움이 생기므로 경제에 미치는 부정적 영향이 크며, 다수의 이해관계자를 조정하기 때문에 법적 강제성을 가지며, 이에 동의하지 않는 채권자의 지연(hold-out)을 막을 수 있으나, 이해관계를 조정하기까지 긴 시간이 소요된다.

구분	채권자 주도		법원 주도	
	워크아웃	채권은행 협약	회생절차	파산절차
신청원인	부실징후 발생	부실징후 발생	파산원인 발생	지급 불능
신청목적	부실원인 해소 등 구조조정	거래기업 경영정상화	재건형 기업회생	청산형 해산절차
적용대상	총 여신 500억 이상 법인	총 여신 500억 이하 개인, 법인	개인, 법인	개인, 법인
경영권 행사	기존 경영인	기존 경영인	관리인	파산 관재인
채권행사	일정기간 유예	일정기간 유예	회생 계획안	파산 배당
운영자금 지원	채권은행 간 비율 분담	채권은행 간 비율 분담	법원 허가 후 차입	-
의결방법	채권금융기관 채권액 3/4	채권은 채권액 3/4	회생담보 3/4, 회생채권 1/2	의결권 행상 가능액 1/2
구조조정방법	출자전환, 이자 조정 등	기한연장, 원금 감면, 이자조정	원금감면, 이자 면제 등	파산배당 후 종결
기간	2~3년	2~3년	통상 10~15년	5년 이상
법적 근거	기업구조조정 촉진법	채권은행협의회 운영협약	채무자회생법	채무자회생법

제 5 장

주택도시금융정책

제1절 서 설

주택도시금융은 기존에 활성화된 주택금융과 새롭게 부각되고 있는 도시금융, 그리고 이러한 금융을 정책금융으로 지원하고 있는 주택도시기금, 주택정책과 도시 및 도시재생정책을 지원하는 금융보증상품 등을 중심으로 설명될 수 있다.

앞서 설명하였듯이 주택정책은 초기 절대적으로 부족한 주택난을 해소하기 위하여 주택공급을 확대하면서 막대한 자금을 조달하기 위하여 다양한 형태의 금융조달 방법이 강구되었다. 주택을 공급하는 공급자 측면의 금융제도와 주택을 구입하는 소비자 측면의 각종 금융제도가 활성화되어 주택정책에서 중요한 비중을 가지게 되었고, 일반 금융정책에서 차지하는 비중도 커졌다. 물론 가계부채나 금융부분에서도 그 비중은 가장 큰 부분이다. 그것은 주택이 가지는 국민경제적인 측면에서도 매우 중요한 부분이면서 연관산업에도 영향이 크기 때문이며, 개인에게는 주택이 재산적 가치로 인식되는 부분이 컸던 점을 간과할 수는 없다. 그러나 최근 주택의 개념과 인식이 변하면서 새로운 측면의 금융기법들도 등장하고 있다.

또한, 도시금융은 국가정책인 도시계획 내지 국토계획의 일환으로 추진되면서 기업을 위한 금융이나 개인을 위한 금융제도가 발달한 것이 아니고, 국가예산이나 정책금융을 통한 제도가 일반적이었다. 그러나 최근 도시에 대한 개념과 가치의 변화 도시개발에 대한 정책의 변화로 개발위주에서의 도시정책은 재생이라는 측면에서 다양한 형태의 재생정책이 발표되면서 주택기금의 성격도 주택도시기금으로 변화하였고, 주택금융보다는 아직 미약하지만 점차 도시금융의 형태나 구조 및 비중도 점차 확대되고 있다. 이러한 측면에서 주택도시기금의 역할은 더욱 커질 것으로 판단된다. 주택도시기금은 당초 국민주택기금으로 1981년부터 설치되어 오다가 2015년부터 주택도시기금으로 개편되어 주택계정과 도시계정으로 운영되고 있다. 정책금융으로서의 주택도시기금은 앞으로 주택도시금융의 근간이 될 것으로 판단된다.

아울러, 주택정책 및 도시정책을 지원하기 위한 각종 금융보증상품들도 다양화 되고 있다. 개인이나 기업 및 정책금융인 기금의 손실보전 내지 신용보완을 통해 주택도시금융의 큰 축으로 자리메김하고 있다.

제 2 절 주택도시금융관련 법규

주요 주택도시금융관련 법규는 주택법 및 주택공급규칙, 신탁법 및 투신법규, 은행 및 여신금융법규, 자본시장법 등 금융일반법규, 주택도시기금법(기금법) 등을 들 수 있다. 여기서는 기금법을 중심으로 간략하게 설명하기로 한다.

Ⅰ. 주택도시기금의 설치 및 재원

1. 주택도시금융체계 구축의 목적

주택도시기금법(기금법)은 주택도시기금을 설치하고 주택도시보증공사(이하 “공사”라 한다)를 설립하여 주거복지 증진과 도시재생 활성화를 지원함으로써 국민의 삶의 질 향상에 이바지함을 목적으로 한다.

2. 기금의 설치 및 계정

정부는 주택도시금융체계의 구축 목적을 달성하기 위한 자금을 확보·공급하기 위하여 주택도시기금(이하 “기금”이라 한다)을 설치하고, 기금은 ① 주택계정 및 ② 도시계정으로 구분하여 운용·관리한다.

3. 기금의 재원

(1) 주택계정의 조성 재원

주택계정 기금은 Ⓐ 기금법 제7조에 따른 국민주택채권 발행으로 조성된 자금, Ⓑ 주택법 제56조제2항에 따른 입주자저축으로 조성된 자금, Ⓒ 복권 및 복권기금법 제23조에 따라 배분된 복권수익금, Ⓓ 일반회계로부터의 출연금 또는 예수금, Ⓔ 공공자금관리기금법에 따른 공공자금관리기금으로부터의 예수금, Ⓕ 재건축초과이익 환수에 관한 법률에 따른 재건축부담금 중 국가 귀속분, Ⓖ 기금법 제6조에 따른 예수금, Ⓗ 주택건설사업 또는 대지조성사업을 위하여 외국으로부터 차입하는 자금, Ⓘ 주택계정의 회수금·이자수입금과 주택계정의 운용으로 생기는 수익, Ⓙ 주택계정에서 출자한 기관의 배당수익, Ⓚ 주택계정 대출자산의 매각자금, Ⓛ 주택계정 자산의 유동화로 조성한 자금, Ⓜ 국민주택사업의 시행에 따른 부대수익, Ⓝ 그 밖에 대통령령으로 정하는 수입금으로 조성한다.

(2) 도시계정의 조성 재원

도시계정 기금은 Ⓐ 일반회계로부터의 출연금 또는 예수금, Ⓑ 국가균형발전특별법에 따른 지역발전특별회계로부터의 출연금 또는 예수금, Ⓒ 공공자금관리기금법에 따른 공공자금관리기금으로부터의 예수금, Ⓓ 기금법 제6조에 따른 예수금, Ⓔ 도시계정의 회수금·이자수입금과 도시계정의 운용으로 생기는 수익, Ⓕ 도시계정에서 출자한 기관의 배당수익, Ⓖ 도시계정 대출자산의 매각자금, Ⓗ 도시계정 자산의 유동화로 조성한 자금, Ⓘ 주택계정으로부터의 전입금 또는 차입금, Ⓙ 그 밖에 대통령령으로 정하는 수입금으로 조성한다.

(3) 재원 조성 및 운용

국토교통부장관은 기금을 운용하기 위하여 필요한 경우에는 기금의 부담으로 한국은행 또는 금융기관 등으로부터 자금을 차입할 수 있고, 기금의 자산에 대하여 자산유동화에 관한 법률에 따른 자산유동화[1]를 할 수 있다.

4. 자금의 기금 예탁

Ⓐ 국민연금법에 따라 조성된 기금, Ⓑ 그 밖에 대통령령으로 정하는 기금 또는 자금의 관리자나 지축자는 그 기금 또는 자금의 전부 또는 일부를 기금에 예탁할 수 있고, 한국토지주택공사법에 따른 한국토지주택공사는 기금에 필요하

1) 자산유동화법 제2조에 의한 "자산유동화"라 함은 ⓐ 유동화전문회사(資産流動化業務를 專業으로 하는 外國法人을 포함한다)가 자산보유자로부터 유동화자산을 양도받아 이를 기초로 유동화증권을 발행하고, 당해 유동화자산의 관리·운용·처분에 의한 수익이나 차입금 등으로 유동화증권의 원리금 또는 배당금을 지급하는 일련의 행위, ⓑ 「자본시장과 금융투자업에 관한 법률」에 따른 신탁업자(이하 "신탁업자"라 한다)가 자산보유자로부터 유동화자산을 신탁받아 이를 기초로 유동화증권을 발행하고, 당해 유동화자산의 관리·운용·처분에 의한 수익이나 차입금등으로 유동화증권의 수익금을 지급하는 일련의 행위, ⓒ 신탁업자가 유동화증권을 발행하여 신탁받은 금전으로 자산보유자로부터 유동화자산을 양도받아 당해 유동화자산의 관리·운용·처분에 의한 수익이나 차입금 등으로 유동화증권의 수익금을 지급하는 일련의 행위, ⓓ 유동화전문회사 또는 신탁업자가 다른 유동화전문회사 또는 신탁업자로부터 유동화자산 또는 이를 기초로 발행된 유동화증권을 양도 또는 신탁받아 이를 기초로 하여 유동화증권을 발행하고 당초에 양도 또는 신탁받은 유동화자산 또는 유동화증권의 관리·운용·처분에 의한 수익이나 차입금 등으로 자기가 발행한 유동화증권의 원리금·배당금 또는 수익금을 지급하는 일련의 행위를 말한다.

다고 인정할 때에는 한국토지주택공사법에도 불구하고 기금에 자금을 예탁할 수 있다.

5. 국민주택채권

(1) 국민주택채권의 발행 등

정부는 국민주택사업에 필요한 자금을 조달하기 위하여 기금의 부담으로 국민주택채권을 발행할 수 있다. 국민주택채권은 국토교통부장관의 요청에 따라 기획재정부장관이 발행하며, 국민주택채권에 관하여 기금법에 규정한 것을 제외하고는 국채법을 적용하고, 국민주택채권의 종류·이율, 발행의 방법·절차 및 상환과 발행사무 취급 등에 필요한 사항은 대통령령으로 정한다.

(2) 국민주택채권의 매입

Ⓐ 국가 또는 지방자치단체로부터 면허·허가·인가를 받는 자, Ⓑ 국가 또는 지방자치단체에 등기·등록을 신청하는 자, Ⓒ 국가·지방자치단체 또는 공공기관의 운영에 관한 법률에 따른 공공기관 중 대통령령으로 정하는 공공기관과 건설공사의 도급계약을 체결하는 자, Ⓓ 주택법에 따라 건설·공급하는 주택을 공급받는 자에 해당하는 자 중 대통령령으로 정하는 자는 국민주택채권을 매입하여야 한다.

Ⅱ. 기금의 용도 및 운용

1. 기금의 용도

① Ⓐ 국민주택의 건설, Ⓑ 국민주택규모 이하의 주택의 구입·임차 또는 개량, Ⓒ 준주택의 건설, Ⓓ 준주택의 구입·임차 또는 개량, Ⓔ 국민주택규모 이하인 주택의 리모델링, Ⓕ 국민주택을 건설하기 위한 대지조성사업, Ⓖ 주택법에 따른 공업화주택(대통령령으로 정하는 규모 이하의 주택으로 한정)의 건설,

Ⓗ 주택법에 따라 한국토지주택공사가 분양가상한제 적용주택을 우선 매입한 비용, Ⓘ 경제자유구역의 지정 및 운영에 관한 특별법 제4조에 따라 지정된 경제자유구역의 활성화를 위한 임대주택의 건설 및 이와 관련된 기반시설 등의 설치에 필요한 자금에 대한 출자 또는 융자, ② Ⓐ 주택도시보증공사, Ⓑ 한국토지주택공사, Ⓒ 한국주택금융공사, Ⓓ 주택금융신용보증기금, Ⓔ 자산유동화에 관한 법률에 따른 유동화전문회사등, Ⓕ 주택법에 따른 국민주택사업특별회계에 대한 출자·출연 또는 융자, ③ 임대주택의 공급을 촉진하기 위한 Ⓐ 부동산투자회사법 제2조제1호에 따른 부동산투자회사가 발행하는 증권, Ⓑ 자본시장과 금융투자업에 관한 법률 제229조제2호에 따른 부동산집합투자기구가 발행하는 집합투자증권, Ⓒ 법인세법 제51조의2제1항제9호 각 목의 요건을 갖춘 법인이 발행하는 증권, Ⓓ 그 밖에 임대주택의 공급과 관련된 증권으로서 법령으로 정하는 증권의 매입, ④ Ⓐ 기금법 제5조 및 제6조에 따른 예수금, 예탁금, 차입금, Ⓑ 기금법 제7조에 따른 국민주택채권의 원리금 상환, ⑤ 도시계정으로의 전출 또는 융자, ⑥ 기금의 조성·운용 및 관리를 위한 경비, ⑦ 주택도시분야 전문가 양성을 위한 국내외 교육훈련 및 관련 제도 개선을 위한 연구·조사, ⑧ 정부시책으로 추진하는 주택사업, ⑨ 그 밖에 주택계정의 설치목적을 달성하기 위하여 법령으로 정하는 사업에 대한 출연·출자 또는 융자에 사용한다.

한편, 기금의 도시계정의 용도는 ① Ⓐ 도시 및 주기환경정비법 제2조제2호 가목부터 다목까지의 사업[2], 빈집 및 소규모주택 정비에 관한 특례법 제2조 제1항 제2호 및 제3호의 사업, Ⓑ 도시재정비 촉진을 위한 특별법 제2조 제7호에 따른 기반시설 중 같은 법 제29조 제2항에서 정하는 기반시설의 설치에 드는

2) "정비사업"이란 도시정비법에서 정한 절차에 따라 도시기능을 회복하기 위하여 정비구역에서 정비기반시설을 정비하거나 주택 등 건축물을 개량 또는 건설하는 ⓐ 주거환경개선사업: 도시저소득 주민이 집단거주하는 지역으로서 정비기반시설이 극히 열악하고 노후·불량건축물이 과도하게 밀집한 지역의 주거환경을 개선하거나 단독주택 및 다세대주택이 밀집한 지역에서 정비기반시설과 공동이용시설 확충을 통하여 주거환경을 보전·정비·개량하기 위한 사업, ⓑ 재개발사업: 정비기반시설이 열악하고 노후·불량건축물이 밀집한 지역에서 주거환경을 개선하거나 상업지역·공업지역 등에서 도시기능의 회복 및 상권활성화 등을 위하여 도시환경을 개선하기 위한 사업, ⓒ 재건축사업: 정비기반시설은 양호하나 노후·불량건축물에 해당하는 공동주택이 밀집한 지역에서 주거환경을 개선하기 위한 사업을 말한다.

비용에 대한 융자, ② Ⓐ 도시재생 활성화 및 지원에 관한 특별법 제2조 제1항 제7호에 따른 도시재생사업의 시행에 필요한 비용, Ⓑ 도시재생 활성화 및 지원에 관한 특별법 제2조 제1항 제5호에 따른 도시재생활성화지역 내에서 해당 지방자치단체의 장이 도시재생을 위하여 필요하다고 인정하는 건축물의 건축에 필요한 비용의 사업 중 법령으로 정하는 요건을 충족하는 사업에 필요한 비용의 출자·투자 또는 융자, ③ Ⓐ 도시 및 주거환경정비법 제126조에 따른 도시·주거환경정비기금, Ⓑ 도시재정비 촉진을 위한 특별법 제24조에 따른 재정비촉진특별회계, Ⓒ 도시재생 활성화 및 지원에 관한 특별법 제28조에 따른 도시재생특별회계의 기금, 특별회계에 대한 융자, ④ 기금법 제5조 및 제6조에 따른 예수금, 예탁금, 차입금의 원리금 상환, ⑤ 기금의 조성·운용 및 관리를 위한 경비, ⑥ 그 밖에 도시계정의 설치목적을 달성하기 위하여 법령으로 정하는 사업에 사용한다.

아울러, 기금의 출자·투자할 수 있는 총액의 한도는 법령으로 정하며, 국토교통부장관은 기금에 여유자금이 있을 때에는 법령으로 정하는 방법으로 운용할 수 있고, 국민주택규모 이하의 주택의 구입과 준주택의 구입에 해당할 때에는 법령으로 정하는 방법에 따라 기금을 유한책임대출로 운용할 수 있다.

2. 기금의 운용·관리

기금은 국토교통부장관이 운용·관리한다. 국토교통부장관은 기금의 운용·관리에 관한 사무의 전부 또는 일부를 공사에 위탁할 수 있고, 공사는 위탁받은 사무의 일부를 국토교통부장관의 승인을 받아 금융기관 등에 재위탁할 수 있다. 다만, 국토교통부장관은 필요하다고 인정하는 경우 금융기관 등에 직접 위탁할 수 있다.

공사는 법령으로 정하는 바에 따라 기금의 조성 및 운용 상황을 국토교통부장관에게 보고하여야 한다. 아울러, 공사 및 기금재수탁자 등(기금 사무의 일부를 재위탁 또는 위탁받은 금융기관 등을 말한다)은 선량한 관리자의 주의로 위탁받은 사무를 처리하여야 한다. 한편, 국토교통부장관은 기금의 운용에 관한 계획을 수립하려는 경우에는 미리 기획재정부장관과 협의하여야 한다.

3. 기금의 회계

(1) 기금의 회계연도 등

기금의 회계연도 · 운용계획 및 결산 등에 관하여 기금법에 규정한 것을 제외하고는 국가재정법을 적용한다.

(2) 기금의 회계기관

국토교통부장관은 기금의 수입과 지출에 관한 사무를 수행하게 하기 위하여 소속 공무원 중에서 기금수입징수관, 기금재무관, 기금지출관 및 기금출납공무원을 임명하여야 한다.

또한, 공사 및 기금재수탁자 등은 기금의 운용 · 관리에 관한 사무를 위탁받은 경우에는 공사 및 기금재수탁자 등의 임직원 중에서 다음 각 호에 해당하는 자를 임명한 후 이를 국토교통부장관에게 보고하여야 한다. 이 경우 그 임명된 자는 각각 Ⓐ 기금수입 담당임직원(기금수입징수관의 직무), Ⓑ 기금지출원인행위 담당임직원(기금재무관의 직무), Ⓒ 기금지출직원(기금지출관의 직무), Ⓓ 기금출납직원(기금출납공무원의 직무)의 구분에 따른 직무를 수행한다.

아울러, 국토교통부장관, 공사 및 기금재수탁자 등은 기금수입징수관 · 기금재무관 · 기금지출관 및 기금출납공무원, 기금수입 담당임직원 · 기금지출원인행위 담당임직원, 기금지출직원 및 기금출납직원을 임명한 경우에는 감사원 · 기획재정부 및 한국은행에 통지하여야 한다.

(3) 이익금과 손실금의 처리

국토교통부장관은 매 사업연도에 기금의 결산에서 이익이 생긴 경우에는 이익금 전액을 기금에 적립하여야 하고, 매 사업연도에 기금의 결산에서 손실금이 생긴 경우에는 적립금으로 보전하되, 보전한 후에도 남는 손실액이 있는 경우에는 정부가 일반회계에서 이를 보전할 수 있다.

(4) 기금 대출채권의 상각

공사 및 기금재수탁자 등은 채무자의 무자력 등으로 인하여 기금의 대출금을 회수할 수 없는 경우에는 국토교통부령으로 정하는 바에 따라 대출채권을 상각할 수 있다. 다만, 유한책임대출의 경우에는 채무자의 자력이 있더라도 미회수 대출채권을 상각할 수 있다.

공사 및 기금재수탁자 등은 상기에 따라 상각처리된 채권의 보전이나 추심을 위한 관리업무를 수행하다가 국토교통부령으로 정하는 기간이 끝났을 때에는 그 관리업무를 정지하고 그 내용을 국토교통부장관에게 보고하여야 한다.

Ⅲ. 기금운용관리기관인 공사의 설립 및 업무

1. 공사의 설립

기금법의 목적을 달성하기 위한 각종 보증업무 및 정책사업 수행과 기금의 효율적 운용 · 관리를 위하여 주택도시보증공사를 설립한다. 공사는 법인으로 하며, 공사의 자본금은 5조원으로 하고, 그 2분의 1 이상을 정부가 출자한다. 공사에 대하여 국가가 출자한 주식의 주주권은 국토교통부장관이 행사한다. 아울러, 공사가 발행할 주식의 종류, 1주의 금액, 그 밖에 필요한 사항은 정관으로 정하며, 공사는 정관을 제정하거나 변경하려는 경우에는 국토교통부장관의 인가를 받아야 한다.

2. 공사의 업무 등

(1) 업무

① 공사는 그 목적을 달성하기 위하여 Ⓐ 법령에 따른 기금의 운용 · 관리에 관한 사무, Ⓑ 분양보증, 임대보증금보증, 하자보수보증, 그 밖에 대통령령으로 정하는 보증업무, Ⓒ Ⓑ에 따른 보증을 이행하기 위한 주택의 건설 및 하자보수

등에 관한 업무와 구상권 행사를 위한 업무, Ⓓ 자산유동화에 관한 법률에 따른 유동화전문회사 등이 발행한 유동화증권에 대한 보증업무, Ⓔ Ⓓ에 따른 유동화전문회사등으로부터 자산유동화에 관한 법률 에 따라 위탁받은 유동화자산의 관리에 관한 업무, Ⓕ 부동산의 취득 · 관리 · 개량 및 처분의 수탁, Ⓖ 국가 · 지방자치단체 · 공공단체 등이 위탁하는 업무, Ⓗ Ⓐ부터 Ⓖ까지의 업무와 관련된 조사 및 연구, Ⓘ 그 밖에 법령으로 정하는 업무를 수행한다.

② 공사는 Ⓐ와 Ⓑ에 따른 업무의 수행을 위하여 부동산(건축 중인 건물을 포함)에 관한 권리를 신탁 받을 수 있다. 이 경우 공사의 신탁의 인수에 관하여는 자본시장과 금융투자업에 관한 법률을 적용하지 아니한다. 또, ③ 공사는 이사회의 의결을 거쳐 ①에 해당하는 업무 또는 이와 유사한 업무를 행하는 법인에 대하여 출자 또는 출연할 수 있다.

(2) 회계처리의 구분 및 이익금의 처리

공사는 공사의 회계와 기금의 회계를 구분하여 회계처리하여야 한다. ① 공사는 매 회계연도의 결산 결과 이익이 생긴 때에는 Ⓐ 이월손실금의 보전, Ⓑ 자본금과 같은 금액에 달할 때까지 이익금의 10분의 2 이상을 이익준비금으로 적립, Ⓒ 자본금의 2분의 1이 될 때까지 이익금의 10분의 2 이상을 보증이행준비금으로 적립, Ⓓ 이익의 배당의 순서에 따라 처리하여야 하고, ② Ⓑ 및 Ⓒ의 적립금은 결손 보전에 충당하거나 자본금에 전입하는 경우 외에는 사용하지 못한다.

제 3 절 주택도시금융

Ⅰ. 주택도시금융시장과 금융상품유형

1. 주택도시금융시장

(1) 주택도시금융시장의 특성

주택도시금융시장이란 주택 등을 매개체로 거래되는 시장으로, 일반적인 시장이 공급과 수요에 의해 가격과 거래량이 결정되는 것과는 달리 정책적인 요인들에 의하여 가격결정이 제한되는 경향이 있다. 이러한 주택도시금융시장의 특징으로 주택 등이 특정한 지역에 위치하는 지역적인 특성을 가진다는 것이고, 다른 재화에 비하여 신축성이 떨어지며, 단지 공급과 수요에 의하여 가격과 거래가 결정되지 않는 다른 요인들, 예를 들면 문화적, 교육적, 지리적 요소 등 외부적인 요인에 많은 영향을 받으며, 경제환경이나 정책적인 요인 등에 의하여 영향을 받는다. 또, 정부의 각종 규제(공급, 거래, 가격 등)에 의한 통제가 이루어지며, 가격규모가 큰 특징을 가져 금융적인 측면에서도 매우 중요한 특성을 가진다. 아울러, 주택 등이 연관산업과의 연관성과 파급효과도 크며, 주택 등을 구성하는 요소들이 각종 산업의 집합체이면서 그 기술과 성능, 구조 등에서 첨단성이 가해지고, 사회문화적인 요소까지 가미된 복합체의 특징을 가진다.

주택도시금융은 주택도시의 대지(용지)조성과 개발, 건설, 개보수, 구입, 임차 등에 필요한 자금조달과 투자, 대출, 청약통장과 같은 저축 등과 연관된 금융취급을 전제로 하는 시장으로 다른 상업금융에 비하여 자금의 회전속도가 느리다. 이러한 주택금융시장은 소비자금융과 공급자금융 등으로 나누어 볼 수 있고, 주택건설 등에 막대한 비용을 필요로 하므로 정책금융이 많이 작용한다. 또 주택 등과 연관된 담보성 금융도 상당부분 활용되고 있다. 그리고 각종 금융조달을 위해 대출, 프로젝트금융 등 보증시스템도 상당부분 큰 비중을 차지하며, 리츠, 신탁 등의 금융도 중요한 부분에 해당하고, 개발금융, 투자금융도 많은 작용을 한다.

(2) 주택도시금융시장의 구성

일반적인 금융시장이란 기업, 가계, 정부 등 경제주체들이 금융상품을 거래하여 자금을 조달하고 여유자금을 운용할 수 있도록 자금수요자와 자금공급자가 만나 금융거래를 하는 곳이다. 경제주체들은 자금의 수요자와 공급자로 구분된다. 일반적인 수요자는 재고유지나 사업확장을 위해서 항상 돈이 필요한 기업이다. 소비자들도 자동차구입이나 주택구입과 같이 일시적으로 대규모 지출이 필요한 경우에는 자신들의 소득으로 지출을 감당할 수 없기 때문에 수요자가 될 수도 있다. 정부도 조세수입보다 지출이 많은 경우에 자금의 수요자가 될 수 있다. 이 밖에 외국도 자금의 공급자나 수요자가 될 수 있다. 자금의 공급자는 본인들의 수입이나 소득보다 지출이 적은 사람들인데 이들은 자신들이 저축한 돈의 가치가 증가하기를 바라는 사람이다. 저축자들은 단순히 돈을 보관하는 것이 아니라 투자자가 되어서 적극적으로 돈을 증식시키려고 한다. 이들은 채권이나 주식을 포함한 다양한 금융상품을 구입하여 이자나 배당소득 그리고 매매차익을 누린다. 대출상품을 제외하고는 금융상품의 수요자가 자금의 공급자가 되고 금융상품의 공급자가 자금의 수요자가 된다.

주택도시금융시장에서는 정부도 공기업을 통하여 주택을 공급하고, 지자체도 지방공사 등을 통하여 주택을 공급한다. 아울러 도시계획이나 도시재생에도 정부나 지자체가 개입한다. 또한, 기업, 가계(주택구입자 등), 주택도시사업시행자(건설업자, 조합 등), 투자회사, 신탁사, 금융보증을 비롯한 각종 보증을 취급하는 보증기관, 금융기관 등 다양한 구성원이 주택도시금융시장에서 거래하는 당사자들이다. 한편, 주택도시금융시장에서 거래대상은 주택, 토지 등도 있지만, 조합원의 지위, 분양권, 임차권 등의 권리나 지위도 있고, 사업의 시행권도 있다. 이처럼 다양한 형태의 구성요소가 결집된 곳이 주택도시금융시장이라고 할 수 있다.[3] 이 시장에서는 주택청약저축, 미래가치에 투자하는 프로젝트 금융,

펀드 등의 투자형태도 다양하게 접목되고 있다. 물론 정책사업에 해당하는 경우(도시 건설, 대단지 주택공급 등)에는 국가예산도 투입하여 기반시설 구축, 공원, 학교, 행정시설, 문화시설 등도 갖추게 되므로 다양한 예산프로그램도 이 시장을 구성하는 요소라고 할 수 있다.

2. 금융상품

(1) 저축상품

주택도시금융에서 대표적인 저축상품은 주택청약종합저축이다. 물론 이는 구매자인 개인의 저축상품이고, 공급자인 건설사 등의 저축상품도 일반 저축상품과 같은 차원에서 검토될 수 있다.

안전성 · 수익성 · 유동성을 기준으로 보면 저축상품은 수익성보다는 안전성과 유동성이 높은 금융상품이다. 저축은 목적에 따라 입출금이 자유로운 보통예금, 목돈마련을 위한 정기적금, 목돈을 불려 나가는 거치식 예금인 정기예금 등 다양한 상품에 가입할 수 있다. 보통예금은 이자가 없거나 아주 낮은 대신에 입출금이나 송금이 자유롭고 신용카드나 체크카드의 결제계좌로 활용될 수 있는 장점이 있다.

정기적금은 일정 기간 동안 정기적으로 돈을 저축하여 목돈을 만들기 위한 용도로 활용되고, 정기예금은 한꺼번에 일정 금액을 일정 기간 넣어두어 이자를 받아 돈을 불리기 위한 용도로 활용된다. 그러나 정기예금이나 정기적금은 예치기간이 정해져 있어서 보통예금보다 이자가 많지만 유동성은 낮다. 그러나 만기 이전에 해약을 하게 되면 약정한 이자보다 훨씬 낮은 이자를 지급받거나 경우에 따라서는 이자가 없을 수도 있다.

보통예금은 이자율은 낮지만 입출금이나 송금결제에 이용하기 편리하고 정기

3) 다양한 금융기법 중에 임팩트금융(impact finance)은 사회적 가치와 재무 수익률을 동시에 추구하는 투자행위를 뜻하는 "임팩트 투자"와 소액금융지원을 뜻하는 "마이크로파이낸스"를 결합한 용어이다. 임팩트 금융에서 가장 대표적이고 성공적인 모델이 마이크로파이낸스이다. 영국에서 활용되고 있는 사회성과연계채권(SIB, Social Impact Bond)도 재무적 성과와 동시에 사회문제 해결이라는 사회적 성과를 동시에 추구하는 방식으로 임팩트금융의 일종으로 볼 수 있다.

예금은 이자율은 높지만 결제계좌로 사용할 수 없고 입출금에 제약이 있다.

이 외에도 1년 이상 예치기간을 두고 이자를 지급하는 장기저축상품으로 주택마련을 위한 주택청약종합저축, 노후자금을 위한 연금저축 등 다양한 상품이 있다. 장기저축상품의 특징은 복리식 이자지급과 10년 이상 유지시 비과세 혜택, 그리고 연말정산시 세제혜택 등이 있다. 기업도 여유자금예치, 영업자금 및 사업자금예치 등을 들 수 있다.

(2) 대출상품

대출상품은 부동산, 주택, 자동차, 예금 등을 담보로 저당권을 설정하고 돈을 빌려주는 담보대출과 담보 없이 개인이나 기업의 신용으로 대출을 받는 신용대출로 나눌 수 있다. 담보대출은 금융회사의 입장에서 보면 대출받은 사람이 돈을 갚지 못할 경우 담보로 잡은 자산을 매각하여 원금을 되찾을 수 있기 때문에 일반적으로 신용대출보다 대출금리가 낮다.

담보로 기업은 사업부지, 사옥, 기타 건축물 등 기업의 부동산담보, 기업의 주식, 채권이나 자산 등에 대한 담보, 기업의 예금담보 등을 들 수 있다. 또는 기업의 사업전망 등 영업권이나 신용도 등에 대한 담보도 가능할 수 있다. 개인도 소유의 부동산 및 예금 등을 담보로 대출받을 수 있고, 제3자의 담보제공을 통한 대출도 가능하다.

(3) 투자금융상품

금융상품은 투자성이 있는 금융투자상품과 투자성이 없는 비금융투자상품으로 나눌 수 있다. 여기서 투자성이란 투자한 원금의 손실 가능성이 있는 경우를 말한다. 금융투자상품은 장래에 이익을 얻거나 손실을 회피할 수 있도록 해주는 금융상품을 말하는데, 투자에 대한 성과를 얻을 수 있지만, 손실을 볼 위험도 있다.

금융투자상품 중 원금까지만 손실이 발생할 가능성이 있는 것에는 주식, 채권, 펀드 등이 있고, 원금을 초과하여 손실이 발생할 가능성이 있는 것으로 파생상품 등이 있다.

주식은 주식회사의 자본을 구성하는 단위로서 발행 주식의 액면 금액이 회사의 자본금이 되며, 주식회사의 주인인 주주가 가지는 권리와 지분을 나타낸다. 기업은 주식 발행을 통해 안정적인 산업자본을 조달할 수 있고, 일반 투자자들은 재산증식을 위한 투자대상으로 주식을 활용할 수 있다.

채권은 주식과 함께 자본을 조달하는 대표적인 수단 중 하나로 활용된다. 채권은 정부, 지방자치단체, 특별법에 의해 설립된 법인 및 주식회사 등이 투자자들로부터 비교적 장기의 자금을 조달하면서 일정 기간 정기적으로 이자를 지급하고 만기에 원금을 상환한다는 조건을 명시한 유가증권이다. 채권수익률은 채권의 신용등급이 높을수록 낮고, 채권의 신용등급이 낮을수록 높다.

펀드란 다수인으로부터 자금을 모아 주식, 채권, 기타 금융상품에 나누어 투자하고 그에 따른 수익 또는 손실 등의 결과를 다시 투자자에게 배분하는 투자상품을 말한다. 투자자 입장에서 소액 자금으로도 금융시장에 참여할 수 있으며 풍부한 경험과 전문지식을 가진 자산운용사들이 투자자를 대신하여 자산을 운용하므로 전문적인 투자와 위험의 분산이라는 장점을 누릴 수 있다.

파생상품은 다른 자산의 가격에 따라 그 가치가 결정되는 금융상품이다. 파생상품을 이용하는 주된 목적은 예상치 못한 금리, 환율, 주가의 변동 등 시장의 변동으로 곡물, 원유, 금, 주식, 채권과 같은 기초자산의 가치가 달라지는 위험을 회피하기 위한 것이다. 파생상품의 가치가 연동되는 기초자산을 현물이라고 하며, 대표적인 파생상품으로 선물・옵션・스와프(swap) 등이 있다.

(4) 보험상품

보험은 질병, 재해, 사망 등 각종 사고와 같은 위험에 대비한 보장을 받기 위하여 가입하는 금융상품이다. 주택등과 관련하여서는 화재보험, 전세금보장보험 등을 들 수 있다. 평소에 보험료를 내고 사고가 발생했을 때 보험회사로부터 약정된 보험금을 받아 경제적 손실을 만회할 수 있는 금융상품이다. 그러나 사고가 발생하지 않으면 낸 보험료는 돌려받지 않는 것이 일반적이다. 보험회사는 보험계약자가 낸 보험료로 사업비 등의 비용을 제외하고 남은 돈으로 약속한 보험금을 지급하기 때문에 보험회사의 사업비가 적을수록 보험료가 저렴해져 소비자에게 유리하다.

보험상품에는 생명보험, 상해질병보험 그리고 손해보험 등이 있다. 상해·질병보험에는 실손형 특약과 정액형 특약이 있는데 실손형 특약은 여러 보험에 중복해서 가입해도 보상받는 금액은 실제 치료에 들어간 비용의 범위 내에서 지급되기 때문에 아무리 여러 보험회사에 중복 가입하여도 중복 혜택이 없다. 그러나 정액형 특약은 금액이 약속된 것이기 때문에 중복 가입이 있더라도 정해진 금액을 중복하여 지급받을 수 있다. 따라서 선택에 따른 불이익을 줄이려면 본인이 가입하는 혹은 본인이 구입하는 보험상품의 성격을 정확하게 알아야 한다.

보험은 일반적으로 장기 계약이 많고 중간에 해지하면 손해를 보기 때문에 특히 신중한 선택이 요구된다. 보험상품의 구입은 보험설계사를 통하여 이루어지는 경우가 많은데 설명내용과 계약내용을 비교하여 본인이 내용을 직접 확인하는 것이 필요하다.

기업은 상품이나 물류에 대한 보험, 재산 등의 손실 등에 대한 보험 등을 들 수 있다. 상품권침해 등에 대한 배상보험 등도 가능할 것이다.

(5) 보증상품

주택도시금융 보증상품은 개인보증상품과 기업보증상품으로 구분할 수 있다. 개인보증은 주택을 취득, 임차 또는 중도금 및 잔금을 납부하기 위하여 주택금융기관으로부터 주택자금을 받고자하는 개인에게 해주는 보증을 말한다. 내용적으로 보면 중도금을 포함한 구입자금대출보증, 전세자금대출보증 및 임차보증금반환보증 등을 들 수 있다. 또, 주택신축자금이나 개량자금융자나 대출관련 금융보증상품도 가능하다.

다음으로, 사업자보증(기업보증)은 분양 또는 임대, 도시재생 등의 목적으로 주택건설, 도시재생사업을 하기 위하여 금융기관으로부터 자금대출을 받고자 하는 사업자 등에게 해주는 보증을 말한다. 사업자 보증상품으로는, ① 프로젝트금융보증 : 건설사업자가 주택건설 및 도시재생사업을 하는데 필요한 자금을 금융기관에서 프로젝트금융방식(당해 프로젝트의 미래현금 수입을 주요 상환재원으로 하여 자금을 조달하는 금융기법)으로 받는 대출에 지원하는 보증이다.
② 건설자금보증 : 건설사업자 등이 분양 또는 임대, 도시재생을 위해 주택도시기금으로부터 공사비를 대출받고자 하는 경우 지원하는 보증이다. 상세한 상품별 특성은 주택도시금융보증에서 설명하기로 한다.

Ⅱ. 주택도시금융 유형

1. 대출

부동산 등 물적담보 또는 신용상태를 토대로 자금을 융통하는 금융거래를 말한다. 여기서 부동산을 담보로 하는 금융거래란 대출하거나 또는 부동산 담보부 채권을 담보로 대출하는 것은 그 자금조달에 따른 경제 및 법률행위를 하는 담보금융의 하나다. 주택을 구입할 때 자금이 부족하여 그 부족분을 금융기관에서 융자받고 장기간에 걸쳐 변제하면서 대신 담보로 저당권을 설정해준다. 또 살아가는 중에 가계자금이 부족하거나 사업자금이 필요하여 부동산을 담보로 자금을 빌린다. 뿐만 아니라, 융자금을 다 갚고 노후에 수입이 적어 생활자금이 필요하면 다시 주택을 담보로 매월 생활비를 받아 쓸 수 있다. 이 모두 담보대출의 형태를 띠고 있다.

담보대출의 규모는 담보력이다. 담보력이란 금융대출의 규모를 산정하는 환가가치의 크기로 각 물건의 특성에 따라 다르고, 담보의 규모에 따라 다르다. 예를 들어 10평의 대지와 100평의 대지에서 담보력은 100평의 대지가 크며, 같은 크기라도 지가의 높고 낮음에 따라 환가가치가 다르므로 지역별, 지목별 가치를 반영하고, 감정가격 등은 이러한 시장성을 반영하여 판단한다. 즉, 담보대출은 개인뿐만 아니라 기업도 마찬가지로 활용하는 것으로 특정 지역의 주택 및 도시개발을 위한 대지의 확보에 소요되는 자금을 마련하기 위하여 사업자금이 필요한 경우 그 기업이 가지고 있는 담보물(부동산, 채권 등)을 근거로 대출을 하는 것이다.

한편, 신용을 담보로 하는 것은 기업의 영업실적, 사업능력, 재무상태, 투자가치 등 상환능력이 충분하다는 전제조건에 따라 대출하는 것이다. 통상 담보대출은 담보력을 기반으로 하기 때문에 금융기관의 입장에서는 리스크관리 측면에서 안정적이어서 선호된다. 그러나 신용대출은 안정성을 확보하기가 상대적으로 어려워 대출규모가 크지 않다는 점이다.

(1) 자산유동화증권

자산유동화증권(ABS, Asset-Backed Securities)은 기업이나 은행이 보유한 자산을 근거로 발행하는 증권이다. 일반적으로 자산담보부증권이라 불려왔으나 1998년 자산유동화에 관한 법률이 제정되면서 자산유동화증권이라는 용어를 사용하게 됐다. 여기서 자산이란 기업이 고객들로부터 미처 받지 못한 미수금(매출채권), 금융기관 대출금, 리스채 등 각종 채권, 부동산 등 일반 자산이다. 즉, ABS란 기업의 부동산을 비롯한 여러 가지 형태의 자산을 담보로 발행된 채권이다. ABS를 통해 조기에 매출채권이나 대출을 현금으로 회수하는 것이 가능하므로 기업과 은행의 현금흐름이 좋아진다. 특히 여러 채권을 통합하여 각 단위로 나누어 ABS를 발행하여 판매하는 형태를 가지는데, 일반적으로 특별한 목적을 가진 기업인 유동화전문회사가 기업이나 은행으로부터 자산을 사 들이고 이를 담보로 ABS를 발행한다.

보통 원리금 지급이 거의 확실한 선순위채권과 그렇지 않은 후순위채권으로 분리 발행된다. 금융시장이 발달한 선진국의 경우를 보면 ABS는 상대적으로 안전성이 높으면서 적정한 수익률을 제공하는 금융상품으로 인식되며 발행규모가 해마다 증가하고 있다. ABS는 국내에서 1999년부터 발행되기 시작했으며, 금융·기업 구조조정과정에서 발생한 부실채권을 처리하는 방법으로 자주 쓰이고 있다.

ABS의 발행과정으로, 유동성이 떨어지는 부실채권이나 직접 매각하기 어려운 부동산 등을 보유한 기업이나 금융기관은 이를 담보로 맡기고 ABS를 발행해 쪼개서 팔게 된다. 일반적으로 ABS는 자산보유자와 별도로 분리된 특수목적회사(SPC)가 발행한다. 통상 투신, 증권 등이 함께 설립하는 자산유동화 전문회사는 투기등급채권을 넘겨받은 뒤 이를 담보로 ABS를 발행해 시장에 유통시키는 역할을 하며 ABS상환이 끝나면 해산한다.

ABS는 담보채권을 엄격히 심사한 후에 발행된다. 실물자산을 근거로 발행되기 때문에 자산보유회사의 신용도와 관계없이 높은 신용도를 받을 수 있다. 기업은 대출금 등을 받기에는 시간이 걸리는 반면 ABS를 발행하면 현금을 쉽게 확보할 수 있다. 따라서 자산보유자 입장에서는 현금유동성을 높이는 수단이 된다. ABS발행 이후 원채무자가 대출금이나 미수금을 상환하면 이를 바탕으로 ABS투자자에게 원리금을 지급하면 된다.

자산유동화증권의 여러 가지 형태로, 자산유동화증권 중 금융기관이 집을 담보로 대출해 주고 그 채권을 근거로 발행하는 것은 주택저당담보부채권(MBS)으로 별도로 분류한다. 또 투기등급의 고수입-고위험 채권을 담보로 발행하는 채권담보부증권(CBO), 신용도가 낮은 기업들에 대한 은행의 대출채권을 묶어 이를 담보로 발행하는 대출채권담보부증권(CLO)도 자산유동화증권의 일종이다.

(2) 주택저당증권

주택저당증권(MBS, Mortgage Backed Securities)은 금융기관이 주택을 담보로 만기 20년 또는 30년짜리 장기대출을 해준 주택저당채권을 대상자산으로 하여 발행한 증권으로 자산담보부증권(ABS)의 일종이다. 주택저당채권담보부증권이라고도 한다.

은행, 보험회사, 할부금융사 등 금융회사는 주택을 담보로 길게는 20~30년의 자금을 대출해 준 뒤, 이 담보권을 기초로 주택저당채권(주택에 근저당이 설정된 대출채권)을 보유하게 된다. 은행 등 금융회사들은 그 주택저당채권을 유동화중개회사(SPC)에 팔고, 유동화중개회사는 이를 담보로 하여 MBS라는 상품을 발행하며, 자본시장의 투자자들에 의해 이 MBS상품이 판매가 되고 현금화됨으로써 금융회사에게 그 돈을 지급한다.

금융회사들은 장기간에 걸쳐 고객(채무자)들로부터 상환 받아야 할 돈을 한 번에 회수하여 목돈을 마련하는 셈이 되므로 그 돈으로 다시 주택 구입자들을 위한 대출재원으로 사용할 수 있게 된다. 예를 들어 A은행이 B에게 주택을 담보로 1억원을 대출해 주고 B는 10년에 걸쳐 원금과 이자를 갚기로 했을 경우,

A은행이 담보로 잡은 주택과 저당채권을 근거로 증권을 발행해 투자자에게 직접매각하거나 유동화중개회사를 통해 증권을 발행, 투자자에게 매각해 대출자금을 회수한다는 것이다.

이러한 채권유동화과정을 통해 금융기관은 대출금을 조기에 회수할 수 있기 때문에 대출이 활성화 되고 내집 마련을 계획하고 있는 소비자 입장에서는 집값의 20~30%만 있으면 주택을 구입할 수 있게 된다. MBS는 국제결제은행이 자기자본비율을 산정할 때 위험가중치도 20%로 낮게 분류된다.

(3) 모기지론

부동산을 담보로 주택저당증권(MBS, Mortgage Backed Securities)을 발행하여 장기주택자금을 대출해 주는 제도를 모기지론(mortgage loan)이라고 하는데, 주택자금수요자가 은행을 비롯한 금융기관에서 장기저리자금을 빌리면 은행은 주택을 담보로 주택저당증권을 발행하여 이를 중개기관에 팔아 대출자금을 회수하는 제도이다. 중개기관은 주택저당증권을 다시 투자자에게 판매하고 그 대금을 금융기관에 지급하게 된다.

일반 대출이 만기가 될 때까지 자금이 묶이는 것과는 달리 은행은 대출할 때 취득한 저당권을 담보로 하는 증권을 발행·유통시켜 또 다른 대출자금을 마련할 수 있는 특징이 있다. 보통 주택구입자금대출과 주택담보대출 두 종류가 있는데, 대출한도에 제한이 없으며, 대출기간은 최장 30년이다.

(4) 역모기지론

주택을 담보로 금융기관에서 일정 기간 일정 금액을 연금식으로 지급받는 장기주택저당대출을 말하는데, 한국의 대표적인 역모기지론(reverse mortgage loan)은 주택연금[4]이다. 주택은 있으나 특별한 소득원이 없는 경우, 고령자가

4) 우선 이용자격은 만 60세 이상 1세대 1주택자로 한정된다. 독신자라면 본인만 60세 이상이면 되지만 배우자가 있다면 배우자도 60세를 넘어야 한다. 경제활동이 가능한 연령대에서 조기에 연금수령자가 나와 경제활력을 저해하는 것을 막자는 취지다. 대상주택은 시세기준으로 9억원 이하 주택이다. 이는 법령상 고가주택을 가르는 금액과 같다. 일반주택은 물론 노인복지법상 노인복지주택도 포함된다. 단 해당주택에는 저당권, 전세권, 임대차계약 등이 설정돼 있으면 안 된다. 일단 가입하면 연금은 가입자나 배우자가 사망할 때까지 지급되는데, 주택이 재건축 혹은 재개발돼 소유권을 잃을 경우에는 예외적으로 주택연금이

주택을 담보로 사망할 때까지 자택에 거주하면서 노후 생활자금을 연금형태로 지급받고, 사망하면 금융기관이 주택을 처분하여 그동안의 대출금과 이자를 상환받는 방식이다. 부동산을 담보로 주택저당증권(MBS)을 발행하여 장기주택자금을 대출받는 제도인 모기지론과 자금 흐름이 반대이기 때문에 이런 이름이 붙었다. 이는 미국·영국·프랑스 등 서구 여러 나라에서 시행되고 있는 제도로, 한국에서는 1995년부터 일부 민간 금융기관들에 의해 상품이 개발·판매되기 시작하였다. 그러나 활성화되기 시작한 것은 2004년 이후이다.

경제활동을 하지 않는 고령자가 노후자금 등 매달 일정액의 돈이 필요할 때 알맞은 대출상품이다. 3~4년 단기로 받아 신규 분양아파트의 중도금을 대신 낼 때도 이용할 수 있다. 대출대상은 주택보유자에 한하며, 대출기간은 최장 15년, 20년이다.

매달 일정액을 지급받고, 대출한도는 보통 10년 이상은 집값의 60%이지만, 대출 기간 및 지역에 따라 차등 적용된다. 대출금리는 시장금리와 연동하되, 고정적이지는 않다. 소득공제는 없고, 3년 이내에 상환할 때는 일정한 수수료를 내야 한다. 상환방식은 만기에 원리금을 일시 상환해야 하되, 주택담보대출로 전환이 가능하다. 연금수령 시기는 1개월, 2개월, 3개월 가운데 하나를 선택할 수 있다. 그러나 한꺼번에 목돈을 빌릴 수 없기 때문에 새로 주택을 마련하거나, 집을 늘려 이사할 때는 이용할 수 없다.

종료된다. 연금지급방식은 종신토록 매월 일정액을 지급하는 종신지급, 일정한도(대출한도의 50%)의 개별인출을 허용하면서 나머지 부분을 매달 지급하는 종신혼합방식의 2가지가 선택 가능하다. 주택연금(역모기지론)은 크게 다섯 가지 면에서 다른 연금상품과 구별된다. 먼저 가입자의 평생거주, 평생 연금혜택을 보장한다. 대상이 되는 주택에 계속 살 수 있도록 하면서도 매월 약속한 연금은 가입자가 사망할 때까지 지원하기 때문에 주거와 고정소득이라는 노령층의 고민을 동시에 해결해주는 셈이다. 주택연금은 특히 가입 당시 집값을 기준으로 연금지급액을 결정하기 때문에 가입자가 집값하락에 따른 자산감소의 위험에서 벗어날 수 있다. 두 번째로 주택연금은 공적 보증이 붙어 지급중단의 위험이 없는데, 이것이 민간 금융회사들의 연금과 가장 큰 차이가 나는 부분이다. 세 번째로는 대출금리가 일반 주택담보대출보다 낮다. 주택연금은 변동금리를 적용하는데 3개월 CD금리에 가산금리 1.1%를 붙인다(2010.7 현재). 즉, 통상적인 대출금리보다 적은 대가를 지불하고 높은 수준의 연금혜택을 받는 셈이다. 또한 초기 역모기지론 설정에 드는 비용이 적다는 것이 네 번째 특징이다. 등록세, 교육세, 농어촌특별세, 국민주택채권 매입의무가 모두 면제돼 이용이 쉽다. 마지막으로 역모기지론은 세제혜택이 있는데, 역모기지론을 설정한 집의 재산세는 25% 감면되고, 매년 내는 이자비용 중 200만원까지 소득공제혜택도 준다.

2. 리츠

리츠(REITs, Real Estate Investment Trusts)는 부동산투자신탁이라는 뜻이다. 소액투자자들로부터 자금을 모아 부동산이나 부동산 관련대출에 투자하여 발생한 수익을 투자자에게 배당하는 회사나 투자신탁으로 증권의 뮤추얼펀드와 유사하여 부동산 뮤추얼펀드라고도 한다. 주로 부동산개발사업·임대·주택저당채권 등에 투자하여 수익을 올리며, 만기는 3년 이상이 대부분이다.

리츠는 설립형태에 따라 회사형과 신탁형으로 구분된다. 회사형은 뮤추얼펀드와 마찬가지로 주식을 발행하여 투자자를 모으는 형태로 투자자에게 일정기간을 단위로 배당을 하며 증권시장에 상장하여 주식을 사고 팔 수 있다. 신탁형은 수익증권을 발행하여 투자자를 모으는 형태로 상장이 금지되어 있다. 투자의 대상이 부동산의 개발·임대·주택저당채권(MBS) 등 부동산에만 집중된다는 것이 여타 뮤추얼펀드와 차이점이다. 리츠에는 부동산에 직접 투자하는 지분형(Equity) 리츠, 부동산담보대출에 투자하는 부채형(Mortgage) 리츠 그리고 양쪽을 조합한 혼합형(Hybrid) 리츠가 있다.

리츠는 세법이 정한 요건을 갖추기 위해 투자자에게 안정적으로 배분해야 하기 때문에 대개 임대수입이 있는 상업용 부동산을 투자대상으로 삼는다. 이러한 리츠는 직접투자보다 몇 가지 더 나은 강점이 있다. 첫째, 조세감면 효과로 부동산취득에 따른 취득세와 등록세가 감면(50%)되어 직접투자보다 수익성이 우수하다. 둘째, 관리가 용이하다. 직접투자는 부동산의 관리에 시간과 비용을 투자해야 하나, 리츠는 자산관리회사에 운용을 맡기므로 관리가 편하다. 셋째, 유동성이 우수하다. 부동산을 증권화하여 증권거래소에 상장하므로, 직접투자보다 유동성이 우수하다. 넷째, 소규모 투자가에게 기회를 제공한다. 대형빌딩과 같은 부동산투자 기회는 투자기회가 일부 시장진입자에게 국한되나, 리츠를 이용하면 소규모 자금으로 대형부동산 투자기회를 얻을 수 있다. 다섯째, 자금조달이 용이하다. 개발사업에 필요한 자금을 자본시장에서 일반국민 또는 기관투자가로부터 직접 조달할 수 있다. 여섯째, 시장이 투명화된다. 부동산증권화를 촉진하여 유동성을 증가시키고 시장의 투명화, 외자유입의 촉진효과도 있다.

우리나라는 부동산 투자수익을 소액 투자자들에게 향수할 기회를 준다는 취지로 2001년 4월 도입되었고 동년 7월 부동산투자회사법이 제정되었다. 2010년 12월 기준 부동산투자회사(상품)는 51개에 자본금 합계는 3.7조원이었고, 총자산은 7.8조원 규모로 2002년에 비해 크게 증가한 셈이다. 대개 상품이 5~10년 만기로 구성되어 있다. 한편, 정부는 자본시장을 통합시킨다는 취지로 자본시장과 금융투자업에 관한 법률을 2007년 제정하여 '집합투자업'제도를 도입하여 부동산간접투자제도를 자본시장에 통합시켰다.

3. 프로젝트금융

프로젝트금융(PF, Project Financing)은 자금을 빌리는 사람의 신용도나 다른 담보 대신 사업계획, 즉 프로젝트의 수익성을 보고 자금을 제공하는 금융기법이다. 이 때 자금을 투자받은 사업자는 수익성이 높은 사업에 투자한 뒤 이후 나오는 이익으로 채무를 갚아 나간다. PF는 원래 1920년대 미국의 유전개발사업에 활용되면서 세계적으로 확산됐다. 지금도 대규모 투자가 요구되는 가스, 석유와 같은 에너지개발이나 도로, 항만, 발전소와 같은 사회간접자본 투자에 많이 활용된다. 프로젝트 자체를 담보로 장기간 대출을 해주는 것이므로, 금융기관이 개발계획 단계부터 참여해 수익성이나 업체의 사업수행능력 등을 포함한 광범위한 분야에 걸쳐 심사한다. 즉시 확인할 수 있는 담보대신 프로젝트 자체의 사업성을 면밀히 평가하는 작업이 필수적으로 요구된다는 것이다. 금융기관은 심사과정에서 사업계획의 타당성, 추진주체인 회사나 국가의 신용도, 완공 후 해당 시설이나 설비의 유용성 등을 종합적으로 판단할 수 있어야 한다. 대규모 플랜트나 도로공사의 경우 개발기간만 10년이 넘는 경우도 허다하기 때문에 금융사 스스로 개발계획의 위험을 평가하고 이에 적당한 수익률, 즉 대출금리를 계산해 낼 수 있어야 한다.

구체적인 투자는 모회사와는 별도로 설립된 프로젝트 회사(SPC)에 제공된다. 모기업의 담보와 신용을 근거로 하는 일반금융과 달리 해당업체의 신용보다는 특정사업 자체를 지원하는 까닭에 형식으로 달라지는 셈이다. 자금을 지원하는 금융기관들은 이에 따라 프로젝트회사에 대출 등을 진행하게 된다. 프로젝트가 실패하더라도 모회사는 차입금 상환에 대한 부담은 없다.

그러나 최근 프로젝트의 리스크가 커지면서 모회사가 직·간접으로 보증을 서는 변형된 프로젝트금융이 등장하고 있다. 우리나라에서 은행들이 주로 선호한 형태의 PF는 건설사의 보증이 붙은 후자로 분류된다(아래 금융보증 구조도는 HUG에서 취급). 일단 PF투자가 이뤄지면 대출금 상환은 프로젝트에서 발생하는 수익으로 원천을 삼는다. 이 때문에 프로젝트에서 발생한 현금흐름을 유지·확보하는 것이 중요하다. 국내에서는 부동산을 제외하면 석유 및 플랜트업체, 종합상사 등이 국내외 프로젝트에 소요되는 자금을 PF로 조달하는 경우가 많다. 또 주택사업에는 상당부분 활용되고 있으며, 도시재생사업에도 상당부분 활용될 것으로 판단된다.

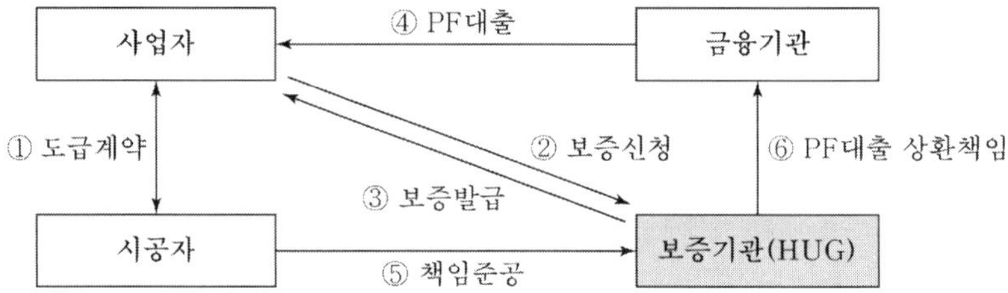

4. 펀드

불특정 다수인으로부터 모금한 실적 배당형 성격의 투자기금으로, 주식이나 채권 파생상품 등 유가증권에 투자하기 위해 조성되는 투자자금으로써, 일정금액 규모의 자금 운용단위를 말한다.

유형별로 공사채형과 주식형으로 분류할 수 있다. 공사채형 펀드는 펀드에 투자할 때 투자자금을 예치해 둘 수 있는 기간에 따라 초단기형·MMF형·단기형·중기형·장기형·2년이상형·분리과세형 등으로 나눈다. 주식형 펀드의 경우에는 약관상의 주식편입비율에 따라 안정형·안정성장형·성장형·자산배분형·파생상품형 등으로 구분한다.

펀드의 수익률은 기준가격의 상승률로 계산한다. 수익률은 원칙적으로 투자신탁자금을 결산할 때 지급되는 이익분배금 지급률(분배율)로 계산하지만, 펀드의 경우에는 수익자별로 수익증권의 매입시점과 매도(환매)시점이 다르기 때문이다.

위탁자가 국내 투자자들과 외국 투자자들을 대상으로 수익증권을 발행하여 판매된 투자자금으로 국내증권과 해외증권에 동시에 투자하는 매칭 펀드, 벤처기업에 대한 투자를 목적으로 창업투자회사에서 결성하는 벤처 펀드, 채권·주식·선물에 적절한 비율로 투자해 손실위험을 줄이는 원금보존형 펀드, 한국증권시장에서 투자활동을 할 수 있는 외국인들의 수익증권인 코리아 펀드, 수수료 없이 주식형에서 공사채 펀드로, 공사채 펀드에서 주식형으로 돌릴 수 있는 카멜레온 펀드(전환형 펀드) 등이 있다. 부동산개발이나 대규모주택건설 등 펀드를 조성하여 개발투자형태로 운영하여 완공판매 후 그 이익을 배당할 수 있다.

(1) 개방형펀드와 폐쇄형펀드

투자자가 펀드에 투자한 후 환매를 청구할 수 있는지 여부에 따라 개방형펀드(Open-end Fund)와 폐쇄형펀드(Closed-end Fund)로 구분된다. 개방형펀드는 투자자가 펀드에 투자 후 환매청구를 할 수 있고 투자대상자산의 공정한 평가가 매일 가능한 자산에 투자를 하게 된다. 반면, 폐쇄형펀드는 투자자가 환매청구를 할 수 없고, 펀드의 존속기한이 정해져 있다. 폐쇄형펀드의 경우 투자자가 환매를 통한 투자금 회수가 어려우므로 거래소시장에 상장하도록 하여 투자자가 상장된 펀드지분을 거래소시장에서 매매거래를 통하여 투자금을 회수하도록 하는 구조를 갖는다(공모펀드의 경우만 적용). 폐쇄형펀드는 환매부담이 없으므로 펀드의 투자목적에 따라 펀드자산을 전부 투자할 수 있고 부동산과 같이 매일 공정한 평가가 어려운 자산에 대한 투자를 하게 된다.

(2) 사모펀드

사모펀드는 소수의 투자자로부터 모은 자금을 운용하는 펀드로, 사모펀드의 운용은 비공개로 투자자들을 모집하여 자산가치가 저평가된 기업에 자본참여를 하게 하여 기업가치를 높인 다음 기업주식을 되파는 전략을 취한다. 우리나라 투자신탁업법에서는 100인 이하의 투자자, 증권투자회사법(뮤추얼펀드)에서는 50인 이하의 투자자를 대상으로 모집하는 펀드를 말한다. 국제적으로 사모펀드는 대부분 헤지펀드를 의미한다.

사모펀드는 금융기관이 관리하는 일반 펀드와는 달리 사인(私人)간 계약의 형태를 띠고 있어 금융감독기관의 감시를 받지 않으며, 공모펀드와는 달리 운용에 제한이 없는 만큼 자유로운 운용이 가능하다. 보통 공모펀드는 동일종목에 신탁재산의 10%이상 투자할 수 없고, 동일회사 발행주식의 20%이상을 매입할 수 없다. 하지만 사모펀드는 신탁재산의 100%까지 한 종목에 투자할 수 있다.

반면 이러한 점 때문에 사모펀드는 재벌들의 계열지원, 내부자금이동 수단으로 활용될 수 있고 검은 자금의 이동에도 활용될 수 있다. 또한 주식형 사모펀드는 특정 기업이나 개인이 사모펀드에 가입하는 방법으로 다른 회사 경영권을 인수하는 적대적 기업인수합병(M&A) 수단으로 활용될 수 있다.

국내에서 사모펀드는 1998년 투신업법 개정을 통해 허용되었지만 세부시행세칙과 표준약관이 마련되지 않아 투신업계가 사모펀드 설정준비를 제대로 못하고 있었다. 그러다 정부는 1999년 9월 금융시장 불안해소 대책의 일환으로 사모펀드를 허용했으나 기대 수익이 높은 주식형은 배제되고 공사채형만 허용되었다. 그리고 2000년 7월에 기업 자금사정 원활화를 위해 주식형 사모펀드를 허용하였다. 또 2001년 3월 M&A사모펀드 설립허용과 M&A사모펀드의 의결권제한폐지 등을 골자로 하는 증권투자회사법의 개정으로 적대적 M&A까지 가능한 M&A사모펀드가 가능해졌다.

(3) 공모펀드

공모펀드는 공개적으로 특정하지 않은 많은 투자자로부터 자금을 모으는 것이고, 사모펀드는 소수의 투자자(기관투자자)로부터 자금을 모아 주식이나 채권 등에 투자하여 운용하는 펀드를 말한다. 공모펀드는 자산총액의 10% 이상을 증권에 투자할 수 없고, 동일종목이나 동일 법인이 발행한 지분증권 총수의 10% 이상을 투자할 수 없는 등의 제한이 있다. 그러나 사모펀드는 이러한 제한이 없어 이익이 발생할 만한 어떠한 투자대상에도 투자할 수 있다.

펀드 매매업자(판매회사)는 개인 투자자가 공모펀드에 투자할 때는 최소한 다음의 절차를 준수하여 영업해야 한다. 즉, 1단계(투자가의 성향 파악) → 2단계(투자가의 유형분류) → 3단계(투자가에게 적합한 펀드 선정) → 4단계(펀드에 대한 설명) → 5단계(투자가 의사 확인) → 6단계(사후 관리)로, 이것은 정부가 개인 투자가를 보호하기 위해 마련한 장치다. 관련법은 자본시장과 금융투자업에 관한 법률이다.

(4) 헤지펀드

헤지펀드(hedge fund)는 주식, 채권, 파생상품, 실물자산 등 다양한 상품에 투자해 목표수익을 달성하는 것을 목적으로 하는 펀드다. 불특정 다수로부터 자금을 유치하는 공모펀드보다는 대규모 자금을 굴리는 소수의 기관고객을 상대하는 사모펀드 형태가 일반적이다.

현물과 선물을 결합한 다양한 투자전략을 사용하며, 목표이상의 수익을 내면 펀드운용사는 높은 수준의 성과급을 챙긴다. 주로 조세회피지역에 거점을 확보한다. 전형적인 단기투자자본으로 투자내용도 공개하지 않는다. 헤지펀드는 일반 공모펀드와 달리 거액의 차입도 가능하다.

이 때문에 손실이 커질 경우 금융시장 불안 요인으로 작용하기도 한다. 세계 금융계를 좌지우지하는 대표적 헤지펀드로는 미국의 조지 소로스가 운영하는 퀀텀펀드를 들 수 있다. 한편 사모펀드(Private Equity Fund)는 투자대상기업의 경영권 참여와 구조조정 등을 통해 기업가치를 높이고 수익을 투자자에 나눠주는 것으로, 위험회피(헤지) 기법으로 투자하는 헤지펀드와 차이가 있다.

한국은 2011년 12월에 한국형 헤지펀드를 도입했다. 한국형이라고 하는 이유는 기존 사모펀드보다 운용 관련 규제는 완화하면서도 국내 금융환경, 글로벌 규제 논의 추세 등을 반영했기 때문이다. 한국형 헤지펀드는 최저가입 기준이 기존 5억원 이상에서 1억원 이상(레버리지 200% 이상인 펀드는 3억원 이상)으로 문턱이 낮아지면서 2015년 말부터 폭발적으로 성장하기 시작했다.

헤지펀드가 자주 사용하는 투자기법이 공매도와 롱쇼트전략[5]이다. 공매도는

5) 매수를 의미하는 '롱(long) 포지션'과 매도를 뜻하는 '쇼트(short) 포지션'을 동시에 취하는 방식이다. 장기적으로는 주식시장에서 저평가된 주식을 사고, 단기적으로 고평가된 주식을 파는 기법을 조합한 '장단기 기법'이다. 전통적인 헤지펀드의 일반적 거래 형태이기도 하다. 주식을 매수하는 동시에 공매도를 하거나 현물과 연계된 선물이나 옵션을 매도함으로써 차익을 얻는다. 또는 사업구조가 유사한 두개의 종목을 짝을 지어 상승이 예상

주식이나 채권, 외환 가격이 하락할 것으로 예상되는 경우 해당 금융상품을 가지고 있지 않은데도 팔고 나중에 되사 갚는 것이다. 롱쇼트전략은 본질가치보다 싼 주식은 사고, 동시에 비싼 주식은 팔아 수익을 추구하는 것이다.

5. 커버드 본드

커버드 본드(Covered Bond)는 금융기관이 중장기자금 조달을 위해 주택자금대출채권, 공공기관대출채권 등 우량자산을 담보로 발행하는 채권을 말하며 우량자산담보채권이라고도 한다. 이 채권의 주요 투자자들은 은행, 펀드, 해외중앙은행 및 정부기관, 연기금 등 다양하며, 발행주체는 자산을 보유한 여신금융기관이다. 통상적으로 담보는 주택담보대출, 공공부문대출채권, 선박대출채권 등 탄탄한 담보가치를 보유한 대출채권이며, 채권의 금리는 대다수가 고정금리로 조기상환이 불가능한 특징이 있다.

이 채권은 크게 파산위험의 절연성과 이중청구권 두 가지 특징을 지닌다. ① 파산위험의 절연성이란 이 채권의 발행에 이용된 담보자산이 발행회사의 재무제표에 계속 존재하되, 발행회사로부터 절연되는 것을 의미한다. 담보자산이 발행회사로부터 절연되면 발행회사가 파산하더라도 담보자산에 대한 권리는 투자자들이 온전히 가져갈 수 있게 된다. 커버드본드와 달리 일반적인 담보부채권의 경우 파산위험의 절연성을 가지지 못하기 때문에 발행회사가 도산할 경우 투자금 회수에 문제가 생길 수 있다.

다음으로 ② 이중청구권이란 Ⓐ 채권 발행자가 도산하더라도 담보자산에 대한 우선청구권과 Ⓑ 담보자산의 가치하락으로 상환재원이 부족할 때 여타 자산청구권에 대한 권리를 보장받는 것을 말한다. 이 두 가지 특징으로 인해 커버드본드는 위험이 크지 않은 채권으로 분류되어 발행회사의 신용등급을 상회하는 채권등급을 획득할 수 있으며, 조기상환이 불가능하고 고정금리가 대다수인 특성을 이용하여 금융회사들은 이 채권을 통해 조달한 자금을 중장기대출자금으

되는 저평가된 것은 보유하고 고평가된 종목은 매도하는 '페어스 트레이딩(pairs trading)' 전략이 있다. 롱 쇼트 전략을 원활하게 구사하기 위해서는 현물자산의 차입이 자유롭고 차입에 따르는 비용도 적어야 한다.

로 활용한다.

핀란드, 프랑스, 아일랜드, 노르웨이, 스웨덴 등 유럽의 많은 국가들이 이 채권을 활발하게 발행하고 있으며, 우리나라에서는 2009년 5월 국민은행이 최초로 담보자산을 금융회사 외부에 신탁하여 절연시키는 방식으로 만기 5년, 발행규모 10억 달러, 금리 7.25%의 커버드본드를 발행하였으며 이 채권에 아시아 56%, 미국 25%, 유럽 17%로 투자하였다. 2010년 7월에는 주택금융공사(HF)가 만기 5년 5개월, 발행규모 5억 달러, 금리 4.125%의 커버드본드를 발행하였으며 투자자는 아시아 49%, 미국 38%, 유럽 13%로 구성되었다

6. 신탁

신탁이란 위탁자가 특정한 재산권을 수탁자에게 이전하거나 기타의 처분을 하고 수탁자로 하여금 수익자의 이익 또는 특정한 목적을 위하여 그 재산권을 관리·처분하게 하는 법률관계를 말하는데, 계약신탁과 유언신탁, 사익신탁과 공익신탁, 자익신탁과 타익신탁, 민사신탁과 영업신탁, 금전신탁과 비금전신탁, 개별신탁과 집단신탁 등으로 나눌 수 있다.

신탁의 이사표시에는 신탁재산·신탁목적·수익자가 확정되어야 한다 민사신탁은 방식에 제한이 없으나, 영업신탁에는 그 제한이 있다(담보부사채신탁법 제12조, 증권투자신탁업법 제21조 등). 신탁재산은 양도가 금지되지 않은 재산권이어야 하며, 영업신탁에서는 그 종류의 정함이 있다(신탁업법 제10조). 신탁재산은 수탁자 및 위탁자의 개인재산과는 독립성을 가진다(신탁법 제19조 내지 제25조, 파산법 제79조). 신탁재산은 등기·등록하거나 증권과 원부(原簿)에 기재하여야 제3자에게 대항할 수 있다(신탁법 제3조). 수탁자가 수인인 신탁재산은 합유(合有)가 된다(동법 제45조). 탈법신탁·소송신탁·사해신탁(詐害信託)은 금지된다(동법 제6조 내지 제8조).

위탁자는 신탁재산의 처분능력이 있어야 하며, 도산절차에서는 신탁행위가 부인권(否認權)의 대상이 될 수 있다(파산법 제64조, 화의법 제31조, 회사정리법 제78조). 행위무능력자와 파산자는 수탁자가 될 수 없으며(신탁법 제10조), 영업신탁의 수탁자는 금융감독위원회의 인가를 받아야 한다(신탁업법 제3조). 수

탁자는 신탁행위에서 다른 정함이 없는 한 신탁재산에 대한 관리행위는 할 수 있으나 처분행위는 하지 못한다. 수탁자는 신탁재산에 관한 소송에서 당사자적격을 가진다. 수탁자는 선량한 관리자의 주의의무(신탁법 제28조), 비용 및 손해보상청구권을 비롯한 각종의 권리와 의무를 가진다. 수탁자는 신탁행위로 인하여 수익자에 대하여 부담하는 채무에 관하여는 신탁재산의 한도 내에서 책임을 진다. 수탁자는 법원이나 주무관청의 감독을 받는다. 수익자는 신탁행위 당시에는 특정되지 않거나 존재하지 않아도 되며, 수익자의 권리는 원칙적으로 수익의 의사표시가 없어도 발생한다.

신탁은 신탁행위에서 정한 사유의 발생과 신탁목적의 달성 또는 달성불능, 일정한 사유에 의한 해지 등에 의하여 종료된다. 신탁이 종료되면 현존하는 신탁재산은 귀속권리자에게 귀속한다. 신탁이 종료하여도 신탁재산이 귀속권리자에게 완전히 이전될 때까지는 신탁은 존속하는 것으로 본다. 주택 및 도시재생관련 부동산신탁은 시중 부동산관련 신탁사가 주로 수행하고 있고, 주택도시보증공사도 부지신탁을 취급하고 있다.

7. 정책금융

정책금융이란 정책적으로 정부가 특정 산업과 업종 등에 선별적으로 지원하는 금융을 일컫는 것으로, 정부가 정책 등을 수행하기 위해서 실시하는 대출, 보험, 보증 등 각종 금융지원을 이르는 말이다.

고도성장을 위해 자본의 집중적 투자가 요구되는 대규모 산업화 시기, 즉 경제개발계획 시기에 주로 수출지원, 기간산업건설, 중소기업육성, 농업개발, 특수산업보호육성 등의 목적으로 정책금융이 시작되었으며, 그로 인해 많은 기업들이 정부와 국책은행의 지원을 받아 크게 성장하는 결과를 낳았다. 하지만 대표적인 관치금융인 정책금융은 자금운용의 효율성과 자율성을 저해하고, 국내 금융산업의 경쟁력을 떨어뜨리는 문제를 일으키기도 했다. 이에 1980년대 초 금융자율화 추진 이후 정책금융의 비중을 축소하려는 움직임이 시작되었으며, 1990년대 금리자유화를 계기로 일반 상업은행과 국책은행이 같이 취급하던 정책금융을 국책은행이 전담하게 하고, 정책금융의 공급수단인 한국은행의 재할인

제도를 자동재할인제도에서 총액한도제도로 전환하는 등의 방식으로 정책금융의 영역과 기능축소가 시도되었다.

정책금융은 시장의 실패(시장경제 체제에서 자원이 골고루 효율적으로 배분되지 못하는 상황)가 발생한 산업을 부흥시키기 위한 것이 목적이다. 시장실패가 일어난 산업의 경우 일반 금융회사들이 대출 등 자금지원을 기피하기 때문에 이에 정부가 금리 인하나 보조금 지급 등의 방법으로 이러한 산업에 자금을 지원하는 것이다. 그러나 정책금융은 금융산업이 발전하는데 장애요소가 될 수 있고, 기업자생력을 약화시킬 수 있으며, 무역마찰의 요인으로 작용할 수 있다는 우려가 있다.

우리나라의 대표적인 정책금융기관으로는 KDB산업은행, 수출입은행, 기업은행이 있다. KDB산업은행은 2015년 1월 산업은행과 정책금융공사가 통합된 기관이다(1954년 설립된 산업은행은 중장기적인 산업자금을 기업에 공급하며, 정책금융공사는 산업은행에서 정책금융기능을 분리하면서 2009년 10월 설립된 바 있다). 수출입은행(1976년 설립)은 장기 저리(低利)의 수출입금융과 해외투자 등을 통해 수출기업들의 해외거래를 지원하고 있다. 또 기업은행(1961년 설립)은 중소기업을 중점 지원하는 역할을 담당하고 있다.

주택도시금융분야의 대표적인 정책금융은 주택도시기금이다. 주택도시기금은 주택계정과 도시계정으로 구분하여 정책금융을 지원하고 있다. 주택도시기금은 다음 절에서 다루기로 한다. 아울러 주택도시금융보증도 정책금융을 지원하기 위한 금융서비스에 해당하는데, 주택도시기금운영관리기관인 주택도시보증공사(HUG)가 주로 수행하고 있고, 주택금융공사(HF)도 수행하고 있다.

8. 주택도시금융조달 및 간접투자

주택도시자금 조달 및 부동산 간접투자 활성화를 위한 부동산 금융거래소와 아파트 공급을 위한 건전한 투자여건을 마련하고, 지속가능한 건설공급을 위한 부동산 간접투자거래소의 도입이 필요하다. 간접투자자(소액도 가능)로부터 건설자금을 조달하고, 준공시점에 청산(리츠형태)하는 것이다. 즉, 주택도시건설사업자는 건설자금을 조달하기 위하여 토지구입 후 사업계획(현 분양승인 내용),

미분양시 매입확약[6], HUG의 준공보증 및 미분양 재매입에 대한 보증[7], 사업성 등을 평가한 이후 승인 후 투자자를 모집한다. 투자자는 기본구좌 단위(ex 3.3㎡단위)로 권한을 구입(증권)하고 거래소를 통해 자유롭게 거래, 80% 공정 시점에서 경매(최고가)를 통하여 일반에게 매각, 미분양 물량에 대해 건설사가 매입하여, 투자자 지분별로 배당한다.

이를 통하여 부동산 투기근절 및 참여 주체별 Win-Win전략이 가능하다. 즉, 건설회사는 사전에 안정적으로 사업자금을 조달받고, HUG의 미분양매입 보증을 통해 사업리스크를 최소화할 수 있다. 아울러 투자자는 저위험(분양권 전매에 비해) 고수익 간접투자가 가능하고, 가수요에 의한 가격 외곡현상의 감소로 인해 소비자후생이 극대화될 수 있다. 또, 투자자 모집시 서민주거안정을 위해 공급주택의 일부분을 현행 선분양제도로 분양하는 대신 전매거래는 불허할 수 있다. 한편, 이러한 방법은 도시재생의 방법에도 적용될 수 있다.

Ⅲ. 주택도시금융보증

1. 주택계정 주요 금융보증[8]

(1) 주택사업 금융보증(표준PF대출)

주택건설사업의 미래 현금수입 및 사업성을 담보로, 대출금융기관에 대하여 주택사업자의 사업비 대출상환을 책임지는 보증이다.

6) 건설회사가 준공 80%에 경매시 미분양 물량에 대하여 일정금액으로 매입하겠다는 확약 또는 일정공정이상의 미분양물량에 대하여는 환매조건부미분양매입을 확약하는 것이다.
7) 건설사가 매입 확약한 미분양 물건 일정부분에 대하여 대금을 지급하겠다는 보증이다.
8) 주택계정 주요 금융보증은 주택도시기금운영관리기관인 주택도시보증공사(HUG)가 취급하고 있는 금융보증상품을 중심으로 설명한다.

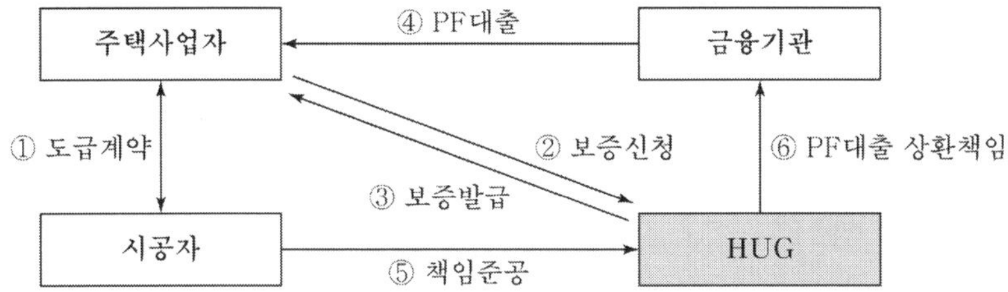

보증대상은 사업계획승인(건축허가 포함)을 득한 분양·임대사업(HUG의 분양보증, 임대보증금 보증 대상 사업이어야 함)이고, 보증한도는 분양사업은 총사업비의 50%, 임대사업은 총사업비의 70%(단, 사회주택 등 주거약자 지원형 임대사업으로서, 지자체 등의 매입확약이 있는 경우에는 총사업비의 최대 90%)이다. 기타 필수요건으로는 아래 표와 같다.

단위사업 선투입	(분양사업) 토지비의 10%와 총사업비의 2% 중 큰 금액 이상 선투입 (임대사업) 총사업비의 5% 이상 선투입
시공자 요건	- 신용평가등급 BB+이상 [HUG 신용평가 체계 기준] - 시공순위 500위 이내 또는 최근 5년간 주택건설실적 300세대 이상 업체 *주거약자 지원형 임대사업으로서 30세대 미만인 경우, 신용등급 C 이상, 시공순위·시공실적 요건 면제
건축연면적 요건 (사업규모)	(분양사업) 수도권·광역시 5천㎡ 이상, 기타 1만㎡ 이상 (임대사업) 지역에 관계없이 5천㎡ 이상
사업부지 신탁	사업부지는 공사 또는 공사가 지정하는 부동산 신탁회사에 신탁

(2) 기금건설자금 대출보증

(준)주택을 건설하기 위하여 주택도시기금 수탁기관으로부터 대출받는 자금의 상환을 책임지는 보증이다.

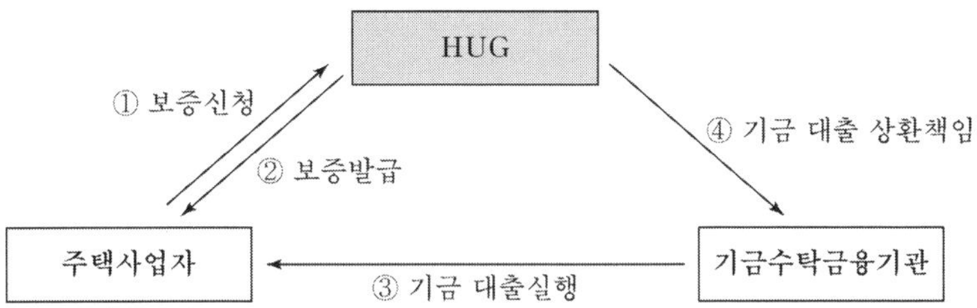

보증대상은 공공분양, 공공임대, 민간임대주택자금, 도시형생활주택, 준주택자금으로 (준)주택을 건설하는 단위사업으로, 보증금액은 총 대출금액에서 보증채권자가 산정한 사업부지의 담보평가금액을 차감한 금액의 90%이다.

(3) 후분양 대출보증

주택사업자가 주택의 일부를 후분양하는 조건으로 주택건설자금 대출금을 조달하는 경우 이의 원리금상환을 책임지는 보증이다.

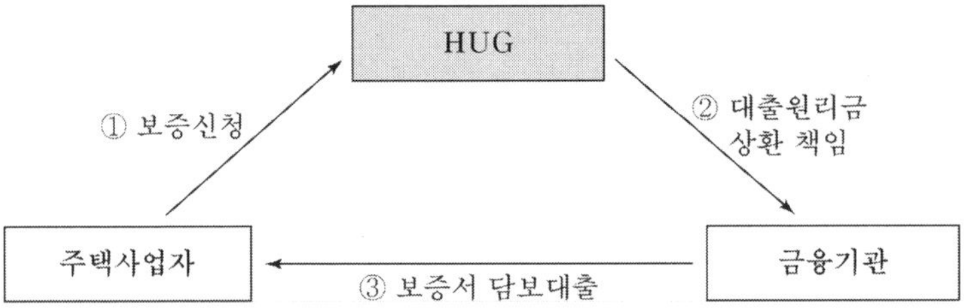

보증대상과 한도, 보증금액 등은 아래 표와 같다.

구분		입주자모집승인전 사업장	입주자모집후 준공전 사업장
보증대상		▪ 사업승인 받은 분양보증 대상 사업장으로 입주자모집승인전 사업장	▪ 분양보증사업장중 공정률 30%이상 사업장(재개발, 재건축 포함)
보증한도		▪ 세대수 기준에 의한 한도 - 전체 세대수의 60% ▪ 면적에 의한 세대별 한도 - 주거전용면적이 85㎡이내 세대 : 분양가격의 70% 이내 - 주거전용면적이 85㎡초과 세대 : 분양가격의 60% 이내	▪ 세대수 기준에 의한 한도 - 전체 세대 중 미분양 세대 ▪ 면적에 의한 세대별 한도 - 주거전용면적이 85㎡이내 세대 : 분양가격의 60% 이내 - 주거전용면적이 85㎡초과 세대 : 분양가격의 50% 이내
시공사	요건	▪ 신용평가등급 BB+이상 ▪ 도급순위 500위/최근 5년실적 300세대 이상 ▪ 고객상시모니터링 결과 경보등급 미해당	▪ 신용평가등급 CC등급 이상 ▪ 고객상시모니터링 결과 경보등급 미해당
	책임	▪ 책임준공	
보증금액		▪ 전체세대 60%범위내 후분양 대상주택 분양가격의 60~70%	▪ 미분양세대 전체세대가 보증대상으로, 미분양세대 분양가격의 50~60% (임대공급 확약시 10% 추가)

(4) 모기지 보증

주택사업자가 보유한 준공후 미분양주택을 담보로 취득하고 모기지 대출원리금의 상환을 책임지는 보증이다.

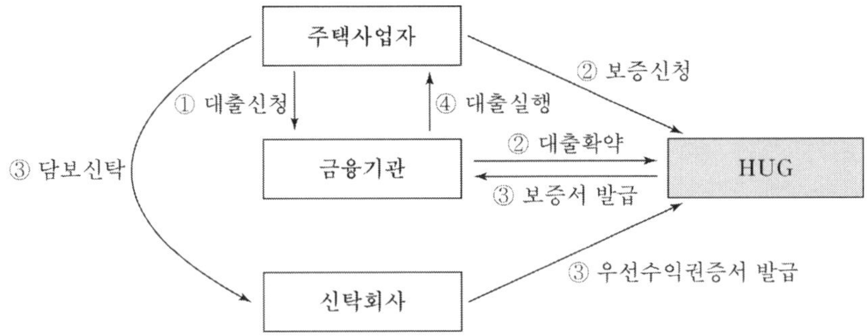

보증대상은 단지규모가 30세대 이상인 아파트, 연립주택, 다세대주택 및 주거용오피스텔이고, 보증한도는 주택의 감정가액의 60% - [선순위채권액 + 공사보증서담보부대출 미상환 잔액 + 전세보증금]이다.

(5) 전세금 안심대출 보증

임차인의 전세보증금(전세보증금 반환보증)과 금융기관의 전세자금대출 원리금 상환(대출특약보증)을 함께 책임지는 보증이다.

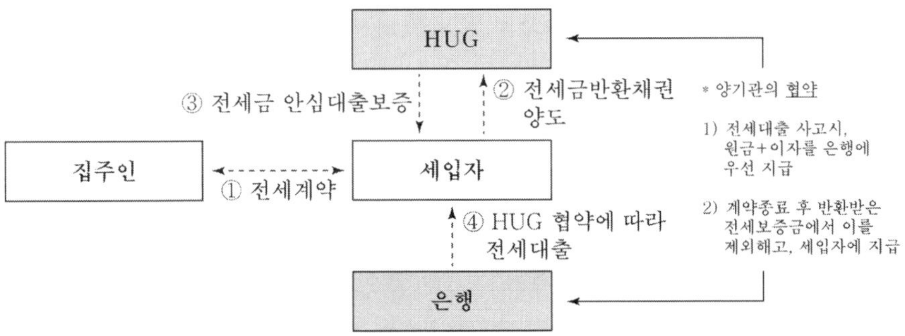

보증대상의 대상주택은 단독·다가구, 연립·다세대, 주거용 오피스텔, 아파트이고, 보증금액은 보증부대출 예정금액의 전액으로, 전세보증금반환보증은 보증한도 이내에서 보증신청인이 신청한 금액, 전세자금대출특약보증은 전세보증금

지급을 목적으로 은행으로부터 받는 대출금이고, 대출보증한도는 전세보증금(보증부월세는 월세 × 전세계약기간분 차감)의 80%와 전세보증금 반환보증금액의 80% 중 적은 금액이다.

(6) 임대주택 매입자금 보증

임대사업자(기업형주택임대사업자 포함)가 매입임대사업 목적으로 금융기관으로부터 대출받는 자금의 원리금 상환을 책임지는 보증이다.

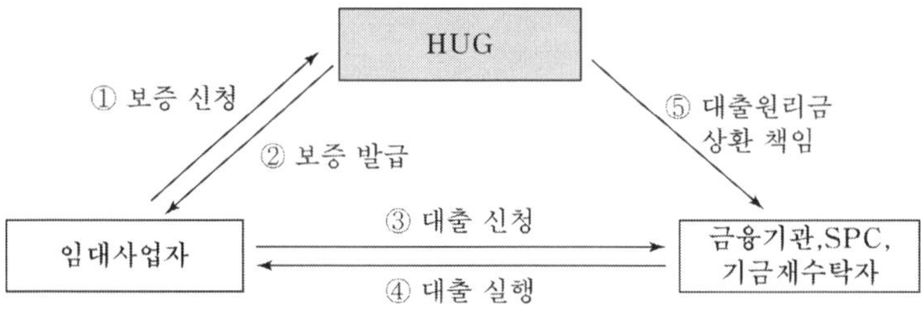

보증대상주택은 아파트(원룸형도시형생활주택 포함), 주거용오피스텔이고, 보증한도는 임대사업자는 보증대상 주택가격 × 담보인정비율 - (선순위채권+임차보증금+최우선변제소액)[지역별 · 면적별로 차등(45%~80%)]이고, 기업형임대사업자는 주택가격 × 70% - (선순위채권+임차보증금)이다. 기타 담보취득으로 근저당권 설정(다만, 기업형임대사업자는 담보신탁계약상 우선수익권 취득)을 해야 한다. 다만, 사용검사를 득하지 않은 건축중인 주택의 경우에는 해당주택에 대한 매매(분양)대금반환채권을 담보로 취득한다.

(7) 주택 구입자금 보증(중도금대출보증)

분양보증을 받은 사업장의 입주예정자가 금융기관으로부터 대출받는 주택구입자금의 원리금 상환을 책임지는 보증이다.

대상주택은 분양보증을 받은 주택 또는 주거용 오피스텔(조합주택시공보증서가 발급된 주택조합사업의 조합원이 분양받은 주택 또는 주거용 오피스텔)로, 국가 · 지자체 등이 직접 공급하거나 단독 또는 공동으로 총 지분의 100분의 50을 초과하여 출자한 부동산투자회사가 공급하는 주택분양보증의 세대수 요건을 충족하는 주택 또는 주거용 오피스텔 포함된다. 보증한도는 분양대금 × 60% -

주택도시기금대환예정액의 120% - 기납부금액이다. 한편, 세대당 2건이나 조정, 투기과열, 투기지역의 경우 세대당 1건, 신청인별 보증금액 한도 총 6억원(서울·경기·광역시·세종 외 3억원)이다. 아울러, 아래 표와 같은 요건을 갖추어야 한다.

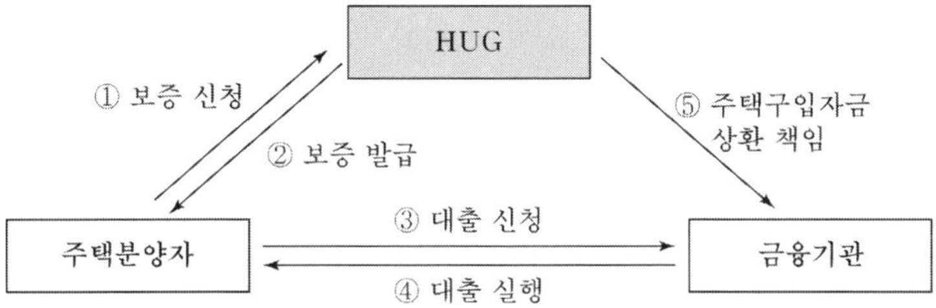

분양대금 납부	▪분양대금의 5%이상을 납부한 자(분양대금 납부요건 강화지역 10%)
채권보전조치	▪표준사업약정체결(시행자, 시공자, 금융기관) ▪분양계약자의 분양대금반환청구권에 대한 질권설정

(8) 주택 임차자금 보증

임대주택의 입주자가 금융기관으로부터 대출받은 주택임차자금의 원리금 상환을 책임지는 보증이다.

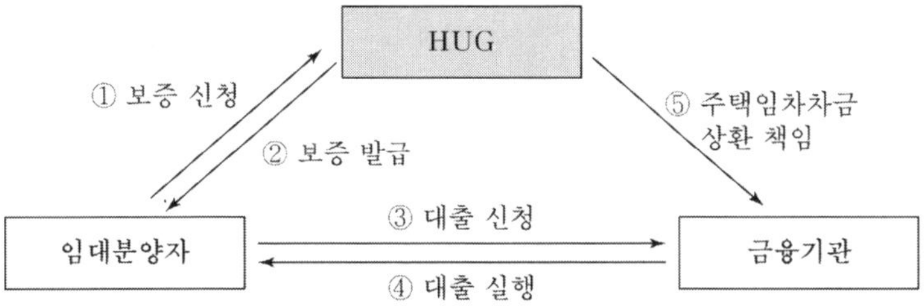

대상주택은 ① 주택임대보증(임대보증금보증 포함)을 받은 주택 또는 주거용 오피스텔, ② 국가·지자체·LH·지방공사 및 국가 등이 단독 또는 공동으로 총 지분의 100분의 50을 초과하여 출자한 부동산투자회사가 공급하는 주택임대보증의 세대수 요건을 충족하는 주택 또는 주거용 오피스텔이고, 보증한도는 임대보증금 × 80% 이내 - 기납부금액(중도금대출)이다. 아울러, 표준사업약정체

결(시행자, 시공자, 금융기관)을 하여야 하고, 임차계약자의 임차자금반환청구권에 대한 질권설정을 해야 한다.

(9) 기금 전세자금 대출보증

임대차계약을 체결한 임차인이 금융기관으로부터 대출받는 주택도시기금 전세자금[오피스텔 대상]의 원리금 상환을 책임지는 보증이다.

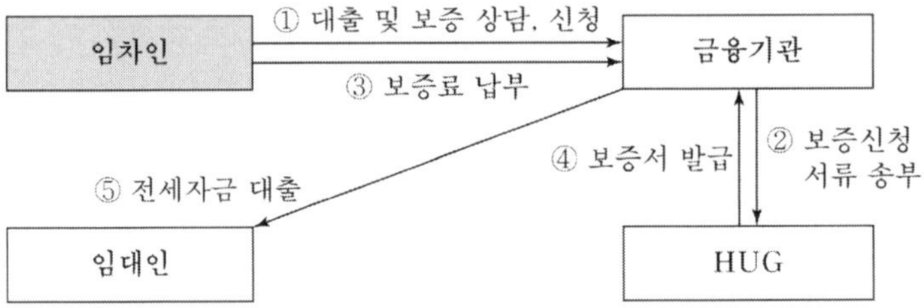

대상주택은 전용면적 85㎡ 이하인 오피스텔로, 보증한도는 다음 각 호의 금액 중 가장 적은 금액이다.

소요자금별 한도	▪ 임차보증금의 70%에 해당하는 금액
주택도시기금 호당 대출한도	▪ 주택도시기금 세부시행규정의 호당 대출한도
개인상환능력별 한도	▪ 연간인정소득 - 연간부채상환가능액
물건별 한도	▪ 매매가액 × 60% - 선순위채권

(10) 정비사업 자금 대출보증

조합 또는 조합원이 금융기관으로부터 정비사업의 사업비, 이주비, 부담금을 조달시, 대출 원리금상환을 책임지는 보증이다.

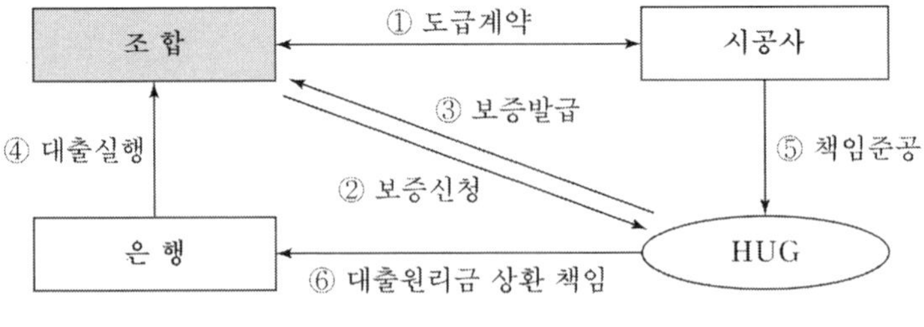

보증대상은 주거환경개선사업, 주택재개발사업, 주택재건축사업, 도시환경정비

사업, 가로주택정비사업, 시장정비사업의 사업비 · 이주비 · 부담금 대출금액이다.

구 분		주택재개발사업	주택재건축사업	도시환경정비사업	가로주택정비사업
사업특성	대상지역	주거지역	주거지역	상업/공업지역 등	주거지역
	지역특성	노후불량건축물 밀집 (기반시설 열악)	노후불량건축물 밀집 (기반시설 양호)	도시기능 회복, 상권활성화 필요 지역	노후불량건축물 밀집 가로구역(소규모)
	대상사업	주거환경개선	주거환경개선	도시환경개선	주거환경개선
보증요건	공통	• 심사평점표 70점 이상 • 기타 보증금지 사유 미해당	좌 동	좌동 및 주거면적(총건축연면적 대비 주택 및 주거용 오피스텔) 비율 60% 이상	• 심사평점표 70점 이상 • 기타 보증금지 사유 미해당
	시공자 요건 (사업비 보증)	• 신용평가등급 CCC+이상 • 책임준공의무 부담 • 고객상시모니터링 결과 경보등급 * 미해당	좌 동	좌 동	좌 동

시공자는 신용평가등급 CCC+이상, 책임준공의무 부담, 고객상시모니터링 결과 경보등급에 미해당 요건이다. 보증한도는 아래와 같다.

구분	보증한도
이주비대출보증	조합원별 종전자산평가액의 70%
부담금대출보증	조합원 부담금의 70%
사업비대출보증	총사업비의 50% *단, 가로주택 정비사업의 경우 다음 각 목에 해당하는 한도 적용 ㅇ미분양주택 매입확약 세대수가 일반분양분의 100% : 총사업비의 90% 이내 ㅇ미분양주택 매입확약 세대수가 일반분양분의 50% : 총사업비의 70% 이내 ㅇ미분양주택 매입확약을 체결하지 않는 경우 : 총사업비의 50% 이내

2. 도시계정 주요 금융보증

(1) 도시재생 PF보증

도시재생사업의 미래 현금수입 및 사업성을 담보로 토지비 등 사업비 대출의 상환을 책임지는 보증이다.

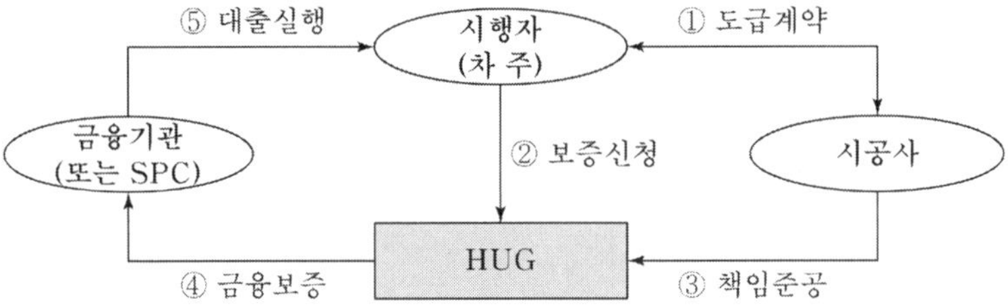

보증신청인은 토지비, 건축비 등 사업비를 금융기관으로부터 대출받는 차주이고, 보증요건은 총사업비의 20%이상 자기자금을 선투입(임대리츠와 유사 수준)한 시공자 요건으로, 경제기반형은 신용등급 BB+이상 & 시공순위 500위이내(또는 3년간 시공실적 500세대이상), 근린재생형은 신용등급 C 이상이다.

보증채권자는 대출한 금융기관으로 유동화구조의 PF인 경우에는 SPC(유동화전문회사)이며, 보증한도는 총사업비의 80% 이내(임대리츠PF와 유사 수준)이다. 단, 사전임차·매입확약 등 기준요건에 미달한 경우 70%이다.

(2) 도시재생 리모델링자금보증

사업자 소유의 건물을 담보로 도시재생을 위한 리모델링 사업의 사업비 대출의 상환을 책임지는 보증이다.

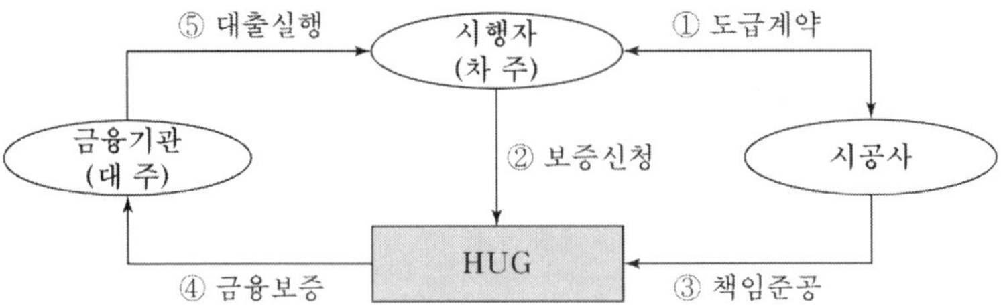

보증신청인은 리모델링자금을 금융기관으로부터 대출받는 차주이고, 보증요건은 신용등급 C이상이다. 보증채권자는 차주에게 대출해준 금융기관이고, 보증한도는 담보가치의 60% 이내(선순위채권 차감)이다.

(3) 도시재생 시설 · 운영자금보증

건물 또는 전세금반환채권을 담보로 마을기업, 사회적기업(협동조합)의 시설 · 운영자금 대출의 상환을 책임지는 보증이다.

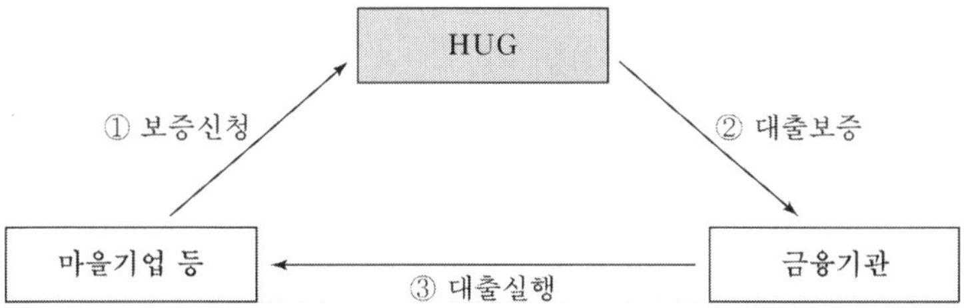

보증신청인은 시설 · 운영자금을 금융기관으로부터 대출을 받는 차주로, 보증요건은 마을기업 등의 시설 · 운영자금 용도이어야 한다. 보증채권자는 차주에게 대출해준 금융기관이고, 보증한도는 차주가 건축물 보유시, 담보가치의 60% 이내이고, 차주가 임차인인 경우는 전세금의 80% 이내이다. 단, 보증한도 산정시 건축물에 대한 선순위채권을 차감한다.

(4) 수요자중심형 도시재생지원자금보증

수요자중심형 도시재생사업자가 기금으로부터 장기저리로 필요자금을 조달할 수 있도록 상기 기금융자의 원리금 상환을 책임지는 보증이다.

수요자중심형 도시재생지원자금 주요 융자상품내용은 아래와 같다.

구 분		상품내용	비고
코워킹 커뮤니티 시설 조성자금	사업내용	도시재생활성화지역 내 코워킹커뮤니티시설 조성에 필요한 자금 융자	
	신청자격	개인, 마을기업, 사회적기업, 협동조합 등 법인, 지방자치단체, 지방공기업, 공공기관	
	자금용도	건설, 매입, 리모델링	

구 분		상품내용	비고
	융자한도	총사업비의 70%(단, 담보한도 이내)	
	융자내용	연 1.5%(변동금리), 5년 만기일시상환 또는 원리금(원금)균등분할상환	
상가 리모델링자금	사업내용	도시재생활성화지역 내 쇠퇴 구도심 활성화를 이하여 개별점포 또는 집단적 상가 리모델링 및 건설에 필요한 자금 융자	
	신청자격	상가소유자, 토지소유자	
	자금용도	건설, 리모델링	
	융자한도	총사업비의 70%(단, 담보한도 이내)	
	융자내용	연 1.5%(변동금리), 5년 만기일시상환 또는 원리금(원금)균등분할상환	
공용 주차장 조성자금	사업내용	도시재생활성화지역 내 노후불량주택 밀집지역 또는 주차장이 부족한 원도심 상권지역 내에서 공용주차장, 주차복합시설 등 건설에 필요한 자금 융자	
	신청자격	주차장부지 소유자, 지방자치단체, 지방공기업, 공공기관	
	자금용도	건설	
	융자한도	총사업비의 70%(단, 담보한도 이내)	
	융자내용	연 1.5%(변동금리), 5년 만기일시상환 또는 원리금(원금)균등분할상환	
창업시설 조성자금	사업내용	도시재생활성화지역 내 쇠퇴도심 일자리 창출을 위하여 신규로 창업하는 시설 조성에 대한 자금 융자	
	신청자격	청년창업자 등 개인, 마을기업, 사회적기업, 협동조합 등	
	자금용도	건설, 매입, 리모델링	
	융자한도	총사업비의 70%(단, 담보한도 이내)	
	융자내용	연 1.5%(변동금리), 5년 만기일시상환 또는 원리금(원금)균등분할상환	
가로주택 정비사업 초기 사업비	사업내용	가로주택정비사업을 시행하는 조합 등에 대한 초기사업비 융자	
	신청자격	가로주택 정비사업조합, 지방자치단체, 공공기관, 지방공기업	
	자금용도	조합설립인가 이후 사업시행인가 이전까지의 초기사업비	
	융자한도	구역별 3억원	
	융자내용	연 2.0%(변동금리), 3년 만기일시상환	

보증대상은 수요자중심형 도시재생사업을 위한 건설, 매입, 리모델링 자금을 주택도시기금으로부터 대출받는 사업자로, 보증신청인은 수요자중심형 도시재생

사업을 위한 건설, 매입, 리모델링자금을 주택도시기금으로부터 대출받는 사업자(개인, 법인)이다. 보증채권자는 국토교통부장관과 기금법에 따른 주택도시기금의 수탁기관 또는 재수탁기관이고, 보증한도는 보증한도 및 산출기준은 수요자중심형 도시재생지원 융자와 동일한 총사업비의 70%(한도 증액시 80%까지 가능)이고, 보증금액은 수요자중심형 도시재생지원 대출원금에서 담보물 담보인정가액(공사 보증서 제외)을 차감한다.

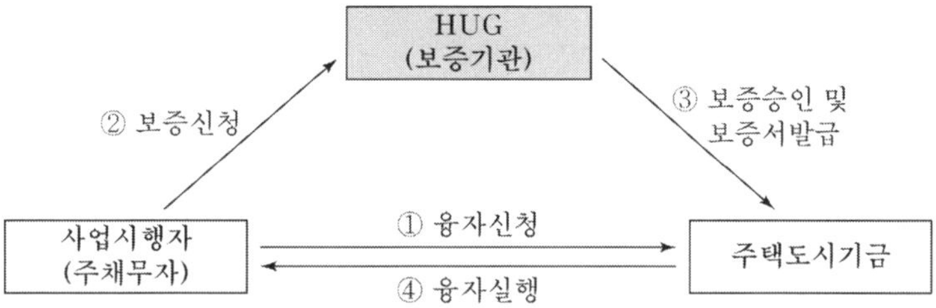

Ⅳ. 주택도시금융 정책수행기관

주택도시금융 수행기관은 국토교통부를 비롯하여 주택도시기금, 은행 등 금융기관, 주택도시보증공사, 한국주택금융공사,[9] 수탁은행, 신탁사 등 일정부분 주택도시금융을 취급하는 기관이다. 그러나 정책적인 측면에서 그리고 주택금융과 도시금융을 모두 취급하는 측면에서 판단한다면 정책수행기관으로는 국토교통부와 주택도시기금, 주택도시보증공사, 주택도시기금 수탁은행을 중심으로 설명할 수 있다.

1. 국토교통부와 주택도시기금

금융정책을 총괄하는 기재부나 금융위의 협의사항이지만, 주택도시기금을 총

9) 한국주택금융공사는 주택저당채권 등의 유동화와 주택금융신용보증 및 주택담보 노후연금 보증업무를 수행함으로써 주택금융 등의 장기적·안정적 공급을 촉진하기 위해 종전의 주택저당채권유동화(주)(1999설립)와 통합하여 2004년 3월 1일자로 설립된 기금관리형 준정부기관이다. 장기모기지론, 주택금융신용보증, 보금자리론과 적격대출의 공급, 주택연금 및 유동화증권(MBS, MBB)의 발행 업무를 담당하고 있다.

괄운영하는 기관은 국토교통부이다. 국토교통부는 기금의 조성과 운용, 기금을 통한 각종 주택정책과 도시정책사업을 입안하고 추진한다. 기금은 예산회계법상 하나의 국가이면서, 운영주체는 해당 기금의 사업목적에 부합하는 국가정책을 집행하는 부서가 담당하므로 기금을 총괄하는 국토교통부는 사실상 주택도시금융의 최고 정책기관이라고 할 수 있으며, 실질적인 수행기관이라고 할 수 있다. 다만, 주택도시보증공사 등에 위탁하여 운영할 수 있다. 그렇다고 위탁운영자체로 정책수행기관의 지위가 바뀌는 것이 아니므로 실직적인 주택도시금융 최고 정책기관이면서 실행기관이라고 할 것이다.

2. 주택도시보증공사

주택도시보증공사는 분양보증을 비롯한 주택건설사업과 관련한 각종 보증(기업, 개인)을 통하여 주택분양계약자 및 입주자를 보호하고 주택건설사업자의 원활한 사업수업을 지원함으로써 주택건설을 촉진하여 국민의 주거복지의 향상을 목적으로 설립된 준시장형 공기업이다. 공사가 취급하는 보증상품은 주택건설과 관련한 각종 기업금융보증과 주택구입과 임차인을 위한 각종 개인금융보증을 취급하는 등 주택사업 시작부터 준공 후 하자보증까지 그리고 공급과 수요자를 위한 각종 보증, 주택구입과 임차인을 위한 각종 보증, 도시재생과 관련한 각종 금융지원과 보증을 망라하여 취급하고 있다. 아울러, 약 170조 규모의 주택도시기금전담기관으로 지정되어 기금을 운영관리하고 있다.

3. 주택도시기금 수탁은행

주택도시금융과 관련하여 기금의 수탁은행들도 일정부분 주택도시금융정책을 수행하는 기관이라고 할 수 있다. 정책금융의 특성상 모든 시중은행이 취급하는 것은 아니므로 수탁은행으로 지정되는 경우 제한적으로 그 기능을 수행하고 수수료를 지급받게 된다. 시중 상업은행이 정책기금의 창구업무를 수행하는 것은 그 자체로 해당 시중은행의 위상과 상호 연관 금융상품을 판매할 수 있어 시너지가 발생하는 긍정적인 효과가 있다.

제4절 주택도시기금

Ⅰ. 기금설립 연혁 및 관리운영

1. 설치배경 및 근거

(1) 국민주택기금 설치 목적

도시화에 따른 인구 및 가구수 증가 등 요인으로 주택수요는 증가하였으나, 주택건설에 대한 제반지원 부족으로 주택공급이 수요에 미치지 못하고 있었고, 특히 대도시 및 저소득층의 주택문제가 악화되어 주택건설자금의 원활한 공급을 통해 국민주택건설을 촉진하고, 저리 주택자금 지원으로 무주택 서민층의 주거안정을 도모하기 위하여 국민주택기금이 1981년도에 설치되었다.

(2) 주택도시기금으로의 개편 배경

우리나라는 산업화와 고도 성장기를 거치면서 주택의 절대부족 문제는 해소되었으나, 전월세시장 안정화, 임대주택 공급 및 도시·주거환경 정비가 주요과제로 부상하는 가운데, 경제성장 둔화, 저금리 기조 등 경제환경변화로 개발이익을 통한 공공주택공급이나 전면철거를 동반하는 도시정비 방식이 더 이상 작동하기 어려웠다. 이에 따라, 시중의 풍부한 유동성을 주거복지 및 도시재생 분야로 유도하여 임대주택공급 및 도시재생을 활성화하기 위해, 국민주택기금 설치 33년을 맞아 자산 100조원을 넘은 주택기금을 확대·재정립하고, 운용체계를 혁신하는 등 국민주택기금을 주택도시기금(이하 "기금"이라 한다)으로 2015년도에 개편하게 되었다.

【환경변화에 따른 기금 개편의 필요성】

▸(공공임대) 경제성장 둔화와 주택시장 장기 침체로 과거와 같은 개발이익에 기초한 공공임대주택 공급 곤란

▸(민간임대) 초기 투자비용, 위험 부담 등으로 민간의 임대주택 참여 부진

▸(도시재생) 개발이익에 의한 민간의 재개발·재건축이 부진하고, 도시재생특별법('13.5 제정)도 재원 및 지원방식에 있어 한계

▸(기금 운영체계) 단순 융자대행인 과거 은행 위탁방식하에서는 기금혁신에 한계가 있고, 5년주기 교체 등으로 안정적 운용 저해

* 출자, 투융자 등 사업성 심사에 기초한 기능은 책임성·공공성 확보 필요

【주택도시기금 개편 방향】

환경변화			
거시경제	고도성장	→	성장둔화
주택시장	공급부족	→	수요부족
금융환경	고금리	→	저금리, 풍부한 유동성

환경변화에 맞게 패러다임 전환

기능재정립	1세대 주택기금		2세대 주택도시기금
지원대상	주택	→	주택+도시
지원방식	융자	→	융자+출자, 투융자, 보증 등 다각화
정책지원	정부 재정(기금 포함)	→	시중 민간자금 유치
제도·상품	금융기관 관점	→	금융소비자 관점
운영체계	시중은행 위탁	→	전담 운용기관

이렇게 개편된 기금의 효과로는 ① 민간자금을 활용한 새로운 방식으로 임대주택의 공급을 본격화 할 수 있다. 즉, 기금의 출·융자, 금융기관으로부터의 저리 민자조달로 새로운 임대주택공급의 대안으로 부각된 임대주택 리츠 등 유연한 기금운영을 통해 다양한 임대주택 공급방식의 도입이 가능하다. 다음으로 ② 소규모 주거환경개선을 활성화할 수 있다. 즉, 골목길 확충, 공원·주차장 신설 등 근린재생사업(재정보조) 추진시, 민간 불량주택 개량 및 소규모 임대주택 건설에 대한 금융지원을 할 수 있다. 그리고 ③ 상업시설 경관정비 및 주민 자생

조직을 활성화 할 수 있다. 즉, 상업지역 가로정비, 경관개선사업(재정보조) 추진시, 상가건물의 입면정비, 내부 리모델링 자금지원으로 상권활성화 효과를 극대화하고, 주민이 구성한 마을기업·협동조합사업에 대한 금융지원(집수리, 운영자금(전세금), 소득창출(게스트하우스·카페 운영) 등)을 할 수 있다. 아울러, ④ 도심 복합시설 등 경제기반 구축을 통한 경제활성화를 견인할 수 있다. 즉, 기금과 주택도시보증공사의 금융지원(출자, 투융자, 공적보증 등)으로 도심내 민관협력 복합개발 등 도시재생사업 투자를 촉진할 수 있다.

(3) 기금의 설치근거 및 목적

기금의 설치근거는 주택도시기금법(이하"기금법"이라 한다) 제1조 및 제3조에 기반하고 있다. 기금법의 목적은 기금을 설치하고 공사를 설립하여 주거복지 증진과 도시재생 활성화를 지원함으로써 국민의 삶의 질 향상에 이바지함이며 이를 달성하기 위한 자금을 확보·공급하기 위하여 기금을 설치하였다.

2. 연혁

1972년 주택건설촉진법을 제정(법률 제2409호)하여 1981년에 국민주택기금을 설치하고, 당시 한국주택은행에 기금업무를 위탁(주택건설촉진법 제10조의3)하였다. 이후 1997년 한국주택은행이 민영화됨에 따라 2000년 기금의 운용·관리업무 위탁기관을 한국주택은행에서 건설교통부장관이 지정하는 금융기관으로 변경(주택건설촉진법 제10조의3 및 부칙 제2항)하여 2002년에는 국민주택기금재 위탁은행을 선정(우리은행, 농협중앙회)하였고, 2008년에는 국민주택기금 수탁기관 재선정(5개 은행, 4.1 업무취급 개시)하여 총괄은행으로는 우리은행을 일반수탁은행(기업은행, 농협은행, 신한은행, 하나은행)으로 구분하여 취급하였고, 2013년에는 국민은행을 수탁기관으로 추가하였다. 이후 기금은 2015년 기금법을 제정하여 국민주택기금을 주택도시기금으로 개편하고, 공사를 설립하여 전담운용기관으로 출범시켰다. 아울러 2018년에는 간사수탁은행으로 우리은행, 일반수탁은행으로는 국민, 기업, 농협, 신한은행을, 청약저축 수탁은행으로는 경남, 대구, 부산, 하나은행이 협상적격자로 선정되었다.

3. 관리체계

(1) 기금관리 체계

기금은 국토부장관이 운용·관리(기금법 제10조)하고 있는데, 국토부장관은 기금의 운용·관리에 관한 사무의 전부 또는 일부를 금융기관 등 국토부장관이 지정하는 자(기금수탁자)에게 위탁(기금법 제10조제2항)할 수 있다. 이에 따라 공사는 기금을 총괄하고, 신설되는 출자·투융자사업의 사업성분석, 집행업무를 전담하고, 수탁은행은 기존의 창구대출 및 상담업무(융자, 조성)를 지속 수행하게 되었다.

<관리주체>	<기금전담 운용기관>	<재수탁기관>
국토부 장관	주택도시보증공사 (HUG)	우리(간사), 국민, 기업, 농협, 신한/경남, 대구, 부산, 하나
○ 매년도 기금운용계획 수립 ○ 관련법령 제·3개정 및 주택종합계획 수립 ○ 정부부문의 자금조달 ○ 전담기관 관리감독	○ 운용 및 관리 총괄 ○ 주택채권, 청약저축 업무 총괄 ○ 주택도시기금 대출업무 총괄 ○ 대출금 관리 총괄	○ 주택채권 발행, 청약저축 취급 ○ 기금 대출심사 및 운용 ○ 대출금 관리업무 ○ 경남, 대구, 부산, 하나 : 청약저축만 취급

(2) 기금 수탁자의 의무사항

공사 및 기금재수탁자 등은 기금의 조성 및 운용상황을 다음달 20일까지 국토부장관에게 보고(기금법 제10조제4항)하고, 공사 및 기금재수탁자 등은 선량한 관리자의 주의로 위탁받은 사무를 처리하여야 한다(기금법 제10조제5항). 또한, 공사 및 기금재수탁자 등은 회계연도마다 기금의 결산보고서를 작성하여 다음 해 2월 20일까지 국토부 장관에게 제출하여야 한다(기금법 시행령 제19조제1항).

한편, 공사 및 기금 재수탁자 등은 기금 운용·관리에 관한 사무를 위탁 받은 경우에는 임직원 중에서 기금수입담당 임직원, 기금지출 원인행위 담당 임직원, 기금 지출직원, 기금 출납직원을 임명한 후 이를 국토부 장관에게 보고하여야 하고, 이 경우 그 임명된 자는 각각 ① 기금 수입 담당 임직원 : 기금 수입

징수관의 직무, ② 기금 지출 원인행위 담당 임직원 : 기금 재무관의 직무, ③ 기금 지출직원 : 기금 지출관의 직무, ④ 기금 출납직원 : 기금 출납 공무원의 직무의 구분에 따른 직무를 수행한다.

아울러, 공사 및 기금 재수탁자 등은 기금 수입 징수관·기금 재무관·기금 지출관 및 기금 출납 공무원, 기금 수입 담당 임직원·기금 지출 원인행위 담당 임직원, 기금 지출 직원 및 기금 출납 직원을 임명한 경우에는 감사원·기재부 및 한국은행에 통지하여야 하고(기금법 제13조제3항), 기금 재수탁자 등은 기금회계와 기금 재수탁자 등의 다른 회계를 구분하여 회계처리 하여야 하며(기금법 시행령 제18조제5항), 공사는 공사의 회계와 기금의 회계를 구분하여 회계처리 하여야 한다(기금법 제28조).

4. 회계

(1) 기금의 회계기관

기금법에 따라 기금의 주무부처는 국토교통부이다. 국토교통부에서 기금업무를 담당하는 주택토지실의 담당국장이 기금 수입징수관·기금 재무관이 되며 주택정책관(지출원인회계와 징수에 관한 사무 담당)을 말하고, 기금 지출관·기금 출납공무원은 주택기금과장(수입 및 지출사무 담당)이다. 수탁기관은 기금 수입 담당 임직원·기금 지출 원인 행위 담당 임직원, 기금 수입 징수관의 직무·기금 재무관의 직무는 기금 지출 직원·기금 출납 직원으로 기금 지출관의 직무·기금 출납 공무원의 직무를 수행한다. 수탁기관의 본부는 기금 출납 담당 임원이 기금 담당 임원이 되고, 기금 출납 직원은 기금 담당 부서장이 된다. 그리고 점포는 기금 출납 담당 임원은 점포장이, 기금 출납 직원은 기금 업무 담당 책임자가 담당한다. 한편, 국토부 장관, 공사 및 기금 재수탁자는 회계관직을 임명한 때에는 감사원·기획재정부 및 한국은행에 통지하여야 한다(기금법 제13조).

(2) 회계처리 방법

회계연도·운용계획 및 결산 등에 관하여는 국가재정법을 적용(기금법 제12조)하고, 결산에서 이익금이 생긴 경우에는 이익금 전액을 기금에 적립하고, 손실금이 생긴 경우에는 적립금으로 보전하고 보전한 후에도 남는 손실액이 있는 경우에는 정부가 일반회계에서 이를 보전할 수 있다(기금법 제14조). 아울러 국토부 장관은 기금의 수입과 지출을 명확히 하기 위해 한국은행에 기금 계정을 설치할 수 있다(기금법 시행령 제18조제6항).

(3) 대출채권의 상각

공사 및 기금 재수탁자 등은 채무자의 무자력 등으로 기금의 대출금을 회수할 수 없는 경우에는 대출채권을 상각할 수 있다. 다만, 유한책임 대출의 경우에는 채무자의 자력이 있더라도 미회수 대출채권을 상각할 수 있다(법 제15조 제1항).

공사 및 기금 재수탁자 등은 대출채권 상각하려는 경우에는 대출채권별로 대출채권의 기본내용, 취급내용, 부실화 사유 및 검사 지적사항 등이 포함된 심사결과서를 첨부하여 국토부장관에게 상각 승인을 신청하여야 한다(시행규칙 제12조 제1항).

공사 및 기금재수탁자 등은 상각 처리된 채권의 보전이나 추심을 위한 관리업무를 수행하다가 5년이 끝났을 때에는 관리업무를 정지하고 그 내용을 국토부장관에게 보고하여야 한다(법 제15제2항).

5. 조성재원 및 운용용도

(1) 조성 재원

1) 주택계정

기금의 주택계정 재원은 Ⓐ 국민주택 채권 발행, 입주자 저축(청약저축·주택청약종합저축)으로 조성된 자금, 복권 및 복권기금법에 따라 배분된 복권수익금,

Ⓑ 일반회계로부터의 출연금 또는 예수금, Ⓒ 각종 예수금 및 예탁금(공공자금관리기금 예수금, 국민연금기금·공무원연금 기금·군인연금 기금·사립학교 교직원 연금기금 등 예탁금, 한국토지주택공사 예탁금, 기타 예탁금), Ⓓ 주택건설사업 또는 대지조성사업을 위하여 외국으로부터 차입자금, 주택계정의 회수금, 이자수입금 및 주택계정 운용수익, Ⓔ 주택계정의 출자기관 배당수익, 주택계정 대출자산매각자금, 주택계정자산 유동화로 조성한 자금, Ⓕ 국민주택사업 시행에 따른 부대수익, Ⓖ 한국은행 또는 금융기관 차입금(운용상 필요할 경우 기금의 부담으로 일시 차입), Ⓗ 재건축 초과이익 환수에 관한 법률에 의한 재건축 부담금 중 국가귀속분 등으로 조달된다.

2) 도시계정

기금의 도시계정 재원은 Ⓐ 일반회계로부터의 출연금 또는 예수금, Ⓑ 각종 예수금 및 예탁금(공공자금관리 기금 예수금, 국민연금기금·공무원연금기금·군인연금기금·사립학교 교직원 연금기금 등 예탁금, 한국토지주택공사 예탁금, 기타 예탁금), Ⓒ 국가균형발전 특별법에 따른 지역발전 특별회계의 출연금 또는 예수금, Ⓓ 도시계정의 회수금·이자 수입금과 도시계정의 운용 수익, Ⓔ 도시계정의 출자기관배당수익, 도시계정 대출자산 매각자금, 도시계정자산 유동화로 조성한 자금, Ⓕ 주택계정으로부터의 전입금 또는 차입금 등으로 조달된다.

(2) 운용 용도

1) 주택계정

기금 주택계정은 ① 출자 또는 융자(Ⓐ 국민주택의 건설, 국민주택규모 이하의 주택의 구입·임차 또는 개량, 준 주택의 건설, 준 주택의 구입·임차 또는 개량, Ⓑ 국민주택규모 이하인 주택의 리모델링, 국민주택을 건설하기위한 대지조성사업, Ⓒ 주택법 제35조에 따른 공업화주택의 건설, LH가 분양가 상한제 적용 주택을 우선 매입한 비용, Ⓓ 경제자유구역의 지정 및 운영에 관한 특별법 제4조에 따라 지정된 경제자유구역의 활성화를 위한 임대주택의 건설 및 이와 관련된 기반시설 등의 설치에 필요한 자금), ② 기관, 기금, 특별회계에 대한 출자·출연 또는 융자(Ⓐ 공사, LH, 한국주택금융공사, 주택금융신용보증기금,

주택저당채권유동화회사법에 따른 주택저당채권유동화회사, 자산유동화에 관한 법률 제3조 제1항에 따른 유동화전문회사 등, Ⓑ 주택법 제73조에 따른 국민주택 사업 특별회계), ③ 임대주택의 공급을 촉진하기 위한 Ⓐ 부동산투자회사법 제2조제1호에 따른 부동산투자회사가 발행하는 증권, Ⓑ 자본시장과 금융투자업에 관한 법률 제229조 제2호에 따른 부동산 집합투자기구가 발행하는 집합투자증권, Ⓒ 법인세법 제51조의2제1항제9호 각목의 요건을 갖춘 법인이 발행하는 증권, Ⓓ 임대주택사업을 단지별로 독립적으로 시행하기 위하여 설립된 상법에 따른 주식회사 또는 유한회사로서 본점 외의 영업소를 설치하지 않을 것, 상시 근무하는 임원을 두지 않을 것, 직원을 고용하지 않을 것, 법인세법 시행령 제86조의2제5항제2호에 따른 자산관리회사 또는 자본시장과 금융투자업에 관한 법률 제12조에 따라 인가를 받아 설립된 신탁업자에 관련 사무를 위탁할 것, 주식을 담보(기금 융자금에 대한 담보는 제외)로 제공하지 않을 것의 요건을 갖춘 회사가 발행하는 증권의 매입, ④ 예수금, 예탁금, 차입금, 국민주택채권에 대한 원리금 상환, ⑤ 도시계정으로의 전출 또는 융자, ⑥ 기금의 조성·운용 및 관리를 위한 경비, ⑦ 주택도시분야 전문가 양성을 위한 국내외 교육훈련 및 관련 제도 개선을 위한 연구·조사, ⑧ 정부시책으로 추진하는 주택사업, ⑨ 주택계정의 설치목적을 달성하기 위하여 법령으로 정하는 사업으로 Ⓐ 국민주택의 건설, 국민주택을 건설하기 위한 대지조성 사업을 위한 기자재의 구입 및 비축, Ⓑ 민간임대 주택에 관한 특별법 제2조에 따른 민간임대 주택과 공공주택특별법 제2조 제1호가목에 따른 공공임대 주택의 건설 및 매입, Ⓒ 국민주택을 건설하기 위한 자재 및 기술의 연구·개발, Ⓓ 주택건설자재의 생산지원, Ⓔ 주택건설 관련 비영리 공익법인의 국민주택건설사업 지원사업에 운용된다.

2) 도시계정

기금 도시계정은 ① 융자(Ⓐ 도시 및 주거환경정비법 제2조제2호 가목부터 바목까지의 사업(주거환경개선사업, 주택재개발사업, 주택재건축사업, 도시환경정비사업, 주거환경관리사업, 가로주택정비사업), Ⓑ 도시재정비 촉진을 위한 특별법 제2조제7호에 따른 기반시설(국토의 계획 및 이용에 관한 법률 제2조제6호에 따른 시설) 중 같은 법 제29조제2항에서 정하는 기반시설(공공시설, 학교,

도서관, 사회복지시설, 문화시설, 공공청사, 그 밖에 해당 지자체의 조례가 정하는 기반시설)의 설치에 드는 비용), ② 법령으로 정하는 요건을 충족하는 사업에 필요한 비용의 출자·투자 또는 융자(Ⓐ 도시재생 활성화 및 지원에 관한 특별법 제2조제1항제7호에 따른 도시재생 사업의 시행에 필요한 비용, Ⓑ 도시재생 활성화 및 지원에 관한 특별법 제2조제1항제5호에 따른 도시재생 활성화 지역 내에서 해당 지방자치단체의 장이 도시재생을 위하여 필요하다고 인정하는 건축물의 건축에 필요한 비용), ③ 기금 및 특별회계에 대한 융자(Ⓐ 도시 및 주거환경정비법 제82조에 따른 도시·주거환경 정비 기금, Ⓑ 도시재정비 촉진을 위한 특별법 제24조에 따른 재정비 촉진 특별회계, Ⓒ 도시재생 활성화 및 지원에 관한 특별법 제28조에 따른 도시재생 특별회계), ④ 기금법 제5조 및 제6조에 따른 예수금, 예탁금, 차입금의 원리금상환, ⑤ 기금의 조성·운용 및 관리를 위한 경비, ⑥ 도시계정의 설치목적을 달성하기 위하여 법령으로 정하는 사업(Ⓐ 도시재생 활성화를 위한 연구·조사, Ⓑ 도시재생을 효율적으로 추진하기 위한 기획 및 관리 사업)에 운용한다.

(3) 여유자금의 운용방법

여유자금의 운용방법으로는 ① 국채, 공채 및 그 밖에 자본시장과 금융 투자업에 관한 법률 제4조에 따른 증권의 매입, ② 공사 및 기금재수탁자 등(법 제10조제3항에 따라 공사로부터 기금사무의 일부를 재 위탁받거나 국토부장관으로부터 위탁받은 금융기관 등)에의 예치, ③ 기금이 매각한 대출자산을 기초로 하여 발행된 주택저당증권 중 한국거래소에 상장되지 아니한 주택저당증권의 매입 등이다.

Ⅱ. 기금 현황[10)]

1. 재무현황

(1) 연도별 재무상태 및 손익현황

1) 재무상태(단위 : 억원)

구 분	'09년	'10년	'11년	'12년	'13년	'14년	'15년
총자산 (대출금)	773,182 (681,612)	847,956 (708,152)	890,656 (737,142)	951,784 (795,288)	1,040,359 (812,125)	1,173,812 (836,280)	1,362,208 (854,398)
부 채 (순자산)	672,013 (101,169)	734,619 (113,337)	769,632 (121,024)	832,924 (118,860)	925,937 (114,422)	1,023,117 (150,695)	1,208,992 (153,216)

2) 손익현황(단위 : 억원)

구 분	'09년	'10년	'11년	'12년	'13년	'14년*	'15년
당기순이익 (재정운영결과)	6,320	△1,584	△5,468	△4,032	△7,910	7,359	△9,911

* 전기 재무제표 수정(6,137→7,359억원)

3) 위탁수수료 지급현황 및 주택금융신용보증기금 출연현황(단위 : 억원)

구 분	'09년	'10년	'11년	'12년	'13년	'14년	'15년	비 고
위 탁 수수료	1,557	3,313	1,551	1,723	3,461	2,324	2,391	취급업무량에 따른 지급 기준
주신보 출연금	915	923	1,025	1,042	1,103	1,077	1,071	한국주택금융공사법 시행규칙 요율에 따름
	0.24%	0.24%	0.27%	0.25%	0.25%	0.25%	0.26%	

* 출연금=출연대상 대출금 월중평잔×출연요율×해당월 일수/해당연도 일수

10) 2016년도 주택도시기금 업무편람(국토교통부 홈페이지)을 토대로 재구성하였다.

(2) 자산 · 부채 · 자본 현황(단위 : 억원)

구 분	2014(A)	2015(B)	증감(B-A)
자 산 (계)	1,173,812	1,362,208	188,396
대 출 금	836,280	854,398	18,118
충 당 금	△28,562	△34,863	△6,301
현금성자산	6,584	17,660	11,076
예 치 금	0	0	0
투자 유가증권	336,632	471,515	134,883
기 타 자 산	22,878	53,498	30,620
부 채 (계)	1,023,117	1,208,992	185,875
국민주택 채권	527,817	592,723	64,906
청 약 저 축	414,446	530,927	116,481
농 특 융 자	0	0	0
공자기금예수금(총괄계정)	0	0	0
공자기금예수금(융자계정)	4,644	3,263	△1,381
기타예수금	100	100	0
주택채권 이자충당금	39,497	38,278	△1,219
미지급 이자 등	36,613	43,701	7,088
자 본 (계)	150,695	153,216	2,521
정부 출연금	3,430	3,430	0
일반회계 전입금	57,398	64,488	7,090
주택 복권자금	9,536	9,536	0
이익잉여금	66,278	73,637	7,359
자 본 조 정	6,694	12,036	5,342
재정운영결과	7,359	△9,911	△17,270

(3) 연도별 대출금 세부현황(단위 : 억원, 잔액기준)

구 분	2008	2009	2010	2011	2012	2013	2014	2015
합 계	634,020	681,612	708,152	737,142	795,288	812,125	836,280	854,398
o 임대주택 자금	294,573	324,535	343,559	345,924	360,351	383,183	405,326	419,652
- 국민임대	162,606	201,634	213,240	216,909	214,109	218,136	226,659	225,887
- 공공임대	127,918	118,519	125,707	124,053	141,537	160,653	171,778	180,799
- 매입임대	4,049	4,382	4,612	4,962	4,705	4,355	4,094	3,798
- 행복주택	-	-	-	-	-	39	2,795	9,188
o 분양주택 자금	116,757	125,866	134,289	151,027	175,653	141,525	102,117	75,969
- 공공분양	103,696	114,629	126,406	145,184	167,529	136,975	100,933	74,572

구 분		2008	2009	2010	2011	2012	2013	2014	2015
- 후분양		13,061	11,237	7,883	5,843	8,124	4,550	1,184	1,397
ㅇ 수요자 융자지원		202,759	213,489	214,711	226,485	248,015	277,693	320,573	351,924
구입자금	디딤돌대출	-	-	-	-	-	-	21,256	50,173
	근로자·서민구입	72,926	67,022	56,258	43,312	31,632	26,641	21,246	16,340
	최초주택구입	42,143	34,692	28,774	27,119	38,174	45,316	41,467	33,210
	공유형모기지	-	-	-	-	-	3,782	11,487	12,851
전세자금	버팀목전세	-	-	-	-	-	-	-	41,144
	근로자·서민전세	64,521	81,201	91,828	112,985	131,784	136,766	151,416	108,635
	저소득가구	22,322	30,095	37,545	42,881	46,294	65,105	74,816	89,542
	전세금 반환자금	73	3	1	0	0	0	0	0
	개발이주자전세	774	476	305	188	131	83	40	30
ㅇ 주택개량사업		17,997	17,146	15,340	13,508	11,217	9,697	8,260	6,851
- 주거환경개선		4,197	3,560	2,986	2,404	1,281	1,066	841	646
- 농촌주택		13,800	13,586	12,354	11,104	9,936	8,631	7,419	6,205
ㅇ 기타사업		1,934	576	253	198	52	27	4	2
- 대지조성 자금		1,500	250	0	0	0	0	0	0
- 부도사업장 정상화		434	326	253	198	52	27	4	2

(4) 기금 지원 건설호수(단위 : 호)

구 분		계	'14년까지	'15년
합 계		5,128,534	5,023,620	104,914
분양주택	소 계	2,594,596	2,584,598	9,998
	공공분양	1,999,946	1,993,496	6,450
	후분양	69,458	68,178	1,280
	근로복지	309,824	309,824	-
	다세대·다가구	215,378	213,100	2,278
임대주택	소 계	2,533,938	2,439,022	94,916
	국민임대	938,572	883,201	55,371
	공공임대	1,533,350	1,493,805	39,545
	사원임대	62,016	62,016	-

2. 조성 및 운용 현황

(1) 조성 및 운용 현황 ('16. 11월 현재)

1) 조성

재원별	내 용	금리(연이율)	기 간
제1종 국민주택 채권	등기・등록, 건설공사도급계약, 인・허가시(첨가발행)	연 1.25% * '01. 7. 31 이전 : 연 5.0% '01. 8. 1～'12.7.31 : 연 3.0% '12. 8. 1～'13.4.30 : 연 2.5% '13. 5. 1～'14.9.30 : 연 2.25% '14.10. 1～'15.3.31 : 연 2.00% '15. 4. 1～'16.2.14 : 연 1.75% '16.2. 15～'16.6.14 : 연 1.50% '16.6. 15～ : 연 1.25%	5년
제2종 국민주택 채권	주거전용면적 85㎡초과 "분양가상한제 적용주택" 공급시 발행(채권입찰제) * '07. 9. 1 민간택지까지 확대 * '06. 2.24 부활(공공택지내)	연 0% ('99. 7. 15이전 연3.0%)	10년 ('99. 7.15 이전 20년)
청약저축 (주택청약 종합저축)	국민주택과 민영주택을 공급받기위하여 가입하는 저축 (입주자 선정자격 부여)	연 1.8% - 2년미만 : 연 1.5% 1년미만 : 연 1.0%	당첨시까지
공공자금 관리기금 예수금	공공자금관리 기금의 예탁금	국채금리 + 0.01%p	20년이내
복권기금 전입금	복권기금에서 전입 (다가구 매입임대 출자 등)	-	-
일반회계 전입금	일반회계에서 전입 (국민임대 건설을 위한 출자금으로 사용)	-	-
재건축 부담금	재건축 부담금	-	-
예수금	공무원・사학・국민연금기금 등	정기예금 이율	3년이내
융자금 회수	만기가 도래한 기금 대출금 회수	-	-
이자수입 등	대출금의 이자수입 등	-	-

2) 운용

구 분		내 용	법적근거
기금운영비	기금관리비	기금위탁관리에 따른 위탁수수료	기금법 제9조제1항제6호
	사업운영비	연구용역비 및 기타운영비 (일반수용비 등)	기금법 제9조제1항제6호
경상사업	다가구 매입임대 출자	다가구매입임대주택사업비 보조 (총사업비 중 45~50% 보조)	기금법 제9조제1항제2호
	전세임대 경상보조	전세임대 사업에 따른 전세권설정비, 수리비 등을 지원	
	국민임대 출자	국민임대 주택건설 지원에 따른 재정 분담분(총 사업비중 15~45%) 출자	
	행복주택 출자	행복주택건설지원에 따른 재정 부담분(30%) 출자	
	임대주택 리츠 출자	임대주택을 공급하기 위해 설립된 부동산투자회사에 출자	
	재건축부담금 자본이전	재건축 부담금 전액을 지자체에 배분	재건축초과이익환수에 관한법률 제4조제4항
	주택신보 출연	주택금융 신용보증기금에의 출연 (법정 출연)	기금법 제9조제1항제2호
	이차보전	분양주택 융자(LH) 및 디딤돌 대출에 대한 이차보전	국가재정운용계획
융자사업	임대주택건설	국민임대주택건설 및 공공임대주택 건설에 대한 융자	기금법 제9조제1항제1호
	분양주택건설	공공분양주택 건설 및 후분양주택 건설에 대한 융자	
	주택전세	버팀목전세자금 및 기존주택전세임대자금에 대한 융자	
	주택구입	내집마련 디딤돌대출에 대한 융자 공유형 모기지에 대한 융자	
	주택개량	주거환경개선 등에 대한 융자	
	기 타	매입임대, 준주택 등에 대한 융자	
정부내부 지출		공자기금(총괄·융자) 등으로부터의 예수금에 대한 원금 및 이자상환	기금법 제9조제1항 제4호
차입금 상환		국민주택채권 발행 및 청약저축 차입 등에 따른 원금 및 이자상환	기금법 제9조제1항 제4호
여유자금 운용		운용 후 잉여자금 운용 (통화 금융기관 예치 등)	기금법 제9조제4항

3) 주요 운용자금별 지원조건(단위 : 백만원, %)

구 분	융자대상	호당 융자 한도액	금리 (연)	상환방법	비고
□ 주택시장안정 및 주거복지 향상(융자)					
-주거환경개선	주거환경개선지구 내 토지·주택 소유자 및 이외지역 노후불량주택 소유자	30~180	2.7(2.0)*	1(3)년거치 19(17)년 상환 (다가구 : 1년일시)	* 65세 이상 노인주택
-공공분양 ·60㎡이하 ·60~75㎡	주택건설 사업자 (공공기관 및 민간사업자) *민간은 60㎡ 이하만 가능	55 75	3.6(4.6) 3.8	사업자: 3년 일시상환 [1(3)년거치19(17)년상환]	( )는 민간적용
-후분양자금 ·60㎡이하 ·60~85㎡	후분양하는 주택건설 사업자(공공기관 및 민간사업자)	60 80	4.1 4.3	사업자: 3년 일시상환 [1(3)년거치19(17)년 상환]	
-준주택지원	오피스텔, 고시원, 대학교기숙사,	80만/㎡ 40만/㎡ 80만/㎡	5.0 5.0 2.0	3년이내 일시상환 3년이내 일시상환 3년거치 17년상환	'11.2.10 신설
□ 주택시장안정 및 주거복지 향상(주택구입융자)					
-내집마련 디딤돌대출	부부합산 연소득6천만원 이하인 무주택 세대주 (생애최초 7천만원)	200	2.1~2.9	비거치 또는 1년 거치 10,15,20,30년상환	'14.1.2 신설
-공유형모기지 ·수익형/손익형	생애최초주택구입 또는 5년이상 무주택자	200	1.5 (수익형)	1(3)년거치 19(17)년상환	'13.10.1 신설
			1.0/2.0 (손익형)	20년 일시 상환	
□ 주택시장안정 및 주거복지 향상(전세자금융자)					
-버팀목 전세	부부합산 연소득5천만원 이하인 무주택 세대주 (신혼부부등 6천만원)	수도권 100 지방80	2.3~2.9 (1.3~1.9)	2년 이내 일시상환, 4회 연장, 최장10년가능 (*연소득 4천만원 이하의 기초생활수급자, 한부모가정 등에 1%p 우대)	'15.1.2 신설
-주거안정 월세	(우대형) 취업준비생, 근로장려금 수급자 등 저소득 무주택세대주	7.2	1.5	2년 이내 일시상환, 4회 연장, 최장 10년가능	'15.1.2 신설
	(일반형) 부부합산		2.5		

구 분	융자대상	호당 융자 한도액	금리 (연)	상환방법	비고
	연소득 5천만원 이하자				
□ 주택시장안정 및 주거복지 향상(임대주택지원융자)					
-국민임대	지자체, 한국토지주택공사, 지방공사	33.64 ~64.62	1.8	30년거치 15년 상환	
-행복주택	지자체, 한국토지주택공사, 지방공사	39.73	1.8	30년거치 15년 상환 *주거환경지구내 $30m^2$ 이하 및 지자체가 사업시행자인 경우 연1%	
-공공임대 ·60㎡이하 ·60~85㎡	주택건설사업자 (공공기관 및 민간사업자)	55 75	2.3 2.8	10년 이내에서 임대기간 거치후 20년 상환	
-민간임대 ·60㎡이하 ·60~85㎡ ·85~135㎡	기업형임대사업자, 일반형임대사업자	80(70) 100(90) 120(110)	2.0(3.0) 2.5(3.5) 3.0(4.0)	4~12년 만기일시상환 *( )는 단기임대주택 및 29세대 이하 건설자금에 해당	'16.1.29 신설

Ⅲ. 기금 조성[11)]

1. 조성개요

(1) 주요 조성재원

기금은 자체재원 및 외부차입 등으로 조달하고 있으며, 대출원리금 회수액은 전액 재적립하여 기금대출로 재운용되고 있다. ① 자체재원은 대출원금 회수, 이자수입금 등이고, ② 외부차입 등은 국민주택채권, 청약저축, 공공자금관리기금 예수금, 농특회계 예수금, 복권기금 전입금, 일반회계 전입금 등이다. 그 규모(2015.12.31.기준)는 다음 표와 같다.

11) 2016년도 주택도시기금 업무편람(국토교통부 홈페이지)을 토대로 재구성하였다.

구 분	규모(억원)	비 고
국민주택채권	592,723	
청약저축	530,927	
미지급이자 등	81,979	
일반회계전입금	64,488	
이익잉여금	63,726	
자본조정	12,036	
주택복권자금	9,536	
정부출연금	3,430	
공공자금관리기금예수금 등	3,363	

(2) 기금 재원 현황

재원별		이 율	기 간	내 용
국민주택채권	제1종	연 1.25%	5년	인·허가, 등기, 등록, 건설공사 도급계약(첨가소화) * '01. 7. 31 이전 : 연 5.0% '01. 8. 1~'12.7.31 : 연 3.0% '12. 8. 1~'13.4.30 : 연 2.5% '13. 5. 1~'14.9.30 : 연 2.25% '14.10. 1~'15.3.31 : 연 2.00% '15. 4. 1~'16.2.14 : 연 1.75% '16. 2. 15~'16.6.14 : 연 1.5%
	제2종	연 0.0%	10년	주거전용면적 85㎡ 초과 "분양가 상한제 적용주택" 공급시 발행(채권입찰제) * '07. 7. 30(민간택지까지 확대) '06. 2. 24 부활(공공택지내)
청약종합저축(청약저축)		1년 미만 연 1.0% 2년 미만 연 1.5% 2년 이상 연 1.8%	당첨시 까지	국민주택과 민영주택을 공급받기 위하여 가입하는 저축 (입주자 선정자격 부여)
공공자금 관리기금 예 수 금		국 채 금 리 + 0.01%p	20년 이내	공공자금관리기금의 예탁자금
예수금		1년 만기 정기예금 이율 또는 시중금리	3년 이내	각종 기금의 예탁자금
복권기금 전입금		-	-	복권 발행으로 조성된 자금
재건축부담금		-	-	재건축 부담금 중 국고 귀속분
일반회계 전입금		-	-	국민임대 출자지원을 위해 일반회계에서 기금에 전입

(3) 기금 재원별 법적 근거

구 분		관련 법규
국민주택 채 · 권	발 행	국채법 제5조 제4항, 기금법 제5조 및 제7조, 시행령 제4조 및 제5조, 제9조, 시행규칙 제2조
	이율, 상환	기금법 제7조, 시행령 제6조
	취급기관	기금법 제7조, 시행령 제7조
	매 입	기금법 제8조, 시행령 제8조 내지 제9조, 시행규칙 제2조, 제6조 내지 제8조
	중도상환	시행령 제10조, 시행규칙 제9조
	소멸시효	국채법 제14조
청약종합저축 (청약저축)	전 반	기금법 제5조, 주택법 제56조, 공급규칙 제5조 내지 제14조(제2장)
공공자금 관리기금 예 수 금	근 거	기금법 제5조, 공공자금관리기금법 제4조
	이율 등	공공자금관리기금법 제7조
예수금	근 거	기금법 제5조 내지 제6조, 시행령 제3조
복권기금 전입금	근 거	기금법 제5조, 복권 및 복권기금법 제23조제3항
재건축부담금	근 거	기금법 제5조, 재건축 초과이익 환수에 관한 법률 제4조제2항
일반회계 전입금	근 거	기금법 제5조

2. 국민주택 채권

(1) 국민주택채권의 의의

국민주택채권은 국민주택사업에 필요한 자금을 조달하기 위하여 기금의 부담으로 발행하는 국채로서, 기금법 제8조에 의하여 국가·지자체로부터 면허·허가·인가를 받거나 등기·등록을 신청하는 자와 국가·지자체 또는 공공기관의 운영에 관한 법률에 의한 공공기관(정부가 납입자본금의 100분의 50 이상을 출자한 공공기관)과 건설공사의 도급계약을 체결하는 자 등이 의무적으로 매입하도록 하여 기금조성의 주요 재원으로 활용된다. 기금은 기금법에 의거하여 정부의 주택종합계획을 수행하는데 필요한 자금을 지원함으로써 중요한 주택정책

수단으로 기능한다.

(2) 국민주택채권발행의 필요성

주택은 고가의 사유재(私有財)임과 동시에 의식주로 표현되는 기본 생활요건의 하나로서 저소득계층이 주택을 마련하기에는 부담이 크기 때문에 자력으로 주택시장에서 주거문제를 해결하기 어려운 계층에 대해서는 정부가 개입하여 주택문제의 해결을 지원하는 것이 선·후진국, 사회주의·자본주의 국가 구별 없이 일반적인 현상이다. 우리 정부도 국민의 주거생활 안정과 주거수준 향상을 도모하기 위해 매년 주택종합계획을 수립하고 있으며, 이를 효율적으로 뒷받침하기 위한 소요자금을 확보하고 원활히 공급하고자 기금을 설치(1981.4)하였으며, 그 주요 재원으로 활용하기 위하여 국민주택채권을 발행하고 있다.

(3) 국민주택채권발행의 근거

① 1972년 주택건설촉진법이 제정(법률 제2409호)됨에 따라 정부가 국민주택사업에 필요한 자금을 조달하기 위해 국민주택채권을 발행할 수 있는 법적 근거를 마련하여, 제1종 국민주택채권[12]은 1973.3.2. 정부보증으로 한국주택은행에서 처음으로 발행(연 6%, 5년 만기)하였고, 제2종 국민주택채권은 1983년 4월~1999년 7월까지 투기과열지구에서 민영 아파트 분양시 채권입찰제를 시행하여 제2종 국민주택채권을 매입하였다. 그리고 2006년 2월 24일 채권입찰제의 부활로 공공택지 내에서 건설·공급되는 주거전용면적 85㎡를 초과하는 분양가 상한제 적용대상 주택을 공급받는 자에게 시세차익환수 목적으로 제2종 국민주택채권을 매입하게 되었으나, 분양가상한제의 전면 적용을 위한 주택법령이 제·개정(2007.9.1)됨에 따라 주택채권 입찰제도를 보완(2013.5.31. 폐지)하였다. 한편, 제3종 국민주택채권은 공공택지 내에서 택지를 공급받는 자에게 귀속되는 개발이익을 환수하여 서민 주거안정 자금으로 활용(2005.6월 최초 발행하

12) 국민주택사업에 필요한 자금을 조달하기 위하여 기금법에 의거 국가(기금)의 부담으로 발행하는 국채로서 국가 또는 지방자치단체로부터 면허·허가·인가를 받거나 등기·등록을 신청하는 자 및 국가·지자체 또는 「공공기관의 운영에 관한 법률」에 의한 공공기관(정부가 납입자본금의 100분의 50 이상을 출자한 공공기관)이 건설공사의 도급계약을 체결하는 자 등에게 매출하는 채권이다.

여 2006.2.24. 폐지)하였다.

② 2015년 7월 1일 시행된 기금법은 제7조(국민주택채권의 발행 등)에서 정부는 국민주택 사업에 필요한 자금을 조달하기 위하여 기금의 부담으로 국민주택 채권을 발행하는 근거를 두었고, 국민주택 채권은 국토부장관의 요청에 의하여 기재부장관이 발행하고 이 법에 특별한 규정이 있는 경우를 제외하고는 국채법을 적용하도록 하였다. 또, 국민주택 채권의 종류·이율·발행의 방법·절차 및 상환과 발행 사무취급에 관하여 필요한 사항은 각각 대통령령으로 정하도록 규정하고 있다. 한편, 동법 제8조(국민주택채권의 매입)에서는 국가 또는 지자체로부터 면허·허가·인가를 받거나 등기·등록을 신청하는 자(제1종 국민주택채권), 국가·지자체 또는 공공기관의 운영에 관한 법률에 의한 공공기관(정부가 납입자본금의 100분의 50이상을 출자한 공공기관)과 건설공사의 도급계약을 체결하는 자(제1종 국민주택채권), 동 법에 의하여 건설·공급하는 주택을 공급받는 자(제2종 국민주택채권)는 국민주택채권의 매입을 규정하고 있다. 아울러 제1종 국민주택채권의 매입대상자와 매입기준은 기금법 시행령 제8조제2항 별표에 의한다.

③ 국채법에서는 국채의 발행 및 관리에 관한 기본적인 사항을 규정하면서, 하위 법령에서 국채의 발행방법·이율 및 상환기한 등에 관한 필요사항을 규정하도록 근거를 마련하고 있다.

(4) 국민주택채권발행계획 및 실적(단위 : 억원)

구분	1종			2종			3종	
	계획	발행	상환	계획	발행	상환	발행	상환
'97~'10년	898,737	905,394	549,658	33,739	22,316	7,318	5,942	-
'11년	94,950	99,959	95,348	50	9	6,061	-	-
'12년	90,000	97,370	84,599	-	-	6,357	-	-
'13년	95,000	104,870	84,995	-	-	2,765	-	-
'14년	95,000	124,474	106,732	-	-	2,451	-	-
'15년	105,000	161,741	89,074	-	-	1,914	-	5,847

3. 주택청약 종합저축

(1) 개념 및 근거

주택청약 종합저축은 85㎡이하 국민주택에 청약이 가능한 청약저축을 기본으로 하고, 민영주택 청약이 가능한 예·부금 기능을 추가한 종합청약통장이다.

주택청약종합저축은 주택법 제56조에 규정하고 있는데, 주택을 공급받으려는 자에게는 미리 입주금의 전부 또는 일부를 저축(이하 "입주자저축"이라 한다) 하게 할 수 있다. 또, 공급규칙 제5조, 제6조 및 제7조에서는 주택청약 종합저축은 국민주택과 민영주택을 공급받기 위하여 가입하는 저축이라고 규정하고 있다.

(2) 가입대상 등

국민인 개인(국내에 거주가 있는 재외동포 포함) 또는 외국인 거주자 가입가능하다. 단, 전 금융기관을 통하여 주택청약종합저축, 청약저축, 청약예금, 청약부금 중 1인 1계좌만 가입 가능하다. 저축기간은 가입한 날로부터 주택(분양전환되지 않는 공공임대주택을 제외한다)의 입주자로 선정된 날까지이다. 이율은 공급규칙 제13조 및 국토부 고시 제2016-557호에 따라 아래 표와 같다.

구분	1개월 이내	1년 미만	2년 미만	2년 이상
'09.05.06～'12.12.20	이자 없음	2.5%	3.5%	4.5%
'12.12.21～'13.07.21	이자 없음	2.0%	3.0%	4.0%
'13.07.22～'14.09.30	이자 없음	2.0%	2.5%	3.3%
'14.10.01～'15.02.28	이자 없음	2.0%	2.5%	3.0%
'15.03.01～'15.06.21	이자 없음	1.8%	2.3%	2.8%
'15.06.22～'15.10.11	이자 없음	1.5%	2.0%	2.5%
'15.10.12～'16.01.03	이자 없음	1.2%	1.7%	2.2%
'16.01.04～'16.08.11	이자 없음	1.0%	1.5%	2.0%
'16.08.12～	이자 없음	1.0%	1.5%	1.8%

이자지급은 해지할 때 일시에 지급되며, 이자소득에 대하여 15.4% 과세(세금

우대 가입자는 9.5%)된다. 한편, 월 저축금은 매월 약정 납입일에 2만원 이상 50만원 이하의 금액을 5천원 단위로 자유롭게 납입할 수 있고, 월 납입금의 총액이 민영주택 청약 예치금액의 최대한도에 이를 때까지는 50만원을 초과하여 납입이 가능하다.

(3) 주택 입주자 선정기준(일반공급)

주택유형	선정방식	비율	청약자격 및 당첨자 선정방식
85㎡이하 국민주택등	순차제	100%	순차별선정: 입주자저축 1순위 무주택세대주기간 →저축총액→저축납입 횟수 등을 기준으로 당첨자 선정
85㎡이하 민영주택 (60㎡~85㎡)	가점제	40% 이하	(청약1순위) 입주자저축 1순위자 중 가점점수가 높은 자(낙첨자는 추첨제에 포함)
	추첨제	나머지	(청약1순위) 청약1순위 가점제 낙첨자 중 추첨
85㎡초과 민영주택	추첨제	100%	(청약1순위) 입주자저축 1순위자 중 추첨

입주자 선정은 청약통장 가입자들을 대상으로 통장 가입기간, 금액 등에 따라 순위를 정하여 입주자를 선정(공급규칙 제27조~제28조)한다.

한편, 민영주택 당첨자 선정 순서는 1순위(가점→추첨) → 2순위(추첨) → 선착순(미달인 경우)이며, 입주자 저축 1순위는 국민의 경우 가입기간 1년, 월 납입금 12회 이상(수도권 외 6개월)이고, 민영의 경우 가입기간 1년, 지역별예치금 납입(수도권 외 6개월)이상인 경우이다. 지역별, 평형별 분양희망 주택규모에 따른 청약 예치금액은 아래 표와 같다.

분양희망 주택규모	예 치 금 액(단위 : 만원)		
	서울·부산	기타 광역시	기타 시 및 군
85㎡이하	300	250	200
102㎡이하	600	400	300
135㎡이하	1,000	700	400
모든 면적	1,500	1,000	500

(4) 주택청약 종합저축 · 청약저축 · 청약예금 · 청약부금 비교

구 분	주택청약 종합저축	청약저축	청약예금	청약부금
정 의	국민주택에 청약이 가능한 청약저축을 기본으로 하고, 민영주택청약이 가능한 예·부금 기능을 추가한 '종합통장'	국민주택을 분양받고자 무주택 세대구성원이 가입하는 저축	민영주택을 분양받고자 가입하는 예금	민영주택을 분양받고자 매월 불입하는 적금식 입주자 저축
실시지역	전 국	전 국	시 · 군지역(103개)	시 · 군지역(103개)
가입대상	연령, 자격제한 없음	무주택 세대구성원	만 19세 이상인 개인	만 19세 이상인 개인
저축방식	매월 일정액 적립 및 예치식 병행	매월 일정액 불입	일정 금액 예치	매월 일정액 불입
저축금액	월 2~50만원	월 2~10만원	일시 예치 200~1,500만원 (규모 · 지역 차등)	월 5~50만원
청약주택	모든 주택	국민주택 (85㎡이하)	민영주택 (예치금 규모에 따라)	민영주택 (85㎡이하)
취급은행	기금 취급은행	기금 취급은행	시중은행	시중은행

4. 전입금

(1) 복권기금 전입금

무주택 서민의 주거안정을 도모하기 위하여 설치 · 운용 중인 기금의 재원조성 목적으로 복권 및 복권기금법에 따라 전입되는 자금으로, 사용용도(복권 및 복권기금법 제23조)는 Ⓐ 국민주택 건설사업, Ⓑ 국민주택을 공급받은 자에 대한 융자, Ⓒ 정부시책으로 추진하는 주택사업에 사용된다. 설치연도는 2004년도이며, 연도별 복권기금 전입액은 2004년 385,119백만원, 2005년 484,607백만원, 2006년 490,000백만원, 2007년 461,027백만원, 2008년 464,713백만원, 2009년

554,675백만원, 2010년 471,936백만원, 2011년 481,375백만원, 2012년 488,050백만원, 2013년 538,050백만원, 2014년 538,045백만원, 2015년 567,170백만원이다.

(2) 일반회계 전입금

국민임대주택 100만호 건설계획에 따른 정부재정의 국민임대 건설지원분을 기금에서 출자하기 위한 일반회계로부터의 전입금으로, 종전에는 일반회계에서 직접 지원하였으나, 2007년도부터는 일반회계에서 기금으로 전입한 후 주택기금에서 출자지원하는 방식으로 변경하였다. 수입실적은 아래 표와 같다.

구 분 (억원, %)	'11		'12		'13		'14		'15	
	계획	결산	계획	결산	계획	결산	계획	결산	계획	결산
▪ 일반회계 전입금	8,684	8,684	5,575	5,575	3,315	2,837	5,728	2,776	7,090	7,090
(전년대비 증가율)	△11.5	△11.5	△53.8	△53.8	△40.5	△49.1	72.8	△2.2	23.8	155.4

5. 예수금

예수금은 공공자금 관리기금 예수금과 기타 예수금으로 구분되는데, ① 공공자금 관리기금 예수금은 기금(기금법 제5조 제1항 제5호)의 재원조성을 목적으로 공공자금 관리기금[13]으로부터 차입하는 자금으로 차입 조건은 국채금리 + 0.01%p, 상환기간은 20년 이내, 상환방법은 매 분기 원리금 상환으로 실행되고 있다. ② 기타 예수금은 국민주택 건설자금 재원을 마련하기 위하여 타 기금 또는 타 기관의 여유자금을 기금에 예탁하는 것으로 기금법 제5조 제1항 제7호에 따라 기금 또는 자금의 관리자나 저축자는 그 자금의 전부 또는 일부를 기금에 예탁할 수 있는데, 예탁기관은 국민연금, 공무원연금, 군인연금, 사립학교 교원

13) 공공자금관리 기금법에 따라 연·기금 및 우체국예금 등의 여유자금을 통합 관리하여 동 자금을 재정융자와 국·공채 인수 등 공공목적에 활용하고, 국고채권 발행으로 조성된 자금을 회계 또는 다른 기금에 예탁하기 위하여 설치된 것으로 관리주체는 기재부장관이고, 관리방식은 한국은행에 위탁관리하고 있으며, 계정은 총괄계정, 융자계정(구 재정융자특별회계를 '07년도부터 변경 시행), 차관계정으로 구분된다.

연금, 한국토지주택공사, 기타 임의예탁금(국민은행, 산업은행 등)이다. 예탁조건에서 이율은 예탁 당시의 정기예금 이율을 기준으로 하되, 국토부장관이 주무부장관 및 기재부장관과 협의를 거쳐 조정하고, 기간은 3년 이내, 상환방법으로 이자는 1·3·6개월 단위 지급, 원금은 만기 일시상환이다. 예탁금액은 당해 기금 또는 자금 본래의 사업목적을 수행하기 위하여 현금 또는 6월 이하의 예금으로 예치된 일상의 지급 준비금을 제외한 자금의 50/100 범위 내에서 국토부장관이 주무부장관 및 기재부장관과 협의하여 결정한다.

6. 재건축 부담금

주택재건축사업 시행으로 발생한 재건축초과이익을 환수하기 위해 징수하는 법정 부담금으로, 재건축초과이익 환수에 관한 법률 제4조에 따르면 재건축부담금은 국가에 100분의 50이, 당해 특별시·광역시·도·제주특별자치도에 100분의 20이, 당해 시·군·구(자치구를 말한다)에 100분의 30이 각각 귀속되며, 재건축부담금의 국가 귀속분은 기금법에 따른 기금의 재원으로 귀속된다고 규정하고 있다. 이는 2006.3.30.서민주거복지 증진과 주택시장 합리화 방안(3.30대책)에 따라 재건축 개발이익 환수방안이 발표되고, 2006년 5월 24일 재건축초과이익 환수에 관한 법률이 제정되었다. 수입실적은 아래 표와 같다.

구 분 (백만원, %)	'11		'12		'13		'14		'15	
	계획	결산	계획	결산	계획	결산	계획	결산	계획	결산
▪법정부담금	10,000	-	40,000	-	10,000	5	500	45	900	0
(전년대비 증가율)	-	-	300	-	△75	-	△95	900	80	-

7. 융자금 회수

대출 대상자에게 자금지원 후 약정에 따라 대출원금을 만기 또는 조기에 회수함으로써 조성되는 자금으로, 기금법 제5조 제1항 제9호에 근거한 주택계정의 회수금이다. 상환방법으로, ① 일시상환은 만기일 이전에 매월 약정 납입일에 이자만 지급하고, 만기일에 대출원금전액을 상환하는 방식이다. 주요 대상자금에서 공공분양, 후분양, 매입임대(매입임대는 2007.12월부터 5년 일시상환으로 변경, 1년 단위 연장 가능), 대지조성은 3년 일시상환, 버팀목전세는 2년 일시상환(4회 연장, 최장 10년 사용가능), 손익 공유형모기지는 20년 만기 일시상환이고, ② 분할상환은 매월 약정 납입일에 할부금(원금+이자)을 상환하는 것으로, 주요 대상자금에서 공공임대는 15년 거치 20년 분할상환, 국민임대는 30년 거치 15년 분할상환, 내집마련 디딤돌대출은 비거치 또는 1년 거치 10,15,20,30년 분할상환, 수익 공유형모기지는 1(3)년 19(17)년 분할상환이다.

8. 이자수입

대출로 운용하여 발생한 대출금 이자수입 및 여유자금 예치로 인해 발행한 예치금 이자수입으로 조성되는 자금으로, 기금법 제5조 제1항 제9호에 의거 주택계정의 이자수입금과 주택계정의 운용으로 생기는 수익이다.

수입내역으로 ① 대출금 이자는 2015년 기준(단위 : 억원)으로 아래 표와 같다.

자 금 명		평 잔	이자수입액
사업자 대 출	임대주택자금	409,289	11,338
	분양주택자금	49,332	1,707
	소 계	458,621	13,045
수요자 대 출	주택구입자금	153,229	4,290
	주택전세자금	232,274	6,323
	소 계	385,503	10,613
합 계		844,124	23,658

한편, 예치금 이자는 2015년 기준(단위 : 억원)으로 아래 표와 같다.

구 분		평 잔	이자수입액
통화금융기관 예치금	기타예치금	23,212	315
	수탁기관계정	315	0.3
	소 계	23,527	315
비통화금융기관 예치금	투자풀	158,547	3,426
	WRAP	127,059	2,316
	소 계	285,606	5,742

2015년 기준 이자의 예치는 ① 정기 예치금(기금 수탁기관 내 정기예금, CD 등으로 운용), ② WRAP(직접 중장기 여유자금을 증권사에 위탁운용(채권형, 주식형수익 증권)), ③ 투자풀(기획재정부에서 정부산하 연기금 여유자금을 Pool로 구성하여 운용)로 운용하고 있었다.

Ⅳ. 기금 운용[14)]

1. 운용 개요

(1) 운용 현황

구 분		내 용	법적근거
기금운영	기금운영비	관서운영비, 여비, 업무추진비, 기금용역사업비	기금법 제9조 제1항제6호
경상사업	재건축초과이익 자본이전	재건축초과이익 징수금중 국가귀속분 전액을 지자체에 배분	재건축초과이익 환수에관한법률 제4조제4항
	임대주택지원	매입임대자본이전, 전세임대경상보조 및 국민임대출자	기금법 제9조 제1항제2호
	주택신보출연	주택금융신용보증기금에의 출연	기금법 제9조 제1항제2호
	이차보전 지원	은행조달금리와 정책금리간 차이를 정부가 보전	국가재정운용 계획
차입금이자	차입금 이자상환	국민주택채권 발행 및 청약저축 차입	기금법 제9조

14) 2016년도 주택도시기금 업무편람(국토교통부 홈페이지)을 토대로 재구성하였다.

<table>
<tr><th colspan="2">구 분</th><th>내 용</th><th>법적근거</th></tr>
<tr><td>상환</td><td></td><td>에 따른이자상환</td><td>제1항제4호</td></tr>
<tr><td>수탁은행 관 리</td><td>수탁은행 관리</td><td>기금감정료, 기금등록세, 기금법무사수수료, 기금인지세, 기금지방교육세, 기금위탁수수료</td><td>기금법 제9조 제1항제6호</td></tr>
<tr><td rowspan="3">융자사업</td><td>주택시장안정및주거복지향상(융자)</td><td>주거환경개선자금, 분양주택지원자금, 준주택지원자금 등에 대한 융자</td><td>기금법 제9조 제1항제1호</td></tr>
<tr><td>주택시장안정 및 주거복지향상 (구입, 세자금융자)</td><td>주택구입 및 전세자금 융자</td><td>기금법 제9조 제1항제1호</td></tr>
<tr><td>주택시장안정및 주거복지향상(임대주택융자)</td><td>국민임대주택 건설을 위한 융자, 공공임대주택 건설을 위한 융자, 매입임대주택지원</td><td>기금법 제9조 제1항제1호</td></tr>
<tr><td colspan="2">정부내부지출</td><td>농특, 공자기금 등으로부터의 예수금에 대한 원금 및 이자상환</td><td>기금법 제9조 제1항제4호</td></tr>
<tr><td colspan="2">차입금 원금상환</td><td>국민주택채권 발행 및 청약저축 차입 등에 따른 원금상환</td><td>기금법 제9조 제1항제4호</td></tr>
<tr><td colspan="2">여유자금운용</td><td>운용 후 잉여자금 운용(통화금융기관 예치 등)</td><td>기금법 제9조 제4항</td></tr>
</table>

(2) 융자 현황

1) 자금 종류(자금성격별 분류)

<table>
<tr><th>용도</th><th>구 분</th><th>세부 자금명</th></tr>
<tr><td rowspan="3">사업자 대 출</td><td>임대주택 건설</td><td>국민임대주택자금, 공공임대주택자금, 한국토지주택공사경락자금, 임대주택리츠자금, 민간임대주택건설자금, 민간임대주택매입자금, 행복주택자금</td></tr>
<tr><td>분양주택 건설</td><td>공공분양주택자금(국민주택건설업자·분양주택건설 및 국민주택분양), 다세대주택자금, 다가구주택자금, 재해주택복구및구입자금, 재해위험주택자금, 조합주택자금, 유입물건취득자금, 후분양주택자금, 도시형생활주택자금, 준주택자금</td></tr>
<tr><td>기타</td><td>주거환경개선자금, 집주인리모델링임대주택자금, 농어촌주택개량자금</td></tr>
</table>

2) 자금 종류(기금운용계획상 프로그램별 분류)

구 분	세부 자금명
분양주택등 지원(융자)	주거환경개선자금, 집주인 리모델링 임대주택 자금, 농어촌주택개량자금, 매입임대 주택자금, 공공분양 주택자금(국민주택건설업자·분양주택건설 및 국민주택분양), 다세대 주택자금, 다가구 주택자금, 재해주택 복구 및 구입 자금, 재해 위험 주택자금, 조합 주택 자금, 유입 물건 취득자금, 후분양 주택 자금, 도시형 생활 주택 자금, 도시 재정비 자금, 준주택 자금
구입·전세자금 (주택구입융자)	내집마련 디딤돌 대출, 수익 공유형 모기지, 손익 공유형 모기지, 오피스텔 구입자금, 주거안정 주택 구입자금, 부도 임대주택 경락자금, 근로자·서민주택 구입자금(중도금자금 포함), 근로자·서민주택구입자금(기존주택), 최초 주택구입자금(중도금자금 포함)
구입·전세자금 (전세자금융자)	저소득 가구 전세자금, 기존 주택 전세 임대자금, 소년소녀가정및교통사고유자녀전세자금, 버팀목전세자금대출, 근로자·서민주택전세자금, 부도임대주택퇴거자전세자금
임대주택지원 (융자)	국민임대주택자금, 행복주택자금, 다가구매입임대자금, 공공임대주택자금, 한국토지주택공사경락자금, 매입임대주택자금, 민간임대주택건설자금, 민간임대주택매입자금

2. 경상사업

(1) 출자 및 출연

1) 주거복지사업 출자

① 국민임대 출자

무주택 저소득층의 주거안정을 위해 재정 및 기금 지원을 받아 LH 공사 등이 건설하여 30년 이상 임대하는 것으로 2013부터 2017년까지 4.7만호의 사업을 승인하였다. 지원형태는 출자(LH) 및 보조(지자체)이고, 지원조건은 평형별 건설사업비의 30%를 지원한다. 시행주체는 한국토지주택공사, 지자체(지방공사)이다. 이러한 제도는 기금법 제9조 및 공공주택 특별법 제2조 및 제3조에 규정하고 있으며, 1998년 국민임대주택 5만호 건설계획 수립·시달(건교부)부터 이후 지속적으로 실행되었다.

사업 내용은 저소득층이 저렴한 비용으로 안정적으로 거주 가능한 장기임대주택을 공급하여 무주택 서민의 주거불안을 해소하려는 정부의 공공주택정책

실현대책이다. 2013년 4월 1일(4.1대책) 공공주택 연 13만호 공급계획에 따라 연 2.7만호(준공 기준) 공급을 추진하되, 소요재원은 재정·기금·입주자 및 사업주체가 분담하도록 하였으며, 건설 규모별로 입주자의 주거비 부담가능 정도를 감안하여, 재정을 20~50% 차등지원(기금은 37~42% 지원)하고 있다.

구 분	재정	기금	입주자	사업주체
평균지원비율	30%	40%	20%	10%
Ⅰ형(35㎡이하)	50%	37%	3%	10%
Ⅱ형(36㎡~45㎡)	32%	39%	19%	10%
Ⅲ형(46㎡~60㎡)	20%	42%	28%	10%

1998년부터 2008년까지 국민임대주택 100만호 건설계획에 따라 670,183호를 공급(사업승인)하였고, 2009년부터 2014년까지 183,861호를 공급(사업승인)하였다. 지역별로는 수도권 106,817(58.1%), 지방권 77,044호(41.9%), 사업주체별로는 한국토지주택공사 146,113호(79.5%), 지자체 37,748호(20.5%) 이다. 지원현황은 아래 표와 같다.

구 분	계	'00~'09	'10	'11	'12	'13	'14	'15
계	104,575	76,158	9,826	3,433	2,875	4,105	6,034	2,144
L H	93,540	70,295	8,814	2,382	1,689	3,196	5,435	1,729
지자체	11,035	5,863	1,012	1,051	1,186	909	599	415

② 영구임대 출자

저소득층의 주거안정을 위해 영구적으로 임대가 가능한 주택을 LH공사 등이 건설하여 저렴한 조건으로 공급하고자 하는 목적으로 시행되고 있다. 지원형태는 출자(LH) 및 보조(지자체)이고, 지원조건은 재정 85% 지원, 사업시행주체는 한국토지주택공사, 지자체(지방공사)이다.

동 사업은 기금법 제9조 및 공공주택 특별법 제2조 및 제3조에 근거하여, 2008년 도심공급 활성화 및 보금자리주택 건설방안(9·19 대책)발표 이후 2013년 서민주거안정을 위한 주택시장 정상화 종합대책(4·1대책) 발표하였는데, 공공주택 연 13만호(임대 11만호, 분양 2만호)등을 공급하는 것이다. 기초생활수급자 등 소득 1분위 수준의 최저소득계층 주거안정을 위하여 영구임대주택공급으로 2009년부터 2014년간 29,448호를 사업승인하였다. 영구임대 출자 지원현황은 아래 표와 같다.

구분	계	'09	'10	'11	'12	'13	'14	'15
계	16,925	708	2,740	3,892	4,014	2,246	1,754	1,571
한국토지주택공사	11,378	708	2,621	3,283	678	1,512	1,305	1,271
지자체	5,547	-	119	609	3,336	734	449	300

③ 임대주택 리츠 출자

기금이 리츠(REITs, 부동산투자회사)에 출자함으로써 마중물 역할을 통해 임대주택사업에 민간자금을 유치하여 원활한 임대주택 공급 및 서민·중산층 주거복지 향상에 기여하는 목적으로 추진된다.

2014년부터 시작되었고, 지원방법은 출자형태이며, 사업시행주체는 부동산투자회사(REITs)이다. 기금법 제9조에 근거하여 2014년 임대차시장 선진화방안 리츠를 통한 임대주택공급 활성화 방안(2·26대책) 발표에 따라 리츠를 활용하여 2017년까지 공공임대 5만호, 민간임대 2만호 공급하는 안이었다. 2015년에는 기업형 민간임대시장 육성방안(1·13대책) 발표로 민간임대리츠 연 1만호 공급이 추가되고, 2016년에는 주거안정 강화 및 민간투자 활성화 방안(1·14대책) 발표로 뉴스테이 5만호 사업부지 확보, 2.5만호 공급(영업인가), 1.2만호 입주자모집 추진되었다.

기업형 임대리츠는 민간임대주택에 관한 특별법 제2조제4호의 기업형 임대주택을 공급하기 위하여 출자한 리츠이고, 공공임대리츠는 공공주택특별법 제2조제1호의 공공임대주택을 공급하기 위해 기금과 한국토지주택공사(LH)가 공동출자한 리츠(LH는 택지공급 및 AMC 역할, 분양전환후 잔여물건에 대한 매입확약)이다. 지원현황은 2014년 3,671억원, 13,424호(공공임대리츠 12,146호, 민간임대리츠 1,278호), 2015년 10,108억원, 총 28,671호(공공임대리츠 17,336호, 민간임대리츠 11,335호)이었다.

④ 행복주택 출자

국민의 행복주거 실현을 위한 보편적 주거복지 정책의 일환으로 도심내 다양한 부지를 활용하여 직주근접이 가능한 임대주택을 공급하는 것이다.

2013년부터 2017년간 14만호에 대하여 사업승인을 하였고, 지원형태는 출자(LH) 및 보조(지자체)로 지원조건은 재정 30% 지원이다.

추진경위는 기금법 제9조 및 공공주택 특별법 제2조 및 제3조에 근거하여 2013년 서민 주거안정을 위한 주택시장 정상화 종합대책(4·1대책) 발표에서 행복주택(5년간 20만호, 인허가)은 건설임대 물량에 포함하여 추진하도록 하였고, 4·1, 및 8·28 부동산대책 후속조치(12.3 조치) 발표로 2013년부터 2017년간 행복주택(20→14만호)공급을 조정하였다. 사업내용으로 공공용지, 도시재생용지, 공기업 보유 토지 등 도심내 다양한 용지를 활용하여 직주근접이 가능한 임대주택을 젊고 사회활동이 왕성한 계층에게 공급하는 것으로 수도권 7개 시범지구 후보지 발표(2013.5) 및 지정(2013.8, 2013.12), 가좌지구 등 26,256호 사업승인(2014.12)하였다. 지원현황은 2013년 19억원, 2014년 1,332억원, 2015년 3,721억원(LH 3,343억원, 지자체 378억원)이다.

⑤ 다가구 매입 임대 출자

매입 임대사업의 사업비 일부를 지원함으로써 최저소득계층에게 저렴한 임대료로 주거공간을 제공하여 주거와 사회복지서비스를 연계 지원하는 것이다. 기금법 제9조 및 공공주택 특별법 제43조에 근거를 마련하고 있으며, 2004년부터 도심지내 다가구·다세대 주택 등을 매입하여 단칸방 등에 거주하는 영세민들에게 국민임대주택으로 공급하기 시작하였다.[15] 즉, 다가구주택 등을 매입하여

15) 기존주택매입임대사업은 도심내 저소득계층이 현 생활권에서 거주할 수 있도록 기존주택을 매입, 개·보수 후 저렴하게 임대(임대주택의 분산공급으로 집단화에 따른 사회적 격리와 슬럼화 방지)하고, 주거와 사회복지서비스를 연계시켜 서민 주거안정을 모색함으로써 저소득층의 자립생활을 지원한다. 대상 주택은 단독주택, 다가구주택, 다중주택, 공동주택(85㎡ 이하)이며, 입주 대상자는 기초생활 수급자·한부모 가족(1순위), 월 평균소득 50%이하인 자·장애인(2순위) 등(그룹홈 : 장애인, 보호아동, 노인, 미혼모, 성폭력·가정폭력피해자, 북한이탈주민 탈북 성매매여성, 가출 청소년, 갱생보호자, 아동복지시설 퇴소자 등)이며, 동일순위 경합시 자활사업 참여기간, 거주기간, 부양가족수, 청약저축 납입회수, 최저 주거기준 미달여부 등 배점을 합산하여 선정한다. 임대조건은 임대기간 2년, 9회까지 재계약 가능(최장 20년)하다. 그룹홈은 2년으로 하되, 연 2회 이상 점검 및 2년

개·보수후 저렴한 임대료로 최저 소득층에게 임대하여 주는 매입 임대주택사업에 대하여 사업비의 일정부분(45%)을 기금에서 보조한다. 지원내역은 아래 표와 같다.

구 분	'10년	'11년	'12년	'13년	'14년	'15년
지원금액(억)	2,311	2,504	1,926	4,149	3,979	5,081

2) 도시재생 지원 출자

도시재생사업에 대한 기금의 출자를 통하여 민간금융의 마중물 효과 창출 및 사업성을 제고하여 쇠퇴도시의 경제 활력 제고 및 국민의 삶의 질 향상에 기여하고자 기금법 제9조에 근거하여 2016년 100억원(사업장당 50억원, 2개 사업장)을 출자(누적적·비참가적 우선주)하였고, 지원조건은 총사업비의 20% 범위에서 기금운용계획에서 정한 금액으로 하며, 사업시행주체는 도시재생활성화지역 내에서 도시재생사업을 시행하는 부동산투자회사이다. 사업은 도시경제 기반형·근린 재생형 도시재생 사업을 시행하는 부동산 투자회사 등에 출자하는 방식으로 추진되었다.

한편, 2013년 12월 도시재생특별법 제정 및 도시재생특별법 시행하였고, 도시재생특별위원회 구성 및 국가도시재생기본방침 수립 및 2014년 5월 도시재생선도지역 13곳 지정하고 사업착수에 들어갔으며, 이를 지원하기 위하여 기금법에 반영하였고, 2015년 12월 도시계정 운용업무 시행세칙을 제정하였다. 아울러, 2017년 도시재생뉴딜정책을 발표하면서 향후 5년간 매년 10조원(이중 50%는 기금에서 지원)을 투입(총 50조원)하여 도시재생사업을 추진하기로 하면서, 2017년에 국토부에 도시재생추진단이 조직되고, 도시재생뉴딜정책을 지원하기 위한 상품개발 및 제도설계를 위하여 기금운용관리기관인 공사는 도시재생지원단을 조직하였다.

단위로 평가를 실시하여 재계약(횟수제한 없음)한다. 임대료는 시중 임대료의 50% 이하(지역·면적별 차등)이며 영구 임대주택 수준(수도권 50㎡기준, 보증금 425원, 월임대료 8~10만원)이다. 매입 현황(2004년부터 2015년 말까지 매입현황)은 총 82,356호이다.

3) 주택도시보증공사 출자

기금법 제9조 제1항 제2호 가목에 근거하여 기금법 제16조에 근거한 주택도시보증공사에 출자·출연 또는 융자가 가능하다. 이는 동법에 근거하여 설립되고 주택도시기금을 운영관리하고 있는 기관에 대한 출자 등을 규정한 것으로 공사의 자본금 등에 대한 재원이 되고 있다. 기금법 제19조에 의하여 공사의 자본금은 5조원으로 하고 그 중 2분1이상을 정부가 출자하도록 규정하고 있는데, 이러한 자본금의 출자재원이 기금에 의한 것이다. 공사의 납입자본금 중 67.85%가 정부지분이다(2017년말 현재).

4) 한국주택금융공사 출자

10년 이상의 장기고정 금리부 모기지론의 공급을 확대하여 서민·중산층의 내집 마련을 지원하고 단기변동 금리에 과도하게 편중되어 있는 주택금융 시장의 안정성을 제고하고, 장기 유동화증권(MBS)을 발행함으로써 장기채권 시장의 육성·발전에 기여하고자 기금법 제9조 제1항 제2호 다목에 근거하여 출자할 수 있다. 주택금융공사 보금자리론의 안정적 운영을 위한 필요 자본금 지원을 위해 출자한 현황은 아래 표와 같다.

2004.6.12	2008.1.24	계
566	500	1,066

5) 주택금융신용보증기금 출연

금융기관 대출채권의 확실하고 신속한 회수를 보장함으로써 담보력이 미약한 차주에 대한 주택금융을 원활히 하기 위해 설립된 주택금융신용보증기금에 출연함으로써 담보력이 부족한 차주에 대한 주택자금융자를 촉진하기 위한 것이다.[16] 이는 기금법 제9조 제1항 제2호 라목에 근거하고 있고, 연도별 출연금

16) 주택수요자 및 주택사업자에게 주택자금을 원활하게 공급하여 근로자·서민 등 국민의 주거안정을 도모 및 주택금융기관 자금운용의 건전성을 제고하여 주택금융의 원활한 융통을 도모하고자 설치되었다. 1987년 5월 근로자의주거안정과목돈마련지원에관한법률 제정(관리기관: 한국주택은행)되고, 1988년 1월 주택금융신용보증기금의 업무가 개시되었다. 이후 다자녀가구에 대한 보증우대 제도 시행(2009.4), 신혼가구에 대한 보증우대 제도 시행(2009.8), 금융소외계층에 대한 특례보증 지원 확대(2010.6)되었고, 2011년 11월에는

지급현황은 아래 표와 같다.

연 도	'91년~'09년	'10년	'11년	'12년	'13년	'14년	'15년
출연실적(억)	6,936	923	1,025	1,042	1,103	1,077	1,071

한편, 주택금융신용보증기금이 공급한 주택보증 추이는 설립이후 2015년까지 총 267조 1,077억원 공급(개인 233조 7,096억원(87.5%), 사업자 33조 3,981억원(12.5%))하였고 그 현황은 아래 표와 같다.

구 분	'88~'09년	'10년	'11년	'12년	'13년	'14년	'15년	누계
개 인	838,919	111,402	200,351	268,255	255,159	308,779	354,230	2,337,095
사업자	275,617	3,501	6,349	7,331	10,649	9,992	20,542	333,981
합 계	1,114,536	114,903	206,700	275,586	265,808	318,771	374,772	2,671,076

(2) 재건축 부담금 자본이전

재건축 초과이익을 환수하기 위하여 징수된 재건축 부담금 중 국가귀속분(징수총액의 50%)에 대하여 광역 및 기초자치단체에 배분함으로써 지역간 주거격차 완화 및 주거복지 수준 향상 도모하고자 운영되고 있다.

재건축 초과이익 환수에 관한 법률 제4조제4항에 의하면 징수금의 배분은 국토교통부장관이 기금에 귀속되는 재원을 Ⓐ 지방자치단체별 주거기반시설의 설치 수준, Ⓑ 지방자치단체별 주거복지실태 평가결과 및 주거복지 증진 노력 등, Ⓒ 그 밖에 대통령령이 정하는 사항을 고려하여 지방자치단체가 운용하는 도시·주거환경정비기금 또는 재정비촉진특별회계 또는 국민주택사업특별회계의 재원으로 특별시·광역시·특별자치시·도·특별자치도와 시·군·구에 각각 100분의 50을 지원하여야 하며, 구체적인 지원기준·절차 그 밖에 필요한 사항은 대통령령으로 정하도록 규정하고 있다.

이는 2006년 3월 30일 서민주거복지 증진과 주택시장 합리화 방안(3·30대책)을 마련하고, 이를 제도적으로 시행하기 위하여 2006년 5월 24일 재건축 초

보증료 인하 대상 확대(연소득 25백만원 이하인 저소득자, 다문화가구, 장애인가구 기준보증료율 0.1%인하)되었고, 목돈안드는 전세 Ⅱ 특례보증 출시(2013.8), 월세자금보증 출시(2015.1)되었다.

과이익 환수에 관한 법률을 제정하였다.

(3) 전세임대 경상보조

기초생활수급자, 저소득 신혼부부, 소년소녀가정 등 저소득층의 주거안정을 위하여 사업시행자(한국토지주택공사·지자체)가 기존주택 소유자와 전세계약 체결 후 저렴하게 재임대하는 사업으로, 기존주택 전세임대사업 업무처리지침(국토교통부 훈령 제328호), 신혼부부 전세임대 업무처리지침(국토교통부 훈령 제329호), 소년소녀가정 등 전세주택지원업무지침(국토교통부훈령 제331호)등에 근거하고 있다. 2005년부터 전세임대 도입 결정(제59회 국정과제회의)하였다. 지원 내용으로는 전세임대주택 지원사업에 대하여 사업비의 5%를 전세계약 등에 따른 필요경비로 기금에서 보조(호당 103만원)하는 것으로 2007년부터 2015년까지 2,606억원을 지원하였다.

(4) 이차(利差) 보전 지원

기금 재정건전성 도모 및 재정지출 확대 효과를 위해 2013년도부터 일부 융자사업에 대해 이차보전 방식을 도입하였다. 2013년부터 생애 최초 주택구입자금(2.5조원)과 LH등 공공분양주택자금(3조원)에 대해 기금위탁 방식에서 이차보전 방식으로 변경하여 시행하고, 2014년부터 내집마련 디딤돌대출(주금공유동화) 이차보전 지원을 하였다. 은행 조달비용 등이 포함된 은행의 기준금리와 정책금리간 차이를 정부가 보전하는 제도로 기존의 기금 직접융자 방식 사업중 일부를 이차보전 방식으로 변경, 공공분양 주택 자금(LH 공공주택), 생애최초 구입자금(중도금 포함), 2014년 생애최초는 내집 마련 디딤돌 대출로 통합, 공사 유동화분만 이차보전하였다. 지원규모로는 2013년 공공주택 중 분양주택 지원, 생애 최초 주택 구입자금 202억원 지원, 2014년 이차보전을 위한 예산으로 1,150억원 반영하여 분양주택(135억원), 생애 최초 구입자금(300억원), 주금공 유동화(715억원)사용하였다. 또, 2015년 이차보전을 위한 예산으로 1,593억원 반영하여 분양주택(53억원), 생애 최초 구입자금(393억원), 주금공 유동화(1,147억원)를 지원하였다.[17]

3. 융자사업

(1) 국민임대 주택자금

무주택 서민의 주거불안을 근본적으로 해소하려는 정부의 공공주택정책 실현을 위하여, 국민임대주택을 건설(매입 포함)하는 공공사업자(한국토지주택공사, 지자체 및 지방공사)에게 사업유형에 따라 건설·매입 비용의 일정비율을 융자 지원한다. 융자조건으로 주택규모는 세대당 전용면적 60㎡이하 대상이며, 대출한도(면적별 차등)는 3,364만원~6,462만원이고, 상환기간은 30년 거치 후 15년 원리금균등 분할상환이다. 이러한 국민임대주택에의 입주자격은 입주자 모집 공고일 현재 무주택 세대주로서, 소득기준 및 자산보유 기준에 해당하는 자(공급규칙 제32조)이다. 선정기준은 아래 표와 같다.

---

17) 현행 이차보전은 세 가지로 요약되는데, ① 내집마련 디딤돌 대출(공사 유동화) 이차보전으로, 2014년 정책모기지 통합에 따라 내집마련 디딤돌 대출 중 한국주택금융공사 유동화(온라인 접수)방식 취급분에 대해 이차보전 방식 도입, ② 공공분양 주택자금(LH공공주택) 이차보전으로, LH 공공주택(舊 보금자리주택) 건설을 위해 기금의 공공분양 주택자금을 은행재원으로 지원하고 시중은행 금리와 기금대출 금리 차액을 기금에서 보전, ③ 생애 최초 구입(중도금) 자금 이차보전으로, 생애 최초로 주택을 구입하려는 무주택 세대주에게 주택 도시기금의 최초 주택 구입(중도금)자금을 은행재원으로 지원하고 시중은행 금리와 기금대출 금리 차액을 기금에서 보전하는 것이다.

<table>
<tr><th>구 분</th><th>입 주 자 격</th><th>입주자 선정순위</th></tr>
<tr><td>전용면적
50m²미만</td><td rowspan="2">무주택 세대주로서
월평균 소득이 전년도 도시
근로자 가구당 가구원수별
월평균소득의 70%이하인 자

*단독세대주는 40㎡ 이하에
한하여 신청가능
*50㎡미만 주택은 도시근로자
가구당 소득의 50% 이하인
무주택세대주에게 우선공급
※ 가구원수별 월평균소득 기준<table><tr><th>가구원수</th><th>70%</th></tr><tr><td>3인이하</td><td>3,314,220</td></tr><tr><td>4인가구</td><td>3,657,250</td></tr><tr><td>5인가구</td><td>3,892,010</td></tr></table></td><td>ㅇ제1순위 : 당해주택 건설 시·군·구 거주자
ㅇ제2순위 : 당해주택 건설 연접 시·군·구 중 사업주체 지정 시·군·구 거주자
ㅇ제3순위 : 제 1·2순위 이외의 자</td></tr>
<tr><td>전용면적
50m²이상
~
60m²이하</td><td>ㅇ제1순위 : 청약저축 24회 이상 납입자
ㅇ제2순위 : 청약저축 6회 이상 납입자
ㅇ제3순위 : 제 1·2순위 이외의 자
* 동일 순위에서는 당해주택이 건설되는 시·군·구거주자에게 우선공급 가능</td></tr>
<tr><td>신혼부부</td><td>혼인기간 5년 이내인 자
국민임대 입주자격 해당자</td><td>ㅇ제1순위 : 혼인기간 3년 이내이고, 그 기간내 임신 또는 출산(입양) 자녀가 있는 자
ㅇ제2순위 : 혼인기간 3년 초과 5년 이내이고, 그 기간 내 임신 또는 출산(입양) 자녀가 있는 자
*임신의 경우 태아수에 관계없이 1명으로 산정</td></tr>
</table>

(2) 행복주택 자금

주택시장 침체 및 전세가격 상승 등으로 사회 초년생과 같은 사회활동이 왕성한 계층과 서민들의 주거불안이 지속됨에 따라, 국민의 행복주거 실현을 위한 보편적 주거복지 정책으로 '행복주택 프로젝트'를 주요 국정과제로 제시(2013.2)하고, 철도부지, 유휴 국공유지 등 도심내 공공이 보유한 저렴한 토지를 활용하여 임대주택을 업무·상업시설 등과 복합개발 방식으로 2013년부터 2017년간 14만호를 공급하기로 하였다.

융자 조건으로 주택규모는 세대당 전용면적 45㎡이하(단, 산업단지 내 건설시 60㎡이하), 대출한도는 3,973만원(2016.1.2 이후 사업계획승인 분)이고, 상환기간은 30년 거치 후 15년 원리금 균등 분할상환이다.

사업추진 절차는 아래 표와 같다.

<table>
<tr><th colspan="2">유형</th><th>추진절차</th></tr>
<tr><td colspan="2">공공용지</td><td>· (지구지정) 검토회의 → 후보지 선정 → 지정제안 → 선정협의회 → 부처협의 → 주민공람 → 중도위 → 지구지정
· (지구계획) 계획수립 → 관계기관 협의 → 통심위 → 계획승인
· (주택사업승인) 기본설계 등 승인신청 → 관계기관 협의 → 교통영향평가, 건축심의 등 → 사업승인
* 지구계획 및 주택사업 승인 병행이 가능</td></tr>
<tr><td rowspan="3">도
시
재
생</td><td>주환
(공동)</td><td>· (정비계획) 정비계획 변경신청 → 지도위 → 정비계획 변경
· (주택사업승인) 기본설계 등 승인신청 → 관계기관 협의 → 교통영향평가, 건축심의 등 → 사업승인</td></tr>
<tr><td>주환(현지)
노후연계</td><td>· (주택사업승인) 기본설계 등 승인신청 → 관계기관 협의 → 교통영향평가, 건축심의 등 → 사업승인</td></tr>
<tr><td>산업단지
(미니복합
타운)</td><td>〈 신규지구 〉
· (지구지정) 지정신청 → 관계기관 협의 → 지구지정
· (주택사업승인) 기본설계 등 승인신청 → 관계기관 협의 → 교통영향평가, 건축심의 등 → 사업승인
〈 기존지구 〉
· (개발계획 등 계획변경) 개발계획 및 실시계획 변경신청 → 관계기관 협의 → 변경승인
· (주택사업승인) 기본설계 등 승인신청 → 관계기관 협의 → 교통영향평가, 건축심의 등 → 사업승인</td></tr>
<tr><td colspan="2">공기업보유
토지</td><td>· (지구계획 변경) 지구계획 변경신청 → 관계기관협의 → 변경승인
· (주택사업승인) 기본설계 등 승인신청 → 관계기관 협의 → 교통영향평가, 건축심의 등 → 사업승인</td></tr>
</table>

(3) 공공임대주택 자금

사업수행능력을 구비하고 5년 이상 임대를 목적으로 주택건설 사업계획 승인을 받아 국민주택을 집단으로 건설하는 ① 주택건설사업 등록업자, ② 주택건설사업 등록업자와 공동사업을 수행하는 토지 소유자 및 ③ 주택건설사업 등록업자를 시공자로 하여 근로자주택을 건설하는 고용자가 융자대상자이다. 또, 부도공공건설 임대주택 임차인 보호를 위한 특별법에 따라 부도임대아파트를 매입하거나 주택재개발, 재건축 및 도시재정비 촉진사업으로 일정비율 건설하는 임대주택을 매입하여 공공임대아파트로 활용하고자 하는 지자체, 한국토지주택공사 또는 지방공사, 건설중(준공전)인 미분양주택을 5년이상 임대주택으로 전환하고자 임대주택으로 사업계획 변경 승인을 득한 자, 공공주택건설 등에 관한 특별법에 따라 공공주택 유형 중 공공임대주택을 공급하고자 하는 지자체·한국토지주택공사 또는 지방공사도 융자대상이다.

융자 대상주택은 세대당 전용면적 85㎡이하이고, 대출한도는 전용면적에 따라 다르며 최고 9천만원한도이다. 상환기간은 10년(임대의무기간이 10년인 경우는 15년) 이내의 임대기간 동안 거치 후 20년 분할상환이다.

(4) 한국토지주택공사 경락자금

한국토지주택공사에게 부도임대아파트 경락자금을 지원하여 임차인에게 우선공급하게 함으로써 분양전환 또는 경락을 받지 못한 임차인의 주거안정을 도모할 융자로 융자대상자는 한국토지주택공사이며, 대상주택은 기금 지원 부도임대주택(준공)으로서 세대당 전용면적 85㎡이하 주택이고, 대출한도는 경락가격 범위 이내이며, 상환기간은 10년(임대의무기간이 10년인 경우는 15년)이내에서 임대기간 거치 후 20년 원리금 균등분할상환이며, 입주자격은 당해 부도임대주택의 임차인이다.

(5) 매입 임대주택자금

임대사업을 하는 매입임대사업자에게 자금을 지원하여 분양전환이 안된 임대주택의 분양전환을 유도하고 미분양주택의 매입수요를 창출함으로써 주택시장을 활성화하기 위한 것으로, 융자 대상자는 임대주택법에 의한 매입임대사업자 및 지역균형 발전시책에 따라 미분양 아파트를 매입하여 사원용 임대주택으로 활용하고자 하는 지방이전 기업체이다. 융자 조건으로, 대상주택은 전용면적 85㎡ 이하의 아파트(단, 미분양을 제외한 신규분양아파트는 2014년 2월 26일 이후 입주자 모집공고를 한 아파트에 한함)이며, 본인 신축주택, 임대종료 후분양 전환된 주택 및 단독·다가구·다세대·연립주택은 제외된다. 호당 대출한도는 세대당 7,500만원 이내(수도권 지역 세대당 15,000만원)이다. 단, 2014년 2월 26일 이후 입주자모집공고 한 신규분양아파트는 세대당 6,000만원 이내(수도권 지역은 세대당 10,000만원 이내)이며, 상환기간은 5년 이내 일시상환(임대기간 동안 1년 단위로 연장가능. 다만, 기한 연장시에는 당초 대출원금의 4%이상 상환하여야 함)이다.

(6) 준공공임대 주택자금

임대시장안정 및 무주택 서민의 주거안정, 주택거래활성화 등을 위해 자발적 의사로 임대료 규제 등 공공적 규제를 적용받는 민간매입 임대주택 지원하는 것으로, 융자대상자는 민간임대주택에 관한 특별법에서 정한 민간 준공공임대주택 등록사업(예정)자로 임대를 목적으로 주택을 구입 혹은 건축인(허)가를 받아 주택을 개량(대수선, 증축)하는 자이다. 융자조건은 아래 표와 같다.

구 분	준공공임대주택 매입자금대출	준공공임대주택 개량자금대출
대상주택	전용면적 85㎡ 이하의 아파트, 다세대, 연립주택	아파트 ,연립주택, 다세대 : 전용면적 85㎡ 이하 다가구 : 가구당 전용면적85㎡ 이하 단독주택 : 세대(호)당 전용면적 85㎡ 이하
호당대출 한도	기존주택, 미분양주택 세대당 7,500만원(수도권은 1.5억원) 이내	전용면적 60㎡ 이하 1,800만원 전용면적 60㎡초과 85㎡ 이하 2,500만원 단, 다가구는 가구당 1,800만원으로 총한도 14,400만원 이내
	신규분양주택(2014.2.26. 이후 입주자 모집공고를 한 주택) 세대당 6,000만원(수도권은 1억원) 이내	
담보제공 조건	1순위 근저당권 설정	1순위 근저당권 설정 (후순위 근저당권 설정도 가능)
대출조건	대출금리 : 연 2.7% (금리는 기금운용계획에 따라 변경 가능) 대출기간 : 10년 만기일시 상환	
	당초 대출원금의 4%이상 상환 후 1년 단위로 연장가능. 단, 최초 연장 시 원금상환 없음	연장 불가
대출금 지급방식	소유권 이전과 동시에 일시 지급. 단, 소유권 이전등기 접수일로부터 3개월 이내 취급 가능	신청시 대출금의 1/2 지급, 공사 완료시 1/2 지급
조기 상환시	위약금 부과. 단, 임대사업 계속 등 정당한 사유가 있는 경우 위약금 없음	위약금 없음

대출한도로 매입자금은 세대당 7,500만원(수도권은 1.5억원), 개량자금은 60㎡ 이하 1,800만원, 60㎡초과 85㎡ 이하 2,500만원이다. 단, 다가구는 가구당 1,800만원/총한도 14,400만원이다.

(7) 민간임대주택 건설자금

임대사업을 하는 민간건설임대 사업자에게 자금을 지원하여 민간임대주택 공급을 확충하고 주택 임대시장 활성화목적으로 지원한다. 융자대상자는 민간임대주택에 관한 특별법에서 정한 기업형 또는 일반형 임대사업자로서 임대를 목적으로 주택건설 사업계획 승인 또는 건축허가를 받아 주택을 건설하는 주택건설사업 등록업자 등이다.

융자조건으로 대상주택은 세대당 주거전용면적이 135㎡ 이하인 주택으로, 다가구주택은 가구당 85㎡ 이하인 주택이며, 준주택은 전용면적 85㎡ 이하인 오피스텔로 한정한다. 호당 대출한도 및 금리는 기업형임대주택 및 30세대 이상 준공공임대주택(단, 준주택은 제외)은 아래 표와 같고,

구 분	전용면적 60㎡ 이하	전용면적 60㎡ 초과 ~ 85㎡ 이하	전용면적 85㎡ 초과 ~ 135㎡ 이하
호당 대출한도	80백만원	100백만원	120백만원
대출금리	연 2.0%	연 2.5%	연 3.0%

단기임대주택, 준주택, 29세대이하 준공공임대주택은 아래 표와 같다.

구 분	전용면적 60㎡ 이하	전용면적 60㎡ 초과 ~ 85㎡ 이하	전용면적 85㎡ 초과 ~ 135㎡ 이하
호당 대출한도	70백만원	90백만원	110백만원
대출금리	연 3.0%	연 3.5%	연 4.0%

기업형 또는 일반형임대사업자가 건설하는 단독주택(다가구)은 호당 400백만원 이내(가구당 50백만원), 연 3.5%이다. 상환기간은 12년(기업형·준공공임대주택), 6년(단기임대주택) 만기 일시상환이다.

(8) 민간임대주택 매입자금

임대사업을 하는 민간매입임대 사업자에게 자금을 지원하여 민간임대주택공급을 확충하고 주택 임대시장 활성화 목적으로 지원하는 것으로, 융자 대상자는 민간임대주택에 관한 특별법에서 정한 기업형 또는 일반형 임대사업자로서 임

대를 목적으로 주택을 매입하는 자이다.

융자 조건으로, 대상주택은 세대당 주거전용면적이 135㎡ 이하인 주택으로, 다가구주택은 가구당 85㎡ 이하인 주택이고, 준주택은 전용면적 85㎡ 이하인 오피스텔로 한정하며, 호당 대출한도는 호당 대출한도와 순담보가격의 70% 중 작은 금액이고, 선순위임대차 존재할 경우 선순위임차금액과 대출금액의 합계액이 주택가격의 70% 이내이며, 기업형 임대주택 및 준 공공임대주택(단, 준 주택은 제외)의 대출한도와 금리는 아래 표와 같다.

구 분	전용면적 60㎡ 이하	전용면적 60㎡ 초과 ~ 85㎡ 이하	전용면적 85㎡ 초과 ~ 135㎡ 이하
호당 대출한도	80백만원	100백만원	120백만원
대출금리	연 2.0%	연 2.5%	연 3.0%

단기임대주택 및 준주택의 호당 대출한도와 금리는 아래 표와 같다.

구 분	전용면적 60㎡ 이하	전용면적 60㎡ 초과 ~ 85㎡ 이하	전용면적 85㎡초과 ~ 135㎡ 이하
호당 대출한도	70백만원	90백만원	110백만원
대출금리	연 3.0%	연 3.5%	연 4.0%

아울러, 기업형 또는 일반형임대사업자가 매입하는 단독주택(다가구)은 호당 400백만원 이내(가구당 50백만원)이고, 연 3.5%이며, 상환기간은 8년(기업형 · 준 공공임대주택), 4년(단기임대주택) 만기 일시상환이다.

(9) 공공분양 주택자금

무주택 서민에게 분양을 목적으로 국민주택을 집단으로 건설하는 사업주체에게 자금을 지원하여 무주택서민의 주거안정을 도모하고자 하는 것이다. 융자대상자는 ① 사업수행능력을 구비하고 분양을 목적으로 주택건설 사업계획 승인 또는 건축허가를 받아 국민주택을 집단으로 건설하는 Ⓐ 주택건설사업 등록업자, Ⓑ 주택건설사업 등록업자와 공동사업을 수행하는 토지 소유자 및 Ⓒ 등록업자를 시공자로 하여 건설하는 고용자, ② 사업수행능력을 구비하고 분양을 목적으로 건축허가를 받아 29세대 이하의 국민주택을 집단으로 건설하는 사업자

등록증을 소지한 사업자 또는 근로자 주택공급 및 관리규정에서 정한 무주택근로자에게 분양할 목적으로 건축허가를 받아 29세대 이하의 국민주택을 집단으로 건설하는 사업자등록증을 소지한 고용자, ③ 공공주택건설 등에 관한 특별법에 따라 공공주택유형 중 분양주택을 공급하고자 하는 지자체·한국토지주택공사 또는 지방공사이다. 적용되는 대상주택은 세대당 전용면적 60㎡ 이하이다. 단, 한국토지주택공사, 지자체 등 공공기관은 75㎡ 이하(공공주택은 85㎡까지 가능)이다. 대출한도는 60㎡ 이하는 5,500만원, 85㎡ 이하는 7,500만원이며, 건축허가 대상주택의 호당한도는 3,000만원 이내이다.

(10) 다세대 주택자금

도시 영세민의 주택난을 완화하고자 도시지역의 자투리땅을 활용하여 건설하는 다세대주택 건설에 자금을 지원하는 것이다. 융자대상자는 시장·군수의 건축허가를 받아 29세대 이하의 다세대주택을 건설하는 자(주택건설사업계획승인을 받아 30세대 이상의 주택을 건설하는 경우에는 공공분양주택자금으로 지원)이며, 대상주택은 세대당 전용면적 85㎡ 이하(4층 이하, 동당 연면적 660㎡ 이하)이다. 대출한도는 세대당 3,500만원, 대출기간은 2년 이내 일시상환(부득이한 경우 1년의 범위 내에서 1회에 한하여 연장가능)이다.

(11) 다가구 주택자금

급등하는 전세가격의 안정을 도모하고 세입자의 열악한 주거환경을 개선하기 위하여 단독주택의 다가구화를 제도화한 건축기준을 마련(1990.3.1)하고, 다가구주택건설에 자금을 지원(1990.4.2)하기 시작하였다. 융자대상자는 시장·군수의 건축허가를 받아 다가구주택을 건설하는 자이다. 대상주택은 연면적 660㎡이하로서 가구당 전용면적 85㎡ 이하(다가구주택은 3층 이하이고, 바닥 면적이 660㎡ 이하이며, 19세대 이하가 거주하는 주택)이며, 대출한도는 28,000만원(단, 가구당 3,500만원, 최대 8가구 기준), 대출기간은 1년 이내 일시상환이고, 당초 상환기일로부터 1년(6개월) 단위로 최장 3년까지 연장가능하다. 단, 당초 상환기일로부터 2년까지는 연장시마다 20%(10%) 이상 상환 시 1년(6개월)단위로 연장하여, 2년 이후는 당초 대출금의 30%(15%)이상 상환 후 1년(6개월)단위로 연장(준공된 주택에 한함)이 가능하다.

(12) 재해주택복구 및 구입자금

융자 대상자는 자연재난 및 사회재난 등 재난 및 안전관리 기본법에 의한 재난으로 인해 특별재해지역이나 일반재해지역(특별재해지역 제외 지역)으로 선포된 지역의 주택이 반파, 전파, 유실되어 신축(재축 포함), 수선 또는 새로운 주택을 구입하고자 하는 자로서 시장, 군수, 구청장으로부터 재해주택복구자금 융자대상자임이 통보된 자이다. 융자조건으로 대상주택의 전용면적 85㎡ 이하(다만, 수도권을 제외한 읍 또는 면(도시계획구역 제외) 지역은 100㎡ 이하)여야 하는데, 주용도(건물전체에서 차지하는 면적기준)가 창고 등 공용 및 부속시설로서 건물 전체면적의 1/2을 초과하는 경우 포함된다. 대출한도는 ① 신축·개량의 경우 Ⓐ 일반 재난지역은 전파·유실이 1,800만원, 반파는 900만원, Ⓑ 특별 재난지역은 전파·유실이 4,160만원, 반파는 2,080만원이다. ② 구입의 경우는 Ⓐ 일반 재난지역은 전파·유실 및 반파 모두 1,800만원, Ⓑ 특별 재난지역은 전파·유실 및 반파 모두 4,160만원이며, 상환기간은 3년 거치 17년 원(리)금 균등분할상환이다.

〈재해주택 복구비 변경현황〉

구 분	동당 지원금액(만원)		국고보조금(만원)		국고비율 (%)
	전 파	반 파	전파	반파	
'95. 10. 11 이전	1,500	750	150	75	10
'95. 10. 11 이후	1,800	900	180	90	10
'97. 6. 2 이후	2,000	1,000	200	100	10
'99. 4. 12 이후	2,700	1,350	270	135	10
'00. 7. 1 이후	2,700	1,350	540	270	20
'03. 5. 16 이후	3,000	1,500	600	300	20

(13) 재해위험 주택자금

융자 대상자는 자연재해대책법 제12조에 따라 재해위험지구로 지정된 지역의 주택을 안전지대로 이축하거나 내수주택으로 개축하고자 하는 토지 소유자로서 시장·군수·구청장으로부터 융자 대상자임이 통보된 자이다. 융자조건은 주택 규모가 전용면적 85㎡ 이하(다만, 수도권을 제외한 읍 또는 면(도시지역 제외) 지역은 100㎡ 이하)이며, 대출한도는 이축의 경우는 5,000만원 이내, 개축의 경우는 2,500만원 이내인데, 호당 대출금액은 소요자금(표준건축비)의 80%를 초과할 수 없으며, 상환기간은 3년 거치 17년 분할상환이다.

(14) 조합 주택자금

융자 대상자는 주택법 제32조에 의거 시장·군수·구청장의 설립인가 및 주택건설사업계획 승인을 받아 조합주택을 집단으로 건설하는 주택조합이다. 융자조건으로 대상주택은 전용면적 60㎡ 이하이고, 대출한도는 5,500만원 이내이며, 상환기간은 1(3)년 거치 19(17)년 분할상환이다.

(15) 유입물건 취득자금

융자 대상자는 기금에서 유입 취득한 유입물건(주택)을 매입한 자이다. 융자조건의 대상주택은 전용면적 75㎡ 이하이고, 대출한도는 60㎡ 이하는 5,500만원 이내, 75㎡ 이하는 7,500만원 이내이다. 단, 건축허가 대상주택은 3,000만원 이내, 다세대·단독주택은 1,500만원 이내이며, 상환기간은 1(3)년 거치 19(17)년 분할상환이다.

(16) 후분양 주택자금

주택공급 방식을 현행 先분양 後건설에서 先건설 後분양으로 전환하도록 금융 지원하여 후분양제의 조기 정착을 유도하고, 투기수요를 억제하여 주택가격 안정 및 주택품질 제고를 도모하기 위한 자금이다.

융자 대상자는 분양을 목적으로 주택건설 사업계획 승인 또는 건축허가를 받아 최소 건축공정 80% 달성(2006년 기준) 이후 입주자를 모집하는 후분양 국민주택을 집단으로 건설·공급하는 주택건설사업 등록업자이다.

융자조건의 대상주택은 세대당 전용면적 85㎡ 이하인 주택(단, 건축허가를 받아 건설하는 경우에 30세대 이상에 한함)으로, 대출한도는 전용면적 60㎡ 이하 6,000만원, 85㎡ 이하 8,000만원, 상환기간은 3년 이내 일시상환이다.

(17) 도시형 생활주택 자금

도시형 생활주택 자금은 융자대상자는 ① 사업수행 능력을 구비하고 분양 또는 5년 이상 임대(근로자주택 공급 및 관리규정에서 정한 무주택 근로자에게 임대하는 경우 포함) 목적으로 주택건설 사업계획 승인 또는 건축허가를 받아 국민주택을 집단으로 건설(증축 또는 리모델링은 제외)하는 사업자등록증을 소지한 Ⓐ 등록업자, Ⓑ 등록업자와 공동으로 사업을 수행하는 토지소유자, Ⓒ 등록업자를 시공자로 하여 건설하는 고용자, ② 사업수행능력을 구비하고 분양을 목적으로 건축허가를 받아 국민주택을 집단으로 건설하는 사업자등록증을 소지한 사업자 또는 근로자주택 공급 및 관리규정에서 정한 무주택근로자에게 분양 또는 임대를 할 목적으로 건축허가를 받아 국민주택을 집단으로 건설하는 사업자등록증을 소지한 고용자이다.

융자 조건의 대상주택은 주택법 시행령 제3조에 의한 도시형 생활주택은 단지형 다세대, 연립은 ① 분양자금으로 전용면적 $60m^2$ 이하 주택은 호당 5,000만원, 전용면적 $60m^2$ 초과 $75m^2$ 이하 주택은 호당 5,000만원, ② 임대자금은 전용면적 $60m^2$ 이하 주택은 호당 5,000만원, 전용면적 $60m^2$ 초과 $85m^2$ 이하 주택은 호당 5,000만원이다. 원룸형은 전용면적 $30m^2$ 미만 ㎡당 80만원, 전용면적 30㎡ 이상 50㎡ 이하 ㎡당 100만원이다. 대출기간 및 상환방법으로 단지형 다세대, 연립의 ① 분양주택은 3년 이내 일시상환, ② 임대주택은 10년(임대의무기간이 10년인 경우는 15년) 이내의 임대기간동안 거치 후 20년 원리금 균등 분할 상환, 원룸형은 ① 분양주택 3년 이내 일시상환, ② 임대주택은 10년 거치 20년 원리금 균등 분할 상환이다.

(18) 준주택 자금

융자 대상의 준주택자금은 사업수행능력을 구비하고 분양(매매) 또는 임대를 목적으로 건축법 제11조에 따라 건축허가를 받아 준주택을 집단으로 건설(증축 또는 리모델링은 제외)하는 사업자 등록증을 소지한 자이다. 융자 조건의 대출

대상은 건축법 제11조에 따라 건축허가를 받은 준주택으로, 오피스텔은 실당 바닥면적 12㎡이상 50㎡ 이하(단, 강남3구 제외), 고시원은 실당 바닥면적이 7㎡ 이상 20㎡ 이하, 노인복지주택은 세대당 전용면적 60㎡ 이하(30세대 이상에 한함), 대학생/혁신도시 이전 공공기관 기숙사는 실당 전용면적 50㎡ 이하이다. 대출한도는 오피스텔이 바닥면적 m^2당 최대 80만원, 고시원(㎡ 최고 40만원)은 실 바닥면적 m^2당 최대 40만원, 노인복지주택은 세대당 3,000만원 이하, 대학생 기숙사는 m^2당 최대 80만원, 혁신도시 이전 공공기관 기숙사는 m^2당 최대 80만원이며, 대출기간 및 상환방법은 3년 이내 일시상환(기숙사 3년 거치 17년 상환)이다.

(19) 내집마련 디딤돌

무주택 서민의 주택구입기회를 확대하고 주택금융부담을 완화하기 위한 정책 모기지를 일원화 하는 차원에서 기금상품과 한국주택금융공사의 보금자리론을 통합하여 전용면적 85㎡ 이하의 주택을 구입하는 경우 대출 지원(2013.12.3 부동산대책 후속조치)하는 것이다. 융자대상자는 부부합산 연간급여(총소득)가 6천만원(생애최초 7천만원) 이하이고 대출신청일 현재 세대주를 포함하여 세대원 모두가 무주택인 자(만 30세 미만 단독세대주 제외)이며, 유한책임 디딤돌대출(상환책임을 본 건 담보물에 한정하는 대출)의 경우 부부합산 연소득 3천만원 이하의 무주택자(1주택 처분조건부 제외)이다. 대출한도는 호당 2억원이며, 상환기간은 10년, 15년, 20년, 30년 대출만기, 1년 거치 또는 비거치방식이다.

〈유한책임대출 제도〉

□ (추진배경) 금융소비자 권익보호, 저소득층 사회안전망 강화 등을 위해 유한책임 디딤돌대출 시범 도입 ('15.12.28)

□ (시행방안) 기존 디딤돌대출 대상자중 저소득층으로 한정하고, 대상주택에 대한 심사를 통해 기금 리스크를 관리

ㅇ (자격기준) 연소득 3천만원 이하 무주택자(처분조건부 1주택자 X)

ㅇ (대상주택) 노후도, 입지 등을 평가하는 심사평가표 마련

【대상주택 심사 및 대출취급방안】

심사점수	50점 이상	40~50점	40점 미만
대출취급	유한책임대출 (LTV 70%)	유한책임대출 (LTV 60%) 또는 일반 디딤돌	일반 디딤돌만

ㅇ (공급방식) 기금 직접융자 방식(주택금융공사 유동화 재원 X)

【일반 vs 유한책임 대출 비교】

구분	일반 디딤돌대출	유한책임 디딤돌대출
금리	2.3~3.1 (고정금리)	좌 동
소득	6천만원 이하 (생초 7천)	3천만원 이하
대상자	무주택자 + 처분조건부 1주택자	무주택자 (생초포함)
재원	기금 + 유동화	기금

<통합모기지론(내집마련 디딤돌 대출)>

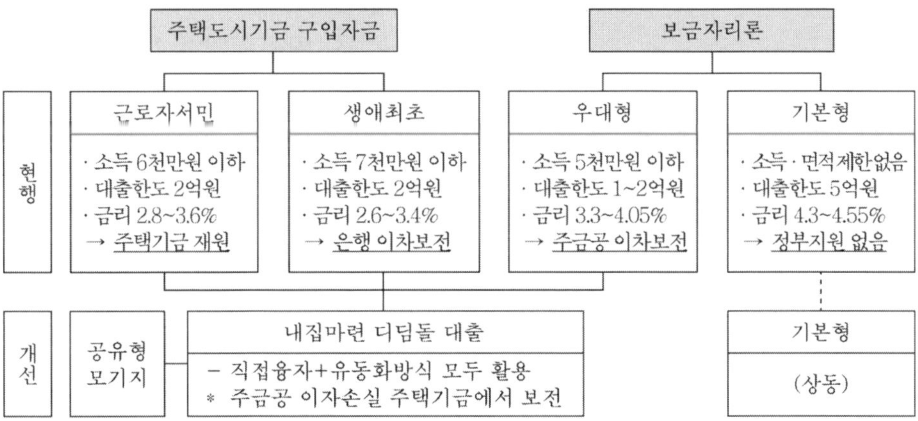

(20) 공유형 모기지

기금과 주택 구입자가 주택가격 변동에 따른 위험과 수익을 공유하는 신개념 상품으로 전월세보다 저렴한 비용으로 내집마련의 꿈을 이룰 수 있도록 85㎡ (수도권을 제외한 도시지역이 아닌 읍 또는 면지역은 100㎡) 이하 아파트에 대한 주택구입자금을 대출지원하는 것이다.

융자지원대상은 부부합산 연소득(총소득) 6천만원(생애최초 7천만원) 이하의 주택 구입자, 5년 이상 무주택자(2014.3월부터)이며, 대상주택으로 수도권, 지방 광역시, 세종시, 인구 50만 이상 중도시 전용면적 85㎡ 이하, 주택가격 6억원 이하 공동주택(아파트)이고, 지원한도는 수익 공유형 모기지는 주택가격 최대 70%(2억원 한도, 소득 4.5배 이내), 손익 공유형 모기지는 주택가격의 최대 40%(2억원 한도)로 금융기관 모기지 포함 LTV 70% 이내(소득 4.5배 이내)이다. 대출기간은 수익 공유형 모기지가 1(3)년 거치 19(17)년 원리금 균등분할 상환, 손익 공유형 모기지는 20년 만기 일시상환이다. ① 수익 공유형 모기지는 안정적 주거를 희망하나, 목돈이 부족한 실수요자에게 집값의 최대 70%까지 기금에서 저리 대출을 하고 매각이익을 공유하는 것이다.

<table>
<tr><td>지원대상</td><td>▸부부합산 연소득 6천만원(생애최초 7천만원) 이하 5년이상 무주택 세대주</td></tr>
<tr><td>대상주택</td><td>▸전용면적 85㎡이하 공동주택(아파트)으로 주택가격 6억원 이하</td></tr>
<tr><td>지원한도</td><td>▸주택가격의 최대 70% (2억원 한도)
▸부부합산 연소득의 4.5배 이내</td></tr>
<tr><td>지원금리</td><td>▸연 1.5% 고정금리</td></tr>
<tr><td>대출기간</td><td>▸20년 원리금 균등분할 상환(1년 또는 3년 거치)</td></tr>
<tr><td>처분이익 상환</td><td>▸① 주택매각(3년 이후), ② 대출만기 또는 전액 중도상환 시 매각이익의 일부를 기금에 귀속
-매각이익이 발생할 경우, 당초 매입가격에서 기금 대출 평잔이 차지하는 비율만큼 주택기금에 귀속
-다만, 서민 지원제도임을 감안하여 기금의 최대 수익률을 일정비율로 제한(연 5%)
*손익형 모기지와 달리 수익 공유형 모기지는 주택가격이 하락할 경우에는 주택기금 손실이 발생하지 않음</td></tr>
<tr><td>조기상환</td><td>▸5년내 매각(상환)시, 조기상환수수료 부과
- (~3년) 연 1.8%(생초 3.3%-1.5%, 금리절감분의 100%)
- (3~5년) 연 0.9%(생초 3.3%-1.5%, 금리절감분의 50%)

〈조기상환 이자 및 처분이익 환수 적용표〉
<table><tr><th>기간</th><th>조기상환이자</th><th>처분이익환수</th></tr><tr><td>3년 이내</td><td>○</td><td>X</td></tr><tr><td>5년 이내</td><td>○</td><td>○</td></tr><tr><td>5년 초과</td><td>X</td><td>○</td></tr></table></td></tr>
<tr><td>리스크관리</td><td>▸주택기금에서 해당주택에 1순위 근저당권 설정
▸제3자 채무인수 불가</td></tr>
</table>

② 손익 공유형 모기지는 기금이 전세금 등 목돈이 있는 무주택자에게 집값의 40%까지 지분성격의 자금을 대출하고, 매각손익을 모두 공유하는 것이다.

구분	내용
지원대상	▸부부합산 연소득 6천만원(생애최초 7천만원) 이하 5년이상 무주택 세대주
대상주택	▸전용면적 85㎡이하 공동주택(아파트)으로 주택가격 6억원 이하
지원한도	▸주택가격의 최대 40% (2억원 한도) ▸금융기관 모기지 포함 LTV 70% 이내(소득 4.5배 이내) * 금융기관 모기지는 원리금 균등분할 상환 방식이어야 함
지원금리 (임차료)	▸최초 5년간 연 1%, 이후 연 2% 고정금리
대출기간	▸20년 만기 일시상환
처분손익 공유	▸①주택매각, ②대출만기 또는 전액 중도상환 시 매각손익 공유 ▸매각가격(실거래가) 또는 감정가격과 당초 매입가격의 차이만큼 지분율에 따라 주택기금에 차익(차손) 귀속 * 재건축의 경우, 청산가치(감정가격)로 평가
조기상환	▸5년내 매각(상환)시, 조기상환수수료 부과 -(~3년) 연 2.3%(생초 3.3%-1%, 금리절감분의 100%) -(3~5년) 연 1.15%(생초 3.3%-1%, 금리절감분의 50%)
지원 형식	▸대출 계약방식 * 등기부상 법률적 소유권은 주택 구입자가 100% 보유 ☞세금(취득세, 재산세, 양도세), 부동산 중개료 등 주택관리비용은 법률적 소유자인 주택구입자가 부담
리스크 관리	▸금융기관이 1순위, 주택기금이 2순위 근저당권 설정 * 금융기관의 추가 모기지 대출은 LTV 70% 범위 내 허용 ▸제3자 채무인수 불가 ▸기금 손실방지를 위해 공적보증기관의 보증 도입

〈조기상환 이자 및 처분이익 환수 적용표〉

기간	조기상환이자	처분이익환수
3년 이내	○	X
5년 이내	○	○
5년 초과	X	○

(21) 부도임대주택 경락자금

부도 임대아파트에 거주하는 임차인의 피해방지 및 주거안정 도모를 위해 부도 공공임대아파트 조치방안(2005.6.7)의 일환으로 시행되었고, 융자 대상자는 기금 임대건설자금이 지원된 부도 임대주택을 경매낙찰을 받아 대출을 신청하는 당해 임대주택의 임차인(무주택세대주만 가능)이다. 융자 조건의 대상주택은 기금의 임대건설자금이 지원된 부도 임대주택으로서 당해 주택의 임차인이 경매낙찰 받은 85㎡ 이하의 주택이다. 대출한도는 매각가격과 주택가격(주택가격 : 법원의 최초 매각가격)의 80%(선순위 임차보증금이 있는 주택은 순 담보가격의 100% 이내) 중 적은 금액 이내이며, 대출기간은 1(3)년 거치 19(17)년 원금 또는 원리금균등 분할상환이다. 신청 시기는 촉탁등기에 의한 소유권이전등기 접수일로부터 3개월 이내 대출신청(다만, 소유권이전 전 대출신청의 경우에는 매각 허가 결정일 이후 재매각기일의 전일로부터 소급하여 3일이 되는 날까지로 함)하여야 한다.

(22) 주거안정 주택 구입자금

무주택 서민의 주택구입기회를 확대하고 주택금융부담을 완화하기 위하여 기존 전세자들의 전용면적 85㎡(수도권을 제외한 도시지역이 아닌 읍 또는 면지역은 100㎡) 이하의 주택을 구입하는 경우 대출을 지원하는 것이다. 융자조건 대상주택은 전용면적 85㎡(수도권을 제외한 도시지역이 아닌 읍 또는 면지역은 100㎡) 이하로 주택가격 6억원 이하에 준공된 주택으로 대출한도는 호당 2억원 이내, 상환기간은 20년 만기(거치 1년 또는 3년), 30년 만기(거치 5년) 원리금 및 원금균등 분할상환이다. 신청시기는 매매계약 체결일로부터 소유권이전등기 하기 전에 신청(다만, 소유권 이전등기를 한 경우에는 이전등기 접수일로부터 3개월 이내까지 신청)하여야 한다.

(23) 오피스텔 구입자금

무주택 서민의 주택구입기회를 확대하고 주택금융부담을 완화하기 위하여 전용면적 60㎡ 이하의 주거용오피스텔을 구입하는 경우 대출지원하는 것이다. 융자 조건의 대상주택은 전용면적 60㎡ 이하의 1.5억원 이하인 주거용 오피스텔(전입신고 가능), 대출한도는 호당 7천만원 이내(오피스텔 가격의 50%, 단 다자녀는 7.5천만원), 상환기간은 2년 만기 일시상환(2년 단위 9회 연장, 최장 20년까지 연장 가능)이다.

(24) 버팀목 전세자금

융자대상자는 연간급여(소득)가 5천만원 이하이고, 대출신청일 현재 세대주를 포함한 세대원 전원이 무주택인 세대주(만 25세 미만 단독세대주 제외)이다. 단, 신혼부부, 혁신도시이전공공기관 종사자 또는 타 지역으로 이주하는 재개발 구역내 세입자는 6천만원 이하이다. 융자조건의 대상주택은 전용면적 85㎡ 이하(수도권을 제외한 도시지역이 아닌 읍 또는 면 지역은 100㎡)이고, 전세보증금 수도권 3억원(지방소재 2억원) 이하, 대출한도는 전세가격의 70% 범위 내로서, 수도권 1.2억원, 지방 8천만원이다(다만, 신혼가구 및 다자녀가구는 수도권 1.4억원, 지방 1억원). 상환기간은 2년 이내 일시상환(4회 연장, 최장 10년까지 가능)이며, 신청시기는 임대차 계약서상 입주일과 주민등록등본상 전입일 중 빠른 날짜로부터 3개월 이내까지이다. 아울러, 안심형 버팀목 전세대출이란 세입자의 보증금 회수염려와 전세대출 고민을 한 번에 해결할 수 있도록 임차인에게는 전세보증금 반환을, 기금에는 전세자금대출 원리금 상환을 함께 해결하는 기금 버팀목 전세대출이다.

(25) 기존주택 전세임대자금

도심 내 저소득계층이 현 생활권에서 거주할 수 있도록 기존주택에 대해 전세계약을 체결 후 저렴하게 재임대함으로써 서민 주거안정을 도모하기 위한 것이다. 융자대상자는 SH 등 지방공사이며, 융자 조건의 대상주택은 세대당 전용면적 85㎡ 이하, 대출한도는 수도권은 8,500만원(단, 공동생활가정은 105백만원), 광역시는 6,500만원(단, 공동생활가정은 105백만원), 그 밖의 지역은 5,500만원(단, 공동생활가정은 75백만원)이고, 상환기간은 대출일이 속하는 당해 연도 12월 20일(1년 단위로 연장가능)이다.

입주자격은 Ⓐ 국민기초생활수급자 · 한부모 가정(1순위), 도시근로자 월평균소득의 50% 이하인 자 · 도시근로자 월평균소득의 100% 장애인(2순위), Ⓑ 부도 공공임대주택의 퇴거당하거나 퇴거당할 예정인 임차인, Ⓒ 주택금융공사의 신용보증 거부자, Ⓓ 저소득장애인, 보호아동, 노인(중증 노인성질환자 제외),

가출청소년, 미혼모, 가정폭력피해자, 성폭력피해자, 탈 성매매여성, 갱생보호자, 아동복지시설 퇴소 자, 북한이탈주민, 노숙인 중 관련 법령에 의해 보호가 필요한 자 또는 관계중앙행정기관의 장이 필요하다고 인정하여 입주자로 선정을 요청하는 자(그룹홈으로 지원), Ⓔ 쪽방·비닐하우스 등 주거취약계층, Ⓕ 저소득 가구 신혼부부이다.

① 신혼부부 전세임대 연차별 실적(단위 : 호)

구 분	목 표(호)	전체 실적(호)	달 성 률(%)
계	32,500	32,741	101%
2008년도	500	185	37%
2009년도	5,000	5,260	105%
2010년도	5,000	5,003	100%
2011년도	5,000	4,509	90%
2012년도	5,000	4,906	98%
2013년도	3,000	3,905	130%
2014년도	3,000	3,956	132%
2015년도	6,000	5,017	84%

② 대학생 전세임대 사업실적(단위 : 호)

구 분	전체 실적(호)	구 분	전체 실적(호)
2011년도	107	2014년도	3,650
2012년도	10,349	2015년도	4,923
2013년도	3,713	계	22,742

(26) 소년소녀 가정 등 전세자금

융자 대상자는 소년소녀가정·대리양육가정·친인척위탁가정·교통사고유자녀 가정 및 아동복지시설 퇴소자로서 무주택이며 가구당 월평균소득이 전년도 도시근로자 가구당 월평균소득 이하인 가정이며, 융자조건의 대상주택은 전용면적 85㎡ 이하, 대출한도는 수도권은 8,000만원, 광역시는 6,000만원, 그 밖의 지역은 5,000만원이고, 대출기간은 만 20세까지 지원하되, 만 20세가 지난 경우 1년 단위로 최대 6년까지 연장 가능하다.

한편, 지원대상자가 미성년자이거나 신용등급이 낮은 것을 감안하여 공공임대주택의 거주자(거주예정자 포함)는 당해 주택의 관리권한이 있는 한국토지주택공사 및 지방공사를, 일반주택의 거주자(거주예정자 포함)는 한국토지주택공사를 채무자로 하여 지원한다.

(27) 주거안정 월세대출

융자대상자는 주거급여 대상자가 아닌 무주택(세대원 포함) 세대주로서 ① 우대형은 Ⓐ (취업 준비생) 부모와 따로 거주하는 자 또는 독립하려고 하는 자 중 신청일 현재 만 35세 이하인 자이며 부모 소득이 6천만원 이하인 자, Ⓑ (희망 키움통장 가입자) 신청일 현재 희망키움통장에 가입 중인 자, Ⓒ (근로 장려금 수급자) 신청일 기준 최근 1년 이내 수급사실이 인정되는 근로 장려금 수급자, Ⓓ (자녀 장려금 수급자) 대출신청일 기준 최근 1년 이내 수급사실에 인정되는 자녀장려금 수급자, Ⓔ (사회초년생) 취업 5년 내의 사회초년자로서 신청일 현재 만 35세 이하이고 부부합산 소득이 4천만원 이하인 자이고, ② 일반형은 부부합산 연소득 5천만 원 이하자 중 우대형에 해당하지 아니한 자이다.

융자조건의 대상주택은 전용면적 85㎡ 이하(수도권을 제외한 도시지역이 아닌 읍 또는 면 지역은 100㎡)로서 형태상 제한 없다. 단, 무허가건물, 불법 건축물, 고시원은 대출이 불가하며, 보증금 1억 원 이하 및 월세 60만 원 이하이다. 대출한도는 호당 720만원, 매월 최대 30만원 이내이고, 대출기간은 2년 (2년 단위 4회 연장가능 최장 10년), 상환방법은 일시상환이다. 신청시기는 임대차 계약서 만기일 이내에서 신청이 가능하고, 대출실행 후 1개월 이내(결혼예정자는 3개월 이내)에 주민등록전입하여야 하며, 대출연장시마다 임대인으로부터 월세금 연체유무와 거주사실을 확인받아야 한다.

(28) 부도 임대주택 퇴거자 전세자금

부도 임대아파트에 거주하는 임차인의 피해방지 및 주거안정 도모를 위해 부도 공공임대 아파트 조치방안(2005.6.7)의 일환으로 시행되었다. 융자 대상자는 부도 임대주택에서 퇴거 또는 퇴거예정인 임차인 중 임차보증금의 5% 이상을 지불하고 주택임대차계약을 체결한 자로서, ① 해당 지자체장의 추천을 받은 만 20세 이상 무주택세대주(단독 세대주 원칙적 제외) 또는 세대주로 인정되는 자, ② 매각허가 결정일 이전 임대차 계약체결 및 주민등록전입을 완료하여 해당 주택에 계속 거주중이거나 경락허가 결정일 이후 퇴거당한 자이다. 융자조건은 대출금액 5,000만원 이내, 대출기간은 2년 이내 일시상환(2회 연장 가능, 최장 6년)이다.

(29) 도시재생 지원 융자

도시재생 사업에 대한 기금의 융자를 통하여 민간금융의 마중물 효과 창출 및 사업성을 제고하여 쇠퇴도시의 경제 활력 제고 및 국민의 삶의 질 향상에 기여하고자 지원하는 것이다.

융자대상자는 도시재생 활성화 지역 내에서 도시재생사업을 시행하는 부동산투자회사이고, 융자조건의 대출한도는 총사업비의 30% 범위에서 기금운용계획으로 정한 금액, 대출기간은 최장 13년 거치 원금 만기 일시상환 또는 원리금 분할상환이다.

(30) 재정비 촉진사업 융자

도시재정비 촉진을 위한 특별법에 따른 재정비촉진지구 내에서 기반시설(도로, 공원, 주차장)을 조성하는 지자체에 대한 기반시설 설치비 융자 지원으로 융자대상자는 재정비 촉진지구에서 기반시설(도로, 공원, 주차장)을 조성하는 지자체이다. 융자조건의 대출한도는 지자체가 확보해야 할 지방비 예산액의 10% 이내(최대 30억 원 한도), 대출기간은 최대 10년 거치 15년 원리금 분할상환이다.

융자금액	거치기간	상환기간
5억원 이하	차등 적용(최대 10년)	5년
10억원 이하		10년
10억원 초과		15년

(31) 주거환경 개선자금

도시영세민 밀집지역의 노후불량주택 개량 및 공동주택 신축 등을 위해 소요되는 자금을 지원함으로써 저소득 주민에게 쾌적하고 안정적인 주거 공간 제공이 목적이다.

융자대상자는 ① 주거환경개선 사업지구 내 토지 및 주거용 건축물의 소유자 또는 그들이 구성한 조합으로 시장・군수・구청장으로부터 융자대상자 결정통지를 받은 자 또는 시장・군수・한국토지주택공사 등, ② 주거환경개선 지구이외 지역의 노후・불량주택 소유자 중 시장・군수・구청장으로부터 융자대상자 결정통지를 받아 주택을 개축, 증축, 대수선하고자 하는 자(구 불량주택개선자금 대출대상자)이다.

융자조건은 Ⓐ 단독, 다가구, 다세대주택은 전용면적 85㎡ 이하, Ⓑ 아파트・연립주택(임대주택포함)의 분양주택은 전용면적 75㎡ 이하(민간사업자는 60㎡ 이하), 임대주택은 전용면적 85㎡ 이하, Ⓒ 대학가 노후하숙집은 기존 주거환경개선 자금 지원조건과 동일하다. 주거환경개선지구에서 건축허가를 받아 건설하는 아파트 19세대, 연립주택은 29세대 이하만 가능하며, 주거환경개선 지구 이외 지역에서 건설되는 아파트・연립주택은 대출대상에서 제외된다. 상환기간은 1(3)년 거치 19(17)년 분할상환(단, 다가구주택은 1년 일시상환)이다.

(32) 집주인 리모델링 임대주택 자금

민간주택을 활용하여 대학생 및 독거노인에게 저렴한 임대주택을 공급하면서, 집주인에게는 자산증식 또는 안정적 생활비 확보 기회를 제공할 목적이다. 지원대상자는 장기임대 목적으로 다가구주택 또는 다세대 주택을 신축하거나 대수선하여 한국토지주택공사에 임대관리를 위탁하는 자이다. 대출대상은 가구(세대)당 주거전용면적 85㎡ 이하인 다가구주택 또는 다세대주택으로 대출한도는 총 2억 원, 가구(세대)당 4,000만원, 대출기간은 1년 거치 후 8년, 10년, 12년, 16년, 20년 분할상환이다. 단, 원리금 균등분할상환 또는 혼합상환(대출금의 65%는 원리금 균등분할상환, 35%는 만기 일시상환)이 가능하다.

(33) 다가구 매입임대 융자

매입 임대사업의 사업비 일부를 지원함으로써 최저소득계층에게 저렴한 임대료로 주거공간을 제공하여 주거와 사회복지 서비스를 연계 지원하는 것이다. 주택법 제63조 제1항 제9호 및 공공주택건설 등에 관한 특별법 제43조에 근거하여 다가구 주택 등을 매입하여 개·보수 후 저렴한 임대료로 최저 소득층에게 임대하여 주는 매입 임대 주택사업에 대하여 사업비의 일정부분(50%)을 기금에서 보조하는 것이다.

융자조건의 대상주택은 호당 전용면적 85㎡ 이하의 다가구·다세대 및 연립주택 등이고, 대출한도는 호당 5,000만원(원룸 3,750만원)이고, 상환기간은 20년 거치 20년 원리금 균등분할 상환이다.

(34) 도시 재정비 자금

도시재정비 촉진을 위한 특별법에 의거 추진되는 재정비촉진지구의 기반시설 설치비용을 융자 지원함으로써 재정비촉진사업의 원활한 추진을 도모하기 위한 것이다. 도시재정비촉진을 위한 특별법 제29조(기반시설 설치비용의 지원 등)에 의하면 국토부장관은 시·도지사 또는 시장·군수·구청장에게 대통령령이 정하는 기반시설의 설치에 소요되는 비용의 전부 또는 일부에 대해 주택법 제60조에 의한 기금을 융자·지원할 수 있으며, 기금의 구체적인 융자방법·조건 등에 관하여 필요한 사항은 대통령령으로 정하고, 동법 시행령 제32조(기반시설 설치비용의 지원 등)에서는 기금의 융자방법 및 융자조건 등은 주택법 제62조제1항에 따라 국토부 장관이 정하는 주택 도시기금의 운용 및 관리에 관한 규정에 따르도록 하고 있다. 2005년 12월 30일 도시재정비 촉진을 위한 특별법 제정되고, 2006년 3월 30일 서민주거복지증진과 주택시장합리화방안(3.30대책)에서 시범지구 지정계획이 발표되었다. 융자대상자는 시·도지사 및 시장·군수·구청장이다.

4. 정부내 지출

(1) 사업 개요

정부 내부 지출은 자금별 차입조건(상환기간, 이율)에 따라 연도별 원리금을 상환하는데, 자금별 개요는 아래와 같다.

〈정부 내부 지출 자금별 개요〉

구 분	이 율	상환기간	내 용	비 고
ㅇ 사학진흥기금 예탁금	연 2.0%	3년 거치 27년	사학진흥기금에 대한 예탁자금	
ㅇ 공자기금예탁금	연 2~3%수준	-	공자기금에 대한 예탁자금	
ㅇ 공자기금예수금 (총괄)	국채금리 + 0.01% 수준	3~10년	공자기금의 예수금	
ㅇ 공자기금예수금 (융자)	변동금리 (연 4.0%수준)	2~20년	공자기금의 예수금	
ㅇ 농특예수금	연 3.0% 수준	5년 거치 15년	농특회계의 예수금	'13년 상환 완료
ㅇ 기타예수금	정기예금이율	3년이내	각종기금의 예수금	공무원연금 관리공단

(2) 자금별 예탁계획

구 분	2014년	2015년
	예탁금액(백만원)	예탁금액(백만원)
사학진흥기금 예탁금	8,600	42,242
공자기금 예탁금	1,800,000	5,000,000
계	1,808,600	5,042,242

(3) 자금별 상환내역

공자기금 예수금 상환내역(융자)(단위 : 백만원)은 아래 표와 같다.

차입년도	2014년			2015년		
	상환원금	이자	잔액	상환원금	이자	잔액
1996	32,666	1,826	65,333	32,667	728	32,666
1997	32,666	2,526	97,999	32,666	1,214	65,333
1998	20,267	1,996	81,065	20,266	1,054	60,799
1999	43,693	2,146	73,466	14,693	983	58,773
2000	62,292	1,541	18,054	15,526	153	2,528
2001	8,859	693	27,015	8,860	336	18,155
2002	1,333	245	10,666	1,334	149	9,332
2003	2,488	510	22,376	2,485	314	19,891
2004	3,600	431	18,000	3,600	241	14,400
2005	3,600	508	21,600	3,600	294	18,000
2006	2,400	645	28,800	2,400	410	26,400
합계	213,864	14,164	464,375	138,097	5,876	326,278

* 상환이자율은 기획재정부가 고시한 분기별 변동금리 적용

아울러, 공자기금 예수금은 2014년 전액 상환하였고, 농특예수금은 2013년 전액 상환하였다.

5. 차입금 원금 상환

(1) 사업 개요

기금의 운용재원을 위해 외부로부터 차입한 자금의 원금상환을(기금법 제9조 제1항 제4호) 말한다. 차입 자금별 개요는 아래와 같다.

〈차입 자금별 개요〉

구 분	이 율	기 간	내 용	법적근거
ㅇ 제1종 국민주택채권	연 1.25% ('16.2.15~'16.6.14 1.5%) ('15.4.1~'16.2.14 1.75%)	5년	인·허가, 등기, 등록시 첨가발행	기금법 제7조
ㅇ 제2종 국민주택채권	연 0% ('97.7.15 이전 발행분 3.0%)	10년	공공택지내의 85㎡ 초과 분양 아파트에 대해 시세차익을 환수하기 위해 발행	
ㅇ 청약저축 (주택청약종합저축포함)	2년이상 : 1.8% 2년미만 : 1.5% 1년미만 : 1.0%	당첨시까지	국민주택과 민영주택의 입주자저축 (입주자선정자격 부여)	기금법 제5조

(2) 상환 실적(단위 : 억원)

구 분	2006	2007	2008	2009	2010	2011	2012	2013	2014	2015
ㅇ국민주택채권	48,538	80,669	68,889	62,111	81,726	101,409	90,955	87,760	109,183	109,183
-제1종	48,324	79,979	68,494	61,358	79,207	95,348	84,598	84,995	106,732	106,732
-제2종	214	690	395	753	2,519	6,061	6,357	2,765	2,451	2,451
ㅇ 청약저축	9,350	10,541	12,969	18,763	30,148	50,519	56,611	69,544	81,390	81,390

6. 차입금 이자상환

(1) 사업 개요

기금의 운용재원 마련을 위해 차입한 자금(국민주택채권, 청약저축)의 이자상환을 말한다(기금법 제9조 제1항 제4호). 차입자금별 개요는 아래와 같다.

〈차입자금별 개요〉

구 분	이 율	기 간	상환조건	내 용	법적근거
o 제1종 국민주택채권	연 1.25% * '15.2.15~'16.6.14 발행분 1.5%	5년	일시상환 (연단위 복리)	인・허가, 등기, 등록시 첨가발행	기금법 제7조
o 제2종 국민주택채권	연 0% * '97.7.15이전 발행분 3.0%	10년	〃	분양가상한제가 적용되는 85㎡ 초과 분양 아파트에 대해 시세차익을 환수하기 위해 발행	
o 청약저축	2년이상 : 1.8% 2년미만 : 1.5% 1년미만 : 1.0%	당첨시까지	일시상환	국민주택 등의 입주자저축(입주자선정자격부여)	기금법 제5조

(2) 상환 실적(단위 : 억원)

구 분	2006~2009	2010	2011	2012	2013	2014	2015
o 국민주택채권	46,308	14,677	20,099	18,597	15,759	16,924	16,924
-제1종	44,834	12,649	15,215	13,473	13,531	14,949	14,949
-제2종	1,474	2,028	4,884	5,124	2,228	1,976	1,976
o 청약저축	5,723	1,892	3,395	4,189	5,005	5,496	5,496

7. 위탁 수수료

위탁수수료는 국토부장관이 기금법 제10조의 규정에 의하여 기금의 운용 및 관리에 관한 사무를 공사 및 금융기관 등에 위탁함에 따라 기금의 부담으로 기금수탁자에 지급하는 관리경비이며, 기금법 제10조 및 기금법 시행령 제18조에 따라 위탁수수료는 기금의 부담으로 하며, 그 금액은 국토교통부령으로 정하고, 국토부 장관은 위탁수수료에 관한 국토교통부령을 제정 또는 개정하는 경우에는 미리 기재부장관과 협의하여야 한다.

위탁수수료는 분기별로 지급하되, 기금수탁자로부터 지급요청을 받은 날로부터 15일 이내에 지급한다.

8. 여유자금 운용

(1) 운용 목적

기금법 제9조 및 시행령 제17조에 의거 기금의 여유자금을 장래 자금수급상황을 감안하여 확정상품과 실적상품 등에 배분·운용하여 안정성을 도모하고, 안정성이 확보된 범위 내에서 수익성을 제고하고 있다.

(2) 의사결정 체계

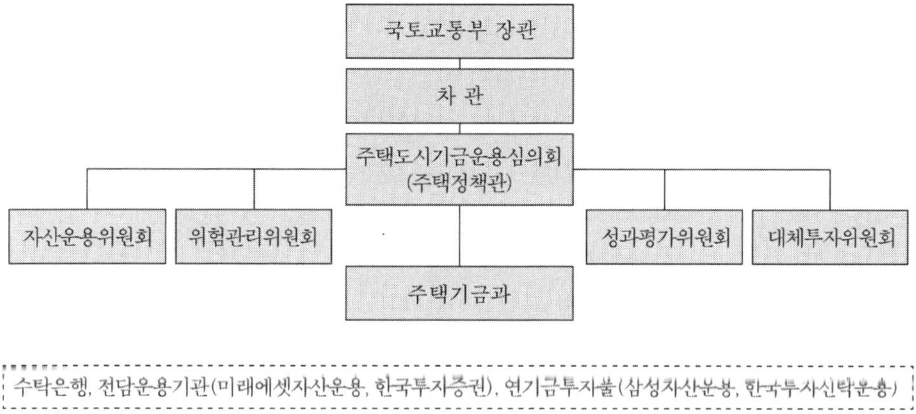

(3) 기금운용심의회

여유자금운용에 관한 최고 심의기구로서 자산운용계획·지침의 수립·변경, 연간 성과평가 결과에 따른 자산운용사 탈락·잔류 결정, 사무수탁사·자산운용사(증권사) 선정 등의 사항을 심의·의결한다. 위원회 구성은 위원장을 포함하여 15인의 위원으로 구성하고, 위원장은 국토교통부 주택정책관, 위원은 당연직으로 국토교통부 주택기금과장, 주택도시보증공사 주택도시기금사업본부장이고, 위촉직은 기금 및 금융에 관한 학식과 경험이 풍부한 인사 중 국토부장관이 위촉하는 자 12인이다.

(4) 자산운용위원회

위원회는 여유자금의 운용·관리에 관한 중요사항을 심의한다. 위원회 구성은 위원장(주택기금과장)을 포함하여 9인(외부위원 8인)이다. 기능은 자산운용지침의 제정·변경, 위탁운용기관의 지정·해지, 여유자금운용기준의 제정·변경, 하위운용사 풀 선정, 운용보조기관의 지정·해지, 자산운용계획의 작성 등이다.

(5) 위험관리위원회

위원회는 여유자금운용의 위험관리에 관한 중요사항을 심의한다. 위원회 구성은 위원장(민간)을 포함하여 7인(외부위원 7인)이다. 기능은 기금 위험관리 현황 및 관련 규정의 제정·변경, 위험관리한도 설정·조정, 위험관리측정 및 위기상황분석 기준관리, 위기관리계획 수립 등이다.

(6) 성과평가위원회

위원회는 여유자금운용의 성과평가에 관한 중요사항을 심의한다. 위원회 구성은 위원장(민간)을 포함하여 7인(외부위원 7인)이다. 기능으로는 기금 성과평가 현황 및 관련 규정의 제정·변경, 위탁운용기관 성과보수지급 규정의 제정·변경 및 집행, 위탁운용기관 연간 이행현황 점검, 대체투자 연간 공정가치 평가 등이다.

(7) 대체투자위원회

위원회는 여유자금 운용의 대체투자에 관한 중요사항을 심의한다. 위원회 구성은 위원장(주택기금과장)을 포함하여 7인(외부위원 6인)이다. 기능은 대체투자의 타당성, 투자결정 및 변경 등이다.

제 5 절 주택도시금융과 주요 규제정책

주택도시금융과 관련한 규제정책은 매우 민감하게 시장상황과 밀접하게 전개되어 왔다. 특히 부동산시장 중 주택시장의 문제와 관련하여 각종 규제정책들이 때로는 강하게 규제하고, 때로는 경기부양을 위해 완화되는 양상이 반복되고 있다. 주요 규제를 보면 부동산 거래와 관련한 규제, 주택공급과 수요조절을 위한 규제, 이와 동반하여 세재 및 금융규제 등을 통하여 실행되었다. 도시재생 내지 도시금융의 역사가 아직 초기단계인 점을 감안하면 주로 주택금융과 관련한 부분이 일반적이라고 할 수 있다. 앞서 주택정책과 도시계획 및 도시재생정책에서 일반적인 규제법규 내용 등에서 이러한 규제정책과 관련한 분양가 상한제, 관리지역 등을 설명하였으므로 이하에서는 앞에서 설명하지 않은 주택시장과 관련 몇 가지 주요 규제사항 들을 중심으로 간단하게 설명하기로 한다.

Ⅰ. 거래규제

1. 전매제한

전매제한제도란 새로 분양되는 주택에 당첨된 뒤 일정기간 동안 사고팔지 못하도록 하는 조치를 말한다. 분양가 규제(예로 원가연동제)로 분양가가 시세보다 낮으면 분양받은 사람이 시세차익을 노리고 팔기 때문에 이것을 차단하기 위해 도입한 제도로 부동산 거래제한제도의 일종이다. 투기과열지구로 지정한 지역의 아파트 분양권의 전매가 제한되고 있다. 전매제한제도 폐지는 제한없이 분양받은 주택을 곧바로 사고 팔 수 있음을 의미한다. 이 때 당첨된 주택(아파트)의 소유권은 최초 당첨자가 등기를 하게 된다. 다만 소유권 등기이전에 제3자와 매매계약을 체결하고 나중에 아파트가 완공돼 소유권을 당첨자로 등기한 뒤 다시 당초의 매입자로 이전하는 형식을 빌리게 된다. 다시 말해 당첨권(분양권)에 대한 거래가 자유화되는 것이다. 물론 분양권 전매에 대한 제한 폐지는 미등기 전매와는 전혀 다르다. 미등기 전매는 부동산을 등기를 하지 않은 상태에서 다른 사람에게 되파는 행위를 말하며 법률용어로는 중간생략등기라고 한다. 만약 A→B→C 사이에 특정 부동산을 사고파는 거래가 차례로 이뤄졌다면 B는 A로부터 C로 소유권이 바로 이전한 것처럼 위장하는 것을 말한다. 이렇게 되면 중간거래자는 전혀 표면에 나타나지 않은 상황에서 세금도 내지 않고 차익을 누리게 된다. 현재 부동산은 등기를 하면 등록세가 매매가격의 3%, 등록세에 대한 교육세가 0.6%(등록세의 2%), 취득세는 매매가격의 2%가 붙는다. 인지세나 국민주택채권매입 등 부대비용이 많이 든다. 미등기전매는 부동산의 세금회피 방법으로 사용되고 있으며 이는 허용되지 않는다.

2. 임차권 양도금지 및 전대금지

임차권은 그 동일성을 유지하면서 이전하는 계약이 임차권의 양도이다. 임차권을 양도하면 임차인은 그의 지위를 벗어나고 양수인이 임차인의 지위를 승계하여 임차인으로서 권리와 의무를 진다. 임차인이 그 권리를 양도하려면 임대인의 동의를 얻어야 한다. 만약 임대인의 동의 없이 임차권을 양도하거나 임차주택을 전대한 경우 임차인과의 임대차계약을 해지할 수 있다. 또한 임대주택의 입주자가 임차권을 임대사업자의 동의 없이 무단으로 양도·전대할 수 없고 이를 알선하면 형벌을 받을 수 있다. 다만 근무·생업 또는 질병치료 등의 이유로 주거를 이전하고 현재 거주하는 시·군·구에서 다른 행정구역으로 주거를 이전하고 현재 거주지와 새로 이전하는 거주 간의 거리가 40km 이상일 경우와 상속 또는 혼인으로 소유하게 된 주택으로 이전할 경우 그리고 국외로 이주하거나 1년 이상 국외에 머무를 경우에는 무주택 세대주에게 임차권을 양도하거나 임대주택을 전대할 수 있다. 이러한 임차권양도금지 및 전대금지사항은 특히 공공임대주택의 경우에 주로 적용되는데, 이는 공공임대주택의 공급취시에 어긋나서 불법적인 거래를 차단하기 위한 장치라고 할 수 있다.

3. 전월세상한제

전월세상한제는 부동산시장에서 전세 및 월세의 인상률을 제한하는 제도이다. 2010년 들어 전세가가 지속적으로 상승해 그해에만 전체 물가 상승률 2.9%를 훨씬 웃도는 7.1%, 특히 아파트의 경우는 8.8% 상승률을 기록했다. 공급측면에서는 저금리 기조 속에서 임대 소득을 챙기려는 집주인이 늘면서 전세 물건에서 월세 물건으로 전환되는 경우도 많았고, 수요 측면에서는 장기간 경기 침체로 주택 매매 차익 기대가 줄면서 전세에 대한 수요가 늘었다는 점을 이유로 꼽을 수 있다. 이런 가운데 지난 2011년 2월 9일 민주당 전월세 대책특별위원회가 임대차 보호법 개정안을 내놨다. 내용은 전월세 인상률을 5% 이내로 하고 임대차 계약기간 갱신을 1회에 한해 최대 4년간 보장하자는 것이다. 이것이 바로 흔히 말하는 전월세상한제다. 현행 주택임대차보호법 제7조(차임 등의 증감청구권)에서는 "당사자는 약정한 차임이나 보증금이 임차주택에 관한 조세, 공과금, 그 밖의 부담의 증감이나 경제사정의 변동으로 인하여 적절하지 아니하게 된 때에는 장래에 대하여 그 증감을 청구할 수 있다. 다만, 증액의 경우에는 대통령령으로 정하는 기준에 따른 비율을 초과하지 못한다."고 규정하고, 동법 시행령 제8조에서는 ① 법 제7조에 따른 차임이나 보증금의 증액청구는 약정한 차임 등의 20분의 1의 금액을 초과하지 못한다. ② 증액청구는 임대차계약 또는 약정한 차임 등의 증액이 있은 후 1년 이내에는 하지 못하도록 규정하고 있다.

Ⅱ. 공급 및 수요관련규제

1. 투기과열지구·투기지역 관리정책

8·2대책(2017.8.2.)에 따라 2017년 8월 3일부터 서울 전역과 경기 과천, 세종시가 투기과열지구로 묶였다. 투기과열지구는 2011년 말 서울 강남 3구(강남·서초·송파)가 해제된 지 6년 만에 부활한 것이며, 서울 25개구 전역이 한꺼번에 투기과열지구로 지정된 것은 2002년 이후 16년 만이다. 이 지역에서는 재건축 조합 설립 시 조합원이 보유한 주택 매매가 금지되며 오피스텔의 전매가 입주 때까지 제한된다. 또 3억 원 이상 주택을 구매할 때는 자금조달계획, 입주계획을 밝히고 추후 증여세 등의 탈세나 실거주 여부 등을 확인받는 주택거래신고제가 적용된다. 투기과열지구 중 강남 4구(강남·서초·송파·강동)를 비롯해 마포·성동·노원·양천·영등포 등 서울 11개 구와 세종시는 투기지역으로 중복 지정되었다. 투기지역은 2012월 5월 해제된 이후 다시 도입된 것이다.

2. 재건축·재개발 관련 규제

그동안은 투기과열지구로 지정되어도 재개발이나 도시환경정비 사업 조합원의 분양권을 전매할 수 있었으나 부동산대책에 따라 관리처분계획인가를 받은 후 소유권 이전등기를 할 때까지 조합원 분양권 전매가 금지된다. 다만 조합설립 후 3년내 사업시행인가 신청이 없고 3년 이상 소유한 경우, 사업시행인가 3년내 착공하지 못하고 3년 이상 소유한 경우에는 예외적으로 지위양도를 허용한다. 또 전국 재개발 사업지에 임대주택 공급 하한선을 도입해 서울 재개발 사업장은 사업 물량의 10~15%, 경기 및 인천은 5~15%, 지방은 5~12% 내에서 임대주택 공급을 의무화하였다. 투기과열지구와 투기지역은 도시재생 뉴딜사업 선정 대상에서도 제외된다.

3. 청약제도 개편 및 투기규제

청약제도는 청약통장에 가입하여 일정기간 불입하면 주택청약순위를 가질 수 있도록 하는 제도이다. 이전까지 수도권은 청약통장에 가입한 후 1년, 지방은 6개월이 지나면 1순위 청약 자격이 주어졌다. 그러나 8.2대책에 따라 투기과열지구 청약 1순위 자격이 청약통장 가입 이후 2년, 납입횟수 24회 이상으로 강화된다. 또 민영주택을 공급할 때 무주택 기간, 부양자 수 등을 점수화해 입주자를 정한 후 남은 물량을 추첨제로 돌리는 가점제의 비율이 확대된다. 청약조정대상지역의 경우 그 비율이 전용면적 85㎡ 이하는 40%에서 75%로, 초과는 0%에서 30%로 각각 올라간다. 투기과열지구의 85㎡ 이하는 75%에서 100%로 상향 조정된다. 가점제로 당첨된 사람과 해당 가구에 속한 사람은 2년 동안 가점제를 적용받을 수 없다. 또 신규 아파트 청약 시장에 부적격 당첨자가 급증하는 것을 막기 위해 민영아파트 예비입주자 선정 시에도 가점제를 우선 적용한다. 아파트 규제 강화로 오피스텔에 투자수요가 몰리는 풍선효과를 막기 위해서 청약조정대상지역에서 입주 때까지 오피스텔 전매가 금지되며 분양물량의 20%를 거주자에게 우선 분양해야 한다.

한편, 투기세력 및 수요를 억제하고 실수요자를 위한 각종 대책을 통하여 규제한다. 즉, 실수요자를 위한 공적임대주택을 확대 공급하거나, 신혼부부를 위한 분양형 공공주택 신혼희망타운 건설 등을 들 수 있다. 신혼희망타운은 결혼 5년 이내 무주택 신혼부부 중 도시근로자 월평균 소득 이하 저소득 신혼부부(부부 합산 연소득이 도시근로자 월평균 소득 100% 이하)에게 우선 공급되며 신혼희망타운과 연계한 주택기금 대출 상품도 마련해 저소득 신혼부부를 지원한다.

Ⅲ. 금융세재관련 규제

1. 주택대출 규제 강화

투기과열지구와 투기지역에서는 주택유형, 대출만기, 대출금액 등에 관계없이 기존 각각 60%, 50%였던 LTV와 DTI 한도가 각각 40%로 강화된다. 주택담보대출이 1건 이상 있는 가구원이 추가 대출을 받을 시에는 각각 30%로 더 낮아진다. 투기지역에는 주택담보대출 만기 연장이 제한되며 주택담보대출 건수는 기존 1인당에서 가구당 1건으로 제한된다. 반면 서민 실수요자(부부 합산 연소득이 6,000만원 이하이면서 집값이 6억 원 이하인 무주택 세대주)에게는 LTV와 DTI를 완화해 50%로 적용한다.

여기에서, Ⓐ LTV(Loan To Value ratio)는 담보가치(주택가격) 대비 대출비율을 말하는 것으로, 주택담보대출비율이란 은행들이 주택을 담보로 대출을 해줄 때 적용하는 담보가치 대비 최대 대출가능한도를 말한다. 즉, 집을 담보로 은행에서 돈을 빌릴 때 집의 자산가치를 얼마로 보는가의 비율을 말하며, 보통 기준시가가 아닌 시가의 일정 비율로 정한다. 예를 들어 주택담보대출비율이 60%라면 시가 2억 원짜리 아파트의 경우 최대 1억2천만원까지만 대출해 주는 식이다. 하지만 실제로 대출받을 수 있는 돈은 이보다 더 적은 것이 보통이다. 돈을 갚지 않아 담보로 잡은 주택을 경매처분하는 경우에 대비해, 방 1개당 소액임차보증금을 빼고 대출해 준다. 주택임대차보호법에 따라 세입자에게 우선권이 주어지기 때문이다. Ⓑ DTI(Debt To Income)는 총부채상환비율로, DTI는 주택담보대출의 연간 원리금의 상환액과 기타 부채에 대해 연간 상환한 이자의 합을 연소득으로 나눈 비율을 말한다. 담보대출을 받을 경우 채무자의 소득으로 얼마나 잘 상환할 수 있는지 판단하여 대출한도를 정하는 제도인데, 이때 DTI가 사용된다. DTI 수치가 낮을수록 빚을 갚을 수 있는 능력이 높다고 인정된다. 정부가 부동산시장의 과열을 막기 위해 2005년 도입한 이후 투기지역에서만 40%로 적용되었던 것이 2009년 9월 7일부터 확대 적용되었다. 그러나 계속적으로 가계부채가 증가하자 정부는 2017년 10.24 가계부채 종합대책에서 2018년 1월부터 신DTI를 적용하기로 하였다. 이는 투기수요를 억제하기 위해 다주택자를 대상으로 한 핀셋 규제에 해당된다. 기존에 주택담보대출이 있는 사람이 추가로 주택담보대출을 신청할 경우 기존 DTI는 신규 주택담보대출 원리금과 기존 주택담보대출 등의 이자 상환액을 더해 연소득으로 나눈다. 반면 © 신DTI는 모든 주택담보대출 원리금 상환액과 기타대출 이자 상환액을 더해 연소득으로 나눠 산정한다. 즉, 기존 DTI는 기존 주택담보대출의 경우 '이자'만 반영했지만 신DTI는 '원리금'까지 합산하는 만큼 당연히 대출한도는 줄어들게 된다.

2. 다주택자 양도세 강화

정부는 서울 강남 등의 부동산 가격 상승 원인으로 다주택자들의 투기를 꼽으면서 금융 및 세제를 동원해 다주택자를 규제하는 조치를 취하였다. 이에 따라 2018년 4월부터 2주택 이상 다주택자의 경우 조정대상지역 내 주택을 팔 때 양도소득세를 중과한다. 따라서 양도차익에 따라 6~40%인 기본세율에 2주택자는 10%포인트, 3주택자 이상은 20%포인트의 가산세가 붙는다. 즉, 양도차익의 최고 60%를 양도소득세로 내야 한다. 이렇게 되면 세금부담이 커져 차액투자가 어렵기 때문에 시세차익을 목적으로 주택의 매매가격과 전세가격 간 차액이 적은 집을 전세를 끼고 매입하는 투자방식인 갭(gap) 투자를 억제할 수 있다. 양도세강화는 2018년 4월 1일 이후 양도하는 주택부터 적용된다. 또 지금까지는 2년 이상 보유하고 양도가액이 9억 원 이하일 경우 양도세를 내지 않아도 됐으나 앞으로는 2년 이상 거주 요건이 추가된다.

3. 개발이익환수제

개발이익환수제는 택지개발, 주택단지 조성, 관광단지 조성, 도심 재개발, 온천개발 등으로 토지를 개발할 때 지가상승으로 획득한 이익 중의 일정액을 정부가 환수하는 제도이다. 개발이익 환수에 관한 법률에 의하면, 개발이익을 '토지소유자 자신의 노력 없이 개발사업, 토지이용계획의 변경, 기타 경제·사회적 요인에 의해 상승한 토지가격 중 정상적 지가상승을 초과한 상승분'으로 정의하고 있다. 개발이익의 25%를 개발부담금이라는 명목으로 환수한다. 개발이익환수제는 토지로부터 발생하는 개발이익을 환수함으로써 토지에 대한 투기를 방지하고 토지의 효율적 이용을 촉진하기 위해 도입되었다. 개발이익환수제도는 불로소득을 환수함으로써 세수를 늘리고 조세의 형평성에 기여하며, 토지·주택 등과 같은 부동산에 대한 투기를 억제함으로써 부동산가격 안정 효과를 거둘 수 있다. 또한 환수된 자금은 개발행위 때문에 손실을 입은 사람이나 지역에 대한 보상재원, 그리고 특정지역의 개발로 소외된 낙후지역의 각종 인프라 구축 등 공공사업 투자자금으로 활용할 수 있다. 그러나 지나친 개발이익환수는 부동산개발을 위축시키고 저품질의 개발을 조장할 수 있다는 지적도 있다.

제 6 절 주요 국가의 주택도시금융정책

Ⅰ. 미국의 주택도시금융

1. 미국의 주택금융정책과 주요 금융상품

(1) 미국 주택시장 패러다임

미국의 주택금융을 수행하는 기관은 정부저당금고(지니매), 연방저당금고(페니매), 연방주택대부금고(프레디매), 연방주택대부은행(FHLB), 융자보험(FHA),

TIF, LIHTC 등 공식적인 기관 외에 다양한 방법을 통하여 자금조달이 이루어지고 있다.

1) 미국 주택금융정책 패러다임변화

Ⓐ 1단계(1930-60년대) : 미 정부주도의 주택공급확대, Ⓑ 2단계(1960-85년) : 민간을 참여유도하며 서민임대주택 확산(정부 차원의 대대적인 주거환경 개선 지원 및 보조금 지급), Ⓒ 3단계(1985년 이후) : 시장주도의 주택공급 정책(민간자금 유입확대(TIF, LIHTC 등))으로 구분할 수 있다. 2단계이후 전체적으로 주택도시개발부(HUD, Department of Housing and Urban Development)의 직접 대출중심에서 이자보조 또는 보조금지급으로 변화하였으며, 1985년 이후 국세청의 협조로 LIHTC(Low Income Housing Tax Credit, 저소득층 임대주택 건설 세액공제 프로그램)를 시행하여 민간건설업자의 건설비를 세액공제권으로 충당(핵심지원 수단)하고 있다.

2) 미국 주택금융정책 단계별 세부정책

1단계 정책수행을 위해 도시재생조직 신설, 2단계 정책수행을 위해 HUD 개발 포괄보조금(CDBG, Community Development Block Grant) 지원(2단계 정책의 주요 타겟은 소득 4-6분위의 저소득층), 3단계 민간 참여를 위해 TIF, LIHTC, 정부보조금(HOPE Ⅵ, HOME Investment Partnership 등) 등을 도입하였다. HOPE Ⅵ(1990년대 도입)의 목적은 구도심 주거환경 개선이 주요 목적이며 미국의 15개 구역을 지정하여 지원하는 것이고, HOME Investment Partnership은 HUD에서 극빈층, 저렴주택 제공용으로 지원하는 것이다. LIHTC는 미국신규건설 자금의 10%정도까지 지원한다.

(2) 미국 주택시장 주요 금융상품

1) 임대주택유동화증권

① 임대주택유동화증권(RBS, Rental-Backed Security) 개요

임대주택에서 발생하는 주택임대료 현금흐름을 유동화함으로써 임대주택 건설·매입 재원으로 활용하는데, 임대주택에서 발생하는 주택임대료를 투자자에

게 배분한다. 주택담보대출 유동화증권(MBS)의 경우, 주택담보대출에서 발생하는 상환현금흐름을 유동화한다.

② 발행 구조

Ⓐ 임대주택회사 A가 현금확보를 통해 임대주택사업을 확장시키기 위하여 자회사로 차입회사 B를 설립하고, Ⓑ 임대회사 A는 차입회사 B에게 주택 포트폴리오를 넘기고 파트너십을 받아 차입회사 B의 자본 100% 소유하는 무한책임회사(GP)로 참여하며, Ⓒ 차입회사 B는 투자은행 I로부터 주택 포트폴리오와 회사 자본의 100%를 담보로 제공하고, 대출금을 수령한다. Ⓓ 투자은행 I는 특수목적회사를 여러 트렌치로 나누어 신용평가를 받고 투자적격등급 트렌치를 향후 발생할 월세흐름과 함께 투자자에게 매각하는데, 이때 임대주택 유동화 증권은 일반적으로 CMO와 같은 다계층 증권으로 발행하여 투자기간이 다른 다양한 투자자에게 제공한다. Ⓔ 세입자가 지불한 월세는 자산관리회사에서 일괄 수취하고, 매월 월세를 신탁회사에 보내면, 신탁회사는 월세를 투자자에게 배분한다.

③ 최신동향

미국에서는 다세대 임대주택에 대한 RBS 발행이 증가하고 있고, 2013년 블랙스톤에서 단독주택(Single-Family Residential) 임대료를 유동화하여 총 4.8억달러(5,500억 원) RBS발행에 성공하였는데, 블랙스톤은 2008년 금융위기 이후 부동산 가격 폭락을 경험한 대도시를 중심으로 단독주택을 매입한 후, 사업규모를 확장하는 과정에서 유동화를 실행하여 사업비를 조달하였다. RBS는 미국 임대주택사업자들의 주요 재원조달수단으로 자리매김하고 있다. 미국과 달리 한국은 전세와 반전세제도가 있어서 RBS도입시 이를 고려할 필요성 있다.

2) 저가 임대주택 건설 세액공제프로그램

① 저가 임대주택 건설 세액공제 프로그램 개요

저가 임대주택 건설 세액공제 프로그램(LIHTC, Low Income Housing Tax Credit)은 1986년 민간건설업자들의 저가 임대주택(affordable housing) 건설을 유도하기 위해 도입되었다. 경쟁적인 심사제도를 통해 임대주택 건설사를 선정하며, 선정되면 세금감면권(TC, tax credit)을 부여하는데, 세금감면권 비율은 공사비의 9% 또는 4% 두 가지 방안으로 운영할 수 있으며, 건설사는 TC를 판매하거나 직접 건설비로 충당할 수 있다. 신축 및 재건축은 9%, 개보수는 4% 적용된다. 9% 세액공제는 연방정부 보조금 없이 LITHC에 의해서만 수행되는 신규 건설 및 수복재개발 프로그램에 적용(전체 투자비용의 최대 70% 조달가능), 4% 세액공제는 연방정부 지원을 받아 기존건물을 매입하여 임대주택으로 활용하는 경우에 적용(전체 투자비용의 최대 30% 조달가능)한다.

② LIHTC 프로세스

Ⓐ 국세청의 협조로 연방정부는 지방정부에 TC를 배분(지자체 인구에 비례하여 TC 배분), Ⓑ 지방정부는 사업단위별로 평가하여 사업자에게 TC 부여(입주 대상가구가 저소득층이거나 임대기간이 길수록 우선 선발), Ⓒ 선정 사업자는 배정받은 TC를 투자자에게 판매하여 즉시 현금을 창출하거나 아니면 미래 세금납부시 배정받은 TC만큼 소득세(법인세, 개인소득세 등) 세액 공제(투자자는 TC를 액면가보다 할인(10-20%)하여 구매하여 이익을 창출)한다.

③ LIHTC 성과 및 특징

1987년~2014년까지 LIHTC로 278만호의 저가 임대주택을 공급하였다. LIHTC의 핵심은 지방정부의 사업선정능력에 있으며, 지방정부는 LIHTC 지원이 아니면 진행이 불가능한 프로젝트를 선정할 수 있는 경험과 능력이 필요하다. LIHTC는 사업자가 지방정부로부터 부여받은 TC를 투자자에게 매도하여 현금화가 가능하고, 투자자는 TC 할인구매로 이익창출이 가능하며, 민간 투자자금을 임대주택건설자금으로 조달할 수 있다. 반면에 건설자금의 일부를 조달할 수 있으나 전체 자금의 조달은 어렵고, 제도의 복잡성과 비효율성의 문제가 있다. 특히 세액공제를 받기 위해 정부기관에 제출해야 하는 문서가 복잡하고 많다.

3) 증세 담보부 채권

① 증세 담보부 채권(TIF, Tax Increment Finanacing) 개요

지방정부가 공공인프라 및 낙후주택 개선을 위해 민간자금을 조달하는 수단으로 개발 후 증가한 미래 증세분을 담보로 채권을 발행하는데, 1952년 캘리포

니아주에서 시작되어 미국 대부분의 주에서 채택되었다. TIF는 전면 재개발이나 재건축이 아닌 인프라 개선 또는 낙후주택 개선지원에 적합하다.

② 운영방법

Ⓐ 정부가 저성장이나 침체로 정상적인 개발이 불가능한 지역을 TIF지역으로 지정, Ⓑ TIF로 지정된 구역의 개발 전 토지가치를 감정, Ⓒ 개발로 예상되는 재산세 상승분을 담보로 채권을 발행하여 자금을 조달, Ⓓ 개발 후 실제로 상승한 재산세 상승분으로 상환한다.

③ 미국 포틀랜드시 공항철도 연장사업 사례

시정부에서 마련한 공사계획은 자금조달문제로 지연되고 있어, 포틀랜드시정부는 TIF를 활용하여 비과세 채권을 발행하고 TIF로 지정된 공항부근의 "Airport Way Urban Renewal Area" 지역에서 발생하는 재산세로 상환하였다. TIF가 민관의 협조를 촉진하여 개발비 및 개발기간 단축하였으며, 연방정부 지원이 아닌 지방정부 자금조달로 공사를 진행하였다. 경기침체로 개발성과가 일시적으로 저조하여 재원상환에 리스크가 발생한다. 이외에도 TIF는 위스콘신주 Muskego시의 공공시설 개선 및 상업지구 개발사례 등이 있다.

4) 개발 포괄보조금

① 개발 포괄보조금(CDBG, Comminity Development Block Garant) 개요

미국은 1950~60년대 시작된 교외화, 인종분리 등으로 도심쇠퇴가 심각한 사회문제로 등장하였는데, 도시쇠퇴 문제를 해결하기 위해 저소득층 주거 인프라 개선, 양질의 주택제공, 지역사회 발전 등 도시재생을 목적으로 개발 포괄 보조금을 지원하였다. 포괄보조금은 연방정부가 정액보조금을 결정하고 세부 적용사업은 지방정부에 사용권을 이양하는 것이다. 포괄보조금의 70% 이상은 저소득층을 위해서 사용해야 한다.

② 운영방법

Ⓐ 포괄보조금지원을 희망하는 지방정부는 HUD에 사업계획서를 제출(사용목적, 재원, 운용계획 등을 제출해야 함), Ⓑ 매년 HUD 예산의 10~15% 배정, Ⓒ 지방정부에 사용재량권이 부여되어 있으며 적용 카테고리는, Public

Improve(상하수도, 공원, 배수시설 등 공공인프라 개선), Housing(주택리모델링, 주택개량 등), Public Service(청소년 프로그램, 직업교육, 범죄예방 등), Economic Development(산업인프라 개선지원, 기술지원 등), Acquisition(철거, 부동산 매입 등) 등이다. 제도 도입 후 구도심 주거환경 개선에 크게 기여하였다.

③ 선정절차

Ⓐ 지방정부의 계획서 제출(보조금 사용계획 등에 관한 주민의견 반영 의무화), Ⓑ HUD의 심사 및 승인(보조금 사용 목적이 National Affordable Housing Act에 위배되지 않으면 승인), Ⓒ 인구, 노후주택 비중 등을 기초로 지방정부에 배분될 보조금 규모 계산, Ⓓ 지방정부 수령 후 지역별 프로젝트별로 배분하여 시행한다.

5) 업무환경 개선지구제도

① 업무환경 개선지구제도(BID, Business Improvement District) 개요

업무환경 개선지구제도는 중심시가지 및 상업업무지역의 활성화를 목적으로 특정지역에 강제적으로 부담금을 징수하고 이를 통하여 자치조직이 지역의 활성화 및 관리운영을 실시하는 것으로, BID는 지역경제 활성화를 위해 BID내의 치안유지, 공공시설 유지보수, 도로확보 및 정비, 그리고 다양한 형태의 마케팅 활동과 같은 공공의 서비스 공급에 필요한 재정을 충당한다. BID와 TIF의 차이점은 TIF는 사업의 자금조달을 담당하고, BID는 개발 이후의 지역정비 및 관리·운영을 담당한다. BID는 지역주민 등의 자발적인 참여에 의한 지역개발 및 지역 관리운영을 실현할 수 있고, BID내 참여자 자치원칙이 적용되어 지역 활성화 및 지속가능한 재원조달이 가능하다. 반면에 공공서비스 측면에서 자금조달의 부담자와 수혜자가 불일치하는 문제와 BID구역에 대한 지자체의 공공서비스 책임회피 가능성이 존재한다.

② 운영방법

Ⓐ BID는 상업 및 업무지역 내의 부동산 소유자, 상인 및 사업주들로 구성된 조직과 재정 프로그램을 포괄 관리, Ⓑ BID는 지역 내의 부동산 소유자, 상인

및 사업주들이 합의와 협력을 통해 공공서비스 조달을 위해 필요한 재정을 중앙정부나 지자체 법률에 근거한 행정당국의 조세징수권을 활용함으로써 충당하는 구조로 운영, ⓒ 지역 내 부동산 소유자의 50%이상 찬성으로 BID를 지정하고, BID구성원들(부동산 소유자, 상업 및 사업주)에게 추가 세금을 부과, ⓓ 조성된 재원은 비영리 BID조직에 이관되고, 해당지역의 발전 및 경제 활성화를 위해 다양한 형태의 공공서비스로 제공한다.

③ 밀워키시 리버워크 사례

밀워키시는 1980년대에 들어 크게 쇠퇴하였고 특히, 도심을 가로질러 흐르는 밀워키강 주변지역은 경관 및 역사적으로 매우 중요한 유산임에도 불구하고 심각한 도심쇠퇴를 경험하고 있었다. 이에 밀워키시는 쇠퇴한 시가지를 근본적으로 재생함으로써 도시를 일하는 장소라는 단순한 개념에서 생활하고 일하고 놀고 배우는 장소로 변화시키기로 결정하고, 1993년 리버워크 개발사업을 확대함으로써 22개의 구간으로 구성된 리버워크 지역은 중심시가지의 장점과 매력을 통합하여 매력적인 장소로 변화시켰다.

2. 도시재생정책과 금융

(1) 도시재생정책 및 제도의 흐름

1) 도시재생의 등장배경

20세기 중반부터 미국의 도시들은 탈공업화의 경제구조 변화를 겪게 되고, 도시 내 거주 인구들의 대규모 교외 이주가 발생하여, 도시 내부에 거주인구 및 일자리가 급격하게 줄어들면서 도심쇠퇴와 공동화 현상이 빠른 속도로 진행되었다. 즉, 경제적 여유가 있는 중산층 이상 백인들의 교외이주는 지속적으로 증가했으며, 경제력이 부족했던 저소득층과 소수인종들은 쇠퇴한 도심에 거주하게 되고, 도심 내부의 빈곤율과 범죄율이 증가함과 동시에 도시기반시설들의 노후화와 함께 부동산 가격도 하락하게 되었다.

도심쇠퇴에 대한 대처방안으로 연방정부는 빈곤지역 전면 철거화를 앞세워 지역정부 및 개발사업 이해관계자들에게 토지수용권을 부여하고, 주거의 교외화를 가속시킬 고속도로 건설에 주력하였다. 그러나 인종차별과 소득 및 주거지에 대한 차별을 구조화시킨 차별적 주택담보대출(redlining)과 부동산투기 현상으로 인해 도심지역의 슬럼가는 빈곤의 집중과 투자자본의 유입이 결여되어 결과적으로 도심은 급격한 쇠퇴의 길을 걷게 되었으며, 이로 인해 새로운 도시재생의 필요성이 대두되었다.

2) 도시재생의 개념 및 정의

미국에서는 도시재생(Regeneration)을 얘기할 때, 도시재개발(Renewal or Redevelopment), 도시재활성화(Revitalization)등의 용어들을 큰 구분 없이 사용되어 왔다. 그러나 최근 들어 각각의 용어들이 담고 있는 개념에 역사적 해석이 덧붙으면서 미묘한 차이들을 인지하고, 이와 관련된 논의가 진행되고 있다.

Urban Redevelopment는 가장 광의의 개념으로 쓰이고 있으며, 지방정부가 재개발이 요구되는 지역을 인식하고 재개발 주체를 설립하여, 연방정부와 주 정부로부터 법령을 통한 권한을 부여받아 도시쇠퇴 문제를 해결하는 개발사업을 의미한다. 또한, Urban Renewal은 중 · 고밀도의 토지이용 지역에 대한 도시재개발 프로그램으로, 1940년대부터 1960년대까지 도심부 슬럼화에 대응하여 빈민가 철거운동을 목적으로 진행된 사업을 지칭한다. 한편, Urban Revitalization은 경제적 · 사회적으로 낙후된 지역을 재개발 · 재조직 · 재편성하여 살기 좋은 지역개발을 하는데 목적이 있으며, 이를 위한 다양한 계획들을 의미하는데, 낙후지역에 활기를 불어넣는 것에 초점이 맞춰져 있으며, 주로 대규모 사업보다는 커뮤니티 단위의 개발사업을 지칭하고 있다.

3) 도시재생정책 및 제도의 흐름

① 1950년대, 전면 철거형 재개발을 슬로건으로 내세워 도심 내 낙후지역에 대한 재개발을 추진하기 시작하였다. 자동차 수요와 공급의 증대에 따라 기존의 노후화된 도심주거지를 벗어나 새로운 주택의 공급을 교외지역으로 집중시키고, 이를 가능하게 할 고속도로 건설이 재개발 사업의 주된 목표였다. 이 당시 도심의 심각한 슬럼화, 빈곤화를 극복하기 위해 1954년 주택법(Housing Act)이 개정되었고, 예방적 재개발방식을 도입하였다.

② 1960년대 후반, 연방정부는 복지 및 주거환경의 개선을 위해 150개 도시를 Model City로 선정하고, Model City Program을 추진하였다. 1965년 HUD가 설립되면서 본격적인 도시재개발사업을 지원하기 시작하였으며, 재개발사업의 추진주체로 도시재개발공사(URA, Urban Development Authority/Agency)가 각 도시에 설립되었다.

③ 1970년대, 급속한 교외개발로 인해 도심의 슬럼화가 심각해짐에 따라 연방정부는 이를 타개하기 위해 1974년 Housing and Community Development Act를 제정하고, 이를 기반으로 지역개발포괄보조금(CDBG, Community Development Block Grants) 제도가 창설되었고, 지역개발회사(CDCs, Community Development Corporations)가 주도하여 저소득층 밀집지역의 재개발을 실시하였다. 아울러, 연방정부의 도시개발사업보조금(UDAG, Urban Development Action Grant)을 통해 도심 내 대규모 재개발을 촉진하고, PUD(Planned Unit Development), TDR(Transfer of Development Right), BID(Business Improvement Districts)등의 다양한 재원조달 및 재개발 기법이 도입되었다.

④ 1980년대, 성장관리정책이 도시재생사업의 주요정책으로 등장하였고, 도심공동화로 인한 도심쇠퇴를 극복하기 위해 도심재개발사업 추진 시, 상업 및 업무용도의 건물과 함께 주거시설을 함께 조성해야 한다는 조례 및 정책을 입안하여, Main Street Program, Business Improvement Districts, Downtown Linkage 제도를 주로 활용하였다.

⑤ 1990년대, 지속가능한 커뮤니티를 목표로 하는 뉴어바니즘(New Urbanism)이 도시재생정책의 기조로 자리 잡았는데, 이는 토지자원의 효율적 이용, 이동거리의 단축 및 자동차로 인한 환경파괴방지 등을 주요 목적으로 하였고, 혼합적 토지이용을 장려, 유휴화된 공업부지(brownfield)의 개발이 촉진되었다.

(2) 도시금융정책의 흐름

1) 조세담보금융

조세담보금융(TIF, Tax Increasement Financing)은 기본적으로 재개발사

업에 있어서 필요한 공공재원을 해당 지역이 개발되었을 경우를 가정하여 재개발 이후 발생하게 될 세수의 증가분을 예측하고 이를 활용하여 재생 또는 재정비를 위한 재원을 조달하는 방법으로, 지금까지 미국의 지방정부들이 시행했던 도시개발사업의 재원조달기법으로 가장 널리 이용되었다.

TIF구역(TIF District 또는 Tax allocation district)으로 지정되면 개발로 인해 미래에 발생하게 될 총세수를 예측한 후, TIF시행 이전부터 발생하고 있던 기존의 세수를 제외한 순수증가분만을 일정기간동안 별도로 수집하여 그 지역에 재투자하고, TIF제도가 종료되면 사업을 통해 발생된 세수증가분(주로 재산세 증가분)은 기존 세수와 함께 기존 과세기관의 일반세수로 적립된다. 즉, 개발사업 자금의 일부를 정부 또는 민간의 자본이 아닌 도시의 재산세 수입을 통해 충당하는 방법이다.

미국의 TIF는 낙후된 지역 내 재생 및 재정비사업 시행 시에만 사용허가가 나는데, 이 때 낙후된 지역은 저투자로 인한 저성장, 개발의 침체들로 인해 주변지역까지 함께 낙후되어 있거나, 노후화된 건물 또는 개발을 저해하는 요소들로 인해 정상적으로 민간자본을 유치하여 개발이 불가능한 지역을 의미한다. 그러나 노후화된 지역이 아니더라도, 고용창출의 가능성을 보인다든지 군용지개발과 같은 특별한 목적이 있는 경우에는 예외적으로 TIF가 허용된다. 미국은 TIF를 활용하여 공공부문에서 도시재생사업 시행 시 발생하는 초기기반설치비용을 해결하고 있으며, 공공부문의 보조가 없이는 재개발사업이 어려운 지역의 재개발을 촉진하는데 유용하다.

2) 업무환경개선지구

협의적 의미의 업무환경개선지구(BID, Business Improvement District)는 1990년대 이후 도심 내 중심시가지 및 상업·업무지역의 경제활성화를 목적으로 특별히 선정된 지구를 말하는 것으로, 광의적으로는 강제적으로 부담금을 징수하고 이를 통해 자치조직이 해당지역의 치안유지, 공공시설 유지·보수, 도로정비, 그리고 다양한 형태의 마케팅활동들을 주최하여 선정지구를 전체적으로 관리·운영하는 제도를 의미한다.

BID는 기존에 낙후되었던 상업·업무지구의 활성화에 크게 기여하면서 도시재생사업에 있어 급속하게 확대 · 적용되었고, BID의 구역 지정은 청원 또는 이의신청 등의 절차를 통해 진행된다. 즉, 지역 내 부동산 소유자, 상인 및 사업자 등 지역 내의 이해관계자들을 대상으로 투표를 통해 동의의 절차를 거친 후, 부동산가액(자산가치)의 50% 이상의 소유자가 찬성하는 조건을 충족시킬 경우 BID를 지정하고, 이 구역의 구성원에게 추가세금(BID세)을 부과하는 과정으로 진행된다. 이후 해당 지방정부는 추가세금 징수와 이의 적절한 활용을 위한 비영리 조직에 역할을 이관하는데, 비영리조직은 추가세금을 통해 만들어진 자금을 바탕으로 해당지역의 경제 활성화를 위한 다양한 형태의 공공서비스를 제공한다. BID는 공공과 민간의 파트너십을 기반으로 지역 내 이해관계자들의 운영 및 관리에 있어 책임감을 높였다는 점과 자체적인 재원조성을 이끌어냈다는 점에서 의의가 있다.

3) 지역개발포괄보조금

지역개발포괄보조금(CDBG) 제도는 1974년 Housing and Community Development Act를 기반으로 시행된 도시재생프로그램이다. 빈곤이 집중화된 지역에 기반시설을 정비 · 확충하고 주택건설, 상권 활성화, 고용창출 등을 이루기 위한 주정부와 지역정부의 노력에 자금을 지원하는 제도로 현재까지 HUD에 의해서 운영되고 있으며, 타 도시재생 프로그램과의 차이점은 민간금융기관을 개발주체로 끌어들였다는 점이다.

CDBG를 받은 지방정부는 민간금융기관에 이를 위탁한 후 회전융자기금(RLF, Revolving Loan Fund)[18]으로 활용하여 이윤을 회수하고 새로운 사업을 추진할 수 있게 한다. 또한 지역 내 CDCs를 통해 보조금을 지원하고 운용을 하도록 요구하는데, 이로 인해 운영추진 주체인 지역개발회사의 설립이 활성화되었으며, 그 결과 낙후지역 개발에 있어 민간부문의 참여가 촉진되었다. 아울러 분야별로 다르게 존재하던 경쟁적인 보조금 프로그램들을 단일의 포괄

18) 여신을 취급하는 금융회사가 자금공급규모를 미리 확정한 후 일정 기간 동안 한도 범위 내에서 대출하는 융자방식으로, 대출상환의 회전 측면에서 명칭이 유래하였다. 차입자가 차입한도 내에서 대출금을 일시에 찾지 않아도 되고, 만기 전에 상환할 수 있으며, 필요시 추가 대출을 받을 수 있다. 또한 개별 프로젝트가 대출상환 시 중앙기금이 보충됨에 따라 신규 프로젝트에 대한 대출을 발행할 수 있는 기회가 생긴다.

적 보조금정책으로 통합시켰다는 점에서 의의가 있다.

CDBG는 매년 1,209개 지방정부 및 주정부에 예산을 분배하고 있는데(연방정부재정), 예산분배기준은 지역 내 빈곤율, 인구, 주택밀도, 주택노후도, 상대적 인구증가율 등 선택된 여러 지표들을 이용해 선정한다. CDBG의 규정은 최소 70% 이상의 보조금이 저소득 또는 중산층을 위한 활동에 사용되어야 하며, 낙후지역의 개선 또는 주민들의 건강 및 복지를 해하는 노후화된 주거환경개선의 용도로만 사용하도록 제한하고 있다.

(3) 도시재생과 지역개발금융

1) 지역개발금융

미국은 오래 전부터 저소득층 및 빈곤지역 내 금융서비스 확대와 낙후지역의 개발을 위해 공공뿐만 아니라 민간차원의 자생적 노력을 활발히 전개해 왔다. 미국 연방정부는 1934년 연방주택청(FHA, Federal Housing Administration)을 설립하여 정부보증 모기지대출을 취급토록 함으로써 민간부문의 주택건설을 촉진하였다. 그러나 FHA는 사회적 평판이 낮은 지역을 별도로 구분하여 정부보증을 거부 또는 제한함으로써 대부분의 FHA 보증대출이 백인에게 집중되는 현상이 나타났다. 이에 흑인 거주 비중이 높은 낙후 도심지역을 지도상에서 빨간색으로 표시하고 대출을 제한하거나 대출금리를 높이는 레드라이닝(redlining)[19]에 대한 논란과 이를 근절하기 위한 대응을 전개하는 과정에서 지역개발금융이 태동하였다.

초기 지역개발금융(CDF, Community Development Finance)은 1950년대 후반 소수인종에 대한 차별과 낙후한 커뮤니티들의 집중화로 인한 도심 내 또는 비도시의 빈곤지역 증가를 극복하기 위한 정부 노력의 일환으로 등장하였으나, 경제적으로 낙후된 빈곤지역 내 거주자들의 신용에 적합한 금융상품의 부족과 주류 민간금융들이 제공하는 금융상품에 대한 차별적인 접근성이 문제가 되었다.

---

19) 레드라이닝(redlining)은 1935년부터 미국 주택담보대출기관이 흑인들이 많이 사는 낙후 도심지역을 지도상에 빨간색으로 표시하고 대출을 제한하거나 대출 금리를 높이는 데서 유래된 용어다.

1964년 Civil Rights Act Title Ⅶ(민권법 제7편)을 통해 연방정부가 정부 보조금을 지원함으로써 CDCs를 지원하고 펀딩할 수 있는 법적기반을 마련하였고, 존슨 정부가 추진한 빈곤퇴치캠페인과 맞물려, 지역개발금융의 토대가 되는 CDCs가 출범하였다. CDCs는 도시 및 비도시에 존재하는 빈곤지역의 발전을 목적으로 활동하였다.

1970년대 Community Reinvestment Act(CRA)의 제정과 함께, 연방정부는 금융기관들에게 빈곤지역개발에 협조를 구하고, 초기의 지역개발금융은 저소득층 및 빈곤지역 거주자들에 대한 금융상품제공을 통해 금융소외 극복에 초점을 맞추었다. 그러나 1970년대에 지역개발금융기관(CDFIs, Community Development Financial Institutions)들은 연방정부로부터의 사업개발에 대한 자금을 지원 받았다. 또한 민간 투자자 또는 종교단체들과의 접촉을 통해 영역을 넓히는 등 다양한 재원조달 방식을 통해 지역개발금융은 1970년대와 1980년대에 급속도로 성장하였다.

1990년대 클린턴 정부는 연방정부 차원에서 저소득층의 발전 및 빈민지역의 개발을 지원해 줄 수 있는 법안을 제안했으며, 1994년에 Community Development Banking and Financial Institutions Act(CDFI Act)이 제정되었다. 지역개발은행 및 금융기관법의 주된 목적은 CDFIs에게 재정적, 경영적, 기술적인 지원을 제공함으로써 형평성이 강조된 투자를 시행 가능케 하여 빈곤지역에 대한 경제 활성화 및 지역개발을 촉진하는데 있다.

2) 지역재투자법

FHA가 경제 낙후지역에 대한 차별적인 지도를 작성하고, 이를 기준으로 모기지 대출 및 보험을 차등적으로 취급하도록 하는 가이드라인을 민간 금융기관들과 공유한다. 이로 인해 FHA가 시행한 정부보증대출의 대부분이 백인 및 중산층 이상의 가구들에게 집중되는 현상이 발생하였다. 이 과정에서 유색 인종 또는 소수 인종, 낙후지역 거주자, 저소득층들은 정부보증 모기지 대출에 대한 접근성을 박탈당하게 되어, 이를 극복하기 위해 의회 차원에서 인종, 종교, 국적, 성별 및 나이 등에 따른 신용공여 차별화를 금지하는 노력이 진행되었으며, 그 결과 1977년 Community Reinvestment Act(CRA)이 제정되었다. 이를 통해 레드라이닝을 법적으로 금지하고, 금융기관에게 당해 지역 저소득층 및 소수 인종, 소기업 등의 대출수요에 적극 대응토록 의무화하였다.

CRA는 지역금융을 활성화하고, 금융 소외계층을 위한 금융서비스제공이 주요 목적이다. 일반적으로 총자산 2억5천만 달러 이상의 개별 금융회사와 총자산 10억 달러 이상인 지주회사의 개별 자회사가 CRA 대상은행인데, CRA 대상은행은 자산규모에 따라 일정비율 이상을 소기업, 소농장, CDFIs에 대한 대출과 중간소득 이하 계층에 대한 모기지대출에 할애해야 한다. 이때 지역 중간소득의 50% 이하 소득계층을 저소득계층, 지역 중간소득의 80%~120% 소득계층을 중간소득계층으로 분류한다.

1990년 대규모 저축대부조합(Savings & Loans) 부도사태를 계기로 지역사회의 여신 충족을 위한 역할 증대를 위해 CRA를 강화하기 위한 일련의 조치들이 시행되었다. CRA도입 이후에도 1990년대 대도시에서 여전히 차별적인 금융서비스가 이루어지고 있음이 확인되면서 개정안에 대한 촉구가 거세어졌고, 결국 1995년 CRA는 개정되었는데, 새롭게 개정된 법안은 자산규모 2억 5천만 달러 이상인 대형 금융기관들을 대상으로 낙후지역 내 주민들과 사업체들을 위한 금융서비스를 공정하게 제공하고 있다는 보고를 의무화하였고, 대출 이외에도 지역투자, 각종 금융서비스 등 세 가지 측면에서 기관활동에 대한 평가를 요구하였다. 무엇보다 미국 연방준비제도(Fed, The Federal Reserve), 미국 연방예금보험공사(FDIC, Federal Deposit Insurance Corporation) 등의 감독기관이 CRA에 근거한 금융기관 평가요소에 CDFIs에 대한 은행의 지분투자 및 대출을 포함하여 지역개발에 대한 주류 대형 민간금융업체들의 역할을 증대시켰다.

(4) 지역개발금융기관과 도시재생 사례

1) 지역개발금융기관

지역개발금융기관(CDFIs)은 빈곤지역 내 거주자들 또는 금융서비스에 있어서 소외된 저소득층들에 대한 금융서비스의 진입장벽을 낮추고, 이들을 위한 금융상품을 확대하는데 주요 목적을 둔 민간금융기관들을 총칭하는데, 미국 내 약

1,000여개의 CDFIs가 존재한다.

CDFIs가 CDFI 프로그램에 참여하고, 기금을 받기 위해서는 먼저 재무부로부터 CDFI 인증을 받아야 한다. 인증을 받기 위해서는 해당 기관이 합법적으로 수립되었으며, 정부기관이 아니고, 지역개발 활성화가 주요 목적이며, 금융상품제공 외에 다양한 교육적 지원(창업계획 수립 검토, 신용상담, 첫 주택구입 상담 등)을 제공한다는 것을 입증해야 한다. CDFIs는 저소득층과 빈곤지역 내 가장 근본적으로 문제가 되었던 금융서비스의 확대 및 투자유치를 이루어 냄으로써 낙후지역 재생정책에 대한 새로운 접근 방법을 제시한 것으로 평가된다.

CDFIs는 꼭 비영리단체일 필요는 없으나, 이윤의 극대화 또한 기관의 궁극적 목표가 아니고, CDFIs는 무엇보다 빈곤지역 내 또는 저소득층의 소규모 자영업 활성화 및 개인들의 경제적 활성화를 목표로 한다. 세부적으로는 저소득 가족들의 첫 주택마련 및 소규모창업에 재원확보의 기회를 제공하며, 빈곤지역 내 의료기관, 교육시설, 또는 커뮤니티센터 개발 등에 투자를 지원한다. 아울러, CDFIs는 민간기업으로서 다양한 방식의 대출 및 융자를 할뿐, 보조금을 만들거나, 정부로부터의 보조금을 직접적으로 수여하는 기관은 아니고, CDFIs는 여러 단체, 기업 및 정부와 파트너십을 형성할 수 있으며, 이를 통해 전략적인 지역개발을 지향한다. CDFIs는 사업유형과 법적 수립근거에 따라 크게 4가지 유형으로 구분할 수 있는데, 지역개발은행, 지역개발신용협동조합, 지역개발 론펀드, 지역개발 벤처캐피탈펀드이다.

〈지역개발금융기관(CDFIs)의 유형 및 특징〉

유형	특 징
지역개발은행 (Community Development Bank)	-영리 추구 기관 -설립 지역주민들 또는 이해관계자들을 이사회에 포함 -주류 금융기관들과 가장 비슷한 유형의 기관 -지역 내 경제 활성화를 주요 목적으로 하는 대출 및 투자를 수행 -Federal Deposit Insurance Corporation(FDIC), the Federal Reserve, the Office of Thrift Supervision, and State banking agencies의 감독 및 규제를 받음 -FDIC에 의해 예금을 보호받음
지역개발신용협동조합 (Credit Union for	-비영리 금융협동조합 -저소득층, 저신용등급자, 금융서비스에 소외된 소수인종들에 초점

유형	특 징
Community Development)	을 맞춰 금융상품을 제공 -National Credit Union Administration(NCUA), 연방정부, 주 정부의 감독을 받음 -NCUA에 의해 예금을 보호받음
지역개발 론펀드 (Community Development Loan Fund)	-비영리기관 -이사회에 지역주민들 또는 이해관계자들을 포함 -영세기업, 소기업, 중·저소득층을 위한 주택(affordable housing) 및 지역단체를 위한 융자를 제공 -대체적으로 다른 CDFIs에 비해 가장 빠른 융자가 가능함 -적은 수만 존재하기 때문에 모든 지역마다 론펀드가 없을 수도 있다는 단점 존재
지역개발 벤처캐피탈펀드 (Community Development Venture Capital)	-비영리 또는 영리 기관이며 지역 대표성을 포함 -경제 낙후지역 내 소규모 또는 중간 규모의 사업체에 자본투자 시행 -다른 기관들에 비해 그 수가 상대적으로 적은 유형 -전체 CDFI 기금의 1% 정도가 해당됨

2) CDFI 기금

CDFI 기금은 1994년 Community Development Banking and Financial Institutions Act를 근거로 CDFIs를 지원하기 위해 설치된 미국 재무부의 기금으로, 공공과 민간부문의 조화와 균형달성을 규제와 인센티브를 통해 이룰 수 있도록 하는 것이 CDFI기금의 주요 목적이다. CDFI기금은 매년 의회의 심사를 거쳐 예산이 책정되며, 예산은 사용처에 따라 크게 프로그램비용과 행정관리비용으로 구분된다.

프로그램기금은 보조금, 융자, 예금 및 주식 투자금으로 경쟁적 지원절차를 거친 후 선택된 대상자들에게 수여되고, NMTC(New Markets Tax Credits) 프로그램은 분리되어 별도의 예산이 책정되며, CDFI BG(Bond Guarantees) 프로그램은 정부의 비용지출 없이 제공된다.

2016년 회계연도 기금활용보고서에 의하면, 2016년 말 기준으로 총 1,049개(전년 대비 91개 증가)의 CDFIs가 존재하며, 총 2억 3,352만 3천 달러 중에서 약 1억 5,342만 3천 달러가 CDFI 프로그램에 사용되었다. 1,550만 달러는 NACA(Native American CDFI Assistance) 프로그램에, 1,900만 달러는 BEA(Business Enterprise Award) 프로그램에 각각 사용되었다.

〈CDFI 기금의 예산 추이〉

구 분	2016년	2017년	2018년
CDFI Program(FA+TA)	1억 5,342만 3천 달러	1억 5,313만 1천 달러	-
Healthy Food Financing Program	2,200만 달러	2,195만 8천 달러	-
Bank Enterprise Award Program	1,900만 달러	1,896만 4천 달러	-
Native American CDFI Assistance Program	1,550만 달러	1,547만 1천 달러	-
Administration	2,360만 달러	2,355만 5천 달러	1,400만 달러
계	2억 3,352만 3천 달러	2억 3,307만 9천 달러	1,400만 달러

자료: CDFI Fund(2017a), The 5th International Forum on Housing and Urban Finance(2017)

2016년에 11,300개의 사업체들이 CDFI 프로그램을 통해 재원을 조달받았고, 530개 사업체가 NMTC 프로그램의 수혜자로 선정되었으며, NMTC 프로그램을 통해 약 37,600개의 새로운 일자리가 창출되었다. NMTC 프로그램을 통해 약 1천만 평방피트의 부동산개발이 이루어졌다.

CDFI 프로그램과 NMTC 프로그램을 통해 재원을 조달받아 34,000개의 중·저소득층을 위한 아파트 유닛이 공급되었는데, 기금이 생긴 후부터 2016년까지의 총 누적액을 살펴보면, CDFI BG 프로그램에 11억 달러, CDFI 프로그램 및 NACA 프로그램에 20억 달러, BEA 프로그램에 4억 1천만 달러, CMF(Capital Magnet Fund) 프로그램에 1억 7,100만 달러가 사용되었다. NMTC 프로그램을 통해서는 5,400개의 사업체가 재원을 조달받았고, 710,000개의 일자리가 창출되었다. 또한 CMF와 NMTC를 통해 총 24,800개의 중·저소득층을 위한 아파트 유닛이 건설되었다. 그러나 트럼프 정부가 제출한 2018년 CDFI기금 예산안을 살펴보면, CDFI기금을 위한 모든 예산이 삭감되었다. 트럼프 정부는 보조금과 직접적 융자프로그램의 예산을 삭감하고, 현재 진행 중인 CDFI BG 프로그램과 NMTC 프로그램의 관리를 위한 예산만 책정하였는데, 이와 같은 예산 삭감은 CDFI 기금이 설립된 이래 처음 있는 일이다. 이에 대해 트럼프 정부는 세금이 들어가지 않으면서 저비용 장기간의 파이낸싱을 제공하는 CDFI BG 프로그램의 확대를 대안으로 제시하였다.

3) CDFI 기금의 지원프로그램

① CDFI 프로그램

CDFI프로그램은 CDFI 기금의 주력 프로그램으로, 연방 보조금을 지원하여 저소득층 지역주민들이 이용할 수 있는 자본과 신용, 금융상품들을 만들 수 있도록 CDFIs들의 역량을 강화하는데 초점을 맞춘 프로그램이다. 많은 중소기업과 중요한 지역개발 프로젝트는 자본투자에 대한 접근이 부족하여, 이에 소규모 자영업체 지원, 일자리 창출, 상업부동산 개발을 통해 지역경제개발을 활성화하고, 중·저소득층을 위한 주택개발 및 주택소유를 늘릴 수 있도록 도우며, 기본적인 은행업무, 금융인식개선 프로그램, 약탈적 담보대출에 대한 대안제공을 목적으로 하고 있다.

재정지원금(FA, Financial Assistance awards)과 경영지원보조금(TA, Technical Assistance Grants)으로 구분된다. 매년 엄격한 심사과정을 거쳐 보조금이 수여되고 있으며, 2016년 회계연도에는 FA와 TA를 합쳐 1억 4,820만 달러가 수여되었다. Ⓐ FA는 CDFIs에게 대출, 보조금, 주식투자, 예금, 신용조합주식 등의 형태로 지원금을 수여하는데, FA를 지원받을 시, CDFIs는 연방자금과 일대일 대응이 되는 비연방자금(개인 및 민간단체로부터의 자금)을 수여받았음을 입증해야 한다(1:1 매칭방식). 이를 통해 CDFIs가 경제적으로 어려움을 겪는 지역에서 저렴한 금융상품에 대한 수요를 충족시키기 위한 연방투자의 영향력을 배가시킬 수 있다. 즉, CDFIs가 보조금 외에 민간자본을 레버리지하여 지역개발을 위한 맞춤 금융상품의 개발과 서비스 수요를 달성하게 하는데 목적이 있다. Ⓑ TA는 CDFIs의 지역 내 소규모 사업체들에 대한 창업지원능력을 키울 수 있도록 하고 있다. FA와 다르게 일대일 대응 펀드가 요구되지 않으며, 다양한 목적으로 쓰일 수 있다. 예를 들면, CDFIs 직원들의 임금, 혜택, 트레이닝 제공 등에도 사용할 수 있다. 주로 새롭게 인증된 CDFIs가 대출융자상품 개발 및 업무담당자들의 능력개발을 위해 종종 이 경영지원 프로그램에 지원한다. 2016년에는 62개의 지원서가 접수되었으며, 35개의 단체들이 선정되어 4,100만 달러를 교부받았다.

2016년 회계연도 한 해 동안 CDFI프로그램의 성과로는, 36억 달러 규모의 대출 및 투자 유치, 13,300개 이상의 기업에 재정지원 제공, 33,500호의 affordable housing 공급을 위한 자금제공, 42만 7,000명 이상의 개인에게 금융교육 및 기타교육 제공을 들 수 있다.

② HFF 프로그램

HFF프로그램(Healthy Food Financing Program)은 빈곤지역에 저렴하고 건강한 식품에 대한 이용 및 접근가능성을 높여 지역사회의 식량 및 건강문제를 개선하기 위한 것으로, 이를 지원하기 위해 건강한 식품 확대와 관련된 활동을 하는 CDFIs에게 FA를 제공하며, 큰 틀에서는 CDFI 프로그램에 포함된다.

③ BEA 프로그램

BEA프로그램(Bank Enterprise Award Program)은 FDIC의 보장을 받는 예금취급 금융기관들이 CDFIs 및 경제 낙후지역에 투자를 할 수 있도록 금전적 지원을 제공함으로써, 주류 민간금융기관들의 지역개발 참여 및 협조를 확대하는데 주된 목적이 있다. BEA는 1994년 CDFI법의 제정과 함께 BEA프로그램이 시작되었으며, 현재까지 총 4억 2,900만 달러 이상이 지원되었는데, BEA 프로그램의 수혜기관들은 재무부를 통해 인증된 CDFIs에게 보조금, 주식투자, 융자, 예금과 같은 다양한 금융 및 기술 서비스 지원들을 제공해야 한다.

BEA를 통해 대형금융기관의 보조를 받게 될 CDFIs는 30% 이상의 지역거주민이 국가 평균 빈곤수준에 있거나 또는 그 이하에 해당되어야 하며, 또는 실업률이 국가 평균에 비해 최소 1.5배 이상 되는 지역에 위치하고 있어야 한다. BEA프로그램은 규제와 혜택을 통해 CDFIs에 대한 투자를 증대하거나 낙후지역에 대한 직접적인 대출 및 여타 금융서비스를 늘릴 수 있는 인센티브를 대형은행 등에 제공하는데, 지난 6개월간의 투자금액을 기준으로 해당 금융기관에게 보조금을 수여한다. 인증된 CDFIs에 투자한 경우에는 최대 투자금액의 33%까지 지원받을 수 있으며, 낙후지역에 대한 대출 및 금융서비스를 제공한 경우에는 투자금액의 5%를 보조금으로 받을 수 있고, CDFIs에 지분투자를 하는 경우에는 투자금액의 15%, 대출 및 경영지원을 하는 경우에는 11%의 보조금을 받을 수 있다.

④ NACA 프로그램

NACA프로그램(Native American CDFI Assistance Program)은 북미 원주민들 소유의 CDFIs를 지원하기 위한 것으로, 북미 원주민들을 위한 CDFIs의 증가 및 역량확보를 목표로 하고 있으며, FA와 TA로 구분된다. 2016년에는 FA와 TA 수혜자를 통합하여 모두 61개의 지원서가 접수되었으며, 이 중 38개의 기관들이 총 1,550만 달러를 지원받았다.

⑤ NMTC 프로그램

NMTC프로그램(New Markets Tax Credit Program)의 주요 목적은 민간투자자본을 경제 낙후지역으로 유인하는 것으로, 2000년도에 NMTC를 도입, 경제 낙후지역에 더 큰 투자가 일어날 수 있도록 유도하여 프로젝트 파이낸싱의 틈을 메꾸려 노력하고 있다. 민간부문투자로 인해 낙후지역들은 일자리창출뿐만 아니라, 제조업, 주택, 의료, 기술, 및 교육과 관련된 공공시설에 대한 접근성 향상 등의 혜택을 누리게 된다.

NMTC프로그램은 택스크레딧을 인증된 지역개발단체(CDEs, Community Development Entities)에게 할당하고, CDEs는 금융 중개역할을 수행하여 투자자본이 투자자로부터 저소득지역 내 사업체로 흘러갈 수 있도록 도와주고, CDEs는 자신들이 소유한 택스크레딧을 투자자들의 자본과 교환하여 지역개발사업을 진행한다. 이러한 투자들을 통해 CDEs는 낙후지역 내 사업체들이 운영될 수 있는 융자와 투자를 시행하며, 이들은 민간자본투자를 기반으로 하고 있기 때문에 경쟁력과 유연성을 확보할 수 있다.

NMTC프로그램이 시작된 이래, 총 5,400개 이상의 기업에 지원이 이루어졌으며, 연방기금 1달러당 8달러의 민간투자를 유치하는 성과를 얻었다. 그리고 1,032개의 기관들이 505억달러의 텍스크레딧을 받았는데, 이러한 크레딧들은 약 420억달러의 투자를 저소득 지역에 유치시켰으며, 700,000개 이상의 일자리창출과 약 1억 7,800만 평방피트의 제조, 업무, 상업용 공간을 조성하였다. 2016년에는 120개의 단체들이 NMTC프로그램의 지원대상으로 선정되었으며, 총 176

억달러의 텍스크레딧이 분배되었다. NMTC프로그램에는 크게 3가지 유형의 투자구조가 있으며, 재무부는 국세청(Internal Revenue Service, IRS)과 협력하여 모니터링을 실시한다. 3가지 유형은 직접 투자구조, 단계별 지분투자구조, 단계별 차입자본을 이용한 구조이다.

Ⓐ NMTC의 직접 투자구조

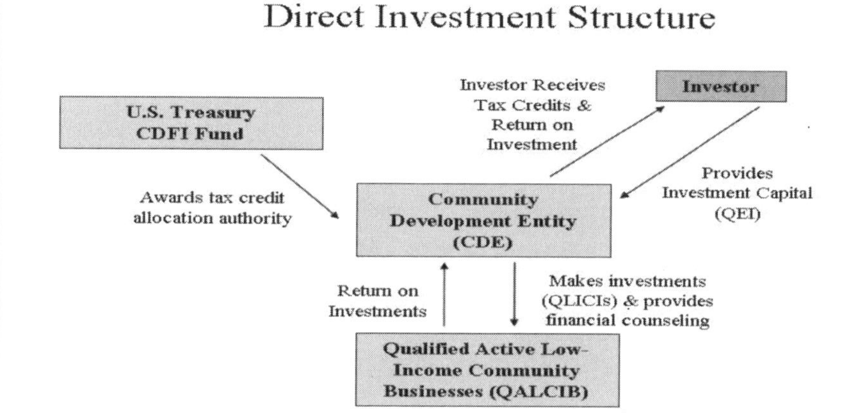

자료 : The 5th International Forum on Housing and Urban Finance(2017)

Ⓑ NMTC의 단계별 지분투자구조

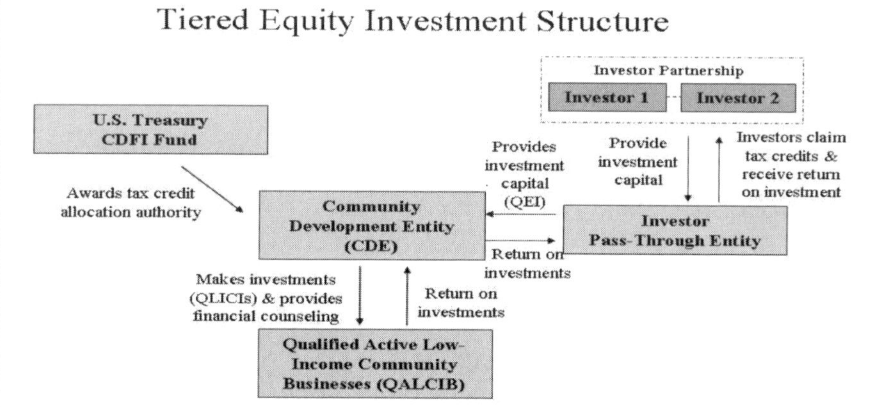

자료 : The 5th International Forum on Housing and Urban Finance(2017)

ⓒ NMTC의 단계별 차입자본을 이용한 구조

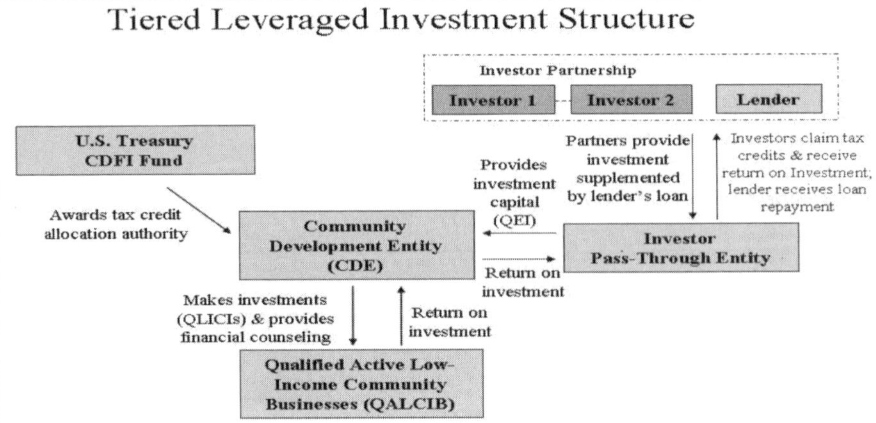

자료 : The 5th International Forum on Housing and Urban Finance(2017)

⑥ BG 프로그램

2010년 Small Business Job Act의 설정과 함께, BG 프로그램은 CDFIs에게 경쟁력 있는 이자율을 가진 장기자본에 대한 접근성을 제공하는 것을 목적으로 수립되었고, 이 프로그램을 통해 재무부는 100% 채권보증을 제공하며, 이 채권들은 인증된 CDFIs에게 융자를 해주는데 사용된다. CDFIs는 이 융자들을 사회취약계층들이 집중되어 있는 낙후지역개발에 사용하고 있고, 재무부는 매년 10개의 채권까지 보장을 해주며, 채권당 최소 금액은 1억 달러, 채권들의 총 금액은 매년 10억 달러를 초과할 수 없도록 규정하고 있다.

BG프로그램(CDFI Bond Guarantee Program)을 통해 생성된 재원들은 다양한 지역개발사업에 쓰이고 있으며, 세부적으로는 임대주택 1억1,850만 달러, 상업용 부동산 개발 7,750만 달러, 대안/특수학교 설립 및 운영 1억 230만 달러, 비영리단체 1,560만 달러, 의료기관 1,330만 달러, 소상공업 290만 달러, 보육시설 270만 달러이다.

⑦ CMF 프로그램

도시재생 및 주택공급프로젝트와 관련해서는 CMF프로그램(Capital Magnet Fund Program)을 적극적으로 활용하고 있으며, 보조금 1달러 당 12달러의 민간투자를 유치하는 성과를 얻었고, 약 18억 달러 이상의 결합투자(combined investment)를 유치하였다.

CMF프로그램은 경쟁적인 지원과정을 통해 CDFIs와 비영리주택단체들이 중·저소득층을 위한 주택마련 및 경제개발활동을 위한 민간자본을 유치하기 위해 필요한 보조금을 제공하여 10,800호 이상의 affordable housing을 공급하는데, CMF프로그램을 통한 보조금은 주택건설을 위한 금융비용자본화, 리볼빙론, 위험분담론, 대출담보 등 다양한 재원조달방법으로 사용이 가능하다. CMF프로그램의 재원은 정부지원기업(GSEs, Government-Sponsored Enterprises)인 'Fannie Mae'[20]와 'Freddie Mac'[21]의 할당을 통해 조달한다. 단, 2008년 도입된 Housing and Economic Recovery Act에 따라, CMF보조금을 수여받기 위해서는 적어도 10배 이상의 레버리지(공공 또는 민간)를 보유하고 있어야 한다. 실제로 2016년 CMF보조금을 받은 프로젝트들의 재원은 70% 이상이 민간부문에서 조달되었다. 2016년 CMF프로그램에는 125개 단체가 6억 달러 이상을 신청했으며, 총 32개 단체에게 9,150만 달러를 지원하였는데, 이는 공공과 민간 부문에서의 투자가 9억 1천만 달러 이상 이루어졌음을 의미한다. 2016년 CMF프로그램은 38개 주 17,000호의 중·저소득층을 위한 주택건설사업에 보조금을 지원하고 있으며, 이는 임대주택 15,000호, 분양주택 2,000호로 구성되어있다.

CMF프로그램을 통한 도시재생 사례로는, 알래스카의 한 CDFIs는 저소득계층의 주택 및 건강문제 해결을 목적으로 하는 비영리단체인 VOANS(Volunteer of America National Services)에 CMF프로그램을 통한 건설자금을 지원하여 저소득층 66가구에 가족친화형 연립주택을 공급한다. 그리고 해당 지역 내 빈곤지구에 위치한 저소득층 주택의 보전 및 리모델링사업과 주택구입자금을 대출하고, 지역공공서비스 제공을 위한 시설건립에도 자금을 지원한다. 애리조나의 한 CDFIs는 영리법인이지만 높은 수준의 공공성과 시민대표성을 견지하고 있는 SCHA(San Carlos Housing Authority)에 CMF프로그램을 통해 1백만 달러를 제공하여 샌 카를로스 지역 내 아파치 부족에게 '부족 공동체형' 연립주

20) 연방저당권협회(Federal National Mortgage Association, FNMA)의 약칭이다.

21) 연방주택금융저당회사(Federal Home Loan Mortgage Corporation, FHLMC)의 약칭이다.

택을 공급하는 프로젝트(Housing & Renovation on Tribal Lands)를 수행하여, 1,300만 달러의 레버리지효과를 창출하였다. 메사추세츠의 한 CDFIs는 저소득계층의 주택수요 해결을 목적으로 하는 비영리주택단체인 The Massachusetts Housing Partnership(MHP)에 CMF프로그램을 통해 400만 달러를 지원하여 저소득층에게 약 1,600개의 주택을 제공하였는데, MHP는 주정부의 주택공급계획에 맞춰 지역 CDFIs의 자금지원을 받아 저소득층 임대주택 개발 및 보전을 위한 장기자금을 마련하고, 이를 시민단체, 협동조합, 사회적 기업 등에 제공하였다. 또한 중・저소득층을 위한 주택담보대출프로그램인 'Soft Second Loan Program'을 제공하고 있다.

4) CDFI 지원프로그램의 참여주체별 역할 및 사후관리

① 지원프로그램 추진 시 참여주체별 역할

Ⓐ 정부(재무부)는 CDFI기금을 관리하고, 기금수혜자들이 추진하는 사업을 모니터링 함으로써 기금이 지역개발사업 내에 올바로 쓰이고 있는지를 감독하는 역할을 하고, Ⓑ CDFIs 또는 CDEs는 보조금의 종류에 따라 요구되는 사항에 부합하도록 자신들이 교부받은 보조금이 지역사회로 흘러갈 수 있게 하는 중개・매개체의 역할을 한다. 또, Ⓒ 대형 은행들은 자체적으로 CDFIs에게 직접투자를 할 수도 있고, 경영지원 및 상품개발을 위한 지원을 제공하기도 한다. 아울러, Ⓓ 모든 참여주체들은 공동의 목적인 낙후지역개발을 목표로 하며, 주로 재단, 사회적 기업 또는 지역NGO 등이 이를 이루기 위한 다양한 개발사업계획을 수립하고, 은행, 재단, 정부, 사회적 기업 또는 협동조합 등이 사업을 진행하기 위한 재원조달 방법을 모색하면서 실질적으로 사업을 추진한다.

② 모니터링 및 사후관리

CDFI프로그램의 FA 및 TA를 지원받은 CDFIs는 온라인 보고 시스템(CIIS, Community Investment Impact System)을 통해 그들의 성과에 대해 보고할 의무가 있는데, CDFI기금의 수혜대상자로 선정되면 지원계약을 맺고, 지원계약을 진행하는 과정에서 CDFIs는 성과예정표를 작성하여 제출해야 한다. 평가를 통해 기금을 수여받은 기관이 목표달성에 실패하거나 성과수준이 미비할 경우, CDFI기금의 반환을 요구할 수 있으며, 이 외에도 다른 제재가 가해지게 된다. 결국 연간 성과보고시스템은 CDFI기금의 효용성 및 영향력을 측정 가능하게 한다.

5) 지역개발금융을 통한 도시재생 사례

① Essex Crossing 재생사업

Essex Crossing은 뉴욕 맨해튼의 동남부지역에 자리하고 있으며, 약 12억 달러 규모의 다단계 혼합용도 재생사업에 포함된다. 1967년부터 유휴지로 방치되어 있었던 6에이커(ac)[22]에 달하는 9개의 사업대상지 중 한 부분(Site 6)을 차지하는데, Essex Crossing재생사업을 위해 총 3단계의 재원조달방법을 사용하였다. 첫 번째로 CDFI기금의 지원프로그램 중 하나인 NMTC를 통해 4,200만달러에 해당하는 재원을 충당했으며, 두 번째는 LIHTC(Low Income Housing Tax)를 통해, 세 번째로 상업용 콘도개발을 통해 재원을 충당하여 사업을 추진하였다.

유휴지재생사업을 통해 낙후지역을 활성화시키려는 대규모 재생사업으로 NMTC와 LIHTC를 활용한 사례로, Wells Fargo은행은 Essex Crossing 재생사업에 사업투자자로도 참여하였고, 또한 직접적으로 Tax Credits를 CDFIs에게 할당함으로써, 전체적으로 3,450만 달러의 재원을 NMTC로 충당하였다. Essex Crossing의 저층부 4개 층에는 51,000 평방피트의 의료시설 및 업무지구(New York University 입주 예정), 22,000 평방피트의 비영리단체의 커뮤니티 센터, 4,000 평방피트의 공공녹지와 6,000 평방피트의 상업지구를 조성한다. 상층부 10개 층에는 노인층을 위한 affordable housing 100개 유닛을 조성하고, 이 중 지역중위소득(AMI, Area Median Income)의 80% 이하 소득수준 대상 10개 유닛, 60% 이하 소득수준 대상 69개 유닛, 40% 이하 소득수준 대상 20개 유닛 등 중·저소득층을 대상으로 하는 임대주택을 조성한다. Essex Crossing재생사업은 300여개의 건설 일자리를 창출했으며, 사업완료 후에는 약 200개의 정규 일자리가 창출될 것으로 예상되고 있다. 현재 사업의 첫 번째 단

22) 약 24,281 ㎡에 해당함. 1ac = 4,046.85642㎡, $1ft^2$ = 0.092903㎡

계가 진행 중이며, 앞으로 남은 2단계의 사업은 2024년까지 완공예정이다.

〈Essex Crossing 재생사업 내용〉

Community Profile	New York, NY
Poverty rate	35.0%
Unemployment rate	9.5%
Project Highlights	Essex Crossing
Investor	Wells Fargo Bank
Co-Allocatees	Low Income Investment Fund ESIC New Markets Partners, LP
Total Project Cost	4,200만 달러
NMTC	3,450만 달러
Jobs	300 construction jobs 200 permanent full-time jobs

자료: The New Markets Tax Credit Coalition(2016), The 5th International Forum on Housing and Urban Finance(2017)

② Crosstown Concourse 재생사업

테네시주 멤피스시에 위치한 Crosstown Concourse는 오랜 기간 버려진 채로 방치되어 있었으나, 재개발사업을 통해 상업 및 주거가 혼합된 커뮤니티센터로 재탄생하였다. Crosstown Concourse는 1927년에 Sears(미국의 유통·소매업체) 물류센터로 오픈하였는데, 미국 내 존재하는 10개의 Sears 물류센터 중 하나로, 카탈로그를 생산하는 기능을 수행한다. 초기에 650,000평방피트로 건설되었던 물류센터는 150만 평방피트의 복합단지로 확장되었으며, 무려 14층 규모에 1,150대의 주차공간을 지닌 멤피스 내에서 가장 대규모의 빌딩 복합단지로 성장하였다. 그러나 1993년 Sears가 카탈로그 생산을 중단하면서 복합단지는 비워진 채 버려졌고, 이후 20년이 넘는 기간 동안 방치되었다.

Crosstown Concourse는 'Vertical Urban Village'라는 슬로건 아래 지역주민들을 위한 예술, 교육, 그리고 의료서비스 등을 제공하는 시설을 목적으로 재생사업을 추진하였다. 2017년 8월, 269세대의 아파트와 함께 상업, 교육, 의료서비스가 포함된 공간으로 개장하여, 예술과 과학에 특화된 고등학교, 문화 교육기관, 피트니스센터, 응급의료기관, 현대미술전시관, 복합 암 치료센터와 다양한 상업시설들이 입점하였다.

Crosstown Concourse는 멤피스 시 최대 규모의 재생프로젝트로 주변 지역에 활력을 불어넣고, 경제를 활성화시키는 데 큰 역할을 하고 있다. 또한 중·저소득층을 위한 임대주택을 공급하여 낙후지역 개발 및 저소득층을 위한 재생사업이라는 목적에 충실하였다. 새롭게 건설된 아파트 유닛들 중 20%는 AMI의 80% 이하 소득수준을 대상으로 하고 있다. 한편, 총 개발비용은 2억달러가 소요되었으며, 이 중 5,600만달러를 CDFI기금의 NMTC프로그램을 통해 충당하고, 나머지 비용은 은행융자대출, Historic Tax Credits를 통해 확보하였다. NMTC는 유연한 자금조달의 역할을 함으로써 프로젝트의 성공을 이끌어낸 중요 요소이다.

동 사례는 낙후 도심지역 개발에 있어서 CDFIs와 지역개발주체들이 협력적으로 사업을 추진한 사례로, Crosstown Concourse재생사업은 6,500개 이상의 건설 일자리를 창출했으며, 사업완료 후 900개의 새로운 일자리가 창출된다. 또한 해당 지역 내에 거점을 둔 사업체들과 95% 이상의 계약을 체결했으며, 32%의 건설계약들을 소수인종들이 소유하고 있는 기업들과 맺음으로써 지역경제 활성화에 기여하였다.

〈Crosstown Concourse 재생사업 내용〉

Community Profile	Memphis, TN
Poverty rate	37.6%
Unemployment rate	18.1%
Project Highlights	Crosstown Concourse
Investor	SunTrust Community Capital
NMTC Allocatees	DV Community Investment Mid-City Community CDE Low-Income Investment Fund SunTrust CDE Midwest Renewable Capital National Trust Community Investment Corporation
Total Project Cost	2억 달러
NMTC	5,600만 달러
Jobs	6,500 construction jobs 900 jobs

자료: The New Markets Tax Credit Coalition(2016), The 5th International Forum on Housing and Urban Finance(2017)

③ Pizitz 백화점 재생사업

Pizitz백화점 재생사업은 버밍햄 도심 시가지 재생사업과 맞물려 추진되었다. 알라바마주 버밍햄시의 Pizitz백화점은 1923년에 백화점 용도로 건설되었으며, 버밍햄 도심을 대표하는 건물로 그 역할을 수행했으나, 지난 30년간 도심 쇠퇴 현상으로 인해 유휴상태로 방치되었으나, Pizitz백화점이 위치하고 있는 버밍햄 도심 시가지가 역사보존지정구역으로 지정되면서 주변지역의 활성화를 위해 재생사업을 추진하게 되었다. 2016년 말, 총 143개의 아파트 유닛을 포함하는 주거, 상업 및 공공 공간으로 재탄생하였다. 주변 지역의 장소성을 높이고, 도시재생사업의 효과를 극대화하기 위해 143개의 아파트 유닛 중 29개의 유닛을 AMI 60%에 해당하는 저소득층을 위한 임대주택으로 공급하였다. 또한, 2만 평방피트의 푸드코트 및 슈퍼마켓, 1만 평방피트의 극장, 그리고 12,000 평방피트의 지역 내 창업주와 신생 기업들을 위한 오피스 인큐베이터 공간을 마련하여 도심 내 역사보존지구의 활성화를 시도하였다. 총 사업비용은 6,750만 달러가 소요되었으며, 이 중 약 50%에 해당하는 3,440만 달러를 NMTC 프로그램을 통해 충당하고, 나머지 비용은 주정부와 연방정부가 제공하는 Historic Tax Credits프로그램과 아파트 건설 및 경제활성화 사업을 위해 만들어진 HUD의 보조금을 통해 조달하였다.

Pizitz백화점 재생사업 이전에 사업지 주변 지역은 빈곤률 44.6%, 실업률 17.5%로 미국 평균의 약 2배에 달했으나, 재생사업을 통해 약 300개의 일자리를 창출하였다.

〈Pizitz 백화점 재생사업 내용〉

Community Profile	Birmingham, AL
Poverty rate	44.6%
Unemployment rate	17.5%
Designated area	Appalachian Regional Commission distressed area Alabama Enterprise Zone FEMA disaster area Food Desert
Project Highlights	The Pizitz Department Store
Investor	U.S. Bancorp Community Development Corporation
Total Project Cost	6,750만 달러
NMTC	3,440만 달러
Jobs	300 construction jobs 270 full-time jobs

자료: The New Markets Tax Credit Coalition(2016), The 5th International Forum on Housing and Urban Finance(2017)

6) 재생사업 사례의 시사점

도시재생사업의 사례가 시사하는 바는 여러 가지가 있다. 중심적인 것을 정리하면, 지역개발금융을 적시에 활용하고, 기금의 지원을 통한 자금조달, 재생사업의 공공성 확보, 지역 일자리창출 및 지역경제활성화에 기여했다는 점이다.

① 지역의 수요에 부합하는 지역개발금융을 적시에 제공

사업성이 낮은 낙후지역 내 중·저소득층을 위한 도시재생사업에 지역개발금융을 조달하여, CDFIs가 수익성에 중점을 두지 않고 지역 내에서 발생하는 빈곤, 환경, 인권, 건강 등과 관련된 사회문제 해결을 목적으로 하는 도시재생사업에 금융을 매칭하여 사업이 가능했다. 실제 상당한 규모의 초기 자금을 필요로 하는 도시재생사업에 지역개발금융을 적시에 제공하였다.

② CDFI 기금의 지원프로그램을 통한 자금조달

CDFI기금의 NMTC, CMF 프로그램 등을 통해 상당 부분의 사업비용을 충당하였는데, CDFI기금의 지원을 기반으로 한 유연한 자금조달을 통해 프로젝트의 성공을 이끌어냈다. 또한 정부재원이 투입되었다는 점에서 민간 투자자들에게 사업에 대한 신뢰성을 높이고, 일종의 심리적 보증을 제공하여 민간자본 유치를 용이하게 하였다.

③ 도시재생사업의 공공성 확보

낙후지역 개발 및 저소득층을 위한 재생사업이라는 목적에 부합하도록 건설 AMI 80% 이하 또는 60% 이하에 해당하는 저소득층을 대상으로 임대주택을 공급하였다. 이를 통해 젠트리피케이션을 방지하고, 장소성(placeness)을 강화하였다. 또한 노인층을 위해 affordable housing을 공급하고, 소수인종들이 소유하고 있는 건설업체들과 우선적으로 계약을 체결하는 등 사회적 약자에 대한 공공적 기여를 제공하였다.

④ 지역 내 일자리 창출 및 지역경제 활성화에 기여

상대적으로 빈곤율과 실업률이 높은 지역에 도시재생사업을 통해 일자리를 창출하였는데, 개발단계에서 다수의 건설일자리를 창출할 뿐만 아니라, 사업완료 후에도 양질의 신규 일자리를 창출하였다. 또한 해당 지역 내에 거점을 둔 사업체들과 일정 비율 이상의 계약을 체결하거나 지역 내 창업주와 신생 기업들을 위한 공간을 제공하는 등 지역경제 활성화에 기여하였다.

Ⅱ. 영국의 주택도시금융

1. 영국의 주택금융

영국의 주택금융기관으로, 주택금융조합, 주택공고(HC), 상업은행 등을 들 수 있지만 정부예산프로그램이 다양하게 발달하여 있다고 할 수 있다. 특히 도시재생프로그램을 실행하기 위한 금융프로그램이 다양하게 운영되고 있다.

(1) 영국의 주택시장 패러다임 변화

1) 영국 주택시장 패러다임 변화

Ⓐ 1단계(1920-80년대) : 영국 정부주도의 공공주택 공급확대, Ⓑ 2단계(1980-90년대 후반) : 지자체의 직접 주택건설을 제한하고, 주택조합을 통한

사회적 주택 공급(저소득층을 위한 중앙정부의 Housing Benefit(임대료 보조) 지원), Ⓒ 3단계(1990년대 후반 이후) : 공공주택 공급 재확대(공급부족을 타개하기 위해 지자체에 대한 지원확대 및 Affordable Housing 확대)로 나누어 볼 수 있다. 영국은 1단계에서 정부주도의 공공주택 공급확대 정책을 사용하였으며, 1990년대 후반 이후 공급 재확대를 위해 보조금 지원증가 및 지자체 주도의 통합적 도시재생을 지원하고 있다.

2) 영국 주택금융정책 단계별 세부정책

Ⓐ 1단계 : 공급부족 해소를 위해 중앙정부의 건설보조금 지원 및 Green Act(1930)로 슬럼 재개발 지원, Ⓑ 2단계 : 중앙정부의 저소득층을 위한 임대료 보조금 지급 및 사회적 주택공급, 중앙정부 주도로 민간투자를 유치하고 Urban Regeneration Grant로 보조, Ⓒ 3단계 : Affordable Housing 확대, 취약계층 자가소유 촉진 프로그램(Help to Buy) 시행, 지자체 주도의 도시재생 프로그램 추진이다.

(2) 영국의 수요자 지원 주요 주택금융상품

1) Help to Buy ISA

주택구입을 돕기 위한 개인저축계좌로 매월 200파운드 한도로 저축할 수 있으며, 이 경우 정부보조금은 50파운드를 지급(25%)하는데, 첫 달은 1,000파운드를 추가로 저축할 수 있어서 1,200파운드 저축이 가능하며 이 경우 정부보조금은 300파운드이다. 정부보조금 상한은 3,000파운드(약4백3십만원)이며, 이때의 저축금액은 12,000파운드이다. 계정은 가구단위가 아닌 개인단위라서 부부인 경우 각각 신청이 가능한데, 최초 주택구입시 영국 정부로부터 최대 6,000파운드를 지원받을 수 있다.

2) Help to Buy 지분대출제도(Equity Loan)

글로벌 금융위기 이후 2000년대 초반 영국 가계의 자가점유율이 하락하고, 주택경기가 위축됨에 따라 서민층 주거안정을 위해 서민층 신규주택 지원방안으로 2013년 도입되었다.

운용구조로, 지분대출(Equity Loan)은 영국정부가 일정 매매가격 이하의 신규주택에 대해 매입가격의 20% 이내 금액을 지분형태로 제공하는데, 신규주택 매입시 차입자는 5%, 정부는 최대 20%, 대출금융회사는 75% 부담한다(단, 지원대상은 원금분할상환 주택담보대출로 한정). 정부 지분대출은 대상 주택 매각시 또는 대출 후 25년까지 전액상환, 차입자는 주택 매각 전 정부지분 일부 또는 전부 상환이 가능하고, 지분대출의 이자는 차입자 부담, 지분대출 후 최초 5년간 무이자, 6년차에는 지분대출 잔여금의 1.75%를 이자로 부담한다. 이 제도로 영국은 주택금융 측면에서 생애최초 주택구입자 등 서민층 주택구입 지원을 위해 지분대출제도를 도입하여 주택구입을 촉진하였다.

3) Help to Buy 지분공유제도(Shared Ownership)

가구소득이 일정이하(예, 6만 파운드; 8천7백만 원) 이하인 공공주택 임차인이 생애최초로 주택협회가 매각하는 주택을 구입하는 경우에 활용할 수 있는 제도로, 임차인은 본인자금이나 모기지를 통해 조달한 자금으로 25%를 지불하여 지분을 확보하고 잔액에 대한 임대료를 주택협회에 지불한다. 임차인은 최초 지분 매입이후 25% 단위로 지분을 높일 수 있으며, 55세 이상의 임차인은 최대 75%까지 지분을 높일 수 있으며 75% 지분을 소유한 경우 잔액에 대한 임차료가 면제된다.

4) Help to Buy 모기지보증(Mortgage Guarantee)

모기지보증(Mortgage Guarantee)은 은행 등 금융회사가 취급할 수 없는 LTV 80% 이상인 주택담보대출을 지원한다. 영국정부는 주택구입가격의 80~95% 부분에 대한 대출금융회사의 손실을 부분적으로 보전하는데, 2014년 현재 정부의 보증한도는 120억 파운드이다. 한편, 주택보증에 의한 신규 주택구입시 개인은 주택가격 5% 이상 부담, 금융회사는 정부의 주택금융보증에 의해 주담대에 95% 이하 지원하는데, 지분대출, 주택금융보증 지원방식 실적이 빠르게 증가하였다.

(3) 영국의 사업자 지원 주요 주택금융상품

1) National Affordable Housing programme

2004년 시작되어 사회주택 공급의 90% 이상을 지원하여 매년 평균 5만호의 사회주택 공급에 기여하였다. 영국은 평균 주택가격의 60,000(약 8,700만원)파운드를 지원하는데, 영국의 평균 주택가격은 180,000(약 2억6천만 원)파운드로 약 33%를 지원한다.

2) THFC(The Housing Finance Corporation) 대출보증 제도

소규모 Housing Assocation(영국 주택조합)에 대한 대출보증으로, THFC는 1987년에 주택조합 등의 대출보증을 위해 설립되어, THFC의 높은 신용등급을 이용해 저금리로 대출보증이 이루어진다. THFC는 영국의 약 150개 주택조합에 장기대출을 지원하여 저렴 임대주택의 공급에 기여하고 있다. THFC는 대출금을 지원한 주택조합의 재정상태를 지속적으로 모니터링하여 건전성을 유지하고 있다.

2. 영국의 도시재생정책과 금융

(1) 도시재생정책 및 제도의 흐름

1) 도시재생의 등장배경

영국에서는 시대에 따라 다양한 도시문제가 발생했으며, 각각의 문제에 대응하여 해결책을 모색하기 위한 노력의 일환으로 도시재생이 등장하였다. 영국의 도시재생은 19세기 과밀하고 비위생적인 산업도시가 처한 주택문제와 공공보건정책이 그 출발점이라 할 수 있으며, 도시쇠퇴 문제를 해결하기 위해 시대별로 다양한 접근과 시도를 전개하여 왔다. 즉, Ⓐ 1930년대 슬럼제거, Ⓑ 1950~60년대 물리적 차원의 도시재건(Reconstruction), Ⓒ 1970년대 물리적 차원의 도시재정비(Renewal), Ⓓ 1980년대 경제적 차원의 도시재개발(Redevelopment), Ⓔ 1990년대 사회적 차원의 도시재생(Regeneration)시도, Ⓕ 2000년대 이후에는 경쟁력 강화 측면에서 더 좋은 장소를 만들기 위해 도시재생정책과 주택정책을 통합적으로 추진하였다. 특히 금융위기 이후 정부재정이 악화됨에 따라 민간영역의 역할이 확대되었으며, 중앙정부 주도에서 지방정부 주도로 전환하면서 도시재생사업의 질을 확보하기 위한 지방정부의 리더십과 책임이 중요해졌다.

2) 도시재생정책 및 제도의 시대별 추이[23)]

① 19세기 과밀한 도시의 주택 및 보건 개선(1800년대)

19세기 영국 산업도시들은 과밀로 인한 심각한 주택난과 도시문제에 직면하여, 1848년 런던의 공공문제 해결을 위해 Public Health Act를 제정하고, 이어서 1868년 자치구가 주택 소유자에게 위생 상태를 개선하도록 강제하는 Torrens Act를 제정하였다. 1875년 Artisans & Labourers Dwelling Act를 제정하여 자치구 차원에서 노동자들의 열악한 주택을 개선한 후 재입주하게 하였다. 산업자본가들은 산업화를 통해 축적한 부를 바탕으로 노동자를 위한 모델타운(Model Towns) 건설을 통해 열악한 주택과 공공보건문제 해결을 시도하게 되었다.

② 슬럼제거와 주택철거(1940년대)

도시의 과밀화는 점차 주택과 보건위생의 문제를 넘어 도시빈곤과 범죄문제로 이어졌다. 이에 도시슬럼을 해결하기 위한 일환으로 슬럼에 대한 대대적인 철거작업이 진행되었다. 1930년대 슬럼철거지역 지정과 철거, 1935년 Housing Act는 지방정부에게 기존의 낙후된 슬럼을 철거할 수 있는 법률적 권한을 부여하였고, 1947년 Town and Country Planning Act를 근거로 한 종합개발지구를 지정하였다. 이러한 흐름은 1960년대까지 지속되었으며, 1960년대에는 매년 약 10만호의 도심주택이 철거되었다.

③ 2차 대전 후 도심쇠퇴에 대응한 재생(1950~60년대)

2차 대전 후 영국 대부분의 도시들은 탈산업화로 인한 경제·산업구조의 큰 변화를 경험하였다. 이런 현상은 1960년대와 1970년대를 거치면서 더욱 더 가속화 되었는데, 1960년대 말까지 이어진 신도시 건설의 실패와 함께 심화된 도

23) 양도식(2013), "영국 도시재생 정책의 실체", 국토연구원과 The 5th International Forum on Housing and Urban Finance(2017)내용을 참고하여 재정리하였다.

심쇠퇴로 인해 영국 도시정책 자체가 새로운 신도시 건설보다는 도심재생사업에 집중하게 되었다.

런던과 핵심도시의 쇠퇴는 도심쇠퇴로 이어졌고, 실업, 가난, 사회문제로 이어지는 도심공동화 현상이 전국적으로 나타났다. 도심쇠퇴 문제와 이민자가 집중된 열악한 근린지구에 대한 문제를 해결하기 위해 1968년 도시프로그램을 실행하고, 1969년 Local Government Grant Act을 제정하여 재정적 바탕을 마련하였다.

④ 도시재생정책의 실험시기(1960년대 말~1970년대)

도심쇠퇴가 단일 요소가 아닌 복잡한 물리적 · 사회적 · 경제적 차원에서 기인하고 있다는 시각을 바탕으로, 기존의 도심재개발정책에 대한 새로운 방향을 모색하는 시기였다. 이 시기에는 물리적 환경 개선을 슬럼철거 방식에서 재보수 · 재정착시키는 방향으로 전환하여 1969년 종합개량지구 프로그램(GIA, General Improvement Areas)과 1974년 주택개선지구 프로그램(HAA, Housing Action Areas)이 실행되었다. 또한 사회적 · 경제적 측면의 도심활성화정책이 실험적으로 진행되어 다양한 시범 프로젝트가 시도되었는데, 1977년에는 도심침체를 효과적으로 막기 위한 포괄적 커뮤니티 프로그램을 실행하고, 1978년에는 IAPs(Inner Area Partnerships) 출범을 통해 도심쇠퇴지역의 문제해결을 위한 협력체계를 조성하였다.

⑤ 민간 중심의 도시재생(1980년대)

1979년부터 1997년까지 보수당이 집권하면서 시장경제원리와 작은 정부를 지향하였다. 대처 정부의 도시재생정책은 도시계획정책 차원과 연계되어 시장중심적인 규제완화, 민간주도, 보조금 중심, 중앙집권적, 비정부기관 중심의 정책이 실행되었으며, 파트너십이 중요시 되었는데, 대표적으로 1981년에 정부의 역할을 대신하기 위해 도시개발공사(UDC, Urban Development Corporations)를 설립하고, 사업에 방해가 되는 제약을 최소화하기 위해 엔터프라이즈 존(EZ, Enterprise Zones)을 도입하였다.

1981년 런던 도크랜드개발공사와 머시사이드개발공사가 최초로 설립되었으며, 이후 13개의 UDC가 추가로 설립되었다. UDC의 재원은 중앙정부의 펀딩과 토지 및 부동산 매각을 통해 확보했으며, 부동산 중심의 민간투자를 장려하였다. EZ는 1981년 잉글랜드의 11곳에 지정되었고, 이후 14곳이 추가로 지정되고, EZ는 개발토지세 면제, 산업 및 상업용 부동산 세율 면제, 법인세 및 소득세 면제, 도시계획 절차의 간소화 및 도시계획허가 면제의 혜택을 받았다. 또한 도시재생사업을 지원하기 위해 다양한 보조금(Grant)정책을 실시하였는데, 1982년 Urban Development Grant, 1983년 Derelict Land Grant, 1987년 Urban Regeneration Grant, 1988년 City Grant 등 다양한 시도를 하였다. 한편, 대처정부를 거치면서 도시재생사업은 보조금 중심에서 민간의 효율성을 반영한 경쟁입찰구조로, 비정부기관의 역할 중심에서 조인트벤처와 파트너십 중심으로 점차 변화하게 되었다.

⑥ 통합재생예산의 도입과 도시재생(1990년대)

기존 정부의 도시재생프로그램이 중복되어 있으며, 시간과 재원을 효율적으로 사용하지 못하고, 지나치게 경쟁적인 입찰구조를 갖는 문제점을 해결하기 위해 1994년에 Single Regeneration Budget(SRB)을 도입하였다. 이를 통해 기존의 20개 분산된 도시재생프로그램을 통합된 하나의 재정에서 관리하게 되었으며, UDC를 비롯해 Housing Action Trust, English Partnerships(EP) 등 도시재생 관련 비정부기관의 재원을 지원하고, 기존 English Estates, City Grant, Derelict Land Grant의 기능을 통합하여 잉글랜드 지역의 도시재생사업을 담당하는 국가도시재생기구로 잉글리시파트너십을 설립하였다.

⑦ 커뮤니티 중심의 도시재생(1990년대 말~2000년대)

1997년부터 2010년까지 집권한 노동당 정부는 도시계획체계의 개혁과 함께 도시재생정책에도 새로운 접근을 시도하였다. 장소에 기반을 둔 도시재생정책, 사회·경제적으로 침체된 커뮤니티의 도시재생, 중앙정부·광역정부·지방정부·커뮤니티·사회단체 등 여러 이해당사자의 참여를 유도하는 도시재생정책을 지향하였다. 이러한 변화는 기존의 도시재생정책이 중앙집권적·관료주의적이며 지역 현안과 동떨어졌었던 점, 근린·지역간 심화된 빈부격차, 중앙과 지방정부간 협력의 필요성, 새로운 형태의 시민참여 필요성 등에 기반하고 있다.

노동당 정부의 커뮤니티 중심 도시재생정책은 1998년 발표한 National

Neighbourhood Renewal으로 구체화되었고, 이 국가전략을 통해 사회적으로 침체되고 경제적으로 소외된 지역과 계층의 커뮤니티에 대한 사회적 차원의 프로그램을 실시하였는데, NDC(New Deal for Communities), NMP(Neighbourhood Management Partnerships), NRF(Neighbourhood Renewal Fund) 등이 대표적인 프로그램이다.

⑧ 도시재생회사 중심의 도시재생(2000년대)

노동당 정부는 이전 보수당의 민간중심 도시개발공사(UDC)와는 성격이 다른 도시재생회사(URC, Urban Regeneration Companies)를 1999년에 설립하였는데, URC는 광역지역개발청, 지방정부, 잉글리시파트너십이 공동으로 출자한 회사이다.

URC는 비관료적인 조직으로 지자체, 민간, 중앙정부, 여러 이해당사자 사이에서 중재자로써 도시재생사업이 원활이 진행되도록 하고 있으며, URC는 2010년 폐지되기 전까지 도시재생사업을 지원하면서 민간투자를 유치하고, 신규 일자리와 주택을 공급하는데 중심적인 역할을 한다.

⑨ 자유재량적 도시재생(2010년 이후)

2010년 집권한 보수당·자유당 연합정부는 자유시장주의와 작은 정부를 지향하는 보수당의 전통적 기조를 유지하였다. 정부는 2011년 Localism Act를 통해 도시재생사업에 영향을 주는 5가지 원칙을 제시하였는데, Ⓐ 지자체의 성장에 지자체가 중심 역할을 하도록 권한 부여, Ⓑ 지자체 정부를 중앙의 통제로부터 자유 부여, Ⓒ 지역주민이 지자체 정부에 관여할 수 있는 더 많은 권한 부여, Ⓓ 지역주민에게 지자체 재원사용의 우선순위 결정권에 더 많은 권한을 부여, Ⓔ 노동당 정부의 Regional Development Agency(RDA) 폐지와 Local Enterprise Partnership(LEPs) 설립이다. 이와 같은 정책적 기조를 통해 지자체의 도시재생사업에도 지자체와 커뮤니티 중심으로 이루어지는 기초를 마련하였다. 이 배경에는 도시계획체계는 지역의 경제활성화, 지속가능하고 매력적인 환경, 민주적인 의사결정과정을 통해 이루어져야 함을 강조하고 있으며, 이를 위해 투명하고 지역주민이 중심이 된 개방형 도시계획체계를 도입하였다. 또한 2008년에 서민주택공급과 도시재생사업을 효율적으로 진행하기 위해 기존 잉글리시 파트너십과 HC(Housing Corporation)을 통합하여 HCA(Homes & Community Agency)를 설립하고, 2010년에는 지방정부와 광역지역의 이해당사자들이 중심이 되는 지역기업파트너십(LEPs, Local Enterprise Partnership)을 설립하였다.

(2) 도시금융정책 프로그램[24)]

1) 도시경제 활성화 예산 프로그램

① 통합재생예산

GOR(Government Office for the Regions)에 의해 총 6회에 걸친 지원과정 이후 RDA로 책임이 이관되었으나, 2001년에 RDA의 지원금이 통합예산(SB, Single Budget)으로 통합되면서 종료되었다. 통합재생예산(SRB, Single Regeneration Budget)의 가장 큰 특징은 파트너십에 대한 강조라고 할 수 있다. 1994년 보수당 정부에서 처음 등장했으며, 이전의 정부지원금정책이 물리적·경제적 측면만 강조한 것과는 달리 파트너십 기반의 접근으로 공공, 민간, 시민단체, 지역단체를 통합하고 고용과 교육 측면에 집중하였다.

② 통합예산

통합재생예산(SRB)의 뒤를 이은 통합예산(SB)은 2002년에 시작하여 2011년에 종료되었다. 2011년 RDA가 연립정부의 등장으로 폐쇄됨에 따라 LEPs가 그 역할을 대신하면서, 초기에는 RGF(Regional Growth Fund)가 LEP를 지원했으며 2014년부터는 LGF(Local Growth Fund)가 지원을 시작하였다.

③ GPF(Growing Places Fund)

2012년에 DCLG(Department for Communities and Local Government)와 DFT(Department for Transport)가 LEPs에 7억 3천만 파운드를 지원하였는데, 주로 기반시설사업에 투자하였다. LEP와 지방정부에 통제권을 넘겨 유연성을 최대화하고, 중앙정부의 개입을 최소화함으로써 이들은 자율적으로 지역

---

24) 박소영(2015), "도시재생사업 실효성 제고를 위한 국가재정지원체계 개선방안", 국토연구원과 The 5th International Forum on Housing and Urban Finance(2017)의 내용을 참고하여 재정리하였다.

을 기반으로 하는 어떤 사업에 투자할 것인지 결정할 수 있으며, 민간사업자와 파트너십을 통해 수익을 극대화할 수 있다. 지원금 분배 방식이 경쟁 입찰은 아니지만, 특정 기준을 준수할 것을 요구한다.

④ RGF(Regional Growth Fund)

2011년부터 2017년까지 영국의 지역경제를 지원하기 위한 목적으로 지원금을 분배한 것으로, 민간투자를 이끌어냄으로써 지역경제를 활성화하고, 기존에 공공부문에 의존하고 있던 지역사회를 민간주도의 성장으로 이행시키는 것을 목적으로 하였다. 1~4회차까지는 LEPs지원을 목적으로 5억 7천만 파운드를 지원하였고, 5~6회차는 LGF(Local Growth Fund)의 등장으로 민간단체만을 대상으로 하며, 민간의 투자를 끌어내기 위한 투자로 28억 5천만 파운드를 배분하였다. 평균적으로 RGF 1파운드 당 민간은 약 5.5파운드를 지원하여 총 160억 파운드의 민간지원을 기대할 수 있고, 2015년에 이미 14만 9천개의 일자리가 생성되었으며, 2020년 중반까지 총 58만 1천개의 일자리가 생성될 것으로 예상되고 있다.

⑤ LGF(Local Growth Fund)

2014년 지역경제 발전에 120억 파운드의 투자를 결정하여, 39개의 LEPs로 분배하여 초기 60억 파운드가 첫 번째로 투자되었고, 이 중 2015년과 2016년에 걸쳐 20억 파운드가 할당되었다. 청년 일자리 교육, 새로운 일자리 창출, 새로운 주거 공급, 교통 개선과 초고속 인터넷망을 포함한 기반시설 프로젝트를 목적으로 하고 있다. 주거, 기반시설, 기타 지원금을 통합하고 지역에 분배하여 그들이 자유롭게 사용하게 하고 있다.

2) 근린재생형 예산 프로그램

① NDC(New Deal for Communities)

초기의 집약적인 ABI(Area-based Initiatives) 프로그램으로, 노동당 정부의 장소 중심적인 도시재생 프로그램으로 39개의 지역을 10년에 걸쳐 통합적으로 변화시켰는데, 범죄, 공동체, 주거, 물리적 환경 측면, 교육, 건강, 실업 문제를 통합적으로 다뤄 지역 간 격차를 줄였다. 1998년부터 2010년까지 운영되었다.

② NRF(Neighbourhood Renewal Fund)

2000년에 영국 부총리실에 의해서 형성된 지원금제도로, 88개의 지역에 형성된 LSPs(Local Strategic Partnership)에 8억 파운드를 지원하였는데, 중앙정부의 공공서비스가 근린의 빈곤지역까지 연결되어야 한다는 목표를 가지고 있다. 2007년까지 운영되었다.

③ NMP(Neighbourhood Management Partnerships)

35개의 파트너십을 도와 SEU(Social Exclusion Unit)에 의해 제안된 근린관리 계획을 시범사업으로 진행하여, 빈곤한 지역공동체를 위주로 지역서비스개선을 지원하였다. 2001년부터 2012년까지 운영되었다.

④ WNF(Working Neighbourhood Fund)

실업문제를 해결하기 위해 14억 파운드를 3년에 걸쳐 지원하였다. 65개의 지자체를 지원하였는데, 특히 빈곤지역 위주로 지원하였다. 지역 내 소외계층에 대한 강조가 직업교육이나 일자리 창출에 중요한 역할을 했다. 2008년부터 2011년까지 운영되었다.

⑤ NCB(Neighbourhood Community Budgets)와 Our Place!

NCB는 20개의 근린이 시범사업으로 지정되어 2011년부터 2013년까지 지원받았는데, Our Place! 프로그램으로 변경되었다.

NCB(Neighbourhood Community Budgets)가 'Our Place!'로 변경되었는데, CB(Community Budgets)의 시범사업 형태로 추진되었다. 지역사업을 더 적극적으로 이끌어 가려는 지역사회 누구나(기업, 공무원, 주민 등) 참여 가능하고, 논리 모델(Logic Model)과 실행계획(Operational Plan)의 두 가지 형태로 진행되었다. 처음 2달간 보조금 지원을 받으면서 지역발전에 어떻게 기여할 수 있는지 논리 모델을 발전시킨 후 실행 가능한 업무계획을 수립한다.

⑥ CDF(City Deals Fund)

지역별 일자리창출과 직업교육에 투자한 것으로, 접근방식은 지역마다 다르다. 리즈(Leeds) 지역의 경우, 대학과 지방정부가 협력하는 견습제도를 통해 약 2,500개의 청년 견습직을 창출하였다.

⑦ CB(Community Budgets)

근린을 중심으로 운용할 수 있는 지원금으로, 공통 자원을 설립하고 지역주민의 지역에 대한 이해와 공동체 자산을 공유함으로써 자원을 더 효과적으로 운용할 수 있고, 중앙정부의 개입을 최소화함으로써 지역 전문가가 더 나은 서비스를 제공할 수 있도록 하였다. 지역주민이 지역의 공공서비스에 대한 더 큰 통제권을 가지도록 하고, 지역 파트너십과 거버넌스 구조를 설립함으로써 지역에 대한 통합적인 접근을 시도하였다.

(3) 도시재생과 금융기법

1) 민간임대부문 부동산투자신탁회사

2017년 5월 발표된 Sigma Group의 민간임대부문 부동산투자신탁회사(Private Rented Sector Real Estate Investment Trust, The PRS REIT plc) 사례는, 정부지원 하에서 민간이 임대주택을 공급하는 시스템에 대한 가능성을 보여주었다. PRS REIT는 상장주식회사(plc)로서 민간임대부문 투자자들에게 6%의 배당금을 안정적으로 지불하는 것을 목표로 하고 있다. Sigma Group의 사외시인 Sigma PRS Management Limited가 투자자문회사의 역할을 할 것이고, 주택은 Sigma's PRS platform을 통해 공급되었다. PRS REIT는 런던 교외지역에 임대주택을 공급하는 것을 주 목표로 삼고, HCA(Homes & Community Agency)와의 긴밀한 협조아래 프로젝트를 진행하였다.

HCA외에도 영국의 주택건축 및 도시재생관련 회사인 Countryside Properties plc, Keepmoat Limited, Keepmoat Regeneration 등이 참여하고 있는데, HCA의 역할은 초기투자자로 2,500만 파운드의 자기자본을 투자하였다. 투자목표는 2억 5,000만 파운드였으며, 2017년 현재 60개 이상의 금융기관으로부터 약 4억 파운드의 투자를 받았다. 정부기관이 투자하여 사업의 안전성을 보여줌으로서 민간투자를 성공적으로 유치한 것으로 해석되며, 영국정부의 영향력을 보여주는 사례라고 할 수 있다.

Sigma Group 사례에서 보듯, 적합한 투자모델이 있다면 투자자들은 충분히 참여할 의사가 있으며, 주택 뿐 아니라 상업과 같은 타 분야에 대한 투자 역시 이끌어낼 수 있다. 단, 이러한 프로젝트는 지역을 기반으로 준비되어야 하며, 종합적인 계획과 전략을 바탕으로 추진될 필요가 있다.

〈PRS REIT구조〉

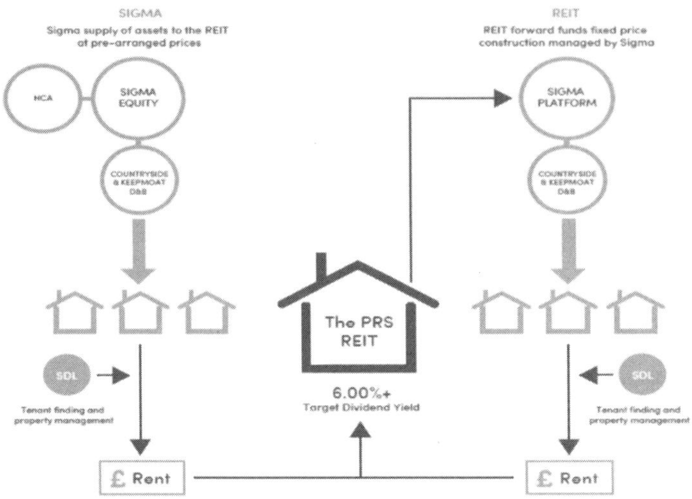

자료 : Keith Thorpe(2017), "Alternative Financial Tools for Financing Urban Regeneration Projects in the UK", The 5th International Forum on Housing and Urban Finance(2017)

2) 사회성과연계채권

사회성과연계채권(SIB, Social Impact Bond)은 정부가 공공사업의 성과 목표를 달성하기 위해 민간 전문 사업자와 약정 후 사회적 목표가 달성된 경우 해당 사업의 예산 절감효과에 비례하여 지급 청구권이 발생하는 일종의 채권계약으로, 재무적 성과와 동시에 사회문제 해결이라는 사회적 성과를 동시에 추구하는 방식이다. 채권 발행인과 투자자 간의 채권관계가 아닌 사회성과 파트너십을 이루는 관계로, 채무증권과 지분증권의 성격을 모두 가지는 복합금융상품의 성격을 가진다.

SIB는 2010년 9월 영국에서 최초로 도입하였고, 2015년 12월 현재 미국과 유럽 등에서 약 45개의 SIB를 진행 중인데, 최초 영국의 SIB 도입목적은 교도소의 재범률을 낮추기 위해서였다. 2010년 Peterborough 지역 HMP(Her Majesty's Prison) 교도소 출소자를 대상으로 사회정착프로그램을 실행하기 위해 세계최초로 SIB를 도입하여 2015년 기준 총 28개의 SIB를 발행하였다. Peterborough SIB는 12개월 미만 경미한 범죄에 대한 단기형을 받은 남성 수감자의 재범률을 낮추는 것을 목적으로 프로젝트에 참여하기를 희망하는 3,000명에 대해 6년간 사회복지 프로그램 서비스를 제공하여, SIB 운영기간은 총 8년으로, 6년간 프로그램을 실행하고, 갱생훈련 참여 후 1년이 지난 시점에서 재범 발생 수를 측정하였다. 자선단체 등으로부터 5백만 파운드(한화 86억 원)의 투자를 유치하여 그 재원으로 재활사업을 집행하고, 약정한 성과목표를 달성하면 법무성이 약정한 수익을 성과정도에 따라 투자자에게 지급하는 계약구조를 가진다. 정부의 재정부족과 기업 등의 사회적 책임 요구증가 과제를 동시에 해결할 수 있는 혁신적인 아이디어로 받아들여지면서 빠른 속도로 확산되었다.

SIB의 구조는 정부기관과 사회성과연계채권 발행기구(SIBIO, Social Impact Bond-Issuing Organization)간의 기본계약관계, 투자자와 SIB 발행기구간의 관계, SIB 발행기구와 서비스 제공자간의 관계 등으로 구성되는데, 정부는 SIBIO와 합의된 평가지표를 바탕으로 미래의 성과에 기반하여 예산을 집행하겠다는 계약을 체결한다. SIBIO는 채권을 발행하여 민간투자자로부터 사업자금을 조달하고, 단수 또는 복수의 서비스 제공자를 선정하여 사업비를 지급하며 관리하며, 서비스 제공자는 수혜집단을 대상으로 서비스를 제공하고, 사회문제를 해결한다.

독립된 평가기관이 사업에 대한 성과를 정량적·객관적으로 평가하여 성과평가 결과를 정부 및 SIBIO에 전달하고, 정부는 성과평가 결과를 바탕으로 사전에 약정된 기준에 따라 SIBIO에 예산을 집행하며, 성과목표 미달성 시 예산집행을 하지 않는다. SIBIO는 투자원금 및 이자 또는 성과금을 투자자에게 상환한다. 이러한 구조를 기본으로 하는 SIB는 여러 가지 측면에서 기존의 정부가 직접적으로 문제를 해결하거나 비영리기관에 발주를 주는 방식보다 유용한 정책 수단이 될 수 있다.

〈사회성과연계채권(SIB)의 투자구조〉

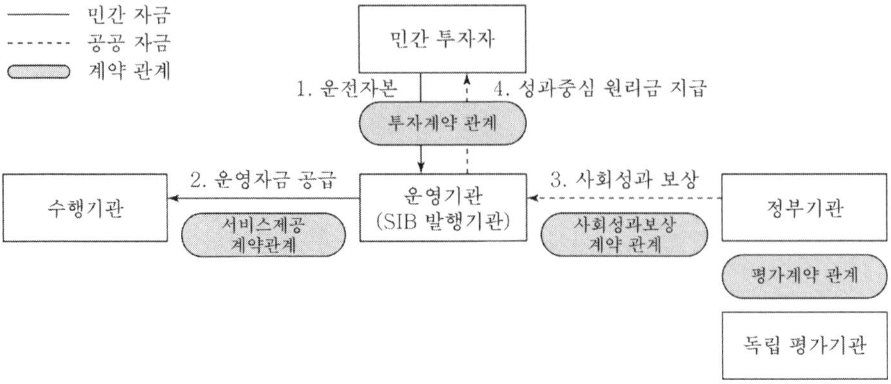

자료: 김갑례(2017), 영국 청년고용 사회성과연계채권(SIB) 성공의 시사점, 자본시장포커스, 2017-14호. The 5th International Forum on Housing and Urban Finance(2017)

성과급 형태의 SIB는 각각 다른 이해관계자에게 다음과 같은 잠재적 이익을 초래할 수 있다. 즉, Ⓐ SIB는 결과에 따라 지불하는 형태로 정부는 서비스 제공에 대한 선수금을 지급하지 않고, 성과가 좋지 않을 경우 투자자에게 금융위험을 전가시킨다. Ⓑ 서비스 제공자는 결과에 따라 비용을 지불하지 않고 위험을 부담하지 않으며, 서비스 제공자들은 목표달성을 위해 다른 서비스 제공자들과 함께 서비스를 제공할 수 있다. Ⓒ SIB는 새로운 투자기회를 제공한다. 즉 투자자들은 일부 금융수익을 받을 뿐만 아니라 자신의 자본투자를 통해 유익한 사회적 결과를 얻게 된다. Ⓓ SIB를 통해 이전에는 없던 서비스 공급 자금을 제공함으로써 성과와 삶의 질을 향상시킬 수 있고, SIB는 예방을 위해 또는 정부가 사전에 자금지원을 하지 않은 서비스를 제공하기 위해 자금을 모을 수 있다. 또한 SIB에 관한 일부 문헌에서는 개인 투자자와 기관은 정부보다 더 혁신적이고 더 위험이 따르는 프로젝트에 대해서도 투자를 고려한다. Ⓔ 범죄자를 포함한 일부 집단의 경우, 기부 및 정부로부터 수혜를 덜 받는 상황이 발행할 수 있는데, 이러한 상황을 개선하기 위해 SIB는 이들 집단을 위한 기금을 모집할 수 있다.

Peterborough지역 SIB의 투자자는 대부분 자선기금이었으며, SIB 투자자기반을 확대하기 위해서는 SIB사업 실패시 투자자들이 부담하는 투자위험을 정부가 일정 부분 분담하는 방안도 생각해 볼 수 있다. 민간 투자자는 사회적 목적을 가진 기업들도 가능하겠으나, 실질적으로는 비영리 재단의 참여로 이루어진다. 투자자를 위한 수익률을 제시하기 위해 사회문제 해결에 대한 성과 측정이 가능하고, 측정된 사회적 성과가 경제적 가치로 환산될 수 있어야 한다. Peterborough지역 SIB의 경우 전과범들이 다시 재범으로 체포될 경우 경찰비용, 사법비용, 재수감시 소요비용, 수감자의 자녀 등의 보호 비용 등을 고려하여 재범률을 낮춤으로써 정부가 얻을 수 있는 경제적 효과를 제시하고 이를 투자수익으로 투자자에게 지급할 수 있다. SIB를 적용함으로써 발생하는 넓은 의미의 사회적 이익을 성과로 설정하지 않는다. 예를 들어 재범률을 낮춤으로써 기대할 수 있는 안전한 지역 수립, 삶의 질 향상, 범죄로 인한 희생자의 감소 등의 현금화할 수 없는 성과는 제외한다.

(4) 주택단지재생 프로그램(ERP)과 크라우드펀딩(MCCP)

1) 주택단지재생 프로그램

2016년 영국연방정부는 주택단지재생 프로그램(ERP, Estate Regeneration Programme)을 국가전략으로 추진할 것을 발표하였다. ERP는 주택단지 재생사업을 수행하고자 하는 커뮤니티를 선정하여 사업비 지원과 함께 사업의 원활한 추진을 위한 가이드를 제공하는 정책으로, 연방정부는 최대 100개의 주택단지에 대한 재생계획이 가능할 것으로 전망하였다. ERP는 재생사업이 장기적이고 복합한 프로젝트이며 소기의 목적을 달성하기까지 상당한 규모의 초기 지출을 필요로 한다는 인식을 기반으로 한다. 계획내용상 충분히 성공할 수 있는 다수의 재생사업들이 자금운용상의 제약으로 인해 답보상태에 있어, 민간부분(사회주택을 건설하는 자로서 주택협회에 등록한 기업도 포함)의 경쟁입찰을 통해 주택공급 및 주택개선 사업, 실행 가능하고 지방정부의 지원이 가능한 사업 등을 선정하여 지원한다.

① 추진주체

ERP는 중앙정부의 지역사회·지방자치부(DCLG, Department for Communities and Local Government)가 담당한다. DCLG는 살기 좋은 거주환경 조성과 공동체의 결속과 성장이라는 목표 아래 쇠퇴한 주택시장의 회복, 지불가능한 양질의 주택공급, 지역경제성장 지원, 통합된 공동체형성, 효율적인 지방자치 확립 등과 같은 업무를 담당한다.

ERP진행시 DCLG는 기본적인 가이드만 제공하고, 각 커뮤니티 단위 또는 사업단위로 민간의 창의력을 발휘할 수 있도록 융통성 있는 지원기능을 수행한다. 주민은 물론 다양한 이해관계자들이 참여할 수 있으며, 통상적으로 로컬파트너, 전문가 집단, 투자자, 개발자, 커뮤니티 등이 참여하는 워크숍을 6개월 정도 진행한다. 참여주체 간 협업, 지방정부의 리더십, 주민참여 및 민간금융 참여유도, 수익의 공유, 원주민 거주보장 등을 중요한 원칙으로 설정한다.

② 지원내용 및 지원방식

ERP의 담당기관인 DCLG는 소유주와 주택단지재생 프로젝트를 돕기 위해 3가지 유형의 펀딩을 제공한다. 첫째, 주택공급 활성화, 거주자의 생활의 질 향상을 목적으로 2016년부터 2021년까지 5년 동안 1억 4천만 파운드(약 2,022억 원)의 프로젝트파이낸스를 제공하는데, 대출에 대한 이자율은 시장이자율에 신용도와 담보설징 등을 고려하여 정해진다. 둘째, 2016~2017년 동안 지방정부 및 사회적 주택을 공급하는 주택협회에게 3천만 파운드(약 433억 원)를 우선적으로 배정하고, 사업제안서(타당성 분석, 실현가능성 분석, 마스터플랜 등) 등을 기획하는데 사용하게 하였다. 셋째, 2016~2017년 동안 2백만 파운드(약 29억 원)를 지방자치단체가 주택단지재생사업을 수행하는데 있어 필요한 능력을 배양하기 위한 역량강화 목적으로 지원하였다.

ERP를 지원하기 위한 펀딩의 배분은 입찰, 자격 확인 및 평가, 입찰가 상장, 전용 거래관리자 할당, 대출결정 수신 및 가격 결정, 실사 및 협약서 작성, 투자금상환의 과정으로 진행되는 것이 일반적이다. 입찰자격으로는 Ⓐ 상환능력, Ⓑ 민간부분(사회주택을 건설하는 자로서 주택협회에 등록한 기업 포함), Ⓒ 제안서의 실행가능성, Ⓓ 해당 지방정부의 지원여부를 고려한다. 평가과정에서는

Ⓐ 주민들에게 최고의 가치를 제공하는가, Ⓑ 실행가능한가, Ⓒ 공동체 의식의 형성 · 강화에 기여하는가, Ⓓ 지방정부와 잘 협력하고 있는가, Ⓔ 실질적으로 주택수가 증가하고, 점유형태의 선택이 다양한가, Ⓕ 주택의 질과 주거환경이 양호한가 등을 고려한다.

③ 재원조달방안

ERP를 지원하기 위한 펀딩의 재원은, Ⓐ 분권협상[25]을 통한 예산 책정 : 분권협상은 국가 예산을 수령하여 광역시장이 통제하는데, 일부 협상에는 전용투자기금이 포함된다. Ⓑ LGF(Local Growth Fund) : 2013년에 발표된 120억 파운드 규모의 LGF를 활용되는데, 이 중 77억 파운드는 지역기업파트너십(LEPs)을 통한 성장협상에 할당된다. Ⓒ European Funding : 2014~2020년의 기간 동안 약 50억 파운드 규모의 European Structural Investment Fund Growth programme 활용한다. Ⓓ 그 외 소규모 자금조달 프로그램 : CCF(Coastal Communities Fund), High Streets, Growth Hubs 등이다.

DCLG는 혁신적인 재원조달모델을 활용하여 민간투자를 유도하도록 권장하고 있지만 사업성이 낮은 런던 중심 이외 지역에서의 도시재생사업 추진에 있어서는 아직까지 어려움이 있다. ERP의 개념적 금융모델은 은행 융자, 기업대출, 에쿼티, 보조금, 정부 대출 및 보증, 추가적인 토지 등으로 자금을 조달하고, 여기서 발생하는 토지가치 향상, 민간주택 분양, 장기임대 소득을 통해 사업성을 확보한다. 영국의 투자자들은 도시재생 및 성장에 대한 투자를 활성화하기 위해 정부지원의 중요성을 강조한다. 그러나 정부의 지나친 개입은 투자자를 최우선 순위로 생각할 수 있다. 정부의 역할은 민간투자를 장려하기 위해 자본을

25) 분권협상(Devolution Deals)은 2017년 3월까지 13개 도시권이 정부와 협상안에 합의하였고, 맨체스터 대도시권을 포함한 8개 도시권에서 지방의회 승인을 거쳐 최종 확정되었고, 9개 도시권에서는 지자체 연합기구를 설립하였고, 이 중 6개 도시권에서는 2017년 5월 연합기구 광역시장을 선출하였다. 분권협상을 통해 중앙정부는 교통, 주택 및 토지, 생애교육 및 훈련, 고용지원, 기업지원, 보건 및 사회보장, 경찰 및 소방, 형사, 수자원 및 연안관리, 자금 등 다양한 공공서비스 및 지역개발 기능의 집행권한을 맞춤형 방식으로 지역에 이양한다. 분권협상의 집행을 위해 중앙정부는 지역에 정책자율권, 포괄보조금을 포함한 재정재원, 조세지원 등을 제공하고, 지역은 책임성 확보 및 성과관리를 위한 확약서를 정부에 제출하여 승인 받았다(이원섭(2017), "영국의 지역발전정책 분권화와 분권협상", 국토연구원).

투입하는 초기투자자로서 핵심역할을 하는 것이다. ERP의 투자유치는 무엇보다도 해당 재생사업에 참여하는 지역파트너의 역량이 핵심요소이다. DCLG는 지역성과와 투자자의 관심을 유도하는 지역파트너의 3가지 주요 요건으로 Ⓐ 강력한 리더십, Ⓑ 상업적인 전문지식, Ⓒ 명확한 비전과 장기전략을 제시한다.

2) 런던 시 크라우드펀딩 프로그램

2014년부터 시행된 런던 시 크라우드펀딩 프로그램(MCCP, Mayor's Civic Crowdfunding Program)은 유럽에서는 최초로 시정부의 정책에 크라우드펀딩 요소를 공식적으로 적용한 사례로 평가된다. 2016년 기준으로 MCCP를 통해 200만 파운드(약 29억 원) 이상의 기금을 조성하였다.

① 추진방식

런던 시 도시재생팀과 크라우드펀드로 지역개발 경험이 있는 Spacehive[26)]가 공동으로 런던 시 도시재생 전용 온라인 플랫폼을 개발하고, 시민들은 주변 유휴공간의 개선방안에 대한 아이디어를 온라인 플랫폼에 제안하는 방식이다. 온라인모금을 통해 시민들의 좋은 아이디어를 프로젝트화하고, 공청회를 통한 붐업, 워크숍, 펀딩, 성과보고의 진행과정을 통해 주민의 자발적 참여를 유도한다. 정부에 대한 불신이 많은 영국에서 Spacehive의 중립적 성격은 시민영역의 공공에 대한 거부감을 감소시키는 효과가 있었으며, 이는 MCCP의 성공요인 중 하나이다. 비수익형 사업이므로 별제의 규제 적용은 받지 않으며, Spacehive는 달성 프로젝트 규모의 5%를 수수료로 받아 운영비용으로 활용한다.

② 성과 및 한계

런던 시정부의 후원으로 2배 이상의 크라우드펀딩을 조성했으며, 시청이 후원한 캠페인의 성공률은 97%에 달한다. 시청이 후원한 총액은 약 82만 파운드이고, 현물지원의 예상 가치는 약 20만 파운드 규모이다. 크라우드펀딩을 통해 시

26) 정부·시민 간 지역사회 문제를 해결하는 영국의 크라우드펀딩 플랫폼이다. 이러한 지역사회 문제 해결을 목표로 운영되는 크라우드펀딩 플랫폼은 이외에도 임비(YIMBY, Yes In My Back Yards), 미국의 IOBY(In Our Back Yards), 네이버리(neighbor.ly) 등을 들 수 있다. 그 중에서도 2012년 설립된 스페이스하이브는 이 분야의 시초로 여겨지며 다른 크라우드펀딩 플랫폼의 등장에 큰 영향을 준 것으로 알려져 있다.

민들로부터 확보한 금액은 약 100만 파운드로, 191개의 커뮤니티 주도 프로젝트가 추진되었으며, 금액으로는 총 가치 약 795만 파운드 규모에 해당한다. 이러한 프로젝트에 시민이 참여하고 기여함으로써, 커뮤니티 내에서 시민들의 자긍심, 지역에 대한 애착과 주인의식, 공동체의식 등이 높아진다. 시민들이 지역의 발전과정에 참여할 수 있는 기회를 얻음으로써 새로운 기술과 지식, 경험을 지역 내 무형의 자산으로 축적하였다. 5년간 파일럿 테스트를 거친 후 타 지자체로 확산하여 적용할 계획이고, 조성된 펀드는, 유휴공간을 주민들을 위한 공원, 레크리에이션 시설로 조성하거나 역사적인 건물을 리모델링하는데 활용된다. Ⓐ Peckham Coal Line : 석탄을 운반하던 철로(coal line)를 활용하여 공원을 조성하는데, 크라우드펀딩을 통해 공원 디자인비용과 사업성분석 연구비용을 조달한다. Ⓑ Peckham Lido : 사용하지 않던 수영장을 리모델링하여 레이리에이션 시설로 조성하는데, 사업성분석, 사업계획 수립, 건설비용 조달계획 작성과 관련된 비용을 크라우드펀딩을 통해 조성한다. Ⓒ London High Line : 철로를 활용하여 공원과 보행공간, 자전거도로 등으로 리모델링하는 것으로, 크라우드펀딩으로 사업초반 설문조사와 사업성조사 비용을 조달한다. Ⓓ Rio Cinoma ; 지역의 문화유산인 리오극장 개보수로, 개보수비용 전액이 크라우드펀딩을 통해 조성되었으며, 향후의 유지관리비도 크라우드펀딩으로 조달할 예정이다. 다만, 다음과 같은 한계점이 있다. 즉, 온라인 참여방식이므로, 모든 참여자들이 디지털상식을 갖추고 있어야 한다. '무엇을 위해서 펀딩을 조성한다'라는 것 자체가 특정 집단의 의도를 주입하는 것일 수 있으며, 비딩방식의 시간적·기술적 제약으로 인해 오히려 좌절하는 지원자(혹은 지역)가 생길 수 있고, 다른 이슈들에 비해 기업가적 성격을 띤 프로젝트가 더 선호되는 경향이 있다.

Ⅲ. 주요 국가의 주택도시금융정책 시사점

1. 미국 주택도시금융과 시사점

미국은 주택금융부분에 대하여는 전통적으로 임대주택지원프로그램이 발달한 것으로 보인다. affordable housing 프로그램으로 잘 알려진 임대주택지원 프로그램은 저가 임대주택 건설 세액공제 프로그램(LIHTC)이 이를 지원하기 위하여 마련되어 있다. 아울러, 지방정부가 공공인프라 및 낙후주택 개선을 위해 민간자금을 조달하는 수단으로 활용되는 증세 담보부 채권(TIF) 등이 주택금융정책으로 활용되고 있다.

또한, 도시쇠퇴 문제를 해결하기 위해 저소득층 주거 인프라 개선, 양질의 주택제공, 지역사회 발전 등 도시재생을 목적으로 활용되고 있는 개발 포괄 보조금(CDBG)은 주택문제와 도시문제를 함께 지원할 수 있는 프로그램이다. 아울러, 중심시가지 및 상업업무지역의 활성화를 목적으로 특정지역에 강제적으로 부담금을 징수하고 이를 통하여 자치조직이 지역의 활성화 및 관리운영을 실시하는 업무환경 개선지구제도(BID)도 도시와 주택문제를 함께 지원하는 프로그램이라고 할 수 있다.

한편, 도시재생과 관련한 프로그램은 다양하게 운영되고 있음은 앞에서 살펴보았다. 미국의 도시재생금융의 시사점은 크게 두 가지로 요약해 볼 수 있다. 첫째는 상대적으로 낙후된 지역에 대한 지역개발과 이를 개선하기 위한 재원조달이 발달하였다. 둘째, 정부의 기금과 민간투자를 동시에 진행하여 합작형태를 취하고 있다.

먼저, 낙후지역의 지역개발 촉진과 재원조달을 위하여 미국의 지역개발금융(CDF)은 지역개발을 목적으로 시민주도의 금융을 견지하고 있는 모범사례라 할 수 있다. CDFIs는 지역개발을 목적으로 하는 민간 부문의 지역금융 서비스 기관 및 금융 중개조직으로, 낙후지역의 개발을 위해 저리로 자금을 대출하거나 투자하는데, 지역의 수요에 부합하는 지역개발금융을 적시에 제공 가능하다는 점에서 의의가 있다. 현재 1,012개의 CDFIs가 재무부의 인증을 받았으며, CDFI기금의 투자와 대출을 통해 CDEs 또는 CDCs 등이 장기적이고 지속가능한 지역개발사업을 할 수 있도록 지원하고 있다. CDFI기금은 지역별 CDFIs 등에 대한 자금제공, 교육훈련 및 경영지원, 민간자금의 유통을 위한 시장형성 등의 역할을 하며, CDFI기금의 규제와 인센티브, 다양한 지원프로그램을 통해 공공과 민간 부문의 조화와 균형 달성을 도모하고 있다.

아울러, 일반상업은행은 상대적으로 사업성이 낮거나 리스크가 큰 낙후지역에 대출을 제한하므로, 금융의 사각지대가 발생하고 지역 간 격차는 더 커지게 되는데, CDFIs는 이와 같은 사각지대를 메우는 역할을 수행하며, 비정부적 접근을 통한 개인투자의 유도가 CDFIs의 주요한 가치라 할 수 있다. CDFIs는 상업은행 및 재단 등의 투자 및 융자, 정부의 보조, 개인의 기부를 통해 형성된 자금을 운용하면서 지역개발사업에 투자 및 융자를 제공하여, 수익성을 극대화하는 일반상업은행과는 달리 금융의 공공성 측면에서 지역의 문제해결을 추구한다. 향후 국내 도시재생에 있어서도 지방분권화를 통해 권한과 역할의 강화, 장소중심 재생을 위한 재원의 연계통합 시스템 마련, 지역여건을 고려한 공공재원의 지원방식 차별화가 필요하다.

다음으로, 정부기금지원과 민간투자 유치의 합작이다. 미국 재무부의 CDFI기금은 CDFIs가 보조금 외에 민간자본을 레버리지 하여 지역개발을 위한 맞춤형 금융상품의 개발과 서비스 수요를 달성하도록 유도한다. 특히 CDFI프로그램의 재정지원(FA)과 경영지원(TA)을 비롯하여 NMTC, CMF프로그램 등 다양한 지원프로그램을 통해 민간투자 자본을 경제 낙후지역으로 유인한다. 지역개발 및 도시재생을 위한 정부재정의 지출은 불가피하지만, 연방자금을 촉매제로 투입하여 매칭펀드방식을 통한 효율적인 민간투자 자본유치를 도모하고 있다. 사례에서 볼 수 있듯이 NMTC, CMF프로그램 등을 통해 유연한 자금조달이 가능해진다. 실제로 NMTC프로그램은 연방 기금 1달러 당 8달러, CMF프로그램은 보조금 1달러 당 12달러의 민간투자를 유치하는 성과를 얻고 있다.

이처럼 미국의 CDFIs는 40년이라는 시간 동안 축적된 경험과 그 과정 속에서 겪은 시행착오를 기반으로 현재에 이르렀으며, 커뮤니티 보전을 위한 주민들의 오랜 투쟁 속에 시민영역과 제3섹터가 큰 역할을 하였다. 그리고 정부는 CDFIs영역에 대한 직접투자를 통해 핵심적인 역할을 수행하고 있다. 국내에 CDFIs도입에 대한 논의를 진행하기 위해서는, 국가 간 제반여건 및 상황의 상이성이 존재하므로 국내 적용에 앞서 한국형 CDFIs에 대한 논의와 연구가 필요할 것으로 판단된다. 또한 도시재생에 대한 정부의 철학정립은 물론 시민영역 및 제3섹터의 참여를 확대하고 역량을 강화하기 위한 노력도 선행되어야 한다.

특히 도시재생사업의 실행력을 높이기 위해서는 주민을 비롯한 다양한 주체가 참여하는 합의과정을 통해 경쟁력 있는 사업모델을 도출하기 위한 충분한 준비기간이 필요하다. 아울러 해당 지역에 부합하는 꼭 필요한 도시재생을 추진하기 위해서는 그 지역에 대한 전문성과 접근성이 기반이 되어야 하며, 당장의 가시적인 성과보다는 장기적으로 지역사회를 건강하게 만드는 것이 중요하다.

2. 영국 주택도시금융과 시사점

영국의 주택금융은 공급부족 해소를 위해 중앙정부의 건설보조금 지원 및 Green Act(1930)로 슬럼 재개발 지원, 중앙정부의 저소득층을 위한 임대료 보조금 지급 및 사회적 주택공급, 중앙정부 주도로 민간투자를 유치하고 Urban Regeneration Grant로 보조, Affordable Housing 확대, 취약계층 자가소유 촉진 프로그램(Help to Buy) 시행, 지자체 주도의 도시재생 프로그램 추진 등으로 설명될 수 있다. 즉, 주택금융이 도시재생과 연계하여 운영되고 있음을 알 수 있다. 특히 영국의 도시재생은 오랜 경험을 가지고 있고, 성공적인 사례도 선도적으로 보여주고 있다. 이러한 영국의 도시재생관련 금융부분의 특징 등을 살펴본다면, 먼저 민간을 활용한 공공사업의 추진을 통한 성공사례와 중앙정부는 물론 지방정부의 자체추진 등의 성공사례도 많다는 점이다. 이러한 도시새생 과정에서의 주민참여는 필수였고, 이러한 과정이 합의와 협력을 이끄는 단초가 되어 성공으로 나타나고 있다는 점이다.

영국에서 최초로 도입된 SIB는 정부가 공공사업의 성과 목표를 달성하기 위해 민간 전문 사업자와 약정 후 사회적 목표가 달성된 경우 해당 사업의 예산 절감효과에 비례하여 지급 청구권이 발생하는 일종의 채권 계약으로, 재무적 성과와 동시에 사회문제 해결이라는 사회적 성과를 동시에 추구하였다. SIB는 여러 가지 측면에서 기존의 정부가 직접적으로 문제를 해결하거나 비영리기관에 발주를 주는 방식보다 유용한 정책 수단이 될 수 있다. 또한 사회적 측면에서도 SIB를 통해 이전에는 없던 서비스 공급 자금을 제공함으로써 성과와 삶의 질을 향상시킬 수 있고, 정부 재정만으로는 도시재생 뉴딜사업을 추진하기 어려운 현 상황에서 재원조달의 대안적 기법으로 유용하게 작용하였다.

아울러, 영국 연방정부의 도시재생사업은 장기적이고 복잡한 프로젝트이며, 소기의 목적을 달성하기까지 상당한 규모의 초기 지출을 필요로 한다는 인식에서 출발하였다. 민간부문의 투자를 유도하여 공공재정에 대한 의존도를 줄이면서 전국의 단지재생을 지원하고 장려하는 것을 목표로 하는데, 민간부분(사회적 주택을 건설하는 자로서 주택협회에 등록한 기업도 포함)의 경쟁 입찰을 통해 주택공급 및 주택개선 사업, 실행 가능하고 지방정부의 지원이 가능한 사업 등을 선정하여 지원하고, 3가지 유형의 펀딩을 제공하고 있다. 우리나라 역시 중앙정부 차원에서 도시재생뉴딜사업을 주요 국정과제로 추진하기 시작했으며, 본 사업이 성공적으로 추진되기 위해서는 재원조달방안에 대한 구체적인 전략마련이 요구된다. 따라서 ERP와 같은 기금정책을 구체화하여 사업의 촉매제 역할을 수행하도록 하는 것에 대한 적용가능성을 검토할 필요가 있다. 또한, 런던시에서는 2014년부터 MCCP를 시행하고 있으며, 이는 유럽에서는 최초로 시정부의 정책에 크라우드펀딩 요소를 공식적으로 적용한 사례이다. 런던시 도시재생팀과 크라우드펀드로 지역개발 경험이 있는 Spacehive가 공동으로 런던 시 도시재생 전용 온라인 플랫폼을 개발하고, 시민들은 주변 유휴공간의 개선방안에 대한 아이디어를 온라인 플랫폼에 제안하였다.

한편, ERP는 통상적으로 로컬파트너, 전문가 집단, 투자자, 개발자, 커뮤니티 등이 참여하는 워크숍을 6개월 정도 진행하며, 참여주체 간 협업, 지방정부의 리더십, 주민 참여 및 민간금융 참여 유도, 수익의 공유, 원주민 거주 보장 등을 중요한 원칙으로 한다. MCCP는 온라인모금을 통해 시민들의 좋은 아이디어를 프로젝트화하여 자긍심을 증진하고, 공청회를 통한 붐업, 워크숍, 펀딩, 성과보고의 진행과정을 통해 주민의 자발적 참여를 유도한다. 정부에 대한 불신이 많은 영국에서 Spacehive(비영리 법인 성격의 크라우드펀딩 업체)의 중립적 성격은 시민영역의 공공에 대한 거부감을 감소시키는 효과가 있었고, 이는 MCCP의 성공 요인 중 하나로 평가된다. ERP는 사업성이 낮은 런던 중심 이외 지역에서는 추진이 어렵다는 한계가 있으며, MCCP는 아직까지 소규모 사업에 한정되어 추진되고 있다. 이와 같은 새로운 시도들은 그 규모는 상대적으로 작지만, 지역 내 도시재생사업의 도화선이자 구심점이 되어 점진적으로 사업

범위를 확산할 수 있으며, 주민참여를 통해 사업의 내실과 지속성을 높일 수 있다는 점에서 시사하는 바가 있다.

영국에서의 도시재생과 관련한 금융프로그램이 시사하는 바와 같이, 우리나라 도시재생의 원활한 추진을 위해서도 MCCP와 같은 새로운 형태의 재원조달 방식을 적극 도입할 필요가 있다. 단 영국 런던의 사례와 마찬가지로, 서울과 같은 대도시 이외의 사업성이 낮은 지방중소도시에서도 실현될 수 있는지에 대한 세밀한 검토가 선행되어야 할 것이다. 특히 기부문화가 아직 보편화되지 않은 국내 현실에서 크라우드펀딩을 통한 재원조달 활용은 아이디어와 사업발굴이 지속되어야 하고 그렇지 않은 경우 이벤트성이나 1회성 기부에 머무를 수 있는 한계가 있다. 따라서 사업의 실행가능성을 높일 수 있도록 관련제도와 기준을 정비할 필요가 있다.

오랜 도시재생 역사를 가지고 있는 영국은 도시경제 활성화 및 근린재생과 관련된 다양한 예산 프로그램을 만들어 왔으며, 금융위기 이후 SIB, ERP, 크라우드펀딩 등 새로운 재원조달방안에 대한 고민을 하고 있다. 또한 공공주체의 선도적 역할에 있어, 재정적 지원뿐만이 아니라 도시계획 수립권을 비롯한 사업 시행과 관련된 권한과 수단들이 활용되고 있다는 것에도 주목할 필요가 있다. HCA가 도시재생 과정에서 담당하는 마스터플랜이나 공용수용권 등은 대규모 개발형 사업 시행시 민간투자자들의 불확실성과 위험성을 줄일 수 있고, 뿐만 아니라, 도시재생사업지에 장소 중심의 기능과 재원, 시설들에 대한 종합적 계획·개발 및 운영이 가능하도록 하여 사업의 실행가능성을 높이고 민간참여를 촉진하는데 기여할 수 있을 것이다.

[저자 소개]

• 林昇洙(임공수)

저자 임공수 박사(법학 · 경영지도사)는 주택도시기금 전담운영관리기관인 주택도시보증공사(HUG)에서 주택금융, 도시재생금융, 주택도시금융보증업무를 20여년간 수행하면서 연구개발처장, 연구센터장 등을 역임하였고, 한국정책학회이사(도시재생특별위원회) 등으로 활동하고 있다.

현재 HUG 주택도시금융연구원장으로 재직하면서 주택도시금융정책(주택 및 부동산시장, 주택 및 부동산정책, 도시재생정책, 거시경제 및 경제정책, 금융시장 및 금융정책, 주택도시금융보증 등) 연구를 총괄하고 있다.

주택도시금융정책론

2018년 8월 10일 초판인쇄
2018년 8월 15일 초판발행

저 자 임 공 수
발행인 유 성 열
발행처 청목출판사
서울특별시 영등포구 신길로 40길 20
전화 (02) 849-6157(代) · 2820 / 833-6090~1
FAX (02) 849-0817
등록 제318-1994-000090호

파본은 바꾸어 드립니다. 값 29,000원

http : //www.chongmok.co.kr

ISBN 978-89-5565-758-6